가난한 예수

가난한 예수

가난한 사람의 눈으로 본 〈루가복음〉

초판 1쇄 펴낸날　2017년 11월 22일
초판 3쇄 펴낸날　2024년 8월 30일

지은이 김근수　　　　**편집** 이정신 이지원 김혜윤 홍주은
펴낸이 이건복　　　　**디자인** 김태호
펴낸곳 도서출판 동녘　**마케팅** 임세현
　　　　　　　　　　　관리 서숙희 이주원

만든 사람들
편집 곽종구　**디자인** 조정윤

인쇄·제본 영신사　**라미네이팅** 북웨어　**종이** 한서지업사

등록 제311-1980-01호 1980년 3월 25일
주소 (10881) 경기도 파주시 회동길 77-26
전화 영업 031-955-3000　편집 031-955-3005　팩스 031-955-3009
홈페이지 www.dongnyok.com　**전자우편** editor@dongnyok.com
페이스북·인스타그램 @dongnyokpub

© 김근수, 2017
ISBN 978-89-7297-904-3 (03200)

가난한 예수

가난한 사람의 눈으로 본 〈루가복음〉

김근수 지음

동녘

일러두기

1. 성서 텍스트
   구약성서(공동성서): 공동번역 성서(대한성서공회 1999.)
   신약성서: 공동번역 성서(대한성서공회 1999.)
   신약성서 원문: Novum Testamentum Graece, von Barbara und Kurt Aland(Herausgeber),
   　　　　　　　　Deutsche Bibelgesellschaft, Auflage 28, 2012
2. 일부 성서 구절은 저자가 임의로 번역하기도 하였다.
3. 우리말 번역문은 가능한 한 존칭체로 다듬었다
4. 〈마태〉는 〈마태오복음〉, 〈마르〉는 〈마르코복음〉, 〈루가〉는 〈루가복음〉, 〈요한〉은 〈요한복음〉을 의미하며,
   본문에 나오는 각 성서명은 공동번역 성서에 나오는 약어(〈창세〉, 〈출애〉, 〈로마〉, 〈1고린〉 등등)로 표기했다.
5. 지명, 인명 표기는 대부분 공동번역 성서를 따랐지만 잘못 표기된 부분은 저자가 바로잡았다.
6. 히브리어, 그리스어, 라틴어는 알파벳으로 표기하였다.
7. 성서 인용은 다음과 같이 표기하였다.
   1장 1절~5절=1,1-5
   1장 1절 5절=1,1.5
   1장 1절~2장 1절=1,1-2,1
   1장 1절, 2장 1절=1,1;2,1
8. 본문에서 구약성서는 공동성서라고 표기하였다.

서문
가난한 예수, 가난한 사람들

〈루가〉는 해방의 신비

가난한 사람들은 왜 〈루가〉에 열광하는가? 해방신학은 왜 〈루가〉를 좋아하는가? 지금 한국에 왜 〈루가〉가 필요한가? 세 가지 질문이 오랫동안 나를 사로잡았다.

〈마르〉에서 제자들은 예수를 잘 이해하지 못하는 것으로 나온다. 독자는 그런 제자들을 보며 자신의 태도를 결단할 것을 요구받는다. 예수를 믿고 따를까, 주저하고 떠날까. '믿음의 예수'가 〈마르〉의 주제다.

〈마태〉에서 심판의 위협이 두드러지게 강조된다. 심판은 외부가 아니라 내부를 향한다. 예수를 믿고 따를까, 주저할까를 넘어 예수의 언행을 따라 실천하느냐가 핵심이다. '행동하는 예수'가 〈마태〉의 주제다.

〈루가〉는 믿음의 예수와 행동하는 예수를 넘어선다. 예수를 믿고 예수처럼 행동하려면 가난한 사람을 선택해야 한다는 말이다. 가난한 사람을 선택하는 것이 핵심이다. '가난한 예수'가 〈루가〉의 주제다.

루가는 화가다. 추상적인 개념을 비유와 이야기를 들어 눈에 보이듯 묘사한다. 사랑이 무엇이냐고 묻는 자에게 루가는 착한 사마리아 사람을 내놓고, 마르타와 마리아 자매를 소개한다. 루가는 소설가다. 여성의 세계와 남성의 삶에서 하나씩 이야기를 꺼낼 줄 안다. 시므온과 안나, 베들레헴과 예루살렘, 로마 장성과 과부 등 사람과 장소를 남녀, 시골과 도시, 권력자와 가난한 여인 식으로 한 쌍씩 제시하며 평등을 실천한 이야기꾼이다. 루가는 2000년 전에 여성운동가이자 여성신학자였다.

루가는 네 그룹의 독자에게 할 말이 있었다. 유다인에게 예수의 역사는 이스라엘 역사의 약속과 성취임을 알리고 싶었다. 그리스인과 로마인에게 예수 운동은 방해가 아니라 도움이 된다고 설득하고 싶었다. 예수를 믿고 따르는 그리스도인에게 용기와 자신감을 주고 싶었다. 가난한 사람에게 하느님이 그들을 가장 먼저 선택했다는 사실을 알리고 싶었다.

죄보다 불평등이 그리스도교에 중요한 주제

무엇보다 루가는 불평등에 고뇌한 인간이다. 루가는 죄보다 불평등을 중요한 주제로 삼았다. 루가 공동체에 가난한 사람과 부자가 함께 있었기 때문이다. 가난한 사람들과 가난에 대해 어떻게 말하고 행동해야 하는가. 이것이 루가의 현안이다. 네 가지 선택이 가능하다. 가난한 사람과 부자를 모두 혼내거나, 두둔하고 위로할 수 있다. 부자를 두둔하고 가난한 사람을 혼내거나, 부자를 비판하고 가난한 사람을 편들 수 있다. 오늘날 한국 교회와 성당에서 설교자들이 부닥치는 고뇌와 크게 다르지 않다.

루가 공동체에 준 루가의 답은 무엇인가. 루가는 하느님이 가난한 사람을 먼저 선택하셨다고 선언한다. 루가는 부자 눈치를 보지 않고, 부자

신자가 교회를 떠날까 두려워하지 않았다. 〈루가〉의 예수는 가난한 사람을 먼저 선택하고 일방적으로 편애한다. 부자 신자를 비판하고 가난한 사람을 응원한다. 가난한 사람을 편드는 하느님의 해방 신비를 주저 없이 선포한다. 해방의 신비를 깨닫고 실천하라고 요구한다. 악의 위력에 겁내지 말고 해방의 신비에 투신하라고 격려한다.

〈루가〉는 신학뿐 아니라 전례와 신심에도 많은 영향을 준 복음이다. 정의 이야기가 가장 많고, 자비 이야기도 많다. 〈루가〉는 복음서 중에서 가난한 사람에 대한 관심이 가장 많은 것으로 인정받는다. 그래서 해방 신학이 가장 좋아하는 복음이기도 하다. 해방신학자 루가는 인류에게 해방자 예수요, 가난한 예수를 소개한다. 〈루가〉의 주요 대상도, 〈루가〉의 주체도 가난한 사람이다. 가난한 사람이 〈루가〉를 전하며, 〈루가〉가 가난한 사람을 선포한다. 〈루가〉는 가난한 사람을 위한 가난한 사람의 복음이다.

〈루가〉도 〈마르〉처럼 '십자가 신학'을 강조한다. 승리 신학을 말하는 듯 보이는 〈요한〉도 사실은 십자가 신학이다. 십자가 신학이라는 단어가 그리스도교 안팎에서 무분별하게 쓰이기 때문에 나는 십자가 신학을 '저항 신학'으로 바꿔 부르고 싶다. 〈루가〉도 〈마르〉처럼 저항 신학을 강조한다. 〈요한〉도 사실 저항 신학이다. 이제 의미가 뚜렷해졌는가. 십자가 없이 부활 없다. 저항 없이 부활 없다. 〈루가〉는 저항 신학이다.

그리스도교 역사에 부활을 강조하면서 십자가를 슬쩍 지나치는 풍조가 많았다. 오늘도 마찬가지다. 십자가를 강조하면서 저항을 슬쩍 지나치는 풍조가 많다. 예수는 가만히 있다가 십자가 처형을 당한 것이 아니다. 예수는 피정 지도하다가, 묵상하다가 느닷없이 십자가를 맞이한 것이 아니다. 악의 세력에 끊임없이 저항하다가 십자가 처형을 당한 것이다. 십자가는 무의미한 고통을 참고 견디는 것과 거리가 멀다.

가난한 사람을 괴롭히는 악의 세력에 저항하여 얻은 고통이 신학적으로 의미 있을 뿐이다. 무의미한 고통을 참고 견디는 일은 예수의 십자가와 아무 관계가 없다. 무의미한 고통을 그저 참고 견딜 이유도, 필요도 없다. 그렇게 가르치는 신학자나 설교자는 악의 편이다. 악의 세력이 주는 고통에 예수처럼 당당히 저항하라. 악의 세력이 우리를 십자가에 못 박으려는 시도에 마땅히 저항하라. 가난한 사람이 십자가에 못 박히지 않도록 저항하고 싸우자.

해방의 신비는 가난의 신비와 함께한다. 해방을 말하기 때문에 가난할 수 있고, 가난하기 때문에 해방을 외칠 수 있다. 해방의 신비를 생각하면 가난한 사람을 기억해야 한다. 가난한 사람을 생각하면 해방의 신비를 기억해야 한다. 그래서 〈루가〉의 예수는 해방자 예수요, 동시에 가난한 예수다. 해방자 예수이기에 가난한 예수고, 가난한 예수이기에 해방자 예수다.

남미에서 '해방의 신비'라는 복된 경험과 표현이 생겼다. 전통 신학은 악의 신비mysterium iniquitatis를 언급하지만, 해방신학은 해방의 신비mysterium liberationis를 강조한다. 악의 신비를 고뇌하느라 해방의 신비를 잊는 것은 잘못이다. 해방의 신비를 위해 악의 세력에 저항하는 것이 좋다. 악에 저항하면서 해방에 이를 수 있다. 해방의 신비는 가난한 사람의 신비다. 가난한 사람을 모르면 해방의 신비를 알 수 없다. 해방의 신비를 모르면 가난한 사람을 알 수 없다. 예수도, 해방신학도, 〈루가〉도 해방의 신비를 강조한다.

"해방신학에서는 하느님 나라를 반대하는 세력에 맞서 싸우는 일이 절대 기본이다. 그 점에서 해방신학은 하느님 나라를 언급하는 다른 신학과 차이가 있다."[1] 하느님 나라를 선포해놓고 하느님 나라를 반대하는 세력에 맞서 싸우지 않으면 되겠는가. 가난의 복음적 가치를 강조하면서 가난한 사람의 고통이나 가난의 원인을 말하지 않으면 되겠는가.

〈루가〉와 프란체스코Francesco d' Assisi 성인은 가난한 사람을 선택하고 가난한 사람을 사랑하라고 강조했지만, 가난의 근본 원인을 분석하고 없애는 일까지 나아가진 못했다. 그 임무를 가톨릭 사회 교리와 해방신학이 맡았다. 착한 사마리아 사람이 늘어나야 하지만, 그보다 먼저 배고픈 강도가 생기지 않도록 노력해야 한다. 가난의 구조적 원인을 없애고, 가난한 사람의 온전한 발전을 촉진하도록 일해야 한다.[2]

성서신학에서 이해보다 변혁이 우선

성서신학은 예수그리스도가 남긴 과거와 예수그리스도가 존재하는 현실을 의식하는 학문이다. 성서신학은 역사고고학이 아니라 현실 해석학이다. 성서신학은 예수를 이해하고 따르며, 불의한 현실을 변혁하려는 해방의 도구다. 철학이나 해방신학이 그런 것처럼, 성서신학은 잘못된 세상을 변혁하려 한다. 성서신학에서 이해보다 변혁이 우선한다. 성서신학은 가난의 복음적 가치보다 가난한 사람의 고통에 관심이 있다.

가난한 사람의 등장은 해방신학과 성서신학은 물론 그리스도교 역사에서도 혁명적 사건이다. 시대의 징표라고 말할 수 있다. 가난한 사람을 제외하면 신학, 해방신학, 성서신학 무엇 하나 제대로 할 수 없다. 성서에서 두 주인공은 예수와 가난한 사람이다. 제자들은 예수와 가난한 사람을 연결하는 조연 배우에 불과하다. 예수의 눈으로 가난한 사람을 볼 수 있다. 가난한 사람의 눈으로 예수를 볼 수 있다. 예수의 눈과 가난한 사람의 눈으로 성서와 역사와 우리 삶을 보자.

성서신학에 중립은 없다

예수 시대나 우리 시대에 가난한 사람이 많다. 가난한 사람은 성서 본문뿐만 아니라 우리 시대 역사와 경제를 상당한 수준으로 아는 것이 좋다. 그 수준만큼 성서 본문을 볼 수 있다.

신학에서 가장 쓸모없는 단어가 '중립'이다. 중립적 시각에서 성서를 읽거나 연구할 수는 없다. 인간의 고통 앞에 중립이 없듯이, 성서신학에 중립은 없다. 성서신학도 인간이 하는 작업이어서 자칫하면 범죄와 조작에 이용될 수 있다. 예수가 선포한 하느님 나라가 역사 속에서 이뤄지지 못하도록 방해하는 장치로 성서신학이 잘못 쓰일 수도 있다.

신심이 경건한 성서신학자가 부자와 권력자의 하수인으로 이용당할 수 있다. 자신의 죄와 지식의 한계, 정치적 이념을 기억해야 한다. 누구를 위해 신학을 하는지 성찰해야 한다. 현실과 역사에 관심 없는 사람이 성서를 전공하려 한다면 나는 말리고 싶다.

신학은 하느님보다 가난한 사람을 먼저 연구하는 학문

예수그리스도에 대한 성서 본문을 분석하는 일은 중요하다. 지금 사람들이 예수그리스도를 어떻게 생각하는지 아는 일도 중요하다. 예수는 성서 본문에도 있지만 현실 역사에 있고, 특히 가난한 사람 안에 있다. 성서신학자 자신이 살아가는 자리를 깨닫는 일도 중요하다. 신학은 가난한 사람을 연구하는 학문이다. 신학을 공부할 때 외국의 유명한 신학자가 누구인지 알려고 하기보다 지금 한국에서 가장 가난한 사람이 누구인지 알려고 애써야 하지 않을까?

성서신학자가 어디, 누구 곁에 있느냐가 성서 연구에 영향을 준다. 성서신학자는 역사의 현장에서 가난한 사람 곁에 있어야 한다. 하느님을 알기 전에, 신학자의 작품을 읽기 전에 가난한 사람이 누구인지 알고, 그들 곁에 있고 그들에게 배워야 할 것이다. 성서신학자가 가난한 사람에게서 멀어지면 신학적으로 몰락하고 만다. 참된 성서신학자는 동시에 해방신학자다. 해방신학의 포부를 함께하지 않는 사람은 성서를 공부할 수 없다고 단언하고 싶다. 가난한 사람의 고통과 눈을 깨닫지 못한 성서신학자는 연구도, 삶도, 신앙도 실패하고 만다.

내 최우선 관심은 가난한 사람이다. 교회, 신자, 무신론자는 그다음이다. 가난한 사람은 1차 신학자이고, 전문 신학자는 2차 신학자다. 신학을 하는 순서가 그렇다. 신학은 가난한 사람의 삶과 고통에서 시작되었다. 신학의 원조는 가난한 사람이다. 신학자는 2차 작업을 맡는다. 신학자가 신학을 생산하여 가난한 사람에게 전하는 것이 아니다. 가난한 사람이 신학을 만들고, 신학자는 그다음 단계에 참여할 뿐이다. 신학자는 가난한 사람 앞에서 겸손해야 한다.

신학자에게 계급의식이 필요하다

신학자가 갖춰야 할 첫째 조건은 무엇일까? 사람마다 의견이 다르겠지만 신앙심, 역사의식, 외국어 실력, 합리성, 봉사하는 자세, 교회에 대한 충성 등이 언급될 것이다.

가톨릭의 경우를 보자. 영미권에서 신학을 공부한 사람은 드물다. 영어권 서적은 별로 읽히지 않는다. 독일과 로마 출신이 대부분이다. 그러다 보니 독일의 합리성, 로마의 교회 중심주의가 한국 가톨릭에서 주로 강조된다. 합리성, 의미 있고 필요하다. 고학력 중산층 신자에게 매력을 줄 수 있지만, 신학의 엘리트주의로 빠질 수 있다. 교회 중심주의, 안정감과 소속감을 준다. 성직자와 맹종하는 평신도에게 설득력은 있으나, 성직자 중심주의의 포로가 될 수 있다.

신학자에게 가장 중요한 품성은 계급의식 아닐까. 가난한 사람을 편드는 확실한 계급의식 말이다. 나는 독일에서 합리성을 배웠고, 남미에서 계급의식을 익혔다. 내겐 계급의식이 1번이고, 합리성은 2번이다. 계급의식이 합리성이나 교회 중심주의라는 양대 산맥과 다른 제삼의 길인지 모르겠다.

합리성보다 계급의식이 중요하다고 말하고 싶다. 다른 가톨릭 신학자들과 내가 결정적으로 다른 지점이 바로 여기인 것 같다. "모든 사람을 사랑하자"는 주장에 맞서 "가난한 사람부터 사랑하자"고 말하고 싶다. 서 있는 자리, 보는 눈이 같지 않다는 말이다.

가난한 예수는 가난한 교회를 바란다

원고를 마치고 나니 엘살바도르에서 공부할 때 두 스승이 떠오른다. 스페인 해방신학자 곤잘레스 파우스José Ignacio González Faus 신부는 자신의 책 서문에 "그리스도론을 쓰려고 감히 시도한 일 자체가 내가 저지른 가장 큰 잘못이요, 무모한 일이다"[3]라고 썼다. 혼 소브리노Jon Sobrino 신부는《해방자 예수》서문에서 "예수그리스도에 대해 대단한 깨달음을 얻었다는 인상을 주면 안 된다. 그것은 예수그리스도를 전혀 모른다는 뚜렷한 자백이다"[4]라고 말했다.

두 스승의 말씀은 내게 언제나 등불이다. 성서 주석서와 문헌을 보며 내 무능과 무기력을 뼈저리게 느꼈다. 사복음 주석서를 쓰려고 감히 시도해온 일 자체가 큰 죄다. 내 책이 예수그리스도에 대해 대단한 깨달음을 얻어 쓴 것이라는 인상을 주면 안 된다.

"가난한 이들을 위한 가난한 교회를 바랍니다."[5] 프란치스코 교황Pope Francis은 2014년 8월 방한 당시 말했다. "번영의 시대에 떠오르는 한 가지 위험에는 유혹이 있습니다. 그리스도교 공동체가 그저 '사교 모임'에 그치고 마는 위험입니다. 그런 교회는 가난한 이를 위한 가난한 교회가 아닙니다. 악마로 하여금 여러분이 부자를 위한 부유한 교회, 잘나가는 이들의 교회가 되게 만들도록 허용해서는 절대 안 됩니다."

한국 천주교회는 가난한 교회도 아니고, 가난한 사람을 위한 교회도 아니다. 〈루가〉를 제대로 배우지 못했기 때문이다. 한국 천주교회에 널리 퍼진 성직자 중심주의에서 군국주의 냄새가 심하게 난다. 천주교회를 군대처럼 생각하면 안 된다. 신부를 장교로, 신자를 사병으로 비유하면 안

된다. 개신교가 자본주의 방식을 교회 운영 원리로 도입한 잘못처럼 천주교회는 전제주의 정치체제를 수입한 잘못이 있다.

내가 사는 제주에 강정 해군기지가 있다. 평화의 섬 제주가 기지촌 경제권에 편입되지 않을까 걱정된다. 자비를 말하면 훌륭한 신학자라 하고, 정의를 말하면 사회주의에 물들었다고 한다. 사회 적폐 청산을 말하면 용기 있는 신학자라 하고, 교회 적폐 청산을 말하면 교회에 대한 애정이 부족하다고 한다. 그런 엉터리 말에 나는 찬성할 수 없다.

〈루가〉와 교회 현실을 가난한 사람의 심정에서, 해방신학의 눈으로 보고 싶었다. 성서학계에서 두루 존중받는 독일어권 주석서를 주로 참고했으며, 출처를 미주로 밝혔다. 《가난한 예수》를 부끄럽게 내놓는다. 성서 해설서는 내가 공부하기 위한 소박한 마음으로 썼다. 신앙심 부족한 나 자신을 가르치기 위해 성서를 잘 알고 싶었다. 사랑하는 어머니에게도 읽혀드리고 싶었다. 예수를 만난 것이 내 일생 최대의 기쁨이다. 사복음 주석서를 쓴 것이 내 일생 최대의 영광이다.

《행동하는 예수》를 낸 지 3년이 지났다. 세월호 참사, 교황 방한, 촛불집회, 박근혜 탄핵, 문재인 정부 탄생이 있었다. 교황 방한 이후 인터넷 언론 '가톨릭프레스' 초대 편집장을 맡았고, 종교 간 대화와 토론에 참여했으며, 팟캐스트 '쇼! 개불릭'에 고정 출연했다. 게으름과 불성실은 사색과 글쓰기를 방해했다.

이 책이 나오기까지 기도와 격려로 함께 걸어온 분이 많다. 일일이 이름을 밝히지 못해 송구하다. 좋은 책을 만들어주신 도서출판 동녘 관계자 여러분에게 감사드린다. 존경하고 사랑하는 아내 김지숙에게 감사드린다. 한국에서 평신도 신학자의 아내로 사는 것이 얼마나 괴롭고 힘들겠는가. 사랑하는 딸 호수, 아들 준한에게 감사드린다. 두 처형 김지혜(미리암)·김지연(로사) 수녀에게 감사드린다. 내 형제자매에게 감사드린다. 제주 성클라라수녀원, 성가소비녀회에 감사드린다.

2017년 가을, 제주에서
김근수

차례

2부 제자 교육, 가난과 저항

3부 십자가의 길, 해방의 길

1부
가난한 사람들과 하느님 나라

○〈루가〉는 왜 쓰였을까

1 존경하는 데오필로 님, 우리들 사이에서 일어난 그 일들을 글로 엮는 데 손을 댄 사람들이 여럿 있었습니다. 2 그들이 쓴 것은 처음부터 직접 눈으로 보고 말씀을 전파한 사람들이 우리에게 전해준 사실 그대로입니다. 3 저 역시 이 모든 일들을 처음부터 자세히 조사해둔 바 있으므로 그것을 순서대로 정리하여 각하께 써서 보내드리는 것이 좋겠다고 생각하였습니다. 4 그러하오니 이 글을 보시고 이미 듣고 배우신 것들이 틀림없는 사실이라는 것을 알아주시기 바랍니다.(1,1-4)

1절 '여럿'은 조금 과장된 표현이다.〈마르〉저자와 예수 어록집〈Q〉를 가리킨다.〈Q〉는 우리 손에 전해지지 않았다.〈마태〉와〈루가〉를 비교하여〈Q〉의 존재와 내용을 추측할 뿐이다.〈루가〉저자는 그들의 작업을 이야기라고 이름 붙였다. '일어난 그 일'이라는 표현에 전해진 자료를 보는〈루가〉저자의 고유한 관점이 있다. 그냥 이루어진 것이 아니라 하느님의 약속이 마침내 완성되어 이루어졌다는 것이다(〈루가〉4,21; 9,51;〈사도〉2,1). '우리들 사이에서'는 예수의 1세대 제자뿐만 아니라 루가와 데오필로를 포함한다. '손을 대다'라는 표현은 그 일이 성공했는지, 실패했는지 말하는 것은 아니다.

2절 눈으로 보고 말씀을 전파한 사람들은 예수가 세례 받은 사실부터 예수를 지켜본 사람을 가리키는 것 같다(〈사도〉1,21 -). '눈으로 보고 말씀을 전파한 사람들'은 믿을 만한 목격자라는 뜻으로 보인다(〈사도〉1,22; 6,4). '전해준 사실'은 입으로 떠도는 전승과 글로 남은 전승을 모두 포함한다. 그냥 전해진 것이 아니라 옳게, 정확하게 전해진 것을 강조한다. 당시 역사가는 눈으로 본 목격자를 귀로 들은 증인보다 중요하게 여겼다. 말씀logos은 〈루가〉에서 하느님의 말씀과 구원의 역사를 포함하는 단어다. 종은 위임받은 사람을 가리킨다.

3절 일pragma은 사건 '보도'부터 '사건'까지 뜻이 다양하다. 그리스도교 신자가 아닌 사람도 그 뜻을 이해할 수 있었다. 3절에서 저자는 자신이 복음서를 쓴 방법을 소개한다. 생략하거나 빠뜨린 것 없이 '모든' 일을 조사하였다. '처음부터', 즉 예수가 세례 받은 것이나 예수 생애의 시초부터 다뤘다. 그리고 '자세히', 즉 자신이 역사가답게 객관성을 유지하면서 작업했다고 주장한다. 독자들은 객관성을 내세우던 루가가 1,5 이하에 갑자기 민속적인 방식으로 이야기를 전개하는 점에 놀랐을 것이다. '순서대로'라는 말이 꼭 시간 순서를 가리키는 것은 아니다. '각하께'라는 표현은 신약성서에 공무원을 가리키는 호칭으로 나타난다(〈사도〉 23,26; 24,3; 26,25). 〈루가〉가 증정되는 분의 품위를 드러낸다. 데오필로는 흔한 이름이다. 그는 신도가 되었거나 세례 받으려고 준비하는 예비 신자일 수 있다.

저자는 데오필로가 배운 내용이 진실임을 강조한다. 〈루가〉는 교리교육교재로 만들어졌다는 말이다. 이 부분은 구조와 내용, 헌정으로 보아 책의 서문이라 할 수 있다. 이 서문이 〈루가〉에만 해당하는지, 〈사도〉까지 포함한 것인지 확실히 알기는 어렵다. 루가에게 기대된 작품은 학술 논문이나 종교적 교리가 아니라, 사건에 대한 소식이다.

그리스도교 저자들은 2세기까지 아주 조심스럽게 책을 펴냈다. 구전 전승이 다양한 상황에서, 더구나 세상 끝 날이 곧 오리라는 전망이 있던 시대에 책을 쓰는 일은 의미가 적고 불필요하다고 생각했기 때문일 것이다. 서문에 저자 이름이 빠진 것은, 교회에 이름을 밝히지 않는 관행이 일부 있었다는 주장을 감안해도 여전히 수수께끼다. 저자들은 대부분 자기 이름을 밝혔기 때문이다.

　루가가 이전 작업자들의 작품(〈마르〉, 예수 어록집 〈Q〉)에 만족했다면, 새 작품을 쓰려고 애쓰지 않았을 것이다. 루가가 보기에 이전 작품에는 예수의 탄생 이야기가 없고, 부활 이야기가 충분히 언급되지 않았다. 역사의 예수를 '전부pasin'(3절) 다루지 않았다는 것이다. pasin은 그리스어 중성명사로는 사건을, 남성명사로는 사람을 가리킬 수 있다. 나는 pasin이 중성명사로 쓰였다고 생각한다. '자세히akribos'(3절) 다루지 않았다는 루가의 불만도 담겼다. 저자는 자신의 방법이 이전 작품들과 조금 다르다는 사실을 서문에서 밝힌다.

　루돌프 불트만Rudolf Bultmann은 루가가 신앙의 진리를 역사 서술로 대체했다고 비판했다. 그러나 루가에게 정직한 연구는 신앙의 진리를 더 확증한다는 소신이 있지 않았나 싶다. 루가는 역사가이자 신앙인이요, 증인이다. 루가는 예수의 역사가 사도들의 역사보다 중요하다고 굳게 믿었다. 우리 시대 독자도 그 믿음을 마땅히 배울 수 있다.

　〈루가〉에는 예수의 행동이 대부분 예수의 말씀보다 먼저 소개된다. 말씀은 무성하고 행동은 주저하는 오늘 그리스도교가 〈루가〉에서 주목할 점이다. 성서에서나 그리스도교에서도 행동이 말씀보다 먼저다. 예수의 말씀은 즐겨 인용하지만 예수의 행동은 모른 체하는 오늘 그리스도교는 대체 무엇인가.

역사적 사건에서 구원의 역사를 눈치채는 루가의 눈이 부럽다. 우리 시대 사건에서 하느님의 손길을 알아채는 눈이 우리에게도, 교회에게도 주어지기를 기도한다.

책에 이름을 적어 독자 개인에게 바치는 사례는 그리스 역사서에서 거의 없었다. 그러니 데오필로는 아주 큰 영예를 얻었다. 누가 예수의 역사를 책으로 써서 내 이름을 그 책에 기록하고, 내게 증정한다고 상상해 보자. 갑자기 숙연해진다. 데오필로의 심정을 이해할 수 있을 것 같다. 우리도 데오필로처럼 예수를 알아보자.

○ 세례자 요한 탄생 예고

⁵ 헤로데가 유다의 왕이었을 때에 아비야 조에 속하는 사제 한 사람이 있었는데 그 이름은 즈가리야였고 그의 아내는 사제 아론의 후예로서 이름은 엘리사벳이었다. ⁶ 이 부부는 다 같이 주님의 모든 계명과 규율을 어김없이 지키며 하느님 앞에서 의롭게 살았다. ⁷ 그런데 그들에게는 아이가 없었다. 엘리사벳은 원래 아기를 낳지 못하는 여자인데다가 이제는 내외가 다 나이가 많았다. ⁸ 어느 날 즈가리야는 자기 조의 차례가 되어 하느님 앞에서 사제 직분을 이행하게 되었다. ⁹ 사제들의 관례에 따라 주님의 성소에 들어가 분향할 사람을 제비뽑아 정하였는데 즈가리야가 뽑혀 그 일을 맡게 되었다. ¹⁰ 안에서 즈가리야가 분향하고 있는 동안 밖에서는 많은 사람들이 모여 기도를 드리고 있었다. ¹¹ 그때에 주님의 천사가 즈가리야에게 나타나 분향 제단 오른쪽에 서 있었다. ¹² 이것을 본 즈가리야는 몹시 당황하여 두려움에 사로잡혔다. ¹³ 그때에 천사가 이렇게 말하였다. "두려워하지 마시오, 즈가리야여. 하느님께서 당신의 간구를 들어주셨습니다. 당신 아내 엘리사벳이 아들을 낳을 터이니 아기의 이름을 요한이라 하시오. ¹⁴ 당신도 기뻐하고 즐거워할 터이지만, 많은 사람이 또한 그의 탄생을 기뻐할 것입니다. ¹⁵ 그는 주님 보시기에 훌륭한 인물이 되겠기 때문입니다. 그는 포도주나 그 밖의 어떤 술도 마시지 않겠고 어머니 태중에서부터 성령을 가득히 받을 것이며 ¹⁶ 많은 이스라엘 백성을 그들의 주 하느님의 품으로 다시 데려올 것입니다. ¹⁷ 그가 바로 엘리야의 정신과 능력을 가지고 주님보다 먼저 올 사람입니다. 그는 아비와 자식을 화해시키고 거역하는 자들에게 올바른 생각을 하게 하여 주님을 맞아들일 만한 백성이 되도록 준비할 것입니다."

¹⁸ 이 말을 들은 즈가리야가 "저는 늙은이입니다. 제 아내도 나이가 많습니다. 무엇을 보고 그런 일을 믿으라는 말씀입니까?" 하고 말하자 ¹⁹ 천사는 이렇게 대답하였다. "나는 하느님을 모시는 시종 가브리엘입니다. 이 기쁜 소식을 전하라는 분부를 받들고 당신에게 와 일러주었는데, ²⁰ 때가 오면 이루어질 내 말을 믿지 않았으니 이 일이 이루어지는 날까지 당심은 언어장애가 되어 말을 못 하게 될 것이다."

²¹ 그러는 동안 사람들은 즈가리야가 나오기를 기다리고 있었는데 그가 성소 안에 오랫동안 머물고 있으므로 이상하게 여겼다. ²² 드디어 그가 밖으로 나왔으나 말을 못 하는 것을 보고 그들은 즈가리야가 성소에서 무슨 신비로운 것을 보았음을 알게 되었다. 언어장애가 된 즈가리야는 말을 못 하고 손짓으로 시늉만 할 뿐이었다. ²³ 즈가리야는 사제

당번의 기간이 끝나서 집으로 돌아왔다. ²⁴ 그 뒤에 그의 아내 엘리사벳은 아기를 가지게 되어 다섯 달 동안 들어앉아 있으면서 ²⁵ '마침내 주님께서 나를 이렇게 도와주셔서 나도 이제는 사람들 앞에 부끄럽지 않게 되었구나' 하고 생각하였다.(1,5-25)

당시 세례자 요한의 출생과 세례, 사명, 죽음에 대한 전설이 많이 퍼진 모양이다. 공동성서(구약성서)에서 왕의 집권 시기에 따라 시기를 밝히곤 했다(〈2사무〉21,1; 〈1역대〉4,41). 헤로데 왕은 유다인의 왕으로 소개되었다. 루가는 '유다'라는 지명에 이스라엘 열두 부족 중 하나인 유다족이 살던 지역 혹은 옛날 남쪽 왕국뿐 아니라 갈릴래아와 페레아를 포함해 유다인이 거주하던 모든 지역을 가리킨다.

사제 계급은 24등급으로 나뉘었다(〈1역대〉24,7-18; 〈느헤〉12,1-7.12-21). 사제는 제비뽑기로 순서를 정해 1년에 두 차례씩 일주간 예루살렘성전에서 제사를 드렸다. 즈가리야는 8등급에 속한 평범한 사제다(〈1역대〉24,10). 대사제의 임무는 제비뽑기로 정해지지 않는다. 즈가리야의 아내 엘리사벳은 아론의 자손으로, 사제 가문 출신이다. 사제의 아내는 사제 계급 출신이어야 했다.

즈가리야와 엘리사벳은 의로운enantion 사람으로 소개된다. 사제나 그 아내는 당연히 의롭다는 뜻은 아니다. 즈가리야와 엘리사벳은 의로운 삶 덕분에 하느님의 축복을 받는 인물로 등장한다(〈레위〉26,3-; 〈신명〉7,11-14). 7절에 그들에게 아이가 없는 것이 놀랍다는 듯 표현된다. 처벌받았기 때문이 아니라는 뜻이다. kathoti(아이를 낳지 못하는)라는 단어는 신약성서 가운데 루가의 작품에만 보인다(〈루가〉19,9; 〈사도〉2,24; 4,35). 독자들은 엘리사벳의 아픔에서 사래(〈창세〉11,30), 리브가(〈창세〉25,21), 라헬(〈창세〉

29,31), 한나(《1사무》 1,2) 등 같은 운명의 여인을 떠올렸을 것이다.

8절에서 장면이 예루살렘 성전으로 바뀐다. 아침과 오후 두 차례 향을 피우는 제사는 그 절차가 자세히 정해졌다. 사제들만 출입 가능한 안쪽 제단에 일곱 가지 모양 촛대와 빵을 올려놓는 책상이 있다. 이곳과 지성소 사이에 커튼을 쳐서 하느님이 계신다는 지성소와 구분한다. 제사에는 언제나 여러 사제가 참여한다. 사제가 혼자 그곳에 들어가는 일은 금지된다. 즈가리야에게 천사가 나타나는 장면에서 백성은 아무 역할도 하지 않는데, 루가는 왜 10절에서 백성이 기도하는 모습을 소개했을까. 20절에서 말을 못 하게 된 즈가리야를 사람들에게 보여주려는 것이다.

루가는 제비뽑기, 성전 입장, 제물 봉헌으로 진행되는 제사 순서를 안다. 11절에서 천사는 제단 오른쪽에 선다. 오른쪽은 귀하고 높음(《시편》 110,1)을 뜻한다. 천사는 언제나 서고, 재판관이나 스승은 앉는 자세를 취한다. 천사가 나타날 때 '당황하여 두려워'하는 12절의 장면은 흔하다(《토비》 12,16; 《다니》 8,17). 천사가 말하는 모습은 고대문학에서 자주 보인다. 천사가 즈가리야에게 아들의 탄생을 예고하는 장면에서 독자들은 이스마엘(《창세》 16,11 -), 이사악(《창세》 17,15-19) 등 공동성서의 비슷한 역사를 생각했을 것이다.

14절에서 태어날 요한의 역할을 설명한다. 아기는 가족의 기쁨이요, 많은 사람의 기쁨이다. 아기가 태어나는 기쁨도 있지만, 예언자가 될 인물이 태어나서 민족에게 기쁨을 준다는 사실이 강조된다. 하느님께서 아기 이름까지 선사하신다(13절)는 뜻이다. 당시에는 아버지가 자녀의 이름을 지었다. 15절에서 술 마시지 않는 것을 하느님과 특별히 가까운 사람의 표시로 소개한다. '태중에서부터 성령을 가득히 받을 것'이라는 표현은 예언자 운동의 흔적을 보여준다. 1세기에 그 표현은 활발했다(〈갈라〉 1,15). 요한이 그전의 모든 예언자보다 특별한 예언자임을 나타낸다. 당시 유다교 개혁 운동 흐름에서 마지막 예언자에 대한 기대가 얼마나 컸는지 알 수 있다.

하느님은 개인을 선택하여 큰일을 맡기신다. 요셉이나 모세뿐만 아니다. 하느님은 우리에게도 큰 역할을 맡기셨다. 우리가 그것을 모르거나, 알고도 모른 체하거나, 거절하거나, 배신했는지 모른다. 16절에서 요한은 자기 민족을 하느님께 데려오도록 할 인물(〈1역대〉 24,19; 〈느헤〉 9,26)로 언급된다.

17절에서 엘리야가 언급된다. 마지막 심판 날에 하느님의 분노를 줄이기 위해 엘리야가 죽음에서 돌아와 하느님을 설득한다는 전설이 예수 시대에 널리 퍼졌다(〈말라〉 3,1. 23-). 가난한 사람에게 현실은 언제나 막막하다. 가난한 사람이 구세주를 애타게 기다리는 마음은 얼마나 절실한지. 그런 기대는 어느 시대나 있는 모양이다.

"무엇을 보고 그것을 믿으라는 말씀입니까?"라고 질문한 즈가리야는 천사에게 "내 말을 믿지 않았으니"라는 핀잔을 듣고, 말 못 하는 처벌을 받는다. 이런 경우는 공동성서에 전혀 없던 일이다. 〈다니〉 10,15에서 다른 이유로 처벌이 내려졌다. 같은 상황에서 비슷한 질문을 한 아브라함이나 예수의 어머니 마리아는 그 질문이 불신으로 여겨지거나 처벌받지 않았다.

21절에서 백성은 왜 이상하게 여겼을까. 유다인은 지성소 가까이, 즉 하느님 가까이 있는 시간은 아주 위험하다고 생각했기 때문이다. 우리 그리스도인에게 적잖이 낯설고 동의하기 어려운 생각이다. 그러나 우리가 여기서 배울 점도 있다. 교회 안에서 자신이 하느님과 가깝다고 자부하거나 인정받는 사람들이 저지르는 잘못 말이다. 하느님은 내 심장보다 나와 가까이 계신 분이지만, 하늘보다 멀리 계신 분이기도 하다.

즈가리야는 말을 못 할 뿐이었다. 그는 글로 써서 사람들에게 천사와 만난 장면을 알릴 수도 있었다. 루가는 사제들만 들어가는 곳에서 일어난 사건을 어떻게 알았을까. 루가는 어느 사제가 즈가리야와 함께 제사를 드렸는지, 제사 드린 시간이 언제인지 상세한 사실에 관심이 없다. '세례자 요한 탄생 예고' 이야기는 여러모로 허술하다.

여기서 루가의 의도가 드러난다. 루가는 요한이 장차 맡을 역할을 독자에게 알리고 싶었을 뿐, 나머지는 다음 문제다. 성서를 어떤 자세로 읽어야 하는지 보여주는 사례다. 성서의 메시지는 제대로 알아듣되, 성서에 나온 이야기를 실제 사건으로 여길 필요가 없는 경우도 있다.

루가는 이 이야기를 왜 썼을까. 이스라엘 백성의 역사가 하느님과 계속 연관된다는 것을 말하고 싶었다. 하느님이 이스라엘의 옛 조상에게 하신 것과 같은 모양으로 지금도 이스라엘 민족에게 신경 쓴다는 사실을 알리고 싶었다. 하느님이 어디 이스라엘만 신경 쓰실까.

천사가 엘리사벳에게 나타나서 아이 탄생 소식을 전했다면 어땠을까. 꼭 남편에게 나타나서 말하고, 남편만 알거나, 남편이 먼저 안 다음에 아내에게 전해야 했을까. 천사는 예수의 탄생 소식을 요셉이 아니라 마리아에게 직접 예고한다.

　그리스도교 역사에서 세례자 요한은 대부분 예수를 준비하는 역할로 설명하고, 불의한 권력에 대한 요한의 비판은 소홀히 다뤘다. 세례자 요한이 강조한 것은 회개와 정의다. 회개와 정의를 통해 백성을 하느님께 돌아가도록 하고, 백성이 가까이하도록 하는 역할이다. 이는 오늘 그리스도교에 필요한 덕목이다. 예수는 세례자 요한에게 회개와 정의의 중요성을 배웠다. 서양 신학이 신앙과 이성의 관계를 주로 다뤘다면, 해방신학은 신앙과 정의의 관계를 주로 다뤘다. 세례자 요한은 서양 신학자보다 해방신학자에 가깝다. 세례자 요한보다 예언자 요한이라는 호칭이 내용상 적절하지 않을까.

○ 예수 탄생 예고

²⁶ 엘리사벳이 아기를 가진 지 여섯 달이 되었을 때에 하느님께서는 천사 가브리엘을 갈
릴래아 지방 나자렛이라는 동네로 보내시어 ²⁷ 다윗 가문의 요셉이라는 사람과 약혼한 처
녀를 찾아가게 하셨다. 그 처녀의 이름은 마리아였다. ²⁸ 천사는 마리아의 집으로 들어가
"은총을 가득히 받은 이여, 기뻐하시오. 주께서 당신과 함께 계십니다" 하고 인사하였다.
²⁹ 마리아는 몹시 당황하며 도대체 그 인사말이 무슨 뜻일까 하고 곰곰이 생각하였다.
³⁰ 그러자 천사는 다시 "두려워하지 마시오, 마리아. 당신은 하느님의 은총을 받았습니
다. ³¹ 이제 아기를 가져 아들을 낳을 터이니 이름을 예수라 하시오. ³² 그 아기는 위대한
분이 되어 지극히 높으신 하느님의 아들이라 불릴 것입니다. 주 하느님께서 그에게 조상
다윗의 왕위를 주시어 ³³ 야곱의 후손을 영원히 다스리는 왕이 되겠고 그의 나라는 끝이
없을 것입니다" 하고 일러주었다.
³⁴ 이 말을 듣고 마리아가 "이 몸은 처녀입니다. 어떻게 그런 일이 있을 수 있겠습니까?"
하자 ³⁵ 천사는 이렇게 대답하였다. "성령이 당신에게 내려오시고 지극히 높으신 분의 힘
이 감싸주실 것입니다. 그러므로 태어나실 그 거룩한 아기를 하느님의 아들이라 부르게
될 것입니다. ³⁶ 당신 친척 엘리사벳을 보시오. 아기를 낳지 못하는 여자라고들 하였지
만, 그 늙은 나이에도 아기를 가진 지가 벌써 여섯 달이나 되었습니다. ³⁷ 하느님께서 하
시는 일은 안 되는 것이 없습니다." ³⁸ 이 말을 들은 마리아는 "이 몸은 주님의 종입니다.
지금 말씀대로 저에게 이루어지기를 바랍니다" 하고 대답하였다. 그러자 천사는 마리아
에게서 떠나갔다.(1,26-38)

흔히 '마리아 동정 탄생'이라는 제목이 붙는 부분이지만, '성령에 의
한 마리아의 놀라운 임신'이라고 좀 더 정확히 말하는 것이 좋겠다. 주제
가 동정 탄생이 아니라 성령으로 인한 임신과 아기의 놀라운 미래에 대한
예언이기 때문이다.

나자렛은 nazaret(〈마르〉 1,9; 〈마태〉 2,23; 〈요한〉 1,45), nazareth(〈마태〉 21,11;

〈루가〉 2,4; 〈사도〉 10,38), nazara(〈루가〉 4,16) 등 여러 이름으로 나타난다. 세포리스에서 남쪽으로 6킬로미터 떨어진 갈릴래아 저지대에 있다. 서기 3세기까지 문헌이나 비석에서 그 이름이 보이지 않는 것으로 미루어 변변찮은 동네인 모양이다.

27절에서 parthenos(처녀)는 동정성을 가리킨다. 유다교에서 동정성을 윤리적으로나 신비적으로 가치 있게 가르치진 않았으나, 은둔파인 에세느파는 고귀하게 생각했다. 루가에게 이 전승을 전한 사람들은 동정성을 높이 여기는 유다교 내 개혁 운동 흐름에 속하지 않았나 싶다. 신약성서 전체에서 동정성은 긍정적으로 평가된다(〈사도〉 21,9; 〈1고린〉 7,25; 〈묵시〉 14,4).

유다교에서 열두 살은 소녀가 결혼할 수 있는 나이이다. 마리아는 약혼자 요셉과 같이 살지 않지만, 법적으로 혼인 상태다. 약혼할 때 남자는 약혼녀 부친에게 결혼 지참금을 지불하고, 약혼녀에 대한 소유권을 갖는다. 약혼녀는 아직 부모의 집에 거주한다. 보통 약혼하고 1년 뒤에 결혼식이 열린다. 결혼식 전까지 약혼녀에 대한 보호권은 그 부친에게 있다.

초자연적 존재가 오는 장면(〈판관〉 6,11)이나 부활하신 분이 나타남(〈루가〉 24,15-36)과 달리, 천사가 아주 인간적인 방식으로 마치 나그네처럼 마리아를 방문한다. 천사는 공동성서에서 익숙한 장면(〈창세〉 16,11; 〈판관〉 13,1; 〈이사〉 7,14)처럼 마리아에게 아들의 탄생 소식을 알린다. 그 이름은 '야훼가 구원하시다'라는 뜻이 있는 예수다. 〈루가〉 독자는 마리아를 방문한 존재가 천사임을 알지만, 정작 마리아는 그가 누구인지 알 턱이 없다.

28절 '주께서 당신과 함께 계십니다'에 몇몇 성서 사본은 '여인 중에'라는 단어를 넣었다. 33절에서 '그의 나라는 끝이 없을 것입니다'라는 표현은 놀랍다. 로마 식민지라는 유다의 상황으로 정치적 메시아사상을 상징과 그림 속에 숨기고 조심하던 시대에, 루가가 이토록 당당한 표현을 썼기 때문이다. 34절에서 마리아의 '어떻게'는 나이나 불임이 아니라 동정성에 대한 질문이다. 그 물음에 천사는 제대로 답하지 않고 성령 이야기를 꺼낸다.

마리아의 답변은 즈가리야의 답변과 달리 믿음의 모범으로 소개된다. 마리아의 답변은 예언자가 임무를 받을 때 하는 수락 연설처럼 의젓하다. 프란치스코 교황이 선출되고 나서 수락 발언은 "저는 죄인입니다 pecator suum"라는 문장으로 시작했다. 그 겸손을 나도 언젠가 따르고 싶다.

예수 당시 유다교는 그리스, 로마, 이집트 등 외래문화의 영향을 받았다. 점성술과 태양신 숭배가 널리 퍼졌다. 로마 황제 안티오코스 4세 Antiochos IV는 예루살렘에 태양신을 숭배하는 관습을 들여왔다. 12월 25일 성전 봉헌 축제에서 빛을 축하하는 의식을 열었다. 동정성을 높이 여기는 문화는 이집트에서 늦게 발전된 주제다. 성서 저자들은 이런 외래문화의 영향을 받아 만들어진 전승을 독자에게 예수의 참모습을 밝히고 설명하는 데 적절히 사용한다. 신학은 종교학에서 연구되는 성과를 두려워하거나 소홀히 해선 안 된다.

루가는 세례자 요한과 예수의 탄생을 비교하지 않고 연결한다. 우리는 세례자 요한과 예수를 비교하고, 세례자 요한이 예수보다 낮은 인물이라고 하는 말을 실컷 들었다. 그러나 세례자 요한과 예수의 연속성과 공통점을 꼭 기억해야 한다. 둘 다 불의한 세력에 저항했고, 권력에 의해 처형당했다.

세례자 요한이 체포되었을 때, 예수는 숨거나 물러서지 않고 곧 세상에 등장한다. 루틸리오 그란데Rutilio Grande 신부가 살해되고 나서 오스카 아르눌포 로메로Óscar Arnulfo Romero 대주교가 등장한다. 예수가 세례자 요한을 이은 것처럼, 로메로 대주교가 그란데 신부 뒤를 이었다. 회개에도, 예언자에게도 동지와 벗이 있다. 하느님은 덕 있는 사람, 의로운 사람을 외롭게 두시지 않는다.

예수는 마리아의 태중에서 탄생했기 때문에 비로소 하느님의 아들이 되었는가. 예수는 영원부터 하느님의 아들이기에 마리아에게서 탄생하는 순간 하느님의 아들임이, 그 신성이 드러나는가. 성서신학에서 답변하기 어려운 문제다. 신약성서 전체에서 예수는 영원부터 하느님의 아들로 소개된다. 예수는 하느님의 아들임을 믿고 묵상하는 자세가 아름답다. 루가는 이 점을 강조하고 싶었다.

구원의 역사에서 하느님이 주도권을 행사하신다. 하느님의 주도권은 인간의 응답을 무시하지 않고, 오히려 기대하고 요구한다. 해방 실천에 참여하다가 자주 실망하는 사람들이 특히 새겨야 할 말이다. 우리 눈에 세상은 꿈쩍하지 않고, 악의 세력은 하느님의 심판을 전혀 두려워하지 않는 것처럼 보일 수 있다. 그러나 악인은 하루도 편하게 잠들지 못한다. 우리는 저항에 주저할 필요 없다.

○ 엘리사벳을 방문한 마리아

³⁹ 며칠 뒤에 마리아는 길을 떠나 걸음을 서둘러 유다 산골에 있는 한 동네를 찾아가서 ⁴⁰ 즈가리야의 집에 들어가 엘리사벳에게 문안을 드렸다. ⁴¹ 엘리사벳이 마리아의 문안을 받았을 때에 그의 뱃속에 든 아기가 뛰놀았다. 엘리사벳은 성령을 가득히 받아 ⁴² 큰 소리로 외쳤다. "모든 여자들 가운데 가장 복되시며 태중의 아드님 또한 복되십니다. ⁴³ 주님의 어머니께서 저를 찾아주시다니 어찌된 일입니까? ⁴⁴ 문안의 말씀이 제 귀를 울렸을 때에 제 태중의 아기도 기뻐하며 뛰놀았습니다. ⁴⁵ 주님께서 약속하신 말씀이 꼭 이루어지리라 믿으셨으니 정녕 복되십니다."
⁴⁶ 이 말을 듣고 마리아는 이렇게 노래를 불렀다. "제 영혼이 주님을 찬양하며 ⁴⁷ 제 구세주 하느님을 생각하는 기쁨에 이 마음 설렙니다. ⁴⁸ 주께서 여종의 비천한 신세를 돌보셨습니다. 이제부터 온 백성이 저를 복되다 하리니 ⁴⁹ 전능하신 분께서 저에게 큰일을 해주신 덕분입니다. 주님은 거룩하신 분, ⁵⁰ 주님을 두려워하는 이들에게는 대대로 자비를 베푸십니다. ⁵¹ 주님은 전능하신 팔을 펼치시어 마음이 교만한 자들을 흩으셨습니다. ⁵² 권세 있는 자들을 그 자리에서 내치시고 보잘것없는 이들을 높이셨으며 ⁵³ 배고픈 사람은 좋은 것으로 배불리시고 부요한 사람은 빈손으로 돌려보내셨습니다. ⁵⁴ 주님은 약속하신 자비를 기억하시어 당신의 종 이스라엘을 도우셨습니다. ⁵⁵ 우리 조상들에게 약속하신 대로 그 자비를 아브라함과 그 후손에게 영원토록 베푸실 것입니다." ⁵⁶ 마리아는 엘리사벳의 집에서 석 달가량 함께 지내고 자기 집으로 돌아갔다.(1,39-56)

〈마태〉 1~2장이나 〈루가〉 2장과 달리 요셉의 역할은 전혀 드러나지 않는다. 39절 he oreine(산골)는 서쪽으로 쉐펠라, 동쪽으로 요르단 분지, 남쪽으로 네겝 사막 사이에 있는 산악 지방을 가리키는 단어다(〈민수〉 13,29; 〈예레〉 40,13). 갈릴래아 저지대에 살던 소녀가 산악 지방으로 올라가는 일은 평범하지 않다.

마리아의 문안을 받았을 때 태중에서 뛰노는 요한 이야기는 리브가의 태중에 있는 야곱과 에사오 이야기를 떠올린다(〈창세〉 25,22). 루가는 세례자 요한이 어머니 태중에서 자신의 임무를 깨달았다는 점을 말하고 싶었다. 42절 '큰 소리로 외쳤다'는 성령으로 가득 찬 엘리사벳의 예언자적 행동을 가리킨다. 예언자 아들을 가진 어머니도 예언자 역할에 참여하는 것이다.

하느님에 대한 찬미는 언어뿐만 아니라 몸동작으로 나타난다. 몸으로 하느님께 찬미하는 모습은 유럽 그리스도교에서 억제되었지만, 남미와 아프리카에서 활발하다. 포이어바흐Ludwig Andreas Feuerbach가 말한 대로 고통이 생각보다 먼저 오듯이, 기도는 언어보다 몸으로 먼저 오지 않을까. 신학은 단지 언어로 하는 것이 아니라 몸으로도 한다. 여성 신학자가 많아져야, 평신도 신학자가 많아져야, 몸을 이용한 기도와 신학이 제대로 강조될 수 있을까. 신학자가 대부분 성직자이다 보니 신학 연구와 가르침에서 아쉬운 부분이 참 많다.

루가는 독립된 노래로 있던 전승을 받아들여 이 대목에 실었다. 비슷한 노래가 공동성서 여러 곳에 보이지만(〈출애〉 15,1-21; 〈신명〉 32,1-43; 〈판관〉 5,1-31), 특히 하나의 노래가 눈길을 끈다(〈1사무〉 2,1-10). 마리아의 노래는 개인 기도로 불리지 않았나 싶다. 이 기도에 공동체가 같이 부르자는 암시는 없다. 하느님이 일인칭이 아니라 삼인칭으로 간접적으로 불린다. 그 후 이 노래는 교회에서 마리아 찬가로 불려왔다. 성서 사본을 근거로 노래를 누가 불렀는지 논란이 되었다. 엘리사벳이나 세례자 요한이 전혀 언급되지 않은 것으로 보아 마리아가 부른 것 같다.

46절 이하에 소개된 마리아는 하느님의 말씀을 듣는 여인의 모습으로 드러난다. 카를 라너Karl Rahner의 유명한 책《말씀을 듣는 사람Hörer des Wortes》의 좋은 예가 마리아다. 영혼psyche, 마음pneuma은 마리아 자신을 가리킨다. 노래 첫 부분에 감사하는 대목이 나온다(〈시편〉9,2-; 30,2; 138,1-). 마리아는 이름 없는 동네에 사는 비천한 소녀를 하느님이 알아주셨음에 감사드린다(〈창세〉29,32). 하느님이 마리아를 선택하신 행동은 이집트에서 이스라엘 민족을, 가난한 사람들을 해방한 경험과 이어진다(〈신명〉10,21). 여인을 차별하던 사회적 통념을 뒤집는 통쾌한 장면이 〈루가〉곳곳에 있다.

48절 비천한tapeinos은 그리스어와 신약성서에서 사회적·경제적 차원으로 해석되는 단어다. 마리아가 가난한 계층에 속했다는 사실을 알려준다. 가난한 사람은 대부분 겸손하다. 살아야 하니 어쩔 수 없이 겸손한 점도 있다. 49절에서 마리아는 하느님이 하신 큰일을 떠올린다. 하느님의 존재와 본질을 철학적으로 묵상하는 것이 아니라, 하느님이 역사에서 하신 행동을 기억하는 것이다. 신학은 존재론보다 역사를 먼저 다뤄야 한다. 서양 신학은 역사보다 존재론을 중시해온 경향이 있다. 신학은 존재와 본질보다 역사와 현실을 먼저 봐야 한다. 로메로 대주교는 현실을 정직하게 볼 것을 강조했다.

52절에서는 잘못된 사회질서와 신분 체제를 뒤엎은 해방자 하느님을 노래한다. 유다교에서 하느님에 대한 찬미 노래와 기도는 모두 이집트에서 해방된 체험을 근거로 한다. 그리스도교 신자는 이 사실을 잊어선 안 된다. 미사나 예배, 기도에서 하느님을 찬미할 때, 이집트의 억압에서 해방된 사건을 떠올려야 한다. 그렇게 하는 그리스도인이 얼마나 될까.

하느님은 권력자를 심판하고 부자를 내쫓으며 가난한 이를 편드는 분이다(〈이사〉 2,11-17; 〈욥기〉 12,14-25). 그리스도교는 가난한 사람을 구원하는 하느님뿐만 아니라 부자와 권력자를 버리는 하느님을 강조해야 한다. 원래 그리스도교는 부자와 권력자에게 불편하고 까다로운 종교다. 그런데 어느새 그들은 교회에서 잘 대접받는다. 교회에서 불편함을 느끼는 부자나 권력자가 얼마나 될까. 뭔가 단단히 잘못되었다. 그리스도교는 부자와 권력자를 엄하게 다스려야 한다.

52절은 공동성서를 한마디로 요약하는 명문장이다. 하느님이 해방자니 예수도 해방자다. 하느님과 예수에게 해방자라는 호칭을 드리기 싫어하는 사람들이 있다. 자신이 권력자나 부자여서 그럴까. 권력자나 부자를 편들어서 그럴까. 자신이 하느님께 버림받으리라는 것을 알아서 그럴까. 도둑이 제 발 저려서다.

마리아와 엘리사벳 두 여인이 만났다. 두 여인의 아들 예수와 요한이 만난다. 또 다른 두 남자 베드로와 바울로가 만난다. 역사는 만남의 연속이다. 예수의 선구자로서 요한의 역할, 해방자로서 하느님의 모습, 하느님이 이스라엘 민족에게 하신 구원 행동과 약속이 마리아 찬가에서 강조된다. 하느님은 가난한 사람을 구원하며, 잘못된 사회질서가 바로잡히기를 바란다. 마리아는 이스라엘 민족뿐만 아니라 권력이 없는 자, 굶주린 여인, 가난한 자들의 대표다. '엘리사벳을 방문한 마리아' 이야기에서 두 여인의 행동은 여성의 진정한 품위가 어디에 있는지 보여준다. 여인의 품위는 하느님의 해방 행동을 찬미하고 참여하며, 가난한 사람을 편드는 데 있다.

해방자 마리아에게서 해방자 예수그리스도가 나왔다. 마리아는 여성 해방신학자다. 마리아 찬가는 현대 해방신학과 여성신학에서 큰 관심을 받는다. 가난을 영성적·추상적으로 해석하는 경향에 반대하는 신학자들이 늘고 있다. 성서에서 가난은 우선 사회학적으로 해석해야 한다는 것이다. 가난은 윤리적 겸손으로 연결할 것이 아니라 사회질서를 뒤엎는 관점에서 봐야 한다는 것이다. 마리아 찬가는 전통적으로 보수파 성직자와 신학자에게 불편한 노래다.

지금도 가톨릭에서 대다수 성직자인 신학자는 여성신학과 해방신학을 멀리하는 편이다. 여성신학과 해방신학을 정서적으로 싫어하는 사람도 있다. 프란치스코 교황은 "교회 안에서 여성신학이 깊이 발전되지 않았다. 여성신학이 깊이 발전되어야 한다. 교회 안에서 여성은 주교나 신부보다 중요하다"[6]고 말한다. 가톨릭 신학대학의 교수 절반이 여성 평신도로 구성될 그날이 어서 오기를 기대한다.

마리아는 유럽의 귀족 부인이 아니라 아시아의 시골 아낙네다. 마리아는 보수파 평신도가 아니다. 전태일 열사의 어머니 이소선 여사, 군사정권에 의해 납치·실종된 자녀들을 찾는 아르헨티나 5월 광장Plaza de Mayo의 어머니들이 마리아에 가깝다. 피에타의 성모는 아들 예수의 시신을 안아보기라도 했다. 그러나 자녀의 몸을 아직 만져보지 못한 세월호 유가족 어머니들이 있다. 그 어머니들은 마리아보다 큰 고통을 겪는다.

가톨릭 신심 단체 레지오마리에Legio Mariae에서 가르치는 마리아의 모습과 오늘 마리아 찬가에서 마리아의 모습이 얼마나 다른가. 레지오마리에가 근본주의 신심 운동에 머무르면 안 된다. 교회 내 보수파의 근거지로 잘못 이용되는 일도 없어야 한다. 성직자 중심주의를 지탱하는 토대로 이용되면 안 된다. 레지오마리에 단원이 광화문광장에 나와 세월호 유가족과 함께 기도한다면 얼마나 아름다울까. 가톨릭의 마리아 신심은 '해방자 마리아'라는 성서적 이미지를 어서 회복해야 한다.

○ 세례자 요한 탄생

57 엘리사벳은 달이 차서 아들을 낳았다. 58 이웃과 친척들은 주께서 엘리사벳에게 놀라운 자비를 베푸셨다는 소식을 듣고 엘리사벳과 함께 기뻐하였다. 59 아기가 태어난 지 여드레가 되던 날, 그들은 아기의 할례식에 왔다. 그리고 아버지의 이름을 따서 아기를 즈가리야라고 부르려 하였다. 60 그러나 아기 어머니가 나서서 "안 됩니다. 이 아이의 이름은 요한이라고 해야 합니다" 하였다. 61 사람들은 "당신 집안에는 그런 이름을 가진 사람이 없지 않습니까?" 하며 62 아기 아버지에게 아기의 이름을 무엇이라 하겠느냐고 손짓으로 물었다. 63 즈가리야는 작은 서판을 달라 하여 '아기 이름은 요한'이라고 썼다. 이것을 보고 사람들이 모두 이상하게 생각하였다.

64 바로 그 순간에 즈가리야는 입이 열리고 혀가 풀려서 말을 하게 되어 하느님을 찬미하였다. 65 모든 이웃 사람들은 무서운 생각마저 들었다. 이 일은 유다 산골에 두루 퍼져 이야깃거리가 되었고 66 이 말을 들은 사람들은 모두 이것을 마음에 새기고 "이 아기가 장차 어떤 사람이 될까요?" 하고 말하였다. 주님의 손길이 그 아기를 보살피고 계신 것이 분명했기 때문이다.

67 아기 아버지 즈가리야는 성령을 가득히 받아 예언의 노래를 불렀다. 68 "찬미하여라, 이스라엘의 주 하느님! 당신의 백성을 찾아와 해방하셨으며, 69 우리를 구원하실 능력 있는 구세주를 당신의 종 다윗의 가문에서 일으키셨습니다. 70 예부터 거룩한 예언자들의 입을 빌려 주님께서 말씀하신 대로 71 원수들의 손아귀에서 또 우리를 미워하는 모든 사람들의 손에서 우리를 구해주려 하심이요, 72 우리 조상들에게 자비를 베푸시며 당신의 거룩한 계약을 기억하시고 73 우리 조상 아브라함에게 맹세하신 대로 74 우리를 원수들의 손아귀에서 구해내시어 75 떳떳하게 주님을 섬기며 주님 앞에 한평생을 거룩하고 올바르게 살게 하심입니다. 76 아가야, 너는 지극히 높으신 하느님의 예언자 되어 주님보다 앞서 와서 그의 길을 닦으며 77 죄를 용서받고 구원받는 길을 주의 백성들에게 알리게 되리니 78 이것은 우리 하느님의 지극한 자비의 덕분이라. 하늘 높은 곳에 구원의 태양을 뜨게 하시어 79 죽음의 그늘 밑 어둠 속에 사는 우리에게 빛을 비추어주시고 우리의 발걸음을 평화의 길로 이끌어주실 것입니다." 80 아기는 날로 몸과 마음이 굳세게 자라났으며 이스라엘 백성들 앞에 나타날 때까지 광야에서 살았다.(1,57-80)

요한의 탄생과 이름 짓기, 요한 탄생의 뜻을 알려주는 즈가리야의 노래를 다룬 이야기다. 57절에서 엘리사벳이 아기를 낳은 사실은 리브가의 출산 소식을 전하는 대목(〈창세〉 25,24)처럼 간단히 언급된다. 58절에서 이웃과 친척들은 함께 기뻐한다. 기쁨은 〈루가〉에서 신앙의 특징으로 강조된다. 출생 8일째는 이스라엘 민족에게 하느님과 계약의 표지(〈창세〉 17,11-; 〈레위〉 12,3)로 할례를 거행하고 이름 짓는 날이었다.

예수 시대에 이날 이름을 짓거나 이웃과 친척이 이름 지은 사례를 말해주는 기록은 없다. 아기가 아빠 이름을 따르는 일은 가능하나(〈신명〉 3,14; 〈1열왕〉 16,24), 흔하지 않았다. 아기는 보통 할아버지 이름을 따랐다. 신체장애는 사제직에서 제외되는 이유였기에 사제 가문에서 심각하게 여겨졌다. 사제 가문이 아닌 집안에서 신체장애가 있는 아버지는 아들이 그 아픔을 극복하기 바라는 뜻에서 자기 이름을 주기도 했다. 가톨릭교회에서 신체장애가 있는 사람이 사제나 수도자가 되게 하는 문은 지금보다 넓어져야 한다.

61절에서 사람들이 요한이라는 이름을 반대한 것은 이름과 혈통을 연결하는 관행 때문이다(〈판관〉 17,7; 〈룻기〉 2,1; 〈이사〉 38,12). 62절에서 엘리사벳의 이웃과 친척들이 즈가리야에게 '손짓으로 물었다'는 표현은 즈가리야가 말을 못 하고 듣지도 못한다는 인상을 준다. 63절에서 '작은 서판'은 이름 짓는 의식에 그런 절차가 있었다는 뜻이 아니다. 놀라움은 〈마태〉나 〈마르〉보다 〈루가〉에서 큰 비중을 차지한다. 64절에서 바로 그 순간에parakrema는 치유를 설명할 때 루가의 특징이다. 신약성서에서 〈마태〉 21,19 이하를 제외하면 루가의 작품에만 보이는 단어다(〈루가〉 4,39; 5,25; 〈사도〉 3,7).

마리아의 마니피캇과 즈가리야의 베네딕투스는 자주 비교된다. 그런데 믿은 마리아와 의심한 즈가리야로 대조하지 말고, 혀가 풀린 뒤 즈가리야와 믿은 마리아를 나란히 봐야 한다. 즈가리야의 노래는 첫 단어를 라틴어로 번역된 불가타Vulgata 성서를 따라 benedictus(찬미 받으소서)로 불린다. 공동성서 전통에 있는 〈시편〉이요, 감사 기도라고 볼 수 있다. 하느님의 구원 행위, 백성이 구원됨, 하느님의 말씀 세 부분으로 구성된다. 예수의 제자들에게서 나온 전승이 아니라 세례자 요한의 제자들에게서 나온 전승을 루가가 받아들여 조금 손질한 것 같다. 노래에서 요한은 중심 인물이 아니라 하느님 구원 행동의 증인이자, 예수를 준비하는 역할로 소개된다.

당시 유다교는 출구가 막혀 숨 쉬기 어려운 신세였다. 하느님의 구원 경험과 말씀은 먼 옛날의 추억으로 여겨졌다. 각종 외래문화와 종교가 이스라엘에 유행했다. 가난한 백성은 어디에 희망을 둘지 몰라 헤맸다. 그때 세례자 요한과 예수가 등장한 것이다. 유다교에서 가난한 백성을 받아주는 그룹은 없었다. 세례자 요한과 예수만 가난한 백성을 받아주었다. 오직 예수가 여성을 제자로 받아주었다. 지금 그리스도교 상황이 그때 유다교 사정처럼 막막한지 모르겠다. 해방신학과 프란치스코 교황이 등장했다.

요한이라는 이름은 히브리어로 '하느님은 자비로우시다'라는 뜻이다. 요한은 흔한 이름이다(〈느헤〉 12,13; 〈1마카〉 2,1-; 〈묵시〉 1,9). 자비는 공동성서 그리스어 번역본 70인역Septuaginta에서 eleos 혹은 karis로 옮겨졌다. 68절 '이스라엘의 주 하느님'은 공동성서에서 자주 나오는 표현이지만, 신약성서에서 루가의 작품을 제외하고 전혀 보이지 않는다(〈루가〉 1,16;

〈사도〉13,17). 복음서가 유다교와 그리스도교의 분열 과정에서 쓰였음을 암시한다.

68절에서 하느님은 당신의 백성을 '찾아오셨다'. 하느님은 인류의 역사를 바라볼 뿐 아니라 인류의 운명에 참여한다. 하느님은 사람을 처벌하기 위해 찾아오시고(〈시편〉88,39) 구출하기 위해 찾아오신다(〈창세〉 50,24-25; 〈출애〉 3,16; 〈이사〉 23,17). 하느님은 로메로 대주교와 함께 엘살바도르를 방문하셨다. 불의한 세력아, 악인들아 들어라, 하느님께 죄를 지으면 하늘 아래 숨을 곳이 없다.

69절에서 하느님은 이스라엘을 구원하기 위해 개인을 '일으킨다'(〈판관〉 2,16; 〈예레〉 23,4). 뿔keras은 동물 세계에서 가져온 단어로 힘(〈1사무〉 2,1; 〈욥기〉 16,15), 하느님(〈2사무〉 22,3; 〈시편〉 154,18-)을 나타낸다. 구원자Soteria라는 단어가 〈루가〉에서 처음 등장한다. 그리스도교가 유다교에서 꼭 배울 점이 기도와 백성의 역사를 연결하는 것이다. 가난한 사람, 고통 받는 희생자의 아픔이 포함되지 않은 기도는 아직 기도가 아니다.

70절에 '거룩한 예언자'라는 표현이 있다. 예언자는 이미 거룩하다. 거룩한 사람만 예언자일 수 있다. 그리스도교 역사에서 예언직과 예언자의 역할은 크게 약화되었다. 20세기 해방신학에 들어서서 예언자의 역할이 비로소 회복되고 있다. 한국 천주교회에서 예언직의 비중은 아주 작다. 예언직이 빈약한 교회는 아직 진짜 교회가 아니다.

71절은 '해방자' 하느님을 소개한다. 그리스도교에서 창조주 하느님이라는 표현은 익숙하지만, 해방자 하느님은 그렇지 못하다. 공동성서의 하느님은 1차로 해방자요, 2차로 창조주다. 하느님을 해방자로 부르는 연습이 그리스도교에 꼭 필요하다. 73절도 아브라함에게 주어진 임무는 영토 확장이 아니라 백성의 해방임을 분명히 한다. 거룩함과 정의는 함께 간다. 신앙과 정의는 같이 일어서고 같이 넘어진다. 정의 없는 신앙은 신앙이 아니다.

76절에서 아기 요한은 지극히 높으신 하느님의 예언자로 불린다. 요한은 먼저 예언자라는 뜻이다. 그리스도교에서 요한은 주로 세례자로 불리지, 예언자로 불리지 않는다. 요한은 예언자이기 때문에 세례자지 세례자이기 때문에 예언자인 것은 아니다. 요한을 생각하며 세례를 떠올린다. 그가 불의한 권력을 비판하고 저항한 사실을 기억하지 않는 그리스도인이 많은데, 그래서는 안 된다.

77절에서 요한의 예언자 역할은 백성을 '깨우치려는' 것이다. 여기서 gnosis는 '알다'가 아니라 불트만의 해석처럼 '깨우치다, 회개시키다'라는 뜻이다. 요한의 세례는 회개의 세례다(〈루가〉 3,3; 〈사도〉 10,37; 13,24). 예언자가 제일 먼저 하는 일은 백성을 깨우치고 회개시키는 일이다. 80절에서 아기의 성장은 삼손(〈판관〉 13,24-)이나 사무엘(〈1사무〉 2,21.26)처럼 묘사된다. 아기 요한이 어릴 때부터 사막에서 살았다거나, 쿰란 공동체에 들어가 살았다는 결론을 끌어낼 수는 없다.

세례자 요한은 이스라엘과 연결되고 예수와도 연결되는 중간 지점에 있다. 세례자 요한은 유다교와 그리스도교를 연결하는 인물이다. 그는 유다교에서 마지막 예언자요, 신약에서 최초의 예언자다. 세례자 요한은 베드로나 바울로 못지않게 중요한 인물인데, 그리스도교에서 그렇게 인정받지 못했다. 세례자 요한은 예수의 스승이라고 말하고 싶다. 베드로나 바울로가 없어도 예수는 있지만, 세례자 요한 없는 예수는 존재할 수 없다.

하느님의 구원 계획에서 요한은 예수와 다른 역할을 받았다. 우리도 각자 다른 역할을 받는다. 서로 역할을 인정하고 돕고 배워야 한다. 성직자가 교회에서 모든 역할을 차지하는 것은 아니다. 평신도는 자기 역할을 거절하지 말아야 한다. 하느님을 교회나 마음속에 가둘 수 없다. 하느님의 구원은 역사 안에서 모든 인류에게 연결된다. 교회는 하느님 위에 있지 않다.

○ 예수 탄생

¹ 그 무렵에 로마 황제 아우구스토가 온 천하에 호구 조사령을 내렸다. ² 이 첫 번째 호구 조사를 하던 때 시리아에는 퀴리노라는 사람이 총독으로 있었다. ³ 그래서 사람들은 등록을 하러 저마다 본고장을 찾아 길을 떠나게 되었다. ⁴ 요셉도 갈릴래아 지방의 나자렛 동네를 떠나 유다 지방에 있는 베들레헴이라는 곳으로 갔다. 베들레헴은 다윗 왕이 난 고을이며 요셉은 다윗의 후손이었기 때문이다. ⁵ 요셉은 자기와 약혼한 마리아와 함께 등록하러 갔는데 그때 마리아는 임신 중이었다. ⁶ 그들이 베들레헴에 가 머물러 있는 동안 마리아는 달이 차서 ⁷ 드디어 첫아들을 낳았다. 여관에는 그들이 머무를 방이 없었기 때문에 아기는 포대기에 싸서 말구유에 눕혔다.

⁸ 그 근방 들에는 목자들이 밤을 새워가며 양 떼를 지키고 있었다. ⁹ 그런데 주님의 영광의 빛이 그들에게 두루 비치면서 주님의 천사가 나타났다. 목자들이 겁에 질려 떠는 것을 보고 ¹⁰ 천사는 "두려워하지 마시오. 나는 여러분에게 기쁜 소식을 전하러 왔습니다. 모든 백성들에게 큰 기쁨이 될 소식입니다. ¹¹ 오늘 밤 여러분의 구세주께서 다윗의 고을에 나셨습니다. 그분은 바로 주님이신 그리스도이십니다. ¹² 여러분은 한 갓난 아이가 포대기에 싸여 구유에 누워 있는 것을 보게 될 터인데 그것이 바로 그분을 알아보는 표입니다" 하고 말하였다. ¹³ 이때에 갑자기 수많은 하늘의 군대가 나타나 그 천사와 함께 하느님을 찬양하였다. ¹⁴ "하늘 높은 곳에는 하느님께 영광, 땅에서는 그가 사랑하시는 사람들에게 평화!"

¹⁵ 천사들이 목자들을 떠나 하늘로 돌아간 뒤에 목자들은 서로 "어서 베들레헴으로 가서 주님께서 우리에게 알려주신 그 사실을 봅시다" 하면서 ¹⁶ 곧 달려가 보았더니 마리아와 요셉이 있었고 과연 그 아기는 구유에 누워 있었다. ¹⁷ 아기를 본 목자들이 사람들에게 아기에 관하여 들은 말을 이야기하였더니 ¹⁸ 목자들의 말을 들은 사람들은 모두 그 일을 신기하게 생각하였다. ¹⁹ 마리아는 이 모든 일을 마음속 깊이 새겨 오래 간직하였다. ²⁰ 목자들은 자기들이 듣고 보고 한 것이 천사들에게 들은 바와 같았기 때문에 하느님의 영광을 찬양하며 돌아갔다. ²¹ 여드레째 되는 날은 아기에게 할례를 베푸는 날이었다. 그 날이 되자 아기가 잉태되기 전에 천사가 일러준 대로 그 이름을 예수라고 하였다.(2,1-21)

성서학자 프랑수아 보폰François Bovon은 이 부분을 〈루가〉 1,26-38의 연속으로 보기에는 무리가 있다고 주장한다.[7] '예수 탄생' 이야기에 〈루가〉 1,26-38에 언급된 동정 탄생이나 성령 탄생의 기미가 전혀 없기 때문이라는 것이다. 예수는 실제로 나자렛에서 탄생했다는 데 성서학자들 의견이 대부분 일치한다. 루가는 예수가 메시아라는 주장을 입증하는 방법으로 베들레헴에서 탄생했다고 말하고 싶었다. 그래서 여행 이야기를 꾸며 이 자리에 넣은 것 같다. 예수 탄생과 함께 이스라엘 민족의 역사는 세계사적 의미를 지니게 되었다. 1절에 나오는 '온 천하oikoumene'는 지배자 이데올로기를 나타내는 어휘 중 하나다. 루가에게 이 단어는 로마제국을 가리킨다. 루가가 아프리카나 남미 대륙을 알았을 리 없다. 로마 황제 카이사르Julius Caesar는 온 세상의 수호자로 불렸다.

1절에 쓰인 령dogma이라는 단어에는 의견, 명령, 가르침, 교리 등 다양한 뜻이 있다. 우리 시대에 dogma는 근거 없이 우기는 생각쯤으로 폄하되기도 한다. 당시 인구조사는 군대나 경제 분야에서 백성을 통제하고 다스리는 강력한 통치 수단이었다. 인구조사에는 거주자의 나이와 직업, 아내, 자녀 수 등을 조사해서 군대를 모집하고 주민세를 걷는 apogrape, 재산과 수입을 조사하는 apotimesis가 있었다. 루가는 두 단어를 섞어 썼다. 로마 황제 아우구스투스Augustus는 이집트에서 14년마다 주민세를 걷기 위해 인구조사 명령을 내렸다. 유다 역사가 요세푸스Flavius Josephus에 따르면 유다 지방에서 인구조사는 공통년(서기) 6년, 즉 예수 탄생 10여 년 뒤에 있었다.

우리 시대에 흔히 하는 여론조사에 비할 바가 아니었다. 유다교 무장 투쟁파인 열혈 당파가 로마 군대의 인구조사를 거부한 데는 정치적 이유뿐 아니라 신학적 이유도 있었다. 인구조사는 이스라엘 임금도 할 수 없고, 오직 하느님이 할 수 있었다(〈민수〉 1,26). 그러나 루가가 이 부분의 인구조사 이야기를 예수 추종자들이 열혈 당파를 반대하는 뜻에서 썼으리라는 의견에는 찬성하기 어렵다.

3절에서 마리아와 요셉이 베들레헴으로 호적 등록을 하러 갔다는 이야기는 사실이 아닌 것 같다. 로마제국은 호적 등록, 즉 인구조사를 본적지가 아니라 거주지에서 하도록 요구했다. 요셉과 마리아 부부는 헤로데 안티파스가 통치한 지역에 속하는 나자렛에 살았다. 유다에서 공통년 6-7년에 실시된 호적 등록은 그들에게 해당되지 않았다. 요셉이 베들레헴이나 그 지역에 땅이 있었다는 근거 없는 추측을 따른다 해도, 만삭인 마리아가 여행에 동반할 이유는 없었다. 당시 독자들은 약혼자 둘이 결혼 전에 여행을 하고, 더구나 약혼녀가 만삭의 임신부라는 사실에 충격을 받았을 것이다.

4절에서 베들레헴을 다윗 고을이라고 부른 사실은 놀랍다. 공동성서에서 시온, 즉 예루살렘만 다윗의 도성이라고 불렀기 때문이다(〈2사무〉 5,7.9). 베들레헴이 다윗의 고향이긴 하다(〈1사무〉 16,1-13; 20,6). 미래의 메시아는 베들레헴에서 태어난다고 나온다(〈미가〉 5,1). 예수가 베들레헴에서 태어났다고 하려면 마리아가 베들레헴에 가면 되었다. 약혼자를 보호하기 위해 요셉이 마리아와 같이 갈 수는 있다. 그런데 마리아가 아니라 요셉이 다윗 가문에 속한다.

7절에서 루가는 왜 외아들monogenes 대신 첫아들prototokos이란 단어를 썼을까. 이 단어에서 마리아가 다른 자녀를 낳았다는 논리적 결론을 이끌어낼 수는 없다. 후대에 묘사된 것처럼 마리아가 베들레헴에 도착했을 때가 아니라 거기에 '머물러 있는 동안' 출산한 것으로 6절에 소개된다. 성서 어디에도 예수 탄생처럼 한 아기의 출생이 자세히 소개된 부분은 없다. 7절에 나오는 말구유(여물통)는 옮길 수 있고, 집 안이나 밖에 있었다. 나무가 귀하고 비싼 이스라엘에서는 나무 구유보다 쇠 구유가 흔했다. 신생아를 포대기에 싸는 것은 당시 흔한 모습이다(〈에제〉 16,4).

말구유는 가난한 상황을 드러낸다기보다 왕궁에서 출산을 준비하는 로마 황제 아우구스투스의 권력과 대조되는, 출산조차 제대로 준비하지 못한 무기력을 상징한다(〈1사무〉 16,7). 가짜 황제인 로마 황제의 화려한 탄생과 진짜 임금인 예수의 초라한 탄생이 대조된다. '예수 탄생' 이야기에는 로마 황제를 비판하는 강력한 정치적 동기가 있다. 이런 사실을 설교와 성서 교육에서 제대로 들어왔는가.

7절의 여관katalyma은 우리 시대 숙박업소가 아니라 사람과 짐승이 쉬면서 밤을 지내는 장소를 가리킨다. 당시 여행하는 유다인은 동료 유다인의 친절 덕분에 유다인 집에서 잘 수 있었다. 숙박업소를 가리키는 단어는 pandokeion이 있다(〈루가〉 10,34). 유다인은 그리스 문화의 영향을 받아 후대에 숙박업소를 안 것 같다. 신약성서 시대(즉 예수 시대 이후)에 순례자를 위한 숙소가 유다교 회당 근처에 있던 것으로 보인다. 8절에 '양 떼를 지키는 목자들'이 소개된다. 루가가 왜 천사가 예수 탄생 소식을 목자들에게 전하도록 했는지 학자들의 의견이 엇갈린다. 예수가 메시아임을 강조하기 위해 다윗 전승을 이용했다는 의견이 가장 많다(〈1사무〉 17,15; 〈시편〉 78,70-72).

양 떼와 목자는 그리스도교에서 평신도와 성직자를 가리키는 데 흔히 사용되는 비유다. 성직자가 모두 착한 목자는 아니다. 성직자 중에 나쁜 목자가 수두룩하다. 양 떼를 지키기 위해 자기 목숨을 버리는 착한 목자도 있고, 땅을 차지하기 위해 양 떼를 버리는 나쁜 목자도 있다. 잃어버린 한 마리 양을 찾기 위해 아흔아홉 마리 양을 잠시 놓아두는 착한 목자도 있고, 잃어버린 아흔아홉 마리 양을 아예 찾을 생각조차 않고 한 마리 양과 어울리는 나쁜 목자도 있다. 착한 목자는 양 냄새가 나고, 나쁜 목자는 늑대 냄새가 난다. 나쁜 성직자는 세상에 사기꾼보다 큰 피해를 끼친다.

11절에서 백성을 위하여 아기가 태어났다는 표현은 플루타르코스Ploutarchos의《영웅전Bioi Paralleloi》에도 보인다. 11절에서 '주님이신 그리스도'라는 이중 호칭은 평범한 표현이 아니다. 루가 시대에 예수를 주님kyrio이라고 흔히 불렀다. 그러나 신약성서에서 관사를 붙이지 않은 kyrios와 kristos에 '그리고'를 의미하는 접속사 kai를 연결한 경우는 이곳뿐이다. 루가는 예수를 구원자이며 주권자, 즉 로마 황제를 능가하는 분으로 드러내려 하지 않았을까.

구원자는 하느님과 부활한 그리스도(〈요한〉 4,42; 〈사도〉 5,31; 〈필립〉 3,20) 그리고 로마 황제를 가리키는 호칭이다. 예수가 구원자라는 호칭을 쓰는 것은 로마제국 입장에서 보면 내란죄에 해당한다. 이런 뜻을 제대로 알려주는 목사나 신부가 얼마나 될까. 이런 사실을 아는 그리스도인이 얼마나 될까.

14절의 '그가 사랑하시는 사람들에게'는 불가타 성서에서 bonae voluntatis Dei로 옳게 번역되었다. 이 라틴어 구절이 후대에 '선한 의지를 가진 사람들, 선의의 사람들'로 잘못 번역되고 쓰였다. 17절에서 목자들이 들은 '말'을 가리키는 히브리어 dabar는 말씀과 사건을 모두 뜻한다 (〈루가〉 1,37-). 신약성서에서 말씀이란 단어를 만날 때는 사건을 같이 생각하는 것이 좋다. 말씀과 역사를 떼어놓으려는 수작은 그만둬라. 역사 없이 말씀이 생길 수 있겠는가. 그리스도교에서 사건과 관계없는 말씀은 없다.

20절 '듣고 보고(〈이사〉 48,5; 〈사도〉 4,20) 한 것'은 우리에게 큰 교훈을 주는 표현이다. 그리스도교 신앙에서 가장 중요한 첫걸음은 역사와 현실을 정직하게 듣고 보는 것이다. 보고 듣지 않으면, 보고 들은 것을 외면하면 아무도 신앙에 다가설 수 없다. 지난날 쓰인 성서를 공부하는 것도, 지난 시절 성인과 신학자에 대해 읽는 것도, 현실을 정직하게 듣고 보는 것보다 우선하지 않는다. 보기, 판단하기, 행동하기를 순서대로 행해야 한다. 성서나 교리를 배우기 전에 세상과 교회의 역사를 배우는 것이 바람직하다.

루가가 예수의 탄생 장면을 자세히 소개하지 않은 것은 수수께끼다. 후대에 생긴 전설과 달리 아기 예수가 탄생하는 장면은 거의 다루지 않았다. 일반적인 출산과 다를 바 없는 보도다. 동정 잉태, 출산 후 동정을 암시하는 구절은 없다. 공통년 2세기부터 마리아의 동정 잉태, 출산 후 동정에 대한 이야기가 퍼지기 시작했다. 루가는 '예수 탄생' 이야기에서 예수의 형제자매가 아니라 예수와 하느님의 독특한 관계를 강조하고 싶었다. 루가의 의도를 기억해야 한다.

○ 성전에서 봉헌되는 아기 예수

²² 그리고 모세가 정한 법대로 정결 예식을 치르는 날이 되자 부모는 아기를 데리고 예루살렘으로 올라갔다. ²³ 그것은 '누구든지 첫아들을 주님께 바쳐야 한다'는 주님의 율법에 따라 아기를 주님께 봉헌하려는 것이었고 ²⁴ 또 주님의 율법대로 산비둘기 한 쌍이나 집비둘기 새끼 두 마리를 정결례의 제물로 바치려는 것이었다.

²⁵ 그런데 예루살렘에는 시므온이라는 사람이 살고 있었다. 이 사람은 의롭고 경건하게 살면서 이스라엘의 구원을 기다리고 있었다. 그에게는 성령이 머물러 계셨는데 ²⁶ 성령은 그에게 주님께서 약속하신 그리스도를 죽기 전에 꼭 보게 되리라고 알려주셨던 것이다. ²⁷ 마침내 시므온이 성령의 인도를 받아 성전에 들어갔더니 마침 예수의 부모가 첫아들에 대한 율법의 규정을 지키려고 어린 아기 예수를 성전에 데리고 왔다. ²⁸ 그래서 시므온은 그 아기를 두 팔에 받아 안고 하느님을 찬양하였다.

²⁹ "주여, 이제는 말씀하신 대로 이 종은 평안히 눈감게 되었습니다. ³⁰ 주님의 구원을 제 눈으로 보았습니다. ³¹ 만민에게 베푸신 구원을 보았습니다. ³² 그 구원은 이방인들에게는 주의 길을 밝히는 빛이 되고 주의 백성 이스라엘에게는 영광이 됩니다." ³³ 아기의 부모는 아기를 두고 하는 이 말을 듣고 감격하였다. ³⁴ 시므온은 그들을 축복하고 나서 아기 어머니 마리아에게 이렇게 말하였다. "이 아기는 수많은 이스라엘 백성을 넘어뜨리기도 하고 일으키기도 할 분이십니다. 이 아기는 많은 사람들의 반대를 받는 표적이 되어 ³⁵ 당신의 마음은 예리한 칼에 찔리듯 아플 것입니다. 그러나 그는 반대자들의 숨은 생각을 드러나게 할 것입니다."

³⁶ 또한 파누엘의 딸로서 아셀 지파의 혈통을 이어받은 안나라는 나이 많은 여자 예언자가 있었다. 그는 결혼하여 남편과 일곱 해를 같이 살다가 ³⁷ 과부가 되어 여든네 살이 되도록 성전을 떠나지 않고 밤낮없이 단식과 기도로써 하느님을 섬겨왔다. ³⁸ 이 여자는 예식이 진행되고 있을 때에 바로 그 자리에 왔다가 하느님께 감사를 드리고 예루살렘이 구원될 날을 기다리던 모든 사람에게 이 아기의 이야기를 하였다. ³⁹ 아기의 부모는 주님의 율법을 따라 모든 일을 마치고 자기 고향 갈릴래아 지방 나자렛으로 돌아갔다. ⁴⁰ 아기는 날로 튼튼하게 자라면서 지혜가 풍부해지고 하느님의 은총을 받고 있었다.(2,22-40)

로마제국의 인구조사(〈루가〉 2,1-5) 덕분에 마리아 부부의 베들레헴 여행이 소개되듯, 유다교 율법 준수 덕분에 예루살렘 여행이 소개되었다. 22-24절에서 율법이란 단어가 세 번 언급되고, 뒤이어 성령이란 단어가 세 번 언급되었다. 율법과 성령, 즉 유다교와 예수를 순조롭게 연결하려는 루가의 세심한 배려다. 예루살렘성전은 계시의 장소(〈루가〉 2,46)이자 예수가 가르치는 곳(〈루가〉 19,45-47), 열두 제자가 활동한 장소(〈사도〉 3,1.11)로, 루가에게 중요했다.

〈레위〉 12장에 따르면 산모는 정결을 위해 예물을 바쳐야 한다. 우리는 22절에서 '부모'라는 복수 명사를 쓴 이유를 추측할 수밖에 없다. 산모가 신생아를 곁에서 보호하고 싶겠지만, 산모의 정결을 위한 여행에 아이를 데려갈 필요는 없다. 마리아의 정결보다 아기 예수가 강조된 부분이다. 예물은 예루살렘성전 여인의 마당과 이스라엘인의 마당 사이에서 바쳤다. 가난한 산모는 산비둘기 한 쌍이나 어린 집비둘기 두 마리를 바쳐도 되었다. 24절에서 가난한 마리아가 강조된다.

시므온은 위로paraklesis를 기다리고, 안나는 해방lytrosis을 기다리는 유다인의 예언자로 소개된다. 공동번역 성서에서 lytrosis를 '구원'으로 번역했지만, 나는 좀 더 적절한 단어인 '해방'으로 옮겼다. 이스라엘의 해방을 가져다줄 구세주를 기다리는 예언자의 대표적인 모습이다. 남자는 위로를 기다리고, 여인은 해방을 바라는가. 고통스런 시대에 남자에게 위로가, 여인에게 해방이 더 필요한가. 루가는 남녀 한 사람씩 소개하고, 남자를 먼저 등장시킨다(〈루가〉 1,25-38; 4,25-27; 7,1-17).

유다교 율법상 아들을 낳은 산모는 40일간 깨끗한 상태가 아니다(〈레위〉12,2-8). 산모는 바깥출입이 금지된다. 딸을 낳은 산모는 80일간 깨끗한 상태가 아니다. 남녀 차별이 성서에도 반영되었다. 인격적으로 훌륭한 종교인에게도 남녀 차별은 자주 보인다. 가톨릭 성직자의 남녀 차별 의식은 뼛속 깊이 자리 잡은 모양이다. 고칠 생각을 하지 않는 사람도 많다.

시므온은 이스라엘을 위로하는 예언자로 소개된다(〈이사〉40,1-;〈예레〉31,13). 25절에 쓰인 '의롭고 경건하게dikaios kai eulabes'라는 표현은 신약성서 가운데 여기에만 보인다. 사람에게 경건한eulabes이라는 형용사를 쓴 것은 루가의 작품뿐이다(〈사도〉2,5; 8,2; 22,12). 시므온은 아기 예수의 미래를 구원과 빛으로 이야기하고, 반대와 칼을 덧붙였다. 이 둘 사이의 긴장을 놓쳐서는 안 된다. 27절의 '첫아들에 대한 율법의 규정'은 공동성서나 유다교에 있는 것이 아니다. 루가가 어린 사무엘의 사례를 본뜬 것 같다(〈1사무〉1,22-24). 28절에 시므온이 아기 예수를 팔에 안은 자세는 메시아 임금에게 적절한 예의다.

시므온의 노래Nunc Dimittis는 마리아 찬가Magnificat, 즈가리야의 노래 Benedictus와 같이 공동성서 여러 곳에서 콜라주처럼 모은 것이다. 교회사에서 죽음을 생각하는 저녁 시간에 바치는 기도가 되었다. 29절 시므온의 고백은 〈창세〉46,30-;〈토비〉11,9을 연상케 한다. 죽음은 노예 상태에서 해방되는 것으로 비유되기도 한다(〈창세〉15,25;〈토비〉14,2-). 31절에서 왜 만민을 단수 laos 대신 복수 laoi로 썼을까. 독일의 개신교 성서학자 미카엘 볼터Michael Wolter는 온 세상 민족을 의식한 표현이라고 주장한다.[8] 부활 이후 이방인 선교의 전망이 예수 생애 초기에 있었다는 것이다.

34절에서 시므온이 아기 예수를 축복하는 모습이 생략된 것이 특이하다. 35절에서 시므온은 마리아의 마음이 '칼에' 찔릴 것이라고 예언한다. 여기서 칼은 양날이 있는 날카롭고 긴 칼과 한쪽 날만 있는 굽은 칼 둘 다 가리킨다. 칼은 하느님의 심판을 뜻하는 단어다. 학자들의 의견은 아들의 죽음에 대한 마리아의 고통과 이스라엘의 분열로 나뉜다. 어쨌든 마리아는 '고통 받는 어머니mater dolorosa'다(〈요한〉 19,25-). 마리아는 세상의 모든 어머니, 세월호 유가족 어머니들과 고통을 함께한다.

36절에서 안나는 아셀 지파, 즉 팔레스타인 북쪽 출신(〈신명〉 33,24-)이다. 안나의 나이가 몇이고, 얼마 동안 과부였는지 확실하지 않다. 공동성서에 미리암(〈창세〉 15,20), 드보라(〈판관〉 4,4), 훌다(〈2열왕〉 22,14), 이사야의 아내(〈이사〉 8,3) 등 여성 예언자가 등장한다. 시므온의 노래는 소개되지만, 안나의 노래는 소개되지 않는다. 시므온은 자신에 대해 직접 설명하지만, 안나는 출신과 나이, 사회적·종교적 지위 등으로 타자에 의해 설명된다. 루가는 남성 예언자를 극진히 대우하고, 여성 예언자를 소홀히 대접하는가. 남자가 본문이라면 여자는 부록인가. 여성 신자와 신학자들이 루가를 비롯한 성서 저자들에게 따질 일 아닌가.

40절 '아기는 날로 튼튼하게 자라면서 지혜가 풍부해지고, 하느님의 은총을 받았다'는 우리와 우리 자녀들, 세상의 모든 어린이에게 해당하는 말이다. 아기 예수는 어릴 때부터 모든 것을 알았다는 식의 해설은 예수의 인성을 모독하는 일이다.

용감한 여인 안나는 그저 기다리고 지켜보는 수동적 관찰자가 아니다. 당당하게 기도하는 적극적 예언자다. 안나는 성전을 떠나지 않고, 단식하고 기도하며 밤낮으로 하느님을 섬겼다. 오늘 그리스도교를 떠나지 않고 지키는 사람은 누구인가. 주교나 목사인가, 말없이 궂은일을 도맡으며 애쓰는 여성 신자인가.

오늘 우리는 해방을 용기 있게 기다리고 참여하는 안나처럼 용감하게 교회를 지켜야 한다. 루가는 예수의 부모가 율법에 충실한 유다인이고, 예수는 하느님과 가까운 사이며, 유다인이 고대하던 위로자와 해방자가 예수라는 사실을 독자에게 말하고 싶었다. 예수는 해방자다. 시므온도, 안나도 해방자 예수를 기다렸다. 그리스도교는 해방을 위한 종교다.

○ 예수의 소년 시절

⁴¹ 해마다 과월절이 되면 예수의 부모는 명절을 지내러 예루살렘으로 가곤 하였는데 ⁴² 예수가 열두 살이 되던 해에도 예년과 마찬가지로 예루살렘으로 올라갔다. ⁴³ 그런데 명절의 기간이 다 끝나 집으로 돌아올 때에 어린 예수는 예루살렘에 그대로 남아 있었다. 그런 줄도 모르고 그의 부모는 ⁴⁴ 아들이 일행 중에 끼어 있으려니 하고 하룻길을 갔다. 그제야 생각이 나서 친척들과 친지들 가운데서 찾아보았으나 ⁴⁵ 보이지 않으므로 줄곧 찾아 헤매면서 예루살렘까지 되돌아갔다. ⁴⁶ 사흘 만에 성전에서 그를 찾아냈는데 거기서 예수는 학자들과 한자리에 앉아 그들의 말을 듣기도 하고 그들에게 묻기도 하는 중이었다. ⁴⁷ 그리고 듣고 있던 사람들은 모두 그의 지능과 대답하는 품에 경탄하고 있었다. ⁴⁸ 그의 부모는 그를 보고 깜짝 놀랐다. 어머니는 예수를 보고 "얘야, 왜 이렇게 우리를 애태우느냐? 너를 찾느라고 아버지와 내가 얼마나 고생했는지 모른다" 하고 말하였다. ⁴⁹ 그러자 예수는 "왜 저를 찾으셨습니까? 제가 제 아버지의 집에 있어야 할 줄을 모르셨습니까?" 하고 대답하였다. ⁵⁰ 그러나 부모는 아들이 한 말이 무슨 뜻인지 알아듣지 못하였다.
⁵¹ 예수는 부모를 따라 나자렛으로 돌아와 부모에게 순종하며 살았다. 그 어머니는 이 모든 일을 마음속에 간직하였다. ⁵² 예수는 몸과 지혜가 날로 자라면서 하느님과 사람의 총애를 더욱 많이 받게 되었다.(2,41-52)

루가는 예수의 지혜(41-50절), 예수와 하느님의 연결(51-52절)에 대해 전해진 두 이야기를 하나로 묶었다. 소년 시절 예수는 부모에게 인성을 배우고, 하느님의 뜻에 일치하는 성장 과정을 거쳤다는 것이다. 예수의 변변찮은 출신 성분을 공격하는 유다인에 대항하여 초대 그리스도인이 변호하고 해명하는 배경에서 생긴 이야기로 보인다.

예수의 소년 시절을 다룬 복음서 저자는 루가가 유일하다. 루가는 예수에 대한 신학 강의를 이야기처럼 들려준다. 논문식 수업에 익숙한 현대 신학자들이 반성할 지점이다. 이야기가 논문보다 신학에 가깝다. 역사는 논문 이전에 이야기로 후대에 전해졌다. 논문 아니고도 얼마든지 다른 방법으로 충분히 신학을 할 수 있다. 신학은 철학보다 역사에 가깝다. 성서는 한마디로 인류에 대한 하느님의 사랑 이야기 아닌가. 하느님에 대한 인류의 그리움을 담은 책 아닌가.

당시 열두 살 유다인 소년이 과월절 축제에 참여해야 한다는 규정이 있었는지 의문이다. 그런 문헌을 찾기는 어렵다. 남자 성인 기준을 열세 살로 보는 문헌도 있고, 열두 살부터 보는 기록도 있다. 열두 살 소년은 소녀와 달리 성인 대접을 받지 못한다. 그리스 문헌이나 유다 문헌에 열두 살 소년의 지혜가 뛰어났다는 기록은 있다. 알렉산더, 에피쿠로스, 모세, 솔로몬, 사무엘, 다니엘 등이다. 유다인 역사가 요세푸스에 따르면, 사무엘은 열두 살에 예언을 시작했다고 한다(〈1열왕〉 2,12). 루가는 예수를 이런 영웅의 반열에 넣고자 한 것이 아닌가 싶다.

어떤 성서학자들은 어린 아들에 대한 부모의 부주의를 변명하기 위해 남자와 여자가 따로 무리 지어 순례 길을 오갔다는 추측을 제안하기도 했다. 가출한 청소년은 어디서 어떻게 살까. 가출한 자녀를 둔 부모의 고통은 얼마나 클까. 어린 예수의 지혜를 자랑하려는 루가 때문에 예수의 부모는 느닷없이 몹쓸 인간이 되었다. 열두 살 예수가 예루살렘성전으로 출가한 것도 아닌데 말이다.

예루살렘성전에 유다교 회당이 있지는 않았다. 46절은 학자 한 사람 앞에 여러 제자가 앉아 강의를 듣는 것은 아니고, 여러 학자가 토론하는 장면이다. 실제로 학자들이 그렇게 모여 토론했는지 의문이다. 루가는 예수를 학자와 동등한 위치에 놓으려 했다. 46절에서 예수는 스승 발치에 앉아 듣는 제자의 모습이 아니다(〈사도〉 22,3). '학자들과 한자리에 앉아' 그들의 말을 듣기도 하고 묻기도 하는 예수는 스승의 자세로 소개된다. 〈루가〉에서 학자를 didaskalos(스승)라고 표현한 곳은 여기뿐이다. 루가는 예수를 학자와 동등한 위치에 놓으려다 보니, 학자에게 호의적인 단어를 써야 했다.

신약성서에서 어린 남자아이를 가리키는 단어로 teknon(얘야, 48절)이 pais(소년, 43절)보다 자주 나온다. 여러 사람을 가리킬 '나'는 '나와 바르바나'(〈1고린〉 9,6)처럼 보통 처음에 나타난다. 마리아는 48절에서 '아버지와 내가'라고 했다. 마리아가 남녀의 순서에 따라 말했을까. 남자가 여자의 머리(〈에페〉 5,23)라는 말이 있다. '예수의 소년 시절' 이야기는 그런 의도와 아무 관계 없다. 남녀 차별의 사회 분위기에서 벗어나지 못한 남성 신학자가 어디 한둘일까.

49절 '제 아버지의 집에'라는 구절은 여러 가지 뜻으로 해석할 수 있다. '내 아버지가 계신 곳'처럼 장소 개념으로 이해할 수 있다. '내 아버지의 관심사에 가까이' 혹은 '내 아버지가 계신 곳에서' 출발하여 '내 아버지의 관심사에 가까이' 이동하는 뜻으로도 이해할 수 있다. 52절에서 예수에게 지혜sopia, 사랑karis이란 단어가 주어졌다. 지혜와 사랑 사이에 예수는 키와 나이helikia가 더해졌다. 예수는 우리와 같은 성장 단계를 거쳤다. 우리에게도 예수와 같은 점이 많다. 예수는 진보하고 성장했다.

'예수의 소년 시절' 이야기에 담긴 뜻을 이해하고 기억하는 일도 중요하지만, 이 이야기가 생긴 배경과 의도를 아는 것도 중요하다. 초대교회 시대 유다인 지식인은 예수의 보잘것없는 학력을 거론했다. 예수는 유명한 학자에게 교육받은 적 없다. 예수의 제자들도 마찬가지다. 초대 그리스도교에서 기껏 내세운 지식인이 바울로 정도다. 인류 역사상 창시자나 그 제자들의 학력이 그리스도교보다 낮은 종교가 또 있을까.

루가는 예수가 학자에게 교육받은 적 없지만 학자와 토론할 만큼 지혜로웠다는 점을, 그것도 성인이 되지 않은 열두 살에 그랬다는 점을 유다인에게 큰 소리로 외치고 싶었다. '예수의 소년 시절' 이야기에는 별다른 학력을 자랑할 수 없는 사도들을 유다인의 공격에서 보호하고픈 의도가 있다(〈사도〉 4,13). 그리스도교에서 학력은 부끄러운 일도, 자랑할 일도 아니다. 해방신학자 레오나르도 보프Leonardo Boff가 한 말이 떠오른다. 진짜 지식인은 학교에 오래 다닌 사람이 아니라 가난한 사람을 편드는 사람이다. 글자도 깨치지 못한 시골 노인이 해외 유학을 거친 전문직 지식인보다 지식인일 수 있다. 불의한 세력에 머리를 빌려주는 고학력자를 지식인이라고 부를 수는 없다.

○ 세례자 요한의 선포

¹ 로마 황제 티베리오가 다스린 지 십오 년째 되던 해에 본티오 빌라도가 유다 총독으로 있었다. 그리고 갈릴래아 지방의 영주는 헤로데였고 이두래아와 트라코니티스 지방의 영주는 헤로데의 동생 필립보였으며 아빌레네 지방의 영주는 리사니아였다. ² 그리고 당시의 대사제는 안나스와 가야파였다. 바로 그 무렵에 즈가리야의 아들 요한은 광야에서 하느님의 말씀을 들었다. ³ 그리고는 요르단 강 부근의 모든 지방을 두루 다니며 "회개하고 세례를 받으시오. 그러면 죄를 용서받을 것입니다" 하고 선포하였다. ⁴ 이것은 예언자 이사야의 책에 기록된 말씀대로였다. "광야에서 외치는 이의 소리, '여러분은 주의 길을 닦고 그의 길을 고르게 하시오. ⁵ 모든 골짜기는 메워지고 높은 산과 작은 언덕은 눕혀져 굽은 길이 곧아지며 험한 길 고르게 되는 날, ⁶ 모든 사람이 하느님의 구원을 볼 것입니다.'"(3,1-6)

루가가 요한의 일생에 대해 간단히 언급한 점에 놀랄 필요는 없다. 공동성서 〈판관〉에도 예언자, 판관, 왕에 대한 소개는 길지 않다. 유다 민족은 유배 시대부터 자신의 역사를 이민족 통치 연도에 비추어 기록했다. 예언서와 〈묵시〉 관련 문헌에서도 마찬가지다. 루가 역시 그렇다. 슬픈 일이다. 루가는 요한과 예수가 등장하는 시기의 정치 상황을 소개한다. 이민족 로마 군대가 이스라엘을 통치한다는 것이다. 요한과 예수는 식민지 시대에 살았다. 예수는 식민지 백성이고 사형수라는 사실을 우리는 한순간도 잊어서는 안 된다. 지금 그리스도인은 그 사실을 잘 느끼지도, 깨닫지도 못하는 것 같다. 예수의 역사는 모르면서 예수의 말씀만 줄줄이 외우고 인용하고 해설하는 사람들이 있다.

루가는 예수의 등장을 〈마르〉 1,1-8과 비슷하게 세례자 요한의 등장과 연결한다. 특히 공동성서를 인용해 예수의 등장을 소개한다. 예수를 공동성서, 즉 유다 민족과 연결하려는 의도 때문이다. '세례자 요한의 선포' 이야기에서 시대를 여섯 번이나 언급한 것은 예수를 세계사적 인물로 부각하려는 루가의 배려다. 루가가 요한이 등장하는 부분에 대해 자세히 소개한 점은 요한이 인기가 많았다는 사실을 알려준다. 요즘 말로 요한은 인터넷 검색 순위에서 앞자리를 차지한 인물이다.

티베리우스(재위 14-37)는 아우구스투스 황제 후임자다. 1절에서 '티베리오가 다스린 지 십오년째 되던 해'는 신약성서 가운데 유난히 눈에 띄는 시간 표현이다. 그러나 이 연도가 티베리우스가 아우구스투스 황제와 함께 통치를 시작한 공통년 12년을 가리키는지, 로마 원로원에 의해 황제로 선출된 14년을 가리키는지 알기 어렵다. 루가가 어느 달력을 썼고, 연도를 어떻게 계산했는지 정확히 알 수 없다.

본티오 빌라도는 공통년 26년부터 아마 36년까지 유다를 통치한 로마의 6대 총독hegemoneuo이다. 로마는 공통년 6년부터 총독을 임명하여 유다 지방을 직접 통치했다. 헤로데 안티파스는 공통년 이전 4년부터 공통년 39년까지 갈릴래아와 페레아 지방을 다스린 영주다. 그의 이복동생 헤로데 필리포스는 부친이 죽은 뒤부터 공통년 34년까지 겐네사렛 호수 동쪽과 북동쪽 지역을 다스린 영주다. 리사니아는 알려진 사실이 별로 없다.

2절에서 요한은 예언자가 등장하는 공동성서의 장면에 따라 소개되었다(⟨예레⟩ 1,4; ⟨호세⟩ 1,1). 요한이 세례자 이전에 예언자라는 사실을 그리스도인은 잊어서는 안 된다. 안나스와 가야파가 대사제로 있었다는 표현은 우리가 풀기 어려운 수수께끼다. 안나스는 공통년 6년부터 15년까지, 그의 사위 가야파는 18년부터 36(37)년까지 대사제였다. 루가는 2절에서 대사제를 가리키는 단수 명사를 쓰는데, 많은 번역에서 이 사실이 제대로 다뤄지지 않는다. 안나스는 대사제로 나오지만(〈사도〉 4,6; 〈요한〉 18,12-24; 〈요한〉 11,49는 다르다), 가야파는 별로 언급되지 않았다. 여러 학자들이 이 문제를 해명하려고 시도했지만, 설득력이 떨어진다.

2절에서 요한이 하느님의 말씀을 들었다고 소개된다. 공동성서에서 하느님이 예언자들에게 말씀을 주셨다는 표현(〈2사무〉 7,4; 〈1열왕〉 12,22)과 조금 다르다. 하느님의 말씀이 예언자들'에게pros' 주어졌는데, 요한 '위에epi' 내렸으니 요한은 들었다는 말이다. 요한이 예언자들보다 하느님에게 중요한 인물이라는 뜻일까. 예언자들보다 요한을 강조하는 설교자를 만나기는 쉽지 않다. 루가는 3절에서 요한이 한곳에 머물지 않고 요르단 강 양쪽 지역을 돌아다닌 것으로 보도한다. 요한은 광야에서 하느님 말씀을 받았지만, 말씀을 선포하러 여기저기 돌아다녔다. 3절의 세례 baptisma는 〈로마〉 6,4과 〈마르〉 1,4에서 볼 수 있지만, 신약성서 외 문헌에서 찾을 수 없다. 요한이 직접 세례를 실행한 점, 그 세례는 한 번만 한다는 점이 특이하다.

6절은 〈마태〉와 〈마르〉에 없다. 예수의 복음 선포가 온 세상을 향한다는 〈루가〉 특유의 전망이 담긴 구절이다. 6절의 '보다'는 히브리어에서 참여한다는 뜻을 포함한 말이다. 미사를 본다는 말이 미사에 참여한다는 뜻을 포함하는 것과 같다. 우리는 하느님의 구원을 구경하는 것이 아니라 함께 참여한다. 사제의 미사 집전을 구경하는 것이 아니라 함께 참여한다. 사제가 집행하고 우리는 물끄러미 구경하는 것이 아니다. 극장 객석에 앉아 연주곡을 감상하는 것과 다르다. 우리는 연주자 자리에 앉아 같이 연주하는 것이다.

복음서 저자들은 왜 예수 등장 이전에 세례자 요한 이야기를 소개했을까. 단지 예수를 예비하는 인물로 요한을 말하고자 하는 의도는 아니다. 예수와 관계없이 요한 자체가 큰 인물이기 때문이다. 예수에 대한 요한의 영향력이 컸기 때문이다. 요한을 강조할수록 예수에게 피해가 될까. 그렇지 않다. 요한을 예수의 비서 정도로 여기는 그리스도교의 관행에 문제가 있다. 요한은 예수의 선구자요, 스승이다. 세상에 스승 없는 사람이 있는가. 스승이 있어서 부담스러운 제자도 있는가.

'세례자 요한의 선포' 이야기는 오늘 시각으로 보면, 지명이나 연대가 사실과 다른 부분이 있다. 루가는 왜 상세히 언급했을까. 세례자 요한과 예수를 그리스도교뿐만 아니라 인류 역사에 집어넣기 위해서다. 루가의 생각에 찬성한다면, 우리도 예언자 요한과 예수를 그리스도교 역사뿐만 아니라 인류 역사라는 거대한 전망에서 봐야겠다. 그리스도교에게 예수의 독점권이 있지 않다. 예수는 그리스도교 밖에도 있고, 그리스도교를 넘어서는 분이다.

○ 예언자 요한에게 세례 받는 예수

7 요한은 자기에게 세례를 받으러 나오는 사람들에게 이렇게 말하였다. "이 독사의 족속들이여, 닥쳐올 징벌을 피하라고 누가 일러주었습니까? 8 여러분은 회개했다는 증거를 행실로 보이시오. 그리고 '아브라함이 우리의 조상입니다' 하는 말은 아예 하지도 마시오. 사실 하느님은 이 돌들로도 아브라함의 자녀를 만드실 수 있습니다. 9 도끼가 이미 나무 뿌리에 닿았으니 좋은 열매를 맺지 않는 나무는 다 찍혀 불 속에 던져질 것입니다."

10 군중은 요한에게 "그러면 우리는 어떻게 해야 하겠습니까?" 하고 물었다. 11 요한은 "속옷 두 벌을 가진 사람은 한 벌을 없는 사람에게 주고 먹을 것이 있는 사람도 이와 같이 남과 나누어 먹어야 합니다" 하고 대답하였다. 12 세리들도 와서 세례를 받고 "선생님, 우리는 어떻게 했으면 좋겠습니까?" 하고 물었다. 13 요한은 "정한 대로만 받고 그 이상은 받아내지 마시오" 하였다. 14 군인들도 "저희는 또 어떻게 해야 합니까?" 하고 물었다. 요한은 "협박하거나 속임수를 써서 남의 물건을 착취하지 말고 자기가 받는 봉급으로 만족하시오" 하고 일러주었다. 15 백성들은 그리스도를 기다리고 있던 터였으므로 요한을 보고 모두들 속으로 그가 혹시 그리스도가 아닐까 하고 생각하였다. 16 그러나 요한은 모든 사람에게 이렇게 말하였다. "나는 여러분에게 물로 세례를 베풀지만 이제 머지않아 성령과 불로 세례를 베푸실 분이 오십니다. 그분은 저보다 더 훌륭한 분이어서 저는 그분의 신발끈을 풀어드릴 자격조차 없습니다. 17 그분은 손에 키를 들고 타작 마당의 곡식을 깨끗이 가려 알곡은 모아 곳간에 들이고 쭉정이는 꺼지지 않는 불에 태우실 것입니다."

18 그 밖에도 요한은 사람들에게 여러 가지로 권하면서 복음을 선포하였다. 19 그런데 영주 헤로데는 자기 동생의 아내 헤로디아를 처로 맞아들인 일과 그 밖의 온갖 잘못을 들어 자기를 책망했다고 하여 20 요한을 감옥에 가두었다. 이리하여 헤로데는 악한 일 한 가지를 더하게 되었다.

21 사람들이 모두 세례를 받고 있을 때 예수께서도 세례를 받으시고 기도를 하고 계셨는데 홀연히 하늘이 열리며 22 성령이 비둘기 형상으로 그에게 내려오셨다. 그리고 하늘에서는 "너는 내가 사랑하는 아들, 내 마음에 드는 아들이다" 하는 소리가 들려왔다.(3,7-22)

군중이 왜 요한에게 몰려들었을까. 험악한 시대에 사는 불쌍한 사람들이 애타게 기다린 무엇이 있었다. 그들이 요한에게 뭔가 큰 매력을 느꼈기 때문이다. 잘못이 지배층에게 있는데 요한은 왜 불쌍한 백성을 야단쳤을까. 착한 백성이 무슨 큰 잘못을 했다고 그럴까. 독사의 족속들이라니, 좀 심하지 않나.

거친 단어를 쓰는 사람이 다 나쁘다고 볼 수는 없다. 예언자 요한도, 예수도 독사의 족속이라는 욕설을 했다. 부드러운 단어를 쓰는 사람이 다 인품이 훌륭하지는 않다. 말은 상황과 내용, 대상, 의도에 따라 분별해서 해야 한다. 독재자에게 거친 단어를 쓰는 사람과 착한 신도에게 거친 단어를 쓰는 사람이 같은 부류일까.

요한의 설교는 7절과 11절에서 군중okloi에게, 16절과 18절에서 백성laos에게 확대되었다. 〈마르〉에는 유다와 예루살렘 사람이, 〈마태〉에는 바리사이와 사두가이들이 요한의 설교 장면에 등장한다. 마르코는 요한을 세례자로, 루가는 설교자로 소개한다. 사실 요한은 예언자다. 루가가 이 부분을 쓸 때 요한의 경고는 사라진 상태였다. 루가는 요한의 경고를 이스라엘 백성이 아니라 자기 공동체 사람들에게 전하는 것이다. 유다인이 이방인에게 한 욕설 '독사의 족속'이 유다인에게 돌아왔다. 요한은 구원 문제에서 개인의 책임을 강조한다.

9절 '열매'는 교육적 의미에서 자주 쓰인 단어다(〈마태〉 7,16; 〈로마〉 6,22; 〈갈라〉 5,22). 하느님 앞에서 아브라함의 자손이라는 족보 자랑은 소용없다. 세례를 받았다고, 성직자라고 특혜를 기대해서도 안 된다. 하느님에게 특혜를 받는 것은 가난한 사람뿐이다. 바울로도 같은 경고를 한다(〈로마〉9,6-13;〈갈라〉3,6-29). 8절에서 돌과 자녀 이야기는 히브리어 단어의 철자와 발음이 비슷해서 나온 비유로 보인다.

공동성서에서 돌은 예루살렘성전과 연결하여 긍정적인 의미로, 이방인의 제단과 연결하여 부정적인 뜻으로 쓰였다. 열매 맺지 못하는 나무를 쓰러뜨리는, 익숙한 농촌 풍경이 소개된다. 넘어진 나무를 태우겠다니, 경고가 심해진다. 불은 소돔과 고모라 이후 하느님의 심판 도구로 자주 쓰인 표현이다(〈창세〉19,24-;〈에제〉15,6-7).

경고 대상이 군중(10-11절)에서 세리(12-13절), 군인(14절)까지 세 그룹으로 이어진 까닭은 무엇일까. 가난에 시달리던 백성은 생계형 비리를 범했다. 가장 부패하기 쉽고 힘 있는 세리(공무원)와 군인은 대형 범죄를 저질렀다. 요한은 세리에게 로마 군대와 결탁한 민족 배신의 죄보다 돈을 갈취하는 경제 범죄를 문제 삼았다. 요한은 군인(로마인이나 이방인으로 구성된 점령군)에게도 경고를 잊지 않았다. 강탈하거나 갈취하지 말라는 말이다. 전리품이나 전쟁 포로에 대한 언급이 없는 것으로 보아 평시에 군인에게 하는 경고다. 우리나라 어느 종교 지도자가 우리 군대나 주한 미군을 요한처럼 따끔하게 훈계하는가.

요한은 가난을 이상이라고 주장하지 않았다. 이스라엘에 가난한 사람이 없도록(〈신명〉15,4) 이웃 사랑을 실천하라는 것이다. 요한이 분배 정의와 부패 방지를 말했다면, 예수는 더 심한 요구를 했다. 전 재산을 팔아 가난한 사람에게 나눠주라는 것이다(〈루가〉12,33;18,22). 그리스도교는 요한과 예수의 이 분명한 차이를 자주 잊었다. 교회 재산을 관리하는 사람은 똑바로 들어라. 교회는 부패한 헌금을 거절해야 마땅하다. 헌금을 요구하기 전에 부패하지 말라고 가르쳐야 한다. 그렇게 하고 있는가. 부패의 결과인 헌금을 모른 체 받는다면, 교회가 부패를 부추기는 셈이다.

성서학자 울리히 루츠Ulrich Luz는 15절을 근거로 요한을 메시아로 보는 요한 그룹과 루가가 논쟁하고 있다고 추측했다.[9] 그러면 역사의 세례자 요한은 '나보다 더 훌륭한 분'을 누구라고 생각했을까. 16절은 초대교회가 유다인, 특히 요한의 제자들에게 준 강력한 선언이다. 주인이 식사하러 몸을 비스듬히 눕기 전에 종이 (가죽) 신발 끈을 풀어주었다. 주인과 종은 같은 자리에서 식사하지 않았다. 17절 '꺼지지 않는 불'은 지나친 비유다. 탈 것이 사라지면 불도 꺼진다. 루가는 18절에서 요한이 전한 복음이 무엇인지 설명하지 않는다. 요한이 백성에게 구원이 무엇인지 알려준 사람이라면, 예수는 구원 그 자체다.

마르코는 헤로데 동생의 아내를 헤로디아로 잘못 알았다(〈마르〉 6,17). 그녀의 이름은 살로메다. 루가도 그 실수를 따랐다. 헤로데가 요한을 투옥한 실제 이유는 무엇일까. 백성에게 인기가 많은 요한은 헤로데에게 정치적 위협으로 여겨졌을 것이다. 예수의 높은 인기도 로마 총독에게 거슬렸을 것이다. 나쁜 정치인은 좋은 사람을 싫어한다. 요한이 투옥된 상세한 원인은 루가에게 중요하지 않다. 로메로 대주교는 투옥된 적 없지만, 영화 〈로메로Romero〉에서 그는 감옥에 갇혔다.

루가는 '예언자 요한에게 세례 받는 예수' 이야기에서 예수의 세례 받음과 요한의 투옥 사건을 소개했다. 루가는 왜 요한의 죽음을 삭제했을까. 예수는 요한에게 무엇을 배웠을까. 요한의 저항과 희생을 예수는 주목하지 않았을까. 그런데 신부의 죽음 앞에서 자신을 가다듬은 로메로 대주교, 요한의 투옥과 죽음 앞에서 자세를 다진 예수. 요한의 죽음에 이어 예수가 세상에 등장한다.

예수는 물러서지 않았다. 로메로 대주교도 물러서지 않았다. 그는 살해 위협이 계속되는 와중에도 해외로 도피하지 않았다. 정부가 로메로 대주교의 신변 안전을 보장하겠다고 제안했을 때, 그는 백성에게 보장되지 않는 안전을 주교는 바라지 않는다고 답했다. 백성은 그에게 환호했다. 예수도 십자가를 향해 묵묵히 걸어갔다.

○예수 족보

23 예수께서는 서른 살가량 되어 전도하기 시작하셨는데 사람들이 알기에는 그는 요셉의 아들이요, 요셉은 엘리의 아들이며, 24 그 위로 거슬러 올라가면 마땃, 레위, 멜기, 얀나이, 요셉, 25 마따디아, 아모스, 나훔, 에슬리, 나깨, 26 마핫, 마따디아, 시므이, 요섹, 요다, 27 요하난, 레사, 즈루빠벨, 스알디엘, 네리, 28 멜기, 아디, 고삼, 엘마담, 에르, 29 여호수아, 엘리에젤, 요림, 마땃, 레위, 30 시므온, 유다, 요셉, 요남, 엘리아킴, 31 멜레아, 멘나, 마따다, 나단, 다윗, 32 이새, 오벳, 보아즈, 살몬, 나흐손, 33 암미나답, 아드민, 아르니, 헤스론, 베레스, 유다, 34 야곱, 이사악, 아브라함, 데라, 나홀, 35 스룩, 르우, 벨렉, 에벨, 셀라, 36 케난, 아르박삿, 셈, 노아, 라멕, 37 므두셀라, 에녹, 야렛, 마할랄렐, 케난, 38 에노스, 셋, 아담, 그리고 마침내 하느님께 이른다.(3,23-38)

고대사회에서 가계나 족보는 큰 의미가 있다. 어떤 가문은 신적 기원을 주장하기도 한다. 뛰어난 인물이 나온 집안일수록 족보를 중시한다. 유다 지방에서도 여러 가문이 왕족임을 주장한다. 초대교회에서도 예수의 가족과 가문 이야기는 관심의 대상이다. 〈마태〉 1,1-17과 〈루가〉 3,23-38은 그 관심의 결과다. 당시 남성 위주의 문화 때문에 동정 탄생한 예수도 어머니 마리아가 아니라 아버지 요셉에 따라 목록에 언급된다. 유다인 남자는 같은 부족에서 아내를 맞이할 의무가 있다. 요셉과 마리아는 같은 다윗 족에 속한다.

마태오와 루가는 남자 직계로 이어지는 목록을 중시한다. 마태오는 아브라함부터 시작되는 이스라엘 중심 목록을 소개하는데, 루가는 인류 전체를 생각하는 목록을 제시한다. 족보는 아브라함의 경우처럼 책 처음(〈창세〉 11,10-26)이나 몇 단락 뒤(〈출애〉 6,14-20)에 놓였다. 족보를 인용하지 않고도 예수는 다윗의 자손이라고 언급된다(〈로마〉1,3; 〈2디모〉2,8; 〈묵시〉5,5). 마태오는 〈2역대〉2,1-15처럼 낳다$_{gennao}$라는 동사를 쓰고, 루가는 관사 있는 이인칭 소유격으로 출생을 표시한다.

마태오는 아브라함에서 시작하여 예수로 내려오는 목록을 적고, 루가는 예수에서 시작하여 아담까지 거슬러 올라가 하느님과 연결한다. 루가는 다윗의 후손으로 솔로몬을 거친 목록을 택하지 않고 나단을 거쳐 내려오는 목록을 택한다. 다윗부터 예수까지 숫자와 이름이 〈마태〉와 〈루가〉에서 똑같지는 않다. 28개 이름이 등장한 〈마태〉에서 평균 나이는 36세, 43명이 등장한 〈루가〉에서 평균 나이는 25세에 불과하다.

마태오는 예수의 할아버지를 야곱으로, 루가는 엘리라고 보도한다. 야곱과 엘리는 이복형제다. 엘리는 자녀 없이 사망하고, 야곱은 이복형제의 후손을 낳을 의무가 있다. 그래서 요셉이 출생한다. 핏줄로는 야곱이 요셉의 할아버지요, 율법으로는 엘리가 요셉의 할아버지다. 로마 황제 율리우스 카이사르는 유다인의 족보를 보관하게 하지만, 헤로데 왕은 족보를 대부분 불사른다. 그 와중에 유다인 일부 가문이 족보를 유지한다.

이른바 이름 목록은 족보나 조상의 기록과 조금 다른 종류다. 시조부터 후대로 내려오는 이름 목록이 있다(〈창세〉5,1-32; 〈룻기〉4,18-22; 〈1역대〉1,1-4). 후대에서 시조로 거슬러 올라가는 목록도 있다. 옛 시절로 거슬러 올라가는 이름 목록은 공동성서와 유다교 초기 문헌에서도 볼 수 있다(〈에즈〉7,1-5; 〈유딧〉8,1; 〈1역대〉6,19-23).

〈루가〉에 나타난 경우처럼 당대에서 시작하여 첫 시조와 하느님께 이르는 이름 목록은 유일한 사례다. 〈루가〉의 목록은 누가 누구의 아들이라는 식으로 소개한다. 그러나 23절에서 '사람들이 알기에는 그는 요셉의 아들이다'고 예외적으로 표현한다. 목록 마지막에 아담은 하느님의 아들이라는 과감한 주장을 덧붙였다. 목록에 오른 이름은 대부분 공동성서에서 나온다. 아담에서 셈까지(36-38절) 〈창세〉 5장에, 셈에서 아브라함까지(34-36절) 〈창세〉 11,10-32에 나온다. 아브라함에서 다윗까지 〈1역대〉〈룻기〉에 나온다.

서른 살은 가장 좋은 나이로 여겨진다(〈민수〉 4,3). 개인의 책임감이 최고에 이르는 전성기다. 다윗은 서른 살에 왕이 된다(70인역 〈2열왕〉 5,4). 23-27절에 나오는 요셉에서 레사까지 19명은 이름이 알려지지 않은 사람들이다. 28-30절에 14명, 31절에 3명은 이름이 알려지지 않은 사람들이다. 루가는 왜 직계 후손이 아닌 핏줄을 존중하는 목록을 택했을까. 다윗부터 예수까지 모든 후손에게 하느님의 구원의 손길이 닿는다는 사실을 강조한 것일까. 〈루가〉를 쓸 당시 〈1역대〉〈룻기〉는 공동성서 정본으로 확정되지 않았다. 루가가 다윗부터 예수까지 어느 문헌을 참조했는지 알 수 없다.

학자들은 〈마르〉 1,17처럼 〈루가〉의 이름 목록에서 어떤 수학적 공식을 찾으려고 노력했다. 예수부터 아담까지 77명을 7명씩 11단위로 보는 사례가 대표적이다. 사람들은 묵시문학의 영향을 받아 유배 이후 인류 역사를 7세대가 세 번 계속되는 것으로 여겼다. 예수는 인류 역사의 마지막 시간을 시작하는 인물이라는 의미를 그 해설에서 찾았다.

루가는 이 목록을 왜 썼을까. 루가는 전해진 목록 전승을 채집하여 수록한 것 같다. 다윗에서 예수까지 연결된다는 사실, 예수는 왕족에 속하는 참된 왕임을 강조하려는 것이다. 더 나아가 예수를 포함한 모든 인간이 정치에서 왕뿐 아니라 하느님께 연결된다는 사실을 말하는 것이다. 바울로가 아테네에서 말한 것처럼, 루가는 바울로의 입을 빌려 모든 인간은 '하느님의 자녀'((사도) 17,29)라고 말한다. 이 얼마나 놀랍고 기쁜 인간평등 선언인가.

루가는 예수가 진짜 인간이고 참된 인간임을 목록에서 강조한다. 예수처럼 우리도, 아니 우리처럼 예수도 어느 가문 출신이고 어느 가계에 속했다. 하느님과 인간의 관계도 여기서 알 수 있다. 우리는 조상뿐 아니라 하느님과 연결된다. 우리는 족보 있는 집안이고 뼈대 있는 집안이다. 우리 가계가 하느님에게 이른다니 말이다. 어미 없는 인간이 없듯이, 족보 없는 인간이 세상에 어디 있나. 예수의 족보에서 우리의 위대함과 평등을 눈치채야겠다.

° 광야에서 유혹받는 예수

¹ 예수께서는 요르단 강에서 성령을 가득히 받고 돌아오신 뒤 성령의 인도로 광야에 가
셔서 ² 사십 일 동안 악마에게 유혹을 받으셨다. 그동안 아무것도 잡수시지 않아서 사십
일이 지났을 때에는 몹시 허기지셨다. ³ 그때에 악마가 예수께 "당신이 하느님의 아들이
거든 이 돌더러 빵이 되라고 하여보시오" 하고 꾀었다. ⁴ 예수께서는 "'사람이 빵으로만
사는 것이 아니다'라고 성서에 기록되어 있습니다" 하고 대답하셨다. ⁵ 그러자 악마는 예
수를 높은 곳으로 데리고 가서 잠깐 사이에 세상의 모든 왕국을 보여주며 ⁶ 다시 말하였
다. "저 모든 권세와 영광을 당신에게 주겠습니다. 저것은 내가 받은 것이니 누구에게나
내가 주고 싶은 사람에게 줄 수 있습니다. ⁷ 만일 당신이 내 앞에 엎드려 절만 하면 모두
가 당신의 것이 될 것입니다." ⁸ 예수께서는 악마에게 "'주님이신 너의 하느님을 예배하
고 그분만을 섬겨라'라고 성서에 기록되어 있습니다" 하고 대답하셨다. ⁹ 다시 악마는 예
수를 예루살렘으로 데리고 가서 성전 꼭대기에 세우고 "당신이 하느님의 아들이거든 여
기에서 뛰어내려 보시오. ¹⁰ 성서에 '하느님이 당신의 천사들을 시켜 너를 지켜주시리라'
하였고 ¹¹ 또 '너의 발이 돌에 부딪히지 않게 손으로 너를 받들게 하시리라'라고 기록되어
있지 않습니까?" 하고 말하였다. ¹² 예수께서는 "'주님이신 너희 하느님을 떠보지 마라'
라는 말씀이 성서에 있습니다" 하고 대답하셨다. ¹³ 악마는 이렇게 여러 가지로 유혹해본
끝에 다음 기회를 노리면서 예수를 떠나갔다.(4,1-13)

같은 이야기가 〈마르〉와 〈마태〉에도 있다. 세 번 유혹은 충분한 유혹
을 뜻한다. 악마의 두 번째 질문과 세 번째 유혹의 순서가 〈마태〉와 〈루
가〉에서 바뀌었다. 근동 지역에서 마지막 유혹이 가장 크고 중요한 유혹
으로 여겨졌다. 〈루가〉에서 예수는 세 번째 유혹을 예루살렘성전에서 받
는다. 루가가 예루살렘성전의 중요성을 강조하기 때문이다. 루가는 권력
문제를 예루살렘에서 다루기 싫어한 것 같다. 그래서 권력 유혹은 두 번
째 장면에서 다뤘다.

루가는 유혹 이야기에서 산(〈마태〉 4,8)을 언급하지 않았다. 도시의 신학자 루가에게 산은 예수의 삶에서 중요하지 않다. 도시를 중심으로 선교한 루가 공동체의 입장이 드러나는 대목이다. 악마가 떠나고 천사가 예수를 시중드는 이야기는 〈마태〉에 있지만 〈루가〉에 없다. 예수는 세례자 요한과 같은 길을 갔지만, 반대 방향으로 걸었다. 예수는 요르단 강에서 사막으로 갔다. 요한은 사막에서 하느님의 음성을 들었고, 예수는 악마의 소리를 들었다.

두 신학자가 성서 논쟁을 하는 듯한 장면이다. 어용 신학자와 진짜 예언자가 끝장 토론을 하는 장면 같다. 예수는 악마의 유혹에 자기 말로 답하지 않고 세 번 모두 공동성서 〈신명〉을 인용하여 응수한다. 악마는 성서를 인용할 수 있지만 이해하지 못한다. 성서를 이해하지 못하면서 이용하는 사람은 악마에 가깝다. 악마도 성서를 이용할 줄 안다. 종교인의 탈을 쓰고 악마 노릇 하는 사람이 얼마나 많은 세상인가.

예수는 이스라엘 백성과 하느님의 약속을 기억하는 신앙인으로 소개된다. 동족의 역사와 운명을 기억하고 다짐하는 예수의 모습이다. 예수가 이스라엘 민족의 역사를 기억하듯이, 교회는 자신의 역사를 기억해야 한다. 교회는 자랑스러운 역사뿐 아니라 부끄러운 역사도 기억해야 한다. 부끄러운 역사를 감추는 교회는 주님의 참된 교회가 아니다.

1절 '성령을 가득히 받고'라는 표현은 예루살렘 7인(〈사도〉 6,3), 스데파노(〈사도〉 7,55), 바르나바(〈사도〉 11,24)에도 나온다. 유혹이 성령의 이끌림으로 생겼음을 가리킨다. 40일은 실제 숫자가 아니라 신학적으로 상징적인 숫자다. 모세는 40일 밤낮으로 시나이 산에 올랐고(〈출애〉 34,28), 엘리야도 그랬다(《1열왕》19,8).

5절에서 악마가 예수에게 '잠깐 사이에 세상의 모든 왕국을 보여'줄 장소를 찾을 수 있었는가. 둥근 지구에서 그런 장소를 찾기는 불가능하다. 루가는 지구가 둥글다는 사실을 알았을까. 악마의 유혹은 예수의 정치적 힘을 평가하려는 것이다. 루가는 예수가 정치적 메시아가 아님을 여기서 알려준다. 6-7절에도 왕이 신하를 시험할 때 쓰는 표현이 나온다.

루가는 정치신학을 소개하는 것이 아니다. 예수는 권력 교체와 권력 숭배라는 악마의 유혹을 단호히 거절한다. 예수에게 권력은 억압이 아니라 봉사다. 예수는 권력을 비판하지, 쟁취하려고 애쓰지 않는다. 권력을 탐하는 종교인은 예수와 반대 길을 걷는 사람이다. 예수가 유일하게 탐낸 권력은 십자가라는 자기희생의 권력이다. 예수는 한국의 여느 시골 성당 사제도 누리는 일상적인 권력조차 누린 적이 없다.

9-12절에서 권력을 예루살렘성전과 연결하는 문헌은 성서 외에 찾기 어렵다. '주님이신 너희 하느님을 떠보지 마라'라는 표현은 이스라엘에게 충격이다. 하느님의 구원 행동을 역사에서 자주 체험한 이스라엘 민족은 하느님을 자주 시험했기 때문이다(《민수》14,22; 《시편》78,19-; 106,12-14).

거룩하게 산 유다인이 의로운지, 충실한지, 하느님을 존중하는지 시험받았다. 이방인이나 죄인은 유혹받지 않는다. 아브라함(《창세》22,1), 사막에서 이스라엘 민족(《출애》15,25), 히즈키야(《2역대》32,31), 욥(《욥기》1,6-)을 유혹하는 분은 하느님(《창세》22,1; 《출애》15,25)이다. 모세는 율법과 계약 때문에 사막에 머물렀지, 유혹받느라 머문 것이 아니다. 하느님은 가짜 예언자들(〈신명〉 13,2-4), 이스라엘에 남은 이방인(〈판관〉 2,22) 등 다른 사람을 시켜 이스라엘 민족의 충실함을 시험한다. 붓다나 자라투스트라도 유혹받았다고 전해진다. 고대 여러 문화에서 활동 초기에 유혹받는 영웅의 이야기가 많다.

하느님께 시험받는 것은 선택받았다는 증거다. 선택되지 않은 사람은 시험받지 않는다. 박해도 마찬가지다. 아무나 박해받는 것이 아니다. 하느님 나라를 충실히 선포하고 실행하는 사람만 불의한 세력에게 박해받는다. 엉터리 그리스도인을 박해하는 권력은 역사에 없었다. 박해에서 면제된 사람은 자기 신앙을 부끄럽게 돌아볼 일이다. 하느님이 사람을 시험하지만, 사람도 하느님을 자주 시험한다. 하느님이 사람을 시험하는 것보다 사람이 하느님을 자주 시험하는 것 같다. 요즘 더 그렇다. 하느님을 자기 비서 정도로 부려먹는 성직자가 드물지 않다. 자신이 하느님 위치로 올라선 양 행세하는 사람도 있다.

첫 번째 유혹이 예언자가 받는 유혹이라면, 두 번째 유혹은 정치적 유혹이다. 성전에서 일어난 세 번째 유혹은 성직주의 유혹이다. 유혹은 성전에서도 일어났고, 오늘도 여전하다. 종교인이라면 뼈저리게 느낄 것이다. 가장 신성해야 할 성전에서, 성당과 교회에서 권력과 돈의 유혹이 끊임없이 일어난다. 돈과 관계없는 유혹은 어디에도 없다. 정치와 경제는 어느덧 그리스도인의 신앙을 판가름하는 무대가 되었다.

예수의 신분을 두고 유다교와 논쟁을 벌이던 초대교회 상황이 '광야에서 유혹받는 예수' 이야기를 낳은 배경이다. 오늘 그리스도교는 누구와 논쟁을 벌여야 하는가. 사람들은 그리스도교에 무엇을 증명하라고 요구하는가. 그리스도교는 무신론과 다투는가, 세상의 가난과 다투는가. 사람들이 성서와 교리에 대한 합리적인 해설을 그리스도교에 목마르게 바라는가. 가난한 사람과 역사의 희생자를 교회가 어떻게 대하는지 지켜보는가. 돈과 권력을 대하는 태도가 종교인을 평가하는 기준이 되었다.

○ 예수의 나자렛 첫 설교

¹⁴ 예수께서는 성령의 능력을 가득히 받고 갈릴래아로 돌아가셨다. 예수의 소문은 그곳 모든 지방에 두루 퍼졌다. ¹⁵ 예수께서는 여러 회당에서 가르치시며 모든 사람에게 칭찬을 받으셨다. ¹⁶ 예수께서는 자기가 자라난 나자렛에 가셔서 안식일이 되자 늘 하시던 대로 회당에 들어가셨다. 그리고 성서를 읽으시려고 일어서서 ¹⁷ 이사야 예언서의 두루마리를 받아 들고 이러한 말씀이 적혀 있는 대목을 펴서 읽으셨다.

¹⁸ "주님의 성령이 나에게 내리셨습니다. 주께서 나에게 기름을 부으시어 가난한 이들에게 복음을 전하게 하셨습니다. 주께서 나를 보내시어 묶인 사람들에게는 해방을 알려주고 눈먼 사람들은 보게 하고, 억눌린 사람들에게는 자유를 주며 ¹⁹ 주님의 은총의 해를 선포하게 하셨습니다."

²⁰ 예수께서 두루마리를 말아서 시중들던 사람에게 되돌려주고 자리에 앉으시자 회당에 모였던 사람들의 눈이 모두 예수에게 쏠렸다. ²¹ 예수께서는 "이 성서의 말씀이 오늘 여러분이 들은 이 자리에서 이루어졌습니다" 하고 말씀하셨다. ²² 사람들은 모두 예수를 칭찬하였고 그가 하시는 은총의 말씀에 탄복하며 "저 사람은 요셉의 아들이 아닙니까?" 하고 수군거렸다. ²³ 예수께서는 "여러분은 필경 '의사여, 네 병이나 고쳐라' 하는 속담을 들어 저더러 가파르나움에서 했다는 일을 여러분 고장인 여기에서도 해보라고 하고 싶을 것입니다" 하시고는

²⁴ 또 이렇게 말씀하셨다. "사실 어떤 예언자도 자기 고향에서는 환영을 받지 못합니다. ²⁵ 잘 들으시오. 엘리야 시대에 삼 년 반 동안이나 하늘이 닫혀 비가 내리지 않고 온 나라에 심한 기근이 들었을 때 이스라엘에는 과부가 많았지만 ²⁶ 하느님께서는 엘리야를 그들 가운데 아무에게도 보내시지 않고 다만 시돈 지방 사렙다 마을에 사는 어떤 과부에게만 보내주셨습니다. ²⁷ 또 예언자 엘리사 시대에 이스라엘에는 많은 나병 환자가 살고 있었지만 그들은 단 한 사람도 고쳐주시지 않고 시리아 사람인 나아만만을 깨끗하게 고쳐주셨다."

²⁸ 회당에 모였던 사람들은 이 말씀을 듣고는 모두 화가 나서 ²⁹ 들고일어나 예수를 동네 밖으로 끌어냈다. 그 동네는 산 위에 있었는데 그들은 예수를 산 벼랑까지 끌고 가서 밀어 떨어뜨리려 하였다. ³⁰ 그러나 예수께서는 그들의 한가운데를 지나서 자기의 갈 길을 가셨다.(4,14-30)

14-15절은 〈마르〉 1,14-15과 〈마태〉 4,12-17에 있다. 16-30절은 〈마르〉 6,1-6과 〈마태〉 13,54-58에 있다. 〈마르〉 〈마태〉에서 나자렛 설교(〈마르〉 6,1-6; 〈마태〉 13,54-58) 이전에 예수가 겐네사렛 호수 주위에서 오래 활동한 것으로 나온다. 루가는 예수 활동 초기에 나자렛 설교를 소개한다. 그만큼 나자렛 설교를 중요하게 여기는 것이다. 루가가 〈마르〉나 〈마태〉를 따랐다면 나자렛 설교는 〈루가〉 8-9장에 배치되어야 한다. 마르코가 나자렛 사람들의 불신을 강조한다면, 루가는 예수의 예언적 선언에 초점을 맞춘다. 예수의 두 차례 발언(18-21절, 23-27절)과 청중의 반응(22절, 28-29절)이 뒤따른다. 30절에서 두려운 문장이 나온다. 예수는 고향에 다시는 돌아오지 않는다.

14절에서 예수는 성령의 능력으로 갈릴래아에 갔다고 소개된다. 예수의 행보는 하느님의 구원 계획에 따른 일정이란 뜻이다. 갈릴래아는 단순한 지리 개념이 아니라 신학적 개념이다. 예수의 사명이 시작된 곳이요, 부활 이후 제자들에게 돌아가라고 명령한 곳이다. 루가는 성령이 예수뿐만 아니라 즈가리야(〈루가〉 1,67), 요한(〈루가〉 1,15), 엘리사벳(〈루가〉 1,41), 마리아(〈루가〉 1,35), 시므온(〈루가〉 2,25)에게도 내렸음을 강조한다. 변혁의 시대가 다가왔다는 뜻이다.

'예수의 나자렛 첫 설교' 이야기의 첫 구절인 14절에서 예수의 소문이 그곳 모든 지방에 퍼졌다는 언급은 특이하다. 그런 표현은 보통 이야기 끝에 나오기 때문이다(〈마태〉 9,26; 〈루가〉 7,17). 루가는 예수가 공식 활동을 시작할 때부터 사람들의 관심을 끌었다는 사실을 말하고 싶었다. 예수는 안식일에 유다교 회당을 가르침 장소로 선택한 사실이 주목된다. 구원 활동은 자신이 밟고 있는 땅에서 시작된다. 유다교에서 평신도에게 설교할 기회가 주어졌다. 그리스도인은 이 기회를 잘 이용할 수 있었다(〈사도〉 13,15). 성직자들이 그리스도교에서 설교할 권리를 언제부터 독점했을까.

15절에서 루가가 왜 '그들의 auton' 회당이라고 말했는지 알기 어렵다. 공동번역 성서는 아쉽게도 여러 회당이라고 정확하지 않게 번역했다. 루가는 '유다인의 회당'이란 표현을 쓰기도 한다(〈사도〉 13,5; 14,1; 17,1). 예수는 정기적으로 회당에 다닌 경건한 유다인으로 소개된다. 안식일 예배는 1부에서 유다인의 기도 쉐마, 기도, 축복을 한다. 2부에서 모세오경을 낭독한다. 당시 상황을 보자. 예수가 이사야 예언서를 읽기 전에 다른 사람이 모세오경을 낭독한 것 같다. 앉아 있던 예수는 일어섰고, 어떤 사람이 예수에게 두루마리 성서를 건넸으며, 예수는 두루마리를 펼치고 성서 구절을 찾아 읽고, 성서를 돌려주고 자리에 앉았을 것이다.

나자렛은 여기와 〈마태〉 4,13에만 nazara라고 표기된다. 공통년 70년 이전 해외에 살던 유다인은 안식일(토요일)에 회당에 모여 모세오경을 낭독하고 해설을 들었다는 기록이 있다. 그러나 예언서를 읽었다는 기록은 〈루가〉 이전에는 보기 어렵다. 전례력에 따라 모세오경이 어떤 순서로 읽히는지 알아내려는 성서학자들의 노력은 아직 성공하지 못했다.

예수는 두루마리 성서를 손에 들었다. 종이가 유럽에 전래되지 않은 시기다. 예수가 읽은 구절은 사실 루가가 〈이사〉 61,1-2; 58,6을 편집한 것이다. 쿰란 동굴에서 발견된 예언서 〈이사〉 필사본에 따르면, 〈이사〉 61장은 학교와 회당에서 읽고 해설된 것 같다. 예수는 세상에 나타나 처음 자신의 고유한 말로 자기 생각을 드러냈다. 예수의 첫 설교요, 출사표요, 선언인 셈이다.

19절 '은총의 해'(희년)에서 우리가 흔히 잊는 사실이 있다. 희년과 고향의 관계다. 죄의 용서(《레위》 25,10)와 축복(《레위》 25,21)이 주어지는 희년에는 누구나 자기 고향을 방문해야 한다. 고향을 떠나거나 추방당한 사람들이 고향을 다시 찾는 기쁨이다. 이 대목에서 우리는 이산가족과 난민, 이주 노동자의 아픔을 기억해야겠다. 2015년 12월 가톨릭에서 25년 주기 희년 선포라는 관례를 깨고 희년禧年이 시작되었다.

20절에서 설교는 앉아서 한 것으로 전제한다. 성서학자들은 22절에서 청중이 예수 입에서 나오는 은총의 말씀에 왜 놀라워하는지 궁금했다. 시골 교회 교리교사 정도인 예수가 감히 그런 말을 하다니. 더구나 어릴 적부터 목수의 아들로 동네 사람들에게 노출된 예수 아닌가. 평범한 사람의 비범함을 눈치채기도, 비범한 사람의 평범함을 인정하기도 어려운 법이다. 예수와 한동네 사는 선후배들이 오래 알아온 평범한 사람의 비범한 말씀을 깨끗이 인정하기는 쉽지 않았을 것이다.

23절에서 예수가 의사를 비유로 든 점이 특이하다. 유다교나 초대교회에서 의사를 예로 든 문헌은 드물다. 23절에서 동네 사람들은 "저더러 가파르나움에서 했다는 일을 여러분 고장인 여기에서도 해보라'고 하고 싶을 것입니다"라는 예수의 발언을 이해하기 어려웠을 것이다. 〈루가〉이 대목까지 예수는 가파르나움에 간 적이 없기 때문이다. 예수의 활동을 모르는 나자렛 사람들에게 예수의 첫 설교는 의아했을 것이다.

예수는 엘리야 시대에 3년 6개월 동안 이어진 가뭄을 예로 든다(《1열왕》 17,7-24). 공동성서에서 3년 6개월 동안 가뭄이 든 사례는 없다. 3년째 비가 내렸다고 나온다(《1열왕》 18,1). 28절에서 나자렛 사람들이 화난 것이 이상하게 보이진 않는다. 사람들은 왜 화가 났을까. 예수가 기적을 행하고 가르치려 들어서 그랬을까. 그들은 예수가 기적을 일으킬 능력이 있느냐 때문이 아니라 예수가 이방인의 사례를 들어 설명한 점에 분개한 것 같다. 예수가 고향에서 기적을 행하지 않은 것은 고향 사람들의 불신 탓이 아니라 하느님의 계획에 따른 행동으로 보인다.

29절에서 사람들이 예수를 벼랑 끝에서 떨어뜨리려고 한 부분은 지리적으로 과장된 표현이다. 옛날 나자렛은 산 위가 아니라 골짜기에 있었다. 예수의 첫 설교, 그것도 고향에서 첫 설교는 사람들의 반대에 부딪혔다. 루가는 예수가 처음부터 사람들의 반대에 부딪히는 표적임을 설명한다. 나자렛 일화는 이스라엘의 축소판 풍경이다.

가난한 이$_{ptokoi}$는 잡혀간 이, 눈먼 이, 억압받는 이라는 경우에서 구체화된다. 잡혀간 이, 눈먼 이, 억압받는 이는 모두 가난한 사람이라는 뜻이다. 그들은 정치권력에 의해 고통 받는 희생자다. 부자, 권력자, 언론, 종교에 의해 현실과 역사를 제대로 알지 못하는 '눈먼 이'는 예수에게 가난한 사람이다. 경제적으로 가난하지만 부자 정당에게 투표하는 사람, 가난으로 서럽고 가난해서 놀림 받는 사람들은 성서적 의미에서 정말 가난한 사람이다.

예수의 첫 설교에서 가난한 사람에 대한 관심이 드러난다. 성서학자 요아킴 예레미아스$_{Joachim Jeremias}$가 예수의 복음 선포는 오직 가난한 사람에게 해당한다고 한 말이 생생하다. 가난한 사람을 모르면 예수를 모르는 것이다. 가난한 사람을 모르면 성서를 모르는 것이다. 가난한 사람을 모르는 교회는 교회가 아니다.

○ 예수의 갈릴래아 첫 기적

³¹ 그 뒤 예수께서는 갈릴래아의 마을 가파르나움으로 내려가셨다. 거기에서도 안식일에 사람들을 가르치셨는데 ³² 그 말씀에 권위가 있었기 때문에 듣는 사람마다 그 가르침에 경탄하여 마지않았다. ³³ 때마침 그 회당에 더러운 마귀가 들린 한 사람이 와 있다가 큰 소리로 ³⁴ "나자렛 예수님, 왜 저희를 간섭하시려는 것입니까? 저희를 없애려고 오셨습니까? 나는 당신이 누구신지 압니다. 하느님께서 보내신 거룩한 분이십니다" 하고 외쳤다. ³⁵ 예수께서는 "입을 다물고 이 사람에게서 썩 나가시오" 하고 꾸짖으셨다. 그러자 마귀는 사람들이 보는 앞에서 그 사람을 쓰러뜨리고 떠나갔다. 그러나 그 사람은 아무런 상처도 입지 않았다. ³⁶ 이것을 본 사람들은 모두 놀라며 "정말 그 말씀은 신기하군요! 권위와 능력을 가지고 명령하시니 더러운 귀신들이 다 물러가지 않습니까!" 하면서 서로 수군거렸다. ³⁷ 예수의 이야기가 그 지방 방방곡곡에 퍼져 나갔다.

³⁸ 예수께서는 회당을 떠나 시몬의 집으로 가셨다. 그때 시몬의 장모가 마침 심한 열병으로 앓고 있었는데 사람들이 그 부인을 고쳐달라고 간청하였다. ³⁹ 예수께서 그 부인 곁에서서 열이 떨어지라고 명령하시자 부인은 열이 내려 곧 일어나서 사람들을 시중들었다. ⁴⁰ 해 질 무렵에 이 집 저 집에서 온갖 병자들을 다 예수께 데려왔다. 예수께서는 그들 한 사람 한 사람에게 손을 얹어 모두 고쳐주셨다. ⁴¹ 악마들도 여러 사람에게서 떠나가며 "당신은 하느님의 아들이십니다!" 하고 외쳤다. 그러나 예수께서는 그들을 꾸짖으시며 아무 말도 하지 못하게 하셨다. 악마들은 예수가 그리스도라는 것을 알고 있었기 때문이다.

⁴² 날이 밝자 예수께서는 그곳을 떠나 한적한 곳으로 가셨다. 그런데 사람들이 예수를 찾아 돌아다니다가 예수를 만나자 자기들을 떠나지 말아달라고 붙들었다. ⁴³ 그러나 예수께서는 "저는 하느님 나라의 복음을 다른 고을에도 전해야 합니다. 하느님께서는 이 일을 하도록 저를 보내셨습니다" 하고 말씀하셨다. ⁴⁴ 그 뒤 예수께서는 유다의 여러 회당을 다니시며 복음을 전하셨다.(4,31-44)

갈릴래아에서 예수의 마귀 추방(31-37절), 병자 치유(38-41절), 방랑 선교(42-44절) 활동이 대표적으로 소개되는 부분이다. 루가는 하느님 나라의 기쁜 소식에 병자 치유, 마귀 추방이 포함된다는 사실을 알려준다. 루가는 〈마르〉 1,21-34을 거의 그대로 따른다. 특정한 날에 예수가 이렇게 했다는 것이 아니라, 갈릴래아에서 거의 매일 이렇게 살았다는 보도다. 31절은 예수가 가파르나움에 비교적 오랜 기간 머물렀음을 뜻한다.

가르치는 메시아 예수는 방랑 설교자다. 루가는 가파르나움이 나자렛보다 낮은 위치에 있다는 것을 알았다. 루가는 가파르나움이 겐네사렛 북서쪽 호숫가 마을임을 독자들이 안다고 전제한 것 같다. 가파르나움은 예수의 주요 활동 장소라고 언급된다(〈루가〉 4,23; 7,1; 10,15). 루가는 가파르나움을 도시$_{polis}$라고 표현하는데, 유다 역사가 요세푸스는 마을$_{kome}$이라고 했다. 루가에게 나자렛(〈루가〉 4,29)과 가파르나움(〈루가〉 4,31), 나인(〈루가〉 7,11)은 모두 도시다. 루가는 바리사이파와 율법 학자들이 마을에서 왔다고 기록한다(〈루가〉 5,17). 예수와 그들의 비중을 대비하는 뜻에서다. 루가는 도시를 중심으로 활동한 도시의 신학자다. 루가 시대에 그리스도교가 도시 지역에서 활발한 배경이 예수 시절 배경처럼 소개된다.

〈마르〉처럼 예수의 가르침을 두고 반대자들과 일어난 갈등이 '예수의 갈릴래아 첫 기적' 이야기의 주제는 아니다. 그런 갈등은 〈루가〉 5,17-6,11에서 본격적으로 시작된다. 루가는 사람들이 나자렛에서 예수의 가르침에 그저 놀라워했다면(〈루가〉 4,22), 가파르나움에서는 놀랄 뿐만 아니라 권위 있는 말씀으로 여겼다는 사실을 강조한다(〈루가〉 4,32). 나자렛에서 예수의 가르침은 반대에 부딪혔지만, 갈릴래아에서 병자 치유는 환영받았다. 어쩌면 이것이 오늘 그리스도인의 흔한 모습 아닐까. 가르침은 따르기 싫고 기적은 바라는 모순 말이다.

선한 영과 악한 영이라는 이분법적 세계관은 당시 그리스 문화에 널리 퍼졌다. 〈루가〉는 그리스어를 이해하는 독자를 염두에 두고 쓴 책이다. 33절에서 '더러운 마귀가 들린 한 사람'은 특이하다. 이 표현은 다른 곳에서 찾아볼 수 없다. 루가가 무슨 의도로 이렇게 언급했는지 알기는 어렵다. 식민지 백성으로 사는 심리적·정신적 고통이 악령 들린 사람의 사례를 통해 우리에게 전해진다. 세월호 유가족은 얼마나 길고 고통스런 밤낮을 지새울까.

34절에서 마귀는 예수의 정체를 알아차리고, 그 만남이 자신에게 어떤 결과를 가져올지 예감하고 두려워한다. 악인은 선한 사람을 금방 알아본다. 자신이 가장 싫어하는 사람이기 때문이다. 독재자는 예언자를 가장 먼저 알아보고 박해할 태세를 갖춘다. 교회에서도 마찬가지다. 부패한 종교인은 누가 진짜 예언자인지 금방 알아챈다. 35절에서 악령의 무기력함이 사람들이 보는 앞에서 그 사람을 쓰러뜨리고 떠나가는 모습으로 폭로된다. 악의 추한 모습은 언젠가 만천하에 드러난다. 악의 세력이 부끄러운 모습을 영원히 감출 수는 없다. 〈루가〉에서 '하느님 나라'라는 단어가 38번 나온다. 이 단어는 〈루가〉 4,43에서 처음 등장한다. 하느님 나라는 가난한 사람을 향한다는 사실이 '예수의 갈릴래아 첫 기적' 이야기 중 마귀 추방과 병자 치유 부분에서 강조된다.

38절에서 예수가 시몬의 집을 방문한 부분은 조금 의아하다. 루가는 예수의 열두 제자 선발을 〈루가〉 5,11-21에서 처음으로 보도하기 때문이다. 예수가 베드로를 제자로 삼기 위해 오래전부터 눈여겨봤다는 말인가. 마르코는 제자 부르심 이야기를 앞부분에 배치한다(〈마르〉 1,16-20). 38절의 시몬은 그리스 식 이름이다. 〈루가〉 6,14까지 시몬으로, 이후 베드로로 불린다.

치유받은 여인은 곧바로 봉사 활동에 들어간다. 〈루가〉에서 예수를
따르는 여인들의 특징은 봉사 활동에 집중되었다. 40절에서 '손을 얹어'
병을 고치는 사례는 신약성서 외 다른 문헌에서 드물게 언급된다. 42절
'날이 밝자'라는 표현은 루가의 작품에서만 발견된다(〈사도〉 12,18; 16,35;
23,12). 앞의 일이 밤에 벌어졌다는 사실을 암시한다. 44절에서 예수가 '유
다'의 여러 회당에서 가르쳤다는 표현은 예수의 활동 범위가 갈릴래아를
넘어 넓은 곳으로 확장된다는 뜻이다.

마르코 시절의 그리스도교 공동체 상황과 루가 시대 공동체 사정이
조금 다르다. 마르코는 예수의 실천에 크게 영향을 받는다. 회당의 역할
을 존중하고, 가정과 설교, 기적 이야기를 중요하게 다룬다. 〈마르〉보다
20여 년 뒤로 추측되는 〈루가〉 집필 시기에 그리스도교 공동체는 유다교
와 사이가 크게 벌어진다. 그래서 회당의 중요성이 약화되고, 그리스어
를 쓰는 이방인이 성서를 이해할 수 있도록 표현이 조절된다. 루가 시대
엔 부자 신자가 공동체에 많이 들어온다. 그에 따른 문제가 생겼다. 선교
에서 도시가 농촌보다 당연히 강조된다.

떠나지 말아주십사 예수를 붙드는 군중의 애처로운 모습에서 로메로
대주교를 사랑한 엘살바도르의 가난한 사람들이 떠오른다. 한반도에 사
는 가엾은 한국인은 가파르나움 사람들의 심정을 충분히 알 것이다. 프
란치스코 교황이 지금 서울대교구장이라면 얼마나 좋을까. 나라와 정치,
종교에 중심이 없이 마구 흔들리는 대한민국, 대체 어찌할까.

○ 예수의 첫 제자들 선택

¹ 하루는 많은 사람들이 겐네사렛 호숫가에 서 계시는 예수를 에워싸고 하느님의 말씀을 듣고 있었다. ² 그때 예수께서는 호숫가에 대어둔 배 두 척을 보셨다. 어부들은 배에서 나와 그물을 씻고 있었다. ³ 그중 하나는 시몬의 배였는데 예수께서는 그 배에 올라 시몬에게 배를 땅에서 조금 떼어놓게 하신 다음 배에 앉아 군중을 가르치셨다. ⁴ 예수께서는 말씀을 마치고 시몬에게 "깊은 데로 가서 그물을 쳐 고기를 잡으시오" 하셨다. ⁵ 시몬은 "선생님, 저희가 밤새도록 애썼지만 한 마리도 못 잡았습니다. 그러나 선생님께서 말씀하시니 그물을 치겠습니다" 하고 대답한 뒤 ⁶ 그대로 하였더니 과연 엄청나게 많은 고기가 걸려들어 그물이 찢어질 지경이 되었다.

⁷ 그들은 다른 배에 있는 동료들에게 손짓하여 와서 도와달라고 하였다. 동료들이 와서 같이 고기를 끌어올려 배가 가라앉을 정도로 두 배에 가득히 채웠다. ⁸ 이것을 본 시몬 베드로는 예수의 발 앞에 엎드려 "주님, 저는 죄인입니다. 저에게서 떠나주십시오" 하고 말하였다. ⁹ 베드로는 너무나 많은 고기가 잡힌 것을 보고 겁을 집어먹었던 것이다. 그의 동료들과 ¹⁰ 제베대오의 두 아들 야고보와 요한도 똑같이 놀랐는데 그들은 다 시몬의 동업자였다. 그러나 예수께서 시몬에게 "두려워하지 마시오. 당신은 이제부터 사람들을 낚을 것입니다" 하고 말씀하시자 ¹¹ 그들은 배를 끌어다 호숫가에 대어놓은 다음 모든 것을 버리고 예수를 따라갔다.(5,1-11)

〈루가〉 5-6장에 예수의 하느님 나라 선포와 활동 이야기가 이어진다. 그 사이(〈루가〉 5,17-6,11)에는 예수가 율법 학자들, 바리사이와 논쟁하는 이야기가 있다. 예수는 하느님 나라를 선포하는 데 가르치고, 병을 고치고, 논쟁하는 등 여러 방법을 이용한다. 예수의 가르침과 치유는 그리스도교 역사에서 충분히 강조되지만, 예수의 논쟁은 적절한 관심을 받지 못했다. 지금도 마찬가지다. 논쟁가 예수의 모습이 어서 회복되어야 한다.

복음서 저자들은 예수와 논쟁하는 상대의 논리나 주장을 제대로 소개하지 않는다. 예수가 논쟁 상대를 반박하는 통쾌함을 복음서에서 엿볼 수 있다. 그러나 예수와 논쟁한 사람들의 의견을 성서에서 온전히 알 수는 없다. 참 아쉬운 부분이다. 상대의 생각을 경청하고 존중하는 자세가 성서에도 부족하다. 일반적으로 말하면 그리스도인에게 경청하는 자세가 크게 부족하다. 일부는 성서 저자 탓으로 돌려야 할지 모른다.

'예수의 첫 제자들 선택' 이야기가 부활한 예수가 베드로에게 나타난 이야기와 관련 있는지, 역사의 예수와 관계있는 이야기인지 논란이 계속된다. 마르코는 〈마르〉 초반에 예수가 제자를 부른 일화를 소개한다. 그러나 루가는 예수의 가르침(〈루가〉 4,16-30)과 행동(〈루가〉 4,31-44)에서 메시아가 누구인지 보여준 다음 제자 이야기를 꺼낸다. 예수는 가르침과 행동으로 사람들에게 대단한 관심을 얻은 뒤 배에 오른다.

〈마르〉에서 갈릴래아 호숫가(〈마르〉 1,16)는 〈루가〉에서 겐네사렛 호숫가(〈루가〉 5,1)로 바뀐다. 예수와 시몬 단둘이 배 위에 있고, 군중은 호숫가에 서서 예수의 가르침을 듣는 장면이다. 하느님 말씀에 목마른 가난한 백성의 모습이 나타난다. 우리 시대 가난한 사람은 누구의 말에 귀 기울일까. 가르치는 사람은 앉는다(〈마태〉 5,1). 초대교회에서 배 이야기는 교회론적 의미가 있다. 2절에서 예수는 배 두 척을 보았다. 제자와 첫 만남은 예수의 눈길(〈마르〉 1,16.19)에서 시작된다. 예수의 눈빛은 사람을 자비로이 부른다. 모든 인연은 우리의 애정 어린 눈빛에서 시작된다. 불교에서 따스한 눈길은 보시 아닌가. 독재자의 독기 어린 눈길은 기억하기도 싫다.

〈마르〉에서 그물을 던지는 베드로는 〈루가〉에서 그물을 씻는 모습으로 바뀐다. 5절에 나오는 epistates(선생)라는 단어는 유다 교육제도에서 쓰이지 않았다. 시몬 혼자서 배를 저을 수는 없다. 시몬은 배를 소유한 사람으로 여겨진다. 시몬과 같이 일하는 다른 어부들이 있음이 전제된다. 어부가 아닌 예수의 조언에 베드로는 주저하듯 응답한다. 낮보다 밤에 고기를 잡기 쉽다. 베드로와 동료들은 밤에 고기잡이하느라 지친 상태다. 낮에 뜨거운 태양 아래서 다시 그물질이라니. 그물로 고기를 잡아야 하지만 그물이 망가지면 큰 손해다.

8절에서 베드로는 예수의 발 앞에 엎드려 말한다(〈민수〉 22,31; 〈에제〉 1,28; 〈마르〉 3,11). 죄인이 하느님을 뵐 때 두려움이 생긴다(〈이사〉 6,5). 두려워하지 말라는 예수의 당부는 인간적인 애정을 넘어 하느님다운 모습이다. 제베대오의 두 아들 야고보와 요한이 시몬의 동업자로 보도된 것은 〈루가〉에서 여기가 처음이다. 10절에서 '사람들을 낚을 것'이라는 말은 사람을 모을 것이란 뜻이다(〈마르〉 1,17; 〈예레〉 16,16).

11절에서 '그들은 모든 것을 버리고 예수를 따랐다'는 말은 심각하다. 예수는 베드로 한 사람을 불렀는데, 예수를 따른 사람은 여럿으로 소개된다. 루가는 제자들이 모든 것을 버리고 예수를 따랐다는 말을 강조한다(〈루가〉 9,62; 12,33; 14,26). 오늘 예수를 따르겠다고 마음먹은 사람들은 무엇을 버릴까. 진짜로 버린 것이 있을까. 예수를 따르려고 자신을 비울까. 뭔가 채우려고 예수를 따를까. 나는 무엇을 버렸나.

'예수의 첫 제자들 선택' 이야기에서 요점은 무엇일까. 베드로의 수위권? 제자들의 복음 선포 사명? 우리 인격과 능력이 아니라 오직 예수의 은혜에 따른 제자 됨? 보는 사람마다 강조하는 점이 다를 수 있다. 하느님의 부름을 받지 않은 사람이 있을까. 사람으로 창조된 자체가 하느님께 부름을 받은 것이다. 특수한 사람만 하느님께 부름 받는 게 아니다. 우리가 하느님께 어떤 방식으로 부름 받고 어떤 임무를 받든지 모든 것을 버리고 예수를 따라야 한다. 예수를 따르겠다는 사람이 많은 오늘 그리스도교는 왜 이 모양일까. 모든 것을 버리고 예수를 따르겠다고 맹세한 사람들의 삶은 왜 저 모양일까.

∘나병 환자 치유

¹² 예수께서 어느 동네에 계실 때에 온몸이 나병으로 문드러진 사람 하나가 나타났다. 그는 예수를 보자 땅에 엎드려 간청하며 "주님, 주님께서는 하시고자 하시면 저를 깨끗이 고쳐주실 수 있으십니다" 하고 말씀드렸다. ¹³ 예수께서 손을 내밀어 그에게 대시며 "그렇게 해드리겠습니다. 깨끗하게 되시오" 하시자 곧 그의 나병이 깨끗이 나았다. ¹⁴ 예수께서는 "아무에게도 이 일을 말하지 말고 다만 사제에게 가서 몸을 보이고 모세가 명한 대로 예물을 드려 네 몸이 깨끗해진 것을 사람들에게 증명하시오" 하고 이르셨다. ¹⁵ 그러나 예수의 소문은 더욱더 널리 퍼져서 예수의 말씀을 듣거나 병을 고치려고 사람들이 사방에서 떼 지어 왔다. ¹⁶ 그러나 예수께서는 때때로 한적한 곳으로 물러가셔서 기도를 드리셨다.(5,12-16)

12절에서 '어느 동네에'라는 우리말 번역은 '어느 도시 중 한 도시에'라고 고치는 것이 더 좋겠다. 예수의 활동 영역이 크게 넓어졌다는 뜻이다. 원본으로 삼은 〈마르〉 1,41에 나온 예수의 분노를 〈루가〉 저자는 이해하지 못했을까. 그 단어는 삭제되었다. 12절에서 나병으로 번역된 그리스어 lepra는 한센병과 혼동하지 말아야 한다. lepra는 〈레위〉 13-14장에 언급된 피부병을 가리키는 단어다. 히브리 문헌에서 나병이란 단어는 다양한 피부병을 가리킨다. 〈레위〉 13장은 두 가지 나병을 언급한다. 어느 병에 걸렸는지 최종 판정은 의사가 아니라 사제가 했다(〈레위〉 13,45-46). 사제는 경험이 아니라 〈레위〉 규정에 따라 환자가 어떤 병에 걸렸는지 판정한다.

나병에 걸린 사람은 종교적으로 불결한 상태로 여겨져 사람들과 차단된다. 옷을 찢어 입고, 머리를 풀고, 콧수염을 가리고, 부정한 사람이라고 소리쳐야 한다(〈레위〉13,45). 그리고 동네 밖에서 따로 살아야 한다(〈민수〉5,2). 나병 환자는 죽은 자와 별 차이 없다(〈2열왕〉5,7;〈욥기〉18,13). 메르스에 감염되어 격리 생활을 해본 사람들은 나병 환자의 심정을 잘 알 것이다.

예수에게 다가온 나병 환자는 율법 규정을 어겼다. 다가오면 안 되고, 오히려 예수에게서 멀어져야 한다. 환자에게서 뒷걸음치지 않은 예수도 마찬가지다. 얼굴을 땅에 대고 엎드린 것은 간청하는 자세로, 공동성서에 흔히 보인다(〈창세〉17,3;〈레위〉9,24;〈민수〉16,4). 이 나병 환자는 치유받기 위해, 살아 있는 인간의 기쁨과 자유를 얻기 위해 기꺼이 예수 앞에 무릎을 꿇었다. 주님kyrie이라는 단어가 반드시 하느님을 가리키는 것은 아니다(〈1열왕〉1,23 다윗;〈1열왕〉18,7 엘리야;〈에제〉11,13 하느님).

예수는 자유를 얻기 위해 무릎 꿇은 가엾은 환자에게 손을 내밀었다. 손을 내미는 행위는 문화마다 다른 의미가 있다. 예수는 도움의 손길로 내밀었다. 13절 '깨끗하게 되시오'는 원래 판결문에 쓰인 단어다. 공식적으로 병이 나았다는 예수의 선언이다. 13절에서 손을 내미는 자세가 반드시 하느님을 연상케 하는 태도는 아니다. 손으로 환자를 만지고 말로 치유한다(〈루가〉7,14). 말없이 손대는 것으로도 치유의 기적은 일어난다(〈루가〉6,19;8,44-47;22,51). 15절에서 루가는 예수의 침묵 명령을 이해하지 못한 것 같다.

성서학자들은 치유받은 환자에 대한 예수의 침묵 명령을 다양하게 해석한다. 보폰에 따르면 기적을 숨기려는 의도, 사제의 판정을 기다리는 입장, 예수가 메시아라는 사실을 숨기려는 의도, 그리스도인이 유다인을 의식해서 기적을 숨기려는 의도, 치유자의 신비감을 더하려는 의도

등이 있다.[10] 오직 사제가 나병이 치유되었는지 판정하고 선언한다(〈레위〉 13-14장). 물론 사제가 의사는 아니다. 치유된 환자는 예루살렘성전에 가서 정해진 제물을 바쳐야 한다(〈레위〉 14,1-20). 가난한 환자에게는 예물 규정이 따로 있다(〈레위〉 14,21-31).

사람들은 왜 예수에게 다가왔을까. 예수의 말씀을 듣고 싶었다. 아니 자신의 아픔을 예수에게 말하고 싶었다. 예수가 일방적으로 말한 것이 아니다. 예수는 사람들의 말을 경청했다. 말은 먼저 듣는 것이다. 말하는 것은 그다음 일이다. 선뜻 마이크를 들 일이 아니다. 먼저 사람들의 말을, 한 맺힌 사연을 가슴으로 들을 일이다. 종교인은 사람들의 말을 듣는가. 사람들의 아픈 마음을 아는가.

사람들이 왜 예수에게 다가왔을까. 병을 치유받고 싶어서다. 병 고침 은 환자가 사회적으로 복권되는 의미도 있다. 다시 사람들 속에서 사람 대접을 받는다는 것이다. 사회적으로 차별받는 가난한 사람에게 치료에 드는 돈이 있을 리 없다. 죽음은 부자보다 가난한 사람에게 일찍 찾아온 다. 죽음에 대한 묵상은 부자보다 가난한 사람이 먼저 한다. 의료보험에 가입되지 않아 깊은 산사에서 병마와 홀로 싸우는 노스님의 안타까운 모 습이 떠오른다. 평생 돈 걱정 없이 사는 가톨릭 사제와 수녀가 그 심정을 짐작할까.

초대교회 사람들은 왜 나병 환자 치유 이야기를 후대에 전하려 할까. 그보다 먼저, 왜 이 이야기를 좋아할까. 그 이유를 아는 것이 중요하다. 예 수가 기적을 일으키는 분이라고 홍보하고 싶어서일까. 초대교회는 나병 환자 치유 사건을 예수가 메시아라는 사실을 상징하고 확증하는 사건으로 받아들인 것 같다. 이 주장은 독일 가톨릭 성서학자 하인즈 쉬르만Heinz Schürmann이 처음 제안한다.[11]

　치유 기적 이야기에서 예수의 병 고치는 능력이 자주 강조된다. 그러나 환자에 대한 예수의 연민과 자비는 덜 주목받는다. 우리는 이 점을 회복해야 한다. 예수는 능력자 이전에 자비로운 분이다. 자비 없이 능력 없다. 자비 없는 능력은 의미 없다. 예수의 치유 이적에서 유다인은 하느님을 찬양하고, 그리스도인은 예수가 구세주임을 느낀다.

○ 예수의 죄 사함 권한

17 하루는 예수께서 가르치고 계셨는데 거기에 갈릴래아와 유다의 여러 마을과 예루살렘에서 온 바리사이파 사람들과 율법 학자들이 앉아 있었다. 예수께서는 하느님의 능력으로 병자들을 고쳐주기도 하셨는데 **18** 그때 사람들이 중풍 들린 사람을 침상에 눕혀 가지고 와서 예수 앞에 데리고 가려 하였으나 **19** 사람들이 많아서 병자를 안으로 데리고 들어갈 수가 없었다. 그래서 그들은 지붕으로 올라가 기와를 벗겨 구멍을 내고 병자를 요에 눕힌 채 사람들에게 둘러싸여 있는 예수 앞에 내려보냈다. **20** 예수께서는 그들의 믿음을 보시고 "당신은 죄를 용서받았습니다" 하고 말씀하셨다. **21** 이 말을 들은 율법 학자와 바리사이파 사람들은 "저 사람이 누구인데 저런 말을 하여 하느님을 모독합니까? 하느님 말고 누가 죄를 용서할 수 있단 말입니까?" 하고 수군거리기 시작하였다. **22** 예수께서는 그들의 생각을 알아채시고 이렇게 말씀하셨다. "어찌하여 여러분은 그런 생각을 품고 있습니까? **23** '당신은 죄를 용서받았습니다' 하는 것과 '일어나 걸어가시오' 하는 것과 어느 편이 더 쉽겠습니까? **24** 이제 땅에서 죄를 용서하는 권한이 사람의 아들에게 있다는 것을 보여주겠습니다." 그리고 나서 중풍병자에게 "제가 말하는 대로 하시오. 일어나 요를 걷어들고 집으로 돌아가시오" 하셨다. **25** 그러자 병자는 사람들이 보는 앞에서 벌떡 일어나 깔고 누웠던 요를 걷어들고 하느님을 찬양하며 집으로 돌아갔다. **26** 사람들은 모두 놀라 하느님을 찬양하면서도 마음은 두려움에 싸여 "우리는 오늘 참으로 신기한 일을 보았습니다" 하고 말하였다.(5,17-26)

루가는 예수의 활약을 갈릴래아(〈루가〉 4,14-43)와 유다(〈루가〉 4,44-9,50), 예루살렘(〈루가〉 9,51-19,28) 세 곳을 중심으로 소개한다. 루가가 대본으로 참조한 〈마르〉 2,1-12과 달리 사건이 일어난 장소는 가파르나움이 아니라 유다 지방 어느 마을로 17절에서 암시된다. 예수가 다시 가파르나움으로 갔다는 구절(〈마르〉 2,1)은 빠졌다. 루가가 앞에서 예수는 그곳을 영원히 떠났다고 썼기 때문이다(〈루가〉 4,42-44). 지금까지 나타나지 않은 새 그룹 바리사이가 〈루가〉에 처음 등장한다. 논쟁하는 여러 이야기가 있는 〈루가〉 5,17-6,11에 바리사이는 네 차례 나온다. 바리사이와 율법 학자가 동시에 언급된 것은 예수에 대한 소문이 예루살렘까지 퍼졌다는 사실을 알려준다.

예수는 어느 집 실내에 있는 것 같다. 18절 침상kline은 마태오도 쓴 단어지만, 마르코는 krabattos라는 단어를 썼다. 잘 때와 아플 때 누울 수 있는, 다리가 있고 등을 놓을 수 있는 침대를 가리킨다. krabattos는 그리스 문헌에서 거의 보이지 않는 단어다. 19절에서 루가는 각목과 진흙으로 엮은 평평한 지붕이 있는 근동식 주택(〈마르〉 2,4)이 아니라 벽돌과 돌판, 기와로 만든 그리스·로마식 주택을 생각한 것 같다.

20절에서 믿음은 예수의 치유 능력을 신뢰하는 태도로 설명된다(〈루가〉 7,9; 8,48; 17,19). 놀랍게도 예수는 치유하는 말이나 행동은 전혀 하지 않고 죄 사함을 말한다. 예수에게 죄 사함을 들은 환자는 18절의 중풍 환자와 〈루가〉 7,36-50에 나오는 여자뿐이다. 죄 사함은 오직 하느님의 영역이다(〈이사〉 44,22; 〈2사무〉 12,13). 그러나 예수의 말은 〈레위〉 24,15에 언급된 하느님 모독에 해당하지 않는다. 유다인에게 신성모독은 하느님 이름을 발음할 때 해당한다.

22절에 하느님을 닮은 예수의 모습이 드러난다. 사람 마음속의 생각을 아는 것은 공동성서에서 하느님에 속한 특징이다(〈1사무〉 16,7; 〈시편〉 94,11; 139,2). 예수의 치유 능력은 하느님에게서 비롯되었고, 예수는 하느님의 일을 한다는 초대교회의 믿음이 드러나는 부분이다. 특히 24절 '죄를 용서하는 권한이 사람의 아들에게 있다'는 표현은 유다교 문헌이나 그리스도교 전승에 없고, 이 구절에만 있다. 26절 '신기한 일paradoxa'은 신약성서에서 여기에만 있는 단어다. 성서학자들은 예수 자신이 사람의 아들이라고 확신했는지에 대해 의견이 분분하다.

'예수의 죄 사함 권한' 이야기가 어떻게 생겼을까. 예수의 치유 능력을 증언하고 가르친 초대교회 교리 교육과 설교에 배경이 있는 것 같다. 당시 예수의 죄 사함을 두고 유다교와 벌인 논쟁도 배경이다. 〈루가〉가 쓰인 당시 바리사이파는 유다 민족을 지도하고 초대교회를 공격한 그룹이다. 〈루가〉에서 바리사이는 예수가 갈릴래아와 유다 지역에서 활동하는 이야기에 나타나고, 예루살렘 이야기에는 거의 언급되지 않는다.

예수와 바리사이의 논쟁은 하느님, 메시아, 율법에 대한 종교적 주제를 두고 벌어진다. 〈사도〉에서 바리사이에 대한 비판은 크게 줄어든다. 바리사이와 초대교회는 부활 신앙을 공유하고, 루가는 바리사이의 회개를 기대했기 때문이다. 성서에서 바리사이 부분을 볼 때 예수와 바리사이 논쟁보다 초대교회와 바리사이 논쟁을 생각하는 것이 적절하다.

예수는 병을 고치고 가르쳤다. 치유는 병을 없애는 데 그치지 않는다. 환자를 위로하고 사회적으로 복권시키고, 병을 낳는 사회 현실을 비판한다. 가르침은 모르는 것을 새로 알려주는 데 그치지 않는다. 잘못 알고 있는 것을 올바로 고쳐주고, 사람을 속이는 언론과 교육, 종교의 거짓을 폭로한다. 예수의 가르침은 종교적 의식화 교육을 넘어 사회 현실을 제대로 보게 해준다. 나쁜 종교는 인민의 아편이지만, 좋은 종교는 각성제다. 나쁜 종교인은 사기꾼이요 장사꾼이다. 착한 목자는 예언자요 순교자다.

예수의 치유 이야기, 죄 사함 이야기를 볼 때 주의할 점이 있다. 치유와 죄 사함이 단지 개인 차원에서 해석될 위험이 있다는 것이다. 치유와 죄 사함은 당사자 개인을 넘어 하느님 백성의 차원에서, 하느님 나라 시각에서 넓게 봐야 한다. 지금 하느님 나라를 망각하고 죄 사함에 집중하는 그리스도교의 옹졸한 분위기를 볼 때, 이 주제는 더 강조하고 싶다.

죄 사함 혹은 용서는 하느님의 은총과 예수의 희생 덕분이다. 그러나 용서는 인간의 회개 없이 제대로 실현될 수 없다. 하느님이 내 죄를 용서하신다 해도, 나는 내 죄를 결코 용서하지 않겠다는 단호한 의지가 필요하다. 돈과 권력이 있으면 죄를 두려워하지 않는 우리 사회 풍토는 크게 잘못되었다. 사법부가 공정하지 않은 곳에서 죄와 용서가 제대로 인정될리 없다. 큰 죄를 저지른 권력자와 부자에게 이해할 수 없이 너그러운 종교가 있는 곳이야 더 말해 무엇 하리.

○ 죄인들과 식사하는 예수

²⁷ 이 일이 있은 뒤 예수께서 그곳을 떠나 길을 가시다가 레위라는 세리가 세관에 앉아 있는 것을 보시고 "저를 따라오시오" 하셨다. ²⁸ 그러자 그는 모든 것을 버리고 예수를 따라나섰다. ²⁹ 레위는 자기 집에서 큰 잔치를 베풀고 예수를 모셨는데 그 자리에는 많은 세리들과 그 밖에 여러 사람이 함께 앉아 있었다. ³⁰ 이것을 본 바리사이파 사람들과 그들의 율법 학자들은 못마땅하게 생각하여 예수의 제자들에게 "어찌하여 당신들은 세리와 죄인들과 어울려 먹고 마시는 것입니까?" 하고 트집을 잡았다. ³¹ 예수께서 이 말을 들으시고 이렇게 대답하셨다. "건강한 사람에게는 의사가 필요하지 않으나 병자에게는 필요합니다. ³² 저는 의인을 불러 회개시키러 온 것이 아니라 죄인들을 불러 회개시키러 왔습니다."

³³ 이 말씀을 듣고 그들이 "요한의 제자들은 물론이요 바리사이파 사람들의 제자들까지도 자주 단식하며 기도하는데 어찌하여 당신의 제자들은 먹고 마시기만 합니까?" 하며 따지자 ³⁴ 예수께서는 이렇게 대답하셨다. "여러분은 잔칫집에 온 신랑의 친구들이 신랑과 함께 있는 동안에도 그들을 단식하게 할 수 있겠습니까? ³⁵ 이제 때가 오면 신랑을 빼앗길 것이니 그때에는 그들도 단식을 할 것입니다." ³⁶ 그리고 예수께서는 비유를 들어 말씀하셨다. "새 옷에서 조각을 찢어내어 헌 옷을 깁는 사람은 없습니다. 그렇게 하면 새 옷을 못 쓰게 만들 뿐만 아니라 새 옷 조각이 헌 옷에 어울리지도 않을 것입니다. ³⁷ 그리고 새 술을 헌 가죽 부대에 담는 사람도 없습니다. 그렇게 하면 새 포도주가 부대를 터뜨릴 것이니 포도주는 쏟아지고 부대는 못 쓰게 됩니다. ³⁸ 그러므로 새 포도주는 새 부대에 넣어야 합니다. ³⁹ 또 묵은 포도주를 마셔본 사람은 '묵은 것이 더 좋습니다' 하면서 새 것을 마시려 하지 않습니다."(5,27-39)

바리사이와 율법 학자들이 예수의 제자들에게 항의한 것은 두 가지다. 예수의 제자들이 세리나 죄인과 함께 식사한다는 점, 단식하지 않는다는 점. 세리나 죄인과 함께 식사해서는 안 되고, 단식 의무를 지켜야 한다는 것이다. 스승이 하지 않는 일을 제자들이 단체로 할 리 없다. 제자에게 항의하는 것은 곧 스승에게 항의하는 것이다. 당시 제자의 잘못을 스승이 해명하고 책임지는 일은 관행이었다. 그래서 제자들에게 불평한 일을 스승 예수가 답변한다.

직접세 외에도 국경, 항만, 다리, 도시 등에서 사람과 물건에 매기는 각종 세금이 있었다. 세금 공무원 격인 세리는 대개 부자였다. 그들은 세금 징수와 관련한 부정행위로 죄인 취급을 받았다. 세리는 복음서에서 부패한 공무원의 대명사다. 27절 '따라오시오'는 종교 지도자를 따른다는 뜻이다. 하느님의 초월성을 존중하는 뜻에서 하느님을 '따르기'라는 말은 신약성서에 없다. 다른 분야에서 따르기와 달리 예수 따르기의 특징은 고통의 길을 따르는 것이다.

28절에서 모든 것을 버리고 예수를 따라나선 레위가 29절에는 느닷없이 자기 집에서 많은 사람들이 참석하는 잔치symposium를 베푼다. 이야기 구성이 조금 허술하다. 밥 먹는 도중에 다퉜는지, 식사 후 논쟁했는지 뚜렷하지 않다. 물론 중요한 문제는 아니다. 루가가 29절에서 '세리들과 그 밖에 여러 사람'이라고 표현한 참석자를 30절에서 바리사이는 '세리와 죄인들'이라 언급한다. 예수와 바리사이의 긴장이 커진다. 예수와 그 제자들이 죄인과 같이 식사한다. 초대교회에서 제자라는 개념은 모든 그리스도인(〈마태〉 28,19-)을 가리키기도 하고, 방랑 선교사(〈루가〉 6,13; 9,59-)를 지칭하기도 한다.

30절에서 트집을 잡았다는 것은 예수의 언행을 이해하지 못하는 바리사이뿐 아니라 많은 사람들의 특징이다(〈루가〉 15,2; 19,7). 먹고 마시는 것은 인간에게 언제나 따라다니는 개념이다(〈창세〉 26,30; 〈2사무〉 19,36; 〈이사〉 22,13). 세리라는 직업과 죄인이라는 종교적 개념이 한 쌍처럼 쓰인다.

의사는 〈이사〉 3,7과 〈예레〉 8,22에 언급된다. 의사에게 의지하면 꾸지람을 듣는다(〈2역대〉 16,12).

31절에서 의사와 환자 비유는 그리스 문화에서 널리 퍼진 표현이다. 예수도 그리스 문화의 영향을 받은 것이다. 예수는 어린 시절부터 이스라엘 땅에 사는 그리스인과 접촉했을 것이다. 그리스 문화는 당시 이스라엘에 낯설지 않았다. 예수는 바리사이가 죄인을 환자처럼 너그럽게 돌봐야 하지 않겠느냐고 권유한다. 죄인을 환자 대하듯 측은하게 보는 사람이 있고, 환자를 죄인처럼 차갑게 보는 사람도 있다. 죄인에 대한 예수의 측은지심이 돋보인다.

레위의 사례를 통해 회개가 무엇인지 생각한다. 회개는 예수를 따르는 전제가 아니고, 예수를 따르면 회개한다는 교훈이다. 예수 따르기란 무엇일까. 예수 따르기를 자처하고 다짐하는 사람은 많지만, 예수를 제대로 따르는 사람은 적다. 누구나 예수를 따르는 것 같지만, 제대로 따르는 사람은 적다.

그 이유가 무엇일까. 예수는 갈릴래아에서 하느님 나라를 선포하고, 예루살렘에서 십자가를 선포한다. 예수는 갈릴래아에서 복음을 선포하고, 예루살렘에서 순교를 선포한다. 제자들은 하느님 나라의 복음에 열광하지만, 십자가라는 순교에 주저한다. 오늘 우리도 제자들과 비슷한 상태에 있지 않을까. 하느님 나라 Yes, 십자가 No, 복음 Yes, 순교 No. 십자가 없이 하느님 나라 없다. 순교 없이 복음 없다. 어정쩡한 태도로 예수를 제대로 따르기란 불가능하다. 자기 목숨을 버리고 십자가를 지고 따르라는 예수의 말씀이 생생하다.

단식은 어떤 기간에 특정한 음식을 먹지 않거나(〈예레〉 35,6-; 〈다니〉 1,5; 〈2마카〉 5,27) 정해진 날에 어떤 음식을 삼가는 것이다(〈레위〉 16,29; 〈1열왕〉 21,27; 〈이사〉 58,1-9). 화해의 날에 정해진 단식(〈레위〉 16,29-)을 제외하면 유다인에게 단식이 의무는 아니다. 단식은 죄인의 겸손한 모습으로 여겨진다(〈에즈〉 8,21; 〈이사〉 58,3-5). 자발적 단식은 공동성서에도 보인다(〈시편〉 34,13; 〈다니〉 9,3). 루가는 앞에서 단식과 기도로 구세주를 기다린 안나를 언급한다(〈루가〉 2,37). 세례자 요한의 제자들도 단식한다(〈루가〉 7,33). 바리사이는 매주 월요일과 목요일에 자발적으로 단식한다(〈루가〉 18,12). 초대교회는 수요일과 금요일에 단식하는 관행을 시작한다. 예수 시대에는 단식하지 않았지만, 교회 시대에는 단식한다는 것이다.

단식과 기도는 예수 그룹보다 바리사이와 세례자 요한 그룹에게 어울리는 행동이다. 구원의 때가 잔치나 결혼식에 비유되기도 한다(〈이사〉 25,6; 〈묵시〉 19,9). 결혼식은 하느님이 당신의 백성과 함께하는 상징으로 〈호세〉 1-2장, 〈에제〉 20장에서 설명된다. 잔칫날에 참석자들은 단식을 깨뜨릴 권리와 중단할 의무가 있다. 예수를 신랑으로 비유하기도 한다(〈마태〉 25,1.9; 〈요한〉 3,29). 36-39절에서 옷, 포도주, 가죽에 새로운kainos과 낡은palaios이라는 형용사가 사용된다. 루가가 대본으로 삼은 〈마르〉 2,21 이하는 낡은 옷이 상하는 데 중점을 둔다. 그러나 루가는 새 옷이 상하는 데 초점을 맞춘다. 36-38절은 예수로 인해 구원의 시대가 시작된다는 뜻이다.

39절은 해석하기 쉽지 않다. 여기서 예수가 오래된 술과 새 술의 품질을 비교·평가하는 것이 아니다. 예수는 음주 습성에 대해 말한다. 오래된 포도주를 마신 뒤 새 포도주를 마시지 않는다는 것이다. 그러면 오래된 포도주와 새 포도주가 섞여 각 포도주의 맛을 제대로 음미할 수 없고, 입맛을 버린다. 새 술이 오래된 술보다 품질이 반드시 뛰어나다고 볼 수도 없다. 새 술과 오래된 술은 어울리지 않는다. 예수의 음주 취향이 드러난 흥미로운 구절이다.

예수 시대는 구원의 역사에서 어떤 의미가 있는가. '죄인들과 식사하는 예수' 이야기의 주제다. 예수 시대는 구원이 시작되는 기쁜 시대다. 그러니 단식할 수 없고, 같이 잔치를 벌여야 한다. 헌 옷과 묵은 포도주, 헌 가죽 부대를 유다교로, 새 옷과 새 포도주, 새 가죽 부대를 그리스도교로 해석하는 것은 이 이야기의 주제에서 상당히 벗어난다. '죄인들과 식사하는 예수' 이야기를 근거로 가톨릭 미사에서 가톨릭 신자와 개신교 신자가 성체를 같이 모실 수는 없을까. 이 주제에 대해 활발한 신학적 연구와 토론을 기대한다.

○ 안식일과 예수

¹ 어느 안식일에 예수께서 밀밭 사이를 지나가시게 되었다. 그때에 제자들이 밀 이삭을 잘라서 손으로 비벼 먹었다. ² 이것을 본 바리사이파 사람 몇몇이 "당신들은 왜 안식일에 해서는 안 될 일을 하는 것입니까?" 하고 말하였다. ³ 예수께서는 이렇게 물으셨다. "여러분은 다윗의 일행이 굶주렸을 때에 다윗이 한 일을 읽어보지 못하였습니까? ⁴ 다윗은 하느님의 집에 들어가 사제들밖에 먹을 수 없는 제단의 빵을 먹고 함께 있던 사람들에게도 주지 않았습니까?" ⁵ 그리고 예수께서는 이렇게 말씀하셨다. "사람의 아들이 바로 안식일의 주인입니다."(6,1-5)

실제 일어난 사건에 근거한 이야기라고 보기 어려운 부분이다. 예수가 안식일에 왜 밀밭 사이를 지나갔는지, 제자들이 왜 밀 이삭을 따 먹었는지 설명이 없다. 바리사이들이 안식일에 예수 곁에, 밀밭 가까이에 있었다는 상황 설정도 이해하기 어렵다. 예수와 제자들이 고뇌한 주제가 아니라 루가 공동체 사람들에게 닥친 안식일 지키기 문제를 다룬다. 율법은 루가 공동체에서 큰 효력이 없지만, 주일을 지키는 의무는 아직 확립되지 않은 상태다. 그 공동체에 주류인 유다교 사람들과 달리 먹고 행동한 부분이 있다. 소수이고 비주류에 속한 초대교회의 현안을 다룬 이야기다. 그리스도교는 언제부터인지 자신이 한때 소수파요 비주류에 속했다는 역사를 망각하고 살아왔다.

예수는 어떤 경우 율법에 초탈한 듯 아주 자유롭고, 어떤 경우 완강하게 율법을 고집한다. 예수는 율법을 맹목적으로 따르는 것을 좋게 보지 않은 듯하다. 예수는 규정보다 인간을, 특히 가난한 사람을 생각과 판단의 중심에 놓았다. '여러분은 지금까지 이렇게 들어왔습니다. 그러나 저는 이렇게 말합니다.' 이것이 예수의 새로운 어법이다. 전통을 무조건 따르기보다 전통의 의도와 배경을 따져 그 참뜻을 밝히는 것이다. 전통 없이 새로움도 없지만, 새로움 없이 전통도 없다.

〈마르〉 2,24에서 바리사이들은 예수에게 직접 제자들의 행위에 대해 질문한다. 〈루가〉에서 바리사이는 제자들에게 묻는다. 〈마르〉 2,23에 제자들이 '밀 이삭을 자르기 시작하자'라는 표현을 루가는 1절에서 '제자들이 밀 이삭을 잘라서 손으로 비벼 먹었다'고 자세히 보도한다. 2절에는 〈마르〉 2,24과 달리 바리사이 '사람 몇몇'이라고 표현한다. 〈루가〉에는 〈마태〉 12,1과 달리 제자들이 다윗처럼 배가 고팠다는 말이 없다. 안식일 규정(〈출애〉 20,8-11; 31,12-17)에 따르면 제자들은 두 가지를 어긴 셈이다. 밀 이삭을 뜯었으니 추수 금지(〈출애〉 34,21), 즉 안식일에 음식을 장만하지 말라는 규정을 어겼다. 〈루가〉는 〈마르〉 2,26에서 아비멜렉을 에비아달로 혼동한 부분을 발견하여 싣지 않았다.

4절에 '하느님의 집'에서 다윗의 행동을 소개한 것은 조금 의아하다. 다윗 시절에 예루살렘성전은 존재하지 않았다. 모세가 장막에 들어간 이야기(〈출애〉 25,30; 〈레위〉 24,5-9)를 〈마르〉 2,25 이하와 연결한 것 같다. 모세의 빵 이야기는 안식일 규정과 관계없고, 오직 '거룩한 빵'(〈1사무〉 21,5.7)과 관계있다. 율법 규정이 위급한 상황에서 효력을 잃는지 묻는 이야기가 아니다. 예수에게 다윗처럼 율법 규정에 대한 권한이 있는지 다루는 이야기다. 율법의 효력이 아니라 예수의 권한에 대한 이야기다. 사람의 아들이 율법을 폐지했다는 쉬르만의 주장은 찬성하기 어렵다. 루가는 율법의 효력이 사람의 아들의 권한에 있다는 사실을 강조한다.

루가에 따르면, 그리스도인은 율법 규정에 문자 그대로 얽매일 필요 없다. 예수 정신에 따라 율법을 새로 해석해야 한다. 후대에 그리스도교는 유다교의 안식일 노동 금지 정신을 존중하는 의미에서 일요일 노동 금지라는 새 전통을 세웠다. 주일 미사나 예배에 참여하지 않은 사람에게 죄를 지었다고 비난할 수는 없다. 우리 시대에 일요일 노동 금지는 어떤가. 일요일에도 노동해야 하는 사람들이 있다. 교회가 가난한 사람에게 일요일 노동 금지를 강요할 수 있는가. 그리스도교는 주일 성수 의무보다 가난한 사람의 운명에 관심을 둬야 하지 않는가. 전례, 성례전 등 종교 행사보다 가난한 사람의 삶이 중요하다.

○ 안식일과 치유

⁶ 또 다른 안식일에 예수께서 회당에 들어가 가르치고 계셨는데 거기에 마침 오른손이 오그라든 사람이 있었다. ⁷ 한편 율법 학자들과 바리사이파 사람들은 예수께서 안식일에 병을 고쳐주시기만 하면 그를 고발하려고 지켜보고 있었다. ⁸ 그러나 예수께서는 그들의 속셈을 아시고 손이 오그라든 사람에게 "일어나 가운데로 나와 서시오" 하셨다. 그가 일어나 가운데로 나서자 ⁹ 예수께서 그들에게 "여러분에게 한 가지 물어보겠습니다. 율법에 어떻게 하라고 하였습니까? 안식일에 착한 일을 하라고 하였습니까? 악한 일을 하라고 하였습니까? 사람을 살리라고 하였습니까, 죽이라고 하였습니까?" ¹⁰ 이렇게 물으시며 그들을 모두 둘러보시고 나서 손이 오그라든 사람에게 "손을 펴시오" 하셨다. 그가 손을 펴자 그 손이 이전처럼 성하게 되었다. ¹¹ 그들은 잔뜩 화가 나서 예수를 어떻게 하면 좋을까 하고 서로 의논하였다.(6,6-11)

〈마르〉 3,1-6을 대본으로 삼은 이야기다. 위경인 〈나자렛복음〉에도 같은 이야기가 나온다. 예수는 〈사도〉에 나오는 사도들처럼 가르치기 위해 안식일과 회당을 이용한다(〈사도〉 14,1; 17,1-2). 루가는 6절에서 〈마르〉와 달리 환자의 오른손이 마비된 사실을 추가하여 고통을 더 드러낸다. 날 때부터 혹은 관절염으로 손이 마비된 사람을 안식일에 치유해도 되는지 다룬 이야기다. 바리사이에게 안식일에 병자 치유는 낯선 말이다. 그러나 쿰란 공동체와 후대 유다교에서는 허용된다. 후대 유다교는 그리스도교의 실행에 대한 반응으로 안식일에도 병자 치유를 허용한 것 같다.

마비된 사람은 죽음의 영역에 속한 사람으로 여겼고, 마비의 치유는 죽음에서 구원하는 것으로 이해된다(〈시편〉 86,13). '안식일과 치유' 이야기에서 아무도 예수에게 환자의 치유를 부탁하지 않았다. 환자 자신도 치유를 간청하지 않았다. 예수가 자발적으로 고쳐주는 이야기다. 유다교에서도 목숨이 위급한 경우, 안식일 규정을 어기고 도움을 주는 일이 허용된다. 유다인에게 병은 환자 개인에게 해당하는 일이 아니다. 하느님께 뽑히고 사랑받는 백성은 모두 건강해야 한다. 유다인은 병이 죄와 관계있다고 생각했기 때문이다. 건강한 백성에게 아픈 환자는 공동체의 문제가 된다. 개인이 아프면 공동체도 아프다. 신자 개인이 죄를 지으면 교회 전체가 죄를 짓는 셈이다. 우리 시대 교회에 죄와 병에 대한 공동체적 생각이 있는가. 아쉽다.

율법 학자와 바리사이는 예수의 치유 자체가 아니라 치유 날짜, 즉 안식일에 치유하는 것을 문제 삼았다. 안식일에 치유한 사실을 예수에 반대하는 논거로 삼은 것이다(《요한》 5,9-16; 9,14). 율법 학자와 바리사이는 예수와 제자들의 행동뿐만 아니라 예수의 신분 자체를 문제 삼는 적수로 소개된다. 10절에서 '손이 이전처럼 성하게 되었다'는 뜻을 나타내는 그리스어 동사는 수동태다. 병을 고치는 분은 하느님뿐이라는 말이다. 감기 같은 일상적인 병도 고치는 분은 결국 하느님이다. 11절에서 율법 학자와 바리사이들은 잔뜩 화가 났다. anoia는 '무지' 혹은 '분노'로 번역할 수 있다. 루가는 그들이 예수를 이해하지 못했다고 여겼다. 예수를 미워한 사람들은 예수가 갈릴래아에서 활동한 시절부터 있었다. 누가, 왜 예수를 죽이려 했는지 정확히 아는 일은 중요하다.

안식일에 좋은 일을 하는 것과 목숨을 구하는 것이 합당하느냐는 초대교회에서 교리문답 형식으로 쓰인 이야기다. 안식일에 지켜야 할 규칙에 대한 질의응답에 '예수는 누구인가'라는 진짜 주제가 담겼다. 루가는 안식일의 주인이 율법 학자와 바리사이가 아니라 예수라는 사실을 말하고 싶었다. 안식일에 좋은 일을 해도 되느냐는 주제는 안식일뿐만 아니라 모든 날에 좋은 일을 해야 한다는 가르침으로 확대된다. 우리가 자주 놓치는 메시지다. 나쁜 짓을 하는 것뿐만 아니라 좋은 일을 하지 않는 것도 죄다. 좋은 일을 게을리하는 것도 하느님 앞에 부끄러운 일이다. 가난한 사람은 우리의 선행을 애타게 기다린다. 우리의 사소한 선행이 가난한 사람의 목숨을 구할 수도 있다.

10절 "손을 펴시오"에서 일종의 '손 신학'을 전개하면 어떨까. '신의 손'은 축구 선수 마라도나Diego Maradona가 손으로 한 헤딩슛이나 뛰어난 골키퍼를 가리키는 말이 아니다. 인간의 사랑은 대부분 손으로 표현되고 전달된다. 따스한 손, 부드러운 손길에 사랑이 담긴다. 마더 테레사Mother Teresa, 로메로 대주교, 프란치스코 교황의 손을 생각해보자. 우리 부모와 자신의 손에도 사랑이 있다. 그들의 손을 잡자. 우리 손을 내밀자. 손은 사랑이다.

○제자 부르심

¹² 그 무렵에 예수께서는 기도하시려고 산에 들어가 밤을 새우시며 하느님께 기도하셨다. ¹³ 날이 밝자 예수께서 제자들을 불러 그중에서 열둘을 뽑아 사도로 삼으셨다. ¹⁴ 열두 사도는 베드로라는 이름을 주신 시몬과 그의 동생 안드레아, 야고보와 요한, 필립보와 바르톨로메오, ¹⁵ 마태오와 토마, 알패오의 아들 야고보와 혁명당원 시몬, ¹⁶ 야고보의 아들 유다, 그리고 후에 배반자가 된 가리옷 사람 유다이다. ¹⁷ 예수께서 그들과 함께 산에서 내려와 평지에 이르러 보니 거기에 많은 제자들과 함께 유다 각 지방과 예루살렘과 해안 지방인 띠로와 시돈에서 온 사람들이 많이 모여 있었다. ¹⁸ 그들은 예수의 말씀도 듣고 병도 고치려고 온 사람들이었다. 그중에는 더러운 악령에 걸려 고생하는 사람들도 있었는데 예수께서는 그들도 고쳐주셨다. ¹⁹ 이렇게 예수에게서 기적의 힘이 나와 누구든지 다 낫는 것을 보고는 모든 사람이 저마다 예수를 만지려고 하였다.(6,12-19)

루가는 예수가 사람들을 가르친다는 '사실'을 여러 차례 소개한다(《루가》4,31.44; 5,1.3; 6,6). 루가는 예수가 가르친 '내용'을 처음으로 소개하려 한다. 밤에 예수는 산에서 기도하며 혼자 있다. 낮에 열두 제자는 산에 올라가 예수와 함께 있다. 낮에 또 다른 제자들과 군중은 들판에서 예수와 제자들과 함께 있다. 바뀌는 장면과 시간과 사람을 구분하고 그 특징을 보면 재미있다. 산에서 예수의 밤샘 기도, 제자들 부름, 산에서 내려와 군중을 만나는 모습이 연결된 부분이다. 유다와 예루살렘, 오늘 레바논 지역에서 몰려온 엄청난 군중이 들판에서 예수와 함께 있는 장면이다. 예수 추종자들의 단합 대회나 출정식을 방불케 한다.

예수는 율법 학자, 바리사이와 논쟁한 뒤 기도하러 산으로 올라간다. 논쟁 후 기도가 필요할까. 논쟁하기 전에도 기도가 필요하다. 논쟁은 결국 하느님의 매력을 알리는 계기다. 좋은 논쟁은 사람들이 하느님께 다가서도록 도울 수 있다. 루가는 예수가 어느 산에서 기도했는지 밝히지 않는다. 예수가 밤새워 기도했다는 12절 내용에는 모세가 시나이 산에서 계명을 받은 역사와 예수의 기도를 연결하려는 루가의 의도가 보인다. 루가는 여러 곳에서 예수의 제자들을 언급한다(〈루가〉 5,30; 6,1). 예수는 〈루가〉 6,12 이하에서 처음으로 제자들을 불러 특별한 임무를 맡긴다. 예수는 가까이 부른 제자 중 열두 명을 뽑아 사도라고 부른다.

〈마르〉에서 열두 제자는 부활 이전 예수의 복음 선포에 동반자로 소개된다. 바울로는 부활한 예수의 증인을 사도라고 부른다(〈1고린〉 9,1). 〈루가〉에서 사도는 예수 활동의 참된 증인이다(〈루가〉 1,2; 〈사도〉 1,21-25). 초대교회에서 사도들은 특별한 존중을 받는다(〈사도〉 1,21-; 2,14-; 15,22-). 열두 제자의 이름이 똑같이 소개되진 않는다(〈마르〉 3,16-19; 〈마태〉 10,2-4; 〈사도〉 1,13). 야곱의 열두 아들 이름도 똑같이 언급되지 않는다(〈창세〉 49장, 〈신명〉 33장, 〈판관〉 5장). 열두 제자 명단에서 시몬은 언제나 맨 처음 소개된다. 루가는 시몬이 베드로라는 호칭을 언제 얻었는지 말하지 않는다(〈마태〉 16,18이나 〈요한〉 1,42과 다르다). 시몬의 형제 안드레아는 시몬보다 먼저 부름 받은 것으로 나온다(〈요한〉 1,40). 안드레아는 시몬, 야고보, 요한과 함께 맨 처음 언급되는 4인방 제자에 속한다(〈마르〉 1,16-20).

루가는 예수의 열두 제자 부르심을 왜 6장에서 뒤늦게 소개할까. 루가는 왜 가난한 사람보다 제자를 훨씬 나중에 소개할까. 제자는 가난한 사람을 돕기 위한 소모품에 불과하다는 뜻이다. 가난한 사람이 제자를 위해 있는 것이 아니라, 제자가 가난한 사람을 위해 있다. 프란치스코 교황은 사제가 교회와 신자에게 봉사하기 위해 존재한다고 강조한다. 교황은 2015년 3월, 한국 주교단 앞에서 한국의 일부 사제는 군림하는 경향이 있다고 경고했다. 성직자가 곧 교회라고 착각하는 사람은 루가의 깊은 뜻을 이해하기 어려울 것이다.

○ 행복 선언과 불행 선언

²⁰ 그때에 예수께서 제자들을 바라보시며 말씀하셨다. "가난한 사람들이여, 여러분은 행복합니다. 하느님 나라가 여러분의 것입니다. ²¹ 지금 굶주린 사람들이여, 여러분은 행복합니다. 여러분은 배부르게 될 것입니다. 지금 우는 사람들이여, 여러분은 행복합니다. 여러분은 웃게 될 것입니다. ²² 사람의 아들 때문에 사람들에게 미움을 사고 내쫓기고 욕을 먹고 누명을 쓰면 여러분은 행복합니다. ²³ 그럴 때에 여러분은 기뻐하고 즐거워합니다. 여러분이 하늘에서 여러분이 받을 상이 클 것입니다. 그들의 조상들도 예언자들을 그렇게 대하였습니다.

²⁴ 그러나 부요한 사람들이여, 여러분은 불행합니다. 여러분은 이미 받을 위로를 다 받았습니다. ²⁵ 지금 배불리 먹고 지내는 사람들이여, 여러분은 불행합니다. 여러분이 굶주릴 날이 올 것입니다. 지금 웃고 지내는 사람들이여, 여러분은 불행합니다. 여러분이 슬퍼하며 울 날이 올 것입니다. ²⁶ 모든 사람에게 칭찬을 받는 사람들이여, 여러분은 불행합니다. 그들의 조상들도 거짓 예언자들을 그렇게 대하였습니다."(6,20-26)

예수가 산에서 들판으로 내려와 선언한 내용이다. 〈마태〉의 산상수훈과 달리 〈루가〉의 평지 설교라 불린다. 행복 선언에 불행 선언이 뒤따르는 점이 특이하다. 행복 선언 네 번에 불행 선언 네 번이 이어진다. 예수는 어떤 사람은 분명히 불행할 것이라고 경고한다. 행복 선언만 기억하고 불행 선언을 망각하면 안 된다. 행복 선언과 불행 선언은 특정인을 향한 비밀 교리가 아니다. 예수가 들판에서 만방에, 역사에 선언한 공개적 가르침이다.

행복 선언 종류의 가르침은 그리스나 이집트에도 있었다. 스승은 앉고 예언자는 선다. 예수는 이 선언을 서서 한 것 같다. makarios는 축복의 뜻이다(〈창세〉 30,13; 〈시편〉 1,1; 〈묵시〉 14,13). 행복 선언의 첫째 대상은 가난한 사람이다. 〈루가〉에서 ptokos는 경제적으로 가난한 사람을 가리킨다. 가난한 사람은 경제적으로 가난하기 때문에 행복한 것이 아니라 하느님 나라가 그들 것이니 행복하다.

하느님 나라는 부자에게 주어지지 않는다. 부자가 가진 것은 돈밖에 없다. 가난한 사람은 하느님 나라를 가졌다. 그러니 누가 더 행복할까. 하느님이 가난한 사람을 축복한다는 사실은 하느님의 신비에 속한다. 자본주의 논리로 하느님의 신비를 이해하기는 어려울 것이다. 예수는 부자를 축복한 적이 없다.

가난한 사람은 그리스인에게 무시당했지만, 유다 문화에서 하느님의 특별한 보호를 받는 사람이다(〈욥기〉 29,16; 〈시편〉 37,11; 〈이사〉 25,4). 하느님이 예언자를 가난한 사람에게 보내신다(〈이사〉 61,1). 공동성서에서 가난은 하느님의 처벌이라는 해석에서 하느님의 보호로 뜻이 차츰 변한다. 셀레우코스Seleucos 시대에 가난과 영성을 연결하는 풍조가 자리 잡았다 (〈시편〉 38〔39〕,18; 68〔69〕,30-34). 신약성서에서 〈야고보의 편지〉가 이 주제를 다룬다(〈야고〉 1,9; 2,5; 5,1-6).

행복이 약속된 가난한 사람의 대표로 굶주리고 우는 사람이 소개된다. 불행이 약속된 부자의 대표로 배부르고 웃는 사람들이 소개된다. 지금 배부르고 웃는 사람은 슬퍼할 이유가 있다. 지금 굶주리고 우는 사람은 기뻐할 이유가 있다. 성서는 우리 상식과 가치 기준을 뒤엎는다. 지금 배부르고 웃는 사람은 그것으로 끝이다. 지금 배부르고 웃는 사람에게 미래는 없다. 돈으로 천국을 어떻게 사겠는가. 예수 믿으면 부자 된다는 말은 거짓이요 사기다. 예수는 그런 말을 한 적이 없다.

〈마태〉에서 '마음이 가난한 사람들'과 〈루가〉에서 '가난한 사람들'은 모순되는 뜻이 아니다. 〈루가〉에서 '가난한 사람들'이 예수의 메시지를 좀 더 원초적으로 드러낸다. 교회 역사에 '마음이 가난한 사람들'에 대한 교묘하고 복잡한 해석으로 '가난한 사람들'의 참뜻을 흐리는 시도가 아주 많았다. 루가는 돈의 위험을 일관되게 강조한다(〈루가〉 16,9-13; 〈사도〉 2,44-45; 4,32; 5,1-11). 부자 신자와 가난한 신자가 함께 있는 루가 공동체에서 가난한 사람을 일방적으로 편드는 루가의 모습은 오늘 그리스도교에 중요한 교훈이다. 루가는 부자 신자도 편들고 가난한 신자도 편드는 짓을 하지 않았다.

부자도 편들고 가난한 사람도 편드는 짓은 예수와 아무 관계 없는 일이다. 부자를 편들고 가난한 사람을 무시하는 일은 악마가 하는 짓이다. 오늘 그리스도교에 예수를 버리고 악마를 따르는 종교인이 적지 않다. 부자나 권력자에게 비굴하게 아부하는 종교인은 종교인도 못 되지만 인간도 못 된다. 지금 그리스도교는 가난해서 문제가 아니라 부자여서 문제다. 가난한 교회는 망하지 않지만 부자 교회가 망하는 건 시간문제다.

교회가 부자를 편들면 부자는 교회에 남고, 가난한 사람은 교회를 떠난다. 교회가 가난한 사람을 편들면 가난한 사람도, 부자도 교회에 남는다. 교회가 가난한 사람을 편든다는 이유로 교회를 떠나는 부자가 있을 수 있다. 교회는 그런 부자 신자를 잡으려고 애쓸 필요가 없다. 그들은 멸망의 길을 선택한 것이다. 부자 신자는 예수를 따른 부자의 사례(〈루가〉 8,2; 19,10; 23,40-53; 〈사도〉 8,27; 9,36; 10,2; 16,14)를 살펴보며 자기 신앙을 비판적으로 검토해야 한다.

'행복 선언과 불행 선언' 이야기에 얽힌 여러 성서 주석학 논의보다 나를 사색에 잠기게 만든 것은 〈루가〉 주석에서 세계적으로 존중받는 성서학자 보폰의 고백이다. 안락하게 사는 성서학자 주제에 감히 어떻게 가난한 사람에게 행복 선언을 해석하려 들겠느냐[12]는 것이다. 자신은 행복 선언과 불행 선언을 그저 경청해야 마땅하다는 것이다. 이 얼마나 정직하고 겸손한 고백인가. 보폰의 말에 공감하며 기꺼이 동참하고 싶다. 가난하게 살지 않고 가난한 사람을 잘 모르는 성서학자와 신학자에게 경종을 울리는 말이다. 어디 성서학자나 신학자에게만 해당될까. 그리스도교가 스스로 반성할 일이다.

○ 원수를 사랑하라

27 "그러나 이제 내 말을 듣는 사람들아, 잘 들어라. 너희는 원수를 사랑하여라. 너희를 미워하는 사람들에게 잘해주고 28 너희를 저주하는 사람들을 축복해주어라. 그리고 너희를 학대하는 사람들을 위하여 기도해주어라. 29 누가 뺨을 치거든 다른 뺨마저 돌려 대주고 누가 겉옷을 빼앗거든 속옷마저 내어주어라. 30 달라는 사람에게는 주고 빼앗는 사람에게는 되받으려고 하지 마라. 31 너희는 남에게서 바라는 대로 남에게 해주어라. 32 너희가 만일 자기를 사랑하는 사람만 사랑한다면 칭찬받을 것이 무엇이겠느냐? 죄인들도 자기를 사랑하는 사람은 사랑한다. 33 너희가 만일 자기한테 잘해주는 사람에게만 잘해준다면 칭찬받을 것이 무엇이겠느냐? 죄인들도 그만큼은 한다. 34 너희가 만일 되받을 가망이 있는 사람에게만 꾸어준다면 칭찬받을 것이 무엇이겠느냐? 죄인들도 고스란히 되받을 것을 알면 서로 꾸어준다. 35 그러나 너희는 원수를 사랑하고 남에게 좋은 일을 해주어라. 그리고 되받을 생각을 말고 꾸어주어라. 그러면 너희가 받을 상이 클 것이며 너희는 지극히 높으신 분의 자녀가 될 것이다. 그분은 은혜를 모르는 자들과 악한 자들에게도 인자하시다. 36 그러니 너희의 아버지께서 자비로우신 것같이 너희도 자비로운 사람이 되어라."

37 "남을 비판하지 마라. 그러면 너희도 비판받지 않을 것이다. 남을 단죄하지 마라. 그러면 너희도 단죄받지 않을 것이다. 남을 용서하여라. 그러면 너희도 용서를 받을 것이다. 38 남에게 주어라. 그러면 너희도 받을 것이다. 말에다 누르고 흔들어 넘치도록 후하게 담아서 너희에게 안겨주실 것이다. 너희가 남에게 되어주는 분량만큼 너희도 받을 것이다."(6,27-38)

27-30절에 명령형 동사가 여덟 번 나온다. 27-28절에는 그룹을, 29-30절에는 개인을 향한 명령형 동사가 쓰인다. 27절에서 원수를 사랑하라는 말은 27-28절에 있는 세 동사(미워하는, 저주하는, 학대하는)와 연결하여 해석하는 것이 좋다. 누가 나의 원수인지 아닌지 알아내는 기준은 그 셋이다. 나를 '미워하는, 저주하는, 학대하는' 사람이 내 원수다.

예수는 원수에게 '잘해주고, 축복하고, 기도하라'고 제안한다. 원수를 사랑하라는 말은 〈마태〉 5,44 이하에도 나온다. 예수가 실제로 한 말로 보인다. 이 말은 예부터 그리스도교의 특징으로 여겨졌다. 다른 종교에 이런 말이 있는 것 같지는 않다. 친구에게 잘해주고 원수에게 막 대해도 좋다는 상식은 플라톤Platon 이후 의문시되었다. 철학자 세네카Lucius Annaeus Seneca는 신을 닮으려면 감사할 필요가 없는 사람에게 잘 대하라고 권유했다.

29절의 뺨 이야기는 어디서도 보기 어려운 비유다. 뺨을 때리는 자에게 다른 뺨을 맡기는 행동은 가해자를 더 분노하게 만들 수도 있다. "나는 때리는 자들에게 등을 맡기며 수염을 뽑는 자들에게 턱을 내민다. 나는 욕설과 침뱉음을 받지 않으려고 얼굴을 가리지도 않는다."(〈이사〉 50,6) 다른 뺨을 맡기는 행동은 가해자나 세상인심에 호소하기 위함이 아니라 오직 하느님 뜻에 따르기 위해서 하는 것이다.

31절에 나오는 행동 원칙은 18세기부터 황금률이라는 명칭을 얻었다. 황금률은 다른 문화에도 있었다. 〈루가〉 6,31과 〈마태〉 7,12에 나온 황금률의 그리스도교적 특징은 개인이나 이름 없는 타인뿐 아니라 악인과 죄인 그룹에도 해당한다는 점이다. 원수는 개인, 집단 등 세력으로 존재할 수 있다. 그리스도인은 상대성 원칙에 따라 처신을 결정하지 않고, 모든 인간이 상대에게 바라는 보편적 원칙에 따라 행동해야 한다는 것이다. 왜 그렇게 행동해야 할까? 하느님도 사람을 대할 때 상대성 원칙에 따라 대하지 않는다는 사실 때문이다.

36절에서 krestos는 우리말 공동번역 성서에서 '자비로운'으로 옮겼지만, 나는 '친절하시기'로 고쳤다. krestos(친절한)와 oiktirmon(자비로운)은 하느님의 특징으로 자주 소개된다(〈시편〉 69,16: 112,5: 145,8). "내가 거룩하니 너희도 거룩하여야 한다."(〈레위〉 11,45) 하느님이 친절하고 자비로우시니, 우리도 친절하고 자비로워야 한다. 우리 그리스도인은 사람들에게 친절하고 자비로운가. 종교인은 가난한 사람에게 친절하고 자비로운가.

루가는 36절에서 하느님의 자비를 강조하지만, 마태오는 하느님의 완전함을 강조한다. 자비로운 사람은 완전하고, 완전한 사람은 자비롭다. 그리스 철학에 따르면 완전함은 오직 신에게 해당한다. 그리스도교는 자비로워지려고 노력하는 사람은 하느님의 완전함에서 멀리 있지 않다고 가르친다.

원수를 사랑하라는 말이 유다교에서 전혀 언급되지 않은 것은 아니다. "네 원수가 주리거든 먹을 것을 주고 목말라 하거든 물을 주어라."(〈잠언〉 25,21) 그러나 일반적인 계명으로 여겨지지 않았다. 〈로마〉 12,20−21이 〈루가〉의 '원수를 사랑하라' 이야기에 가까운 것 같다. "원수가 배고파하면 먹을 것을 주고 목말라하면 마실 것을 주십시오. 그렇게 하면 그의 머리에 숯불을 쌓아놓는 셈이 될 것입니다."

원수를 사랑하라는 말은 원수를 비판하거나 저항하지 말라는 뜻이 아니다. 적개심에 기초한 저항이 아니라 사랑에 기초한 저항을 하라는 말이다. 원수인지 아닌지 잘 분별하라는 뜻이 포함된다. 잘못된 판단 기준으로 이웃을 원수로 규정하면 안 된다는 말이다. 자신의 판단을 의심하라는 교훈이 담겼다. 내 생각이 틀릴 수 있다는 생각을 잊지 말아야겠다.

사랑에서 시작된 저항의 아름다운 사례를 예수와 로메로 대주교가 보여준다. 불의에 저항하는 사람은 그들을 눈여겨보면 좋겠다. 사랑에 기초한 저항이 진짜 저항이다. 그 저항은 원수를 회개시킬 수도 있다. "착한 사람은 동정하고 후하게 준다."(〈시편〉 37,21) 정의로운 사람만 진실로 자비로울 수 있다. 정의감이 모자란 사람이 자비로운 사람이 되려는 욕심은 지나치다. 정의 없이 자비도 없다. 사랑이 없고 저항하지 않는 사람은 원수를 사랑하라고 언급할 자격이 없다. 저항하지 않는 사람은 자신의 태도가 사랑에서 비롯된 것인지 돌아봐야 한다. 불의한 세력에 저항하지 않는 사람이 자신은 사랑으로 가득 차 있다고 생각하는 것은 착각이다. 사랑 없는 저항은 위험하지만, 저항 없는 사랑은 존재하지도 않는다.

원수를 사랑하라는 아름다운 말을 악의 세력이 얼마나 악용해왔는가. 원수를 사랑하라는 말을 악인은 발음하거나 인용할 자격도 없다. 악인이 할 일은 그저 자신의 악행을 반성하는 것이다. 교묘한 방법으로 악인의 편에 서서 야릇한 신학적 변명을 전달하는 사람은 하느님께 천벌을 받는다. 하늘에 죄를 지으면 빌 곳도, 숨을 곳도 없다. 원수를 사랑하기란 쉽지 않다. 원수가 없이 사는 것도 어렵다. 어차피 생길 원수라면, 원수를 사랑하려고 애쓰는 일은 그런 시도를 아예 하지 않는 것보다 백배 낫다. 원수를 사랑하려고 애쓰지 않은 사람이 그에 대해 왈가왈부할 필요는 없다. 내가 못 한 일을 하는 사람이 세상에 아주 많다.

원수를 사랑하라는 말이 원수의 잘못된 언행을 인정하라는 뜻은 아니다. 원수에게 물리적 보복을 하지 말라는 뜻이다. 예수는 비폭력 무저항을 주장하지 않는다. 예수는 비폭력 저항을 선택한다. 나는 솔직히 스물여덟 살 청년 체 게바라Ché Guevara가 어머니에게 보낸 편지에 있는 말을 반박할 자신이 없다. "저는 예수와 전혀 다른 길을 걷고 있습니다. ……저는 힘이 닿는 한 모든 무기를 동원하여 싸울 것입니다. 저들이 나를 십자가에 매달아두게 하지 않을 것이며, 어머니가 바라시는 방식대로 하지도 않을 것입니다."[13]

○ 자신의 행동을 먼저 반성하라

³⁹ 예수께서는 또 이렇게 비유를 들어 말씀하셨다. "소경이 어떻게 소경의 길잡이가 될 수 있겠습니까? 그러면 둘 다 구덩이에 빠지지 않겠습니까? ⁴⁰ 제자가 스승보다 더 높을 수는 없습니다. 제자는 다 배우고 나도 스승 정도밖에 되지 못합니다.

⁴¹ 당신은 형제자매의 눈 속에 든 티는 보면서도 어째서 제 눈 속에 들어 있는 들보는 깨닫지 못합니까? ⁴² 제 눈 속에 있는 들보도 보지 못하면서 어떻게 형제자매더러 '네 눈의 티를 빼주겠다' 하겠습니까? 이 위선자여, 먼저 당신 눈에서 들보를 빼내시오. 그래야 눈이 잘 보여 형제자매의 눈 속에 있는 티를 꺼낼 수 있습니다."

⁴³ "좋은 나무가 나쁜 열매를 맺을 수 없고 나쁜 나무가 좋은 열매를 맺을 수 없습니다. ⁴⁴ 어떤 나무든지 열매를 보면 그 나무를 알 수 있습니다. 가시나무에서 무화과를 딸 수 없고 가시덤불에서 포도를 딸 수 없습니다. ⁴⁵ 선한 사람은 선한 마음의 창고에서 선한 것을 내놓고, 악한 사람은 그 악한 창고에서 악한 것을 내놓습니다. 마음속에 가득 찬 것이 입 밖으로 나오게 마련입니다."(6,39-45)

평지 설교의 세 번째이자 마지막 부분에서 루가는 여러 비유를 소개한다. 소경의 비유(39절), 제자와 스승의 관계(40절), 눈 속의 티와 들보(41-42절), 나무와 열매(43-44절), 마음과 창고(45절)가 등장한다. 두 소경, 제자와 스승, 두 형제, 두 나무, 두 사람 등 숫자 둘이 비교하는 모습으로 나온다. 예수는 비유의 달인이다. 잘못 가르치는 사람들에 대한 경고가 먼저 보인다(⟨마태⟩ 15,14; ⟨사도⟩ 20,30). 39절에 나오는 소경이 소경의 길잡이가 되는 일은 당시 전혀 없던 일은 아니다. 그리스 문인들 작품에도 비슷한 비유가 보인다. "남은 가르치면서 왜 자기 자신은 가르치지 못합니까?"(⟨로마⟩ 2,21)와 연결되는 구절이다. 거꾸로 보면 그리스도교 공동체에 눈 밝은 스승이 필요하다는 말이기도 하다(⟨2디모⟩ 2,2).

루가는 39절에서 구체적으로 누구를 소경으로 겨냥할까. 유다인, 특히 바리사이를 의식할 수 있다(〈마태〉 15,12-14; 〈로마〉 2,19). 곧이어 나오는 40절을 생각하면, 소경은 교회 지도자를 가리킬 수 있다. 아니면 평지 설교에서 그랬듯이 대중을 뜻할 수 있다. 39절 '구덩이'는 공동성서에서 하느님의 심판을 떠올리는 소재로 이용된다(〈이사〉 24,17-18; 〈예레〉 48,43-44).

'제자가 스승보다 더 높을 수는 없다'는 40절은 예수의 가르치는 모습으로 안내한다(〈루가〉 4,15; 5,3; 6,6). 40절은 예수의 제자와 유다교 랍비의 제자에게 공통으로 해당된다(〈마태〉 10,24; 〈요한〉 13,16). 사회적 지위에서 제자들이 스승보다 높지 않다는 말이 아니라, 제자가 가르치는 내용은 스승과 연결되어야 한다는 뜻이다. 유다교에서 교육의 목표는 스승 랍비처럼 되어, 제자가 언젠가 스승이 되는 것이다. 루가는 거기까지 나간 것 같지 않다. 루가에게 제자는 스승 예수처럼 고통 받는 사람에게 봉사하는 정도로 충분하다.

'제자는 다 배우고 나도 스승 정도밖에 되지 못한다'는 말은 제자들이 스승의 가르침이 아닌 것을 가르치지 말라는 뜻이다. 죄인에게 자비로운 예수를 주목하라는 말이기도 하다. 자비롭지 못한 사람은 스승이 아니다. "예수의 가르침이 기준이다"라는 쉬르만의 언급은 적절하다.[14]

41절의 '형제'는 당시 언어 사용에 따르면 자매도 포함된다. 그래서 나는 형제를 형제자매로 옮겼다. 〈루가〉에서 형제라는 단어는 여기 처음 나온다. 공동체 구성원 사이에 일치된 마음을 위해 자신의 죄와 한계를 정직하게 보라는 말이다(〈사도〉 1,15; 11,1; 15,3). 43절은 원인에서 결과를 상상하는 원리를 소개하고, 44절은 반대로 결과에서 원인을 추적한다.

45절에서 창고(〈마태〉13,44; 〈골로〉2,3)와 마음(〈신명〉15,9; 〈시편〉44,22; 〈로마〉2,29)은 〈마태〉12,33-35처럼 감춰진 가치를 상징하는 비유다. '선한 사람은 선한 마음의 창고에서 선한 것을 내놓고, 악한 사람은 그 악한 창고에서 악한 것을 내놓습니다'는 45절 말씀은 조금 놀랍다. 루가 시대 사람들은 입에서 발음된 단어와 실제 행동에 커다란 차이와 모순이 있을 수 있다는 사실을 알았기 때문이다. 그래도 인간은 행동으로 어느 정도 본색이 드러난다. "그들의 행위를 보고 그들을 알게 될 것입니다."(〈마태〉 7,16)

45절에서 행동보다 말에 대한 관심이 크다. 여기서 말과 행동을 대립으로 보는 것은 아니다. 인간의 마음과 행동을, 속과 겉을 대조하는 것이다. 앞서 나온 이웃 사랑과 원수 사랑에 대한 보충 소재로, 공동체에서 교리 교육에 쓰려는 대목이다. 당시 공동체에 내부 갈등이 적지 않았음을 짐작할 수 있다. 성서는 인간 사회의 갈등을 모른 체하지 않는다. 그리스도교는 교회 안의 갈등을 무시하지 않는다. 공동묘지의 고요함보다 병원 응급실과 오일장의 소란이 우리네 삶에 가깝지 않은가.

남을 평가하기 전에 자신의 잘못을 보라는 말은 남에 대한 비판을 묵살하려는 것이 아니다. 초대교회에서 신자들 사이에 다툼이 있을 때 적용된 해결 원칙은 여전히 유효하다(〈사도〉5,1-10; 〈1고린〉5,1-5; 〈마태〉18,15-17). 남의 눈에 있는 티끌을 보려면 남의 눈을 자세히 봐야 한다. 시선이 마주치는 것이다. 마주 본다는 것은 얼마나 놀랍고 황홀한 경험인가. 그러나 인간에게는 거울도 필요하다. 거울이 없는 부자, 정치인, 종교인이 많은 것 같다. 거울에 비친 사람과 친해져야겠지만, 거울에 비친 그 사람을 정직하게 볼 줄 알아야 한다.

‘자신의 행동을 먼저 반성하라’ 이야기의 분위기는 전체적으로 우울하다. 하느님의 사랑과 우리 이성에도 인간은 언제나 어둠 속을 헤매는가. 누구 탓일까. 루가에 따르면 그리스도인은 어둠 속을 빠져나와 새로운 눈으로 빛을 보는 존재다(〈사도〉 26,17-18). 소경이 소경의 길잡이라는 모순이 오늘도 많은 분야에서 진실인지 모르겠다. 우리는 대부분 소경이 아닌가. 우리는 대부분 소경 같은 지도자에게 가르침을 받지 않는가. 백성이 소경인 경우는 드물지만, 지배층이 소경인 경우는 역사에 흔하다.

　“먼저 당신 눈에서 들보를 빼내시오.” 이 말은 언제나 타당하다. 그러나 많은 경우 잘못 이용될 수 있다. 개인의 잘못에 집중하여 구조적인 악을 외면하거나, 자기 잘못을 보느라 남의 큰 잘못을 보지 못할 수 있다. 내 죄는 물론 남의 죄도 알아야 한다. 내 죄가 커도 반드시 사회악을 봐야 한다. 개인의 죄가 남에게 미치는 영향보다 구조적인 악이 개인에게 미치는 영향이 크다.

　“자기 죄를 바로 봅시다.” 종교마다 신자에게 질리도록 해대는 말이다. 그러나 이 말도 필요하다. “사회악을 바로 봅시다. 부자와 권력자의 죄를 똑바로 기억합시다.” 왜? 부자와 권력자의 죄는 가난한 사람의 죄보다 훨씬 크고 교묘하기 때문이다. “내 탓이요”라는 말 좀 그만하고 “남의 탓이다”라고 말할 수도 있어야 한다. 그들이 누구인지 알아야 한다. 악의 세력이 누구인지 알아야 한다.

○ 행동하는 믿음

46 "여러분은 나에게 '주님, 주님!' 하면서 어찌하여 내 말을 실행하지 않습니까? 47 나에게 와서 내 말을 듣고 실행하는 사람이 어떤 사람인지 가르쳐주겠습니다. 48 그 사람은 땅을 깊이 파고 반석 위에 기초를 놓고 집을 짓는 사람과 같습니다. 홍수가 나서 큰물이 집으로 들이치더라도 그 집은 튼튼하게 지었기 때문에 조금도 흔들리지 않습니다. 49 그러나 내 말을 듣고도 실행하지 않는 사람은 기초 없이 맨땅에 집을 지은 사람과 같습니다. 큰물이 들이치면 그 집은 곧 무너져 여지없이 파괴되고 말 것입니다."(6,46-49)

루가의 평지 설교 마지막 부분이다. 청중이 가르침을 행동에 옮기도록 격려하는 것으로 평지 설교의 대단원이 마무리된다. 평지 설교에서 강조된 이웃 사랑과 원수 사랑은 삶에서 실천해야 한다(〈야고〉1,22-25). 행동 없는 믿음(〈야고〉2,14-26)은 하느님 나라를 반대하는 세력과 같은 편에 있다.

46절은 인간의 말과 행동이 모순될 수 있다는 현실을 전제한다. '주님'은 당시 개인 기도와 공동체 전례에서 자주 쓰인 호칭이다. '주님'은 하느님 아버지뿐 아니라 부활하신 주님을 가리키는 단어다.[15] 47절 주제는 경청과 실천의 관계다. 경청은 실천의 전제다. 경청은 실천에서 완성된다. 경청하는 만큼 실천할 수 있고, 실천하는 만큼 경청은 의미가 있다. 예수의 가르침을 잘 듣는 것, 가난한 사람의 목소리를 잘 듣는 것이 하느님 나라를 위한 행동의 기본이다.

47절 '나에게 와서 내 말을 듣고 실행하는 사람'은 루가가 여러 차례 언급했다(〈루가〉 5,1;6,18). 예수에게 충분히 가르침을 들었으니, 관건은 실천이다. 들은 바를 실천하는 것이 자주 강조된다(〈신명〉 5,28; 〈에제〉 33,31-; 〈로마〉 2,13). 48절에서 '땅을 깊이 파고 반석 위에 기초를 놓고 집을 짓는' 모습은 이스라엘 밖의 지역에 어울린다. 같은 이야기가 나오는 〈마태〉 7,26 이하에서 '땅을 깊이 파고'라는 구절은 삭제되었다. 49절에서 '기초 없이 맨땅에 집을 지은' 사람은 〈마태〉 7,26에서 '모래 위에 지은 집'으로 바뀐다. 마태오는 집을 반석 위에 짓거나 모래 위에 짓는 모습으로 묘사한다. 루가는 땅을 깊이 파고 반석 위에 집을 짓거나 기초 없이 맨땅에 짓는 모습으로 묘사한다. 마태오는 돌과 모래를 대조하고, 루가는 돌과 흙을 대조한다.

마태오는 다른 두 장소에서 집을 짓는 모습으로, 루가는 같은 장소에서 다른 두 방식으로 집을 짓는 모습으로 묘사한다. 마태오는 비와 홍수, 바람을 언급하지만(〈마태〉 7,27), 루가는 홍수만 말한다. 마태오의 묘사가 이스라엘 지형과 기후에 좀 더 가깝다. 마태오는 이스라엘 지형을 잘 아는 것 같다. 루가는 이스라엘 지형에 익숙지 않다. 〈루가〉의 주요 독자층이 이스라엘 밖에 살았다는 방증이다. 마태오는 사막 지역에서 홍수 때만 가끔 물이 잠기는 와디(마른강)를 가리킨다. 루가는 〈마태〉에서 묘사한 것보다 큰 홍수, 즉 이스라엘 밖의 지역에서 발생하는 홍수를 가리킨다. 48절에서 '홍수'는 종말론적 재앙을 나타내는 파괴적인 표현은 아닌 것으로 보인다.

49절 주제는 듣고도 실행하지 않는 사람이다. 축복과 저주, 계명을 지키는 사람과 지키지 않는 사람의 대조는 공동성서에서 자주 보인다(〈레위〉 26,3-13; 〈신명〉 28,1-14). 산상수훈에서 긍정적인 사례부터 언급하듯이

〈루가〉 8,18; 13,9) 여기서도 긍정적인 비유를 먼저 언급한다. 프란치스코 교황도 어떤 사건의 의미를 살필 때 거의 언제나 긍정적인 점부터 소개한다. 듣고도 실행하지 않는 사람을 유다인으로 오해할 필요는 없다. '행동하는 믿음' 이야기는 예수를 따르는 그리스도교 공동체 내부의 문제를 다룬다. 듣고도 실행하지 않는 그리스도인이 적지 않았다는 뜻이다. 예수의 청중, 복음서 독자, 그리스도인에게 모두 해당하는 주제다. 지금 그리스도인은 대부분 듣고도 실천하지 않는 부류에 속할지 모른다.

초대교회에서 미사 외에는 그리스도교적 표지가 따로 없었다. 그래서 행동하는 믿음을 그리스도교의 특징으로 강조했다. 행동하는 믿음은 초대교회의 대표적인 특징이다. 행동하지 않는 믿음은 그리스도교와 거리가 멀다. "예수는 주님이시라고 입으로 고백하고 하느님께서 예수를 죽은 자들 가운데서 다시 살리셨다는 것을 마음으로 믿는 사람은 구원받을 것입니다"(〈로마〉 10,9), "주님의 이름을 부르는 사람은 누구든지 구원을 얻으리라"(〈로마〉 10,13)는 말씀과 〈루가〉의 '행동하는 믿음' 이야기는 어느 정도 긴장 관계에 있음을 부인할 수 없다.

목수 출신 예수는 주택 건축을 예로 행동의 중요성을 강조한다. 입술로 고백하는 믿음이 땅을 깊이 파고 반석 위에 지은 탄탄한 집과 같아야 한다는 뜻이다. 듣고 실행하는 사람의 모범은 예수다. 예수는 하느님의 메시지를 경청하고 실행한 사람이다. 예수는 가난한 사람을 편들기 위해 스스로 가난한 신세가 되었다. 공생활에서 예수가 선택한 삶의 자리가 자발적 실업이다. 하느님 나라를 선포하기 위해 제자들과 방랑하는 예수는 가난한 처지를 선택한다. 안락한 생활 방식에 젖은 성직자가 자발적 실업자 예수를 제대로 이해할 수 있을까. 삶의 자리를 바꾸지 않고 생각의 자리만 바꾸는 것으로 회개에 충분할까.

　　예수는 왜 자발적 실업자가 되었을까. 가난을 체험하고, 가난한 사람의 고통을 겪고, 하느님의 은혜에 온전히 의지하기 위해서다. 예수는 가난한 사람을 먼저 선택했다. 하느님은 가난한 사람을 편파적으로 사랑하시는 분이기 때문이다. 자발적 실업자 예수가 실업의 고통으로 고생하는 한국의 청년에게 자그마한 위로가 될지 모르겠다. 실업자 예수는 청년 실업자들과 고뇌를 함께한다.

○ 로마 군인의 종을 치유한 예수

¹ 예수께서는 이 모든 말씀을 사람들에게 들려주신 뒤에 가파르나움으로 가셨다. ² 마침 그때 어떤 백인대장의 종이 중병으로 거의 죽게 되었는데, 그는 주인이 대단히 아끼는 종이었다. ³ 백인대장이 예수의 이야기를 듣고 유다인 원로 몇 사람을 예수께 보내어, 집에 오셔서 자기 종을 살려주십사 간청하게 하였다. ⁴ 그래서 그들이 예수께 와서 간곡히 부탁드리기를 "그 백인대장은 도와주실 만한 사람입니다. ⁵ 그는 우리 민족을 사랑할 뿐만 아니라 우리에게 회당까지 지어주었습니다" 하였다.

⁶ 이 말을 들으시고 예수께서는 그들과 함께 가셨다. 백인대장의 집에서 그리 멀지 않은 곳에 이르렀을 때에 백인대장은 친구들을 시켜 예수께 전갈을 보냈다. "주님, 수고롭게 오실 것까지 없습니다. 저는 주님을 제 집에 모실 만한 사람이 못 되며 ⁷ 감히 주님을 나가 뵐 생각을 못하고 있습니다. 그저 한 말씀만 하십시오. 그러면 제 종이 낫겠습니다. ⁸ 저도 남의 밑에 있는 사람입니다만, 제 밑에도 부하들이 있어서 제가 이 사람더러 가라 하면 가고 저 사람더러 오라 하면 옵니다. 또 제 종에게 이것을 하라 하면 합니다."

⁹ 예수께서 이 말을 들으시고 감탄하시며 따라오는 군중을 돌아다보시고 "잘 들어두시오. 나는 이런 믿음을 이스라엘 사람에게서 본 일이 없습니다" 하고 말씀하셨다. ¹⁰ 심부름 왔던 사람들이 집에 돌아가니 종은 이미 깨끗이 나아 있었다. (7,1-10)

예수는 평지 설교를 마치고 가파르나움으로 간다. 예수는 〈루가〉 4,42-44에서 가파르나움을 떠났다. 가르침을 소개한 뒤 예수의 행동을 보도하는 부분이 이어지는 것이다. 독자는 백인대장이 주인공인지, 그의 종이 주인공인지 눈치채기 쉽지 않다. 치유의 기적보다 백인대장이 보낸 사람들과 예수의 대화가 흥미롭다. 마지막 구절에서 예수의 치유 이적에 중요한 요소인 치유 행동과 말씀이 모두 빠졌다.

'백인대장'은 로마 군대에서 100명으로 조직된 부대의 우두머리를 가리키는 단어다. 〈마르〉에는 없지만 〈마태〉 〈루가〉 〈요한〉에 나오는 이 야기로, 주제는 이방인의 믿음이다. 가파르나움에 주둔하는 외국인 부 대의 장교와 그 종이 등장한다. 헤로데 안티파스에게 복무하는 군인으로 보인다(〈루가〉 3,1; 〈요한〉 4,46). 유다 역사가 요세푸스는 로마 군대가 공통 년 44년부터 이스라엘에 주둔했다고 기록한다. 예수 시대에 로마 군대가 갈릴래아 지역에 주둔한 것 같지는 않다.[16]

같은 사건이 전해지는 〈마태〉 8,5-13에서 예수는 로마 군인을 직접 만나 이야기한다. 〈루가〉에서는 예수와 로마 군인이 만나지 않고, 유다인 원로들과 군인의 친구들을 통해 간접 대화한다. 유다인 원로들이 로마 군인을 예수에게 소개하고(4-5절), 군인은 친구들을 통해 자기 말을 예수 에게 전한다(6-8절). 예수에게 사람을 두 번이나 보낸 로마 군인의 간절함 이 드러난다.

3절에서 로마 군인이 유다인 원로 몇 사람을 예수에게 보낸 것은 그 가 유다인 사회에서 누리는 지위와 호평을 암시한다. 4-5절에 유다인 원 로들이 로마 군인을 칭송하는 말이 있다. 군인은 자기 종의 목숨이 위험 하다고 고백한다. 전달자를 통해 예수에게 기적을 요청한 경우는 많다 (〈마르〉 5,22-; 〈요한〉 11,3; 〈사도〉 9,38). 그러나 전달자가 예수 앞에서 치유를 간청하는 사람의 신분과 품위를 칭송한 경우는 없다.

4절에서 유다인 원로들이 간곡히 부탁한 내용은 이방인을 돕는 것이 예수에게 자연스러운 일이 아님을 보여준다(〈마르〉 7,24-30). 회당을 지어 준 이 로마 군인은 또 다른 로마 군인 고르넬리오(〈사도〉 10,1-)를 닮았다. "그는 경건한 사람이어서 온 가족과 함께 하느님을 공경하고 유다인들에게 많은 자선을 베풀며 하느님께 늘 기도를 드리고 있었다."(〈사도〉10,2) 6절에서 군인은 친구들을 통해 두 번째 전갈을 보낸다. 그는 두 가지 사실을 확인한다. 이방인인 그는 예수를 자기 집에 모실 자격이 없으며(〈사도〉10,28), 예수의 능력을 신뢰한다는 것이다. 멀리 있지만 겸손하게 도움을 청하는 군인의 태도를 예수는 믿음pistis이라 한다.

이방인 군인의 믿음에 감탄하는 예수의 모습은 〈루가〉에만 나온다. 예수는 군중에게 군인의 믿음을 칭찬한다. 죽어가는 환자를 치유하는 이적은 이방인 군인의 믿음에 대한 예수의 말씀에 가려진다. 9절에 나오는 예수의 말씀이 '로마 군인의 종을 치유한 예수' 이야기의 주제다. 이방인 군인의 믿음을 청중과 〈루가〉 독자에게 모범으로 제시하고, 이방인 선교를 정당화하려는 것이다. 유다인 원로들은 병자 치유를 위해 이방인 군인을 예수에게 소개하지만, 예수는 거꾸로 이방인 군인을 유다인에게 믿음의 모범으로 소개한다(〈사도〉 10,45). 믿음에서 기적을 보는 사람도 있고, 기적에서 믿음을 보는 사람도 있다. 기적만 보고 믿음을 거절하는 사람도 있다.

7절에서 군인은 자기 종을 내 아이pais mou라 부른다. 오직 〈루가〉에서 군인이 그 호칭을 쓴다. 〈루가〉 7,2에서는 종doulos이, 〈요한〉 4,46에서는 아들vios이 사용된다. 9절에서 믿음은 예수가 가져오는 구원을 신뢰하는 의미다. 10절에서 종은 예수의 치유 언어 없이 병이 나았다. 이것은 중풍 병자에게 치유의 언어를 사용한 사례와 다르다(〈루가〉 5,24). 9절에서 루가는 '한 번도' 본 일이 없음을 강조한다면, 〈마태〉 8,10에는 '누구에게서도' 본 적 없음이 강조된다. 루가는 〈마태〉에서 예수의 말씀이 이스라엘을 비판한 느낌을 크게 줄인다. 우리는 6-7절을 인용하여 영성체 직전 겸손하게 기도드린다. "저희는 보잘것없는 종입니다."(〈루가〉17,10) 우리는 주님을 내 안에 모실 자격이 없다. 그러나 우리 죄를 사해주도록 예수가 우리 안에 들어오기를 마땅히 요청한다.

시리아와 갈릴래아에 살던 이방인 중 일부가 유다교에 호감이 있었다. 그들은 중산층이나 상류층에 속했다. 유다교의 하느님 사상과 윤리에 감동하여 회당을 방문하고, 안식일과 유다교 축일을 존중하며 중요한 식사 율법을 지켰다. 초대교회는 할례를 받아 유다교로 개종하지는 않은 이런 이방인에게서 많은 신자를 얻었다. 〈루가〉 저자 자신이 이런 이방인 출신인 것 같다.[17] 유다교는 회당에 재정적 도움을 주는 이방인을 특별히 고맙게 생각했다.

'로마 군인의 종을 치유한 예수' 이야기에서 곤혹스런 질문이 생긴다. 점령군 로마 군대의 장교가 식민지 백성 이스라엘의 종교에 경제적 도움을 준다면, 그는 좋은 말을 들어야 하는가. 예수는 그 로마 군인을 칭찬했지, 로마의 식민지 지배를 지지한 것이 아니다. 군인의 종이 치유받은 것이지, 로마 군대가 예수에게 혜택받은 것이 아니다.

일제강점기 어느 일본군 장교가 우리 종교 단체에 경제적 호의를 베푼다면, 5절처럼 "그는 우리 민족을 사랑할 뿐만 아니라 우리에게 성당까지 지어주었습니다"라고 말해야 옳은가. 그 군인은 좋은 사람인가. 종교는 독재 정권이 주는 특혜에 감사해야 하는가. 정치가 종교를 이용하는 사례를 '로마 군인의 종을 치유한 예수' 이야기에서 목격하고 씁쓸한 마음이 든다.

○ 과부의 죽은 아들을 살린 예수

11 얼마 뒤에 예수께서 나인이라는 동네로 가시는데 제자들과 많은 사람들도 함께 따라
갔다. 12 예수께서 성문 가까이 이르렀을 때, 마침 죽은 사람을 메고 나오는 장례 행렬과
마주치시게 되었다. 죽은 사람은 어떤 과부의 외아들이었고, 동네 사람들이 큰 무리를
지어 과부와 함께 상여를 따라오고 있었다.
13 주님께서는 그 과부를 보시고 측은한 마음이 드시어 "울지 마시오" 하고 위로하시며
14 앞으로 다가서서 상여에 손을 대시자 메고 가던 사람들이 걸음을 멈추었다. 그때 예수
께서 "젊은이여, 일어나시오" 하고 명령하셨다.
15 그러자 죽었던 젊은이가 벌떡 일어나 앉으며 말을 하기 시작하였다. 예수께서는 그를
그 어머니에게 돌려주셨다. 16 사람들은 모두 두려움에 사로잡혀 하느님을 찬양하며 "우
리 가운데 위대한 예언자가 나타나셨다"고 말하기도 하였고, 또 "하느님께서 자기 백성
을 찾아오셨다"고 말하기도 하였다. 17 예수의 이 이야기가 온 유다와 그 근방에 퍼져 나
갔다.(7,11-17)

〈루가〉에만 나오는 이야기다. 루가는 지금까지 죽음에서 깨어난 사
람 이야기를 꺼내지 않았다. 예수와 제자 일행과 죽은 자를 장사 지내는
행렬이 마주쳤다. 가파르나움에서 로마 군인의 종을 치유한 분위기를 높
이고, 〈루가〉 7,22을 준비하는 역할을 한다. '로마 군인의 종을 치유한 예
수' 이야기에서 예수와 로마 군인, 군인의 종이, '과부의 죽은 아들을 살린
예수' 이야기에서 예수와 과부, 과부의 외아들이 등장한다. 기적을 행한
방식에 대한 관심보다 예수의 측은지심이 강조되었다.

〈1열왕〉 17장에 나오는 사렙다의 과부와 그 아들 이야기는 초대교회
에게 친숙하다. 이스라엘 사람들은 세상 끝 날에 최후의 예언자로 엘리
야를 익숙하게 기억한다(〈말라〉 3,23-24). 그 전승들이 죽음에 대한 유다인

의 생각에 큰 영향을 미쳤다. 나인은 갈릴래아 남쪽에 있는 작은 도시로, 나자렛에서 약 10킬로미터 떨어진 곳에 있다. 공동성서에는 그 지명이 나타나지 않고, 신약성서 이 부분에만 언급된다. 오늘 그곳에 이슬람교도 200여 명이 거주한다. 그리스어에서 '도시'라는 말은 동네 입구에 문이 하나 있다는 사실을 가리킨다.

죽은 사람은 사망 당일 성 밖으로 옮겨져 안장되었다. 12-13절에 과부라는 단어가 세 번이나 나온다. 예수는 죽은 외아들보다 그 어머니가 측은했다. 모든 것은 바라보는 데서 시작된다. 외아들을 과부 어머니에게 '돌려준' 예수의 행동은 〈1열왕〉 17,23에서 쓰인 단어와 똑같이 묘사된다. 외아들을 잃은 슬픔은 슬픔의 깊이를 표현하는 대표적인 사례로 공동성서에 자주 언급된다(〈아모〉 8,10;〈예레〉 6,26;〈즈가〉 12,10).

13절에서 예수는 처음 주님으로 표시된다. 공관복음(〈마르〉〈마태〉〈루가〉) 가운데 오직 〈루가〉에 주님이란 호칭이 보인다(〈루가〉 7,13; 10,39; 13,15; 16,8). 주님은 예수의 부활을 고백하는 호칭으로 자리 잡았다(〈로마〉 10,9;〈1고린〉 12,3;〈필립〉 2,9-11). 14절에서 상여는 나무로 만든, 닫히지 않은 관을 가리키는 것 같다. '일어나시오'는 죽음에서 다시 살아남을 표시하는 동사로 쓰인다(〈루가〉 7,22; 9,7;〈사도〉 3,15; 4,10). 〈시편〉 88장은 중병에 걸린 사람의 치유를 죽음의 힘에서 해방으로 노래한다.

루가는 예수의 인간성을 주저 없이 기쁘게 소개한다. 상여에 손을 대는 인간적인 모습은 예수의 말씀 못지않게 중요하다. 만지는 행동은 외면하고 말씀은 기억하는 그저 합리적인 이해는 어딘가 허전하다. 복음은 진리이기 전에 기쁨이다. 하느님 나라는 진리 이전에 기쁨으로 우리에게 왔다. 그리스도교 교리를 진리로 이해하고 기쁨으로는 선뜻 받아들이지 못하는 우리의 현대적 합리성이 야속하다.

외아들을 잃은 과부는 세상에 홀로 남은(〈1열왕〉 17,8-24), 희망 없는 인간의 대명사다. 부양할 자녀가 없는 과부의 삶은 오늘 우리가 상상하는 것보다 훨씬 비참한 상태다. 장례 행렬을 뒤따른 많은 사람들이 참으로 고맙다. 죽은 자가 다시 일어난 이 이야기에서 인간의 행위로 생긴 죄를 용서받았다는 상징적 해설이 생기고, 아우구스티누스Aurelius Augustinus 이래 유행한다.[18]

이 광경을 목격한 사람들은 16절에서 엘리야처럼 '위대한 예언자'가 나타났음을 노래한다. 그러나 예수는 세례자 요한처럼 위대한 예언자에 그치지 않고 하느님의 아들이요 메시아다(〈루가〉 9,19-20; 24,19-21). 로마 군인의 믿음이나 나인의 과부는 시므온의 예언(〈루가〉 2,32)을 재확인한다. 죽은 자를 깨어나게 한 예수 이야기는 예수 활동의 최고에 이른다. '예수는 대체 누구인가'라는 물음이 나올 차례다. 16절에서 사람들은 예수를 종말론적 예언자(〈신명〉 18,15), 다시 살아난 예언자 엘리야(〈말라〉 3,23-24)로 보는 것 같다. 그리스도교 역사에서 예수에게 예언자 호칭은 안타깝게도 거의 사라지고 말았다. 가톨릭 전례에서도, 미사 경본에서도, 각종 기도문에서도 예수에게 예언자 호칭을 선사하지 않는다. 그리스도교가 예언적 사명을 스스로 약화한 것이다.

예수는 과부의 죽은 외아들을 다시 살렸을 뿐만 아니라, 외아들과 어머니의 관계를 회복했다. 새로운 인간관계가 회복된 것이다. 예수의 능력에 감탄하는 데 그치지 말고, 과부와 외아들이 다시 만나는 기쁨을 눈여겨보자. 가난한 사람이 성서의 당당한 주연배우다. 가난한 사람이 역사의 주인공이다.

'예수께서는 그를 그 어머니에게 돌려주셨다'는 15절은 지금 우리에게 어떤 서러움을 준다. 세월호 참사로 자녀를 잃은 유가족의 안타까운 광경이 겹치기 때문이다. 그때 하느님은, 예수그리스도는 어디서 무엇을 하셨단 말인가. 과부를 보는 예수의 얼굴에 세월호 유가족을 바라보는 프란치스코 교황의 표정이 겹쳐진다. 세월호 참사 현장인 진도 팽목항에서 위령 미사 한 번 드리지 않은 한국 천주교회 주교들은 '과부의 죽은 아들을 살린 예수' 이야기에서 무엇을 배웠을까.

16절 '하느님께서 자기 백성을 찾아오셨다'(〈루가〉 1,68.78; 〈사도〉 15,14)에서 로메로 대주교가 생각난다. 1989년 군인들의 총에 맞아 순교한 이냐시오 에야쿠리아Ignacio Ellacuría가 말했다. "하느님은 로메로 대주교와 함께 엘살바도르를 찾아오셨다." 하느님은 한반도를 언제 찾아주시려나. 하느님을 기다리지 않는 우리가 안타깝다. 외아들을 잃은 과부가 오늘 한국인 신세 같다.

모든 것은 바라봄에서 시작된다. 인간의 슬픔, 세상의 악을 똑바로 봐야 한다. 그 눈길에서 약자와 희생자에 대한 자비가 생긴다. 자비는 우리를 정의로 안내한다. 하느님 나라의 기쁜 소식을 듣고 받아들인 사람은 하느님 나라를 반대하는 세력과 기꺼이 싸우고 희생한다. 자비와 정의는 함께 상승하고 함께 추락한다.

○ 세례자 요한의 제자들

¹⁸ 요한의 제자들이 이 모든 일을 요한에게 알렸다. 그래서 요한은 자기 제자 두 사람을 불러서 ¹⁹ 주님께 보내어 "오시기로 되어 있는 분이 바로 선생님이십니까? 그렇지 않으면 우리가 또 다른 분을 기다려야 하겠습니까?" 하고 묻게 하였다.
²⁰ 그 두 사람이 예수께 가서 말하였다. "세례자 요한이 저희를 선생님께 보내면서 '오시기로 되어 있는 분이 바로 선생님이십니까? 그렇지 않으면 우리가 또 다른 분을 기다려야 하겠습니까?' 하고 물어보라고 하십니다."
²¹ 그때 예수께서는 온갖 질병과 고통과 마귀에 시달리는 많은 사람들을 고쳐주시고, 또 많은 소경들의 눈도 뜨게 해주셨다. ²² 그래서 예수께서는 요한의 제자들에게 이렇게 대답하셨다. "여러분이 보고 들은 대로 요한에게 가서 알리시오. 소경이 보게 되고 절름발이가 제대로 걸으며, 나병 환자가 깨끗해지고 귀머거리가 들으며, 죽은 사람이 살아나고 가난한 사람이 복음을 듣습니다. ²³ 나에게 의심을 품지 않는 사람은 참으로 행복합니다."(7,18-23)

세례자 요한의 질문에 대한 예수의 답변(18-23절), 세례자 요한에 대한 예수의 평가(24-28절), 세례자 요한과 예수에 대한 바리사이와 율법 학자들의 평가(29-35절)로 연결된 이야기 중 첫 부분이다. 예수에게 놀라거나 반대하는 여론이 있었고(〈루가〉 4,32; 5,21), 그 의문은 계속된다(〈루가〉 9,7-9.18-21). 사람들은 예수가 정말 메시아인지, 세례자 요한과 예수는 어떤 관계인지 궁금했다. 부활 이후 세례자 요한의 제자 공동체의 불안정한 상태도 '세례자 요한의 제자들' 이야기의 배경이다.

세례자 요한이 체포된 사실(〈루가〉 3,20)이 전제된다. 그는 사해 근처 마케루스 성에 갇힌 것 같다. 거기서 그는 예수의 활약에 대한 소문을 제자들에게 들었을 것이다(〈루가〉 5,33). 세례자 요한이 한때 제자였고, 지금 독자적인 활동을 시작한 예수를 어찌 잊으랴. 제자를 두 사람 보낸 것은 증인 효력을 갖추려는 의도다(〈신명〉 19,15;〈마태〉 18,16;〈히브〉 10,28). 메시아라고 하지 않고 '오시기로 되어 있는 분'이라고 한 것은 다가올 심판자에 대한 세례자 요한 자신의 말(〈루가〉 3,16-)을 확인하려는 것이다.

예수가 마치 청문회에 소환되어 세례자 요한에게 질문을 받는 장면 같다. "당신이 오실 분입니까?" 예수의 첫 답변은 놀랍게도 자기가 한 일을 보라는 말이다. 예수의 행동을 보면 누구인지 알 것이다. 이 부분은 〈마태〉에서 아쉽게도 삭제되었다. '보고 들은 대로' 세례자 요한에게 전하라는 것이다. 예수가 한때 자신의 스승이던 세례자 요한에게 자신의 활동을 간접적으로 보고한다. 예수는 세례자 요한의 문하생이지만, 이제 세례자 요한을 넘어섰다. 루가는 그 사실을 자랑스럽게 선포한다.

세례자 요한은 불로 처벌하는 심판자를 기다린 것 같다(〈루가〉 3,15-18). 그런데 예수는 가난한 사람에 대한 자신의 태도를 답변으로 제시한다. 병자가 낫고 가난한 사람이 복음을 듣는 것이 오실 분이 할 일이라는 것이다. 가난한 사람을 어떻게 대하느냐가 메시아의 특징이라는 뜻이다. 가난한 사람이 복음을 듣는 사실이 예수의 치유 행위보다 강조된 점이 중요하다. 23절 '나에게 의심을 품지 않는 사람은 참으로 행복합니다'는 우리 뜻대로 메시아를 추측하지 말고, 메시아가 하는 일을 보고 알라는 가르침이다. 메시아를 우리가 만들어낼 수 있겠는가. 우리는 그저 메시아를 확인할 뿐이다.

'세례자 요한의 제자들' 이야기는 실제 벌어진 일일까? 복음서 저자에게 그런 관심은 없었다. 초대교회가 지어낸 이야기일 가능성도 있다.

루가는 당시 사람들이 메시아를 간절히 기다렸고, 메시아에 대한 여러 가지 이해가 있었으며, 예수의 메시아 개념은 독특했다는 사실을 알리고 싶었다.

세례자 요한의 질문은 조금 이상하다. 예수의 활동이 불로 심판하는 메시아와 거리가 멀다는 것은 누구나 아는 사실이다. 예수도 세례자 요한의 질문에 명쾌한 답을 하지 않는다. 세례자 요한의 제자들이 예수에게 거리를 둔 사실(〈루가〉 5,33; 〈사도〉 19,3-)로 보아, 세례자 요한이 예수를 메시아로 보았는지 의심스럽기도 하다.

'세례자 요한의 제자들' 이야기와 토마스의 질문(〈요한〉 20,24-29)의 유사성과 차이에 대해 신학적으로 관찰하지 못했다는 보폰의 말은 적절하다.[19] 토마스는 예수의 부활을 의심했고, 세례자 요한의 제자들은 예수가 메시아임을 의심했다. 인간은 의심하는 존재다. 외로우니 인간이요, 의심하니 인간이다. 나는 의심한다, 그러므로 나는 존재한다.

〈요한〉이 예수가 메시아임을 내놓고 세상에 선포한다면, 〈마르〉〈마태〉〈루가〉는 추리소설처럼 알아보라고 독자를 끈질기게 초대한다. 바울로는 십자가에 매달린 예수를 사람들이 왜 이해하지 못할까 탄식한다. 복음서 저자들은 예수의 역사를 사람들이 왜 집중하지 않을까 고뇌한다. 우리도 그들의 관심을 자세히 보자.

예수의 자비로운 모습에 당황하는 세례자 요한의 제자들은 예수의 십자가에 당황하는 그리스도인과 크게 다르지 않다. 자비로운 메시아에 곤혹스런 사람, 희생하는 메시아사상에 넘어지는 사람이 얼마나 많은가.

우리도 예외가 아닐 수 있다.

　오늘 우리는 메시아를 기다리는가. 가난한 사람은 어떤 메시아를 기다리는가. 정치적 억압과 경제적 빈곤에서 해방할 메시아를 기다리지 않는가. 메시아는 신자유주의를 비판하지 않을까. 국가 안보 이데올로기를 거부하지 않을까. 정치와 종교가 서로 이용하는 모습에 탄식하지 않을까. 예수는 하느님 나라를 반대하는 사람과 그들의 속셈이나 행위를 낱낱이 폭로하고 비판할 것이다. 가난한 사람을 먼저 선택하는 사람은 세례자 요한과 예수를 역사에서 계승한다.

○ 세례자 요한에 대한 예수의 증언

²⁴ 예수께서는 요한의 제자들이 떠나간 뒤에 요한을 두고 군중에게 말씀하셨다. "여러분은 무엇을 구경하러 광야에 나갔습니까? 바람에 흔들리는 갈대입니까? ²⁵ 아니면 무엇을 보러 나갔습니까? 화려한 옷을 입은 사람입니까? 화려한 옷을 입고 사치스럽게 사는 사람들은 왕궁에 있습니다. ²⁶ 그렇다면 여러분은 무엇을 보러 나갔습니까? 예언자입니까? 그렇습니다. 그러나 사실은 예언자보다 더 훌륭한 사람을 보았습니다. ²⁷ 성서에 '너를 보내기에 앞서 내 일꾼을 보낸다. 그가 네 갈 길을 미리 닦아놓으리라' 하신 말씀은 바로 이 사람을 가리킨 것입니다. ²⁸ 여자의 몸에서 태어난 사람 중에 세례자 요한보다 더 큰 인물은 없습니다. 그러나 하느님 나라에서는 가장 작은 이라도 그 사람보다 큽니다."
²⁹ 모든 백성들은 물론 세리들까지도 요한의 설교를 듣고 그의 세례를 받으며 하느님의 뜻을 받아들였으나 ³⁰ 바리사이파 사람들과 율법 학자들은 요한의 세례를 받지 않고 자기들에 대한 하느님의 뜻을 받아들이지 않았다.
³¹ 예수께서 또 말씀하셨다. "이 세대 사람들을 무엇에 비길 수 있을까요? 도대체 무엇과 같을까요? ³² 마치 장터에서 편 갈라 앉아 서로 소리 지르며, '우리가 피리를 불어도 너희는 춤추지 않았고 우리가 곡을 하여도 너희는 울지 않았다' 하는 아이들과도 같습니다.
³³ 여러분은 세례자 요한이 와서 빵도 먹지 않고 포도주도 마시지 않으니까 '저 사람은 미쳤다' 하더니 ³⁴ 사람의 아들이 와서 먹기도 하고 마시기도 하니까 '보아라, 저 사람은 즐겨 먹고 마시며 세리나 죄인들하고만 어울리는구나!' 하고 말합니다. ³⁵ 그러나 하느님의 지혜가 옳다는 것은 지혜를 받아들인 모든 사람에게서 드러납니다."(7,24-35)

〈마르〉에 없고 〈마태〉와 〈루가〉에 나오는 이야기다. 앞에 나온 '세례자 요한의 제자들' 이야기에서 세례자 요한의 제자들은 예수가 어떤 분인지 물었다. 이제 예수가 세례자 요한에 대한 의견을 밝힐 차례다. 예수가 제자들이 아니라 군중에게 설명하는 점이 특이하다. 군중도 세례자 요한이 누구인지, 예수가 누구인지, 세례자 요한과 예수가 서로 어떻게 생각하는지 궁금했을 것이다. 세례자 요한과 예수는 군중을 몰고 다니는

두 예언자 아닌가. 군중과 직접 소통하는 예수의 모습이 놀랍다. 세례자 요한과 예수가 토크쇼라도 좀 하지 그랬나.

예수는 세례자 요한이 헤로데 왕을 당당하게 비판한 사실(〈루가〉 3,19)을 알고, 그 용기를 칭찬한다. 예언자인 세례자 요한은 악한 권력자인 헤로데 왕과 사는 모습이 다르다는 것이다. 광야에 사는 세례자 요한의 검소함을 왕궁에 사는 헤로데 왕의 사치스러움과 대조한다. 예수가 작정하고 하는 말이다. 화려한 옷을 입은 여인은 한국에도 있다.

예수는 군중에게 왜 광야에 나갔는지 묻지 않고 무엇을 보았는지 묻는다. 현실을 바로 보는 것이 종교의 출발점이다. 24절 eremos는 사막이 아니라 광야로 번역해야 한다. 갈대는 물이 있는 곳에서 자라기 때문이다. kalamos는 갈대 하나를 가리킬 수도 있고, 갈대 전체를 가리킬 수도 있다. 예수가 바람에 흔들리는 갈대를 세례자 요한에 비유한 것은 아니다. 군중은 세례자 요한을 바람에 흔들리는 갈대처럼 허약한 인간으로 보지 않았다. 군중은 예언자를 만나기 위해 광야로 간 것이다.

예수는 세례자 요한이 그 사명에서 여자의 몸에서 태어난 사람, 즉 모든 인간을 넘어선다고 단언한다. '여자의 몸에서 태어난'이라는 표현은 특히 공동성서 〈욥기〉에서 여러 번 보인다(〈욥기〉 14,1; 15,14; 25,4). 인간과 하느님의 거리를 강조하기 위해 쓴 표현이다.[20] 세례자 요한의 위대함을 증언하기 위해 〈출애〉 23,20의 영향을 받은 〈말라〉 3,1이 인용되었다. 세례자 요한을 제외하고 어떤 예언자도 어머니 태중에서 성령을 받지 않았다(〈루가〉 1,15). 예수의 이 말을 그리스도교는 얼마나 진지하게 받아들였는가. 세례자 요한은 예수를 준비한 분이라는 사실만 줄곧 강조해오지 않았는가. 예수의 말도 외면하는 그리스도교다.

하느님 나라에서는 가장 작은 사람이라도 위대한 세례자 요한보다 크다고 예수는 선언한다. 예수의 분별력이 놀랍다. 예수는 영웅주의를 싫어하셨나. 28절 '하느님 나라에서는 가장 작은 이라도 그 사람보다 큽니다'라는 표현을 두고 세례자 요한은 하느님 나라에서 제외되었다고 추론한 독일의 개신교 성서학자 볼터[21]에게 나는 찬성하기 어렵다.

예수는 30절에서 세례자 요한의 세례를 받아들이지 않는 바리사이파 사람들과 율법 학자들을 비판한다. 율법 학자들nomikoi은 〈마태〉 22,35을 제외하면 〈루가〉에만 등장한다(〈루가〉 11,45; 14,3). 예수는 세례자 요한의 세례에 하느님의 뜻이 있다고 본 것이다. 예수가 세례자 요한의 세례를 얼마나 중요하게 보았는지 알 수 있다. 31절 '이 세대'는 죄 많고 하느님을 적대하는 사람을 가리키는 표현이다(〈창세〉 7,1; 〈마르〉 8,12; 〈마태〉 12,45). 32절에서 아이들이 하는 놀이를 주의 깊게 관찰한 예수의 섬세함이 돋보인다. 한국인이 이 비유를 잘 이해할 수 있을까. 사람들은 장례식에서 곡을 하고, 결혼식에서 춤을 춘다. 예수는 장례식 놀이나 결혼식 놀이에 호응하지 않는 구경꾼을 비판한다.

성서학자들 사이에 아이들 놀이를 어떻게 해석해야 하는지 논란이 많다. 놀이에 호응하지 않는 아이를 이 세대 사람으로 여기는 해석이 널리 받아들여진다. 춤추는 아이는 소년으로, 곡하는 아이는 소녀로 여긴 예레미아스의 주장[22]에 나는 찬성하기 어렵다.

회개라는 비장한 심판을 강조한 세례자 요한의 사명을 장례식 놀이에 비유하고, 하느님 나라라는 기쁜 소식을 선포한 예수의 사명을 결혼식 놀이에 비유한다. 세례자 요한의 회개 요청을 묵살하고, 예수의 하느님 나라 선포도 외면하는 바리사이파 사람들과 율법 학자들을 겨냥한 말이다. 그들은 세례자 요한이 지나치게 고행을 강조한다고 비난하고, 예수는 죄인과 어울려 논다고 비난한다. 33-34절에서 광야에서 생식하는 세례자 요한과 게걸스럽게 먹고 마시는 예수가 대조된다. 예수처럼 죄인과 자주 어울리는 종교인은 한국에 어디 없는가. 그런 이유로 비난받는 종교인 어디 없는가.

먹고 마시는 예수의 모습이 2-3세기 신학자들 사이에서 크게 논란이 되었다. 예수의 신성을 위협하지 않느냐는 것이다. 이레나이우스Irenaeus는 먹고 마시는 모습을 예수의 인성을 설명하는 중요한 근거로 여겼다.[23] 예수는 자신의 사명에 비추어 세례자 요한의 사명을 긍정적으로 해석한다. 세례자 요한의 사명을 높게 본 것이다. 루가는 예수의 사명이 세례자 요한의 사명과 다르며, 의미 있다는 점도 빠뜨리지 않는다. 세례자 요한은 뛰어난 예언자요, 예수는 메시아다. 예언자와 메시아의 결정적 차이는 무엇일까. 메시아는 종말론적 마지막 예언자다.

예수는 종교 간 대화에 요긴하게 쓰일 모범을 '세례자 요한에 대한 예수의 증언' 이야기에서 가르쳐준다. 남을 존중하면서 자신의 역할을 정직하고 당당하게 소개하는 방법이다. 그리스도교 대화에서도, 이웃 종교와 대화에서도 우리가 명심할 소중한 원칙이다.

헤로데는 예수가 살던 갈릴래아 지역을 다스린 최고 권력자다. 시골뜨기 예수가 감히 지엄하신 왕에게 그런 험담을 하다니(25절). 당시 백성에게는 왕을 함부로 비판할 자유가 없었다. 국가 조찬 기도회에 참석한 목사들은 예수의 이 용기를 상상도 못 할 것이다. 한국 주교들은 부자와 권력자에게 따끔한 말을 할 줄 아는가.

그리스도인은 예수와 세례자 요한의 차이에 대해 자주 교육받고 생각해왔다. 세례자 요한과 예수의 가까운 관계도 지금보다 자주, 깊이 생각해야 한다. 회개를 촉구하고, 가난한 사람을 먼저 선택하며, 불의한 세력에 저항하고, 목숨을 바친 예언자인 예수와 세례자 요한의 공동 운명 말이다. 세례자 요한이 체포된 직후 예수는 숨거나 도망치지 않고 세상에 등장했다.

○ 용서받은 죄 많은 여인

³⁶ 예수께서 어떤 바리사이파 사람의 초대를 받으시고 그의 집에 들어가 음식을 잡수시게 되었다. ³⁷ 마침 그 동네에는 행실이 나쁜 여자가 하나 살고 있었는데, 그 여자는 예수께서 그 바리사이파 사람의 집에서 음식을 잡수신다는 것을 알고 향유가 든 옥합을 가지고 왔다. ³⁸ 그리고 예수 뒤에 와서 발치에 서서 울며 눈물로 그 발을 적시고, 자기 머리카락으로 닦고 나서 발에 입 맞추며 향유를 부어드렸다.

³⁹ 예수를 초대한 바리사이파 사람이 이것을 보고 속으로 '저 사람이 정말 예언자라면 자기 발에 손을 대는 저 여자가 어떤 사람이며, 얼마나 행실이 나쁜 여자인지 알 텐데!' 하고 중얼거렸다. ⁴⁰ 그때에 예수께서는 "시몬, 당신에게 물어볼 말이 있습니다" 하고 말씀하셨다. "예, 선생님, 말씀하십시오." 그러자 예수께서는 이렇게 말씀하셨다.

⁴¹ "어떤 돈놀이꾼에게 빚을 진 사람 둘이 있었습니다. 한 사람은 오백 데나리온을 빚졌고 다른 사람은 오십 데나리온을 빚졌습니다. ⁴² 두 사람이 다 빚 갚을 힘이 없었기 때문에 돈놀이꾼은 그들의 빚을 탕감해주었습니다. 그러면 두 사람 중에 누가 더 그를 사랑하겠습니까?"

⁴³ 시몬은 "더 많은 빚을 탕감받은 사람이겠지요" 하였다. 예수께서는 "옳은 생각입니다" 하시고 ⁴⁴ 그 여자를 돌아보시며 시몬에게 말씀을 계속하셨다. "이 여인을 보시오. 내가 당신 집에 들어왔을 때 당신은 나에게 발 씻을 물도 주지 않았지만, 이 여인은 눈물로 내 발을 적시고 머리카락으로 닦아주었습니다. ⁴⁵ 당신은 내 얼굴에 입 맞추지 않았지만, 이 여인은 내가 들어왔을 때부터 줄곧 내 발에 입 맞추었습니다. ⁴⁶ 당신은 내 머리에 기름을 발라주지 않았지만, 이 여자는 내 발에 향유를 발라주었습니다.

⁴⁷ 잘 들어두시오. 이 여자는 이토록 극진한 사랑을 보였으니 그만큼 많은 죄를 용서받았습니다. 적게 용서받은 사람은 적게 사랑합니다." ⁴⁸ 그리고 예수께서는 그 여자에게 "당신은 죄를 용서받았습니다" 하고 말씀하셨다. ⁴⁹ 그러자 예수와 한 식탁에 앉아 있던 사람들이 속으로 '저 사람이 누구인데 죄까지 용서해준다고 하는가?' 하고 수군거렸다. ⁵⁰ 그러나 예수께서는 그 여자에게 "당신의 믿음이 당신을 구원하였습니다. 평안히 가시오" 하고 말씀하셨다.(7,36-50)

베다니아에서 예수의 머리에 기름을 부은 여인(《마르》14,3-9), 예수에게 향유를 부은 마리아(《요한》12,3-8) 이야기와 비슷하다. 루가는 '세례자 요한에 대한 예수의 증언' 이야기에서 나오는 예수가 죄인과 어울리는 모습을 여기에 대표적으로 소개한다. 모범적인 신앙인으로 자타가 공인하는 바리사이와 대표적인 죄인으로 여겨지는 성 노동자 여성이 대조되는 이야기다. '용서받은 죄 많은 여인' 이야기에 나오는 여인은 후대 교회 전통에서 마리아 막달라로 자주 오해된다(《루가》24,10). 바리사이와 성 노동자 여성이 대조되는 이야기는 〈루가〉에만 있다. 사회적 약자에 대한 루가의 관심이 얼마나 큰지 알 수 있다.

잔치에서 손님들은 낮은 상 주위에 각자 한 손으로 팔베개하고 비스듬히 누웠다. 그리스에서 비롯된 이 관습을 유다인은 차차 받아들였다. 남자 손님을 위해 준비된 식사에 불쑥 여인이, 그것도 죄 많은 여인이 들어왔다. 남자 손님들은 얼마나 놀랐을까. 37절 '행실이 나쁜 여자'는 성 노동자 여성을 가리킨다. 동네에서 유명한 그 여인은 잔치 소문을 듣고 찾아온 것으로도 식사 율법을 어겼다. 성 노동자 여성이 잔칫상 가까이 있다는 것은 보통 사건이 아니다. 루가는 그녀가 왜 잔치에 왔는지 설명하지 않는다. 그녀가 예수에 대해 어느 정도 안다는 전제가 있다.

당시 종은 손님 발치에서 손님의 발을 씻어준다. 여인은 예수 뒤에서 슬며시 등장한다. '울다'라는 동사가 시간의 길이를 나타내는 현재완료형 '울며'로 쓰였다. 여인은 상당한 시간 동안 운 것 같다. 눈물을 닦을 수건 대신 여인의 긴 머리카락이 사용된다. 루가는 향유 가격을 밝히지 않는다. 고대에는 알코올 대신 기름이 향수 재료로 쓰였다. 기름 부음은 유다 사회에서 왕과 사제, 예언자에게 전례로 행했다. 사람들은 날마다 머리에 기름을 발랐다. 머리카락은 유다 사회에서 에로틱한 느낌을 주었다. 발에 입을 맞추는 행위는 존경의 표시다. 발에 향유를 바르는 행동은 아주 은밀한 영역에 속한다. 발에 향유를 부어드린 모습은 예수를 유혹하는 태도로 오해될 수 있다.

예수는 오해받을 수 있는 상황을 피하지 않았다. 여인의 행동을 제지하지 않은 예수의 포용력이 놀랍다. 발을 만지게 둔 예수의 마음을 그 누가 알까. 여인은 자기 몸으로, 자기 습관으로 사랑을 표현할 수밖에 없었다. 가지지 않은 것으로 사랑을 나타낼 수 있는가. 예수는 그것을 이해하고 인정하고 받아들였다.

사랑을 받아들이기가 사랑을 주기보다 어려울 수 있다. 사랑은 내 방식대로 주면 되지만, 사랑을 받는 것은 주는 사람의 심정을 충분히 헤아려야 제대로 받아들일 수 있다. 사랑을 제대로 받아보지 못한 사람은 사랑을 받아들이기 어렵다. 사랑을 제대로 받아보지 못한 사람은 남에게 사랑을 주기도 쉽지 않다. 사랑에는 주는 기술이 필요하지만, 먼저 받은 경험이 필요하다.

여인은 왜 울었을까. 예수를 보고 기뻐서 울었을까. 자기 설움에 겨워 한없이 울었을까. 여인은 예수 덕분에 예수 곁에서 맘껏 울 수 있었다. 예수 발치에 서서 눈물 흘리는 여인이여, 그대는 아름답다. 용기 내서 예수 곁에 있는 여인도 아름답고, 오해를 감수하고 여인이 곁에 있도록 배려한 예수도 아름답다. 우리도 예수 곁에서 맘껏 울 수 있다.

회개가 기쁨으로 이어질 수 있고, 기쁨이 회개를 이끌 수도 있다. 회개의 눈물보다 기쁨의 눈물 아닐까. 39절에서 예수를 초대한 바리사이는 예수를 예언자로 기대하고 있음이 드러난다. 진짜 예언자라면 사람의 속마음을 꿰뚫어보는 능력은 있어야 한다(〈1사무〉 9,19-; 〈요한〉 4,17-19). 바리사이는 여인의 행동을 막지 않은 예수는 진짜 예언자가 아니라고 생각했을 수 있다. 예수가 여인의 개인적 죄와 사회적 지위를 모르는 것처럼 보였기 때문이다.

그러나 예수는 바리사이의 중얼거림을 나무라지 않고 차분히 비유를 들어 가르친다. 〈루가〉에서 바리사이가 예수에게 '선생님didaskale'이라는 호칭을 쓴 것은 40절이 처음이다. 다음에는 선생님 호칭이 계속 나온다(〈루가〉 9,38; 10,25; 11,45 등). 외부 사람들이 그 호칭을 예수에게 쓰고, 제자들은 쓰지 않는다. 유다교 랍비는 채권자와 채무자 이야기를 격언이나 비유로 즐겨 사용한다. 빚진 두 사람의 사례에서 예수는 바리사이와 여인을 대조한다. 당시 식사 예절로 보아 바리사이가 잘못한 것은 없다. 주인은 손님에게 일일이 배려할 수 없고, 손님도 주인에게 세밀한 배려를 기대하지 않는다.

바리사이는 예수에게 발 씻을 물과 머리에 바를 기름을 주지 않고 입맞추지 않았을 뿐이다. 예수는 바리사이를 혼내는 것이 아니라, 죄 많은 여인의 사랑을 격려한다. 여인이 한 것을 왜 바리사이는 하지 않느냐고 책망하는 것이 아니다. 당신은 왜 여인보다 적게 사랑했느냐는 말이다. 더 사랑할 수 있는데 왜 덜 사랑했느냐. 예수는 지금 우리에게 이 질문을 하고 있다. 47절에서 예수는 여인이 사랑을 보였으니 죄를 용서받았다고 설명한다. 신학자들은 47절 '사랑을 보였으니 죄를 용서받았다'는 표현에서 사랑이 용서의 원인인지, 결과인지 오래전부터 논쟁을 벌였다.

가톨릭 학자들은 대체로 사랑이 용서에 앞선다고 보고, 개신교 학자들은 용서가 사랑에 앞선다고 보는 편이다.[24]

용서가 사랑을 재촉하는 게 아니라 사랑이 용서를 가져온다. 사랑하는 사람은 죄를 용서받는다. 사랑하는 것이 죄가 아니라 사랑하지 않는 것이 죄다. 잘못을 범하는 것이 죄가 아니라 선행을 게을리하는 것이 죄다. 불의한 세력에 저항하지 않는 것이 죄요, 정의를 행하지 않는 것이 죄다.

가톨릭의 성사 개념을 좁게 이해한 사람들은 고해성사만 죄를 용서한다고 오해한다. 고해성사만 죄를 용서하는 것은 아니다. 진정한 통회와 자선, 깊은 사랑에도 죄 사함의 효과가 있다. 고해성사 끝부분에 사제가 하는 인사는 50절 "당신의 믿음이 당신을 구원하였습니다. 평안히 가시오"에서 왔다. 평화를 비는 말은 작별 인사로 통용된다(〈판관〉 18,6; 〈1사무〉 1,17; 〈야고〉 2,16). 믿음으로 용서받는 사례는 〈루가〉에서 여러 번 소개된다(〈루가〉 8,48; 17,19; 18,42).

죄인에 대한 예수의 자비로운 태도가 먼저 소개된다. 사랑과 믿음이 용서의 조건으로 제시된다. 가장 흥미로운 질문은 이것이다. '용서받은 죄 많은 여인' 이야기에서 주인공은 누구일까. 여인? 바리사이? 예수? 여인에 대한 예수의 사랑보다 예수에 대한 여인의 사랑이 강조된다. 성서 모든 부분에서 주인공이 반드시 예수는 아니다. 우리도 성서의 주인공이다.

바리사이의 죄는 크게 두 가지다. 가난한 사람을 무시하고 종교적 오만에 빠졌다. 우리 시대에 바리사이는 누구일까. 가난한 사람을 무시하고 종교적 오만에 빠진 사람은 누구나 바리사이다. 우리 시대에도 성 노동자 여성이 있다. 오늘 하느님은 누구에게 더 마음 쓰실까. 묻는 내가 바보다. '용서받은 죄 많은 여인' 이야기에서 사람들은 예수의 배려를 자주 인용하지만, 여인의 사랑은 흔히 잊는다. 여인의 행동을 해설하기 전에 여인의 사랑을 충분히 음미하는 것이 중요하다. 시를 감상하기 전에 시를 분석하려고 덤비는 조급증은 사절한다.

여인은 믿음을 이성이 아니라 몸으로 표현했다. 남성 신학자들은 신학을 몸으로 드러낼 수 있음을 자주 외면했다. 신학이 몸을 경시하지는 않는다. 언어와 개념으로 표현할 수 있는 것만 신학과 신앙에 속하는가. 그렇지 않다. 신학에서 이성이 과장되고 감성과 몸이 경시되는 현상은 바람직하지 않다. 몸은 신앙의 도구이자 사랑의 도구다. 우리 시대에 몸의 신학은 더 소중하고 더 시급하다. 가난한 사람을 위한 '몸의 신학'이 기다려진다.

성 노동자 여성과 예수가 함께 있는 이야기는 교회에 여전히 충격이다. 예수의 자비로움이 오늘 그리스도인에게 여전히 충격이다. 그 충격을 모른 체할 것인가. 가난한 사람 중에 가장 가난한 사람은 가난한 여인이다. 가난한 여인 중에도 가장 가난한 여인은 성 노동자 여성 아닐까. 가난한 여인에 대한 애틋함 없이는 온갖 신앙 행위가 무의미하다.

○ 예수를 도운 여인들

¹ 그 뒤 예수께서는 여러 도시와 마을을 두루 다니시며 하느님 나라를 선포하시고 그 복음을 전하셨는데 열두 제자도 같이 따라다녔다. ² 또 악령이나 질병으로 시달리다가 나은 여자들도 따라다녔는데 그들 중에는 일곱 마귀가 나간 막달라 여자라고 하는 마리아, ³ 헤로데의 신하 쿠자의 아내인 요안나 그리고 수산나라는 여자를 비롯하여 다른 여자들도 여럿 있었다. 그들은 자기네 재산을 바쳐 예수의 일행을 돕고 있었다.(8,1-3)

〈루가〉에서 〈마르〉가 인용되지 않은 마지막 부분(〈루가〉 6,20-8,3)이다. 곧이어 〈마르〉가 인용되는 부분(〈루가〉 8,4-9,50)이 나온다. 〈루가〉 9,51에서 예수와 제자들의 목적지가 예루살렘이라는 사실이 드러난다. 〈루가〉에서 예루살렘은 선교가 시작되는 중요한 곳이다. '예수를 도운 여인들' 이야기에서 예수가 모든 사람들에게 다가갔다는 사실, 예수의 설교 제목 그리고 제자들의 이름이 나타난다. 루가는 전승을 기초로 여인들의 이름 목록을 독자적으로 작성한다. 〈루가〉에만 보이는 단락이다. 이 전승을 어디서 얻었는지 알 수 없다.

1절에서 예수는 도시와 마을을 두루 다녔다. 끊임없이 방랑하는 사람 예수다. 예수가 공적 사명을 다하기 위한 전제 조건은 자발적 실업이다. 예수는 자발적 실업자다. 예수는 세상의 실업자, 취업 준비자들과 함께한다. 예수는 실업의 고통을 모르지 않는다. 예수는 방랑자요 걸인이다. 예수는 걸인 종교를 창시한 붓다와 가까이 있다. 여행은 휴식이 아니라 복음 선포와 이어진다.

여자 제자들의 이름 목록은 남자 제자들 이름 목록과 비슷한 문학 장르에 속한다(〈마르〉 3,13-19; 〈마태〉 10,1-4; 〈루가〉 6,12-16; 〈사도〉 1,13). 제자 이름 목록에서 초대교회는 남자 제자들이 외부 활동을 통해 복음을 선포했고, 여자 제자들은 내부 봉사를 통해 공동체를 탄탄하게 만들었다는 사실을 발견한다. 여자 제자들은 치유를 통해, 남자 제자들은 부르심을 통해 존재 근거가 마련된다.

열두 제자를 제외한 여자 제자들의 이름은 치유나 경제적 후원과 함께 소개된다. 일곱 마귀가 나간 막달라 출신 마리아(〈마르〉 16,9)는 교회 역사에서 죄 많은 여인(〈루가〉 7,36-50)이나 간음한 여인(〈요한〉 7,53-8,11)과 자주 혼동된다. 그녀의 이름은 성령강림절 선포와 연결된다(〈마르〉 15,47; 16,1; 〈마태〉 28,1; 〈루가〉 24,10; 〈요한〉 20,1). 요안나는 〈루가〉 24,10에서 다시 보인다. 수산나는 여기 말고 언급되지 않는다. 수산나라는 이름은 드물다. 여인들이 예수와 동행한 사실은 이스라엘 관습에서 예외적인 경우다(〈요한〉 4,27). 해외 유다교에서는 조금 다르다(〈사도〉 16,15; 17,4.12). 여인들이 예수와 제자들을 경제적으로 후원한 사실은 그리스 환경에 좀 더 어울린다. 비혼 여성이나 이혼 여성, 과부는 자기 재산을 처분하는 일이 이스라엘에서도 가능하다.

1절 '그 뒤'는 복음서 내용이 크게 달라지는 부분을 알려주는 전문적 표현이다(〈루가〉 5,17; 17,11; 24,15). 열두 제자는 예수에게 부르심을 받은 뒤 함께 다닌 사실이 언급된다. 열두 제자는 〈루가〉 6,13에서 부르심을 받은 뒤 지금까지 별다른 역할이 소개되지 않는다. 2절 '악령'은 조금 이상하다. 이 단어는 〈마태〉 12,45을 제외하면 루가의 작품에만 나타난다(〈루가〉 7,21; 11,26; 〈사도〉 19,12-13.15-16). '일곱 마귀'는 고대 근동의 문헌에도 보인다. 마리아 막달라를 선두로 세 여인의 이름은 예수의 무덤가에서 있었다(〈마르〉 15,40; 16,1; 〈마태〉 27,56; 〈요한〉 20,11-18). 무덤가에 나타난 세 여인의 이름 중 둘은 '예수를 도운 여인들' 이야기에도 보인다.

3절에서 요안나는 헤로데의 신하 쿠자의 아내로 기록되었다. 요안나라는 이름은 드물다. 남편의 사회적 지위에 따라 아내가 소개된 것이다. 예수가 상류사회까지 영향력을 미쳤다는 표시다. 세례자 요한을 처형한 헤로데 영주 아래서 일하던 공무원 남편과 헤로데 성을 떠난 요안나의 결단이 놀랍다.[25] 남편 입장이 퍽 난처했을 것이다. 그녀는 갈릴래아 그룹 중 하나로, 부활 장면에서 이름이 언급된다. 3절 '돕고 있었다diakoneo'는 손님을 맞이하고 집안일을 돌보는 것을 가리킨다(〈루가〉 4,39).

세 여인의 역할은 열두 제자의 역할에 견줄 수 있다. 베드로가 배신과 회개로 초대교회에 기억되었다면, 마리아 막달라는 악령 추방으로 기억되었다. 마리아 막달라는 분명히 예수 부활의 증인이다. 이 사실이 교회 역사에서 흐릿해지고 말았다. 다른 여자들도 있다. 자기 이름을 복음서에 올리지 못한 수많은 제자를 기억하자고 말하고 싶다. 하느님 나라의 역사는 이름 없는 성인으로 가득하다. 치유받은 여인이나 경제적으로 후원 가능한 여인만 예수 일행과 함께 다녔다고 결론 낼 수는 없다. 이 여인들이 모든 재산을 예수에게 바쳤다고 추측하기도 어렵다.

〈루가〉에서 지금까지 보도된 예수는 방랑하는 메시아요, 병을 고치는 메시아다. 하느님 나라를 선포하고 행동하는 메시아다. 가장 가난한 사회적 약자인 여인들과 운명을 함께하는 해방자다. 예수는 가난한 사람들과 함께 있을 때 가장 예수답다. 교회도 마찬가지다. 교회는 가난한 사람들과 함께 있을 때 가장 교회답다.

예수의 자유와 여인들의 자유가 돋보인다. 당시 여성을 제자로 받아들인 사실은 예외적인 일이다. 고향 집을 떠나 예수의 제자 대열에 합류한 여인들도 자유로운 인간이다. 사회 주변부에 있던 여인들은 잠시나마 예수 곁에서 완전한 자유를 누리고 해방을 맛본다. 자유와 해방의 추억은 예수와 함께 생긴다. 예수를 제대로 만난 사람들은 자유로운 인간이 된다. 예수를 만나야 진정한 자유가 생긴다. 예수 없이 자유 없고, 자유 없이 예수 없다.

○ 뿌려진 씨 비유

⁴ 여러 동네에서 사람들이 모여들어 마침내 큰 군중을 이루자 예수께서는 그들에게 비유를 들어 말씀하셨다. ⁵ "씨 뿌리는 사람이 씨를 뿌리러 나갔습니다. 씨를 뿌리는데 어떤 것은 길바닥에 떨어져서 발에 밟히기도 하고 하늘의 새가 쪼아 먹기도 하였습니다. ⁶ 어떤 것은 바위에 떨어져서 싹이 나기는 하였지만 바닥에 습기가 없어 말라버렸습니다. ⁷ 또 어떤 것은 가시덤불 속에 떨어졌는데 가시나무들이 함께 자라서 숨이 막혀버렸습니다. ⁸ 그러나 어떤 것은 좋은 땅에 떨어져서 잘 자라나 백배나 되는 열매를 맺었습니다" 하시고는 "들을 귀가 있는 사람은 알아들으시오" 하고 힘주어 말씀하셨다.(8,4-8)

루가는 〈마르〉 4,1-9에 나오는 비유를 조금 다듬었다. 〈도마복음〉 9장에도 나오는 이야기다. 하느님 말씀을 잘 들으라는 내용이다. 〈루가〉 9,18 이하에 나오는 메시아 고백을 준비하는 단락이다. 예수는 평지 설교와 달리 제자들에게 설명하지 않고 직접 군중을 가르친다. 대조 비유라는 문학 장르에 속하는 이야기다. 들으시오_{akouein}라는 단어가 여러 번 나온다. 어떻게_{pos} 듣느냐가 주제다. 네 문장으로 된 비유다. 〈마르〉 4,1과 달리 호숫가에서 설명한 이야기는 아니다. 씨를 뿌릴 때 그 씨를 쪼아 먹으러 새가 쫓아온다. 한라산에 오를 때 음식을 쫓아오는 까마귀가 많다.

4절에서 예수와 군중의 만남이 인간과 하느님 말씀의 만남과 어우러진다. 언제 밭을 가는지 토론해왔다. 씨 뿌리기 전에 밭을 가는 경우도 있고, 뿌린 뒤에 밭을 가는 사례도 있다. 예레미아스는 씨 뿌린 뒤에 밭을 간다고 주장한다.²⁶ 5절에서 길옆이 아니라 길바닥에 씨가 떨어졌다. 씨가 발에 밟히기도 했다는 말은 〈마르〉에 없다. 길바닥에 씨를 뿌린 다음 길을 갈아엎을 예정이다. 그 사이에 새가 뿌려진 씨를 먹을 수 있다. 잃어버린 씨앗은 하느님 말씀이 손상되었음을 가리키는 것이 아니라, 말씀을 듣는 사람의 운명에 대한 이야기다. 6절은 씨 뿌리고 시간이 제법 지난 뒤의 일을 묘사한다. 바위 위 얇은 흙에는 습기가 많지 않다. 싹이 트지만 뿌리가 깊지 못해 금방 말라버린다.

7절에서 akantha를 어떻게 번역해야 할까. 가시덤불은 여러해살이 식물이고, 엉겅퀴는 한해살이식물이다. 둘 다 이스라엘에 많았다. 가시덤불로 옮기면, 씨 뿌릴 때 가시덤불이 있었다는 말이다. 가시덤불에 씨를 뿌리는 농부가 있을까. 엉겅퀴로 옮기면, 씨 뿌릴 때 엉겅퀴는 보이지 않는다. 뿌려진 씨가 싹이 틀 때 엉겅퀴도 싹 트고 자란다. 엉겅퀴로 번역하는 게 적절할 듯하다. 7절은 시간이 한참 지난 뒤 씨앗을 설명한다. 씨도 많이 컸지만 엉겅퀴도 함께 자랐다. 한국의 산에 아까시나무가 많듯이 이스라엘에 엉겅퀴와 가시덤불이 많다. 씨앗의 성장에 필요한 영양분을 엉겅퀴가 빼앗아 씨앗이 제대로 자라기 어렵다. "들에서 나는 곡식을 먹어야 할 터인데, 땅은 가시덤불과 엉겅퀴를 내리라."(〈창세〉 3,18) 그러니 이런 말이 있는 것이다. "엉겅퀴 속에 씨를 뿌리지 말고, 땅을 새로 갈아 엎고 심어라."(〈예레〉 4,3) 가시덤불과 엉겅퀴는 여러 곳에서 언급된다(〈이사〉 5,6; 7,23; 〈욥기〉 31,40).

예수는 8절에서 마침내 좋은 땅에 떨어져서 잘 자라난 씨를 소개한다. 〈마르〉 4,8처럼 열매가 씨앗의 서른 배, 예순 배, 백배 되었다는 말은 〈루가〉에서 삭제되었다. 루가는 그저 '백배나 되는 열매'를 말한다. 실제로 그렇게 열매 맺는 일이 있었는지, 단순히 과장된 말인지 논의해왔다. 이사악이 하느님 축복으로 열매를 백배 수확했다는 말이 〈창세〉 26,12에 있다. 그리스 문헌에서 300배, 400배까지 소개된 경우도 있다. 시간의 흐름에 따라 씨앗의 운명을 관찰하는 것이 중요하다. 씨앗의 성장 과정에서 여러 어려움을 겪고 손실이 생길 수 있지만, 농부는 결국 어느 정도 수확한다는 것을 안다.

〈마르〉에서 씨 뿌리는 사람의 노동이 강조되었다면, 루가는 뿌려진 씨의 운명에 집중한다. '뿌려진 씨 비유' 이야기는 자연과 환경에 관심을 쏟으라는 교훈을 준다. 프란치스코 교황의 회칙《찬미받으소서》도 같은 관심을 요청한다. 자연은 성서 시대보다 우리 시대에 훼손되고 신음한다. 우리 삶과 역사 속에 보이지 않게 커지는 하느님 나라의 존재와 성장을 느끼라는 가르침도 있다. 루가는 인간에게 주신 하느님 말씀의 매력과 위력(〈이사〉55,10-)을 강조한다.

○ 뿌려진 씨 비유의 뜻

9 제자들이 이 비유의 뜻을 예수께 묻자 **10** 이렇게 대답하셨다. "여러분에게는 하느님 나라의 신비를 알게 해주었지만 다른 사람들에게는 보아도 알아보지 못하고 들어도 깨닫지 못하게 하려고 비유로 말하는 것입니다."
11 "이 비유의 뜻은 이러합니다. 씨는 하느님의 말씀입니다. **12** 씨가 길바닥에 떨어졌다는 것은 말씀을 듣기는 하였지만 악마가 와서 그 말씀을 마음에서 빼앗아 가기 때문에 믿지도 못하고 구원도 받지 못하는 사람들을 두고 하는 말입니다. **13** 씨가 바위에 떨어졌다는 것은 말씀을 듣고 기꺼이 받아들이기는 하지만 뿌리가 내리지 않아 그 믿음이 오래가지 못하고 시련의 때가 오면 곧 떨어져 나가는 사람들을 두고 하는 말입니다.
14 또 씨가 가시덤불에 떨어졌다는 것은 말씀을 듣기는 하였지만 살아가는 동안에 세상 걱정과 재물과 현세의 쾌락에 눌려 열매를 제대로 맺지 못하는 사람들을 두고 하는 말입니다. **15** 그러나 씨가 좋은 땅에 떨어졌다는 것은 바르고 착한 마음으로 말씀을 듣고 간직하여 꾸준히 열매를 맺는 사람들을 두고 하는 말입니다."(8,9-15)

루가는 앞에 나온 '뿌려진 씨 비유' 이야기가 생각보다 이해하기 어렵다는 사실을 전제한다. 제자들은 군중에 속하지만 군중과 다르기도 하다. 제자들에게 하느님 나라의 신비를 설명한다(〈사도〉 1,3). 〈루가〉 6,20 이하와 12,1 이하처럼 군중이 예수의 설명을 함께 들었는지는 분명하지 않다. 〈마르〉 4,10과 달리 예수와 제자들이 집 안으로 들어가지 않았다.

10절 '다른 사람들에게는 보아도 알아보지 못하고 들어도 깨닫지 못하게 하려고' 부분은 난감하고 곤혹스럽다. 예언자의 말을 군중이 충분히 이해하지 못한다는 생각은 공동성서에 따르면 자연스런 현상이다. 그러니 군중이 예수를 제대로 이해하지 못한다는 사실은 예수가 예언자임을 입증하는 뜻이다.

군중이 예수의 비유를 이해하지 못하게 정해졌다면, 이해하지 못한 책임은 군중에게 있지 않다. 그렇다면 군중이 핀잔받을 까닭도 없다. 예수는 군중과 조금 다른 제자들의 윤곽을 그린다. 성서에 씨앗과 열매를 말씀과 행동으로 이해하는 비유는 많다(〈욥기〉 4,8; 〈잠언〉 22,8; 〈호세〉 8,6; 〈1고린〉 9,11; 〈갈라〉 6,7-). 예수는 당시 유행한 알레고리 식 해설을 한다(〈갈라〉 4,23-31). 아는 사실에 근거하여 다른 주제로 이해를 넓혀가는 문학적 방식이다.

길바닥(12절), 바위(13절), 가시덤불(14절), 좋은 땅(15절) 등 씨가 떨어진 곳은 인간의 상황을 나타낸다. 예수는 씨앗에 영향을 주는 외적 상황으로 악마(12절), 시련의 때(13절), 세상 걱정과 재물과 현세의 쾌락(14절)을 예로 든다. 외적 상황에 대한 인간의 마음가짐은 믿지 못하고(12절), 믿음이 오래가지 못하고 떨어져 나가며(13절), 열매를 제대로 맺지 못하는(14절) 것으로 소개한다. 예수는 〈이사〉 6,9 이하를 인용한 것뿐이다(〈요한〉 12,40; 〈사도〉 28,26 참조). 9절에 "그들이 알아보고 알아듣기만 한다면 나에게 돌아와 용서를 받게 될 것입니다"(〈마르〉 4,12)가 삭제되었다(〈이사〉 6,10 참조). 루가는 군중이 회개할 가능성을 열어두었다.

하느님 나라의 신비를 제대로 알기 위해 부활이 필요했다. 제자들은 부활하신 주님께 교육받지 않았는가(〈루가〉 24,26.45-47). 성령을 통해 완전한 지혜에 이르지 않았는가(〈요한〉 16,13). 부활을 알고 성령을 받은 우리는 제자들처럼 하느님 나라의 신비를 잘 알아들을 처지다. 제자들과 군중 사이에 건널 수 없는 강이라도 있다는 말일까. 제자들은 예수에게 특별 대우를 받는다는 말일까. '뿌려진 씨 비유의 뜻' 이야기가 독자에게 그런 뜻을 전해주는 것은 아니다. 예수 제자들도 하느님 나라의 신비를 잘 이해하지 못했다.

예수를 믿지 않는 사람들과 대화할 때 얼마나 인내심이 필요한지 '뿌려진 씨 비유의 뜻' 이야기에서 느낄 수 있다. 예수를 직접 보고 그 말씀을 들은 군중은 대부분 예수를 받아들이지 않았다. 그렇다면 예수를 직접 만나지도 못한 우리 시대 사람들은 얼마나 더 참을성 있게 기다려야 할까. 예수를 엉터리로 알려주거나 잘못 알려주는 경우가 얼마나 많은가. 신자나 교회가 말로 예수를 전하면서 행동으로 예수를 믿지 말라고 얼마나 홍보하는가. 성직자들이 말씀과 전례와 성사로 예수를 전하지만, 그 삶으로 예수를 믿지 말라고 얼마나 외치고 다니는가. 오늘날 "예수는 좋지만 교회는 싫다"는 세태에서 "예수는 좋지만 성직자는 싫다"는 말까지 나온다. "신부 보고 성당 다니냐? 예수 보고 다니지"라는 말이 성직자 입에서 나와야겠는가.

'뿌려진 씨 비유의 뜻' 이야기가 생긴 삶의 자리는 무엇일까. 어떤 사회학적 배경에서 생긴 이야기일까. 예수를 놓고 유다교 내부에서 분열이 있었다. 많은 유다인이 예수를 거절하는 모습에 루가 공동체는 충격을 받았다. 초대교회는 많은 유다인이 예수를 받아들이지 않는 현실(〈마르〉 4,10-12)에 대해 〈이사〉 6,9-10에서 위로를 받았다. 예수를 따르기로 결단한 사람들에게 위로와 자부심을 줘야 하는 과제도 있었다. 군중과 제자들은 예수를 거절하는 유다인과 예수를 따르는 공동체를 나타낸다고 이해하면 되겠다.

말씀과 행동의 연결뿐만 아니라 예수를 두고 일어난 이스라엘의 분열이 '뿌려진 씨 비유의 뜻' 이야기의 배경이다. 13절 '시련의 때'는 오늘 한국 신자들에게 예수 시대보다 분명히 적다. 그러나 14절 '재물과 현세의 쾌락'은 오늘 더 강하고 다양하고 복잡해졌다. 우리는 성서를 통해 하느님 나라의 신비에 대해 읽고 배운다. 그러나 나는 예수에게 직접 배우고 싶다. 예수에게 직접 배운 제자들이 너무나 부럽다.

○ 등불의 비유

16 "등불을 켜서 그릇으로 덮어두거나 침상 밑에 두는 사람이 어디 있겠습니까? 누구나 등경 위에 얹어놓아 방에 들어오는 사람들이 그 빛을 볼 수 있게 할 것입니다. 17 감추어 둔 것은 나타나게 마련이고 비밀은 알려져서 세상에 드러나게 마련입니다. 18 내 말을 명심하여 들으시오. 가진 사람은 더 받을 것이고 가지지 못한 사람은 가진 줄 알고 있는 것마저 빼앗길 것입니다."(8,16-18)

세 격언이 한 절씩 연이어 소개된다. 그리스 식 주택 입구에 설치된 등불은 집에 들어오는 손님을 밝게 비춘다. 등불은 토기로 만든 자그만 등에 기름을 채우고, 심지에 불을 붙여 벽에 걸거나 받침대 위에 놓았다. 등불은 고정하거나 들고 다닐 수 있었다. 집에 있는 사람이 집 안에 있는 사람들이 어둠 속에 있지 않도록(〈마태〉 15,5-) 등불을 켠다. 그리고 나중에 집에 들어올 사람을 위해 불을 켜둔다. 예수를 따르는 공동체에 먼저 들어온 사람들이 서로 빛이 되고 나서, 앞으로 교회에 올 사람(〈사도〉 28,30)에게 빛이 되라는 말이다.

빛은 어두움을 비추지만, 빛 자체로도 존재 의미가 있다. 스승은 제자를 돕지만, 스승 혼자로도 존재 의미가 있다. 하느님의 말씀을 가슴속에 지니지 말고 행동으로 온 세상에 퍼지게 하라고 권유한다. 빛을 비추려면 자신부터 빛이 되어야 한다. 빛이 되려면 올바르게 듣고 올바르게 행동해야 한다. 감춰둔 것은 나타나게 마련이다(〈루가〉 12,2; 〈마태〉 10,26). 유다인은 세상 끝나기 전에 많은 종말론적 현실이 가려진 채 있다고 생각했다. 그 현실이 언젠가 모두 드러날 때가 있다는 것이다. 복음을 듣고 아는 사람은 혼자 간직할 수 없다. 하느님 나라의 신비를 아는 사람들은 세상 밖으로 나가서 당당하게 선포해야 한다. '비밀은 드러나게 마련'이라는 17절은 루가가 심판을 생각하는 것 같다(〈1고린〉 3,13).

18절 '명심하여 들으시오'는 예수의 설교와 교회의 해석 사이에 구조적 관계를 말한다.[27] '가진 사람은 더 받을 것이고 가지지 못한 사람은 가진 줄 알고 있는 것마저 빼앗길 것입니다'는 자주 오해되는 구절이다. 예수나 루가가 빈익빈 부익부라는 자본주의 원리를 설파하거나 지지하는 것이 아니다. 하느님의 말씀을 듣고 전하는 사람은 그만큼 하느님의 말씀에 감동되어 살 것이라는 위로다. 복음 선포에 열중하는 만큼 복음의 기쁨에 맛 들인다. 복음의 기쁨이 무엇인지 모르는 사람은 그 기쁨을 알 방법이 없다. 먹어본 사람이 그 맛을 안다.

루가는 복음 선교를 위해 하느님의 말씀을 잘 듣고 널리 전파하라고 말하고 싶었다. 복음은 자신을 위해 간직할 게 아니라 동료 인간을 위해 널리 전해야 한다는 것이다. 빛을 전하려면 빛이 무엇인지 알아야 한다. 복음을 전하려면 자신이 복음에 맛 들여야 한다. 잘못 배운 복음을 전하면 흉기를 주는 것과 같다. 악마도 성서를 인용한다.

○ 가족의 의미

¹⁹ 예수의 어머니와 형제들이 예수께 왔으나 사람들이 많아서 만날 수가 없었다. ²⁰ 그래서 어떤 사람이 예수께 "선생님의 어머님과 형제분들이 선생님을 만나시려고 밖에 서 계십니다" 하고 알려드렸다. ²¹ 그러자 예수께서는 사람들에게 "하느님의 말씀을 듣고 그대로 실행하는 사람들이 내 어머니이고 내 형제들입니다" 하고 말씀하셨다.(8,19-21)

〈마르〉 3,31-35을 조금 다듬은 이야기다. 20-21절은 〈도마복음〉 99,1-2에도 거의 글자 그대로 나온다. 21절 '하느님의 말씀을 듣고 그대로 실행하는 사람들'이 '가족의 의미' 이야기의 표제어다. 그 모범은 바로 예수다. 루가는 그것을 말하고 싶었다. 덤으로 가족 개념이 확장되었다. 예수의 어머니 마리아는 〈루가〉 1-2장에서 알려진다. 19절 '형제들'은 혈육의 형제를 가리킨다. 히브리어 관습에 따르면 친척을 가리킬 수도 있다. 20절에서 어떤 사람이 예수의 어머니와 형제들이 온 사실을 예수에게 전한다(〈마태〉 12,47). 〈마르〉 3,31에서는 예수 어머니와 형제들이 사람을 보내어 말을 전했다. 루가는 마르코와 달리 그들이 왜 찾아왔는지 설명하지 않는다. 21절 예수의 답변에서 루가는 마르코와 달리 누이라는 단어를 뺀다.

예수는 어머니와 가족도 보고 싶었다. 얼마나 보고 싶었을까. 가족은 집을 떠나 유랑하는 예수가 얼마나 그리웠을까. 밥은 먹고 다니는지, 어디서 자는지, 무슨 일을 하는지, 누구와 어울리는지 얼마나 궁금했을까. 자녀를 군대에 보낸 부모들은 그 심정을 알 것이다. 자녀를 외국에 보냈거나 멀리 떨어져 사는 부모들은 그 심정을 알 것이다. 가난한 사람들이 프란치스코 교황을 얼마나 보고 싶어 하는가. 보고 싶다(〈루가〉 9,9; 19,3-4; 23,8).

예수는 어머니와 형제자매를 반갑게 만날 수 있었다. 그 후 "하느님의 말씀을 듣고 그대로 실행하는 사람들이 내 어머니이고 내 형제자매들입니다"라고 말할 수 있었다. 그렇게 했다면 얼마나 좋았을까. 나는 '가족의 의미' 이야기에서 결국 예수와 가족이 만나지 않았다고 단정한 볼터의 주장에 찬성하기 어렵다.[28]

예수는 전갈에 답변하지 않은 채 격언으로 마무리한다. 21절은 예수가 어머니와 형제자매를 면박하는 말이 아니다. '가족의 의미' 이야기에서 예수와 가족 사이에 갈등을 찾아낼 수는 없다. 오히려 예수의 어머니와 형제자매는 하느님의 말씀을 듣고 그대로 실행하는 사람에 속한다(〈루가〉 1,38; 〈사도〉 1,14). 루가는 예수의 어머니와 형제자매를 하느님 말씀을 잘 듣고 실천하는 모범으로 제시하려 했다(〈루가〉 2,19; 11,27).[29] 마리아는 성령강림 이후에 비로소 제자단에 합류했다. 개신교 성서학자 보폰은 마리아가 뒤늦게 참여한 것은 예수의 어머니이기 때문이 아니라, 마리아의 신앙 때문(〈루가〉 1,38; 2,19.51)이라고 말했다.[30] 나는 그의 주장에 찬성한다.

20절은 보는 것을, 21절은 듣는 것을 강조한다. 20절은 외부 상황을, 21절은 내적 태도를 가리킨다. 신앙에도, 삶에도 보고 듣는 것이 중요하다. 보이는 현실이 있고 듣는 태도가 있다. 보이는 현실을 제대로 보고 듣지 않는 사람이 보이지 않는 하느님이 주시는 말씀을 어떻게 들을 수 있을까. 현실을 있는 그대로 보고 듣는 것이 신앙에서 중요하다.

현실을 있는 그대로 보고 듣는 것이 불편하고 두려울 수 있다. 악의 세력은 사람들이 현실을 제대로 보기를 바라지 않는다. 그래서 언론을 통제하고 장악한다. 사람들이 현실을 제대로 보도록 가르쳐야 할 곳이 종교다. 그렇지 않으면 종교는 인민에게 아편이다. 인간에게 관심이 있다는 종교가 어찌 역사와 현실을 언급하지 않을까. 현실과 역사를 정확하게 말하지 않는 종교는 악의 세력을 편드는 것이다. 역사와 현실을 정확하게 말하지 않는 종교인은 사기꾼이요, 악마의 종이다.

'가족의 의미' 이야기는 개신교와 가톨릭에서 루가의 뜻과 관계없이 마리아 평생 동정 주제와 연결되어 논란의 대상이 된다. 루가가 의아할 노릇이다. 루가는 하느님 말씀을 듣고 실천하라는 메시지를 전하고 싶었을 뿐이다(〈요한〉 5,14). 성서 저자의 뜻을 외면하고 엉뚱하게 논쟁하는 사람들은 대체 누구인가. 인간의 사회적 관계는 생물학적 족보에 의존하는가, 윤리적 차원에서 봐야 하는가. 루가는 우리 시대 중요한 화두 하나를 주었다. 이런 질문을 해도 좋지 않을까. 인간의 사회적 관계에서 종교적 족보(세례)가 중요한가, 윤리적 차원이 우선인가. 종교 간 대화에서도 요긴한 원칙을 하나 더 발견한다.

예수가 가족 관계의 중요성을 약화했다고 과장할 필요는 없다. 루가의 의도는 전혀 그렇지 않다. 가족 관계의 중요성을 인정하고, 그 기초 위에 가족 개념을 확장한 것이다. 이웃의 개념을 민족에서 인류로 확장한 예수를 보자. 우리 시대 가족의 중요성은 강조된다. 사회 환경이 복잡해지고 뒤틀린 가족이 늘어나는 상황이다. 가족은 삶과 신앙의 기초다. 가정이 흔들리면 신앙도 흔들린다. 가정은 보수적 단위가 아니라 기초 단위다. 가족 없이 개인 없다. 가족 없이 신앙 없다.

구조적인 악을 날카롭게 비판하는 해방신학도 가족의 중요성을 강조해왔다. 정치적 억압과 경제적 불평등에서 해방된 가정이 신앙을 온전히 실천할 수 있다. 해방신학은 진정한 의미에서 성가정을 만드는 데 유익하고 필요하다. 가정은 보수파가 독차지할 것이 아니다. 성가정은 기도와 성사와 전례로 되는 것이 아니다. 현실과 역사를 정확히 보는 자세가 성가정을 이루는 기초다.

○ 풍랑을 잠재운 예수

²² 어느 날 예수께서 제자들과 함께 배를 타시게 되었다. 예수께서 "호수 저편으로 건너가자" 하고 말씀하시자 제자들은 배를 젓기 시작하였다. ²³ 일행이 호수를 건너가고 있을 때에 예수께서는 잠이 드셨다. 그때 마침 뭍에서 호수로 사나운 바람이 불어 배에 물이 들기 시작하여 사람들이 위태롭게 되었다.

²⁴ 제자들은 예수께 가서 흔들어 깨우며 "선생님, 선생님, 우리가 죽게 되었습니다!" 하고 소리쳤다. 예수께서 일어나 바람과 사나운 물결을 꾸짖으시자 바람과 물결이 잔잔해지고 바다가 고요해졌다. ²⁵ 예수께서는 제자들에게 "여러분의 믿음은 다 어떻게 되었습니까?" 하고 책망하셨다. 그들은 두렵기도 하고 놀랍기도 하여 "도대체 이분이 누구신데 바람과 물결까지 그 명령에 복종하는가?" 하고 수군거렸다.(8,22-25)

풍랑에서 구조된 제자들(22-25절), 마귀 들린 사람의 구출(26-39절), 야이로의 딸 소생(40-56절) 등 세 가지 구원의 이야기가 연속해서 소개된다. 〈마르〉 4,35-41과 〈마태〉 8,23-27에 같은 이야기가 있다. 풍랑에서 구조된 제자들이 예수에게 첫 번째 도움을 받았다. 얼핏 보면 예수의 놀라운 능력이 주제인 것 같으나, 제자들에게 하는 예수의 질문이 핵심이다.³¹ 성서학계에서 '자연 기적'으로 불리는 이야기 중 하나다. 기적 이야기에서 예수는 누구인가 묻는 것이다. 제자들의 구출과 예수의 수수께끼 같은 행동이 기록되었다.

〈마르〉 4,33-34에서 예수는 비유로 가르친 다음, 저녁에 호수 건너편으로 가자고 한다. 〈루가〉에는 저녁이라는 말이 없다. 〈마르〉의 보도가 조금 이상하긴 했다. 호수에서 저녁은 고기를 잡는 시간이고, 항해하기에 적당하지 않다. 군중을 남겨둔 채 다른 배들도 따라갔다는 〈마르〉 4,36

역시 이상하다. 루가는 저녁이란 단어와 다른 배들의 항해 보도를 삭제한다. 예수가 열두 제자만 데리고 배에 오른 것 같지는 않다. 여자 제자들도 한 배에 탄 모양이다. 초과 승선이 아니라고 보기 어렵다. 처음부터 무리한 항해였다. 호수 저편으로 가자고 제안한 사람은 예수다. 동승자의 안전을 예수가 책임져야 한다. 가자고 해놓고 예수는 잠들었다. 너무 피곤했을까.

공동성서에서 잠은 하느님이 계시지 않은 상태를 가리킨다(〈시편〉 7,7; 〈이사〉 51,9). 예수는 제자들과 함께 노를 젓지 않았다. 예수가 '갑질' 하셨나. 노 저으면서 잠들 수는 없다. 목수인 예수는 밤이면 호수에 바람이 세다는 사실을 잘 몰랐을까. 어설픈 예수가 설치는 바람에 제자들 목숨까지 위태로워졌다. 그러니 제자들이 세상모르고 잠든 예수(〈요나〉 1,5)에게 "우리가 죽게 되었습니다" 하고 역정을 낸 것은 당연하다.

머쓱한 예수는 제자들에게 뭐라 하지도 못하고 바람과 사나운 물결을 꾸짖었다(〈시편〉 18,16; 65,8; 104,7). 루가는 산에서 호수 서쪽을 둥글게 휘감는, 아래에서 위로 부는 회오리바람을 생각한 것 같다(〈욥기〉 21,18; 〈지혜〉 5,14). 24절에서 제자들과 예수의 반응은 다르게 소개된다. 제자들은 예수에게 우리가 죽게 되었다고 소리쳤고, 예수는 바람과 사나운 물결을 꾸짖었다. 이집트를 탈출하여 홍해를 건너는 이스라엘 백성의 이야기를 연상할 수 있다(〈출애〉 14,15-31). 바다를 향해 "고요하고 잠잠해져라!" 하는 말(〈마르〉 4,39; 〈시편〉 65,8; 107,29)은 〈루가〉에서 삭제되었다.

〈마르〉와 〈루가〉에서 제자들을 꾸짖는 예수의 말이 조금 다르다. 예수는 〈마르〉 4,40에서 "왜 그렇게들 겁이 많습니까? 아직도 믿음이 없습니까?" 하고 믿음 없는 제자들을 나무란다. 그러나 〈루가〉에서 예수는 "여러분의 믿음은 다 어떻게 되었습니까?"라고 책망한다. 〈마르〉에서는 제자들의 믿음이 아예 없는 것처럼 여겨지지만, 〈루가〉에서는 제자들의 믿음이 있는 것처럼 전제된다. 〈마르〉에서 제자들은 형편없는 모습으로 자주 소개된다. 〈루가〉에서는 제자들이 어려움에 닥쳤을 때 믿음을 잃어 버리는 약한 모습이 드러난다.

바다 가까이 사는 사람들도 그렇지만, 유다인은 바다를 무서워했다 (〈요나〉 1,4-6; 〈사도〉 27,14-44). 25절에서 제자들은 두렵기도 했지만(〈루가〉 1,12; 5,8) 예수에 대해 놀랐다(〈루가〉 1,63). 제자들은 온전히 이해하기 어렵 지만 놀라운 일이 생겼음을 느꼈다. 그 놀라움은 엘리사벳의 친척들(〈루 가〉 1,63), 목자들(〈루가〉 2,18), 예수의 부모(〈루가〉 2,33), 나자렛 주민(〈루가〉 4,22)과 연결된다. 모두 예수의 능력에 대해 놀라워했다. 예수는 대체 어 떤 분인가.

두렵기도 하고 놀랍기도 한 제자들(〈루가〉 24,12.41)의 모습은 결국 독 자에게 향하는 질문이다. "사람의 아들이 올 때에 과연 이 세상에서 믿음 을 찾아볼 수 있겠습니까?"(〈루가〉 18,8) 예수의 놀라운 능력에 감탄하면 서 자꾸 흔들리는 우리의 믿음이 초라하게 다가온다. 제자들이나 우리는 길바닥에 떨어진 씨처럼 말씀을 듣기는 하지만 믿지 못하는 사람들이다 (〈루가〉 8,12).

믿음이 없는 사람들은 제자들처럼 예수가 곁에 있어도 두렵다. 믿음 이 있는 사람은 예수가 잠들었어도, 보이지 않아도 언제나 가까이 있음 을 느낀다. 부활 이후 겉으로 보면 예수가 떠난 것처럼 여기던 초대교회 신자들에게 '풍랑을 잠재운 예수' 이야기는 큰 위로가 되었다. 그들은 풍랑이 몰아치는 가운데 배에 탄 승객처럼 불안하고 두려웠다.

　예수의 능력에 감탄하는 데 그치지 말고, 예수가 언제나 우리 가까이 있음을 느끼는 것이 중요하다. 예수에게 두려움이 들기만 하면 아직 믿음에 이르기 어렵다. 예수에게 놀라움이 들어야 비로소 믿음이 생긴다. 예수를 가까이 느껴야 믿음이 생긴다. 가난한 사람을 가까이하지 않으면 믿음이 생기기 어렵다. 가난한 사람을 가까이하지 않아도 얼마든지 믿음을 지닐 수 있다고 착각하는 신자가 많다. 예수는 지금도 우리 곁에, 특히 가난한 사람으로 있는데 말이다. 가난한 사람 안에 있는 예수를 보지 못한다면 어디서 예수를 찾을까. 교회 역사에서 풍랑에 흔들리는 배는 박해와 유혹에 시달리는 위태로운 교회에 비유되었다. 배는 침몰할 수 있다. 물속에 가라앉는 배를 보고도 승객에게 가만있으라고 소리칠 셈인가. 어서 건져야 할 것 아닌가.

◦ 로마 군대에 대한 유다인의 적개심

²⁶ 그들은 갈릴래아 호수 건너편에 있는 게르게사 지방에 다다랐다. ²⁷ 예수께서 뭍에 오르셨을 때에 그 동네에서 나온 마귀 들린 사람 하나와 마주치시게 되었다. 그는 오래전부터 옷을 걸치지 않고 집 없이 무덤들 사이에서 살았다. ²⁸ 그는 예수를 보자 그 앞에 엎드려 "지극히 높으신 하느님의 아들 예수님, 왜 저를 간섭하십니까? 제발 저를 괴롭히지 마십시오" 하고 크게 소리 질렀다.

²⁹ 예수께서 그 더러운 악령더러 그 사람에게서 나가라고 명령하셨기 때문이다. 그 사람은 여러 번 악령에게 붙잡혀 발작을 일으키곤 하였기 때문에 쇠사슬과 쇠고랑으로 단단히 묶인 채 감시를 받았으나, 번번이 그것을 끊고 마귀에게 몰려 광야로 뛰쳐나가곤 하였던 것이다. ³⁰ 예수께서 "당신 이름이 무엇입니까?" 하시자 그는 "군대라고 합니다" 하고 대답하였다. 그에게 많은 마귀가 들어가 있었기 때문이다. ³¹ 마귀들은 자기들을 지옥에 처넣지는 말아달라고 예수께 애원하였다.

³² 마침 그곳 산기슭에는 놓아기르는 돼지 떼가 우글거리고 있었는데, 마귀들은 자기들을 그 돼지들 속으로 들어가게 해달라고 간청하였다. 예수께서 허락하시자 ³³ 마귀들은 그 사람에게서 나와 돼지들 속으로 들어갔다. 그러자 돼지 떼는 비탈을 내리달려 모두 호수에 빠져 죽고 말았다. ³⁴ 돼지 치던 사람들이 이 일을 보고 읍내와 촌락으로 도망쳐 가서 사람들에게 알려주었다. ³⁵ 사람들은 무슨 일이 일어났는가 보러 나왔다가 예수께서 계신 곳에 이르러 마귀 들렸던 사람이 옷을 입고 멀쩡한 정신으로 예수 앞에 앉아 있는 것을 보고는 그만 겁이 났다. ³⁶ 이 일을 처음부터 지켜본 사람들이 마귀 들렸던 사람이 낫게 된 경위를 알려주었다. ³⁷ 게르게사 근방에서 나온 사람들은 모두 몹시 겁을 집어먹고 예수께 떠나달라고 간청하였다. 그래서 예수께서는 배를 타고 떠나가셨다.

³⁸ 그때에 마귀 들렸던 사람이 예수를 따라다니게 해달라고 애원하였지만 예수께서는 그를 돌려보내시며 ³⁹ "집으로 돌아가서 하느님께서 당신에게 베풀어주신 모든 일을 이야기하시오" 하고 이르셨다. 그는 물러가 예수께서 자기에게 해주신 일을 온 동네에 널리 알렸다.(8,26-39)

〈마르〉 5,1-20과 〈마태〉 8,28-34에도 나오는 이야기다. 앞에 나온 '풍랑을 잠재운 예수' 이야기에서 예수가 말한 '호수 저편'(〈루가〉 8,22)은 이방인 지역을 가리킨다. 앞에서 예수는 바람과 물결이라는 자연의 힘을 제압했으니, 이제 악마의 힘을 압도할 차례다. 〈루가〉에서 예수가 수난 전에 이방인 지역에서 이방인과 접촉한 사건은 이것뿐이다. 루가는 예수의 신적 능력을 소개하고 악마의 시대가 끝났음을 말하려 한다.

예수는 왜 이방인 지역으로 갔을까. 갈릴래아 호수는 예수의 주요 활동 지역 중 하나다. 예수는 갈릴래아 호수 양쪽을 왔다 갔다 했다. 이쪽은 유다인 지역, 저쪽은 이방인 지역으로 나뉜다. 예수는 낮에 예루살렘성전 안에서, 밤에 성전 밖에서 머물렀다. 갈릴래아 호수 양쪽을 오가듯, 성전 안팎을 오가는 것이다. 복음서 저자들은 신학적 의도를 가지고 예수의 활동을 두 세계로 나누어 배치했다.

26절 게르게사는 1세기 중반 그리스인이 살기 위해 건설한 10개 도시 중 하나다. 갈릴래아 호수에서 길르앗 산맥(〈창세〉 31,21) 남동쪽으로 약 30킬로미터 떨어졌다. 루가는 그곳에 유다인이 살지 않았음을 안다. 도시 사이에 사람이 살지 않는 빈 공간은 두려운 곳으로 여겨졌다.[32]

27절에 옷을 걸치지 않고 집 없이 무덤들 사이에서 사는(〈이사〉 65,4) 마귀 들린 사람이 등장한다. 무덤들 사이에서 산다는 말은 그가 산 사람보다 죽은 사람 취급을 받았다는 것이다. 식민지 백성이야 죽은 목숨 아닌가. 독재 정권 아래 있는 사람은 살아서 죽음을 경험하지 않는가. 마귀는 어둠의 힘이 지배하는 이방인 지역을 상징적으로 나타낸다. 로마 군대의 지배에 시달리는 이스라엘 백성의 고통이 담긴 이야기다. 로마 군대를 쫓아내고 싶은 간절함이 느껴진다.

마귀 들린 사람의 고통스런 일상을 자세히 설명한 사실이 놀랍다. 성서는 예수 이야기만 하지 않는다. 성서는 고통 받는 사람에게 관심이 많다. 예수를 만나기 전과 후에 사람들의 삶이 어떻게 변했는지 독자에게 알려준다. 예수뿐만 아니라 성서에 등장한 사람들 하나하나에 깊은 관심을 두는 게 좋다. 그래야 예수를, 우리 삶을 더 잘 이해할 수 있다. 우리도 예수를 만난 사람 아닌가.

28절에서 마귀는 예수를 어떻게 알아봤을까? 악의 세력은 의로운 사람을 가장 먼저 본능적으로 알아본다. 하느님 나라를 반대하는 세력은 하느님 나라를 선포하는 사람을 맨 처음 알아본다. 괴롭히지 말아달라는 요청은 마귀가 예수에게 굴복했음을 나타낸다. 30절에서 예수는 왜 마귀 들린 사람에게 "당신 이름이 무엇입니까?"라고 물었을까. 예수가 마귀를 이겼기 때문이다. 예수는 누가 당신을 괴롭히는지 묻는다. 예수는 누가 인간을 괴롭히는지 정확히 알고 싶다. 예수는 지금 한국인에게 묻는다. 누가 지금 한국인을 괴롭힙니까. 누가 한국인에게 마귀입니까.

30절 '군대legio'는 로마 군대 6000명 단위 부대를 가리키는 전문 용어다. 천사들처럼(〈마태〉 26,53) 마귀들도 군대같이 조직되었다. 마귀가 로마 이름이라는 사실은 로마에 반대하는 뜻으로 이해된다.[33] 그 많은 마귀가 한 사람을 괴롭힌다는 것이다. 일제강점기에 조선 사람 하나를 얼마나 많은 일본 군대 귀신이 괴롭혔을까. 〈마르〉 5,13에는 돼지 2000마리가 등장한다. 루가는 그 숫자를 삭제한다.

마귀들은 예수에게 두 가지를 청한다. 자기들을 지옥(〈창세〉7,11; 〈로마〉10,7; 〈묵시〉20,1)에 처넣지 말고 돼지들 속으로 들어가게 해달라는 것이다. 땅속, 땅, 하늘의 3층 구조라는 당시 세계관에서 지옥은 죽음의 자리다. 지옥은 처벌받는 자리다. 마귀는 죽기 싫다는 뜻이다. 이스라엘 밖으로 물러가기 싫다는 것이다. 돼지 떼 속으로 들어가겠다는 말은 이 세상에 있고 싶다는 뜻이다. 죽기 싫고 살아서 지배하겠다는 말이다. 로마 군대는 점령지를 떠나기 싫고 계속 지배하겠다는 뜻이다. 식민지 백성 입장에서는 점령군이 주둔하는 것이 곧 지옥인데 말이다. 친일파 아래 사는 것이 지옥인데 말이다.

돼지 떼가 있다는 사실은 그곳이 이방인 지역임을 가리킨다(〈레위〉11,7; 〈신명〉14,8). 33절에서 '돼지 떼는 비탈을 내리달려 모두 호수에 빠져 죽고 말았다'. 돼지들은 스스로 운명을 정했다. 돼지 떼의 죽음에 예수는 책임이 없다. 악마는 결국 멸망한다. 악마가 이방인 지역까지 지배한 것이 끝장났다. 로마 군대가 이스라엘에서 쫓겨났다. 일본 군대가 한반도에서 쫓겨났다. 마귀에게서 해방된 그 사람은 35절에서 마치 제자처럼 예수 앞에 앉아 있다. 해방을 선물한 예수 곁에서 그를 따르는 제자의 자세다.

39절에서 '집으로 돌아가는' 것은 치유의 상징이다. 사회로 복귀하고 사람들의 공동체에 다시 받아들여지는 것이다. 마귀에게서 해방된 그 사람은 예수를 따라다니는 제자가 되게 해달라고 요청한다. 그러나 예수는 집으로 돌아가 하느님께서 베풀어주신 모든 일을 이야기하라고 부탁한다. 예수가 그를 제자로 받아들이지 않았다는 야곱 크레머Jacob Kremer의 생각에 나는 동의할 수 없다.[34]

예수는 그를 제자로 이방인 지역에 파견한 것이다. 그는 따라다니는 제자가 아니라 파견된 제자다. 그는 교회 역사에서 아쉽게도 주목받지 못했다. 예수의 능력을 이방인 지역에 자랑한 이야기다. 해방을 맛본 사람은 해방자 예수를, 해방자 하느님을 온 세상에 기쁘게 전한다는 이야기다. 예수에게 도움을 받은 사람은 복음 선포의 사명을 자청하고 앞장선다. 정치적 의미가 큰 이야기를 단순히 기적 이야기로 좁게 해설하는 학계와 교회 풍토가 안타깝다. 성서에는 전문가지만 역사와 현실 감각이 둔한 성서학자들이 이렇게 자신의 한계를 자백한다.

○ 예수의 옷에 손을 댄 여인

⁴⁰ 예수께서 배를 타고 돌아오시자 기다리고 있던 군중이 모두 반가이 맞았다. ⁴¹ 그때에 야이로라는 회당장이 예수께 와서 그 발 앞에 엎드려 자기 집에 와주시기를 간청하였다. ⁴² 그의 열두 살쯤 된 외딸이 죽어가기 때문이었다. 예수께서 그 집으로 가실 때 군중이 그를 에워싸고 떠밀며 쫓아갔다.

⁴³ 그들 중에는 열두 해 동안이나 하혈병을 앓는 여자가 있었다. 그 여자는 여러 의사에게 보이느라 가산마저 탕진하였지만, 아무도 그 병을 고쳐주지 못하였다. ⁴⁴ 그 여자가 뒤로 와서 예수의 옷자락에 손을 대었다. 그러자 그 순간에 출혈이 그쳤다.

⁴⁵ 예수께서 "누가 내 옷에 손을 대었습니까?" 하고 물으셨으나 모두 모른다고 하였다. 베드로도 "선생님, 군중이 이렇게 선생님을 에워싸고 마구 밀어대고 있습니다" 하고 대답하였다. ⁴⁶ 그러나 예수께서는 "분명히 나에게서 기적의 힘이 나갔습니다. 누군가가 내 옷에 손을 댄 것이 틀림없습니다" 하고 말씀하셨다. ⁴⁷ 그 여자는 더 이상 숨길 수 없는 것을 알고 떨면서 앞으로 나아가 엎드리며 예수의 옷에 손을 댄 이유며, 병이 곧 나은 경위를 모든 사람 앞에서 말하였다. ⁴⁸ 그러자 예수께서는 그 여자에게 "여인아, 당신의 믿음이 당신을 낫게 하였습니다. 평안히 가시오" 하고 말씀하셨다.(8,40-48)

과부 외아들의 죽음(〈루가〉7,12)과 회당장의 외딸 이야기는 대응한다. 그 사이에 열두 해 동안 질병을 앓는 여인 이야기가 있다. 예수와 그녀의 대화는 아름답다. 믿음으로 치유되는 사람들을 위로하고, 예수의 능력에 대한 자부심이 가득한 부분이다. 이런 일화를 읽은 복음서 독자는 큰 위안을 받았을 것이다. 책을 분석할 때 독자도 생각해야 한다. 복음서를 연구할 때 독자도 연구하는 것이다.

〈루가〉가 쓰였을 때 예수 추종자들은 재림을 기다리고 있었다. 그들의 심정을 생각하며 이 부분을 읽는 게 좋다. 기다리던 군중이 모두 예수를 반가이 맞았다. 프란치스코 교황을 기다리는 군중의 모습 같다. 로메로 대주교를 기다리는 가난한 사람들 같다. 루가는 예수와 군중oklos의 관계를 이해 정도가 아니라 환영하는 수준으로 보여준다.[35]

착한 양 떼는 착한 목자를 기다린다. 악한 목자를 기다리는 착한 양 떼는 없다. 로메로 대주교가 말했다. "이렇게 착한 양 떼와 함께라면, 착한 목자 되기는 어렵지 않습니다." 그러자 백성이 화답했다. "이렇게 착한 목자와 함께라면, 착한 양 떼 되기는 어렵지 않습니다." 우리도 이렇게 답하고 싶다. 착한 목자, 한국에 어디 있는가. 로메로 대주교를 닮은 주교는 있는가. 양 떼를 탓하지 마라.

예수는 군중 한복판에 있다(〈루가〉 8,4.19). 군중의 하나인 회당장이 예수 발 앞에 엎드려 이방인 군인(〈루가〉 7,3-6)과 달리 자기 집에 와주기를 간청한다. 그가 예수에게 다급히 매달린 사연은 두 가지다. 혼기가 찬 열두 살 외딸(〈루가〉 7,12; 9,38)이 죽어가고 있다. 자녀 숫자가 지금 우리 사회보다 훨씬 중요한 고대사회에서 외딸이 주는 의미는 대단하다. 딸이 있는 부모는 그 심정을 알리라. 예수는 그 마음을 충분히 안 것 같다. 딸이 없는 부모나 미혼자, 비혼자, 독신자는 그 마음을 알까. 세상에서 가장 무서운 테러리스트는 딸 아닌가.

안식일에 예배를 책임지고 진행하는 사람이 있었고, 공동체를 이끄는 사람이 있었다. 두 업무를 한 사람이 맡기도 했다. 모두 회당장이라 불렸다.[36] 회당장이 예수에게 무릎 꿇고 애원하는 부분을 읽었을 때 유다교 회당에서 쫓겨난 루가 공동체 사람들은 어떤 느낌을 받았을까. 당시 사정을 잘 모르는 지금 한국인 독자는 루가 공동체 사람들의 벅찬 감격을 이해하기 어려울 것이다.

예수를 에워싸고 떠밀며 쫓아간 군중은 호기심과 긴장으로 가득하다. 열두 해나 질병을 앓은 여인이 군중에 파묻혀 예수를 따라갔다. 그녀는 의사들에게 보이느라 가산을 탕진한 상태였다. 그녀는 마지막 희망을 품고 예수를 찾아 이리저리 헤매다가 드디어 따라붙었다. 그녀는 율법적으로 부정한 상태(〈레위〉 15,19-27)라 외부와 접촉하거나 군중 사이에 있으면 안 된다.

그녀는 이제 아무 재산도 없다. 사람들과 고립되어 살아야 한다. 살아 있으나 죽은 목숨과 같다. 세상에 불쌍한 여인이 왜 이리 많은가. 큰 죄는 거의 다 남자들이 지은 게 아닌가. 그녀는 용기를 내어 율법을 어기면서까지 예수를 따라갔다. 그녀와 대화한 예수도 율법을 어겼다. 예수는 하루 동안 부정한 상태다. 죄송한 마음에서 감히 앞에 나서지 못하고, 뒤에서 예수의 옷자락에 손을 댄다. 장하다 여인이여, 그대의 용기가 대단하다.

당시 옷자락을 만지면 치유의 힘이 전해진다는 생각이 있었다(〈마르〉 6,56; 〈마태〉 14,36; 〈루가〉 6,19; 〈사도〉 19,12). 충실한 유다인 예수는 모세가 정한 율법에 따라 상의 옷자락 네 모서리에 술을 달고 다녔다(〈민수〉 15,37-39; 〈신명〉 22,12). 셋은 흰색, 하나는 자주색 실이다. 여인은 예수의 옷자락을 잡기 쉬웠다.

예수는 그녀를 추궁하려 한 것이 아니다. 용기를 낸 여인을 위로하고 싶었다. 여인과 예수의 나이 차는 크지 않은 것 같다. 48절 Thugater는 공동번역에서 '여인아'로 번역되었지만, '딸아'로 옮기는게 더 적절하다. 자기보다 나이가 많았을 여인을 예수는 '딸아'라고 부른 것이다. 딸이라는 호칭은 유다 사회에서 가족 외에 조금 나이가 어리거나 신분이 낮은 여인에게 쓰기도 했다(〈시편〉 44,11;〈애가〉 4,21-22). 예수는 여인에게 "딸아"라고 따스하게 부른다. 용기 있는 사람이 은혜를 입는다. 용기 있는 사람이 사랑을 얻는다. 하느님께 매달리는 데 게을리하지 마라. 하느님은 주시는 데 게으르지 않은 분이다.

여인은 예수와 베드로의 대화를 듣고 모든 사람 앞에서 자신이 한 행동을 말한다. 용기 있고 정직한 여인이다. 예수는 여인의 태도에 감탄한다. 여인은 치유와 구원이 예수에게 있다고 확신한 것이다(〈루가〉 5,20; 7,9; 8,25). 용기 내서 예수를 찾은 사람들이 성서에 많이 소개된다. 환자, 마귀에 시달린 사람, 장애인이 대부분이다. 가난한 사람이 예수를 찾은 것이다. 어디 하소연할 데 없는 사람이 예수를 찾았다. 살아 있으나 죽은 목숨과 같은 여인에게 예수는 "평안히 가시오"라고 위로한다.

예수는 희생자를 편들기 위해 율법을 어기는 것도 주저하지 않았다. 오해받을 상황도 피하지 않았다. 자유로운 사람이 진정 자유롭게 행동한다. 남의 시선이 두려워서, 종교 규칙을 의식해서 희생자에게 다가가지 못하는 사람이 적지 않다. 종교인이라고 크게 다른가. 격식, 전통, 관행, 교회법, 신자의 의무가 그리 중요한가. 예수를 잘 이해하는 사람은 가난한 사람을 편들기 위해 종교 규칙을 기꺼이 어길 것이다. 가난한 사람이 종교를 위해 존재하는 것이 아니라, 종교가 가난한 사람을 위해 존재한다. 그리스도인이 동료 그리스도인보다 가난한 사람을 먼저 선택하고 배려한다면 얼마나 좋을까. 율법을 이유로 유다인에게 보내던 차가운 시선을 이제 우리 자신에게 돌려야겠다.

○ 야이로의 죽은 딸을 살린 예수

⁴⁹ 예수의 말씀이 채 끝나기 전에 회당장의 집에서 사람이 와서 회당장에게 "따님은 죽었습니다. 저 선생님께 수고를 더 끼쳐드리지 마십시오" 하고 말하였다. ⁵⁰ 예수께서 이 말을 들으시고 야이로에게 "두려워하지 말고 믿기만 하시오. 그러면 딸이 살아날 것입니다" 하고 말씀하셨다.
⁵¹ 그 집에 이르러 예수께서는 베드로와 요한과 야고보와 아이의 부모 외에는 아무도 따라 들어오지 못하게 하셨다. ⁵² 사람들은 모두 아이가 죽었다고 가슴을 치며 통곡하고 있었다. 예수께서 "울지 마시오. 아이는 죽은 것이 아니라 잠을 자고 있습니다" 하고 말씀하셨으나 ⁵³ 사람들은 아이가 죽은 것을 알고 있었기 때문에 코웃음만 쳤다.
⁵⁴ 예수께서 아이의 손을 잡으시고 "아이야, 일어나라!" 하고 말씀하셨다. ⁵⁵ 그러자 그 아이가 숨을 다시 쉬며 벌떡 일어났다. 예수께서 아이에게 먹을 것을 주라고 하셨다. ⁵⁶ 그 아이의 부모는 깜짝 놀랐다. 예수께서는 이 일을 아무에게도 말하지 말라고 단단히 일러 두셨다.(8,49-56)

과부 외아들의 죽음(〈루가〉 7,12)과 회당장 외딸의 죽음은 둘 다 비극이다. 치유에서 죽음을 극복한 사건으로 예수의 능력은 최고조에 이른다. '예수의 옷에 손을 댄 여인' 이야기에서 열두 해 동안 하혈병을 앓은 여인을 치유한 것은 야이로의 딸을 죽음에서 일으킨 사건을 위한 준비가 되었다. 야이로라는 이름은 히브리어로 '하느님께서 비추소서'(〈민수〉 32,41; 〈신명〉 3,14), '하느님께서 일으켜주소서'(〈2사무〉 21,19; 〈1역대〉 20,5)라는 뜻이다. 회당장의 외딸이 죽었다는 소식이 전해졌다. 예수를 에워싸고 떠밀며 쫓아가던 군중은 얼마나 허탈했을까. 소식을 회당장에게 전한 사람은 예수가 질병은 치유해도 죽은 자를 살리지는 못할 거라고 추측했다.

하느님은 사람에게 두려워하지 말라고 하신다(〈창세〉 21,17; 〈출애〉

14,13; 〈이사〉 35,4). 하느님이 쓰시는 단어를 예수가 쓴다. 성서는 하느님과 예수의 일치를 강조하는 것이다. 50절 '믿기만 하시오pisteuein'는 하느님이 우리를 구하실 것을 신뢰한다는 말이다(〈출애〉 14,30-; 〈시편〉 78,32; 116,10). 베드로와 요한과 야고보는 특별한 증인으로 〈루가〉에서 처음 언급된다 (〈루가〉 9,28; 〈마르〉 14,33). 예수와 연결된 중요한 사건에 등장하는 세 제자가 바로 여기에 나타난 것이다. '야이로의 죽은 딸을 살린 예수' 이야기가 얼마나 중요한지 짐작할 수 있다. 〈마르〉 5,37과 달리 야고보보다 요한이 먼저 나왔다(〈루가〉 9,28; 〈사도〉 1,13). 야고보가 요한보다 먼저 나온 곳도 있다(〈루가〉 5,10; 6,14; 9,54). 성서 저자들은 성서학자를 골탕 먹이려고 작정했는가.

51절처럼 군중이 치유 장소에 들어오지 못하는 장면은 흔하다(〈마르〉 7,33; 8,23; 〈사도〉 9,40).[37] 기적을 일으키는 과정이 대중에게 공개되지 않아서 기적의 신비감이 더해지는 것이다. 52절에서 사람들은 통곡하며 장례 절차를 시작했다. 예수는 울지 말라고 부탁한다(〈루가〉 23,28). 예수는 회당장 딸의 죽음 앞에서 죽음의 힘을 부인한다.[38] 52절처럼 잠은 죽음을 가리키는 은유로 자주 쓰인다.

54절에서 아이의 손을 잡은 예수(〈마르〉 5,41)는 아이가 숨을 다시 쉬게(〈판관〉 15,19 삼손; 〈1열왕〉 17,21 엘리야) 일으켰다. 손을 잡는 것은 도움의 손길이요, 구원의 손길을 뜻한다(〈시편〉 73,23; 〈이사〉 41,13; 42,6). '숨을 다시 쉬었다'는 표현은 범상치 않다. 유다인은 사람이 죽으면 영혼이 시신 곁에 사흘은 머문다고 생각했다. 아이의 숨이 너무 빨리 돌아온 것이다. 야이로 딸의 기적은 죽은 지 며칠 지나 관 속에 있던 과부의 외아들이 깨어난 것보다 크다(〈루가〉 12-13장). 무덤에 묻힌 지 나흘이나 지난 라자로가 깨어난 것보다 크다(〈요한〉 11,17). 루가는 부활에 사용된 동사 '일어나다 egeiro'(54절), '숨 쉬다anistemi'(55절)를 쓰고 있다.

56절에서 아이의 부모는 깜짝 놀랐다. 루가는 함께 있던 세 제자의 반응을 전하지 않는다. 예수는 이 일을 아무에게도 말하지 말라고 일러두었다. 죽음을 이긴 예수의 능력이 아직 알려져서는 안 된다는 뜻이다. 홍보를 사절하는 정도가 아니다. 예수는 병을 고치고 죽은 자를 살려도 돈이나 명예를 탐하지 않았다. 종교 행위로 돈이나 명예를 탐하는 경우가 종교 역사에 얼마나 많았나. 각종 종교의식과 기도에 당연하다는 듯 돈을 받는 오늘 종교는 크게 반성해야 한다. 예수는 하느님을 믿으라고 부탁한다. 가난한 사람을 편드시는 하느님을 가난한 사람이 믿지 않는다면 슬픈 일이다. 해방신학은 다른 것이 아니다. 하느님이 가난한 사람을 사랑하신다는 사실을 가난한 사람에게 설명하는 것이 곧 해방신학이다.

프란치스코 교황은 군중 속에서 가장 가난한 사람을 먼저 찾는다. 그것이 예수의 모습이다. 병자와 죽은 자는 가장 가난한 사람이다. 독자들은 가장 가난한 사람을 편드는 예수의 실천을 알았다. 해방신학의 표어는 가난한 사람을 위한 우선적 선택이다. 그 선택을 예수가 했다. 예수는 최초의 해방신학자다.

○ 열두 제자 파견

¹ 예수께서는 열두 제자를 한자리에 불러 모든 마귀를 제어하는 권세와 병 고치는 능력을 주셨다. ² 그리고 하느님의 나라를 선포하며 병자를 고쳐주라고 보내시면서 ³ 이렇게 분부하셨다. "길을 떠날 때 아무것도 지니지 마시오. 지팡이나 식량 자루나 빵이나 돈은 물론, 여벌 내의도 가지고 다니지 마시오. ⁴ 어느 집에 들어가든지 그곳을 떠날 때까지 그 집에 머무르시오. ⁵ 그러나 누구든지 여러분을 환영하지 않거든 그 동네를 떠나시오. 떠날 때에는 그들에게 경고하는 표시로 발에 묻은 먼지를 털어버리시오." ⁶ 열두 제자는 길을 떠나 여러 마을을 두루 다니며 이르는 곳마다 복음을 선포하고 병자를 고쳐주었다.(9,1-6)

〈루가〉 연구자들이 9장에서 어려움을 겪는다. 단락을 어떻게 나눠야 할지, 각 단락의 제목을 무엇으로 할지 의견이 엇갈린다. 〈루가〉 9장을 여행기나 핵심 부분으로 보자는 여러 제안이 있었다. 〈루가〉도 〈마르〉처럼 크게 세 부분으로 나눌 수 있다. 갈릴래아에서 예수의 활동을 소개하는 첫 부분에서 마지막이 9,1-50이다. 둘째 부분인 예루살렘으로 가는 죽음의 여정에 대한 안내서 역할이 바로 9장이다. 〈마르〉 6,45-8,26을 대본으로 한다.

'열두 제자 파견' 이야기가 〈마르〉 6,7-13을 대본으로 하는 것은 확실하다. 이 이야기가 생긴 배경은 초대교회의 선교 환경이다. 공동체에서 하느님 나라 선포는 차차 약화되고, 부활한 예수가 그 자리를 차지하기 시작한다. 〈루가〉에서 세 번째로 열두 제자가 한 그룹으로 등장한다. 부름 받음(〈루가〉 6,12-16), 여자 제자들과 함께 다님(〈루가〉 8,1-3), 이제 예수의 선교에 동참한다.

'예수께서 열두 제자를 한자리에 불러 마귀를 제어하는 권세와 병 고 치는 능력을 주셨다'는 1절이 핵심이다. 〈루가〉 6,12-16에서 예수에게 부름 받고, 그 후 스승과 함께 다닌 제자들이 이제 파견되는 것이다. 제자 들의 임무는 두 가지다. 하느님 나라를 선포하고(〈루가〉 4,43) 병자를 고쳐 주는 것이다. 병자를 고치는 일은 하느님 나라에 속하니, 한마디로 하느 님 나라 선포가 제자들의 임무 그 자체다. 제자들의 임무는 예수의 활동 과 같다(〈루가〉 6,18; 9,11). 1절에서 '권세$_{exousia}$'와 '능력$_{dynamis}$'은 하느님이 예수에게 주신 특징이다(〈루가〉 4,36; 5,17.24; 8,46). 그 권세와 능력을 이제 예수가 제자들에게 주는 것이다. 제자들의 어깨가 무겁다. 예수가 해온 일을 제자들이 해야 하고, 할 수 있다는 뜻이다.

2절 '보내다$_{apostellein}$'에서 '사도$_{apostoloi}$'(〈루가〉 6,13)라는 단어가 나왔다. 제자들은 하느님 나라를 선포하며 병자를 고쳐준다(〈마태〉 10,7-; 〈루가〉 4,40; 6,18-; 8,2). 〈마르〉 6,7의 열두 제자나 〈루가〉 10,1의 일흔두 제자처럼 둘씩 파견되지 않았다. 제자들은 예수가 오심을 알리지 않는다. 〈루가〉에 서 제자들에게 준 여행 지침은 〈마르〉와 조금 다르다. 3절에서 지팡이나 식량 자루나 빵이나 돈, 여벌 내의도 금지된다. 〈마르〉 6,8에서 지팡이는 허용된다. 〈마태〉 10,10에서 지팡이는 금지된다. 지팡이, 식량 자루, 빵, 돈, 여벌 내의는 당시 여행자의 필수품이다. 사람 키보다 긴 지팡이는 강 도나 뱀을 만날 때 무기로 사용되었다. 식량 자루는 오른쪽 어깨에 가죽 끈을 대고 가슴을 가로질러 왼쪽 엉덩이에 닿게 메고 다녔다(〈유딧〉 10,5; 13,10).

빵을 가지고 다니지 말라는 말은 여러 곳에 나온다(〈마르〉 6,8; 〈마태〉 10,9-). 돈을 금지하는 부분도 있다(〈마르〉 6,8; 〈마태〉 10,9). 밤에 추위 때문에 속옷을 두 벌 껴입는 습관이 예외는 아니었다. 그러나 〈마태〉 10,10과 〈루가〉 9,3에서는 속옷 두 벌을 가지고 다니지 말라고 한다. 이런 조언은 당시 어떤 그룹에서도 보기 어렵다. 예수의 제자들은 보통 여행자보다 적게 가지고 다니라는 말이다. 초대교회가 예루살렘 순례자의 화려한 성지순례 행장을 겨냥하고 비판하는 역할도 있다.

그러니 제자들은 생존을 다른 사람의 호의에 의지해야 했다(〈마태〉 10,40-42; 25,34-40). 4절은 더 좋은 집과 더 좋은 음식을 위해 다른 집으로 옮겨 다니는 것을 금지한다. 제자들은 안락한 주거 생활을 하지 말라는 뜻이다. 붓다가 걸인 종교를 창시했다면, 예수는 걸인 종교에 유랑 종교를 시작했다.

5절은 루가 공동체 선교사들이 유랑 생활에서 겪은 쓰라린 추억을 배경으로 한다. 선교에서 아무 반응이 없을 때도 있었다(〈마르〉 6,11; 〈마태〉 10,14). 그들을 재워줄 집을 찾지 못하기도 했다. 그러면 노숙자와 다를 바 없다. 그런 때 상징적으로 발에 묻은 먼지를 털어버리는 것이다(〈느헤〉 5,13; 〈사도〉 13,51; 18,6). 4-6절은 초대교회에서 방랑 선교사의 삶을 그린 것 같다(〈사도〉 16,15; 18,3; 〈루가〉 10,11). 하느님 나라를 선포하는 일이 다급하다는 것이 느껴진다. 예수는 십자가 죽음 이전에 정말로 제자들을 파견했을까. 의견이 분분하다.

'열두 제자 파견' 이야기는 적어도 세 가지를 말한다. 열두 제자는 예수의 작품이다. 부활 이후 공동체에서 선교 활동은 역사의 예수에게 근거한다. 초대교회 이전에 복음 선포에 나선 신앙의 선배들이 분명 있었다(〈1고린〉 9,4-14; 〈루가〉 22,35-). 불의에 저항하고 가난한 사람을 선택한 예언자 예수는 어느덧 그리스도교에서 제사 지내는 사제로 축소되었다. 예수는 제자들에게 하느님 나라를 선포하라고 했지만, 그리스도교는 오랫동안 하느님 나라를 망각하고 살았다. 우리는 그저 '예수는 누구인가'라는 질문에 집중하고 살았다. 서양의 그리스도교 역사는 한마디로 하느님 나라를 망각한 역사다.

그리스도교에서 '열두 제자 파견' 이야기처럼 실제로 무시당하는 성서 구절이 또 있을까. 가톨릭이나 개신교나 마찬가지다. 이 부분을 편하게 읽을 성직자는 별로 없을 것이다. 화려한 주교관에 사는 사람들은 면목이 없겠다. 지팡이를 금지하니 사제들이 골프채를 드는가. 십자가를 지고 따르라 하니 골프채를 들고 예수를 따르는가. 현재 한국 주교와 신부의 생활 방식은 전체적으로 예수의 가르침과 거리가 한참 멀다.

예수 이후 하느님에 대한 예배의 중심은 장소에서 사람으로 변했다. 화려한 예루살렘성전이 아니라 가난한 사람이 예배의 중심이 되었다. 오늘 그리스도교는 이 점을 명심하고 크게 반성해야 한다. 성당이나 교회 건물이 아니라 가난한 사람이 그리스도교의 중심이다. 걸어 다니는 성전인 사람, 특히 가난한 사람을 주목해야 한다. 하느님 나라의 핵심은 성직자가 아니라 가난한 사람이다.

○ 불안한 정치인 헤로데

> 7 한편 갈릴래아의 영주 헤로데는 이런 여러 가지 일이 일어나고 있다는 소문을 듣고 어리둥절해졌다. 죽은 세례자 요한이 다시 살아났다고 하는 사람들이 있는가 하면 8 엘리야가 나타났다고도 하고, 옛 예언자 중의 하나가 되살아났다고 하는 말도 들려왔기 때문이다. 9 그러나 헤로데는 "요한은 내가 목 베어 죽이지 않았는가? 그렇다면 소문에 들리는 그 사람은 도대체 누구란 말인가?" 하면서 예수를 한번 만나보려고 하였다.(9,7-9)

헤로데 안티파스(《루가》 3,1)는 예수가 활동한 지역을 다스린 영주다 (《루가》 23,7). 그에게 왕이라는 호칭은 적절하지 않다. 헤로데를 괴롭힌 여론은 세 가지다. 헤로데가 투옥하고(《마르》 6,17; 《루가》 3,20) 처형한(《마르》 6,27) 세례자 요한이 다시 살아났다는 소문이 있었다. 유다인은 마지막 시대에 엘리야(《말라》 3,1.23; 《요한》 1,21)가 올 것이라고 기대했다. 세례자 요한을 엘리야라고 생각하는 여론도 있었다(《마르》 9,11-13; 《마태》 11,14). 마지막으로 옛 예언자 중의 하나, 즉 예레미야(《루가》 7,16.19-; 《요한》 1,21.25; 6,14)가 나타날 거라고 기대하는 여론이 있었다.

헤로데는 여론에 신경 쓰지 않았다. 헤로데의 궁금증은 루가가 독자에게 소개했다(《루가》 7,19; 8,25). 헤로데는 예수가 어떤 인물인지 궁금했다. 그는 예수를 만나보려고 했다. 그 역사적 만남은 이루어졌는가. "헤로데는 예수를 보고 매우 기뻐하였다. 오래전부터 예수의 소문을 듣고 한번 만나보고 싶었을 뿐만 아니라, 예수가 행하는 기적을 한번 보고 싶었던 것이다. 그래서 헤로데는 이것저것 캐물었지만, 예수는 아무런 대답도 하지 않았다."(《루가》 23,8-9)

9절에서 루가는 헤로데의 입을 빌려 세례자 요한의 죽음을 간단히 언급하고 지나간다. 〈마르〉 6,17-29과 〈마태〉 14,6-12처럼 자세히 보도하지 않는다. 루가는 헤로데가 예수를 다시 살아난 세례자 요한으로 생각하지 않았다고 알려준다. 〈마르〉 6,16에는 다르게 나온다. "그러나 예수의 소문을 들은 헤로데 왕은 '바로 요한이다. 내가 목을 벤 요한이 다시 살아난 것이다' 하고 말하였다." 7절에서 헤로데는 예수의 소문을 듣고 어리둥절했다. 독재자는 예언자의 소식에 당황한다. 독재자는 예언자를 두려워한다. 부패한 종교인이 가장 두려워하는 존재도 예언자다. 부패한 종교인이 예언자를 좋아하는 경우는 없다.

'불안한 정치인 헤로데' 이야기는 실제 일을 보도한 것이 아니다. 루가는 당시 예수에 대한 여론을 헤로데의 입을 빌려 독자에게 전한다. 예수의 죽음에 대한 헤로데의 죄를 독자에게 미리 알린 것이다(〈루가〉 13,31). 헤로데는 예수가 죽는 과정에서 빌라도를 편든다(〈루가〉 23,12: 〈사도〉 4,27). 헤로데는 예수를 모욕한다(〈루가〉 23,11). 그는 세례자 요한과 예수의 죽음에 어느 정도 책임이 있다.

예수에 대한 다양한 의견은 오늘도 당시와 크게 다를 바 없다. 서점과 도서관에 가면 금방 알 수 있다. 예수에 대한 책이나 영화는 일단 성공한다. 어떤 관점에서 나온 작품도 일정 지지자를 충분히 확보하기 때문이다. '불안한 정치인 헤로데' 이야기에서 여론의 공통점은 무엇인가. 사람들이 예수를 적어도 예언자로 보았다는 것이다. 군중은 예수의 활동에서 메시아의 모습이나 사제의 면모를 별로 발견하지 못한 것 같다. 예수의 예언자적 특징이 군중에게 가장 인상 깊게 남은 모양이다. 루가는 군중의 여론을 많이 받아들여 예수의 예언자적 특징을 기록한다(〈루가〉 4,24:

7,16; 13,33; 24,19). 〈루가〉에서 예수는 우선 예언자다. 가난한 사람을 편드
는 예언자다.

예수를 받아들이지 않은 유다인조차 최소한으로 인정한 예언자 예수
를 그리스도교는 어떻게 보는가. 그리스도교는 예수를 예언자로 부르는
가. 가톨릭 신학은 예수에게 왕직, 예언직, 사제직이라는 전문 용어를 선
사해왔다. 그러나 예언자 예수라는 호칭은 가톨릭 전례에서 거의 사라졌
다. 그리스도교 신자는 미사에서, 기도문에서, 대화에서 이제 예수를 예
언자라고 부르지 않는다. 그리스도교는 예수를 예언자로 여기지 않는다
는 말인가. 한국 천주교회는 예수의 사제직은 강조해도 예수의 예언직은
거의 외면해왔다. 뭔가 한참 잘못되었다.

헤로데처럼 권력자 한 사람은 잘못 판단할 수 있다. 그러나 백성 전체
는 잘못 판단할 수 없다. 신앙에서도 마찬가지다. 추기경 한 사람은 잘못
생각할 수 있다. 신학자 한 사람도 잘못 생각할 수 있다. 그러나 하느님의
백성 전체는 잘못 생각할 수 없다. 성령이 하느님의 백성을 보호하신다.
그것을 하느님 백성의 신앙 감각sensus fidei이라 부른다. 한 가지 더 배울 수
있다. 헤로데처럼 나쁜 정치인은 좋은 종교인을 싫어하고 미워한다. 나
쁜 정치인은 나쁜 종교인을 좋아한다. 나쁜 종교인이 나쁜 신자와 함께
종교를 부패시킨다. 성직자 중심주의도 문제지만, 나쁜 성직자를 감싸고
도는 나쁜 신자도 큰 문제다. 어느 종교에서나 마찬가지다.

유다인은 왜 누구를 기다렸을까. 삶이 너무나 고통스럽기 때문이다.
이방인의 통치 아래 살아온 역사가 지긋지긋하게 고통스럽기 때문이다.
로마 군대의 통치에 시달린 가난한 유다인이 마지막 날을 기다린 심정을

우리가 이해하는 것이 중요하다. 유다인에게 하느님은 우선 해방자다. 하느님이 침략자를 심판하실 그날을 기다리지 않은 식민지 백성이 어디 있을까. 일제 치하의 백성, 박정희 시대의 백성, 전두환 군사정권 시절의 백성 모두 예수 당시 유다인과 비슷한 심정이었다. 자유와 해방을 고대하는 가난한 사람들이다.

정치와 역사는 종교가 처한 삶의 자리다. 한국 어느 시골 성당에서 드리는 평일 미사가 남북 분단과 무슨 관계가 있는지 금방 알아차리기는 쉽지 않다. 복잡한 정치가 평범한 개인의 생활과 무슨 관계가 있는지 얼른 눈치채기 어려운 것처럼 말이다. 그러나 남북 분단은 20세기 후반 이후 남북한의 모든 그리스도인에게 중요한 삶의 자리 중 하나다. 분단 문제를 외면하고 신학을 제대로 할 수 없다. 성서 공부도 마찬가지다. 분단으로 고통스럽게 살아가는 남북한 형제자매를 생각하지 않으면 신앙, 신학, 성서 공부가 무슨 소용일까.

예수는 누구인가(〈루가〉 9,20; 〈요한〉 6,68). 인간으로 태어나 살면서 제대로 집중해도 좋을 질문이다. 우리 삶과 무관하지 않으니, 역사의 희생자나 가난한 사람과 연결된 분이니. 나는 이 질문으로 지금까지 살았다. 예수가 나를 잊은 적 있을지 몰라도, 나는 예수를 잊은 적 없다.

○ 5000명을 먹인 기적

10 사도들이 돌아와서 자기들이 한 일을 예수께 낱낱이 보고하였다. 이 말을 들으시고 예수께서는 그들을 따로 데리고 베싸이다라는 마을로 가셨다. **11** 그러나 군중은 그것을 알고 예수를 쫓아왔다. 예수께서는 그들을 기꺼이 맞아 하느님 나라를 설명해주시며 치료해야 할 사람들을 고쳐주셨다.

12 해가 기울기 시작하자 열두 제자가 예수께 와서 "여기는 외딴곳이니 군중을 헤쳐 제각기 근방 마을과 농촌으로 가서 잠자리와 먹을 것을 얻게 하시는 것이 좋겠습니다" 하였다. 그러자 **13** 예수께서는 "여러분이 먹을 것을 주시오" 하셨다. 제자들은 "지금 저희에게는 빵 다섯 개와 물고기 두 마리밖에 없습니다. 어디 가서 이 모든 사람을 먹일 만한 음식을 사 오라는 말씀이십니까?" 하고 물었다. **14** 거기에 모인 군중은 장정만 오천 명가량 되었다. 예수께서는 제자들에게 군중을 대충 오십 명씩 떼 지어 앉히라고 하셨다.

15 제자들이 분부하신 대로 사람들을 모두 앉히자 **16** 예수께서는 빵 다섯 개와 물고기 두 마리를 손에 들고 하늘을 우러러 감사의 기도를 드리신 뒤에 그것을 떼어 제자들에게 주시며 군중에게 나누어주도록 하셨다. **17** 이리하여 사람들이 모두 배불리 먹고 남은 조각을 모아보니 열두 광주리나 되었다.(9,10-17)

빵의 기적 이야기는 복음서에서 여섯 군데 나온다. 5000명을 먹인 이야기(〈마르〉 6,32-44; 〈마태〉 14,13-21; 〈루가〉 9,10-17; 〈요한〉 6,1-14), 4000명을 먹인 이야기(〈마르〉 8,1-10; 〈마태〉 15,32-39)다. 〈요한〉은 두 이야기를 한데 묶었다. 4000명을 먹인 이야기는 〈루가〉에서 빠졌다. 일곱 광주리가 이방인 교회를 뜻하는데, 이방인 선교를 중요하게 생각하는 〈루가〉에서 삭제된 것이 이상하다. '5000명을 먹인 기적' 이야기는 예전에 불트만의 영향을 받아 '자연 기적'으로 분류되었다.[39] 그러나 요즘은 게르트 타이센 Gerd Theissen의 영향을 받아 '선물 기적'으로 분류된다.[40] 예수는 사람들이 요구하거나 바라지 않은 선물을 자청해서 하는 것이다. 〈마르〉 6,30-44

에 근거한 〈마태〉 14,13-21과 함께 살펴볼 단락이다. 루가는 헤로데의 의문(〈루가〉 9,7-9)과 베드로의 고백(〈루가〉 9,20) 사이에 예수가 누구인지 알 수 있는 단락을 넣었다.

사도들의 활동 보고와 예수가 5000명을 먹인 기적 이야기가 함께 쓰였다. 5000명을 먹인 기적은 엘리사가 빵 20개로 100명을 배불리 먹인 일(〈2열왕〉 4,42-44), 초대교회의 공동 식사, 최후의 만찬과 연결된다. 이집트에서 탈출한 난민 신세인 이스라엘 백성에게 하느님이 주신 만나(〈출애〉 16,15), 메추라기(〈민수〉 11,31), 가난한 사람과 예수가 함께한 식사도 기억해야 한다. 앞에서 소개한 치유와 소생 이야기와 합쳐서 예수가 메시아임을 고백하기 위한 준비 작업을 하고 있다. 사도들(〈루가〉 6,13)은 선교(〈루가〉 9,1-6)와 빵 나눔(〈루가〉 9,10-17)에서 중요한 역할을 맡았다.

10절에 사도들이 돌아와서 자기들이 한 일을 예수께 낱낱이 보고한다. "예수는 제자들에게 '따로 한적한 곳으로 가서 함께 좀 쉬자' 하고 말씀하셨다"(〈마르〉 6,31)는 부분은 〈루가〉에서 빠졌다. 그 대신 베싸이다라는 마을로 갔다고 나온다. 그곳은 시몬과 안드레아, 필립보의 고향(〈요한〉 1,44)으로 갈릴래아 호수 북쪽으로 2.5킬로미터 떨어진 동네다. 예수는 5000명을 먹인 기적 뒤에 제자들을 베싸이다로 보낸다(〈마르〉 6,45). 예수는 거기에서 소경을 고쳐주었다(〈마르〉 8,22-26).

11절에서 예수는 군중을 기꺼이 맞아들인다(〈루가〉 8,40). "바울로는 셋집을 얻어 거기에서 만 이 년 동안 지내면서 자기를 찾아오는 사람을 모두 맞아들였다."(〈사도〉 28,30) 예수가 하느님 나라를 설명하고 병자를 치료한 활동은 '하느님의 나라를 선포하며 병자를 고쳐주라'(〈루가〉 9,2)와 똑같다. 예수와 제자들이 같은 일을 하는 것이다. 그리스도교 역사에서 예수가 한 일과 같은 일을 하지 않은 제자는 엄한 심판을 받을 것이다. 해서는 안 될 일을 한 제자는 하느님의 가혹한 심판을 기다려야 할 것이다.

제자들이 군중의 잠자리와 먹을 것(〈창세〉 19,2; 24,23)을 걱정하는 구절은 〈루가〉에서 여기가 처음이다. 제자들은 예수에게 군중이 각자 잠자리와 먹을 것을 해결하도록 해산할 것을 조언한다. 이런 제자들을 참모라고 데리고 다니는 예수가 불쌍하다. 이런 제자들을 직접 뽑은 예수의 책임이다. 13절에서 예수는 제자들에게 "여러분이 먹을 것을 주시오"라고 요청한다. 현실적이지 않은 부탁이다. 빵과 물고기는 주식이었다(〈요한〉 21,9). 빵 다섯 개와 물고기 두 마리밖에 없다고 말한 제자들의 신세도 참 딱하다. 물고기 두 마리는 샌드위치 한 개 만들기에도 충분하지 않을 양이다. 두 사람이 한 끼 먹을 양도 안 되는 빵 다섯 개와 물고기 두 마리로 군중 수천 명의 식사를 어떻게 감당할까. 예수 일행의 가난한 형편을 암시하는 구절이다. 더구나 장정만 5000명이다.

14-15절에서 '앉히다kataklinein'는 '눕히다'로 번역하는 것이 적절하다. 이 단어는 신약성서에서 〈루가〉에만 등장한다(〈루가〉 7,36; 14,8; 24,30). 잔칫상 주위에 비스듬히 눕는 동작이다. 배고픔에 시달리는 군중이 예수와 함께 잔치를 맞이한다. 가난한 백성이 해방의 잔치를 벌인다는 구절이 신약성서에도 있다. 군중을 50명씩 앉히라는 말은 초대교회의 공동 식사 장면을 연상하게 한다(〈사도〉 2,46; 20,7). 16절에 나오는 예수의 동작과 말은 가장의 역할에 해당한다. 최후의 만찬에서 예수의 모습과 연결된다(〈1고린〉 11,23-25; 〈마르〉 14,22-24). 예수는 식당 주인으로, 제자들은 아르바이트 학생으로 상상해보자. 식당이나 편의점 아르바이트가 얼마나 고달

푼가. 취업난에 시달리는 청년은 미사에 참여할 시간도, 마음의 여유도 얻기 어렵다. 가톨릭 신학생은 시간당 최저임금이 얼마인지 알까.

16절에서 예수는 '하늘을 우러러 감사의 기도를 드린 뒤'(〈시편〉 123,1-; 〈다니〉 4,31) 빵을 제자들에게 주고 군중에게 나눠주도록 하신다. 제자는 봉사하는 사람이고 나눠주는 사람이다. 그 이상도, 이하도 아니다. 그것으로 충분하다. 돈과 명예를 노리는 종교인은 참 나쁜 사람이다. 제자의 의무는 사람들을 지배하는 것이 아니라 가난한 사람에게 봉사하는 것이다. 제자들과 군중이 배불리 먹고 남은 조각이 열두 광주리나 되었다(〈2열왕〉 4,44). 4000명을 먹인 이야기에는 작은 광주리를 뜻하는 단어가, 5000명을 먹인 이야기에는 큰 광주리를 뜻하는 단어가 쓰였다. 열두 광주리는 이스라엘과 열두 제자를 상징한다. 제자들의 반응(〈마르〉 6,52)과 군중의 반응(〈요한〉 6,14-)은 〈루가〉에서 언급되지 않는다.

장정만 5000명가량이라는 말은 여성 군중과 여성 제자를 제외한 숫자일까. 배고파보지 않은 사람이 배불리 먹었다는 말의 의미를 알까. 가난한 사람이 부자보다 성서를 잘 이해할 처지에 있다. 예수와 제자들은 가난하게 유랑한 동아리다. 자기들 먹을 것도 부족하지만, 예수는 제자들에게 군중의 먹을 것을 염려하도록 가르쳤다. 가난한 교회가 가난한 군중을 보살피라는 뜻이다. 예수는 "여러분이 먹을 것을 주시오" 하고 제자들에게 말했다. 독자는 제자들이 어떻게 할지 지켜본다. 사람들은 교회가 어떻게 할지, 성직자가 어떻게 할지 지켜본다. 사람들은 예수의 가르침이 무엇인지 성직자에게 듣고 싶지만, 그보다 먼저 성직자가 어떻게 사는지, 어떻게 실천하는지 지켜본다.

사도들(〈루가〉 6,13)은 선교(〈루가〉 9,1-6)와 빵 나눔(〈루가〉 9,10-17)에서 중요한 역할을 맡았다. 제자들이 할 일이 선교와 빵 나눔이다. 교회부터 먹고살 일이 아니다. 교회부터 살고 볼 일이 아니다. 가난한 사람이 살면 교회도 살 수 있다. 가난한 사람이 살아야 비로소 교회가 산다. 교회부터 살고 가난한 사람을 염려하는 것이 아니다. 제자들은 "저희가 왜 저들을 먹여야 합니까? 저희 책임입니까? 각자 자기 먹을 것은 자기가 챙겨야 하지 않나요?"라고 예수에게 반문하거나 항의하지 않았다. 오늘 교회는 제자들의 의무와 마음을 헤아리고 있을까. 교회가 군중을 먹일 책임이 있다고 생각할까. 오늘 교회는 이 구절을 보고 무슨 생각을 할까. 여러분이 가난한 사람에게 먹을 것을 주시오.

신자에게 돈을 걷어 자기 생활을 대비하는 주교와 사제는 신자의 살림을 걱정해본 적 있을까. 교회는 언제 한 번 신자의 생계를 염려해봤을까. 노후를 걱정하는 사제는 한국에 전혀 없지만, 노후를 걱정하지 않는 신자는 한국에 별로 없다. 굶어 죽은 주교나 사제는 아직 없다. 그러면 평신도는?

예수는 추상적·종교적 생명을 다루지 않았고, 가난한 사람의 배고픔을 먼저 염려했다. 예수는 스승이요 구원자 이전에 가난한 사람에게 식탁에서 봉사하는 분이다. 말씀의 식탁이 아니라 실제 식탁에서 말이다. 제자들도 가난한 사람에게 식탁에서 봉사하는 사람이다. 말씀의 식탁이 아니라 실제 식탁에서 그래야 한다. 오늘 성직자는 대접받는 사람인가, 대접하는 사람인가. 성직자가 봉사자보다 지배자로 행세하는 이유는 대체 무엇인가.

가난한 사람 이야기는 경제뿐 아니라 종교에서 큰 주제다. 하느님은 신자보다 가난한 사람을 신경 쓰실 것이다. 가난은 경제 범주가 아니라 신학 범주[41]라는 프란치스코 교황의 말이 예수의 모습과 딱 맞다. 최소한 인류의 70퍼센트를 차지하는 가난한 사람의 문제를 외면하는 종교나 신학을 어디에 쓸까. 그리스도교는 말씀의 식탁보다 가난한 사람의 실제 식탁에 신경 써야 한다.

빵 다섯 개로 수천 명을 먹인 예수의 능력에 감탄하는 것은 당연하다. 그러나 감동에 젖은 나머지 가난한 사람의 처지를 잊어서는 안 된다. 예수의 능력에 집중하다가 가난한 사람을 잊은 경우가 많다. 미사에서 최후의 만찬은 기억하고, 가난한 사람과 예수의 식사를 잊으면 되겠는가. 예수를 잠시 잊어도 가난한 사람을 잊어서는 안 되겠다. 예수는 그 심정을 충분히 이해하실 것이다.

○ 베드로의 고백과 예수의 첫 번째 죽음 예고

¹⁸ 어느 날, 예수께서 혼자 기도하시다가 곁에 있던 제자들에게 "사람들이 나를 누구라고 말합니까?" 하고 물으셨다. ¹⁹ 그들이 "대개는 세례자 요한이라고 합니다만, 엘리야라고 하는 사람들도 있고, 옛 예언자 중의 하나가 다시 살아났다고 하는 사람들도 있습니다" 하고 대답하였다. ²⁰ "그러면 여러분은 나를 누구라고 생각합니까?" 하고 다시 물으시자, 베드로가 나서서 "하느님께서 보내신 그리스도이십니다" 하고 대답하였다. ²¹ 예수께서는 이 일을 아무에게도 말하지 말라고 단단히 당부하셨다. ²² 예수께서는 이어서 "사람의 아들은 반드시 많은 고난을 겪고 원로들과 대사제들과 율법 학자들에게 배척을 받아 죽었다가 사흘 만에 다시 살아날 것입니다" 하고 말씀하셨다.(9,18-22)

〈마르〉8,27-30과〈마태〉16,13-20에 나오는 이야기다. 이 중요한 베드로의 고백을〈요한〉에서 전혀 언급하지 않은 이유가 궁금하다. 루가는〈마르〉6,45-8,26을 모두 빼버렸다. 그 이유는 알 수 없다. 그래서〈마르〉에는 베싸이다 소경 이야기 바로 뒤에 베드로의 고백이 나오는 반면,〈루가〉에는 5000명을 먹인 이야기 뒤에 베드로의 고백이 있다. 베싸이다 소경 이야기는 마르코에게 예수의 갈릴래아 활동 마지막에 해당한다. 마르코는 예수가 우리 눈을 열어주지 않으면 예수의 갈릴래아 활동을 이해할 수 없다는 뜻을 알려준다.

예수는 가이사리아 필립보 지방에 있는 마을을 향하여 가는 도중에 제자들에게 질문한다(〈마르〉8,27). 마르코에게는 베드로가 고백한 장소를 밝히는 것이 중요했다. 예수의 공생활을 드라마로 촬영한다면, 두 번째 방송 첫 장면이다. 베드로의 신앙고백은〈마르〉에서 예수가 예루살렘으로 가는 출발 시점에 있다.〈루가〉에서는 그 길과 관련이 있는 느낌이〈마르)보다 적다. 18절에서 군중은 마치 사라진 것 같다. 루가는 마을도 아니고 길(〈마르〉 8,27)도 아니고 어디서 일어난 일인지 말하지 않는다. 예수는 기도하다(〈루가〉 5,16; 6,12) 말고 제자들에게 물었다. 다른 중요한 사건이 벌어질 때와 같이 평범하게 물었다(〈루가〉 3,21; 6,12; 9,29). 예수는 제자들에게 자주 질문했다. 대화는 질문보다 훨씬 많았다.

예수의 기도에서 특징은 무엇일까. 예수는 자주 기도했고, 중요한 결단을 앞두고 기도했으며, 꼭 혼자 기도했다. 예수는 왜 혼자 기도했을까. 제자들과 함께 기도한 장면이 복음서에 없다. 물론 예수는 회당 예배에서 참석자들과 함께 기도했다. 최후의 만찬에서도 제자들과 함께 기도했다. 그러나 복음서 저자들은 예수가 제자들과 함께 기도하는 모습을 소개하지 않는다.

지금까지 예수에 대한 믿음 이야기는 많았지만, 제자들의 고백은 없었다. 예수의 말씀과 행동을 계속 지켜본 제자들의 생각은 어떨까. 제자들은 부르심을 받았고(〈루가〉 5,1-11), 사도가 되었으며(〈루가〉 6,12-16), 베드로는 첫 제자가 되어 새 이름을 받았다(〈루가〉 6,14). 제자들은 선교에 나섰고(〈루가〉 9,1-6), 5000명을 먹인 기적에서 군중에게 봉사했다(〈루가〉 9,10-17). 예수가 누구인지 모른 헤로데(〈루가〉 9,7-9)와 달리 제자들은 확실히 알아야 했다. 이제 그 차례다. 갈릴래아에서 예수의 말씀과 행동을 계속 지켜본 제자들의 생각은 어떨까.

예수는 제자들에게 물었는데, 베드로가 대표로 고백한다. 베드로의 중요한 위치를 말해주는 대목이다. 베드로에게 민주적인 사고가 적었기 때문일까. 20절에서 베드로는 예수를 '하느님께서 보내신 그리스도'라고 고백한다. 하느님께서 보내신 그리스도는 뜻이 그리스도와 완전히 일치하지는 않는다. 그리스도, 즉 메시아에는 정치적 기대가 담긴 호칭이다. 루가는 '하느님께서 보내신'이란 말을 통해 예수와 하느님의 일치를 강조하고, 사람들의 기대와 다른 메시아를 소개하려 했다.

〈마르〉에서 베드로는 예수를 '그리스도'라고 답했을 뿐이다(〈마르〉 8,29). 독자는 예수가 '주님께서 약속하신 그리스도'임을 안다(〈루가〉 2,26). 독자는 '내가 사랑하는 아들'(〈루가〉 3,22), 나자렛 설교(〈루가〉 4,18)와 '베드로의 고백과 예수의 첫 번째 죽음 예고' 이야기로 예수를 서서히 알아왔다. 〈마르〉에서 〈요한〉으로 갈수록 제자들은 부끄러운 모습이 줄고, 믿음이 강한 사람으로 묘사된다. 초대교회 사람들에게 제자들을 신앙의 모범으로 소개하려는 성서 저자들의 의도 때문이다.

21절에서 '예수는 이 일을 아무에게도 말하지 말라고 단단히 당부한다'(〈루가〉 4,41; 8,56). 메시아에 대한 잘못된 기대가 백성에게 퍼지는 것을 막기 위해서다. 예수가 생각하는 참된 메시아의 모습이 십자가와 죽음에 이르러야 온전히 드러나기 때문이다. 마르코는 예수가 하느님의 아들임을 말하지 말라고 제자들에게 부탁한다(〈마르〉 3,11; 9,9). 루가는 예수가 그리스도임을 말하지 말라고 한다(〈루가〉 4,41). 부활 사건이 있기까지 침묵하라는 말이다. 처음 공식적으로 침묵을 깬 사건은 '이스라엘의 온 백성'에게 알린 〈사도〉 2,36이다.

'사람의 아들'(〈루가〉 6,5; 7,34)은 원로들과 대사제들과 율법 학자들에게 배척을 받아 죽을 것이다. 이제 독자는 예수를 죽인 주범이 누구인지 정확히 안다. 원로들과 대사제들과 율법 학자들은 한 무리로 취급된다

〈〈루가〉 19,47; 22,52; 〈사도〉 4,5). 22절 '사흘 만에'는 부활에 대한 가장 오래된 전승인 '사흘 만에 다시 살아나셨다'(〈1고린〉 15,4)와 일치한다. 원로와 대사제는 로마 군대와 손잡고 정치·경제·종교 분야에서 권세를 누린 실력자다. 율법 학자는 정치·경제·종교 분야에서 지배층에 봉사하는 어용 신학자다. 어용 신학자는 어느 시대나 날뛰며 교회를 좀먹는다.

예수는 누구인가에 대한 여론, 제자들의 고백에 이어 예수가 선언한다. 예수의 고백은 예루살렘에서 비로소 드러날 것이다. 자신의 죽음을 예고할 때 예수의 심정이 어땠을까. 제자들은 또 얼마나 놀라고 당황했을까. 독자는 제자들보다 예수를 잘 이해할 위치에 있다. 부활 사건까지 알기 때문이다. 제자들은 그렇지 못했다. 성서를 읽는 우리가 예수를 직접 본 제자들보다 그분을 잘 이해할 입장에 있다니 대체 무슨 말일까.

성서를 이해하는 방법을 보는 사람의 관점과 입장에 따라 크게 세 가지로 소개하고 싶다. 사건과 이야기에 따라 주제와 흐름을 파악할 수 있다. 평론가의 입장이다. 예수와 제자들 입장에서 볼 수 있다. 저자 입장에서 책을 보는 방식이다. 예수의 지지자와 반대자가 누구이고, 그 이유는 무엇인지 살피는 방법도 있다. 독자의 입장에서 성서를 읽는 것이다. 세 번째 입장은 그리스도교 신자가 자주 접하지 못한 방식이다.

메시아 예수는 고난과 부활 뒤에 비로소 성서에 따라 이해될 것이다 (〈루가〉 24,19-27; 〈사도〉 2,29-36; 3,18). 부활은 예수가 유일하고 독특한 메시아임을 나타내는 전제다(〈루가〉 1,33). 베드로의 고백은 예수의 갈릴래아 활동을 요약하는 선언이다. 하느님 나라를 선포하는 데 한 가지가 부족하다. 예수의 저항과 고난과 죽음이다. 그냥 죽음이 아니라 처형되는 죽음이다. 저항 끝에 오는 죽음이다. 예수는 노쇠하거나 병들어 자연사하지 않았다. 독자와 제자들은 죽음뿐 아니라 저항도 봐야 한다. 그 길로 예루살렘으로 떠나는 것이다. 예루살렘으로 가는 길은 여행이 아니라 항쟁의 길이다.

베드로가 예수를 메시아로 당당하게 고백했지만, 예수가 메시아임을 깨닫는 계기는 따로 있다. 베드로가 믿음의 눈을 뜨는 데 눈물(〈루가〉 22,62)과 회개(〈루가〉 22,32), 예수의 부활(〈루가〉 24,34)이 필요했다. 어찌 베드로에게만 눈물과 회개, 예수의 부활이 필요할까. 울어라 인간이여, 뉘우쳐라 인간이여. 보아라, 예수의 부활을. 그러면 예수는 메시아임을 알 것이다.

○ 자기 십자가를 지고 따르라

²³ 그리고 사람들에게 이렇게 말씀하셨다. "나를 따르려는 사람은 누구든지 자기를 버리고 매일 제 십자가를 지고 따라야 합니다. ²⁴ 제 목숨을 살리려고 하는 사람은 잃을 것이요, 나를 위하여 제 목숨을 잃는 사람은 살 것입니다. ²⁵ 사람이 온 세상을 얻는다 해도 제 목숨을 잃거나 망해버린다면 무슨 이익이 있겠습니까? ²⁶ 누구든지 나와 내 말을 부끄럽게 여기면 사람의 아들도 아버지의 영광에 싸여 거룩한 천사들을 거느리고 영광스럽게 올 때에 그를 부끄럽게 여길 것입니다. ²⁷ 나는 분명히 말합니다. 여기에 서 있는 사람들 중에는 죽기 전에 하느님 나라를 볼 사람들도 있습니다."(9,23-27)

〈루가〉 9,23-27은 평지 설교(〈루가〉 6,20-49), 비유 말씀(〈루가〉 8,4-21), 선교 설교(〈루가〉 9,3-5)에 이어 예수의 네 번째 설교라고 부를 수 있다. 다섯 구절로 된 권고 말씀이다. 루가는 〈마르〉 8,34-9,1을 참조하고 조금 고쳤다. 23절에서 '자기 십자가를 지고 예수를 따르라'는 말은 제자뿐 아니라 모든 사람에게 해당된다. 자기가 못 박힐 십자가의 가로 기둥 patibulum(〈루가〉 23,26)을 지는 것과 그 기둥을 어깨에 지고 예수 뒤를 따라가는 것이 포함된다. 자기 자신을 죽이는 것과 예수를 따르는 것이 연결된다. '제 십자가를 지고'라는 표현은 그리스도교 이외 고대 어느 문헌에서도 발견되지 않았다.

23절 '매일'은 〈루가〉 이 부분에만 덧붙었다. 매일 그리스도와 함께 순교하는 모습을 가리킨다(〈1고린〉 15,31; 〈2고린〉 4,10; 〈로마〉 8,36). 24절에서 예수는 경제 분야 언어를 사용해 목숨의 중요성을 강조한다. 루가는 대본으로 삼은 〈마르〉에서 잘 이해되지 않는 구절을 삭제했다. "사람이 목

숨을 무엇과 바꿀 수 있겠습니까?"(〈마르〉8,37)

제자들은 모든 것을 버리고 예수를 따랐다. "그들은 배를 끌어다 호숫가에 대어놓은 다음 모든 것을 버리고 예수를 따라갔다."(〈루가〉5,11) 예수를 따르는 것은 무엇보다 먼저 자기 자신을 버리는 것이다. 그러나 우리가 예수의 십자가를 대신 지는 것이 아니라, 각자 자기 십자가를 진다는 말을 자주 망각한다. "십자가를 지우고 예수의 뒤를 따라가게 하였다."(〈루가〉23,26) 키레네 사람 시몬을 인용하는 것이 '자기 십자가를 지고 따르라' 이야기와 썩 어울리지는 않는다.

27절 '여기에 서 있는 사람들 중에는 죽기 전에 하느님 나라를 볼 사람들도 있습니다'는 〈마르〉에 없는 구절이다. 마태오는 '여기 서 있는 사람들 중에는 죽기 전에 사람의 아들이 자기 나라에 임금으로 오는 것을 볼 사람도 있습니다'라고 표현한다. 루가는 하느님 나라를, 마태오는 사람의 아들을 좀 더 강조한다. 루가는 〈사도〉에서 하느님 나라 선포와 그리스도 선포를 연결한다(〈사도〉8,5;19,8;20,25).

〈마르〉에서 예수의 첫 번째 수난 예고 직후 베드로가 예수를 말리고 다투는 모습이 나온다. "그러자 베드로가 예수님을 꼭 붙들고 반박하기 시작하였다. 그러나 예수는 돌아서서 제자들을 보신 다음 베드로에게 '사탄아, 내게서 물러가시오. 당신은 하느님의 일은 생각하지 않고 사람의 일만 생각하는군요.' 하며 꾸짖었다."(〈마르〉8,32-33) 루가는 이 장면을 삭제한다. 스승의 뜻을 이해하지 못하는 제자에게 난감하고 민망한 구절을 없앤 것이다.

예수는 목숨의 중요성을 강조하는 동시에 돈의 위험을 경고한다(〈루가〉 6,20.24; 12,16-21). 자기 십자가를 지는 데 돈이 얼마나 큰 장애물인지 분명히 알려준다. 이 경고는 신도뿐 아니라 가톨릭교회에도 해당한다. 가톨릭교회가 가진 재산이 예수를 따르는 데 방해가 될 것이라는 뜻이다. 주교와 사제는 가슴에 새길 말이다.

본문에서 자신을 죽이는 것과 예수를 따르는 것이 연결된다. 자신을 죽이지 않고 예수를 따르는 것도, 자신을 죽이지만 예수를 따르지 않는 것도 예수의 권고와 거리가 멀다. 자신을 죽이지 않고 예수를 따르는 체하는 그리스도인, 자신을 죽이지만 예수를 따르지 않는 무신론자는 깊이 반성할 일이다.

예수를 아는 것과 예수를 따르는 것은 차원이 다른 일이다. 예수에 대한 책을 보고 감동하는 일이 예수를 아는 것이라면, 자기 십자가를 지고 예수와 같은 길을 걷는 일이 예수를 따르는 것이다. 가난한 사람에게 돈을 나눠주는 일이 예수를 아는 것이라면, 가난한 사람을 만드는 잘못된 구조와 불의에 저항하여 자기 목숨을 희생하는 일이 예수를 따르는 것이다. 자기 목숨을 버리지 않고도, 예를 들어 독서와 영화로도 예수를 충분히 알 수 있다. 그러나 자기 목숨을 희생하지 않으면 예수를 결코 따를 수 없다.

무병장수가 그리스도인의 희망은 아니다. 예수와 연결된 삶이 그리스도인의 참된 희망이다. 그것은 날마다 자기 십자가를 지고 예수를 따르는 삶이다. 순교 없는 삶은 그리스도인의 삶이 아니다. 순교의 삶이 진짜 그리스도인의 희망이다. 예수를 아는 사람은 많으나 예수를 따르는 사람은 적다. 예수를 아는 그리스도인은 많으나 예수를 따르는 그리스도인은 적다.

본문에서 제자들이 말 잘 듣는 학생들처럼 다소곳이 있다. 예수의 죽음 예고라는 엄청난 소식 앞에 제자들은 충격을 받지도 않고 잘 받아들이는 것일까. 〈마르〉에서 〈요한〉으로 갈수록 제자들은 부끄러운 모습이 줄고 믿음이 강한 사람으로 묘사된다. 초대교회 사람들에게 제자들을 신앙의 모범으로 소개하려는 성서 저자들의 의도 때문이다.

십자가는 실제 죽음을 뜻하기 전에 부정적 이미지에 사로잡히는 것을 가리킨다. 우리 사회에서 '종북'이라는 단어가 국가보안법으로 재판을 거쳐 처벌받기 전에 여론 재판으로 수모를 겪는 현실을 가리키듯 말이다. 십자가는 처형 이전에 이미지로 사람을 죽인다. 종북이란 표현도 마찬가지다. 고대에 그토록 두렵고 무서운 십자가라는 단어가 우리를 특징짓는 단어가 되었다. 십자가는 우리다. 우리는 십자가다.

말 잘 듣는 학생이 반드시 바람직한 모습은 아니다. 질문하는 불손한 학생도 소중하다. 가만히 있으라는 방송을 그대로 믿고 따른 많은 학생들이 세월호에서 희생되었다. 순종과 침묵이 지배적인 문화는 위험할 수 있다. 토론이 활발하지 않고 평화로운 논의만 있는 곳도 마찬가지다. 자유와 해방이란 단어가 거의 들리지 않는 문화는 유익하지 않다. 가톨릭 교회의 분위기는 어떤가. 마치 군대 같지 않은가.

군대와 교회는 같은 곳이 아니다. 군대 같은 교회는 한참 잘못된 교회다. 맙소사, 우리 교회의 꿈이 군대란 말인가. 예수가 군대 같은 교회를 원했단 말인가. 공동묘지의 숨 막히는 정적이 평화는 아니다. 시끄러운 시장 바닥이 사람 사는 세상에 더 가깝다. 가톨릭에 치열한 논쟁이 있는가. 말 잘 듣는 신자보다 질문하는 불손한 신자가 늘어야 한다. 가톨릭은 아주 많이 시끄러워져야 한다. 논쟁이 있어야 한다.

○ 예수의 변한 모습

²⁸ 이 말씀을 하시고 여드레쯤 지나, 예수께서는 베드로와 요한과 야고보를 데리고 기도하러 산으로 올라가셨다. ²⁹ 예수께서 기도하시는 동안 그 모습이 변하고 옷이 눈부시게 빛났다. ³⁰ 그러자 난데없이 두 사람이 나타나 예수와 함께 이야기하고 있었다. 그들은 모세와 엘리야였다. ³¹ 영광에 싸여 나타난 그들은 예수께서 머지않아 예루살렘에서 이루려고 하시는 일, 곧 그의 죽음에 관하여 예수와 함께 이야기를 나누고 있었다.

³² 그때 베드로와 그의 동료들은 깊이 잠들었다가 깨어나 예수의 영광스러운 모습과 거기 함께 서 있는 두 사람을 보았다. ³³ 그 두 사람이 떠나려 할 때 베드로가 나서서 "선생님, 저희가 여기서 지내면 얼마나 좋겠습니까! 저희가 초막 셋을 지어 하나는 선생님께, 하나는 모세에게, 하나는 엘리야에게 드리겠습니다" 하고 예수께 말하였다. 무슨 소리를 하는지 자기도 모르고 한 말이었다. ³⁴ 베드로가 이런 말을 하는 사이에 구름이 일어 그들을 뒤덮었다. 그들이 구름 속으로 들어가자 제자들은 그만 겁에 질렸다.

³⁵ 이때 구름 속에서 "이는 내 아들, 내가 택한 아들이니 그의 말을 들어라!" 하는 소리가 들려왔다. ³⁶ 그 소리가 그친 뒤에 보니 예수밖에 아무도 없었다. 제자들은 아무 말도 못 하고 자기들이 본 것을 얼마 동안 아무에게도 말하지 않았다.(9,28-36)

본문에서 예수가 변모하는 이야기는 고대의 그리스도인에게 예수의 모습을 적절히 드러내지만, 오늘 그리스도인에게는 어려움을 준다. 이 사건을 역사적 사실로 보기 어렵고, 사람이 되신 예수라는 교리를 이해하는 데 방해가 되기 때문이다.⁴² 루가는 '예수는 누구인가'라는 질문에 이 변모 사건을 이야기하면서 답한다. 앞에 나온 '자기 십자가를 지고 따르라' 이야기에서 언급한 예수의 죽음 예고와 십자가 추종은 '예수의 변한 모습' 이야기와 내용적으로 이어진다. 예수의 죽음을 알아야 예수가 누구인지 알 수 있다는 뜻이다.

하느님의 영광이 〈루가〉 2,9 이후 처음으로 예수의 변모 사건에서 땅(31절)에, 밤(32절)에 나타났다. 〈루가〉 3,22 이후 하느님의 음성이 다시 들렸다(35절). 하느님 아들이라는 예수의 신분이 세 제자에게 드러났다(35절). 예루살렘으로 가려는 예수의 길exodos이 처음으로 뚜렷이 밝혀졌다(31절). 예수의 길과 함께 제자들의 길도 드러났다. 예수의 역사와 제자들의 역사는 얽힌다. 제자들의 역사는 예수에게 선택되고(〈루가〉 5,1-11), 예수의 여정에 동참한다(〈루가〉 9,32). 제자들은 예수의 영광을 보고(〈루가〉 9,32), 예수가 하느님의 아들임을 안다(〈루가〉 9,35). 그러나 32절에서 잠든 제자들은 예수의 역사를 아직 전부 이해하지는 못한다. 제자들은 부활 이후 예수를 온전히 안다(〈루가〉 24,26.44-48; 〈사도〉 2,14-).

'엿새 뒤'(〈마르〉 9,2)가 왜 '여드레쯤 지나'(〈루가〉 9,28)로 바뀌었는지 아직 설득력 있는 해설을 내놓은 사람은 없다. 28절 '여드레쯤 지나'는 할례(〈창세〉 17,12), 유다교의 초막절에서 '여드레째 되는 날'(〈레위〉 23,36), 초대 교회에서 '여드레 뒤'(〈요한〉 20,26)를 가리킬 수 있다. 어쨌든 예수를 기념한다는 뜻이다. 28절 세 제자(〈출애〉 24,1)는 〈루가〉 8,51에서 다시 언급된다. 루가는 요한을 종종 베드로 뒤에 놓는다(〈루가〉 8,51; 〈사도〉 4,13; 8,14). 루가는 야고보를 그리 중요하게 여기지 않는다(〈사도〉 12,2).

28절 '산'은 4세기 예루살렘의 치릴루스에 의해 처음 타보르 산으로 여겨졌다고 한다(〈2베드〉 1,18 거룩한 산).[43] 〈루가〉에서 산은 언제나 예수가 기도하는 장소로 소개된다(〈루가〉 6,12; 22,39). 〈루가〉 6,12에 이어 예수의 두 번째 산상 기도가 '예수의 변한 모습' 이야기에 나온다.[44] 마지막 산상 기도 장소는 올리브 산이다(〈루가〉 22,39-46). 나자렛 산동네 총각 예수에게 산이 어디 기도에만 익숙한 곳일까. 예수는 외로움도, 답답함도, 그리움도 산에서 달랬을 것이다.

29절에서 기도하는 예수의 모습이 변하고 옷이 눈부시게 빛났다(〈출애〉34,29; 〈2고린〉3,7). 제자들 눈앞에서 모습이 변했다는 〈마르〉 부분은 삭제됐다. 29절 prosopon은 얼굴 혹은 몸 전체를 가리킨다. 예수의 영광 doxa(〈루가〉9,26; 21,27; 24,26)은 예수의 부활, 재림과 연결된다. 옷은 신분을 나타내는 상징이다. 하얀색은 하느님의 색이다(〈다니〉7,9).

성서학자들은 예수가 왜 모세, 엘리야와 이야기를 나누었는지 여러 가지 의견을 내놓았다. 모세와 엘리야는 〈묵시〉11,6을 제외하면 함께 등장하지 않기 때문이다. 〈마르〉9,4에서 공동성서 전체가 '율법과 예언서'의 관점으로 모세와 함께 시작되고 엘리야에서 끝난다(〈말라〉3,23-)는 사실을 강조하는 것일까? 〈루가〉에게 모세와 엘리야는 공동성서의 처음이요 마지막이다. 모세와 엘리야는 유다교 전승에서 하느님 곁에 있는 사람으로 여겨졌다(〈루가〉24,4; 〈사도〉1,10). 모세와 엘리야와 예수는 예수의 죽음에 대해, 곧 하느님의 계획에 대해 이야기를 나누는 모습으로 소개된다.

33절에서 '초막 셋'은 영원한 집(〈루가〉16,9)이나 초막절(〈즈가〉14,16-21)을 의식한 것 같다. 초막절은 유다인이 이집트에서 해방되어 광야를 떠돌던 시절을 기억하는 축제다. 유다인은 초막절에 일주일 동안 천막에서 생활한다. 초막(천막)은 유다교에서 신도를 상징한다. 34절 '구름'은 하느님의 거룩함을 상징한다(〈출애〉24,15-18). 33절에서 베드로가 "저희가 여기서 지내면 얼마나 좋겠습니까!"라고 한 말을 예수의 죽음에 대한 제자들의 집단 반발로 해석하면 어떨까. 베드로를 비롯한 제자들이 예루살렘으로 가는 예수의 길을 반대하고 나선 것이다. 예수의 노선과 제자들의 생각이 본격적으로 충돌한 것이다. 이런 해석을 제시한 성서학자는 아직 없다.

하느님이 나타나심은 초막절 천막을 필요 없게 만들었고, 제자들은 두려움에 빠졌다(〈루가〉 1,12; 2,9; 5,9). 35절 "그의 말을 들어라!"라는 하느님 말씀은 〈시편〉 2,7과 〈이사〉 42,1과 〈신명〉 18,15이 섞인 것이다. 하느님은 예수를 사랑하는 아들로 택하셨다. 하느님은 예수의 생각과 제자들의 생각 사이에서 예수 편을 드셨다. 예수가 가는 길이 하느님 보시기에 옳다는 말이다. 제자들은 예수의 십자가 길을 충실히 따르라는 뜻이다.

35절에서 '내가 택한 아들'은 무슨 뜻일까. 루가는 예수가 하느님과 당신의 백성 사이에서 하느님이 선택한 인물을 뛰어넘는다는 말을 제자들과 복음서 독자에게 하고 싶었다. 모세(〈시편〉 106,23), 아론(〈시편〉 105,26), 다윗(〈시편〉 89,20-), 하느님의 종(〈이사〉 43,10) 등 하느님은 당신이 뽑은 사람 중 어느 누구도 당신의 아들이라고 부르지 않았다. 유다교에서 아들이 메시아를 가리키는 칭호는 아니다.[45] 36절에서 '제자들은 아무 말도 못 하고 자기들이 본 것을 얼마 동안 아무에게도 말하지 않았다'는 말은 〈마르〉에 없는 내용이다. 루가는 제자들이 받은 충격을 잊지 않고 있다.

루가는 '예수의 변한 모습' 이야기에서 예수의 변모 사건을 사실 그대로 정확히 보도하는 것은 아니다. 예수가 누구인지(〈마태〉 16,18; 〈갈라〉 1,16), 예수의 길이 어떤 것인지 설명하는 것이다. 수난과 죽음에도, 아니 수난과 죽음 덕분에 예수는 하느님께 선택받은 아들이며 하느님 뜻에 걸맞은 분이라는 뜻이다. 그러니 독자는 예수를 충실히 따라야 한다.

예수 변모 사건은 예수의 부활 못지않게 막중한 의미가 있다. 사제도 왕도 아닌 예수, 예루살렘이 아니라 나자렛 출신인 예수를 우리는 하느님의 마지막 결정적 계시로 받아들여야 한다는 것이다. 보폰의 적절한 언급처럼, 예수 변모 사건은 '예수가 이스라엘에서 왜 실패했느냐'라는 쓰라린 물음 앞에 선 그리스도인을 배경으로 탄생한 이야기다.[46]

성서 독자들과 예수의 제자들이 성서를 보는 입장은 다르다. 제자들은 아직 복음서를 읽지 못했다. 독자는 성서의 결말을 안다. 독자는 제자들의 처신과 언행이 답답하고 한심하게 보일 수도 있다. 제자들의 처지를 감안하고 성서를 읽으면 그 심정이 좀 더 이해된다. 21세기 한국 독자와 2000년 전 유다인 예수의 제자들 사이에 대화가 어찌 그리 쉽겠는가.

○ 예수를 이해하지 못한 제자들

37 다음 날 예수 일행은 산에서 내려와 큰 군중과 마주치게 되었다. 38 그때 웬 사람이 군중 속에서 큰 소리로 말했다. "선생님, 제 아들을 좀 보아주십시오. 하나밖에 없는 자식입니다. 39 그 아이는 악령이 덮치기만 하면 갑자기 소리를 지르면서 입에 거품을 물고 경련을 일으킵니다. 그래서 온몸에 상처가 나지만 악령은 좀처럼 떨어지지 않습니다. 40 선생님의 제자들에게 악령을 쫓아달라고 했지만 쫓아내지 못했습니다." 41 예수께서는 "이 세대가 왜 이다지 믿음이 없고 비뚤어졌을까요! 내가 언제까지 여러분과 함께 살며 이 성화를 받아야 한단 말입니까? 그 아이를 나에게 데려오시오" 하셨다. 42 그 아이가 예수께 오는 도중에도 악령이 그 아이를 거꾸러뜨리고 발작을 일으켜놓았다. 예수께서는 더러운 악령을 꾸짖어 아이의 병을 고쳐서 그 아버지에게 돌려주셨다.(9,37-42)

독자는 앞에 나온 '예수의 변한 모습' 이야기에 소개된 사건이 밤에 일어났다는 점을 기억할 것이다. 37절 '다음 날'이라는 단어는 〈루가〉에서 여기에만 나온다. 예수의 변모 사건에 곧바로 이어진 '예수를 이해하지 못한 제자들' 이야기에서 예수의 능력과 제자들의 무능이 대비된다. 먼저 치유하고 나서 해설하는 전개가 백인대장의 종을 고친 이야기(〈루가〉 7,1-10)와 닮았다. 〈루가〉 9,1에서 예수는 열두 제자에게 모든 마귀를 제어하는 권세와 병을 고치는 능력을 주셨다. 예수는 악령을 쫓아냈지만, 제자들은 그러지 못했다. 제자들의 무능을 보여서 예수의 능력을 강조하는 것은 아니다. 제자들의 무능과 이해 부족은 성서 독자와 오늘 교회, 그리스도인에게 주는 예수의 경고다.

대본으로 삼은 〈마르〉 9,14-27과 달리 〈루가〉에서 예수는 큰 군중과 마주친다. 군중이 어디서 왔는지, 무엇을 바라는지 본문에 소개되지는 않았다. 그런 점에서 복음서 저자들에게 아쉬움을 느낀다. 자세히 소개되지 않은 한 사람이 〈마르〉와 달리 큰 소리로 예수에게 애원한다. 그는 전통적으로 하느님에게만 기대할 수 있는 일을 예수에게 청한다. "하나밖에 없는 자식입니다." 외동딸을 둔 야이로도 같은 심정이었다(〈루가〉 8,42).

세월호 유가족의 애원처럼 들리는 구절이 내 눈시울을 적신다. 그 심정이 오죽할까. 하느님도 예수도 슬퍼 우시겠다. 2000년 전 이스라엘에서 자녀가 하나인 경우는 드물었다. 하나밖에 없는 자식을 둔 아버지의 삶은 얼마나 힘들었을까. 아들이 악령에 사로잡혔을 뿐 아니라 그 가족조차 사회에서 낙인찍혀 따돌림을 받는 것이다. 병자는 아파서 괴롭고 소외당해서 괴롭다. 그 고통을 견디고 예수에게 외친 아버지의 용기를 존경한다. 루가는 가난한 사람과 고통 받는 사람에게 세심한 주의를 기울인다.

41절 예수의 불평은 제자들의 무능을 겨냥한 것인가,[47] 군중을 향한 것인가(〈루가〉 7,31; 11,29; 〈신명〉 32,5). 짜증 내는 듯한 예수의 반응이 독자를 당황하게 할지 모른다. 예수는 왜 불평했을까. 예수가 사람들 곁에 있을 시간이 얼마 남지 않았다. 제자들이 예수 없이 일을 계속해야 하는데 무능하다. 41절 '이 성화를 받아야 한단 말입니까?'는 '애원을 듣다, 돕다'가 좀 더 어울리지 않을까 싶다. '내가 언제까지 여러분의 애원을 듣고 도와야 합니까?' 정도가 어떨까.

'믿음이 없고 비뚤어진 세대'(〈루가〉 11,29; 〈신명〉 32,5.20)는 예수의 능력을 믿지 않는 사람들에게 하는 말이다. 기적은 청하는 사람의 믿음에 달렸다(〈마르〉 9,21-24). 기적을 보고 비로소 믿음이 생기는 것이 아니라, 믿음이 있어야 기적을 제대로 받아들인다. 기적을 자연과학 법칙과 연결하여 이해하려는 현대인이 기적을 하느님의 은총과 연결한 고대인을 제대로 이해할지 모르겠다. 현대인은 성서의 기적을 받아들이고 이해하는 데 고대인보다 유리하지 않은 처지에 있다.

예수는 간청하는 아버지에게 '당신 탓'이라고 꾸짖지 않았다. 당시 문화에서 악령이 든 것은 자기 탓이라고 여겨졌다. 42절에서 악령을 쫓은 부분을 간단히 설명한 것이 눈에 띈다. 예수는 악령을 쫓아내고 아들을 그 아버지에게 돌려준다(〈루가〉 7,15; 〈1고린〉 17,23). 하느님은 백성과 경건한 개인에게 자비의 손길을 내민다(〈1열왕〉 8,28; 〈토비〉 3,3; 〈시편〉 12,4). 제자들은 악령을 쫓아내지 못했다(〈2열왕〉 4,31). 오늘 교회와 그리스도인도 무능할 수 있다. 무능보다 나쁜 사례가 다음에 등장한다. 무능한 교회도 있고, 이웃을 훼방하는 교회도 있다.

이 세대가 왜 이다지 믿음이 없고 비뚤어졌을까요! 예수가 시대의 징표를 알아챈 것이다. '이 세대'는 요나의 기적(〈루가〉 11,29), 예언자의 피(〈루가〉 11,49-51), 죽음 예고(〈루가〉 17,25)에서 다시 나타난다. 이 세대는 예수가 그냥 해본 말이 아니다. 이 세대가 예수에게 시대의 징표였다면, 지금 시대의 징표는 무엇일까. '가난한 사람을 우선적으로 선택하는 것' 아닐까. 나는 가난한 사람이 역사의 중심에 등장한 사실이 우리 시대의 징표라고 생각한다. 성서 해설이 먼저인가, 현실의 아픔을 느끼는 게 먼저인가. 성서를 보며 현실을 생각하고, 현실을 보며 성서를 떠올린다. 성서를 모르면 현실을 보는 눈에 공허를 느낀다. 현실을 모르면 성서는 무의미하다.

군중이 예수를 찾거나 기다리는 장면은 여러 차례 나왔다(〈루가〉 4,42; 6,17; 8,40; 9,11). 군중은 왜 예수를 찾았을까. 복음서 저자들이 군중에게 좀 더 신경 쓰고 관심을 두면 어땠을까. 군중의 삶과 현실을 더 자세히 말해주면 어땠을까. 복음서 저자들이 놓친 부분을 성서학자들이 채워야 한다.

성서의 주인공은 예수와 가난한 사람이다. 역사의 주인공도 하느님과 가난한 사람이 아닐까. 역사는 하느님과 가난한 사람이 사랑하고 소통하는 드라마 아닌가. 하느님이 인간을 선택하고 사랑한다는 진실을 설명하는 것이 신학이다. 하느님이 가난한 사람을 선택하고 사랑한다는 진실을 설명하는 것이 해방신학이다. 최초의 해방신학자는 하느님이요 예수다.

○ 두 번째 죽음 예고

43 사람들은 모두 하느님의 위대한 능력을 보고 놀랐다. 사람들이 예수께서 하신 일을 보고 놀라서 감탄할 때 예수께서는 제자들에게 말씀하셨다. 44 "여러분은 지금 내가 하는 말을 명심하시오. 사람의 아들은 머지않아 사람들의 손에 넘어갈 것입니다." 45 그러나 제자들은 그 말씀을 깨닫지 못하였다. 그 말씀의 뜻이 감추어져서 제자들은 알아들을 수 없었고, 감히 물어볼 생각도 못하였던 것이다.

46 제자들 가운데 누가 제일 높은 사람이냐 하는 문제로 그들 사이에서 말다툼이 일어났다. 47 예수께서는 그들의 생각을 아시고 어린이 하나를 데려다가 곁에 세우신 다음 48 제자들에게 말씀하셨다. "누구든지 내 이름으로 이런 어린이를 받아들이면 곧 나를 받아들이는 것이며, 나를 받아들이면 나를 보내신 분을 받아들이는 것입니다. 여러분 중에서 제일 낮은 사람이 제일 높은 사람입니다."

49 요한이 나서서 "선생님, 어떤 사람이 선생님의 이름으로 마귀를 쫓아내는 것을 보았는데 그는 우리와 함께 다니는 사람이 아니었습니다. 그래서 그런 일을 못 하게 막았습니다" 하고 말하였다. 50 예수께서는 "여러분을 반대하지 않는 사람은 여러분을 지지하는 사람이니 막지 마시오" 하고 말씀하셨다.(9,43-50)

루가는 〈마르〉에서 연결되었지만 다른 장소에서 벌어진 두 사건을 한군데 모았다. 두 가지 의도에서다. 첫째, 예수의 기적과 죽음 예고가 연결된다. 단순히 예수의 능력을 보여주는 기적과 사정이 다르다. 위대한 예수가 비참하게 죽는다니 무슨 말인가. 예수의 영광과 죽음이 극적으로 이어진다. 둘째, 예수의 능력과 제자들의 무능이 대조된다. 예수는 죽음의 길을 꿋꿋이 걷는다. 제자들은 권력 다툼에 바쁘고, 예수의 일을 하는 사람들을 방해하기도 한다.

루가는 예수의 고난 예고에 대한 설명을 〈마르〉보다 줄이고, 제자들의 무능에 대한 언급을 늘렸다. 〈루가〉에서 예수의 고난과 부활을 함께 다룬 부분은 두 곳뿐이다(〈루가〉 9,22; 18,31-33). 44절 '명심하시오'를 우리 말로 직역하면 '귀에 넣어두시오'(〈출애〉 17,1)다. 앞에서 예수의 기적을 본 군중은 하느님의 위대한 능력(〈신명〉 11,2; 〈예레〉 40,9; 〈루가〉 1,49)에 감탄한다. 그런데 예수는 갑자기 자신의 죽음을 다시 예고한다. 기막힌 반전이다.

예수의 길은 언제나 우리를 깜짝 놀라게 한다. 제자들은 군중처럼 예수의 능력에 감탄한다. 그러나 예수의 죽음 예고를 이해하지 못한다. 예수가 제자들에게 주는 훈계는 두 가지다. 제자들의 무능과 이해 부족이다. 예수의 죽음 예고는 계속된다(〈루가〉 13,31; 17,25; 18,31). 그때마다 제자들의 이해 부족 장면이 빠지지 않는다. 어찌 당시 제자들만 예수를 이해하지 못했을까. 평생을 사제로 살아도 예수를 제대로 이해하지 못하는 사람이 수두룩하지 않은가.

44절 '사람의 아들'은 누구를 가리키나. 사람의 아들은 왜 사람들의 손에 넘어가는가. 어떤 고난을 말하는가. 제자들은 이 주제 앞에서 넘어졌다. 제자들은 이 말을 이해하지 못할 뿐더러 깊이 고뇌하지도 않았다. 예수의 운명을 이해하지 못한 것도 슬픔이지만, 그 운명을 깊이 고뇌하지 않은 것이 더 큰 슬픔이다. 46절 '말다툼dialogismos'은 토론보다 투쟁을 가리킨다. 누가 제자들보다 높으냐는 주제가 아니라 제자들 중에 누가 가장 높으냐는 주제다. 누가 성직자보다 높으냐는 주제로 평생 한 번이라도 고뇌하는 성직자가 있을까. 성직자가 당연히 평신도보다 높다고 여기는 성직자는 많고도 많다.

예수는 자신을 어린이와 동일시했다. 여기서 어린이는 순진한 인간이 아니라 권력이 없는 사람을 대표한다. 권력이 없는 어린이를 흔쾌히 받아들이고 낮아지라고 말한다. 47절 '제일 낮은 사람이 제일 높은 사람이다'는 세상 질서를 송두리째 뒤집는 혁명적인 가르침이다. 지금까지 어느 누구도 이토록 명쾌하게 말한 사람은 없었다. 예수가 제자들에게 수단과 방법을 가리지 말고 권력을 쟁취한 다음 사람들을 멋지게 속일 수 있는 처세술을 가르치는 것이 아니다.

권력을 아예 탐하지 말라는 것이다. 권력 다툼에 바쁜 제자들의 모습이 어디 그때뿐인가. 출세를 향한 성직자들의 치열한 다툼은 가톨릭교회를 망가뜨리는 원인 중 하나다. 그 다툼은 오늘도 계속된다. 돈과 권력에 대한 성직자의 욕심은 인류가 아직 이해하지 못한 수수께끼 중 하나다. 프란치스코 교황은 출세 욕심이 많은 사람을 주교로 뽑지 말아야 한다고 말했다.

세상 권력 구조의 질서를 교회에 끌어들여서는 안 된다. 부자와 권력자가 교회에서 으스대면 안 된다. 성직자가 부자와 권력자를 특별 대우해서는 안 된다. 그것은 예수를 배신하는 길이다. 교회는 작은 자와 가난한 사람을 먼저 배려하고 특별 대우해야 한다. 세상 권력 질서가 뒤집어지는 곳이 교회다. 49절에서 그리스도교의 대화와 일치에 중요한 원칙을 엿볼 수 있다. 이웃 교회가 하는 옳은 일을 방해하지 마라. 내가 못 하는 일을 하는 사람을 깎아내리지 마라.

예수의 활동은 제자들 범위를 훨씬 넘어선다. 예수의 제자들만 예수에게 관심을 두고 예수의 일을 계속하는 것은 아니다. 갈릴래아에서 열두 제자만 예수를 널리 전한 것은 아니다. 수많은 여인과 가난한 사람이 예수의 매력에 감동받아 기쁘게 예수를 전하고 다녔다.

교회만 예수에게 관심을 두고 예수의 일을 계속하는 것은 아니다. 이름 없는 수많은 개인에 의해, 이웃 종교에 의해, 성령의 오묘한 이끄심에 의해 세상 곳곳에서 예수의 일이 계속된다. 교회가 하느님을 장악하고 통제하는 것이 아니라 하느님이 교회를 지도하신다. 예수에 대한 독점권이 교회에 있다는 착각처럼 어리석은 생각이 또 있을까. 교회가 겨울잠에 깊이 빠진 사이에도 예수의 일은 계속된다. 제자들은 무능하고 이해가 부족했다. 우리는? 교회는? 마찬가지다. 그래서 회개는 우리 의무다. 회개하지 않는 교회는 교회가 아니다. 제자리에서 만족하는 교회는 넘어진다. 회개의 길을 걷지 않는 교회는 넘어진다.

'두 번째 죽음 예고' 이야기는 우리 시대 그리스도교에게 여러 고민거리를 준다. 교회는 성공과 고난 사이에서 어느 길을 갈까(43-45절), 성직자와 평신도의 위대함은 어디에 있는가(46-48절), 그리스도교 사이의 경쟁과 협조는 어떻게 할까(49-50절).

루가는 크신 하느님이 스스로 낮아지는 모습을 소개한다. 십자가에 매달린 모습이 하느님의 영광이란 뜻이다. 하느님이 사람을 살리려고 십자가에 스스로 올라가셨다. 낮은 자리에 있는 사람에게서 하느님의 영광이 드러난다. 십자가에 매달린 가난한 사람들이 하느님이 누구신지 알려준다. 십자가에 매달린 가난한 사람이 예수의 일을 계속한다. 내 스승 소브리노의 책[48] 제목처럼 '가난한 사람들 밖에서 구원은 없다Extra pauperes nulla salus'.

하느님의 크심과 하느님의 작으심이 함께 나타난다. 위대하기에 작고, 작으니 위대하다. 하느님의 영광은 하느님의 낮아지심에도 있다. 하느님의 크심에 대한 우리의 감동은 크다. 그러나 하느님에 작으심에 대한 그리스도교의 묵상은 아직 초보 단계에 있다. 실패한 하느님, 낮아진 하느님, 침묵하는 하느님에서도 하느님의 계시는 계속된다. 십자가에 매달리신 하느님을 묵상해보자.

해방신학자 소브리노는《해방자 예수》에서 하느님의 작으심을 강조한다.[49] 하느님은 예수와 함께 십자가에 매달렸다는 것이다. 하느님은 십자가에 매달린 모습으로 당신을 새롭게 알려주셨다. 승리자 하느님이 아니라 희생자 하느님으로 말이다. 희생자 하느님은 유다교가 전혀 생각하지 않은, 완전히 놀라운 사상이다. 희생자 하느님은 그리스도교가 인류에게 처음 제시한 사상이다.

2부

제자 교육, 가난과 저항

○ 예수의 예루살렘 가는 길

51 예수께서 하늘에 오르실 날이 가까워지자 예루살렘에 가시기로 마음을 정하시고
52 심부름꾼들을 앞서 보내셨다. 그들은 길을 떠나 사마리아 사람들의 마을로 들어가 예
수를 맞이할 준비를 하려고 하였으나 53 그 마을 사람들은 예수께서 예루살렘에 가신다
는 말을 듣고 예수를 맞아들이지 않았다.
54 이것을 본 제자 야고보와 요한이 "주님, 저희가 하늘에서 불을 내리게 하여 그들을 불
사를까요?" 하고 물었으나 55 예수께서는 돌아서서 그들을 꾸짖고 나서 56 일행과 함께
다른 마을로 가셨다.(9,51-56)

〈루가〉에서 여행기(9,51-19,27)가 시작되는 부분이다. 예수가 갈릴래
아에서 활동한 이야기가 끝나고 예루살렘으로 가는 여정이 시작된 것이
다. 루가는 자세한 지명과 순서를 밝히지 않아도 예수 일행이 예루살렘
으로 이동한다는 것을 계속 말한다(〈루가〉 9,51; 13,22; 17,11; 18,35). 그 첫 부
분에 나오는 이야기로 〈루가〉에만 소개된다.

마르코는 예수의 역사를 7주 여정으로 보고, 주요 장소 다섯 곳을 차례
로 소개한다. 광야, 갈릴래아 호수, 예루살렘 가는 길, 예루살렘성전, 빈 무
덤이다. 예루살렘 가는 길 양쪽에 광야와 빈 무덤, 갈릴래아 호수와 예루살
렘성전이 있다. 예루살렘 가는 길, 즉 예수를 따르는 십자가의 길이 마르코
가 말하려는 주제다. 루가는 마태오처럼 〈마르〉의 구조에 따라 예수의 삶
을 크게 세 부분으로 나눈다. 예수가 갈릴래아에서 활동한 이야기(〈루가〉
1,1-9,50), 예루살렘으로 가는 길(〈루가〉 9,51-19,27), 예루살렘에서 맞는 최후
(〈루가〉 19,28-24,53)다. 마르코와 마태오와 루가는 모두 예수의 역사를 3부
작으로 구성한 것이다.

예수는 갈릴래아에서 가난한 사람에게 하느님 나라를 선포했다. 예루살렘으로 가는 길에 제자들을 교육한다. 예루살렘에서 적대자들과 갈등 끝에 십자가 죽음과 부활을 맞이한다. 각 부분에 주제와 주인공, 분위기가 다르다. 마태오와 루가는 〈마르〉의 기본 구조를 바탕으로 예수의 족보와 유년 시절 이야기, 부활 후 나타나신 이야기를 덧붙였다. 그리고 복음서 여기저기에 자신의 고유한 전승을 넣었다. 자기 시대 사람들이 이해하기 어려운 부분을 삭제하거나 조금씩 고쳤다. 〈마르〉가 예수 역사의 원본이라면, 〈마태〉와 〈루가〉는 증보판이다.

'예수의 예루살렘 가는 길' 이야기에서 〈루가〉의 새 부분이 시작된다는 데 성서학자들 의견이 대부분 일치한다. 여행기가 끝나는 부분에는 여러 의견이 엇갈린다. 루가의 '여행기'는 19세기에 개신교 성서학자 슐라이어마허Friedrich Schleiermacher가 이름 붙였다. 여행기는 〈루가〉 이전에 생긴 자료를 루가가 수록했으리라는 의견이 강했다. 지금은 루가가 독자적으로 만든 부분이라는 의견이 우세하다.[50]

루가의 여행기에는 여러 전승이 끼어들었다. 루가는 〈마르〉에 없는 내용을 여기저기 수록한다. 〈루가〉에만 나오는 아름다운 이야기가 많다. 특히 예수의 자비를 전하고 가난한 사람을 먼저 선택하는 비유가 있다. 제자들은 그 증인이다. 그래서 나는 〈루가〉 해설서를 《가난한 예수》라고 이름 붙였다.

예수의 갈릴래아 시절 주인공은 예수와 가난한 사람이다. 제자들은 조연 배우다. 주제는 하느님 나라다. 예루살렘으로 가는 길에서 주인공은 예수와 제자들이다. 가난한 사람은 조연 배우다. 주제는 제자 교육이다. 가난한 사람에게 하던 치유와 기적은 크게 줄었다. 가난한 사람은 거의 등장하지 않는다.

51절 '예수께서 하늘에 오르실 날이 가까워지자'는 예수의 역사에서 커다란 전환점이 생겼음을 암시한다. 범상치 않은 사건이 일어난 것이다. 하늘에 오르실 날(〈루가〉 24,51; 〈사도〉 1,9:22)은 예수가 지상에서 떠날 날을 가리킨다. '예루살렘에 가시기로 마음을 정하시고'라는 결단은 예수의 삶에 대한 하느님의 계획을 예수가 따르는 것을 가리킨다(〈루가〉 9,31). '마음을 정하시고'는 직역하면 '얼굴을 굳히고'라고 할 수 있다(〈이사〉 50,6-7).

예수는 예루살렘에 혼자 가지 않는다. 이 점이 중요하다. 제자들과 함께 간다. 예수는 제자들에게 세례자 요한의 역할을 주려고 한 것이다. 지금 우리도 예수와 함께 예루살렘으로 가는 길을 걷는다. 거처를 구하고 준비하는 일이 제자들의 유일한 일은 아니다.

본문이 갈릴래아에서 예루살렘으로 가려면 반드시 사마리아 지역을 지나야 한다고 주장하는 것은 아니다.[51] 다른 길이 있었다. 갈릴래아에서 예루살렘으로 가는 길 중간에 있는 사마리아 지역 사람들은 역사적 · 종교적으로 유다인과 사이가 좋지 못했다. 사마리아 사람들은 온전한 유다인으로 여겨지지 못했다. 그들은 예수가 유다인이기 때문이 아니라 예루살렘에 간다는 말을 듣고 예수를 맞이하지 않았다. 고향 나자렛에서도 수모를 겪은 예수 아닌가(〈루가〉 4,16-30). '예수의 예루살렘 가는 길' 이야기의 주제는 사마리아 사람들의 냉대가 아니라 제자들의 오해다.

〈마태〉10,5에 '사마리아 사람들의 도시에도 들어가지 마시오'는 〈루가〉 본문과 비교되는 구절이다. 루가 공동체는 〈마태〉의 이 구절을 모른다. 사마리아는 루가 공동체의 선교 계획에 포함된 지역이다(〈사도〉 1,8; 8,4-8; 9,31). 루가 공동체와 마태오 공동체는 사정이 다르다. 루가는 〈마태〉에 나타난 사마리아 선교 금지 부분을 정당화하거나 부드럽게 하려고 했을까.

54절에서 제자 야고보와 요한(〈마르〉 1,20; 3,17)은 심판관처럼 행세한다. 엘리야가 한 것(〈2열왕〉 1,10.12)처럼 예수에게 심판의 불(〈창세〉 19,24; 〈시편〉 140,11)을 제안한다. "그들을 불사를까요?"라고 물은 야고보와 요한이 무섭다. 예수의 제자들이 사람을 죽이려 들다니 말이다. 십자군전쟁에서, 남미 대륙 정복에서, 해외 선교지에서 많은 가톨릭 선교사도 야고보와 요한 같은 심정이었을까. 상상만 해도 끔찍하다. 교회의 심판 권리를 주장하며 하느님에게 버릇없이 대드는 교회 역사를 보는 것 같다. 제자들은 설교자일 뿐, 심판관이 아니다. 교회도 설교자일 뿐, 심판관이 아니다.

폭력을 써서 예수를 선교한다? 가톨릭교회는 국가권력을 이용하여 선교에 도움이 되는 정책을 진즉 포기했다. 선교를 위해 어떤 폭력도 써서는 안 된다. 선교를 포기하더라도 폭력은 안 된다. 언어폭력도 안 된다. 거룩한 폭력? 종교가 그런 폭력을 주장하면 안 된다. 사형 제도를 반대하는 가톨릭교회 아닌가. 예수는 국가 폭력에 저항하고 폭력에 희생되었지만, 폭력을 쓰지 않았다. 한국처럼 여러 종교가 있는 곳에서 종교 폭력은 더욱 안 된다. 불의에 저항하고 가난한 사람을 먼저 선택하는 자세로 종교끼리 돕고 선의의 경쟁을 하는 것이다.

예수의 갈릴래아 활동은 실패로 끝났는가. 예수는 왜 예루살렘으로 향했을까. 예수는 왜 갈릴래아를 떠났을까. 예수의 역사를 이해하는 데 중요한 질문이다. 이른바 예수의 '갈릴래아 위기'를 가리킨다. "이때부터 많은 제자들이 예수를 버리고 물러갔으며 더 이상 따라다니지 않았다."(〈요한〉6,66) 마귀를 쫓아내고, 병자를 치유하고, 기적을 행하고, 빵을 나누고, 비유로 사람들을 가르치고 위로하는 것으로 모자랐을까. 예수가 하느님 나라를 선포한 것이 못마땅했을까. 예수는 그들이 고대하던 메시아가 아니라고 생각했을까. 사람들은 예수에게 무엇이 부족하다고 보았을까. 예수에게 실망했단 말인가.

가난한 사람을 지극정성으로 대해도 그들은 예수를 떠나갔다. 여기서 우리는 어떤 교훈을 얻을까. 예수보다 지극정성이 훨씬 부족한 우리가, 가난하지 않은 교회가 과연 가난한 사람을 설득하고 그들의 마음을 얻을 수 있을까. 어려울 것이다.

우리가 조금 더 정성을 기울이면, 교회가 조금 더 신경 쓰면, 가난한 사람을 설득하고 그 마음을 얻을 수 있다는 자신감이 우리의 교만이요 교회의 착각일 것이다. 우리는 영영 가난한 사람의 마음을 얻을 수 없을지 모른다. 교회는 가난한 사람의 마음을 한 번도 얻을 수 없을지 모른다. 교회가 예수보다 지극정성으로 가난한 사람을 섬기지 않는다면 말이다. 교회가 그렇게 행동하는 날이 올까.

'예수의 예루살렘 가는 길' 이야기는 어떤 가르침을 주는가. 예수는 하느님의 뜻을 거부하지 않고 따른다. 예수는 죽음의 길을 피하지 않고 꿋꿋이 간다. 예수는 제자들의 오해에도 설득당하지 않고 자신의 길을 간다. 예수가 가는 길을 제자들이 방해한 것이다. 제자들을 꾸짖은 예수에게서 교회는, 그리스도인은 자신의 현재 모습을 돌아봐야 한다. 우리가, 교회가 예수의 길을 방해하지 않는가(〈루가〉6,27; 9,50).

○ 예수를 따르는 조건

⁵⁷ 예수의 일행이 길을 가고 있을 때 어떤 사람이 예수께 "저는 선생님께서 가시는 곳이면 어디든지 따라가겠습니다" 하고 말하였다. ⁵⁸ 그러나 예수께서는 "여우도 굴이 있고 하늘의 새도 보금자리가 있지만 사람의 아들은 머리 둘 곳조차 없습니다" 하고 말씀하셨다. ⁵⁹ 다른 사람에게 "나를 따라오시오" 하고 말씀하시자 그는 "선생님, 먼저 집에 가서 아버지 장례를 치르게 해주십시오" 하고 청하였다. ⁶⁰ 예수께서는 "죽은 자들의 장례는 죽은 자들에게 맡겨두고 당신은 가서 하느님 나라의 소식을 전하시오" 하셨다. ⁶¹ 또 한 사람은 "선생님, 저는 선생님을 따르겠습니다. 그러나 먼저 집에 가서 식구들과 작별 인사를 나누게 해주십시오" 하고 말하였다. ⁶² 예수께서는 "쟁기를 잡고 뒤를 자꾸 돌아보는 사람은 하느님 나라에 들어갈 자격이 없습니다" 하고 말씀하셨다.(9,57-62)

〈루가〉에서 가장 중요한 부분이 아닐까. 성서신학은 예수에 대한 정보를 아는 것으로 만족할 수 없다. 성서신학은 예수를 따르라고 촉구한다. 예수의 매력을 알리고 예수 따르기를 격려하는 것이 성서신학의 목적이다. 앞에 나온 '예수의 예루살렘 가는 길' 이야기에서 제자 보내기가 주제라면, '예수를 따르는 조건' 이야기는 예수 따르기가 주제다. '예수의 예루살렘 가는 길'에서 제자들이 예수보다 앞서 걸어갔다면, 이번에는 예수 뒤에서 걷는다. 예수는 예루살렘으로 가는 길에 제자들을 초대한다. 세 가지 일화를 통해 예수를 따르는 자세가 드러난다. 모두 길en te hodo에 관계되고 예루살렘으로 향한다.

사마리아에서 냉대받은 후, 이름이 알려지지 않은 남자가 예수를 따르겠다고 나선다. 그는 〈마태〉 8,19에서 율법 학자로 소개된다. 〈마태〉와 〈루가〉에만 나오는 이야기다. 루가는 질문한 사람이 예수의 답변에 어떻게 반응했는지 말하지 않는다. '그러나 그는 큰 부자였기 때문에 이 말씀을 듣고 마음이 무척 괴로웠다'(〈루가〉 18,23)에는 질문자의 반응이 있다. 마태오와 루가는 예루살렘 가는 길을 강조한 마르코를 자세한 일화로 응원한다.

58절에 '여우와 새는 잘 곳이 있지만 사람의 아들(〈루가〉 5,24)은 그렇지 못하다'는 예수의 답변은 비장하다. 예수는 하느님 나라를 전하기 위해 자발적으로 실업자가 되고 떠돌이가 되었다. 예수는 빈민이요, 노숙자요, 실업자다. 예수는 세상의 가치에서 안정을 찾지 않고 하느님에게 온전히 의지했다. 예수처럼 하느님에게 집중한 사람이 역사에 또 있을까.

근동 지역에서 시신은 보통 사망 당일 매장되었다. 59절에 장례를 치르는 다급한 의무를 간청하는 사람이 등장한다. 토라의 어떤 계명보다 존중되는 의무에 속한다. 당시 관행을 크게 거스르는 예수의 답변이 나온다. 예수를 따르기 위해 가족과 단절하라는 놀라운 말씀이다. "누구든지 나에게 올 때 자기 부모나 처자나 형제자매나 심지어 자기 자신마저 미워하지 않으면 내 제자가 될 수 없습니다."(〈루가〉 14,26) 〈마태〉에 없는 예수의 설명이 60절에 나온다. 예수를 따르는 것은 하느님 나라의 소식을 전하기 위해서다(〈루가〉 4,43; 10,9-11). 예수를 따르려던 사람들의 반응은 소개되지 않는다. 60절 예수의 답변은 성서학자들에게 논란의 대상이 되었다.

세 번째 인물은 예수를 따르기 전에 가족과 작별 인사를 나누려 한다. 엘리야는 제자에게 작별 인사를 허락한다(〈1열왕〉 19,20). 그러나 예수는 62절에서 엘리사가 하느님께 부름 받은 상황을 떠올리며, 쟁기를 잡고 돌아보는 사람에 비유한다. 쟁기를 잡고 돌아보면 밭고랑을 제대로 낼 수 없고, 넘어질 수도 있다. 가족과 단절하지 못하는 사람은 하느님 나라를 제대로 알릴 수 없을 뿐 아니라, 스스로 망가질 수 있다. 하느님 나라와 자기 자신에게 모두 방해가 된다는 뜻이다. 밭에 묻힌 보물을 사기 위해 재산을 다 팔아 그 밭을 사는 사람(〈마태〉 13,44)처럼, 약삭빠른 집사(〈루가〉 16,1-7)처럼 하느님 나라에 모든 것을 걸어야 한다.

시간, 장소, 사람들의 반응이 없는 것을 보면 '예수를 따르는 조건' 이야기의 의도가 좀 더 뚜렷해진다. 실제 일어난 사건을 보도하는 것이 아니라 루가가 제자 교육을 위한 소재로 독자에게 소개하는 것이다. 부활 전 상황을 참조하지만, 부활 후 교회에 깊은 울림을 주는 부분이다. 루가는 처음 두 소재를 예수 어록집 〈Q〉에서 가져온 것 같다. 세 번째 소재는 〈Q〉에서 왔는지, 루가 고유의 전승에서 왔는지 분명하지 않다.

공관복음에서 예수의 제자 부르심에는 크게 두 가지 특징이 있다. 먼저 예수의 부르심은 아주 매력적이어서 감히 거역할 수 없다(〈마르〉 1,16-20). 예수의 부르심은 얼마나 고맙고 흥분되는 일인가. 제자 부르심에는 반드시 강력한 요청이 뒤따른다(〈루가〉 9,57-62). 부르심이 매력적이기에 우리는 강력한 요청을 기쁘게 받아들인다. 강력한 요청 때문에 부르심이 매력적인 것이 결코 아니다. 하느님 나라가 기쁜 소식이기에 우리가 전파하는 것이지, 심판이 두려워서 하느님 나라를 전하는 것이 아니다. 사랑은 기쁨이기에 비로소 의무인 것이지, 의무이기 때문에 기쁨인 것은 아니다.

목수인 예수가 농부의 일까지 자세히 아는 것이 사뭇 놀랍다. 예수는 잔꾀를 부리는 집사와 부정직한 농부 이야기 등 세상사를 잘 안다. 어디 그뿐인가. 여인의 일상, 어린이의 놀이까지 모르는 게 없다. 사람 사는 각종 이야기를 속속들이 아는 예수가 놀랍다. 사기꾼 이야기에서 어둠에 싸인 뒷골목 이야기까지 어찌 그리 잘 알까. 우리 시대 종교인과 신학자는 예수처럼 세상살이를 잘 아는가.

당시 예수를 따르는 것은 다음 날 어디서 자는지 모르는 삶을 뜻했다. 오늘 상황은 어떤가. 신학생 시절부터 평생 가난을 모르고 노후와 미래가 보장된 삶이 있지 않은가. 그런 삶에서 예수를 제대로 따르는 비장함이 생길 수 있을까. 쟁기를 잡고 자꾸 돌아보는 성직자가 얼마나 많은가. 죽은 자의 장례는 죽은 자에게 맡겨둘 정도로 빨리 하느님 나라 복음을 전해야 한다. 사제가 골프장에서 한가하게 노닥거릴 시간이 있을까.

루가는 예수를 따르는 것은 하느님 나라를 전하기 위해서라고 분명히 전한다. 내 영혼을 구하기 위해서, 내 가족의 안녕을 위해서 예수를 따르는 것이 아니다. 예수를 따르는 것은 예수 뒤를 걷는 일이고, 예수와 같이 살겠다는 뜻이다. 예수를 따르는 것은 예수와 함께 예루살렘으로 가는 저항과 죽음의 길을 걷는 일이다. 우리는 가난한 사람을 먼저 선택하고 사랑하기 위해서 예수를 따른다. 하느님 나라와 관계없는 예수 따르기는 없다. 해방신학은 이 점을 분명히 한다. 내 스승 소브리노의 그리스도론은 한마디로 예수 따르기 그리스도론이요, 하느님 나라 신학이다.

예수를 아는 것보다 예수를 따르는 것이 중요하다. 존경하는 사람을 꼭 따르지 않을 수도 있다. 아인슈타인Albert Einstein을 존경한다는 사실이 아인슈타인을 따르는 것을 뜻하진 않는다. 예수를 알고 존경하지만 예수를 따르지 않는다? 예수를 따르지 않으면 예수를 아는 것이 아니다. 예수를 따르지 않으면 예수를 알 수 없다.

예수가 베드로에게 처음 한 말은 "나를 따르시오"(〈마르〉 1,17)다. 나를 믿으라는 말도, 나를 이해하라는 말도 아니다. 누구나 예수를 따르겠다고 장담하지만, 아무나 실제로 예수를 따르지는 않는다. 사실상 무신론자에 불과한 그리스도인이 얼마나 많은가. '쉬는 신자'나 '가나안 성도'에 불과한 종교인이 얼마나 많은가.

모든 인간은 하느님에게 부르심을 받았다. 그 부르심을 인정하고 받아들이느냐 하는 것이 우리의 주제다. 물론 그리스도인 모두 같은 치열함으로 부르심을 받은 것은 아니다. 그런 사실이 우리를 철저한 예수 따르기에서 면제하는 것은 아니다. 삶이란 예수를 어떻게 따를지 기쁘게 고뇌하는 일이 아닐까.

프란치스코 교황의 말씀에 '기쁨', '가난한 사람', '길을 걷다' 같은 단어가 자주 등장한다. 존경하고 좋아하는 사람과 제주 올레를 걷는다고 상상해보자. 내 가슴은 벌써 뛴다. 예수와 함께 길을 걷는다니 얼마나 황홀한가.

○ 일흔두 제자 파견

¹ 그 뒤 주께서 달리 일흔두 제자를 뽑아 앞으로 찾아가실 여러 마을과 고장으로 미리 둘씩 짝지어 보내시며 ² 이렇게 분부하셨다. "추수할 것은 많은데 일꾼이 적으니 주인에게 추수할 일꾼들을 보내달라고 청하시오. ³ 떠나시오. 이제 내가 여러분을 보내는 것이 마치 어린 양을 이리 떼 가운데 보내는 것과 같습니다. ⁴ 다닐 때 돈주머니도 식량 자루도 신도 지니지 말 것이며, 누구와 인사하느라고 가던 길을 멈추지도 마시오. ⁵ 어느 집에 들어가든지 먼저 '이 댁에 평화를 빕니다!' 하고 인사하시오. ⁶ 그 집에 평화를 바라는 사람이 있으면 여러분이 비는 평화가 그 사람에게 머무르고, 그렇지 못하면 여러분에게 되돌아올 것입니다. ⁷ 주인이 주는 음식을 먹고 마시면서 그 집에 머무르시오. 일꾼이 품삯을 받는 것은 당연한 일입니다. 이 집 저 집으로 옮겨 다니지 마시오.

⁸ 어떤 동네에 들어가든지 여러분을 환영하거든 주는 음식을 먹고 ⁹ 그 동네 병자들을 고쳐주며 하느님 나라가 그들에게 다가왔다고 전하시오. ¹⁰ 어떤 동네에 들어갔을 때 사람들이 여러분을 환영하지 않거든 길거리에 나가서 ¹¹ '당신네 동네에서 묻은 발의 먼지를 당신들한테 털어놓고 갑니다. 그러나 하느님 나라가 다가왔다는 것은 알아두시오' 하고 일러주시오. ¹² 내 말을 잘 들으시오. 그날이 오면 소돔 땅이 그 동네보다 오히려 가벼운 벌을 받을 것입니다."

¹³ "코라진아, 너는 화를 당하리라. 베싸이다야, 너도 화를 당하리라. 너희에게 행한 기적들을 띠로와 시돈에게 보였더라면 그들은 벌써 베옷을 입고 앉아서 재를 들쓰고 회개하였을 것이다. ¹⁴ 심판 날에 띠로와 시돈이 너희보다 오히려 가벼운 벌을 받을 것이다. ¹⁵ 너 가파르나움아, 네가 하늘에 오를 것 같으냐? 지옥에 떨어질 것이다." ¹⁶ 이렇게 꾸짖으시고 제자들에게 말씀하셨다. "여러분의 말을 듣는 사람은 나의 말을 듣는 사람이고, 여러분을 배척하는 사람은 나를 배척하는 사람이며, 나를 배척하는 사람은 곧 나를 보내신 분을 배척하는 사람입니다."(10,1-16)

예수가 제자들을 파견하기 전에 기나긴 격려사를 한다. 2-12절에는 제자들이 가는 길에 무엇을 준비하고, 들어가는 집에서 어떻게 말하고 처신할지 귀띔한다. 예수는 13-16절에서 선교 활동을 하며 겪을 제자들의 고통을 미리 위로한다. 일흔두 제자 파견에는 심판의 말씀이 중요한 역할을 한다. 그들은 열두 제자와 달리 특정한 지역에 파견된다. 1-12절은 〈루가〉에만 나오는 이야기다. 13-16절은 〈마태〉 11,20-24에도 나온다. 12-15절은 선교와 다른 맥락에서 나온 구절이다. 루가는 이 부분을 선교와 연결하여 인용한다.

성서 사본에 72명 혹은 70명으로 다른 표기가 있다. 처음에 72명을 쓰고 나중에 70명으로 고친 것 같다. 히브리어 공동성서에서 〈창세〉 10장은 70명을 말하지 않는다. 공동성서 그리스어 번역본은 72명 대신 71명이나 73명을 말한다. 이스라엘 원로는 70명이다(〈출애〉 24,1; 〈민수〉 11,24). 야곱 가문 식구도 70명이다(〈창세〉 46,27; 〈출애〉 1,5). 그런데 〈사도〉 7,14에서 75명으로 바뀐다.

1절에서 열두 제자 파견(〈루가〉 9,1-6)보다 많이 예수의 지상 활동을 강조한다. 제자들은 믿을 수 있게 둘씩(〈마르〉 6,7; 〈신명〉 19,15) 예루살렘 가는 길목에 있는 도시로 파견된다. 마르코는 농촌 선교 전문가, 루가는 도시 선교 전문가다. 루가는 갈릴래아에서 예루살렘(〈루가〉), 예루살렘에서 로마(〈사도〉)에 이르는 도시 선교 여정을 전망한다. 루가는 '이방인이 사는 곳과 사마리아 사람의 도시에 가지 말고 이스라엘 백성 중의 길 잃은 양을 찾아가라'(〈마태〉 10,5)는 말씀을 받아들일 상황이 아니었다.

심판을 가리키는 추수(〈요엘〉 4,13; 〈마르〉 4,29; 〈묵시〉 14,15)에 일꾼이 적다. 하느님이 보낸 천사(〈마태〉 13,39.49; 24,31)는 세상 끝 날이 다가온다는 종말론적 의미가 있다. 2절에서 예수는 기도를 청하라고 당부한다. 자기 힘으로는 아무도 일꾼이 될 수 없다는 뜻이다. 독자에게 심판을 경고하는 의미도 있다.

3절에서 파견되는 제자들이 겪을 고통이 예상된다. 루가는 어린 양을 이리 떼 가운데 보내는 것과 같지만, '여러분은 뱀처럼 슬기롭고 비둘기처럼 양순해야 합니다'(〈마태〉10,16)를 알지 못했다. 〈마르〉6,8과 달리 〈루가〉9,3에서 언급한 금지 조항에 인사도 포함된다. 이 금지는 〈마태〉에 없다. 심판 설교의 다급함(〈2열왕〉4,29)을 가리킨다. 사람들에게 환영받고 대접받기를 바라지 말라는 가르침이기도 하다(〈루가〉11,6 참조). 5절에는 길에서 선교하지 말고 집에서 선교하라는 말씀이 있다.

제자들은 어떻게 파견되었는가. 떠들썩한 행사에 돈을 퍼주었는가. 4절에서 예수는 제자들에게 '돈주머니ballantion를 지니지 말라'고 한다. 돈argurion을 넣는, 가죽이나 아마포로 만든 작은 주머니를 가리킨다. 루가는 돈주머니를 여러 번 언급한다(〈루가〉12,33; 22,35-36). 식량 자루pera도 금지다. 걸인 종교를 창시한 부처가 노숙자 종교를 창시한 예수에게 깜짝 놀랄 일이다. 〈마르〉6,9에서 분명히 허용된 신발도 금지된다. 루가가 마르코보다 제자들의 가난을 철저하게 요구하는 것이다. 맨발로 다니라는 말인지, 여벌 신발을 금지한 것인지 성서학자들의 의견이 일치하지 않는다. 제자들의 가난을 강력하게 요구한 것은 분명하다.

집을 방문하면 어떻게 해야 하는지 설명한 부분에는 초대교회 선교 경험이 반영된다. 어느 집에 들어가서 구원의 표시로 평화의 인사(〈이사〉52,7)를 건넨다. 6절처럼 유다 풍습에 맞게 인사를 받는 사람의 준비 자세에 따라 평화가 집 안으로 가거나 제자에게 되돌아온다. 제자들은 자기

편의를 위해 이 집 저 집 골라 다니면 안 된다. 방문한 집에 머물 권리는 언급된다(〈1고린〉9,11; 〈1디모〉5,18).

8-11절에는 어느 도시에 가서 어떻게 해야 하는지 설명한다. 5-7절에서 '가정 규칙'을 말했다면, 이제 '도시 규칙' 차례다. 제자들이 받아들여지면 치유 활동을 하고 하느님 나라를 선포해야 한다(〈루가〉11,20; 17,21). 환영받지 못하면 다가온 하느님 나라를 심판으로 알리고 발에서 먼지를 털며(〈루가〉9,5) 경고해야 한다.

12절에서 심판받을 도시의 대명사로 소돔이 등장한다. 그리고 예루살렘에 이르는 길에 없는 도시인 띠로와 시돈, 가파르나움이 추가된다. 그들에게도 엄한 심판의 말이 덧붙는다(〈이사〉14,13-15). 15절에서 '하늘과 지옥'은 하느님과 죽은 자들이 있는 장소로 소개된다(〈아모〉9,2; 〈시편〉 139,8). 16절에서 예수는 파견되는 제자들에게 격려의 말씀을 한다.

13-15절에 코라진과 베싸이다에게 예수의 저주 선언이, 가파르나움에는 경고 말씀이 내려진다. 모두 예수가 돌아다닌 곳이다. 본문에서 파견되는 일흔두 제자와 전혀 관계없는 지역이다. 예수는 왜 그런 말을 했을까. 자신의 지난날이 씁쓸하게 떠올랐을까. 추억과 아쉬움, 섭섭함이 교차했을까. 더구나 가파르나움은 예수가 오래 머무른 곳이 아닌가. 성서 곳곳에 예수의 외로움이 진하게 담긴 구절이 있다. 예수의 외로움을 느껴보라.

예수는 예루살렘으로 가는 길에 제자들을 파견한다. 왜 보냈을까. 자신의 죽음과 관계없이 하느님 나라는 계속 선포되어야 한다는 뜻이다.

열두 제자뿐 아니라 더 많은 제자들이 예수 곁에 있었다. 루가는 열두 제자를 유다인에게 보내고(〈루가〉 14,21; 〈사도〉 13,46), 일흔두 제자를 이방인에게 보내는 방법을 생각하는 것 같다. 이방인 선교를 예수의 역사와 연결하려는 루가의 의도에서 나온 부분이다. 그러나 본문을 자세히 보면 문제는 조금 달라진다.

루가는 72라는 숫자에 무슨 상징적 의미를 생각했을까. 초대교회에서 72가 '온 세상'을 뜻한다는 언급은 이레나이우스 책에서 처음 보인다. 루가는 72에서 온 세상 선교를 생각했다는 성서학자들의 의견을 그대로 받아들이긴 곤란하다. 본문에서도 일흔두 제자는 이방인 지역이 아니라 예루살렘으로 가는 길목에 있는 도시에 파견된다. 베드로와 요한(〈사도〉 3,1; 8,14), 바르나바와 사울(〈사도〉 13,2), 유다와 실라(〈사도〉 15,22), 바울로와 실라(〈사도〉 15,40)처럼 초대교회에서 선교사를 두 명씩 보낸 관행이 예수 시대로 소급된 것은 아닐까.

'추수할 것은 많은데 일꾼이 적으니 주인에게 추수할 일꾼들을 보내 달라고 청하시오.' 이 말씀은 교회에서 사제성소와 수도자 성소를 위한 기도로 자주 인용된다. 그러나 이보다 인용되어 마땅한 구절은 '돈주머니도 식량 자루도 신도 지니지 말 것이며' 아닐까. 이처럼 교회에서 무시당하는 성서 구절이 또 있을까. 우리 교회는 현금에, 신용카드에, 후원자까지 지나치게 풍족하다. 가난하지 않은 교회에 어찌 성소자가 쏟아져 나오겠는가. 가난하지 않은 교회는 성소자를 위한 기도를 바칠 염치가 없다. 가난하지 않은 교회는 선교를 말할 자격이 없다.

사제성소와 수도자 성소를 위한 기도는 필요하고 중요하다. 그러나 평신도 성소를 위한 기도도 바쳐야 한다. 사제와 수도자만 성소는 아니다. 가난한 사람도 분명히 성소다. 성소 개념을 축소하지 마라. 신학교나 수도원에 들어가는 것보다 가난하게 사는 일이 훨씬 중요하고 시급하다. 세속화에 물든 사제와 수도자가 세상과 교회와 가난한 사람에게 무슨 도움이 되며, 어떤 의미가 있겠는가. 오히려 폐를 끼칠 뿐이다. 성소가 부족한 게 아니라 적절한 성소자가 부족하다. 가난하지 않은 사람은 참된 성소자가 아니다.

특정 지역을 저주하는 예수의 발언에 마음이 착잡할 수 있다. 가파르나움에도 착한 사람은 있지 않겠는가. 예수는 왜 일반화의 오류를 범할까. 교회 쇄신을 촉구할 때도 비슷한 반박이 나온다. 훌륭한 신자와 사제의 이름을 거명하며 쇄신 요구를 묵살하기 쉽다. 그렇게 말하는 사람들은 바리사이와 율법 학자를 모조리 비판하는 예수의 뜻을 알까.

"나는 착한 목자입니다."(요한 10,11) 예수의 이 말에는 성직자 비판이라는 의미가 있다. 예루살렘과 각지에 있는 사제들이 잘못하고 있다는 뜻이다. 예수가 진정한 목자라는 선언에는 가짜 성직자를 향한 따끔한 경고가 포함된다. 세상에는 착한 목자도 있고 악한 목자도 있다. 모든 성직자가 착한 목자는 아니다. 악한 목자는 도둑에 불과하다.

예수의 저주 선언 자체가 충격일 수 있다. 모든 인간을 구원하러 왔다는 예수가 어찌 그런 옹졸한 저주를 할 수 있단 말인가. 원수 사랑을 외치고, 산상수훈이라는 아름다운 말씀을 한 예수 아닌가. 예수가 누구에게 행복 선언을 했나. 가난한 사람에게 행복 선언을 했다. 예수가 누구에게 저주 선언을 했나. 지식인, 종교인, 부자와 권력자에게 저주 선언을 했다.

예수가 누구에게 무슨 이유로 어떤 선언을 했는지 정확히 분별해야 한다. 예수는 아무에게나 행복 선언을 하지 않았다. 예수는 아무에게나 저주 선언을 하지 않았다.

예수는 심한 욕설도 했다. 당시 조·중·동이나 종편 방송이 있었다면 예수는 큰일 날 뻔했다. '예수의 막말 시리즈' 같은 제목으로 호되게 비난했을 것이다. 예수의 일부 말씀과 행동을 고르고 키우고 편집해서 사람들을 홀렸을 것이다. 예수는 패륜아, 파렴치범으로 몰렸을 것이다. 오늘 성직자와 수도자와 교회는 예수의 거친 욕설과 저주를 배우고 따를 필요가 있다. 언제, 어디, 누구 앞에서나 비단처럼 고운 말과 처신을 하는 모습은 실제 예수와 거리가 한참 멀다. 불의에 분노하고 저항할 줄 모르는 사람은 예수를 잘 모른다.

○ 일흔두 제자와 예수의 고백

¹⁷ 일흔두 제자가 기쁨에 넘쳐 돌아와 아뢰었다. "주님, 저희가 주님의 이름으로 마귀들까지 복종시켰습니다." ¹⁸ 예수께서 말씀하셨다. "나는 사탄이 하늘에서 번갯불처럼 떨어지는 것을 보았습니다. ¹⁹ 내가 여러분에게 뱀이나 전갈을 짓밟는 능력과 원수의 모든 힘을 꺾는 권세를 주었으니 이 세상에서 여러분을 해칠 자는 하나도 없습니다. ²⁰ 그러나 악령들이 복종한다고 기뻐하기보다 여러분의 이름이 하늘에 기록된 것을 기뻐하시오."

²¹ 그때에 예수께서 성령을 받아 기쁨에 넘쳐서 이렇게 말씀하셨다. "하늘과 땅의 주님이신 아버지, 지혜롭다는 사람들과 똑똑하다는 사람들에게는 이 모든 것을 감추시고 오히려 철부지 어린이들에게 나타내 보이시니 감사합니다. 그렇습니다, 아버지! 이것이 아버지께서 원하신 뜻이었습니다. ²² 아버지께서는 모든 것을 저에게 맡겨주셨습니다. 아들이 누구인지는 아버지만 아시고, 아버지가 누구신지는 아들과 또 그가 아버지를 계시하려고 택한 사람만 알 수 있습니다."

²³ 그리고 예수께서 돌아서서 제자들에게 따로 말씀하셨다. "여러분이 지금 보는 것을 보는 눈은 행복합니다. ²⁴ 사실 많은 예언자들과 왕들도 여러분이 지금 보는 것을 보려고 했으나 보지 못하였고, 여러분이 듣는 것을 들으려고 했으나 듣지 못하였습니다."(10,17-24)

세 부분으로 구성된 이야기다. 17-20절에 마귀를 쫓아낸 일흔두 제자의 보고는 〈루가〉에만 나오는 내용이다. 21-22절에서 예수와 하느님의 관계에 기초한 하느님 찬양이 이어진다(〈마태〉 11,25-27). 23-24절에는 복음서에서 예수가 제자들을 칭찬한 것으로 볼 수도 있는 거의 유일한 구절이 나온다(〈마태〉 13,16-17). 루가는 제자들의 선교 역사를 보도하는 것이 아니고, 선교사에게 관심이 있는 것도 아니다.

제자들이 어디서 얼마나 오래 활동했는지, 환영받았는지 거절당했는지 전혀 언급되지 않는다. 제자들의 유일한 소식은 주님의 이름으로 마귀를 쫓아낸 일이다. 마귀(17절), 사탄(18절), 원수(19절), 악령(20절) 등 여러 이름으로 불린다. 악의 세력, 곧 하느님 나라를 반대하는 세력은 정체를 감추기 위해 이름과 조직과 행동 방식을 끊임없이 바꾼다. 우리는 악의 세력이 어떻게 움직이고 살아가는지 정확히 알아채야 한다.

〈마르〉에서 예수가 처음 보여준 능력은 마귀를 쫓은 일이다(〈마르〉 4,21-28). 제자들이 마귀를 쫓아낼 능력이 있는지 엇갈리는 구절이 앞에 있었다. 예수는 '열두 제자를 한자리에 불러 모든 마귀를 제어하는 권세와 병 고치는 능력을 주셨다'(〈루가〉 9,1). 그러나 사람들이 예수의 '제자들에게 악령을 쫓아달라고 했지만 쫓아내지 못했다'(〈루가〉 9,40). 그동안 마귀들은 예수 앞에서 굴복했지만(〈루가〉 4,34.41; 8,28), 이제는 예수의 이름에도 제자들에 의해 굴복한다.

18절 '사탄이 하늘에서 번갯불처럼 떨어지는 것을 보았다'고 한 예수의 고백은 무슨 뜻일까. 예수는 이사야가 바빌론 왕을 비꼬는 구절을 기억한 것 같다. "웬일이냐, 너 새벽 여신의 아들 샛별아, 네가 하늘에서 떨어지다니! 민족들을 짓밟던 네가 찍혀서 땅에 넘어지다니!"(〈이사〉 14,12). 18절과 〈이사〉 14,12을 연결하는 것을 반대하는 의견[52]에 나는 찬성하기 어렵다.

예수는 사탄의 종말을 노래한다(〈묵시〉 12,7-10). 하느님 나라가 선포되고 가까이 왔으니 하느님 나라를 반대하는 세력이 퇴장하는 것이다. 하느님 나라 확장은 하느님 나라를 반대하는 세력이 물러감을 뜻한다. 예언자는 독재자가 반드시 몰락한다는 사실을 끈질기게 말해왔다. 하느님은 독재자를 멸망시킨다. 하느님은 예수를 통해 악의 세력이 패배한다는 진리를 보여주셨다. 역사가 이승만, 박정희의 몰락을 보여줄 것이다. 독재자를 지지하고 그들에게 특혜를 받은 한국 천주교회 내 일부 인사의 어두운 역사는 반드시 밝혀질 것이다. 친일파가 물러나지 않는데 민주주의가 왔다고 볼 수는 없다.

예수는 〈시편〉을 인용하여 제자들이 뱀과 전갈과 원수에게서 보호되는 모습을 표현한다(〈시편〉 91,13; 〈마르〉 16,18 참고). 19절에서 '뱀이나 전갈'은 초대교회가 있던 그리스 문화의 영향을 받아 언급된 것 같다. 하느님에 속한다는 기쁨을 제자들에게 설명한다(〈다니〉 12,1; 〈필립〉 4,3; 〈묵시〉 3,5). 루가는 20절에서 '하늘(생명책)에 기록된'이라는 공동성서 주제를 꺼낸다(〈출애〉 32,32-; 〈시편〉 69,29; 〈이사〉 4,3).

21절에서 예수는 '성령을 받아(〈루가〉 1,41.67) 기쁨에 넘쳐서' 말한다. '철부지 어린이들'은 제자들을 가리킨다. 하느님은 세상 개념으로 보면 어설프기 짝이 없는 제자들에게 당신의 지혜와 능력(〈이사〉 29,14; 〈호세〉 14,10)을 보여주신 것이다. 제자들의 능력을 칭찬한 것이 아니라 제자들에게 능력을 주신 하느님을 찬미하는 것이다. 하느님은 당신이 계시지 않은 것처럼 우리에게 모든 것을 맡기셨다. 그러나 우리는 하느님 없이 아무것도 할 수 없다. 하느님이 계시지 않은 것처럼 이제 모든 것을 우리가 책임지고 행동하는 것이다. 그러나 하느님 없이 아무것도 할 수 없다고 생각하며 행동하는 것이다. 하느님이 계셔서 모든 것을 할 수 있고, 하느님 없이 아무것도 할 수 없다.

22절은 〈요한〉 분위기가 물씬 풍긴다. 하느님 아버지요 어머니는 모든 것을 아들이요 딸인 예수에게 맡겨주셨다(〈1고린〉 11,23; 〈요한〉 5,20;

10,30; 17,11). 하느님과 예수의 일치와 교감을 노래한다. 하느님은 예수가 누구인지 알려주었고, 예수는 하느님이 누구신지 알려주었다. 예수를 보면 하느님을 보는 것이다. 이것이 〈요한〉 주제다. 예수는 가난한 사람이 누구인지 알려주었고, 가난한 사람은 예수가 누구인지 알려주었다. 가난한 사람을 보면 예수를 보는 것이다. 이것이 공관복음 주제다. 하느님은 가난한 사람 안에 있는 예수를 보여주셨다.

하느님은 예수 안에서 당신을 보여주셨다. 이제 우리는 하느님을 찾으려고 구름 위를 바라볼 필요가 없다. 하느님은 지금 가난한 사람과 예수 안에 계신다. 가난한 사람을 무시하는 사람은 하느님을 무시하는 사람이다. 예수를 외면하는 사람은 하느님을 무시하는 사람이다.

예수는 23절에서 '보는 눈은 행복하다'고 선언한다. 마태오는 '들을 수 있으니 행복하다'는 구절을 덧붙인다(〈마태〉 13,16). 하느님 나라를 보지 못한 예언자나 왕보다 하느님 나라를 보고 듣는 사람이 행복한 것이다! 하느님 나라를 선포하는 사람은 행복하다. 하느님 나라를 반대하는 세력과 싸우고 쫓아내는 사람은 행복하다. 볼 것을 보고 들을 것을 듣는 사람은 행복하다.

〈루가〉에는 두 제자 그룹이 있다. 이름이 언급된 제자(〈루가〉 5,27-28; 6,12-16)와 이름이 언급되지 않은 제자(〈루가〉 9,1-6.57-62; 10,1-20). 열두 제자는 이스라엘에 파견되고, 일흔두 제자는 예루살렘으로 가는 길목에 있는 도시 등에 살고 있던 이방인에게 파견된다. 루가는 초대교회에서 두 가지 선교 방식을 목격하고, 두 선교 계획으로 표현하는 것 같다. 물론 앞에 나온 '일흔두 제자 파견' 이야기에서 일흔두 제자들이 이스라엘에 파견되지만 말이다.

신앙에 그리스도교에서 보는 것이 왜, 얼마나 중요할까. 가톨릭 사회
교리에서 강조되는 보기, 판단하기, 행동하기라는 순서가 있다. 5차 남미
주교회의《아파레시다 문헌The Aparecida Document》도 보기, 판단하기, 행동하
기 순서에 따라 작성했다. 남미 대륙이 처한 역사 현실을 맨 처음 다뤘다.
프란치스코 교황의 권고《복음의 기쁨》도 마찬가지다. 가톨릭교회의 위
기를 맨 처음 설명했다. 판단하고 행동하기 전에 봐야 한다. 신앙의 내용
을 이해하고 행동하기 전에 우리가 사는 역사와 현실을 있는 그대로 봐야
한다.

똑같이 가톨릭 신앙이 있는데, 왜 어떤 사람은 악의 세력에 협조하고
어떤 사람은 저항할까. 신앙의 목적과 의도가 다를 수 있다. 정치 성향이
종교의 가르침을 억압할 수 있다. 그들은 현실을 보는 눈부터 다르다고
볼 수 있다. 현실을 있는 그대로 보지 않는 그리스도인이 적지 않다. 역사
와 현실을 있는 그대로 보는 일은 쉽지 않다. 현실을 있는 그대로 보는 용
기가 필요하다. 무지와 편견이 깨지는 아픔을 견뎌야 한다. 악의 세력에
저항하고 희생하는 자세가 필요하다.

훌륭한 그리스도인이 되기 위한 바람직한 교육 순서는 무엇일까. 성
서, 교리, 신심 아닐까. 그런데 성서 교육은 부실하다. 교리 교육도 마찬가
지다. 변변찮은 성서 교육과 교리 교육을 받고도 신심에 몰두하는 사람
이 적지 않다. 순서도 틀렸고 비중도 틀렸다. 한국 가톨릭과 개신교에서
성서 교육과 교리 교육은 비참한 수준에 머무른다. 누구의 책임일까.

한 가지 제안을 하고 싶다. 성서 공부보다 한국사 공부가 먼저 아닐까. 성서를 읽기 전에 현실을 봐야 하지 않을까. 임진왜란 이후 한국사를, 적어도 동학혁명 이후 현대사를 알아야 하지 않을까. 교회와 성당, 신학교에서 한국 현대사를 배우고 가르치면 어떨까. 설교자도 역사와 현실부터 다루면 어떨까. 민족의 아픔과 운명을 제대로 아는 신앙인이 그립지 않은가. 그리스도교는 민족의 아픔을 자기 아픔으로 느껴야 하지 않겠는가. 남의 나라 이스라엘 역사는 알고, 내 나라 내 민족 역사를 모른다면 말이 되는가. 역사를 모르면 성서도 알 수 없다. 역사 없이 종교 없다.

1989년 군대의 총에 맞아 순교한 엘살바도르의 해방신학자 이냐시오 에야쿠리아가 생각난다. 그는 현실을 보는 세 가지 순서를 다음과 같이 설명한다.[53]

1. 잘못된 현실을 있는 그대로 봐야 한다.
2. 잘못된 현실이 내 책임인 것처럼 아프게 봐야 한다.
3. 잘못된 현실을 고치기 위해 희생할 각오를 하고 봐야 한다.

하느님 나라를 선포하는 사람들은 좀 더 당당해야 한다. 하느님 나라를 반대하는 세력 앞에서 움츠릴 필요가 없다. 하느님 나라를 반대하는 마귀를 예수가 쫓아내지 않았는가. 이제 우리도 예수 이름으로 마귀를 쫓아내지 않는가. 그러니 하느님 나라를 반대하는 세력 앞에 비굴하게 처신할 이유가 없다. 하느님 나라를 반대하는 세력에 당당히 맞서 싸울 용기가 필요하다. 하느님 나라를 선포한다는 것은 하느님 나라를 반대하는 세력과 싸우고 그들을 쫓아내는 것이다. 그리스도교에서 하느님 나라 선포는 강조되었지만, 하느님 나라를 반대하는 세력과 싸우고 그들을 쫓아내는 것이 하느님 나라 선포처럼 중요하다고 강조되지는 않았다. 이것은 잘못이다.

해방신학은 하느님 나라를 반대하는 세력과 싸우고 그들을 쫓아낼 것을 강조한다. 하느님 나라를 반대하는 세력과 싸우고 쫓아내지 않으면 하느님 나라를 선포하지 않는 것과 다름없다. 하느님 나라를 선포하지만 하느님 나라를 반대하는 세력과 싸우고 그들을 쫓아내지 않는 것은, 말은 하지만 행동하지 않는 것과 같다. 예수는 하느님 나라를 선포했고, 하느님 나라를 반대하는 세력에 저항하고 그들과 싸웠다. 오늘 그리스도교는 하느님 나라를 반대하는 세력에 저항하고 그들과 싸우는 모습을 어서 회복해야 한다.

해방신학은 설명하는 신학보다 싸우는 신학에 가깝다. 신앙의 내용을 이해하도록 돕는 전통 신학과 조금 다르게 잘못된 세상을 고치려는 신학이다. 신학은 철학보다 이런 고백을 먼저 했어야 마땅하다. 그동안 철학은 세상을 이해하는 데 중점을 두었다. 그러나 철학의 목적은 세상을 이해하는 것이 아니라 세상을 바꾸는 것이다. 잘못된 세상을 바꾸는 것은 예수의 간절한 꿈이었다.

복음서에서 예수가 가장 자주 인용하는 공동성서는 〈이사〉다. 절망을 선포한 〈예레〉는 복음서에서 거의 언급하지 않지만, 희망을 선포한 〈이사〉는 예수가 애용한다. 예수는 〈이사〉를 깊이 연구한 것 같다. 내 생각에 예수는 〈이사〉 전문가다. 예수는 희망을 선포했고 절망과 싸웠다. 절망을 권고하는 악의 세력에 맞서 싸웠다. 희망은 거짓 위안과 힐링에서 오는 것이 아니다. 절망을 음흉하게 권고하는 악의 세력에 맞서 싸우지 않으면 희망은 오지 않는다.

　지금 하느님이 천사들에게 한국 사회와 교회를 살피고 오라고 한다면, 천사들이 어떻게 보고할지 궁금하다. 하느님 보시기에 한국은 어떨까. 마음에 드실까. 지상 순례 길을 떠나 하느님 앞에 선다면, 하느님이 나 자신의 삶과 신앙에 대해 듣고 싶어 할 때 나는 어떻게 말할까. 자랑스러울까, 송구스러울까.

○ 착한 사마리아 사람 비유

25 어떤 율법 학자가 일어서서 예수의 속을 떠보려고 물었다. "선생님, 제가 무슨 일을 해야 영원한 생명을 얻을 수 있겠습니까?" 26 예수께서는 "율법서에 무엇이라고 적혀 있으며 당신은 그것을 어떻게 읽었습니까?" 하고 반문하셨다. 27 "'네 마음을 다하고 네 목숨을 다하고 네 힘을 다하고 네 생각을 다하여 주님이신 네 하느님을 사랑하여라. 그리고 네 이웃을 네 몸같이 사랑하여라' 하였습니다." 이 대답에 28 예수께서는 "옳은 대답입니다. 그대로 실천하시오. 그러면 살 수 있습니다" 하고 말씀하셨다.

29 그러나 율법 학자는 짐짓 제가 옳다는 것을 드러내려고 "그러면 누가 저의 이웃입니까?" 하고 물었다. 30 예수께서는 이렇게 말씀하셨다. "어떤 사람이 예루살렘에서 예리고로 내려가다가 강도들을 만났습니다. 강도들은 그 사람이 가진 것을 모조리 빼앗고 마구 두들겨서 반쯤 죽여놓고 갔습니다. 31 마침 한 사제가 그 길로 내려가다가 그 사람을 보고는 피해서 지나갔습니다. 32 레위 사람도 거기까지 왔다가 그 사람을 보고 피해서 지나갔습니다. 33 그런데 길을 가던 어떤 사마리아 사람은 그의 옆을 지나다가 그를 보고는 가엾은 마음이 들어 34 가까이 가서 상처에 기름과 포도주를 붓고 싸맨 다음 자기 나귀에 태워 여관으로 데려가서 간호해주었습니다. 35 다음 날 자기 주머니에서 두 데나리온을 꺼내어 여관 주인에게 주면서 '저 사람을 잘 돌보아주시오. 비용이 더 들면 돌아오는 길에 갚아드리겠소' 하고 떠났습니다. 36 세 사람 중에서 강도를 만난 사람의 이웃이 되어준 사람은 누구라고 생각합니까?"

37 율법 학자가 "그 사람에게 사랑을 베푼 사람입니다" 하고 대답하자, 예수께서 말씀하셨다. "당신도 가서 그렇게 하시오."(10,25-37)

'무슨 일을 해야 영원한 생명을 얻을 수 있겠습니까'(25절), '누가 저의 이웃입니까'(29절) 두 질문으로 구성된 이야기다. 논쟁처럼 보이지만 가르치는 내용이다. 흔히 착한 사마리아 사람의 비유라고 한다. 그러나 '착한'이라는 형용사가 '사마리아 사람'이라는 주어를 수식하는 것으로 좁게 이해하면, 이 비유가 윤리적인 교훈에 그칠 위험이 있다. 사마리아 사람이 윤리적으로 착하다는 뜻이라기보다 사마리아 사람의 행동이 착하다는 뜻이기 때문이다.

〈마르〉처럼 상황 묘사가 나오지 않고, 루가는 예수의 속을 떠보려고 진지하지 않은 질문을 하는 율법 학자를 등장시킨다. 율법 학자는 하느님 나라에 대해 묻지 않고 영원한 생명에 대해 묻는다. 루가도 하느님 나라에 대한 질문으로 바꾸는 것이 낫지 않았을까. 그리스 사상과 문화의 영향을 받은 유다인의 흔적이 보이는 부분이다. 루가는 자주 '제가 무슨 일을 해야 합니까'라고 묻는다(〈루가〉 3,10; 〈사도〉 16,30).

예수는 영원한 생명이라는 개념을 묻는 율법 학자에게 율법서의 내용을 되묻는다. 율법 학자는 율법서를 잘 알지 않겠느냐는 말이다. 아는 내용을 왜 질문하느냐고 점잖게 타이른다. 정답은 공동성서에 있다. 예수는 26절에서 '당신은 성서를 어떻게 읽었습니까'라고 되물었다. 예수가 오늘 나에게, 교회에게 묻는 듯하다. 부끄러운 마음에 얼굴이 붉어진다.

율법 학자는 〈출애〉 20,2을 들어 하느님에 대한 사랑을 요약하여 답한다. 이웃 사랑에 대한 〈레위〉 19,18도 덧붙인다. 이웃은 친구(〈출애〉 32,27; 〈예레〉 23,35; 〈시편〉 38,12)뿐만 아니라 다른 사람(〈창세〉 11,3; 〈출애〉 2,13; 〈레위〉 19,11)과 이스라엘 땅에 사는 이방인도 포함된다(〈레위〉 19,34). 이웃을 당신 몸같이 사랑하라는 말은 이웃 사랑이 시급함을 가리킨다. 내가 깨달은 만큼 이웃을 사랑하라는 말이 아니라, 이웃 사랑을 내 몸이 느끼듯이 당연하게 여기는 만큼 어서 실천하라는 뜻이다. 여기에는 자신을 사랑하는 것이 당연하다는 전제가 있다.

공동성서의 두 계명을 한데 묶은 경우는 신약성서에 여기 말고 없다. 유다교는 모든 계명을 똑같이 중요하다고 생각했기 때문에 가장 중요한 계명을 고르거나 요약하지 않았다. 바울로는 이웃 사랑의 계명을 '네 이웃을 네 몸처럼 아껴라'(〈레위〉 19,18)에서 발견했다(〈로마〉 13,8-10; 〈갈라〉 5,14). 행동보다 믿음을 강조했다고 흔히 오해되는 바울로도 사실은 행동을 강조한다(〈로마〉 14,10; 〈갈라〉 3,12; 〈1고린〉 5,10).

28절에서 예수는 율법 학자의 답변을 칭찬한다. "옳은 대답입니다. 그대로 실천하시오. 그러면 살 수 있습니다." 그대로 실천하라는 말씀이다. 답을 모르는 게 문제가 아니라, 답을 알지만 실천하지 않는 것이 문제다. 우리는 유치원과 초등학교, 주일학교에서 어지간한 진리는 다 배웠다. 그리스도교가 가르친 내용을 그리스도교가 그대로 실천하면 된다. 그리스도교가 사람들에게 핀잔을 받는 이유는 무엇을 잘못 가르쳐서가 아니라, 가르친 것을 제대로 실천하지 않기 때문이다.

교리 질문을 받은 예수는 역사적 사례를 들어 답한다. 철학적 질문은 역사로 답변해야 마땅하다는 암시일까. 단어를 정의하기 좋아하는 그리스 사상과 역사적 사례를 들어 설명하기 좋아하는 유다 사상이 대조적이다. 그리스도교는 철학보다 역사에 가깝다. 나는 그동안 서양 신학의 역사는 철학 과잉이요, 역사 빈곤이라고 요약할 수 있다고 생각한다.

26-28절에서 〈신명〉 6,5과 〈레위〉 19,18을 인용하는 예수는 충실한 유다교 평신도다. 예수는 유다교를 개혁하려고 나선 것일까. 예수는 유다교 사제들과 친하지도, 거의 접촉하지도 않았다. 오히려 유다교 지배층 사제들에게 미움을 사 종교재판을 받기에 이른다. 가장 종교적인 예

수가 가장 종교적임을 자처하던 종교인에게 미움을 받은 것이다. 종교인은 종교인을 싫어하는가.

29절에서 율법 학자는 예수에게 다시 물었다. "누가 저의 이웃입니까?" 예수는 이웃이 누구인지 개념적으로 정의하지 않았다. 대신 그에게 반문하고 싶었다. '당신은 누구에게 이웃이 되어주었습니까?' 예수는 교리라는 내용ti뿐 아니라 가난한 사람에게 다가서는 방법pos을 함께 다룬다. 이 장면에서 주체는 율법 학자가 아니라 고통 받는 사람이다. 예수는 내 입장이 아니라 고통 받는 사람 입장에서 봐야 한다는 생각의 전환을 강조한다. 고통 받는 사람을 돕는 것도 중요하지만, 입장을 바꿔 생각하는 것도 중요하다. '누가 저의 이웃입니까'라는 율법 학자의 그리스어 질문은 '누가 내게 가깝습니까'라고 번역할 수 있다. plesion을 형용사로 보느냐, 부사로 보느냐에 따라 그 뜻이 달라진다.

예루살렘은 예리고에서 약 27킬로미터 거리에 있다. 그 사이에 유다 사막이 있다. 나는 1990년 7월, 뜨거운 태양 아래 독일인 친구들과 그 사막을 걸었다. 해발 760미터 산에 위치한 예루살렘에 비해 해발 240미터 아래 분지에 있는 예리고는 무려 1000미터 고도 차이가 난다. 예리고는 지구에서 가장 낮은 곳에 있는 도시다. 30절에 나오는 '강도'를 로마 군대에 저항한 유다인 독립군으로 추측하는 성서학자도 있다. 그 근거는 확실하지 않다. 사제와 레위, 즉 직업 종교인은 강도당한 사람을 보고 그냥 지나친다. 사마리아 사람은 자기 재산과 인간관계를 이용해 강도당한 사람을 끝까지 돌본다. 사마리아 사람은 교회 역사에서 예수의 자비로운 모습을 설명하는 데 즐겨 사용되었다.

신약성서에서 사제와 레위를 함께 언급하는 경우는 〈요한〉 1,19과 〈루가〉 10,31-32뿐이다. 독자는 예수가 율법 학자와 바리사이를 부정적인 사례로 언급하기를 기대했을지 모른다. 율법 학자와 바리사이 대신 사제와 레위를 언급한 사실이 중요하다. 예수는 종교적 의무를 핑계로 고통 받는 사람을 외면하는 직업 종교인을 강하게 비판하는 것이다.

예수는 이웃 사랑을 역설하기 전에 이웃의 개념을 넓혔다. 예수가 이웃 사랑을 강조한 사실은 그리스도교에서 자주 말해왔다. 그러나 예수가 이웃의 개념을 확장한 사실은 세상에 충분히 알려지지 않았다. 이기주의를 넘어선 이웃 사랑에 감동하기 전에 옹졸한 이웃 개념을 극복해야겠다. 생각을 바꾸고 넓히지 않으면, 순수한 의도에서 나온 선행도 때로는 이웃에게 불쾌함을 줄 수 있다.

예수의 관찰력과 관심이 놀랍다. 예수는 세상살이를 속속들이 아는 것 같다. 여자와 어린이, 실업자와 범죄자 심지어 사기꾼의 세계까지 훤히 아는 것 같다. 독립투사의 아픈 삶도 잘 안다. 가난한 사람에 대한 예수의 관심에 감동받지 않을 수 없다. 당시 사회에서 가장 멸시받던 사마리아 사람을 비유로 복권시킨 예수가 놀랍다. 예수는 사마리아 사람의 인간적 존엄성과 품위를 찾아준 것이다. 사마리아 사람을 무시하고 차별하던 유다인 동족에게 반성을 촉구한 것이다. 종교적 이유로 사람을 차별하는 것이 얼마나 큰 죄인지 아는가. 프란치스코 교황은 얼마 전 아르메니아를 방문하고 로마로 돌아오는 기내 회견에서 교회가 동성애자를 소외하는 데 협조해온 사실에 마땅히 사과해야 한다고 밝혔다.

논쟁은 왜 할까. 이기기 위해서? 진짜 논쟁은 가난한 사람에게 유리한 의견을 찾기 위해서 하는 게 아닐까. 가난한 사람에게 유리한 의견을 발견하면 자기 의견을 흔쾌히 포기하는 게 토론에서 바람직한 자세 아닐까. 예수는 시로페니키아 여인의 간청을 듣고 자기 의견을 깨끗이 포기한 적 있다(〈마르〉7,29).

중요한 단어의 개념 정의를 둘러싸고 논쟁이 벌어지는 사례는 많다. 중요한 토론은 시작하지도 못한 채 개념 정의에서 그치는 경우도 드물지 않다. 논의를 방해하기 위해 일부러 개념 정의를 계속하는 사례도 있다. 나쁜 의도에서 교묘한 질문을 하는 사람도 있다. 가난한 사람을 위한 우선적 선택이라는 해방신학의 주장을 훼손하기 위해 가난한 사람은 누구인가, 가난의 기준은 무엇인가 등을 끈질기게 물고 늘어지는 어용 신학자가 많다. 그런 가짜 신학자에게 성철 스님 기념우표에 있는 말씀을 전해주고 싶다. '자기 마음을 속이지 마라.'

'착한 사마리아 사람 비유' 이야기는 적어도 네 가지 생각할 거리를 준다.

1. 자기 사랑 없이 이웃 사랑은 불가능하다. 이웃 사랑은 둘째 치고 자기 사랑도 어려운 세상이다. 자기 사랑이라도 하기가 쉽지 않은 세상이다. 어떻게 해야 자신을 사랑할 수 있을까. 심리학자의 설명이 필요한 분야다. 어릴 때 사랑받은 경험이 없으면 자신을 사랑하기 어렵다는 말이 있다. 불행한 가족사가 개인과 사회가 사랑하는 능력에 영향을 미칠 수 있다. 슬픈 사회와 악한 사회가 자기를 사랑하는 개인의 능력에도 영향을 미칠 수 있다.
2. 자신을 사랑하는 만큼 이웃을 사랑하라. 자신을 사랑해야 하지만

이웃도 사랑하라는 말이다. 이웃 사랑도 쉽지 않다. 이웃을 사랑할 마음이 충분해도 그 방식이 잘못될 수 있다. 좋은 의도가 좋은 방식을 보장하지 않는다.

3. 자기 사랑과 이웃 사랑 중에 어느 것부터 출발해야 하나. 불교식으로 자기 사랑을 하고 나서 이웃 사랑에 나서야 하는가. 이웃 사랑을 하면서 자기 사랑을 비로소 깨닫는 반대 순서를 추천해야 하는가. 곤혹스런 주제다. 한 가지는 분명하다. 자기 사랑과 이웃 사랑은 정비례로 커진다는 사실이다. 자신을 사랑하는 만큼 이웃을 사랑할 수 있다. 이웃을 사랑하는 만큼 자신을 사랑할 수 있다.

4. 믿음과 행동의 관계는 어떤가. 잘못 믿으면 나쁜 행동이 나올 수 있다. 오늘도 잘못 믿을 때 생기는 위험이 교회 안팎에서 자주 보인다. 교회는 올바른 믿음을 가르치고 격려할 의무가 있다. 그런데 잘 알면 곧 행동으로 연결되는가. 그렇지 않은 사례 역시 교회 안팎에 있다. 믿음은 기쁜데 행동은 두려울 수 있다. '행동은 작게, 믿음은 크게'가 대다수 그리스도인의 선택인지 모르겠다. 올바른 믿음보다 올바른 실천이 중요하다. 행동 없는 믿음은 믿음이 아니다.

예수는 왜 사마리아 사람을 선행의 모범으로 제시했을까. 종교적 이유로 사람을 차별하는 것은 잘못이라고 동족인 유다인에게 말하는 것이다. 사마리아 사람은 종교적 이유로 오랫동안 차별받았다. 유다인 앞에서 사마리아 사람을 칭찬하는 자체가 유다인에게 모욕으로 여겨졌다. 예수는 그 금기를 깨뜨렸다. 예수가 1980년대에 영남 사람 앞에서 착한 호남 사람 비유를 말했다고 가정해보자. 듣는 사람 기분이 어떻겠는가.

예수 시대 이스라엘에 왜 강도가 많았을까. 세금이 무서워 도망치는 가난한 사람을 가리키는가, 로마 군대에 무력으로 저항하는 게릴라를 가리키는가. 착한 사마리아인의 비유에 담긴 가난한 사람의 고통이라는 배경을 상상해본다. 종교 차별이 인종차별로 이어진 사례가 사마리아인이다. 오늘도 세계 여기저기에 그런 경우가 보인다. 종교 차별도 잘못인데 인종차별까지 하다니. 오늘도 온 세상에서 가난한 사람이 고통 받는다.

착한 사마리아인의 자비에 감동하는 것도 중요하지만, 강도당한 사람이 왜 생겼는지 아는 것도 중요하다. 폭력은 불평등이 있는 곳에서 자란다. 불평등을 줄이지 않으면 폭력은 사라지지 않는다. 자비에 감동하면서 불평등을 외면하면 될까. 적지 않은 그리스도인이 그렇게 처신한다. 자비를 언급하는 사람은 칭찬받는다. 불평등을 지적하는 사람은 의심받는다. 가난한 사람에게 빵을 주면 성인 소리를 듣는다. 왜 가난한 사람이 생겼을까 설명하면 빨갱이 소리를 듣는다. 가톨릭교회에서도 그렇다. 가난한 사람에게 빵을 주자고 설교하는 성직자는 많다. 왜 가난한 사람이 생겼을까 설명하는 신부는 적다. 한심한 일이다.

착한 사마리아인이 되는 것도 중요하지만, 배고픈 강도가 생기지 않게 하는 것도 중요하다. 종교는 착한 사마리아인을 만들어야 하고, 정치는 배고픈 강도가 생기지 않게 해야 한다. 정치와 종교는 구분되지만 분리되지 않는다. 종교가 배고픈 강도를 생기지 않게 하고, 정치가 착한 사마리아인을 만드는 것은 어떨까. 조금 더 적극적인 종교, 조금 더 적극적인 정치를 소망한다.

그리스도교에서 가장 중요한 계명이 무엇일까. '착한 사마리아 사람 비유' 이야기에 나오는 질문과 비유의 핵심이다. '나는 누구에게 이웃인가'라는 주제가 주어졌다. '나는 누구일까'라는 질문보다 '가난한 사람의 고통'이 그리스도교에서 중요하게 다뤄야 할 주제다. 교회는 자신을 잊고 가난한 사람에게 눈을 돌려야 한다. 교회가 살려고 하면 교회는 죽는다. 교회가 죽으려고 하면 교회는 살 수 있다.

비유에서 사제와 레위는 직업 종교인의 대표로, 사마리아 사람은 이방인의 대표로 대조된다. 사제와 사마리아 사람 중에 누가 진짜 그리스도인의 모습을 보여줄까. 전례와 성사와 온갖 사목에 열중해도, 가난한 사람에 대한 관심이 부족한 사제는 문제투성이다. 교리를 모르고 성서를 잘 몰라도 가난한 사람에게 관심이 많은 사람은 훌륭한 그리스도인이다. 전례나 성사보다 이웃 사랑을 실천하는 일이 훨씬 중요하다(〈호세〉6,6;〈미가〉6,6-8;〈로마〉12,1-2).

가톨릭 신자에게 물어보자. 누가 우리 이웃인가. 나는 누구에게 이웃인가. 같은 천주교 신자가 내 이웃인가, 정치적 신념을 함께하는 사람이 이웃인가, 가난한 사람이 우리 이웃인가. 가난한 사람에게 이웃이 되어준 사람은 누구일까. 오늘 교회는 가난한 사람에게 이웃인가. 성당에서 무릎 꿇고 기도하는 사람 중에 가짜 그리스도인이 적지 않지만, 거리에서 불의한 세력에 저항하는 사람 중에 가짜 그리스도인은 찾아보기 어렵다. 실제로 무신론자에 불과한 성직자도 있고, 사실상 그리스도인에 다름없는 무신론자도 많다. 행동하지 않는 직업 종교인, 불의를 보고도 모른 체하는 직업 종교인이 한국에 너무나 많다.

○ 마르타와 마리아 자매

³⁸ 예수 일행이 여행하다가 어떤 마을에 들렀는데, 마르타라는 여자가 자기 집에 예수를 모셔 들였다. ³⁹ 그에게는 마리아라는 동생이 있었는데, 마리아는 주님의 발치에 앉아서 말씀을 듣고 있었다. ⁴⁰ 시중드는 일에 경황이 없던 마르타는 예수께 와서 "주님, 제 동생이 저에게만 일을 떠맡기는데 이것을 보시고도 가만두십니까? 마리아더러 저를 좀 거들라고 일러주십시오" 하고 말하였다.
⁴¹ 그러나 주께서는 이렇게 대답하셨다. "마르타, 마르타! 당신은 많은 일에 마음을 쓰며 걱정하지만 ⁴² 실상 필요한 것은 한 가지뿐입니다. 마리아는 참 좋은 몫을 택했습니다. 그것을 빼앗아서는 안 됩니다."(10,38-42)

앞에 나온 '착한 사마리아 사람 비유' 이야기를 보충하는 일화다. '마르타와 마리아 자매' 이야기는 〈루가〉에만 있다. 문체는 자캐오 이야기와 비슷하고(〈루가〉19,1-10), 내용은 〈1고린〉7,32-35과 비슷하다. 시공간적으로 〈루가〉10,1-37과 멀리 떨어졌다. 동행자와 길, 장소는 자세히 나타나지 않는다. 〈요한〉에 나오는 베다니아는 아니다(〈요한〉11,1;12,1).

언니 마르타와 동생 마리아 이야기는 복음서에 여러 군데 나온다. 마르타와 마리아가 서로 다른 행동을 하는 것이 공통점이다. 마르타는 예수를 마중 나가는데 마리아는 집 안에 있다(〈요한〉11,19-21). 마르타는 식탁 시중을 드는데, 마리아는 예수의 발치에 앉아 말씀을 듣는다(〈요한〉11,39) 같은 전승이 배경에 있는 것 같지는 않다.⁵⁴ 〈요한〉에도 〈루가〉처럼 시골(〈요한〉11,1.30)에서, 집(〈요한〉11,11)에서 마르타와 마리아가 등장한다. 루가가 모르는 라자로가 중심인물로 소개된다.

마르타가 예수 일행을 식사에 초대한 것 같다. 마르타는 여러 사람을 식사에 초대할 정도로 재산이 있는 여인인가. 여인이 재산을 관리하는 것은 유다교에서 상상하기 어려운 일이다. 그리스 문화에서 여성의 지위는 유다교보다 존중받았다. 루가는 예수 시대 상황을 루가 시대 상황처럼 설정한다. 리디아가 바울로를 초대한 것처럼(〈사도〉16,15) 마르타가 예수를 자기 집에 초대하는 것이다. 집은 초대교회의 가정교회를 연상케 한다.

마르타는 주인공으로 소개되어 예수와 직접 대화한다. 마리아는 조연 배우 정도로 설명된다. 마리아는 한 마디도 하지 않는다. 스승 곁에 앉아서 말씀을 듣는 마리아는 충실한 학생의 자세를 보여준다(〈루가〉8,35; 〈사도〉22,3; 〈2열왕〉4,38). 성서학자 마리아? 여성 사제 마리아? 마리아가 예수 가까이 앉아 말씀을 듣는 장면은 당시 유다교 사회에서 파격적인 일이다. 예수가 무슨 말씀을 했는지 루가는 전해주지 않는다. 루가는 여성 제자를 둔 예수의 모습을 소개하는 것이다. 유다교 랍비는 여성을 제자로 허용하지 않았다.

루가는 예수의 말에 마르타가 어떤 반응을 보였는지 설명하지 않는다. 많은 일을 걱정하지만 필요한 것은 한 가지뿐인 이유를 예수는 자세히 밝히지 않는다. 마리아가 예수의 말씀을 듣는 것을 마르타가 불평하는 것은 아니다. 마리아가 언니 혼자monen 일하도록 떠맡긴 것을 불평한다. 마르타는 직접 여동생을 꾸짖을 수 있지만 그렇게 하지 않는다. 마리아의 행동이 옳은지 예수에게 물었을 뿐이다. 루가는 마리아와 예수 사이 일이 아니라 마리아와 마르타 사이 일을 언급한다. 마르타가 일하는 동안 마리아가 예수 곁에 앉아 있는 사실을 말한다. 마르타는 예수가 집

안에 들어오기 전과 후에 똑같이 자기 일과를 실행하고, 마리아는 다른 행동을 선택한다.

예수를 집에 초대한 마르타는 자기 할 일을 충실히 한다. 예수를 초대해놓고 식사 준비와 시중을 소홀히 한다면, 민망한 처신일 것이다. 마르타는 훌륭히 행동한다. 다만 예수의 친절한 해설을 듣고 마르타는 한 가지 더 깨달았을 것이다. 예수의 말씀에 집중하는 일이 그때에 걸맞고, 더 중요하다는 사실이다. 언니가 희생한 덕분에 자기가 예수의 말씀을 들을 수 있었다는 사실에 마리아는 언니에게 감사했을 것이다. 예수는 마르타의 식사 준비에 감사했고, 마리아의 선택에 감탄했을 것이다.

예수가 마르타의 시중드는 행동을 무시하거나 비판한 것은 아니다. 다른 일과 시중드는 일을 비교해서 우선순위를 분별한 것이다. 성서 공부가 봉사보다 중요하다는 뜻으로 성서 공부와 식탁 봉사diakonein를 비교하는 것이 아니다. 루가는 말씀 듣기와 식탁 봉사를 대조하는 것이 아니라 말씀 듣기와 걱정하기merimna를 대조한다. 더 정확히 말하면, 마르타는 너무 많은pollen 일과 적절한 일을 식별했어야 한다. 그런데 말씀 듣기와 식탁 봉사가 대조되는 것처럼 자주 오해되기도 했다. 지금도 그렇게 설명하는 설교자가 적지 않다. 나는 마리아와 마르타를 두 가지 인간형으로 분류하는 것에 찬성하기 어렵다.

'마르타와 마리아 자매' 이야기에서 주인공은 누구인가. 예수에게 초점을 둬야 하는가, 마르타와 마리아에게 더 관심을 둬도 되는가. 여성도 마르타처럼 남성과 다르지 않게 예수를 초대할 수 있다는 말인가. 그러면 주제는 남녀평등인가. 마르타처럼 봉사하는 직분을 가톨릭교회에 도입하자는 생각을 여기서 이끌어내도 좋을까. 여성도 마리아처럼 남성과 똑같이 말씀에 집중하는 게 옳은가.

주인공은 두 여인이 아니라 예수다. 루가는 교회 공동체에서 여성의 지위와 역할이 아니라, 예수를 만났을 때 두 여인의 서로 다른 반응과 태도를 소개한다. 예수에게 봉사하는 자세나 예수의 말씀을 경청하는 자세 모두 훌륭하다. 음식을 먹을 때는 먹고, 말씀을 들을 때는 듣는다. 봉사하는 사람의 희생 덕분에 말씀을 듣는 사람이 있고, 말씀을 듣는 사람이 있기 때문에 봉사하는 의미가 더 깊다. 예수는 마르타를 비판한 것이 아니라 조언한다. 예수의 조언에서 실천과 활동을 무시하고 격하하는 어떤 설명도 이끌어낼 수 없다. 행동 없는 예수는 상상할 수 없다.

마르타는 자기 직분에 충실하고 희생적인 여성이다. 그러나 많은 일을 신경 쓰고 걱정한 나머지, 중요한 본질을 잠시 잊은 것이다. 프란치스코 교황이 즐겨 지적한 영적 세속성의 사례로 봐도 좋겠다. 영적 세속성은 마르타뿐 아니라 오늘 많은 성직자와 교회에게 일상적인 위험이 된다. 마리아가 택한 몫meris은 예수의 존재에 집중하고 예수의 말씀을 경청하는 일이다.

'마르타와 마리아 자매' 이야기는 교회에서 여성의 직분보다는 믿음의 두 유형으로 해설된다. 초대 교부 오리게네스Origenes는 활동vita activa(praxis)과 관상vida contemplativa(teoria)으로 설명한다. 그러나 마르타를 활동가의 전형으로, 마리아를 관상 수도자의 대표로 본 해설은 본문의 의도와 별로 관계없다. 두 여인의 자세에서 오늘 여성은 할 말이 아주 많다. 마르타에게서 봉사의 직분에 대한 여성의 역할을 보고, 마리아에게서 말씀의 직분을 연상하는 것은 지나친 해석일까. 마르타에게 여성 부제직을, 마리아에게 여성 사제직을 긍정적으로 검토하는 일이다. 그런 연결을 바로 이끌어내긴 어렵다 해도, 남성과 가톨릭교회는 여성의 의견을 진지하게 들어야겠다. 루가는 여성에게 거의 자리를 주지 않은 고대 종교와 아주 다른 장면을 보여준다.

'마르타와 마리아 자매' 이야기에서 무엇을 배울까. 더 중요한 일과 덜 중요한 일을 잘 분별해야겠다. 예수에게 봉사하기 전에 예수의 말씀을 들어야겠다. 행동이 말씀보다 덜 중요하다는 것이 아니다. 행동하기 전에 예수의 말씀에 집중하여 행동을 준비하라는 뜻이다. 가톨릭교회는 여성을 존중한 예수의 태도에서 배울 것이 많다. 우리는 성서를 공부하고 하느님의 말씀을 경청하는 자세를 배울 수 있다.

오늘 교회는 마리아가 택한 좋은 몫을 택하는가. 예수의 존재에 집중하고 예수의 말씀을 경청하는 일을 택하는가. 성서 공부에 열중하는 본당이 많은가. 교회는, 본당은 여러 일과 사업에 신경 쓰느라 성서 공부에 소홀하지 않은가. 사업가로서 주교와 신부는 많지만, 성서 교사로서 주교와 신부도 많은가. 오늘 한국 가톨릭교회에 걱정 많은 마르타는 흔히 보이지만, 마리아의 모습이 잘 보이지 않는다.

○ 예수의 기도

1 예수께서 하루는 어떤 곳에서 기도하고 계셨다. 기도를 마치셨을 때 제자 하나가 "주님, 요한이 자기 제자들에게 가르쳐준 것같이 저희에게도 기도를 가르쳐주십시오" 하고 말하였다. 2 예수께서는 이렇게 가르쳐주셨다. "여러분은 기도할 때 이렇게 하시오. '아버지, 온 세상이 아버지를 하느님으로 받들게 하시며 아버지의 나라가 오게 하소서.
3 날마다 우리에게 필요한 양식을 주시고 4 우리가 우리에게 잘못한 이를 용서하오니 우리 죄를 용서하시고 우리를 유혹에 빠지지 않게 하소서.'"(11,1-4)

루가도, 성서학자도 기도에 대해 설명하는 것이 위험할 수 있음을 모르지 않는다. 기도에 대한 해설보다 기도하도록 격려하는 것이 먼저다. 그런 뜻에서 초대교회는 십계명, 주의 기도, 사도신경을 해설하는 것을 교리 교육의 핵심으로 여겼다. 그 모범이 루가다. 〈루가〉 11장에 주의 기도(1-4절), 진짜 기도(5-8절), 기도 격려(9-13절) 등 기도에 대한 내용이 연속으로 나온다.

예수는 자주 기도했다(〈루가〉 3,21; 5,16; 6,12). 제자들이 예수에게 기도를 간청한 사실(〈시편〉 142,10; 〈마태〉 28,20)은 예수의 기도가 세례자 요한을 비롯한 다른 사람의 기도와 다르다는 것을 전제한다. 요한 그룹에서 공동체 기도가 있었음을 추측할 수 있다. 그 기도가 어떤 내용인지 전해지지 않는다. 루가는 요한 제자들의 기도를 언급한 적 있다(〈루가〉 5,33).

〈마태〉 6,9-13에도 주의 기도가 있다. 마태오는 산상수훈의 맥락에서 예수의 기도를 소개하지만, 루가는 산상수훈과 관계없이 따로 기록한다. 두 기도 모두 아람어로 전승되다가 그리스어로 작성된 것 같다. 아람어로 된 주의 기도가 히브리어로 된 주의 기도보다 먼저 생긴 듯하다. 경건한 유다인은 히브리어로 기도했지만, 아람어로 된 기도도 있었다. 루가가 소개한 예수의 기도는 우선 청원 기도다. 예수는 기도에 대한 이론을 설명하지 않고 기도 내용을 가르쳐준다. 루가 공동체에서 미사 전례의 한 부분으로 자리 잡은 기도로 여겨진다.

주의 기도는 마태오와 루가만 전한다. 루가는 주의 기도가 나온 배경을 설명하지만, 마태오는 "이렇게 기도하시오"(〈마태〉 6,9) 하고 말할 뿐이다. 기도 내용은 조금씩 다르다. '하늘에 계신 우리 아버지'(〈마태〉 6,9)는 '아버지'(〈루가〉 11,2)로 줄었다. 마태오가 오늘 먹을 빵을 청했다면(〈마태〉 6,11) 루가는 날마다 필요한 양식을 청했다. 마태오가 잘못을 언급하고 (〈마태〉 6,12) 루가는 죄를 말했다. 루가는 여러 의미가 겹친 '잘못'이라는 단어 대신 '죄'라는 종교적 단어를 택한 것 같다. '우리를 유혹에 빠지지 않게 하시고 악에서 구하소서'(〈마태〉 6,13)는 〈루가〉에서 '우리를 유혹에 빠지지 않게 하소서'로 줄었다. 루가가 기도의 본질에 더 충실하다.

성서학자 보폰은 루가가 마태오의 주의 기도를 몰랐으리라고 추측한다.[55] 예수의 기도는 당시 기도와 비교하면 아주 짧다. 어려운 단어도 없다. 아버지 이름을 부르는 문장으로 시작되며, 모두 다섯 문장이다. 2절에서 '하느님'은 이인칭 단수로, 기도를 듣는 분이다. 3절에 일인칭 복수 '우리'가 기도하는 주체다. 유다교에서 하느님을 소유격조사 없이 아버지로 부르는 경우는 드물었다. 예수 당시 히브리어나 아람어 문헌에서 하느님을 소유격조사 없이 아버지로 부르는 사례는 찾기 어렵다. 2절 '아버지'(〈마르〉 14,36; 〈루가〉 10,21; 23,34)는 초대교회에서 그리스도인 기도의 특징으로 자리 잡은 호칭이다(〈갈라〉 4,6; 〈로마〉 8,15). 하느님을 가까이 느끼고 존중하는 뜻이 있다(〈마르〉 14,36; 〈루가〉 10,21; 〈요한〉 11,41). 신을 아버지로 부르는 경우는 고대 이방인 문헌에도 보인다.

하느님을 아버지로 부르는 모습에 남성 신학자인 나는 우선 멈칫거린다. 내가 남성이란 사실 자체가 우리 시대에 제대로 신학을 하는 데 부정적 요소로 여겨진다. 신학은 남성에 의해 심하게 독점되고 오염되었다. 남성인 나는 죄송한 마음으로 신학을 해야 한다. 여성 신학자들은 하느님을 아버지로 부르는 대목에서 불쾌함을 느낀다. 하느님을 어머니라고도 당당히 불러야 마땅하다. 하느님을 아버지로 부르는 것이 왜 부족한지 깊이 깨달아야 한다.

공동성서는 하느님을 남자에 비유했지만, 하느님을 아버지라고 부르는 경우는 드물다. 아버지라는 단어에서 안정감과 권위, 사랑이 연상된다. 아버지에 대한 뒤틀린 이미지와 부정적 경험이 있는 우리 시대 사람들은 아버지라는 단어에서 올바른 하느님의 모습을 떠올리기 어려울 것이다. 예전에도 마찬가지였을 것이다. 아버지라는 단어에서 독재자의 모습부터 생각하는 사람도 있을 것이다. 히틀러Adolf Hitler, 박정희도 아버지 아닌가. 가부장적·독재적 남성 이미지를 하느님에게 투사해서는 안 된다. 하느님을 아버지로 부를 때 긍정적인 아버지 이미지를 회복하는 것 못지않게 부정적인 아버지 이미지를 벗겨내는 일이 중요하다.

하느님의 이름은 훼손되지 않아야 한다(〈로마〉 2,24; 〈이사〉 29,23; 52,5). 하느님의 거룩함은 하느님 자신을 통해서도(〈에제〉 36,22), 인간의 행동을 통해서도 보존된다(〈이사〉 29,23; 〈시편〉 99,3). 하느님의 이름을 거룩하게 하는 주체가 하느님인지 사람인지 자주 논의되었다. 그럴 필요 없는데 말이다. 사람이 하느님을 하느님으로 고백하도록, 하느님의 하느님다움이 사람에게 드러나도록 하느님께 비는 것이다. "야훼는 시온에서 위대하시고 만백성 위에 우뚝 솟으신 분, 만백성이 그의 높고 두려운 이름을 찬양하리니, 그분은 거룩하시다."(〈시편〉 99,2-3)

예수에게 아주 중요한 하느님 나라(〈루가〉 4,42-44)는 기도에서 '아버지의 나라'로 표현된다. 2절 '아버지의 나라가 오게 하소서erkesthai'는 공관복음에만 나온다. 기도하는 것은 하느님의 주도권을 표현한다. 하느님 나라는 결국 하느님께 달렸고, 하느님의 선물로 다가온다.

3절에서 epiousios를 어떻게 번역할까. 1. 명사 ousia에 기초한 단어로 보면 epiousios는 실체를 넘어선, 즉 '하늘의 빵'을 가리킨다. 2. 여성 일인칭 현재분사 einia에 기초하면 '오늘'을 뜻할 수 있다. 3. '다가오다'를 뜻하는 동사 epienai를 기초로 '다음날'을 의미할 수 있다(〈사도〉 7,26; 16,11; 20,15). 성서학자들은 대부분 3번을 선택한다. 내일 빵을 얻을 수 있을지 자신이 없는 가난한 사람의 애타는 심정이 담겼다.

빵은 '날마다', 다음날에도 필요하다. 예수의 기도는 가난한 사람을 가장 먼저 의식한다. 마태오는 '오늘' 빵이 필요하다고 말한다(〈마태〉 6,11). 루가의 의도는 분명하다. 내일 굶지 않게 해달라고 하느님께 기도하는 것이다. 평생 먹을 것이 마련된 부자가 예수의 기도를 제대로 깨닫고 헤아릴 수 있을까. 결국 예수의 기도는 인간의 일상생활로 깊이 들어온다. 빵 문제도 하느님께 의지한다. 하느님은 사람에게 먹을 것을 주시고 살아남게 하신다(〈시편〉 104,14; 136,25; 145,15). 인류는 아직도 빵 문제를 해결하지 못하고 있다.

일인칭 복수 '우리'가 기도 주체로 나오는 4절은 다시 유다인의 기도
전통에 이어진다. 유다인이 날마다 바친 18조 기도 중 여섯 번째 기도는
'우리 아버지시여, 우리가 죄를 지었으니 우리를 용서하소서'다. 개인적
인 용서 청원은 공동성서에 있다(〈출애〉 34,9; 〈시편〉 25,11; 〈호세〉 14,3). 하느
님께 자신의 죄를 용서받은 사람은 이웃에게 용서를 거부할 수 없다. 〈마
태〉 18,23-35에 이 내용이 잘 나타난다(〈마르〉 11,25; 〈골로〉 3,13).

유혹은 예수에게 친숙한 경험이다(〈루가〉 4,13). 예수는 평생 유혹에 시
달리고, 유혹과 싸우며 살았다. 제자들도 그럴 것이다(〈루가〉 8,13; 22,31).
자신이 약함을 아는 우리는 유혹에 빠지지 않게 해달라고 기도한다.
peirasmos는 악으로 유혹이 아니라 고통과 번민 중에도 하느님에 대한
충실함을 지속할 수 있는지 하느님께서 시험하는 것을 가리킨다(〈사도〉
20,19; 〈야고〉 1,2; 〈2베드〉 2,9). 예수는 이 부분을 게쎄마니 언덕에서 제자들
에게 직접 부탁한다(〈마르〉 14,37-38; 〈루가〉 22,40). 하느님께서 손수 그 유혹
을 만드셨는지, 신앙인이 그 유혹에 부닥치도록 하느님께서 그냥 두셨는
지 자주 논의되었다. 그에 대한 답을 본문에서 찾기는 어렵다.

예수가 가르쳐준 기도는 하느님께 집중하는 특징을 보여준다. 하느
님의 이름과 나라를 언급한 것이다. 유다교 기도와 공통점이다. 그러나
하느님을 아버지로 부른 것은 예수에게 독특하다. 예수 자신에 대해 직
접 말하지 않지만, 가난한 사람을 먼저 선택한 점이 잘 드러난 기도다. 예
수의 기도는 당시 기도와 비교하면 아주 짧고, 어려운 단어도 없다. 하느
님과 친밀함을 강조한다. 예수가 가르쳐준 기도는 하느님에 대해 생각하

는 기도가 아니라 하느님께 말하는 기도다. 기도할 때 이런 친밀함을 망각하면 안 된다. 하느님은 우리와 아주 가까운 분이다.

가톨릭교회가 발간해온 교리서는 십계명, 주의 기도, 사도신경 해설이 보통이다. 여기에 아쉬움이 있다. 산상수훈은 교리서에서 왜 빠졌을까. 초대교회 공의회에서 만든 사도신경은 예수의 하느님 나라 메시지를 제대로 담지 못한다. 현대 성서신학의 연구 성과를 참조하여 역사의 예수를 존중하고 강조하는 새 사도신경이 미래의 공의회에 의해 나오기를 기대한다.

○ 어떻게 기도하는가

⁵ 예수께서는 그들에게 또 말씀하셨다. "여러분 중 누구에게 어떤 친구가 있다고 합시다. 한밤중에 그 친구를 찾아가서 '여보게, 빵 세 개만 꾸어주게. ⁶ 내 친구 하나가 먼 길을 가다가 우리 집에 들렀는데 내어놓을 것이 있어야지' 하고 사정을 한다면 ⁷ 그 친구는 안에서 '귀찮게 굴지 말게. 벌써 문을 닫아걸고 아이들도 나도 잠자리에 들었으니 일어나서 줄 수가 없네' 하고 거절할 것입니다. ⁸ 잘 들으시오. 이렇게 우정으로는 일어나서 빵을 내어주지 않겠지만, 귀찮게 졸라대면 마침내 자리에서 일어나 그의 청을 들어주지 않겠습니까?"

⁹ "그러므로 나는 말합니다. 구하시오, 받을 것입니다. 찾으시오, 얻을 것입니다. 문을 두드리시오, 열릴 것입니다. ¹⁰ 누구든지 구하면 받고 찾으면 얻고 문을 두드리면 열릴 것입니다. ¹¹ 생선을 달라는 자식에게 뱀을 줄 아비가 어디 있겠으며 ¹² 달걀을 달라는데 전갈을 줄 사람이 어디 있겠습니까? ¹³ 여러분이 악하면서도 자녀에게 좋은 것을 줄 줄 알거든 하늘에 계신 아버지께서야 구하는 사람에게 더 좋은 것, 곧 성령을 주시지 않겠습니까?"(11,5-13)

앞에 나온 '예수의 기도' 이야기에서 예수는 기도의 내용이 무엇인지 가르쳐준다. 예수는 이제 기도의 자세를 설명하면서 실제로 기도하라고 격려한다. 5-10절에서 기도의 자세를, 11-13절에서 기도에서 받는 선물을 소개한다. 예수는 5-8절과 11-12절에 일상생활에서 가져온 비유를 든다. 동사 '구하다'(9-13절), '주다'(7-8절, 11-13절)가 자주 등장한다. 남자의 기도를 보여주는 '어떻게 기도하는가' 이야기는 여자의 기도를 보여주는 과부와 불의한 재판관 이야기에 대응한다(〈루가〉 18,1-8). 5절 '여러분 중 누가'는 예수가 즐겨 쓴 말투 중 하나다(〈루가〉 11,11; 12,25; 14,28; 15,4). 예수의 말투를 따라 하는 재미가 성서 공부에서 얻는 즐거움 중 하나 아닐까.

예수의 비유가 심상치 않다. 한밤중에 친구를 찾아가 빵 세 개만 꾸어 달라고 요청한 사람은 자기가 먹을 것을 구하려는 것이 아니다. 그는 먼 길을 가다가 자신의 집에 들른 친구에게 내놓을 빵이 없다. 왜 빵이 없는 지 설명하지 않는다. 당시 시골 농부들은 매일 빵을 구웠을까, 일주일에 한 번 구웠을까. 일주일에 한 번 구웠다고 주장하는 학자가 있다. 신약성 서에 드물게 보이는 동사 '빌려주다kikremi'는 친구 사이에 이자 없이 빌려 주고 돌려받는 것을 표현하기에 적절하다. 왜 빵 세 개를 청했을까. 빵 세 개는 1인분 한 끼 식사에 해당하는 것 같다. 시리아 지역에서 만든 작은 빵으로 보인다.[56]

빵이 없는 그는 얼마나 속상하고 친구에게 미안했을까. 자존심 팽개 치고 방문한 친구에게 먹을 것을 대접하기 위해 한밤중에 다른 친구 집 을 찾아 나선다. 요르단이나 이집트 사막 지역에 사는 베두인은 한낮의 더위를 피해 시원한 밤 시간에 즐겨 이동한다. 그러나 팔레스타인에 사는 유다인에게 한밤중에 친구를 방문한 비유는 놀랄 일이다. 밤은 손님이 방 문하기보다 도둑이 활동하기에 어울리는 시간이다(〈마태〉24,42-44; 〈1데살〉 5,2; 〈묵시〉3,3).

출입문이 하나 있는 단층 시골집을 연상하면 좋겠다. 문은 방안에서 잠그고 연다. 문을 열 때 어느 정도 소음은 피할 수 없다. 7절에서 '아이들 도 나도 잠자리에 들었으니 일어나서 줄 수가 없다'니, 무슨 뜻일까. 단칸 이라 온 가족이 한방에서 자는 것 같다. 큰 침대 양쪽에 누운 부모 사이에 서 잠든 아이들을 상상해보자. 아이들을 깨울까 조심하는 아빠는 찾아온 친구에게 속삭이는 모양이다. 그래도 찾아간 친구가 계속 간청하면, 자 리에서 일어나 그의 청을 들어주지 않겠느냐는 말이다. 사실 친구는 세

가지를 거부한 셈이다. 일어나기 싫었고, 문을 열기 싫었고, 빵을 빌려주기 싫었다.

8절 '귀찮게 졸라댐anaideia'은 긍정적으로 해석해야 하는가, 부정적으로 봐야 하는가. 이 단어는 도덕적인 면이 아니라 성공을 위한 노력을 가리키는 것 같다. 9절 '구하다-받다' 대응은 공동성서에서 익숙하다(〈2역대〉 1,7; 〈시편〉 2,8; 36,4). 신약성서 〈요한〉 11,22과 15,16이나 〈야고〉 1,5에도 보인다. '찾다-얻다' 대응은 〈신명〉 4,29과 〈이사〉 65,1이나 〈잠언〉 8,17에 보인다. '두드리다-열리다' 대응은 〈루가〉 13,26과 〈사도〉 12,13이나 〈묵시〉 3,20에서 볼 수 있다.

13절에서 하느님과 인간은 기본적으로 다른 존재임을 역설한다(〈마르〉 10,18; 〈마태〉 12,34; 〈루가〉 18,19). 제자들이 도덕적으로 저조하게 평가되거나 인간에 대한 비관적 진단을 하는 것[57]은 아니다. 하느님과 인간은 차원이 다르다는 점을 강조할 뿐이다. 루가는 예수가 떠난 뒤 공동체 사정을 생각해서 제자들에게 성령 이야기를 계속 꺼낸다(〈루가〉 12,10-12).

11-13절은 우리에게 두 가지 주제를 이야기한다. 첫째, 하느님은 모든 기도를 들어주시는가. 둘째, 기도할 때 하느님께 무엇을 구해야 하는가. 이 비유는 하느님은 어떤 분인지 알려준다. 하느님은 자비로운 분이다. 프란치스코 교황의 말씀처럼 하느님은 인간에게 베푸시는 데 게으른 분이 아니다. 인간이 하느님께 청하는 데 게으를 뿐이다. 하느님을 상정해야 인간의 본질이 비로소 드러난다. 하느님 없이 인간은 자신이 누구인지 제대로 알기 어렵다.

예수는 자기가 먹을 빵을 구하려고 친구 집을 방문한 비유를 들지 않았다. 친구에게 먹일 빵을 구하기 위해 한밤중에 다른 친구의 집을 방문하는 사람을 소개한다. 나는 이 대목에서 말문이 막힌다. 나를 찾아온 친구를 위해 내 집에 없는 빵을 구하려고 한밤중에 다른 친구를 방문하여 잠 깨우고 빵을 요청할 용기가 있을까. 부끄럽다. 밤중에 느닷없이 깨워도 덜 미안할 친구가 내게 있는가.

11절 '생선을 달라는 자식'은 무슨 뜻일까. 유다인이 주식인 빵과 곁들여 먹는 반찬격인 생선을 가리킨다. 빵까지 바라지 않으니 반찬이라도 달라고 조르는 자녀의 얼굴과 그 애처로운 눈길을 안타까운 마음으로 바라보는 부모의 심정이 느껴진다. 가난한 가족의 일상을 예수도 자세히 관찰한다. 예수는 가난한 부모와 자녀의 사정을 속속들이 안다. 그들을 향한 예수의 애처로운 눈길을 보는 것 같다. 성서는 사람을 인간적으로 만든다. 교회는, 신학자는, 그리스도인은 가난한 부모와 자녀의 마음을 잘 아는가.

생선과 뱀은 모양이 비슷하다. 달걀은 웅크린 전갈과 비슷하다. 뱀과 전갈의 위험은 성서에 소개된다(〈루가〉 10,19; 〈시편〉 91,13). '빵을 달라는데 돌을 줄 사람이 어디 있으며'(〈마태〉 7,9)는 〈루가〉에 없고, 〈마태〉에 없는 '달걀을 달라는데 전갈을 줄 사람이 어디 있겠습니까?'(〈루가〉 11,12)가 추가된다. 루가는 사람의 악함과 하느님의 선함을 대조하면서 하느님이 인간의 기도를 들어주실 것임을 강조한다. 예수는 생선과 달걀 같은 먹을 것뿐 아니라 성령까지 주시는 하느님을 가르친다. 기도는 하느님과 인간의 각별한 관계에 그 근거와 이유가 있다.

우리에게 친구가 있는가. 배고픔에 시달리는 내 가족을 위해 곳간을 열어줄 친구가 있는가. '우정으로는 일어나서 빵을 내어주지 않겠지만' 이라는 8절에서 예수의 냉정한 현실 인식을 봐야 하나, 먼저 우리는 악한 부모임을 인정해야 하나. 어쩌면 성서는 우리 사회의 슬픈 모습을 암시하는지 모른다. 우리는 악하면서도 자녀에게 좋은 것을 줄 줄 아는가. 지금 우리에게 부모 자격이 많이 부족한지 모르겠다. 부모도 제대로 되지 못하면서 어떻게 예수를 따를까. 신앙은 둘째 치고 상식이라도 어서 갖춰야 할 형편이다. 하느님 공경을 꿈꾸기는커녕 사람이라도 제대로 되어야겠다.

기도를 당당하게 무시하는 사람이 있다. 기도는 합리적인 사람이나 지식인과 거리가 먼 것처럼 여기는 사람이 있다. 기도는 미성숙의 표시인 것처럼 생각하는 사람이 있다. 기도를 업신여길 필요는 없다. 기도를 요술 방망이나 만병통치약처럼 착각하는 사람이 있다. 기도는 미신이나 주술과 아무 관계 없다. 기도는 악한 사람을 위한 알리바이도, 행동하지 않는 사람을 위한 핑계도 아니다.

현대인은 기도할 수 있는가. 자의식이 강하고 독립심이 투철한 사람은 기도할 수 없는가. 기도는 의존적인 열등감의 표현인가. 기도와 자립은 정비례로 상승한다. 자립적인 사람이 기도한다. 기도하는 사람이 자립적이다. 하느님께 의지하는 만큼 자립적일 수 있다. 자립적인 만큼 하느님께 기꺼이 의지한다.

기도에 대한 이론적 분석보다 실제로 기도하는 행동이 중요하다. 기도할 수 있다는 자신감이 기본이다. 나는 기도할 수 있다. 기도를 거부하기에 마땅한 이유가 산더미 같아도 나는 하느님께 겸손히, 기쁘게 무릎 꿇을 수 있다. 기도는 하느님의 은총과 주도권을 흔쾌히 인정한다. 기도는 인간의 노력과 책임을 면제하지 않는다. 인간은 당당히 기도할 수 있다. 인간은 기도하는 존재다. 기도 없이 인간 없다. 인간만 기도할 수 있다. 인간은 기도한다, 그러므로 인간은 존재한다. 인간은 기도 안에서 하느님을 만나고, 기도하면서 자신을 만난다.

하느님이 아무 기도나 들어주시지는 않는다. 끈질기게 기도하라는 격려에는 기도를 정화해야 한다는 전제가 있다. 악한 기도는 무효다. 이기주의에 갇힌 기도는 당연히 배신당한다. 부패에 물든 사람이 하는 못된 기도는 반드시 거부당한다. 기도하기 전에 회개하라는 말이다. 회개하지 않는 사람이 어떻게 기도할 수 있는가. 빵의 기도는 나 자신이 아니라 남을 위해, 친구를 위해서 하는 것이다. 기도는 나 자신이 아니라 남을 위해서 하는 것이다.

예수는 가난한 사람이 기쁘게 기도할 수 있다는 사실을 보여주었다. 기도는 자신을 위해서 먼저 하는 것이 아니고, 세상의 가난한 사람을 위해서 하는 것이다. 기도는 불의한 세력에 대한 저항이다. 불의에 대한 저항 없이 참된 기도 없다. 기도는 자기 안에 숨는 것이 아니다. 가짜 기도는 우리를 자기 안에 꼭꼭 숨도록 유혹하지만, 진짜 기도는 가난한 사람에게 기꺼이 다가서도록 안내한다.

예수는 자신보다 가난한 사람을 먼저 생각한다. 놀라운 일이다. 가난한 사람은 최소한 먹을 것을 당당하게 간청할 권리가 있다. 우리나 교회에게 굶는 사람을 덤덤히 바라볼 권리가 없다. 교회는 가난할 의무는 있어도 부자 될 권리는 없다. 얼마 전 이탈리아 법원은 배고파서 훔친 음식은 죄가 되지 않는다고 판결했다. 마땅한 일이다. 예수의 기도는 가난한 사람에게 먼저 선물한 기도다. 우리 자신보다 가난한 사람을 먼저 생각하는 자세가 예수를 따르는 참된 그리스도인의 특징이다.

○ 예수와 악마

¹⁴ 예수께서 벙어리 마귀 하나를 쫓아내셨는데, 마귀가 나가자 벙어리는 곧 말을 하게 되었다. 군중은 이것을 보고 깜짝 놀랐다. ¹⁵ 그러나 더러는 "그는 마귀의 두목 베엘제불의 힘을 빌려 마귀들을 쫓아낸다" 하고 말하였으며 ¹⁶ 예수의 속을 떠보려고 하늘에서 오는 기적을 보여달라고 하는 사람도 있었다.

¹⁷ 예수께서는 그들의 생각을 알아채시고 이렇게 말씀하셨다. "어느 나라든지 갈라져서 싸우면 쓰러지게 마련이고, 한집안도 갈라져서 싸우면 망하는 법입니다. ¹⁸ 여러분은 내가 베엘제불의 힘을 빌려 마귀를 쫓아낸다고 하는데, 사탄이 갈라져서 싸우면 그 나라가 어떻게 유지되겠습니까? ¹⁹ 내가 베엘제불의 힘을 빌려 마귀를 쫓아낸다면, 여러분의 사람들은 누구의 힘으로 마귀를 쫓아내는 것입니까? 바로 그 사람들이 여러분의 말이 그르다는 것을 지적할 것입니다. ²⁰ 나는 하느님의 능력으로 마귀를 쫓아내고 있습니다. 그렇다면 하느님의 나라는 이미 여러분에게 와 있는 것입니다.

²¹ 힘센 사람이 빈틈없이 무장하고 자기 집을 지키는 한 그의 재산은 안전합니다. ²² 그러나 그보다 힘센 사람이 달려들어 그를 무찌르면, 그가 의지했던 무기는 모조리 빼앗기고 재산은 약탈당하여 남의 것이 됩니다. ²³ 내 편에 서지 않는 사람은 나를 반대하는 사람이며, 나와 함께 모아들이지 않는 사람은 해치는 사람입니다."

²⁴ "더러운 악령이 어떤 사람 안에 있다가 나오면 물 없는 광야에서 쉼터를 찾아 헤맵니다. 그러다가 찾지 못하면 '전에 있던 집으로 돌아가야지' 하며 ²⁵ 돌아갑니다. 그 집이 말끔히 치워지고 잘 정돈된 것을 보고는 ²⁶ 다시 나와 자기보다 흉악한 악령 일곱을 데리고 들어가 자리 잡습니다. 그 사람의 형편은 처음보다 비참해집니다."(11,14-26)

예수뿐 아니라 초대교회 선교사들도 여러 가지 반대에 직면했다. 예수가 마술을 부린다는 의심은 오래된 것 같다. 예수와 제자들이 하느님 나라를 선포하는 것을 해명하고 정당화할 필요가 있었다. 이런 시대적 사회적 상황이 '예수와 악마' 이야기를 낳은 배경으로 보인다. 〈루가〉 11,14-12,12은 예수와 적대자들의 이야기를 모았다. 〈마르〉 3,22-27을 대본으로 한 '예수와 악마' 이야기는 세 부분으로 나눌 수 있다. 17-20절에서 예수는 어떤 힘으로 악마를 물리치느냐 묻는다. 누구 힘이 센지 다루는 21-23절에 이어, 추방된 악마의 복귀 야욕을 말하는 24-26절이 소개된다. 전형적인 마귀 추방 이야기와 달리 마귀를 쫓는 자세한 상황이 설명되지 않는다. 마귀를 쫓는 사건 자체가 아니라 마귀를 쫓는 예수의 능력과 신분에 대한 질문이 주제이기 때문이다.

예수를 헐뜯는 사람들은 예루살렘에서 온 율법 학자들(〈마르〉3,22)과 바리사이들이다(〈마태〉12,24). 루가는 군중 속의 어떤 사람tines으로 소개한다. 마귀를 추방하는 행동에서 예수의 능력과 신분이 드러난다. 사람들이 마귀를 쫓아낸 예수의 능력을 의심하지는 않는다. 적대자들은 예수를 악마와 한편이라고 비난한다. 나쁜 의도에서 예수에게 기적을 요구한 사람도 있다. 루가는 이 요구를 〈마르〉8,11에서 빌려온다(〈2역대〉20,8-11; 〈이사〉7,11; 38,7-). 예수는 놀랍게도 정치와 군대의 경우를 들어 자신을 변호한다. 분열된 나라와 가문은 저절로 멸망한다는 것이다.

유다교 문헌에 베엘제불이라는 이름은 거의 나타나지 않는다. 에크론이라는 지역에 필리스타인이 믿는 베엘제불이라는 신이 있었다. 아하샤 왕이 신탁을 받아오는 신으로 알려졌다. 그 신은 시간이 지나면서 점차 잊혔다. 어원으로 보면 '높은 곳에 사는 주님'이라는 뜻이다. 〈2역대〉1,2-16에 베엘제불 이야기가 나온다. 그 이름은 예수 시대에 여전히 사람들에게 알려진 것 같다.[58] 이방인이 믿는 신은 유다교에서 악마로 이해된다(〈시편〉95,5). 〈마태〉10,25에서 집주인oikodespotes 이름으로 나온다. 베엘제불은 악마의 두목으로 여겨졌다. 예수가 왜 베엘제불 이름을 언급했는지 수수께끼다.

17절 '어느 나라든지 갈라져서 싸우면 쓰러지게 마련이고, 한집안도 갈라져서 싸우면 망하는 법'이라는 예수의 말씀에 내 가슴이 멍하다. 예수가 우리 한민족에게 경고하는 것처럼 느껴지기 때문이다. 내전은 그 민족을 망하게 한다. 한국전쟁, 엘살바도르 내전, 수단 내전, 시리아 내전 등 떠오르는 이름만 해도 슬픔이 앞선다.

예수는 자신이 베엘제불의 힘을 빌리지 않고 하느님의 능력으로 마귀를 쫓는다고 해명한다. 하느님의 능력으로 마귀를 쫓으니 사탄의 나라가 멸망하기 시작했다는 뜻이다. 19절에서 예수는 여러분의 사람들이 오히려 악마와 관계있지 않느냐고 반박한다. 유다인이 베엘제불의 힘을 빌려 마귀를 쫓는다고 주장하는 것은 아니다. 그러나 하느님의 힘(〈출애〉 8,15; 〈시편〉 8,4)으로 행하는 예수의 마귀 추방에서 하느님 나라를 보지 않는 그들이다. 20절에서 예수는 하느님의 능력(〈출애〉 8,15; 31,18; 〈신명〉 9,10)으로, 하느님의 영(〈마태〉 12,28)으로 마귀를 쫓아낸다고 말한다.

예수는 마귀 추방에서 하느님 나라가 다가왔다는 증거를 보여준다 (〈갈라〉 2,21; 3,29; 〈히브〉 12,8). 예수가 하느님 나라를 선포한 것을 기억해야 한다. 하느님 나라는 예수에게서 실현된다는 것을 봐야 한다. 하느님 나라를 예수의 관점에서 보고, 예수를 하느님 나라의 관점에서 보는 것이다. 하느님 나라와 예수의 관계를 비중 있게 강조하는 그리스도론 책은 흔하지 않다. 지금까지 많은 그리스도론 저작은 하느님 나라보다 예수에 집중했고, 하느님 나라와 예수의 관계를 충분히 강조하지 않았다. 발터 카스퍼Walter Kasper의 《예수그리스도》[59]가 대표적이다. 이 책에서 가난한 사람에 대한 관심은 찾아보기 어렵다. 소브리노의 《해방자 예수》는 하느님 나라와 예수의 관계를 중요하고 균형 있게 다룬다.

여기서 중요한 점을 놓쳐서는 안 된다. 예수의 마귀 추방을 하느님 나라와 연결하지 않고 예수의 신분에 제한해서 보는 것은 잘못이라는 예수의 생각 말이다. 지금도 많은 그리스도인이 그런 잘못을 범한다. 예수의 마귀 추방을 먼저 하느님 나라와 연결하고, 그 기초에서 예수가 누구인지 봐야 한다. 예수에 집중하고 하느님 나라를 망각하는 것은 신학적으로 저지르기 쉬운 잘못이다.

예수는 자신을 선포하지 않고 하느님 나라를 선포한다. 그런데 그리스도교 역사의 어느 시점부터 하느님 나라는 서서히 망각되고, 오직 예수가 전해지고 말았다. 예수와 하느님 나라의 관계가 소홀히 여겨지고, 하느님 나라는 사람들의 기억에서 멀어졌다. 예수는 중요하게 기억되었지만, 하느님 나라는 마치 부록처럼 덜 중요하게 여겨졌다. 하느님 나라는 서양 그리스도교 신학과 전례에서 오랫동안 잊혔다. 그리스도교가 로마제국의 국교로 인정된 4세기부터 18세기 말 프랑스혁명까지 1400년 넘게 하느님 나라는 그리스도교에서 중요하게 다뤄지지 않았다. 19세기에 성서신학이 하느님 나라의 중요성을 다시 알아차리기 시작했고, 20세기에 해방신학은 하느님 나라를 그리스도교의 핵심 메시지로 회복했다.

21-22절에서 예수는 병법을 알았을까. '적장에게 사로잡힌 사람을 빼낼 수 있느냐? 폭군의 손에서 포로를 건져낼 수 있느냐?'(〈이사〉 49,24)는 말씀을 기억한 것 같다. 예수는 〈이사〉 전문가라는 사실을 잊어서는 안 된다. 23절에서 예수 편에 서지 않는 사람은 예수를 반대하는 사람이라고 선포된다. 예수는 하느님 나라 일을 하기 때문에, 예수에 대한 태도가 이스라엘의 구원을 결정하는 관건이다. 예수에 대한 태도는 하느님 나라를 대하는 태도와 직접 연결된다.

악의 세력에 어떤 자세를 택할까. 이는 그리스도인으로서 죽고 사는 문제에 해당한다. 예수 시대뿐 아니라 우리 시대에도 마찬가지다. 악의 세력에 대한 태도는 그리스도인이냐 아니냐 판가름하는 중요한 문제다. 그리스도인에게 핵심 주제는 성사, 전례, 교회 출석, 신자의 의무 등이 아니라 악의 세력에 대한 태도다.

24-26절에서 예수는 사탄의 세력에게 저항하지 않는 사람이 어떻게 살아가는지 설명한다. 악마가 인간에게 돌아오려고 한다(〈마르〉 9,25). 인간은 악마가 머물기 좋은 집이다(〈2고린〉 5,1-). 악마와 싸우지 않는 사람은 악마와 같은 집에 산다. 악의 세력에 저항하지 않는 사람은 자청해서 악마와 동거하는 셈이다. 악의 세력에 저항하지 않는 사람은 악마가 주는 고통에 시달린다는 뜻이다. 악의 세력에 저항하지 않는 사람은 악에서 오는 고통에 하소연할 자격이 없다. 하느님 나라를 받아들이는 것은 악의 세력에 저항하고 싸우겠다는 결심을 포함한다. 예수를 따른다면서 악의 세력과 싸우지 않겠다는 말은 모순이다.

악의 세력은 한 번에 물러가지 않는다. 악의 세력과의 다툼은 끈질기게 계속해야 한다. 선은 반드시 악을 이기지만, 선이 악을 언제 이길지 알 수 없다. 악의 세력을 쉽게 이길 수 있다고 생각하면 안 된다. 악과의 싸움은 오랜 시간 적잖은 인내와 희생을 요구한다. 악은 언제나 우리의 빈틈을 노린다. 25절은 그것을 말해준다. 악마를 쫓은 것으로 충분하지 않다. 악마가 물러간 것이 아니라 예수가 악마를 물리친 것을 기억해야 한다. 악마는 저절로 사라지지 않는다. 하느님 나라가 다가왔음을 믿고 악마와 싸워야 한다.

우리 시대 악마가 누구인지, 누가 악의 세력에 속하는지 궁금하다. 악마는 넥타이를 매고, 고학력을 자랑하고, 복잡한 사회구조에 숨어, 친절한 모습으로 천사처럼 위장한다. 악마를 알아볼 수 없게 방해하는 책과 언론, 정보, 조직이 널렸다. 누가 악마의 편인지 알기 어려운 세상이 되었다. 악마를 알아차리는 기준은 결국 두 가지다. 첫째, 예수의 말씀과 행동을 따르는 것이다. 둘째, 하느님 나라가 무엇인지 정확히 아는 것이다. 하느님 나라를 방해하는 사람은 악마의 편이다. 불의를 보고 저항하지 않는 사람은 악마의 편이다. 불의를 보고 저항하지 않는 교회는 예수가 아니라 악마에게 봉사한다.

예수는 요즘 말로 악플에 시달렸을까. 각종 소문에 마음고생이 심했을 것이다. 예수를 신학적으로 이단 취급하고 종교적으로 따돌리려는 작전이다. 거짓 예언자는 진짜 예언자를 악마의 세력이라고 헐뜯게 마련이다. 적대자는 자기 신분을 자백한다. 이단이니 뭐니 하며 사람을 종교적으로 매도하는 것은 악한 사람이 즐겨 쓰는 수법이다.

악마와 손잡고 유다교를 분열시킨다고 예수를 비난하는 사람들이 있었다. 종교 쇄신을 부르짖는 사람을 공격하는 대표적인 수법이 예수에게도 적용되었다. 예수에게 이단 누명을 씌워 예수의 활동을 막아보려는 수작이다. 교회 쇄신을 부르짖는 사람을 이단으로 몰거나 교회를 분열시키는 사람으로 비난하는 경우는 지금도 흔하다. 사실 교회 쇄신을 어떻게든 방해하려고 잔꾀를 부리는 사람이 악마와 연관되는데 말이다.

빨갱이니 '종북'이니 하는 말에 속지 않는 신자, 통일 교육을 하는 본당, 남북 화해를 위해 애쓰는 교회. 이런 모습이 한국 천주교회에 좀 더 뚜렷하게 보이길 빈다. 일상생활에서 자주 분명하게 깨닫고 살지 못해도, 남북 분단은 한민족의 삶을 규정하는 기본 틀이다. 분단은 종교의 행동에 중요한 영향을 미치는 기본 요소다. 분단을 의식하지 않으면 한반도에서 제대로 된 신학을 하기는 불가능하고 무의미하다. 분단 문제가 한국 가톨릭교회의 관심에 깊이 들어왔을까. 분단은 한국 가톨릭교회에 아픈 가시인가, 눈엣가시인가. 하느님이 한민족에게 주시는 경고 말씀이다.

○참된 행복

²⁷ 예수께서 이 말씀을 하고 계실 때 군중 속에서 한 여자가 큰 소리로 "당신을 낳아서 젖을 먹인 여인은 얼마나 행복합니까!" 하고 외치자 ²⁸ 예수께서 대답하셨다. "하느님의 말씀을 듣고 그 말씀을 지키는 사람들이 오히려 행복합니다."(11,27-28)

제자들을 가르침(〈루가〉 11,1-13)에서 시작해 바리사이 비판(〈루가〉 11,37-54)으로 끝나는 긴 이야기의 핵심 문장이 소개된다. 루가는 제자들과 바리사이, 군중에게 여인의 모범을 들이민다. 여인처럼 하라는 말이다. 루가는 예수를 보았으나 아직 마음을 정하지 못하고 흔들리는 사람들을 겨냥한다.

군중 속에서 한 여자(〈루가〉 8,40.43-44)가 당시 평범한 표현으로 예수를 칭찬한다. 앞에 나온 '예수와 악마' 이야기에서 그녀가 말한 상황은 이렇다. "예수께서 벙어리 마귀 하나를 쫓아내셨는데, 마귀가 나가자 벙어리는 곧 말을 하게 되었다. 군중은 이것을 보고 깜짝 놀랐다. 그러나 더러는 '그는 마귀의 두목 베엘제불의 힘을 빌려 마귀들을 쫓아낸다' 하고 말하였으며, 예수의 속을 떠보려고 하늘에서 오는 기적을 보여달라고 하는 사람도 있었다."(〈루가〉 11,14-16) 군중은 예수가 마귀를 쫓은 사건에, 여인은 예수의 말씀에 주목한다. 여성은 사건보다 말씀에 이끌린다는 명제를 끌어낼 필요는 없다.

예수를 빈정대는 사람들 앞에서 여인은 큰 소리로 칭송한 것이다. 쉽지 않은 행동이다. 사탄의 힘을 이긴 아들을 낳은 여인은 얼마나 행복한 분인가. 악마를 물리친 자녀도 행복하고, 그런 자식을 낳고 기른 부모도 마땅히 행복하다. 훌륭한 자녀를 둔 부모처럼 행복한 사람이 또 있을까. 하느님 나라를 선포한 예수를 둔 어머니 마리아는 얼마나 행복한 여인인가.

여인은 마리아를 칭송했지만 예수를 함께 칭송한 것이다. 어느 여인이나 그런 아들을 갖고 싶다는 뜻도 포함된다. 어머니 찬양은 고대사회에서 널리 퍼진 문학 양식에 속한다.[60] "너를 돕는 네 아비의 하느님께서 하신 일, 너에게 복을 내리시는 전능하신 하느님께서 하신 일이다. 그 하느님께서 위로 하늘에서 내리시는 복, 땅속에 숨겨두신 지하수의 복, 젖가슴과 태에서 솟아나게 하시는 복을 내리시리라."(〈창세〉 49,25) 야곱이 유언에서 여인을 축복하는 말이다. 이 여인은 유다교 회당 예배에서 〈창세〉 이 말씀을 듣고 기억한 것일까.

군중 속에서 여인이 큰 소리로 말했다. 여인은 감히 목소리를 낼 수 없는 사회 아닌가. 여인이 어디서 겁 없이 큰 소리를 지른단 말인가. 여인의 용기가 놀랍다. 예수는 사회 통념을 깨뜨린 여인을 조금도 나무라지 않는다. 오히려 여인의 의견에 동감을 표시하고, 한 가지 더 가르쳐준다. '큰 소리로 말했다epairein ten ponen'는 표현은 신약성서에서 루가의 작품에만 있다(〈루가〉 17,13; 〈사도〉 2,14; 14,11; 22,22). 여인이여, 큰 소리로 외쳐라. 가난한 사람이여, 큰 소리로 외쳐라. 평신도여, 큰 소리로 외쳐라.

여인의 믿음(28절)과 외침(27절)에 무슨 관계가 있을까. 믿음과 외침의 대조를 강조하는가, 차이가 있다는 말인가. '참된 행복' 이야기를 좌우하는 중요하지만 놓치기 쉬운 질문이다. 개신교 성서 주석은 여인의 믿음과 외침의 대조를 중시해서 믿음에 더 주목하고, 가톨릭 성서 주석은 차이를 강조해서 여인의 외침에서 어머니 마리아를 묵상하기 더 좋아한다.[61] 그의 주장이 흥미롭지만 씁쓸하게 느껴진다. 교파마다 성서 해설을 달리할 이유와 필요가 있단 말인가. 예수가 섭섭하겠다.

여인의 칭송과 예수의 답변 같은 방식이 〈루가〉 8,20-21에 나왔다. "어떤 사람이 예수께 '선생님의 어머님과 형제분들이 선생님을 만나시려고 밖에 서 계십니다' 하고 알려드렸다. 그러자 예수께서는 사람들에게 '하느님의 말씀을 듣고 그대로 실행하는 사람들이 내 어머니이고 내 형제들이다' 하고 말씀하셨다." 〈루가〉 8,21이 듣고 행동함을 말한다면, 〈루가〉 11,28은 듣고 따름을 강조한다. 듣고 따름은 공동성서에서 자주 나오는 표현이다(〈출애〉 15,26; 19,5; 〈신명〉 5,1; 6,3).

예수가 대화 상대를 반박하는 말이 아니다. 전하는 사람의 말에 공감하면서 넌지시 생각의 폭을 넓혀주는 친절한 대화 방식이다. 예수에게 거친 말투로 직격탄을 쏘아대는 어법도 있지만, 친절하고 너그러운 말투도 있다. 예수는 상대에 따라 말투를 달리한다. 강자에게 강하게, 약자에게 약하게 말한다. '교황식 어법'이란 용어가 있다. 듣는 사람이 아무도 불쾌하지 않게 외교적으로 말하는 방식이다. 프란치스코 교황은 외교적인 교황식 어법을 버리고 예수처럼 정직하게 말하는 방식을 택한다.

예수는 여인의 아픔을 잘 알았다. 자녀가 없는 여인의 아픔을 위로하는 말도 했다. 당시 아이를 가지지 못한 여인의 고통이 얼마나 심했는가. 자녀가 적은 부모의 고통도 적지 않았다. "아기를 낳지 못하는 여자들, 아기를 가져보지 못하고 젖을 빨려보지 못한 여자들이 행복하다."(〈루가〉23,29) 예수는 전쟁과 환난의 시기에 여인이 겪는 고통을 알았다(〈루가〉 21,23; 23,28-29). 종교인과 신학자는 여인의 아픔과 고통을 예수처럼 잘 알고 이해하는가. 복음서에서 예수를 칭찬한 사람들도 분명히 있다. 지식인, 부자, 종교인, 권력자가 예수를 칭찬한 적은 없다. 가난한 사람이 예수를 칭찬한다. 가난한 사람 사이에 예수의 평판이 아주 좋았음을 가리킨다.

예수의 답변은 어머니 마리아를 낮춰 보는 발언이 아니다. 세상에 어떤 아들이 자기 어머니를 무시한단 말인가. 나쁜 아들도 자기 어머니를 좋게 말하려고 애쓰는 법이다. 더구나 지극정성 효자인 예수가 자기 어머니를 왜 낮춰 말한단 말인가. 예수와 어머니 마리아를 어떤 식으로든 떼어놓으려고 애쓰는 성서 해설을 보면 내 마음이 아프다. 세계적으로 존중받는 성서학자 보폰조차 이런 주장을 했다. "가족에게 적대감 있게, 자기 친어머니에게도 거리를 두고 처신한 예수."[62] 나는 찬성할 수 없다.

마리아가 메시아를 낳았기 때문에 복되다는 말을 들어서는 안 된다고 하면 될까. 하느님의 백성을 구한 것은 마리아가 메시아를 낳았기 때문이 아니라, 말씀을 듣고 믿었기 때문이라는 것이다. 조금 심한 말이다. 어머니보다 신앙인으로서 마리아가 복되다는 마이스터 에크하르트Meister Eckhart의 말은 가톨릭 신자와 개신교 성도가 진지하게 여겨야 한다.[63] 가톨릭 신자와 개신교 성도는 하느님의 말씀을 듣고 지키는 사람들이다. 믿음을 강조한다고 마리아를 격하할 필요는 없다. 마리아를 존중한다고 믿음을 약화할 이유도 없다. 개신교 성도가 마리아의 가치를 충분히 느낄 그날이 어서 오기를 빈다. 가톨릭 신자가 마리아 없이도 믿음이 깊은 개신교 성도를 진심으로 이해할 그날이 어서 오기를 빈다.

로메로 대주교가 말했다. "이렇게 착한 양 떼와 함께라면, 착한 목자 되기는 어렵지 않습니다." 가난한 백성을 존경하는 말이다. 그러자 엘살바도르 가난한 백성이 답했다. "이렇게 착한 목자와 함께라면, 착한 양 떼 되기는 어렵지 않습니다." 로메로 대주교를 칭송하는 말이다. 가난한 백성과 로메로 대주교는 서로 존중하고 함께 회개하며 신앙적으로 성장했다. '참된 행복' 이야기에서 이름 없는 여인과 예수가 그랬듯이. "가난한 사람을 위해 헌신하는 사람은 가난한 사람과 같은 운명을 겪을 수밖에 없습니다."[64]

○ 기적을 요구하는 시대

²⁹ 군중이 계속 모여들고 있었다. 그때 예수께서 탄식하시며 말씀하셨다. "이 세대가 왜 이렇게 악할까요! 이 세대가 기적을 구하지만 요나의 기적밖에는 따로 보여줄 것이 없습니다. ³⁰ 니느웨 사람들에게 요나의 사건이 기적이 된 것처럼 이 세대 사람들에게 사람의 아들도 기적의 표가 될 것입니다. ³¹ 심판 날이 오면 남쪽 나라 여왕이 이 세대 사람들과 함께 일어나 그들을 단죄할 것입니다. 그는 솔로몬의 지혜를 배우려고 땅 끝에서 왔기 때문입니다. 그러나 여기에는 솔로몬보다 큰 사람이 있습니다. ³² 심판 날이 오면 니느웨 사람들이 이 세대와 함께 일어나 이 세대를 단죄할 것입니다. 그들은 요나의 설교를 듣고 회개했기 때문입니다. 그러나 여기에는 요나보다 큰 사람이 있다."(11,29-32)

〈루가〉11,16에서 '예수의 속을 떠보려고 하늘에서 오는 기적을 보여 달라고 하는 사람도 있었다'는 요구에 대한 예수의 답변이다. 이방인인 세바의 여왕과 니느웨 사람들을 긍정적 사례로 들면서 예수를 거절하는 동족 유다인을 비판한다. 사람의 아들인 예수가 사람들이 요구하는 바로 그 기적이다(30절). 예수의 지혜는 솔로몬의 지혜를 넘어서지만, 이 세대가 존중하지 않는다(31절). 요나보다 큰 예수의 설교를 이 세대는 들으려 하지 않는다(32절).

29절 '이 세대'라는 성서의 표현은 하느님 백성의 전체적 현실과 상태를 가리키는 용어다(〈루가〉7,31; 9,41; 11,50; 〈사도〉2,40). 군중은 예수에게 기적을 요구한다. 하느님은 예언자에게 기적을 주실 수 있다(〈이사〉8,18; 〈에제〉12,6; 24,24). 기적을 요구한 역사는 길다. 기드온(〈판관〉6,36-40), 히즈키야(〈2열왕〉20,8-11)도 있다. 아하즈처럼 하느님을 시험하지 않으려고 기적을 요구하지 않는 경우도 있다(〈이사〉7,12).

아주 드문 이름 요나는 공동성서 〈요나〉를 가리키지만, 어떤 사람들은 세례자 요한을 떠올리기도 한다. 29절 '요나의 기적'에는 많은 해석이 있다. 요나 자신이 하느님이 주신 기적인가,[65] 아니면 요나가 준 기적을 가리키는가. 물고기 배에서 구출된 것을 가리키는가(〈요나〉1-2장), 아니면 니느웨에서 요나가 전하는 말을 가리키는가. 성서학자들 사이에 의견이 일치하지 않는다. 요나는 구출된 신앙인을 상징하는 모델로 초대교회 예술 작품에 자주 등장한다. 카타콤 벽에 그려진 요나 그림은 부활한 예수를 가리킨다.

루가는 물고기 배에서 구출된 요나를 니느웨 사람들에게 연결하려 했을까. 니느웨 사람들은 〈요나〉1-2장 이야기를 모른다. 루가는 요나를 니느웨 사람들에게 심판관으로 내세우려 한 것이 아닐까. 요나가 회개를 촉구하는[66] 설교를 한 것은 아니고, 멸망을 선포한다("요나는 니느웨에 들어가 하루 동안 돌아다니며, '사십 일이 지나면 니느웨는 잿더미가 된다'고 외쳤다."(〈요나〉3,4)).

31절 '남쪽 나라 여왕'은 솔로몬을 방문한 세바의 여왕을 가리킨다(〈1열왕〉10,1-29; 〈2역대〉9,1-12). 32절은 요나의 심판 설교를 듣고 회개한 니느웨 사람들을 가리킨다(〈요나〉3,1-9). 심판 날에 남쪽 나라 여왕과 니느웨 사람들이 심판관 역할을 한다는 뜻은 아니다. 그들은 증인 역할을 맡을 것이다. 바울로는 이방인이 같은 역할을 담당할 것이라고 말한다(〈로마〉2,27). 공동성서 그리스어 번역본에서 요나는 그 사명이 kerygma(선포)라고 표현된 유일한 예언자다(〈요나〉1,2; 3,4-5). 루가는 왜 남쪽 나라 여왕과 니느웨 사람들을 인용했을까. 루가는 예수를 거부하고 방해하는 사람들이 있다는 사실과 예수의 복음은 이방인에게도 전파된다는 메시지를 전하고 싶었다.

 '기적을 요구하는 시대' 이야기는 원래 누구에게 전해졌을까. 제자들 말고 누가 이런 말을 후대에 전했을까. 예수 운동은 당시 유다 모든 그룹에서 거부당했다. 예수뿐 아니라 루가 공동체도 선교에서 쓰라린 실패 경험을 했다. 그 기억이 '기적을 요구하는 시대' 이야기에 반영된 것 같다. 예수를 따르는 초대교회에게 사람들이 기적을 끈질기게 요구한 사실은 초대교회를 어수선하게 만들었다.[67] 바울로가 '유다인들은 기적을 요구하고'라고 통탄했다(〈1고린〉 1,22). "도대체 무슨 기적을 보여주겠소?" 하고 대드는 사람들에게 예수는 "이 성전을 허물어라. 내가 사흘 안에 다시 세우겠다"고 엄청난 경고로 응수할 정도다(〈요한〉 2,18-22). 그런 세대를 단죄한 예수의 말은 제자들과 초대교회에 큰 위로가 되었다.

 이 말을 들은 유다인은 아주 불쾌했을 것이다. 예수는 꼭 이방인을 예로 들어 동족을 비판해야 했나. 착한 사마리아 사람 비유도 마찬가지다. 예수는 유다인이 싫어하는 사마리아 사람을 꼭 선행의 모범으로 들어야 했나. 예수는 이스라엘 역사에서 하느님과 멀어지고 가까워지는 유다인의 자취를 솔직하게 고발한다. 자기 역사에서 부끄러운 경험이 없는 민족이 있을까. 자기 역사에서 부끄러운 경험이 없는 종교가 있을까. 개인의 역사도 마찬가지 아닐까. 회개하지 않는 민족, 회개하지 않는 종교, 회개하지 않는 개인이 문제 아닌가.

 29절 '요나의 기적밖에는 따로 보여줄 것이 없다'는 말은 무슨 뜻일까. 사람의 아들이 기적의 표가 될 것이다(30절). 예수 외에는 보여줄 것이 없다는 그리스도교의 장엄한 선언이다. 마태오에게 행동하는 예수가 기적이라면, 루가에게는 가난한 사람을 선택한 예수가 기적이다. 우리는 가진 것이 예수밖에 없다. 그리스도교는 인류에게 예수를 선물했다. 그리스도교는 예수 외에 자랑할 게 없다. 그리스도교는 예수밖에 어느 것도 자랑해선 안 된다. 돈도, 명예도, 유물도 결국 아무 쓸모 없다.

요나가 이방인에게 낯선 사람이라면, 예수는 세상에서 낯선 분이다. 예수를 모르거나 가까이하지 않는 사람이 여전히 많다. 선교는 세상 끝날까지 우리 사명이다. 선교와 실패는 함께 걷는가. 실패 경험이 없는 선교가 제대로 된 선교일까. 예수를 제대로 알고, 알리는 일은 쉬운 일이 아니다. 평생 세 사람만 제대로 예수에게 이끌어도 그 인생은 성공한 셈이다. 내 탓에 얼마나 많은 사람들이 예수에게서 멀어졌을까. 성직자 탓에, 교회 탓에 얼마나 많은 사람이 예수에게 무관심해졌을까.

협박하는 예수. 그리스도인에게 확 다가오는 표현일까. 저주도 하고 욕설도 한 예수의 모습은 대다수 그리스도인에게 여전히 낯선 것 같다. 보고 싶은 대로 보고, 보고 싶은 것만 보는 습관적인 잘못이 그리스도인에게 예외는 아니다. 설교자도 예외가 아니다. 실제 예수와 그리스도인이 생각하는 예수 사이에 얼마나 거리가 있을까.

우리는 진짜 예수를 알고 싶지 않거나 받아들이기 싫어하는지 모른다. 우리에게 편한 예수만 선택하는지도 모른다. 예수를 편집하여 선택하는 잘못에서 언제나 해방될까. 성서 공부는 하지 않은 채 부실한 교리교육과 그렇고 그런 강론에서 들은 일부 지식을 정답처럼 알고 그럭저럭 사는지 모른다. 성당을 평생 오가지만 예수가 누구인지 잘 모르겠다는 말이 자주 들린다. 누구의 책임일까.

유다인은 예수에게 기적을 요구하고 기다렸다. 우리 시대 사람들은 무엇을 기다리는가. 우리 시대 사람들은 종교에 무엇을 기다리는가. 우리 시대 사람들은 가톨릭교회에 무엇을 기다리는가. 기적? 해방? 사람들이 무엇을 기다리는지 교회가 신경 써보기라도 했는가. 가난한 사람이 가톨릭교회에 바라는 것이 무엇인지 우리는 아는가.

시대가 사람들을 그렇게 만들었으니, 그 시대를 사람들이 만들었으니, 시대가 사람을 만들고 사람이 시대를 만든다. 시대와 사람이 서로 악영향을 미치며 세상을 깊은 어둠으로 몰아간다. "이 세대 한국이 왜 이렇게 악할까!" 예수가 우리 시대 한국에 말하는지 모른다. "이 세대 가톨릭교회가 왜 이렇게 악할까!" 예수가 말하는지 모른다.

공동성서를 잘 몰라서 예수를 제대로 이해하지 못하는 경우도 있다. 예수 시대 역사를 잘 몰라서 예수를 제대로 알지 못하는 경우도 있다. 한국 현대사를 잘 몰라서 성서를 제대로 깨닫지 못하는 경우도 있다. 공동성서와 예수 시대 역사, 한국 현대사를 아는 만큼 예수와 성서를 제대로 알고 깨닫고 따를 수 있지 않을까. 신자 교육에 관심이 적은 한국 가톨릭교회의 현실이 슬프다.

○ 눈은 몸의 등불

³³ "등불을 켜서 숨겨두거나 됫박으로 덮어두는 사람은 없습니다. 누구나 등경 위에 얹어
둡니다. 그래야 방 안에 들어오는 사람들이 그 빛을 볼 수 있지 않겠습니까? ³⁴ 몸의 등불
은 눈입니다. 당신 눈이 성하면 온몸이 밝을 것이며, 당신 눈이 병들면 온몸이 어두울 것
입니다. ³⁵ 그러니 당신 안에 있는 빛이 어둠이 아닌지 잘 살펴보시오. ³⁶ 당신의 온몸이
어두운 데 없이 빛으로 가득 차 있다면, 등불이 그 빛을 당신에게 비출 때와 같이 당신의
온몸이 밝을 것입니다."(11,33-36)

하느님 말씀을 듣는 행복한 사람과 예수에게 기적을 요구하는 사람
이 대조된다. 33절과 비슷한 내용이 앞에 나온다. "등불을 켜서 그릇으로
덮어두거나 침상 밑에 두는 사람이 어디 있겠습니까? 누구나 등경 위에
얹어놓아 방에 들어오는 사람들이 그 빛을 볼 수 있게 할 것입니다."(〈루
가〉 8,16) 35절에서 동사 '살펴보다_{skopo}'가 명령형이다. 만일의 경우 살펴
봐도 좋다는 말이 아니라 반드시 살펴보라는 말이다. 초대교회가 자신을
돌아보는 계기로 삼은 문장이다.

36절은 동어반복 아닌가. 하나 마나 한 말이다. 내 몸이 밝으면 모든
사람에게 내 몸이 밝게 보인다는 말인가. 그보다 estai라는 미래 시제가
중요하다. 현재 내 몸이 밝으면, 미래에도 내 몸이 밝을 수 있다는 뜻인 것
같다. 선교에서 성과를 거두리라는 예고일까(〈마태〉 5,14-16; 〈필립〉 2,15), 마
지막 날에 드높아진다는 말일까(〈필립〉 3,21; 〈2고린〉 3,18). 둘 다 가리키는
듯하다.

앞에 나온 '기적을 요구하는 시대' 이야기에서 예수는 "이 세대가 왜 이렇게 악할까!" 하고 탄식한다. 오늘 예멘이 있는 지역인 세바의 여왕과 니느웨 사람들의 사례를 설명한 예수는 이제 눈은 몸의 등불이라고 말한다. 예수가 군중에게 하는 말이다. '등불', '빛', '비추다'와 '어둠'이 대조되고, '집'과 '몸'이 비유된다. 33절 '등불'은 〈루가〉 8,16과 〈마태〉 5,15에 있다. 눈은 몸의 등불로 〈마태〉 6,22-23에 있다. 예수가 격언에 쓴 단어와 문장이 논쟁에서도 보인다. 예수의 마귀 추방(〈루가〉 11,20)에서, 말씀(〈루가〉 11,28)에서 하느님 나라는 백성에게 다가선다.

집에 들어가는 곳 근처에 기름에 불을 붙여 벽에 세우는 등불이 있었다. 등불이 어두우면 사람이 넘어질 수 있었다. 등불이 사람을 지켜주듯이 눈이 사람의 몸, 즉 사람을 지켜준다. 34절에서 사람의 몸을 집(〈루가〉 11,24)에 비유한다. '몸의 등불은 눈'이라는 격언이 그리스철학에서 온 것 같지는 않다. 공동성서에 눈과 빛을 연결하는 구절이 있다. '눈은 등불 같았고'(〈다니〉 10,6), '이 일곱 등잔luxnoi은 천하를 살피는 야훼의 눈이다'(〈즈가〉 4,10). 34절 '몸의 등불은 눈입니다'에서 몸의 등불이 주어, 눈이 술어다.

거꾸로 이해하면 안 된다. 주어와 술어의 위치에 따라 단어의 뜻과 폭이 조금 달라진다. '몸의 등불은 눈이다'라는 문장과 '눈은 몸의 등불이다'라는 문장의 뜻은 같지 않다. '미인은 잠꾸러기'와 '잠꾸러기는 미인'이 같은 문장이 아니듯 말이다. 등불이 집을 밝혀주듯, 눈은 몸을 밝혀준다. 34절 '당신 눈이 성하면 온몸이 밝을 것이며, 당신 눈이 병들면 온몸이 어두울 것입니다'는 두 가지로 해석할 수 있다. 첫째, 몸이 건강하니 비로소 눈이 건강하다. 둘째, 좋은 눈이 있으니 비로소 몸이 건강하다. 첫째는 교의신학적 해석으로, 둘째는 윤리신학 방향으로 흐를 수 있다.[68]

포도원 일꾼과 품삯 비유에서 오전 9시부터 오후 6시까지 아홉 시간 일한 사람은 '악한 눈'을 가졌다. 한 시간 일한 사람과 똑같은 일당을 받아서 화가 났기 때문이다. "내 후한 처사가 비위에 거슬린단 말이오?"(〈마태〉 20,15)라는 핀잔을 들어 마땅하다. "인색한 생각이 들어 가난한 형제를 냉대하여 꾸어주지 않는 일이 없도록 마음에 다짐하여라. 그가 너희를 걸어 야훼께 부르짖으면 너희에게 죄가 돌아올 것이다."(〈신명〉 15,9) 기쁨의 해(희년)에 가난한 사람에게 인색한 사람의 눈은 악하다. '빛'이라는 단어는 복음서 다른 배경에도 언급된다(〈마르〉 4,21 등불의 비유; 〈마태〉 5,15 산상수훈). '눈은 몸의 등불' 이야기에서 등불은 예수 자신을 가리키는가. 예수는 빛이다. 예수에게 의지하면 우리는 구원의 밝은 몸이 된다. 예수는 요나보다 크고, 모든 예언자보다 크다. 기적을 요구하는 악한 세대에게 루가가 들려주고 싶은 말이다.

"너희 가운데 가난한 사람이 없도록 하여라."(〈신명〉 15,4) 하느님께서 인류에게 하고 싶은 한마디 말씀 아닐까. 하느님의 자비를 못마땅하게 여기는 사람의 눈은 악하다. 가난한 사람을 선택한 예수의 행동에 불쾌함을 느끼는 사람의 눈은 악하다. 눈이 밝아야 인간이 밝다. 인간이 밝아야 세상이 밝다. 보다, 봄, 보는 것. 사물과 정신을 알고 깨닫기 위한 첫 관문이다. 가톨릭 사회 교리에서 신앙인의 바람직한 행동은 보기, 판단하기, 행동하기 순서로 진행된다고 가르친다. 맨 처음 순서가 보는 것이다. 인간은 보기에서 시작한다. 보지 않는 인간은 존재하지 않는 것과 같다. 잘못 보는 인간은 악행을 저지르기 쉽다. 보는 눈이 비뚤어지면 판단도 잘못되기 쉽다. 보는 눈이 악하면 행동도 악해진다.

TV 카메라맨이 언론을 좌우하고 세상을 좌우한다. 사람들은 화면에 비치는 모습을 사실(진실)로 받아들이기 쉬우니 말이다. 카메라맨을 지배하는 사람이 권력자고, 언론을 지배하는 세력이 세상을 지배한다. 그래서 언론의 자유는 선거제도보다 민주주의에 훨씬 중요한 것 같다. 지금 한국은 내용적으로 민주국가라고 말하기 어렵다. 종교에서도 마찬가지다. 비판적인 종교 언론이 없는 종교는 부패하기 쉽다. 가난하지 않은 종교, 비판 언론이 없는 종교는 무너지기 쉽다. 한국 가톨릭교회에 언론이 있는가. 비판이 없는 언론은 언론이 아니다. 어용 언론은 백성을 해치고, 민주주의를 망치고, 종교에게 아편 노릇을 한다.

우정사업본부는 2016년 6월에 현대 한국 인물 시리즈 네 번째 우표를 발행했다. 성철 스님을 기리는 우표에 스님의 문구 '불기자심不欺自心'(자기 마음을 속이지 마라)이 새겨졌다. 김수환 추기경을 기념하는 우표에 '눈은 마음의 등불'이라는 추기경의 문구가 친필로 새겨졌다. '몸의 등불은 눈'(34절) 조금 바꾼 말이다. '눈은 몸의 등불' 이야기의 메시지를 잘 표현한 문구다. 성철 스님이 그립고, 김수환 추기경이 그립다. 김수환 추기경이 떠나고 한국에서 추기경이란 단어조차 빛을 잃었다. 우리는 추기경이 모두 김수환처럼 말하고 행동하는 줄 알았다.

예나 지금이나 기적을 요구하는 사람은 어디나 있다. 기적을 요구하는 사람의 애틋한 심정을 가볍게 묵살해서도 안 된다. 험악한 세상에서 자유와 해방을 그리워하는 사람의 마음을 있는 그대로 느끼고 봐야 한다. 그러나 기적을 요구하는 데 머물지 말고 좀 더 중요하고 본질적인 주제로 사람들을 이끌어야 한다. 그 일을 하는 사람이 곧 선교사요, 교회요, 하느님의 백성이다. 세상의 악을 있는 그대로 보고, 하느님 나라의 기쁨을 전하는 것이다. 현실에 무관심하거나 현실을 외면하는 태도는 인간과 세상을 어둠으로 몰아넣는다.

먼저 우리가 눈을 떠야 한다. 교회도 제대로 눈을 떠야 한다. 그래서 사람 사는 세상을 있는 그대로 봐야 한다.

○ 바리사이파와 율법 학자 비판

37 예수께서 말씀을 마치시고, 어느 바리사이파 사람의 저녁 초대를 받아 그 집에 들어가 식탁에 앉으셨다. 38 예수께서 손 씻는 의식을 치르지 않고 음식을 잡수시는 것을 보고 그 바리사이파 사람은 깜짝 놀랐다. 39 주께서 이렇게 말씀하셨다. "여러분 바리사이파 사람들은 잔과 접시의 겉은 깨끗이 닦지만, 속에는 착취와 사악이 가득합니다. 40 이 어리석은 사람들아, 겉을 만드신 분이 속도 만드신 것을 모릅니까? 41 그릇에 담긴 것을 가난한 사람에게 주시오. 그러면 모든 것이 깨끗해질 것입니다.

42 여러분 바리사이파 사람들은 화를 당할 것입니다. 여러분은 박하와 운향과 그 밖의 모든 채소는 십 분의 일을 바치면서 정의를 행하는 일과 하느님을 사랑하는 일은 대수롭지 않게 여깁니다. 십 분의 일을 바치는 일도 소홀히 해서는 안 되지만, 이것을 실천해야 하지 않겠습니까? 43 여러분 바리사이파 사람들은 화를 당할 것입니다. 여러분은 회당에서 높은 자리를 즐겨 찾고, 장터에서는 인사받기를 좋아합니다. 44 여러분은 화를 당할 것입니다. 여러분은 드러나지 않는 무덤과 같습니다. 사람들은 무덤인 줄도 모르고 그 위를 밟고 지나다닙니다."

45 이때 율법 학자 한 사람이 나서서 "선생님, 그런 말씀은 저희에게도 모욕이 됩니다" 하고 투덜거렸다. 46 예수께서는 "여러분 율법 학자들도 화를 당할 것입니다. 여러분은 견디기 어려운 짐을 남에게 지워놓고 자기는 그 짐에 손가락 하나 대지 않습니다. 47 여러분은 화를 당할 것입니다. 여러분은 조상들이 죽인 예언자들의 무덤을 꾸미고 있습니다. 48 여러분은 조상들의 소행에 대한 증인이 되었고, 그 소행을 두둔하고 있습니다. 여러분 조상들은 예언자들을 죽였고, 여러분은 그 무덤을 꾸미고 있으니 말입니다. 49 그래서 하느님의 지혜도 '내가 그들에게 예언자들과 사도들을 보낼 터인데, 그들은 더러는 죽이고 더러는 박해할 것이다' 하고 말씀하신 것입니다. 50 이 세대는 창세 이래 모든 예언자가 흘린 피에 대한 책임을 져야 할 것입니다. 51 잘 들으시오. 아벨의 피를 비롯하여 제단과 성소 사이에서 살해된 즈가리야의 피에 이르기까지 그 일에 대한 책임을 이 세대가 져야 할 것입니다. 52 여러분 율법 학자들은 화를 당할 것입니다. 여러분은 지식의 열쇠를 치워버렸고, 자기도 들어가지 않으면서 들어가려는 사람마저 들어가지 못하게 하였습니다."

53 예수께서 그 집을 나오셨을 때 율법 학자들과 바리사이파 사람들은 앙심을 품고 여러 가지 질문을 던져 54 예수의 대답에서 트집을 잡으려고 노리고 있었다.(11,37-54)

〈마르〉〈마태〉〈루가〉에 모두 나오는 장면이다. 그만큼 심각한 내용이다. 그리스도교가 예수를 따르는 사람에게, 아니 모든 사람에게 하고 싶은 말이다. 겉과 속의 깨끗함에 대한 논쟁(37-41절), 바리사이파를 비판하는 예수(42-44절), 율법 학자를 비판하는 예수(45-52절), 율법 학자들과 바리사이파 사람들의 반응(53절)으로 구성된 이야기다. 바리사이파와 율법 학자를 세 가지씩 비판한다. 루가는 그리스 식 식사 잔치와 히브리 식 저주 선언을 합쳐서 이 단락을 썼다.[69] 〈루가〉 11,37-54과 〈마태〉 23,1-36을 비교해야겠다.

루가는 바리사이와 율법 학자 순서로 비판하는데, 마태오는 반대로 율법 학자들과 바리사이파를 비판한다. 예수가 누구를 먼저 비판하느냐가 중요하다. 〈루가〉와 〈마태〉에서 비판하는 이유와 순서가 다르다. 〈루가〉에서 여섯 가지 저주가, 〈마태〉에서 일곱 가지 저주가 나온다.

예수가 바리사이 집에서 세 번 식사했는데, 두 번째에 해당하는 이야기다. 예수를 식사에 초대한 사람은 주로 누구인가. 그들은 예수뿐 아니라 예수 일행을 대접해야 했다. 예수는 제자를 포함해 식솔을 우르르 데리고 식사 초대에 갔다. 배고픈 일행의 식사를 챙긴 것이다. 자기 혼자 냉큼 식사 초대에 응하지 않았다. 여러 사람을 초대할 수 있는 재산가만 예수를 초대했다. 레위(〈루가〉 5,29)와 마르타(〈루가〉 10,38)가 있지만, 예수를 초대한 사람은 대부분 바리사이파(〈루가〉 7,36; 11,37; 14,1)다. 바리사이파는 중산층에 속했다.

ariston은 늦은 오전이나 낮에 먹는 식사를 가리킨다(〈요한〉 21,12.15). deipnon은 늦은 오후나 저녁에 먹는 정식 만찬을 가리킨다(〈루가〉 14,12).

유다인에게 저녁은 하루 중 가장 잘 먹는 식사다. 바리사이는 큰맘 먹고 저녁 초대를 한 것이다. 바리사이는 예수 혼자만 초대한 것이 아니다. 예수 일행이 몰려오리라는 것을 모르지 않았을 것이다. 그는 예수가 손 씻는 의식을 치르지 않고 음식을 먹는 것을 보고 깜짝 놀란다. 그 사람은 놀랐을 뿐, 예수에게 질문하거나 도전하지는 않는다. 그런데도 예수가 불쑥 끼어들어 식사와 어울리지 않는 심판 이야기까지 한다.

사실 모세오경에 식사 전 손 씻는 의식을 규칙으로 말한 구절은 없다. 에세네파 사람들은 식사 전 온몸을 물속에 담그는 예식을 치렀지만, 유다인은 손(〈마르〉 7,2-3)과 발을 씻는 정도로 만족했다. 그런데 예수는 손도 씻지 않았다. 자발적으로 율법을 어긴 것이다. 가난한 사람을 편들기 위해 교회법을 어긴 셈이다. 예수 시대에 식사 전 손 씻는 습관이 바리사이 사이에서 실제로 얼마나 행해졌는지 논란이 있다.[70]

식사 자리는 예수에게 토론하는 자리이기도 하다. 식사할 때 밥만 먹은 것이 아니라 대화하고 논쟁한다. 예수는 먼저 앞뒤가 다른 바리사이의 처신을 문제 삼았다. 밥 한 끼 얻어먹어도 비굴하게 굴지 않는 예수의 강직한 모습이 인상적이다. 밥은 밥이고 논쟁은 논쟁이다. 주교들은 청와대에서 밥 얻어먹고 할 말은 다 하고 오는가. 예수는 39절에서 바리사이가 겉은 깨끗하지만, 속에는 착취harpage와 사악poneria이 가득하다고 말한다. 이는 하느님을 모르는 사람의 특징이다(〈루가〉 12,21; 〈1고린〉 15,34; 〈시편〉 14,1).

41절에서 예수는 '그릇에 담긴 것을 가난한 사람에게 주라'고 덧붙인다. 루가는 종교 예식보다 가난한 사람에 대한 사랑을 강조한다(〈루가〉

16,9; 18,22; 〈디도〉 1,15). 가난한 사람에 대한 나눔은 사람을 윤리적으로 깨끗하게 만든다. 예수의 지적은 이렇다. 사람의 속마음이 겉모습보다 중요하다. 사람은, 특히 가난한 사람은 그릇보다, 물건보다, 돈보다 중요하다.

40절 "겉을 만드신 분이 속도 만드신 것을 모릅니까?"라는 예수의 말은 "나를 모태에 생기게 하신 분이 그들도 내시지 않으셨던가?"(〈욥기〉 31,15)를 연상케 한다. 예수 시대 유다교에서 잔과 그릇의 안팎 상태가 아무 관계 없다는 샴마이파Shammai의 주장이 유행했다.[71] 잔과 그릇의 밖이 깨끗하다고 해서 안이 깨끗하지도 않고, 반대 경우도 마찬가지라는 것이다. 예수는 샴마이파의 의견을 따른 셈이다. 〈마태〉 23,25에서 예수는 바리사이파의 위선을 비판하지만, 루가는 바리사이파의 사악함을 공격한다.

42-44절의 두 가지 비판은 바리사이에게 해당한다. 42절 '박하와 운향과 그 밖의 모든 채소는 십 분의 일을 바치면서'라는 부분에서 십일조의 신학적 정당성을 이끌어낼 수는 없다. 예수는 십일조를 강조하기 위해 이 말을 한 것이 아니다. 십일조를 기꺼이 바치고, 십일조 규정을 확대 해석하고 실행하는 것이 바리사이의 자랑 가운데 하나다. 헌금할 경제력이 충분하다는 뜻이다. 그리스도교에서 각종 헌금을 만들고 요구하는 사람과 그런 헌금을 내고 자랑하는 사람은 현대판 바리사이다.

예수는 헌금이 아니라 정의를 행하고 하느님을 사랑하라는 말을 하고 싶었다(〈신명〉 17,2; 〈예레〉 41,18). 예수가 하느님 사랑보다 정의를 앞세운 것이 놀랍다. 하느님을 사랑하기 전에 정의를 실천하라는 말이다. 그 정도로 정의가 중요하다. 먼저 정의 실천, 그 후 하느님 사랑. 그리스도교에서는 이 순서를 거꾸로 가르치기도 한다. 정의를 행하라는 말은 슬쩍 건너뛰고, 하느님을 사랑하라고 외치는 종교인이 드물지 않다. 하느님을 사랑하는 것은 의무지만, 정의 실천은 해도 그만 안 해도 그만인 가르침으로 말하는 종교인이 의외로 많다.

'회당에서 높은 자리를 즐겨 찾고 장터에서 인사받기를 좋아하는' 바리사이의 태도 역시 비판한다. 높은 자리를 즐겨 찾고 인사받기 좋아하는 사람은 정치와 종교 분야에 수두룩하다. 43절에서 예수는 바리사이파 사람의 교만을 비판한다. 참된 이웃 사랑에는 먼저 인간 평등의 정신이 요구된다. 이 구절에서 교만을 비판하면서 인간 평등의 가치를 놓치는 성서학자가 드물지 않다.

44절에서 예수는 '바리사이파 사람은 드러나지 않는 무덤과 같다'고 한다. "무덤에 몸이 닿은 사람은 누구든지 칠 일간 부정하다."(〈민수〉 19,16) 걸어 다니는 시체라는 말이다. 살아 있지만 죽은 사람과 같다는 말이다. 바리사이와 접촉하지 말라는 예수의 경고가 담겼다. 살아 있지만 죽은 사람과 같다는 말은 세상에서 가난한 사람에게 해당하는 말이 아닌가. 그런데 예수는 가난한 사람이 죽은 사람이 아니고 오히려 바리사이파 사람이, 모범적 종교인이 걸어 다니는 시체라고 말한다. 가난한 사람은 죽은 사람이 아니라 하느님에게 가장 사랑받는 사람이다! 우리 시대에도 걸어 다니는 시체와 다름없는 종교인이 수두룩하다. 바리사이처럼 처신하는 교만한 종교인을 만나면 일주일간 부정 탄다. 인간 평등을 거절하는 종교인을 만나면 평생 재수 없다.

46-52절은 예수가 신학자를 비판하는 내용이다. 신학자의 죄는 크게

세 가지로 요약된다. 첫째, 신학자는 견디기 어려운 짐(〈마태〉11,30;〈1요한〉 5,3;〈사도〉15,10)을 남에게 지워놓고 자기는 그 짐에 손가락 하나 대지 않는다. 둘째, 예언자들의 무덤을 꾸미지만 사실상 예언자들을 죽인다. 셋째, 지식의 열쇠를 치워버리고 천국에 자기도 들어가지 않으면서 들어가려는 사람마저 들어가지 못하게 방해한다. 우리 시대 종교인과 신학자가 깊이 반성할 내용이다. 교회와 신학자는 사람들에게 부과하는 짐을 덜어줘야 하고, 그 짐을 스스로 져야 하고, 이웃의 짐을 나눠서 져야 한다.

예언자를 죽이는 신학자가 있다. 성지 개발에 열심이고 순교자 현양에 앞장서지만, 정작 자신이 순교하기는 거절하는 종교인이 많지 않은가. 48절 '여러분 조상들은 예언자들을 죽였고, 여러분은 그 무덤을 꾸미고 있으니 말입니다'에서 성지 개발에는 열심이지만 고통 받는 백성에게 관심 없는 종교인은 정말 뜨끔하겠다. 순교자 현양 사업에 앞장서는 주교와 사제치고 우리 시대 고통의 현장에 나타나는 경우를 본 적이 거의 없다. 옛 순교자는 현양하고 지금 순교자는 외면한다고? 오늘 한국 가톨릭에 신학자는 많지만 예언자가 별로 없다. 신학자는 본래 예언자여야 하지만, 아쉽게도 그런 경우는 드문 것 같다.

바리사이파 사람이 정말로 착취했는가? 바리사이파 사람은 진짜 사악한가? 예수는 구체적으로 설명하지 않는다. 당시 문헌에도 그런 내용을 찾기는 어렵다. 우리는 예수의 분노를 느낄 수 있을 뿐이다. 예수는 모범적 평신도 그룹인 바리사이가 왜 그리 못마땅했을까. 우리가 그 이유를 찾아내야 한다. 당시 바리사이와 비슷한 우리 시대 모범적 평신도 그룹을 예수는 호되게 비판할 것이다. 그 이유를 곰곰이 생각해야겠다. 그리스도교의 모범적 평신도 그룹이 예수의 메시지를 제대로 이해하고 따르는가.

이민족의 식민지가 되어 고통 받는 동족이 넘쳐나는데, 바리사이파 사람이 겨우 하는 짓이 식사 전에 손을 씻는지 아닌지 지켜보는 일이었다. 박정희 독재 시절에 자칭 열심인 신자들이 어느 신자가 성당에 들어설 때 성수에 손을 찍어 성호를 긋는지 안 긋는지 지켜본다고 상상해보자.

예수는 단단히 화가 났다. 루가는 예수의 공격적 성격을 드러내는 데 주저하지 않는다. 물론 '바리사이파와 율법 학자 비판' 이야기에서 예수의 성격을 이끌어내기는 곤란하다. 그러나 예수가 누구를 공격적으로 대했는지 알 수 있다. 예수가 모든 사람을 어떤 경우라도 비단처럼 고운 말씨로 너그럽게 대하진 않았다. 가난한 사람에게 자비를, 불의한 세력에게 비판을 내세웠다. 예수는 많은 갈등에 시달렸지만, 갈등을 불러일으키기도 했다. 갈등을 일으킨 예수의 모습은 그리스도교와 전통 신학에서 외면한 주제다. 갈등을 일으킨 예수, 우리 시대에 필요한 예수다.

바리사이파 사람의 저녁 초대를 받은 예수가 바리사이파 사람의 집에서 바리사이파를 사정없이 비판하는 장면이다. 나는 여기서 청와대에 식사 초대받은 주교들이 대통령과 청와대 사람들을 사정없이 혼내는 모습을 상상했다. 우리나라에 그런 주교가 한 사람이라도 있을까. 대통령궁 초대를 거절한 로메로 대주교 이야기를 인용할 필요도 없다. 한국 주교들은 예수에게서 무엇을 배웠을까.

존경받는 평신도 그룹 바리사이가 예수의 이 비판에 얼마나 불쾌했을까. 바리사이도 아니고, 종교적으로 보이지도 않는 시골 사람 예수에게 이 무슨 모욕이란 말인가. 하느님 말씀을 백성에게 전하고 가르치던 신학자 그룹 율법 학자들은 또 얼마나 불쾌했을까. 신학의 'ㅅ' 자도 모르는 예수에게 이 무슨 창피란 말인가. 예수는 자타가 공인하는 유다교 핵심 그룹 바리사이파와 율법 학자를 정면으로 비판한다. 그 용기가 대단하다. "선생님, 그런 말씀은 저희에게도 모욕이 됩니다"라고 한 율법 학자의 불평이 지나친가.

예수가 다른 사람을 비판할 때 어떻게 하는지 살펴보자. 예수는 비판하는 사람의 이름을 반드시 밝히고, 비판하는 내용을 구체적으로 설명한다. 비판하는 대상과 이유를 정확하고 자세히 밝히는 예수에게 감탄하지 않을 수 없다. 비판하는 대상을 얼버무리는 습관에 젖은 우리와 가톨릭 교회가 깊이 새길 내용이다. 그리스도교는 비판하는 사람이나 그룹의 이름을 정확히 말하지 않고, 그 내용도 추상적으로 둘러대는 경우가 많다. 그것은 올바로 비판하는 태도가 아니다. 부자와 권력자의 이름과 죄를 정확히 언급하지 않는 종교인도 많다. 비겁한 짓이다. 바리사이파와 율법 학자를 싸잡아 비판하는 예수에게 일반화의 오류를 범했다고 꼬집을 사람이 있을까. 교회 쇄신을 부르짖는 정당한 목소리를 모범적인 사제 몇 사람을 예로 들며 묵살하고 빈정대는 잔꾀는 얼마나 초라한가.

율법 학자들과 바리사이파는 예수의 대답에서 트집을 잡으려고 한다. 예수는 예루살렘 최후의 주간에만 적대자에게 위협받은 게 아니다. 예수에 대한 적개심은 〈루가〉를 관통하는 분위기다(〈루가〉 6,11; 19,47; 22,2). 그러나 많은 종교인과 신학자는 예수의 답변에서 부자와 권력자의 마음을 편하게 하기 위한 틈을 발견하려고 밤낮 애쓴다.

논쟁에 꼭 필요한 비판까지 추가한 것이다. 메시지를 받아들이기 싫으면 메신저를 공격하라는 격언이 있다. 논점 흐리기, 인신공격은 악의 세력이 즐겨 쓰는 작전이다. 53-54절에서 율법 학자들과 바리사이파 사람들은 예수의 답변에 말꼬리를 붙들고 트집 잡으려고 한다. TV와 신문, 종편 방송, 자유한국당 사람들이 자주 하는 짓거리다. 종교 생활도 먹고 살 만해야 예의를 갖추는가. 가난한 사람은 예수를 식사에 초대하고 싶어도 할 수 없었다. 그 처지와 심정을 예수는 모르지 않았다. 우리 시대에 누가 신부나 주교를 식사에 초대하는가. 가난한 사람이? 주교와 신부는 주로 누구와 식사하는가. 가난한 사람과?

초대교회도 한국 천주교 초기처럼 순교자로 가득 찼다(〈사도〉 7,58-; 12,1; 21,30-; 23,12-15). 〈루가〉 독자는 유다교가 초대교회에 던진 질문이 무엇인지 눈치챌 수 있다. 예수 시대 바리사이와 율법 학자는 우리 시대 누구를 가리키는지 알아볼 필요도 있다. 가톨릭교회와 나 자신의 삶에서 어떤 점이 예수의 비판에 해당할지 돌아봐야겠다.

○ 예수를 당당히 고백하라

¹ 그러는 동안 사람들이 수없이 몰려들어 서로 짓밟힐 지경이 되었다. 이때 예수께서는 먼저 제자들에게 "바리사이파 사람들의 누룩을 조심하시오. 그들의 위선을 조심해야 합니다" 하고 말씀하셨다.

² "감추어진 것은 드러나게 마련이고 비밀은 알려지게 마련입니다. ³ 그러므로 여러분이 어두운 곳에서 말한 것은 모두 밝은 데서 들릴 것이며, 골방에서 귀에 대고 속삭인 것은 지붕 위에서 선포될 것입니다.

⁴ 나의 친구들아, 잘 들으시오. 육신은 죽여도 그 이상은 어떻게 하지 못하는 자들을 두려워하지 마시오. ⁵ 여러분이 두려워해야 할 분이 누구인지 알려주겠습니다. 그분은 육신을 죽인 뒤에 지옥에 떨어뜨릴 권한까지 가지신 하느님이십니다. 그렇습니다. 이분이야말로 참으로 두려워해야 할 분입니다. ⁶ 참새 다섯 마리가 단돈 두 푼에 팔리지 않습니까? 그 가운데 한 마리까지 하느님께서는 잊지 않고 계십니다. ⁷ 더구나 하느님께서는 여러분의 머리카락까지 낱낱이 세어두셨습니다. 그러므로 두려워하지 마시오. 여러분은 그 흔한 참새보다 훨씬 귀하지 않습니까?

⁸ 잘 들으시오. 누구든지 사람들 앞에서 나를 안다고 증언하면 사람의 아들도 하느님의 천사들 앞에서 그를 안다고 증언하겠습니다. ⁹ 그러나 누구든지 사람들 앞에서 나를 모른다고 하면 사람의 아들도 하느님의 천사들 앞에서 그를 모른다고 할 것입니다. ¹⁰ 사람의 아들을 거역하여 말하는 사람은 용서받을 수 있어도 성령을 모독하는 사람은 용서받지 못합니다. ¹¹ 여러분은 회당이나 관리나 권력자 앞에 끌려갈 때 무슨 말로 어떻게 항변할까 걱정하지 마시오. ¹² 성령께서 여러분이 해야 할 말을 바로 그 자리에서 일러주실 것입니다."(12,1-12)

예수는 제자들과 군중에게 번갈아가며 가르친다. 〈루가〉 12,1-12은 제자들에게, 12,13-21은 군중에게, 12,22-53은 제자들에게, 12,54-59은 군중에게 설교한다. 그리고 13,1-9에서 제자와 군중의 회개를 촉구한다. 재산에 대한 적절한 태도(〈루가〉 12,13-34), 시대의 징표를 알아챔

〈루가〉 12,35-46; 12,54-13,9)이 주제다. 돈과 시간은 인간이 평생 부닥칠 탐구 대상이다. 돈과 시간이 사실상 인간을 규정한다. 제자들에 대한 예수의 말씀은 세 부분으로 나뉜다. 먼저 위선을 다룬다(〈루가〉 12,1-3). 예수는 제자들(〈루가〉 6,17-20)에게 바리사이의 누룩을 조심하라(〈마르〉 8,15)고 경고한다. 바리사이의 위선을 조심하라(〈마르〉 8,15; 〈마태〉 16,6.12)는 것이다. 8-12절에서 하느님의 아들에 대한 공개적 믿음을 격려한다.

바리사이에 대한 예수의 비판은 계속된다. 박해를 두려워하지 말고 예수에 대한 믿음을 용기 있게 고백하라는 격려가 뒤따른다. 〈루가〉 11,14-36과 비슷하다. 예수는 〈루가〉 11,14부터 군중에 둘러싸였다. 1절에서 '수없이 몰려들어'라고 번역된 muriades(〈사도〉 21,20)는 '수천 명이 몰려들어'라고 좀 더 정확히 옮기는 편이 좋았을 것이다. 루가는 예수의 성공을 숫자로 과장하길 좋아한다(〈루가〉 4,14; 5,15; 9,14). 예수에게 몰려드는 군중에 비해 제자의 숫자는 아주 적다.

1절 proton은 '먼저', '특히' 등으로 옮길 수 있다. 뒤에 나오는 '조심하시오'나 앞에 나온 '제자들에게'를 가리킬 수 있다. hypocrisis는 흔히 '위선'으로 번역된다. 원래 연극에서 연극배우를 가리키는 단어다. 위선보다 연극배우로 옮기는 게 낫다. 선하지 않은데 선한 척하는 사람이 아니라, 진실을 감추고 다른 사람인 체 연기하는 사람을 뜻한다. 박근혜를 가리키는 데 적절한 단어다. 바리사이를 hypocrisis로 비판하는 것(〈마태〉 23,13.15.23.25.27.29)은 안팎이 다른 사람을 가리키는 의도와 같다.

루가는 마태오와 달리 바리사이를 위선자라고 취급하지 않았다. 루가는 복음서 저자 가운데 유일하게 누룩을 위선과 연결한다. 위선은 오늘날 주로 도덕적 결함을 가리키지만, 17세기만 해도 유럽에서 거짓 신앙인을 지적하는 종교적 의미로 쓰였다. 그런데 성서에서 위선은 도덕이나 종교적 의미가 아니라 판단력 부족을 가리킨다.[72] 공정한 판단을 하지 않는 사람이 곧 위선자라는 말이다. 위선은 법률 용어다. 공정하게 재판하지 않는 검찰이나 법관은 위선을 하는 것이다. 한국 검찰과 사법부는 이 단어를 심각하게 여겨야겠다.

누룩은 성서에서 중요한 단어다. 예수가 말한 누룩이 무엇을 가리키는지 확실하지 않다. 발효 과정(〈루가〉 13,21)에서 누룩의 역할을 연상할 수 있다. 오래 발효된 누룩은 새로 발효될 누룩에 영향을 미치는, 순수하지 않은 부분으로 여겨졌다. 하느님에게 바쳐지는 발효되지 않은 빵은 이집트에서 탈출할 때 이스라엘 백성의 상태를 기억하게 한다. 루가는 예수 제자들이 바리사이처럼 되는 것을 경고하는 듯하다. 예수의 제자들이 제자답게 살지 않는 것이 바리사이의 누룩이라는 말이다. 예수의 누룩 비유(〈루가〉 13,20-21)는 하느님 나라의 긍정적 영향을 나타낸다.

2-3절에 감추어짐과 드러남, 어두운 곳과 밝은 곳, 골방에서 속삭임과 지붕 위에서 선포됨 등 반대되는 표현을 사용한다. 4-7절은 제자들을 위로하는 말씀이다. 인간의 죽음이 최고의 악은 아니다(〈루가〉 9,25). 지옥에서 영원한 죽음에 처할 수 있는 하느님을 두려워해야 한다(〈마태〉 5,22.39). 박해자보다 하느님을 두려워하라는 말씀이다. 루가는 '육신은 죽여도 영혼은 죽이지 못하는 사람들을 두려워하지 말고, 영혼과 육신을 아울러 지옥에 던져 멸망시킬 수 있는 분을 두려워하여라'(〈마태〉 10,28)를 4-5절에서 조금 고쳤다. 그리스철학에서 불멸의 영혼 개념과 모순되는 사태를 피하려 한 것이다.

3절 tameion은 '창문이 없는 방'을 가리킨다. 영지주의 그룹이나 그리스도교 수도사 사이에서 이 단어는 마음(내적 공간)을 가리키는 신학적 의미다. 평평한 지붕 위 공간은 사람들이 즐겨 모이고 대화하는 장소다. 사람들은 이곳과 지붕 아래서 예수에 대한 이야기를 나누었을 것이다. 갈릴래아 농촌 작은 골방에서 조용히 다짐하던 믿음이 온 세상에 퍼져가는 모습에 루가는 자부심을 느꼈다(〈사도〉 26,26). 4절에서 예수는 제자들을 '나의 친구들'이라 불렀다. 루가는 philos(친구)라는 단어를 〈루가〉에서 15번, 〈사도〉에서 3번 사용한다. 마태오는 한 번(〈마태〉 11,19) 썼고, 마르코는 쓰지 않았다. 루가는 친구라는 단어를 아주 좋아한다. 예수는 우리를 친구라고 부른다. 우리는 예수의 친구다!

'영혼은 죽이지 못하는 사람들'(〈마태〉 10,28)과 '육신은 죽여도 그 이상은 어떻게 하지 못하는 자들'(〈루가〉 12,4)은 조금 다르다. 루가는 '영혼은 죽이지 못하는 사람들'이라는 표현을 삼가고 '육신을 죽인 뒤에 지옥에 떨어뜨릴 권한까지 가지신 하느님이십니다'를 추가한다(〈야고〉 4,7; 〈1베드〉 5,9). geenna(지옥)는 〈루가〉에서 여기에만 나온다. 하느님이 누구를 죽인다는 뜻이 아니다. 신약성서에서 하느님이 누구를 죽인다고 기록된 구절은 없다.

'참새 두 마리가 단돈 한 닢에 팔리지 않습니까?'(〈마태〉 10,29)는 '참새 다섯 마리가 단돈 두 푼에 팔리지 않습니까?'(〈루가〉 12,6)로 바뀐다. 10여 년 차이가 나는 것으로 보이는 〈마태〉와 〈루가〉 저술 시기에 물가가 많이 다르다는 뜻일까. 참새보다, 머리카락(〈루가〉 21,18; 〈사도〉 27,34; 〈2사무〉 14,45)보다 인간의 생명이 훨씬 귀하다(〈루가〉 12,22-31). 참새 한 마리까지 잊지 않는, 우리 머리카락도 낱낱이 세어두신 하느님은 한 사람 한 사람의 이름을 하늘에 기록하신다(〈루가〉 10,20). 루가는 작은 부분에서 시작하여 큰 결론에 이르는 논리 진행 방식을 택한다.

8-9절을 보면 예수에 대한 개인의 태도가 심판에서 관건이다. 루가는 예수를 사람의 아들과 동일시한다(〈루가〉 5,24). 루가는 두 가지를 강조한다. 예수를 주저 없이 고백하라. 박해자를 두려워하지 마라. 예수에 대한 믿음이 확실한 사람은 박해가 두렵지 않다. 오히려 박해받는 상황을 복음 선포의 기회로 바꿀 수 있다. 10절 '사람의 아들을 거역하여 말하는 사람은 용서받을 수 있어도'와 9절 '누구든지 사람들 앞에서 나를 모른다고 하면 사람의 아들도 하느님의 천사들 앞에서 그를 모른다고 할 것'은 내용상 충돌한다. 그렇다면 예수를 부인한 베드로(〈루가〉 22,56-62)나 유다교 지도자(〈사도〉 3,17; 17,30)의 죄도 용서되는가. 서로 다른 배경에서 생긴 말을 루가가 한자리에 모아 편집하다 보니 생긴 곤혹스러움이다.

성령의 약속은 복음서 여러 곳에서 전해진다(〈마르〉 13,11; 〈마태〉 10,9). 유다교와 이방인이 그리스도인을 박해한 역사가 그 배경이다(〈루가〉 20,20). 박해받고 심문받는 자리는 복음을 선포할 좋은 기회이기도 하다. 그때 성령께서 도와주실 것이라는 위로 말씀이다. 성령을 모독하는 사람은 용서받지 못한다는 설교가 초대교회에서 유행했다(〈사도〉 13,46; 18,6; 26,11). 왜 꼭 바리사이인가. 누룩은 무엇이고 위선은 무엇일까. 4-7절에서 예수는 인간이 아니라 하느님을 두려워하라고 가르친다. 우리 시대 상식과 조금 다른 것 같다. 멀리 있는 하느님은 두렵지 않은데, 가까이 있는 인간이 지옥 아닌가.

위선을 피하고 하느님을 두려워한다면, 예수에 대한 믿음을 당당하게 고백할 수 있다. 국가 조찬 기도회에 가서 예수에 대한 믿음을 고백하는 것은 위선이다. 박근혜 탄핵 반대 집회에서 예수에 대한 믿음을 고백하는 것은 위선이다. 예수에 대한 믿음을 고백하는 것은 그리 어렵지 않을 수 있다. 하느님 나라를 선포하는 것도 쉬울 수 있다. 그러나 하느님 나라를 반대하는 악의 세력을 고발하고 싸우기는 어려울 수 있다. 예수 이야기를 즐겨 전하지만, 악의 세력과 다투는 것을 애써 피하는 종교인이 아주 많다. 예수를 반쪽만 보는 사람들이다. 반대자와 싸우는 예수를 못본 체하는 사람들이다. 그들은 예수의 참된 제자가 아니다.

○ 어리석은 부자들 비판

¹³ 군중 속에서 어떤 사람이 예수께 "선생님, 제 형더러 저에게 아버지의 유산을 나누어 주라고 일러주십시오" 하고 부탁하자 ¹⁴ 예수께서는 "누가 나를 여러분의 재판관이나 재산 분배자로 세웠단 말입니까?" 하고 대답하셨다. ¹⁵ 그리고 사람들에게 "어떤 탐욕에도 빠져들지 않도록 조심하시오. 사람이 제아무리 부요하다 하더라도 그의 재산이 생명을 보장해주지는 못합니다" 하시고는 ¹⁶ 비유를 들어 이렇게 말씀하셨다. "어떤 부자가 밭에서 많은 소출을 얻게 되어 ¹⁷ '이 곡식을 쌓아둘 곳이 없으니 어떻게 할까?' 하며 혼자 궁리하다가 ¹⁸ '옳지! 좋은 수가 있다. 내 창고를 헐고 더 큰 것을 지어 거기에다 내 모든 곡식과 재산을 넣어두어야지. ¹⁹ 그리고 내 영혼에게 말하리라. 영혼아, 많은 재산을 쌓아두었으니 너는 이제 몇 년 동안 걱정할 것 없다. 그러니 실컷 쉬고 먹고 마시며 즐겨라' 하고 말하였습니다. ²⁰ 그러나 하느님께서는 '이 어리석은 자야, 오늘 밤 네 영혼이 너에게서 떠나가리라. 그러니 네가 쌓아둔 것은 누구의 차지가 되겠느냐?' 하셨습니다. ²¹ 자기를 위해서는 재산을 모으면서 하느님께 인색한 사람은 바로 이와 같이 될 것입니다."(12,13-21)

박근혜 비리를 수사한 박영수 특검이 낳은 명언이 '어리석은 부자들 비판' 이야기를 보는 내 가슴을 울린다. "경제도 중요하지만 정의가 우선이다." 나는 이 말을 바꿔본다. "교회도 중요하지만 가난한 사람이 우선이다." 프란치스코 교황이 "가난은 경제학의 범주가 아니라 신학의 범주"[73]라고 말했을 때 느낀 박찬 감동과 아주 비슷하다. 〈루가〉에만 나오는 이야기다. 보폰은 루가가 지어낸 이야기로 보지 않는다. 그는 오래된 전승에 루가의 전승을 덧붙여 편집했다고 주장한다.[74] 루가가 어디서 참조했는지 모른다. 13-14절은 〈도마복음〉 72장에, 16-20절은 〈도마복음〉 63,1-3에 보인다. '재물을 올바르게 사용하는 방법'이라는 제목으로 인문학 강좌에 등장할 만한 이야기다. 비유 형식을 빌려 부자를 강하게

비판하는 내용이다.

〈루가〉 12,1-12에서 예수는 군중 속에 있던 제자들을 가르치는 참이다. 어떤 사람의 질문으로 예수의 말은 갑자기 중단된다. 형제에게 아버지의 유산을 나누어주라고 말해달라는 부탁이다. 그는 왜 느닷없이 유산 문제를 물었을까? 예수를 스승으로 본 것이다(〈신명〉 21,17; 〈민수〉 27,8-11). 14절 "누가 나를 여러분의 재판관이나 재산 분배자로 세웠단 말입니까?"라는 예수의 반문은 〈출애〉 2,14에서 모세의 반문을 택한 것이다. 예수는 즉답을 피한다. 두 가지를 뜻하는 것 같다. 예수는 하느님 나라 선포라는 자신의 메시지에 집중하고, 제자들에게 일상적인 법률 다툼에 휘말리지 말라고 당부한다. 초대교회는 이 이야기를 왜 보존했을까?

14절 '재판관이나 재산 분배자meristes'는 당시 문헌에 잘 나타나지 않는다. 15절에서 예수는 동생과 유산을 나누지 않으려는 형을 '탐욕'이라는 단어로 비판한다. 유다인은 탐욕을 우상숭배, 방탕과 함께 이방인이 범하는 3대 죄로 여겼다.[75] 예수는 재산이 생명을 보장한다는 당시 통념을 비판한다(〈루가〉 9,25; 16,13-26). 신약성서는 돈에 대한 욕심을 여러 곳에서 비판한다(〈로마〉 1,29; 〈1고린〉 5,10; 〈에페〉 4,19; 〈골로〉 3,5). 16-20절에는 오늘로 말하면 재벌쯤 되는 대토지 소유자의 삶을 언급한다. 재산으로 생명을 보장받으려는 태도는 하느님의 눈에 어리석게 보일 뿐이다(〈시편〉 39,7).

16절 이하를 13절 유산 다툼에 대한 적절한 비유로 보기는 곤란하다. 비유에 등장한 부자는 유산을 독차지해서 재산을 모은 게 아니기 때문이다. 그 부자가 불의하게 재산을 모았다는 지적도 없다. 예수는 유산 다툼이라는 구체적 사례를 뛰어넘어 돈에 대해 경고한다. 예수는 모으는 방법에 상관없이 돈에 대한 기대를 겨냥한다. 17절 '이 곡식을 쌓아둘 곳이 없으니 어떻게 할까?'라는 고민은 〈루가〉 16,3의 현명한 집사와 20,13의 포도밭 주인 이야기에도 나온다. 18절에서 부자는 밭에서 난 곡식뿐 아니라 모든 재산을 보관하려고 한다. 당시 왜 스위스은행이 없었단 말이냐. 재산을 해외로 빼돌리는 사람들이 '어리석은 부자들 비판' 이야기를 어떻게 읽을까.

21절은 16절 이하 비유에서 방향을 크게 틀었다. 주제가 '재산의 덧없음'에서 '참된 재산과 가짜 재산'으로 바뀐 것이다(〈1디모〉 6,18; 〈히브〉 11,26; 〈야고〉 2,5; 〈묵시〉 3,15-18). 재산의 덧없음을 깨달은 사람은 참된 재산과 가짜 재산을 구분한다는 예수의 깊은 뜻 때문일까? 재산의 덧없음을 깨닫지 못한 부자가 여전히 많다. 21절 '하느님께 인색한 사람'은 교회에 헌금을 많이 내라고 신자를 윽박지르는 용도로 잘못 쓰였다. 그렇게 성서를 인용하면 성서에 인색한 사람이 되고 만다.

공동번역 신약성서는 〈루가〉 12,13-21 이야기의 제목을 '어리석은 부자의 비유'라고 했다. 독일의 개신교 신학자 볼터는 '재산의 덧없음'이라는 제목을 붙였다.[76] 둘 다 마음에 썩 들지 않는다. 그래서 나는 '어리석은 부자들 비판'이라고 붙였다. 소유욕이라는 추상 개념을 다룬 것이 아니라 부자라는 부류의 인간을 비판한 내용이기 때문이다.

어느 부자와 예수가 TV에서 유산 다툼을 주제로 생방송 토론을 벌였다고 상상해보자. 예수는 토론에서 일방적으로 논점을 여러 번 바꾸고, 토론 규칙도 제대로 지키지 않았다. 이 토론을 보고 어느 신문기자가 부자는 예수의 발언에 아무런 반박이나 응답을 하지 못한 것처럼 보도했다고 치자. 이 토론은 어떻게 평가될까. 우리는 이 보도를 어떻게 봐야 할까. 복음서에 이런 곳이 한두 군데가 아니다. 복음서는 예수와 토론한 상대방의 권리를 충분히 보장하지 않는다. 예수의 발언만 크게 보도한다. 우리가 토론 내용을 복음서 저자들처럼 보도하면 안 된다. 복음서를 읽을 때 그런 점을 잊지 말아야 한다.

'어리석은 부자들 비판' 이야기에서 우리가 덤으로 얻은 교훈은 무엇일까? 대화와 토론에서 정확한 단어를 사용하는 것이 중요하다는 점이다. 상대가 쓰는 단어의 뜻, 내포와 외연을 상대의 관점으로 받아들이고 이해하면서 토론하는 것이 중요하다. 그게 어디 쉬운가? 예수도 가끔 토론 원칙을 어기는데 말이다. 복음서 저자들도 보도 원칙을 제대로 지키지 않는데 말이다. 대화와 토론은 그토록 중요하고 어렵다. 프랑크푸르트학파 철학자 위르겐 하버마스Jürgen Habermas가 아무리 이상적인 대화 조건을 제안했다고 해도 그렇다.

본문으로 돌아가자. '어리석은 부자들 비판' 이야기는 흔히 부자 신자를 훈계하는 데 사용되지만, 부자 교회를 향한 예수의 경고라는 점도 잊어서는 안 된다. 2014년 8월 14일 프란치스코 교황이 한국 주교들과 만났을 때 연설 중 다음 부분을 보자. "저는 가난한 사람이 복음의 핵심에 있다고 늘 말해왔습니다. 복음의 시작과 끝에도 가난한 이가 있습니다. 번영의 시대에 떠오르는 한 가지 위험에는 유혹이 있습니다. 그것은 그리스도인 공동체가 '사교 모임'에 그치고 마는 위험입니다. 그런 교회는 가난한 이를 위한 가난한 교회가 아닙니다. 오히려 부유한 이를 위한 교회, 돈 많고 잘나가는 이를 위한 중산층 교회입니다. 악마가 여러분이 부자를 위한 부유한 교회, 잘나가는 이를 위한 교회를 만들도록 허용해서는 절대 안 됩니다."

프란치스코 교황이 왜 한국 주교단 앞에서 이런 말을 했을까? 덕담으로 채워도 모자랄 귀한 시간에 프란치스코 교황은 한국 주교들을 사정없이 나무랐다. 한국 천주교회가 지금 사교 모임에, 중산층 교회에, 부자들을 위한 부유한 교회에, 잘나가는 이를 위한 교회라는 위험에 푹 빠졌기 때문이다. 교황은 야고보 사도처럼 부자를 위한 부유한 교회를 꾸짖었다(《야고》 2,1-7). 가난한 사람을 잊으면 복음을 잊는 것이다.

재산으로 생명을 보장받으려는 태도는 하느님의 눈에 어리석게 보이지만, 사람의 눈에는 현명하게 보인다. 각종 보험과 연금에 노후 보장은 물론 사후 보장까지 노리는 것이 오늘 부자와 우리 심정 아닌가. 부자는 돈으로 피를 바꾸고, 세포를 바꾸고, 무엇이든 바꿔 수명을 연장하고 불멸까지 노리고 싶은가. 돈은 귀신도 춤추게 하고, 심지어 하느님도 춤추게 한다고 떠들어대지 않는가. 부자의 돈 욕심에 대한 하느님의 응답은 갑작스런 죽음이다. 돈과 죽음이 싸우면 누가 이길까? 돈과 하느님이 싸우면 누가 이길까? 세상의 부자여, 잘 들어라.

하느님은 부자를 비웃지만, 부자는 하느님을 비웃는다. 부자는 "너희는 솔직히 돈만 바라잖아?" 하며 그리스도교와 성직자를 비웃는다. 부자는 살아서 종교와 종교인에게 후한 대접을 받고, 죽어서도 종교의 혜택을 노리지 않는가. 부자를 소홀히 대접하는 종교가 역사에 있는가. 부자를 우대하지 않는 종교인을 구경이나 할 수 있는가. 종교는 부자와 하느님 중 누구를 편들었는가. 어떻게든 부자의 마음이 불편하지 않도록 애쓰는 사람이 직업 종교인 아닌가. 예수처럼 부자를 강하게 비판하는 종교인을 내 평생 일곱 사람이라도 구경해보고 싶다.

예수를 진짜로 따르느냐 여부는 놀랍게도 돈에 대한 태도에서 결판나는 것 같다. 더 정확히 말하면, 인간의 구원은 가난한 사람에 대한 태도에 좌우된다. 최후 심판의 비유(〈마태〉25,31-46)나 부자 청년의 질문(〈마르〉10,17-27)에서도 마찬가지다. 나머지는 다음 문제다. 인간의 구원은 종교적 신념과 교리에 대한 충실함에 달린 게 아니다. 입을 벌려 아무리 크게, 자주 하느님에 대한 충성을 맹세한다 해도, 그것이 인간의 구원에 관건은 아니다. 가난한 사람들 밖에서 구원은 없다. 신학에서 가난의 신비는 자주 다뤘지만, 가난한 사람의 신비는 소홀히 취급했다.

가난한 사람에 대한 프란치스코 교황의 말을 들어보자. "하느님의 마음속에는 가난한 이를 위한 특별한 자리가 있습니다. 우리 구원의 역사 전체는 가난한 이의 존재를 특징으로 합니다."[77] 우리는 가난한 사람에게 무엇을 가져다줄까 고뇌하는 경향이 있다. 그러나 가난한 사람이 우리에게 줄 것이 있다! "가난한 이는 우리에게 많은 것을 가르쳐줍니다. 그들은 신앙 감각이 있을 뿐만 아니라, 자신의 고통 속에서 고통 받는 그리스도를 알아봅니다. 가난한 이를 통해 우리가 복음화되도록 해야 합니다."[78]

하느님과 가난한 사람에 대해 중요한 진리를 밝혀주는 놀랍고 기쁜 말씀이다. 첫째, 하느님은 가난한 사람을 선택하셨다. 하느님은 부자를 선택하시지 않았다. 가난한 사람은 하느님이 계신 자리다locus Dei. 하느님을 만나려면 가난한 사람을 보면 된다. 둘째, 가난한 사람은 신앙의 스승이다. 가난한 사람은 신앙 감각이 있다. 우리는 가난한 사람에게 신앙을 배워야 한다. 초대교회가 '어리석은 부자들 비판' 이야기를 보존해온 이유를 이제 조금 짐작할 것 같다.

○ 먼저 하느님 나라를 찾아라

²² 예수께서 제자들에게 말씀하셨다. "그러니 잘 들으시오. 여러분은 무엇을 먹고 살아
갈까, 몸에 무엇을 걸칠까 걱정하지 마시오. ²³ 목숨이 음식보다 귀하고 몸이 옷보다 귀
하지 않습니까? ²⁴ 저 까마귀들을 생각해보시오. 그것들은 씨를 뿌리지도 않고 거두어들
이지도 않습니다. 곳간도 창고도 없습니다. 그러나 하느님께서는 그들을 먹여주십니다.
여러분은 저 날짐승들보다 훨씬 귀하지 않습니까? ²⁵ 여러분 중에 누가 걱정한다고 목숨
을 한 시간인들 늘릴 수 있겠습니까? ²⁶ 이렇게 하찮은 일에도 힘이 미치지 못하면서 왜
다른 일들까지 걱정합니까? ²⁷ 저 꽃들이 어떻게 자라는지 생각해보시오. 그것들은 수고
도 아니 하고 길쌈도 하지 않습니다. 그러나 온갖 영화를 누린 솔로몬도 결코 이 꽃 한 송
이만큼 화려하게 차려입지 못하였습니다. ²⁸ 여러분은 왜 그렇게 믿음이 적습니까? 오
늘 피었다가 내일이면 아궁이에 던져질 들꽃도 하느님께서 이처럼 입히시거든, 하물며
여러분에게야 얼마나 더 잘 입혀주시겠습니까? ²⁹ 그러니 무엇을 먹을까 무엇을 마실
까 염려하며 애쓰지 마시오. ³⁰ 이런 것들은 다 이 세상 사람들이 찾는 것입니다. 여러분
의 아버지께서는 이 모든 것이 여러분에게 있어야 할 것을 잘 아십니다. ³¹ 여러분은 먼
저 하느님의 나라를 찾으시오. 그러면 이 모든 것도 곁들여 받을 것입니다. ³² 내 어린 양
떼들아, 조금도 무서워하지 마시오. 여러분 아버지께서는 하늘나라를 여러분에게 기꺼
이 주시기로 하셨습니다." ³³ "여러분은 있는 것을 팔아 가난한 사람들에게 주시오. 해어
지지 않는 돈지갑을 만들고 축나지 않는 재물 창고를 하늘에 마련하시오. 거기에는 도둑
이 들거나 좀먹는 일이 없습니다. ³⁴ 여러분의 재물이 있는 곳에 여러분의 마음도 있습니
다."(12,22-34)

재산에 대한 탐욕과 자기 보존에 대한 초조함이 하느님을 신뢰하는
데 기초한 하느님 나라의 열망과 대조된다. 앞에서 부자를 비판한 예수
는 이제 제자들에게 직접 말한다. 예수가 오늘 그리스도인에게 연설하
는 셈이다. 본문을 세 부분으로 나눌 수 있다. 첫 부분(22-28절)은 22절 '걱
정하지 마시오_me merimnate'로 대표된다. 예수는 두 가지 예를 즐겨 든다(〈루

가〉 4,25-27; 11,31-32; 14,28-32). 여기서도 마찬가지다. 둘째 부분(29-32절)
은 29절 '염려하며 애쓰지 마시오'가 대표다. 셋째 부분(33-34절)은 재산
에 대한 지혜로운 처신을 권고한다. 22-32절은 〈마태〉6,25-34와 비슷
하고, 33-34절은 〈마태〉6,19-21과 비슷하다. 루가는 마태오처럼 예수
어록집 〈Q〉를 참조한다.

우리는 앞에 나온 '어리석은 부자들 비판' 이야기에서 곡식 창고를 지
은 부자처럼 처신해서는 안 된다. 23절 '목숨'과 '몸'은 나 자신을 가리킨
다. 여기서 예수가 인간을 그리스철학처럼 몸과 마음으로 나누는 것은
아니다.[79] 목숨과 몸이 음식과 옷보다 당연히 중요하다. 예수가 음식과 옷
을 하찮게 여기는 것은 아니다. 음식과 옷 없이 목숨과 몸을 부지할 수 없
다. 예수는 음식과 옷 문제를 잘 안다. 음식과 옷, 집은 고대에서도 인간이
살아가는 데 필수 3요소였다(〈창세〉28,20; 〈1디모〉6,8). 예수가 왜 집 이야기
(〈루가〉9,58)를 빠뜨렸는지 알긴 어렵다. 혹시 예수가 무주택자라서 그랬
을까? 자발적으로 집을 떠난 예수는 무주택자라고 볼 수 있다.

24절과 27절에서 예수는 음식과 옷에 대한 비유를 동물 세계와 식물
세계에서 하나씩 가져왔다. 까마귀(〈욥기〉38,41; 〈시편〉147,9)는 〈마태〉와
달리 〈루가〉에서 정결하지 못한 동물로 여겨진다. 까마귀는 동물 중에서
고향도 없고, 돌보는 목자도 없는 불쌍한 생명체로 인용된 것 같다. 주목
받지 못하는 날짐승도 하느님이 돌봐주신다. 제자들 처지가 까마귀 신세
와 비슷하다는 해석은 조금 지나친 것 같다.

25절 '한 시간helikia'은 키, 나이, 수명을 가리킨다. 성서학자들 사이에
의견이 분분하다. 걱정한다고 자기 키를 늘릴 수 없고, 나이나 수명도 연

장할 수 없다는 뜻이다. 작은 일에도 무능한 인간이 왜 더 큰일을 걱정하느냐는 말이다. 〈루가〉 저자는 날짐승과 들꽃이라는 작은 사례에서 출발해 큰일로 향하는 논리 전개 방식을 사용한다. 27절 '솔로몬'(〈1열왕〉 10,1-13; 〈1역대〉 29,25)은 부귀영화를 누린 대명사로 인용된다. 한국인은 박근혜의 옷을 떠올리면 이해가 빠를 것이다. 28절 '아궁이에 던져질 들꽃'이라니? 나무가 부족한 이스라엘에서 사람들은 빵 굽는 화덕에 불을 지필 때 마른 들꽃을 땔감으로 사용했다.[80] 마른 들꽃은 금세 타버린다. 허망한 신세다.

28절에서 예수는 "여러분은 왜 그렇게 믿음이 적습니까?"라고 묻는다. 제자들을 '믿음이 적은 사람들oligopistoi'이라고 혼내는 것이다(〈마태〉 6,30; 8,26; 16,8). 30절에서는 제자들을 격려한다. 하느님이 사람과 짐승과 들꽃을 돌보신다는 사실을 제자들은 세상 사람들ethne(〈마태〉 6,7; 〈1데살〉 4,5; 〈에페〉 4,17)과 달리 알고 있다는 것이다. 제자들은 하느님의 배려를 잊지 말라는 뜻이다. 29절에서 "무엇을 먹을까 무엇을 마실까 염려하며 애쓰지 마시오"라니? 나는 남미 유학 시절, 하루 세 끼 먹고 사는 일이 세상에서 가장 어렵다는 사실을 뼈저리게 느꼈다. 루가는 세상살이 걱정을 업신여기는 게 아니라 하느님에 대한 신뢰를 강조하는 것이다.

31절에서 예수는 "먼저 하느님의 나라를 찾으시오"라고 요구한다. 〈마태〉 6,33에는 "먼저 하느님의 나라와 하느님께서 의롭게 여기시는 것을 구하라"고 나온다. '하느님께서 의롭게 여기시는 것'이라는 부분이 〈루가〉에서 삭제된다. 32절 "여러분 아버지께서는 하늘나라를 여러분에게 기꺼이 주시기로 하셨습니다"는 〈마태〉에 없다. 하느님께서 하늘나라를 우리에게 주신다(〈창세〉 15,1; 〈이사〉 41,10; 〈예레〉 46,27).

32절에서 예수는 제자들을 '내 어린 양 떼들'이라고 부른다. 예수는 〈이사〉 전문가다. 하느님이 이스라엘 백성을 양 떼(〈이사〉 40,11; 〈예레〉 13,17)라고 부르듯이, 예수는 제자들을 양 떼라고 불렀다. 양 떼는 목자를 목숨 걸고 따른다. 목자를 그처럼 믿는 것이다. 예수가 첫 제자 시몬과 안드레아에게 처음 하신 말씀은 '나를 따르시오'다(〈마르〉 1,17). 세리 레위를 만나서도 첫마디는 '나를 따르시오'다(〈마르〉 2,14). 하느님과 예수 자신에 대한 예수의 말은 복음서에서 두 가지로 요약할 수 있다. '하느님을 믿으시오'(〈마르〉 11,22)와 '나를 따르시오'(〈마르〉 1,17). 예수는 우리가 목숨 걸고 따를 만큼 믿을 수 있는 분이다. 목숨 걸고 따를 만한 사람이 있다는 것은 얼마나 기쁘고 행복한가. 그런 예수를 따르는 그리스도교 신자는 행복하다.

33절 "여러분은 있는 것을 팔아 가난한 사람들에게 주시오"는 왜 나왔을까? 〈루가〉 저자가 속한 공동체에는 부자가 상당수 있었다.[81] 루가는 부자 신자와 가난한 신자가 있는 공동체에서 부자에게 권고하고 경고한다. 바울로도 부자에게 요구한다(〈로마〉 15,25; 〈1고린〉 7,30; 〈2고린〉 8,4). 오늘 교회에서도 마찬가지다. 사제들은 부자 신자에게 루가처럼 말해야 한다. 그렇게 하는가. 교회는 가진 것을 팔아 가난한 사람에게 주는가. 재산을 나누지 않으면 개인도, 교회도 회개하기 어렵다. 재산을 나누지 않고 생각과 마음만 바꾸는 것은 예수가 말한 회개가 아니다.

우리는 사제를 목자로, 신자를 양 떼로 비유하는 설교를 자주 들어왔다. 그 의미는 충분하다. 그러나 목자인 사제도 양 떼에 속한다는 사실을 잊지 말아야 한다. 양 떼라는 단어를 들으면 저절로 떠오르는 일화가 있다. 1979년 11월 18일 강론에서 로메로 대주교가 한 말이다. "이렇게 착한 양 떼와 함께라면, 착한 목자 되는 것은 어렵지 않습니다." 우리나라에도 이런 주교가 있으면 정말 좋겠다. 이런 주교와 함께라면, 우리가 착한 양 떼 되는 것은 어렵지 않다.

'먼저 하느님 나라를 찾아라' 이야기는 누구를 향해 말하는가. 창조 신학에 대한 예수의 언급을 볼 수 있는 드문 단락이다. 하느님의 돌보심과 피조물의 아름다움을 묵상하는 예수의 글을 읽는 것 같다. 예수는 문학청년이다. 초대교회에 이런 예수를 전하는 유랑 선교사들이 있었다. 그들은 배고픔에 시달리며 잠잘 곳을 걱정해야 했다. 멸시와 박해도 감당해야 했다. 예수는 먼저 그들에게 따스한 위로를 건넨다. 우리 시대에도 지구 오지에서 갖가지 어려움을 무릅쓰고 복음을 전하는 사람이 많다. 그들은 하느님의 사람이다.

선진국 사람들은 "그까짓 음식과 옷 때문에 하느님과 하느님 나라를 잊는단 말이야?" 하고 가난한 사람을 탓할 수도 있다. 가난한 사람은 "우선 처먹고! 그다음에 도덕이고 나발이고"라고 부자에게 항의할 수도 있다. 음식과 옷 문제를 해결하지 못한 사람이 그렇지 않은 사람보다 많다. 나는 얼마 전에 갑부 여덟 명의 재산이 전 세계 인구 절반의 재산과 비슷하다는 뉴스를 들었다. 제삼세계 가난한 사람은 '먼저 하느님 나라를 찾아라' 이야기를 선진국 사람들보다 훨씬 심각하게 느낄 것이다. 읽는 사람이 처한 경제적 형편에 따라 본문에서 강조하는 점이 다르게 파악될 수 있다.

일상에서 겪는 사소한 어려움을 좀 더 넓고 큰 차원에서 보면 어떨까. 하느님에 대한 신뢰, 하느님 나라를 구하는 마음이 그리스도인에게 언제나 1순위 아닌가. "여러분의 재물이 있는 곳에 여러분의 마음도 있습니다."(34절) 우리 그리스도인에게 재물은 돈이 아니라 하느님에 대한 신뢰, 하느님 나라를 구하는 마음이다. 나머지는 다음 문제다.

충실히 준비하라

35 "여러분은 허리에 띠를 띠고 등불을 켜놓고 준비하시오. 36 혼인 잔치에서 돌아오는 주인이 문을 두드리면 곧 열어주려고 기다리는 사람들처럼 되시오. 37 주인이 돌아왔을 때 깨어 있다가 맞이하는 종들은 행복합니다. 그 주인은 띠를 띠고 그들을 식탁에 앉히고 곁에 와서 시중을 들어줄 것입니다. 38 주인이 밤중에 오든 새벽녘에 오든 준비하고 있다가 주인을 맞이하는 종들은 얼마나 행복하겠습니까? 39 생각해보시오. 도둑이 언제 올지 집주인이 알면 자기 집을 뚫고 들어오지 못하게 할 것입니다. 40 사람의 아들도 여러분이 생각지도 않은 때에 올 것이니 항상 준비하시오."

41 이 말씀을 듣고 베드로가 "주님, 지금 이 비유는 저희에게 말씀하신 것입니까? 저 사람들도 모두 들으라고 하신 것입니까?" 하고 묻자 42 주께서 대답하셨다. "어떤 주인이 관리인에게 다른 종들을 다스리며 제때에 양식을 공급할 책임을 맡기고 떠났다면 어떻게 하는 사람이 과연 충성스럽고 슬기로운 관리인이겠습니까? 43 주인이 돌아올 때 자기 책임을 다하고 있다가 주인을 맞이하는 종이 아니겠습니까? 그 종은 행복합니다. 44 틀림없이 주인은 그에게 모든 재산을 맡길 것입니다.

45 그러나 만일 그 종이 속으로 주인이 더디 오려니 하고 제가 맡은 남녀종들을 때리며 먹고 마시고 술에 취하여 세월을 보낸다면 46 생각지도 않은 날 짐작도 못 한 시간에 주인이 돌아와서 그 종을 동강 내고 불충한 자들이 벌 받는 곳으로 처넣을 것입니다. 47 주인의 뜻을 알고도 아무런 준비를 하지 않았거나 주인의 뜻대로 하지 않은 종은 매를 많이 맞을 것입니다. 48 그러나 주인의 뜻을 몰랐다면 매 맞을 만한 짓을 하였어도 덜 맞을 것입니다. 많이 받은 사람은 많은 것을 돌려주어야 하며, 많이 맡은 사람은 더 많은 것을 내어놓아야 합니다."(12,35-48)

재산에 대한 욕심을 경고하는 이야기가 앞에서 여러 번 나왔다. 루가는 이제 종과 집주인, 관리인의 비유를 들어 언제인지 모르는 주님의 재림을 충실히 기다리자고 권고한다. 본문은 35-40절과 41-48절로 나눌 수 있다. 첫 부분에서 종과 청취자는 이인칭 복수로 표현되지만, 둘째 부분에서 종은 단수로 언급된다. 41절에서 베드로가 끼어들어 질문했고, 47-48절은 본문 내용을 요약한 부분이다. 39-40절은 〈마태〉 24,43-44에서, 42-46절은 〈마태〉 24,45-51에서 볼 수 있다. 루가와 마태오가 예수 어록집 〈Q〉를 참조했다는 뜻이다. 루가가 〈마르〉 13,33-36을 참고한 것 같지는 않다.[82] 35-38절이 예수 어록집〈Q〉에 있는지 성서학자들 사이에 논란이 있다. 39절은 〈도마복음〉 21,5에 보인다. '주인', '종', '오다', '시간'을 가리키는 단어가 자주 보인다. '깨어 있어라', '충실히 봉사하라'가 핵심 단어다.

35절 '허리에 띠를 띠는' 것은 일할 준비를 하는 자세다. 〈출애〉 12,11의 탈출 부분을 참조했다고 보기는 곤란하다. 우리에게는 신발 끈을 조여 맨다는 말이 익숙하다. 그리스도인은 하느님의 시간kairos에 맞춰 살아야 한다는 가르침이다(〈갈라〉 4,4). 유다인은 과월절 축제나 큰 축제를 밤(〈출애〉 12,42)에 지냈다. 등불은 밤에 준비한다는 표현이다(〈마태〉 25,11-). 루가는 밤에도 일할 자세로 있어야 하는 서양 사회를 생각한 모양이다. 종은 밤에도 일해야 한단 말인가? 지나치지 않은가. 당시 종은 정해진 노동시간이 없었다.[83] 36절 '혼인 잔치gamos'는 단순한 축제(〈루가〉 14,8)를 가리킬 수도 있다. '허리에 띠', '켜놓은 등불', '문 열어줄 준비'는 모두 깨어gregorein 기다림을 상징하는 표현이다(〈마태〉 25,13; 〈사도〉 22,20; 〈묵시〉 16,15).

깨어 있다가 주인을 맞이하는 종은 행복하다. 종이 주인에게 하던 대접을 주인에게 받는 것이다(〈루가〉 22,27; 〈요한〉 13,1-17). 루가는 예수가 제자들에게 식사 시중을 든다는 주제를 〈요한〉과 공유한다. 교황이 노숙인에게 식사 시중을 드는 장면은 참으로 멋지다. 밤을 3등분(18-22시, 22-02시, 02-06시)이나 4등분(18-21시, 21-24시, 24-03시, 03-06시)하는 관습(〈마르〉

6,48; 13,35; 〈사도〉 12,4)이 있었다. 본문에서는 3등분을 전제로 한 것 같다. 38절 '밤중에 오든 새벽녘에 오든'이란 표현은 주인이 언제 올지, 예상보다 늦어질지 모른다(〈마르〉 13,15-)는 뜻이다. 깨어 기다리라는 가르침이다(〈1데살〉 5,2; 〈2베드〉 3,10; 〈묵시〉 3,3). 39절 '도둑'은 그리스도 재림을 가리키는 데 사용된 단어다(〈1데살〉 5,2; 〈2베드〉 3,10; 〈묵시〉 3,3).

39절을 자세히 보면 놀라운 것을 발견할 수 있다. 도둑이 언제 올지 종은 물론 집주인도 모른다는 말이다. 예수 재림을 맞이할 때 주인과 종의 사회적 차별은 무의미해진다는 뜻이다.[84] 유다교 율법은 강도보다 도둑을 엄하게 다룬다(〈레위〉 5,20-26; 〈판관〉 21,23; 〈이사〉 3,14-15). 왜 그럴까. 강도가 도둑보다 악하지 않은가? 도둑은 동족 유다인이 하는 짓이요, 강도는 주로 외국인이 저지르는 짓이다. 도둑은 흔히 밤에, 강도는 낮에 일어난다. 율법은 동족의 수탈을 이방인의 강도보다 심하게 처벌한다.[85] 강도보다 부패의 폐해를 심각하게 여긴 것이다. 유다인은 동족의 재산을 훔쳐선 안 된다. 유다인이 생각하는 노블레스 오블리주다. 부와 권력, 명성은 사회에 대한 개인의 책임과 함께해야 한다는 뜻이다. 박근혜의 부패를 보면 강도보다 도둑질을 나쁘게 여긴 율법의 깊은 뜻이 이해된다.

40절 '항상 준비하시오'는 신약성서에서 여기에만 있고, 〈마태〉 24,44에 상응 구절이 있다. 공동성서에는 여러 곳에서 보인다. 이스라엘이 시나이 산에서 하느님의 나타나심을 기다릴 때(〈출애〉 19,15), 모세가 하느님을 뵈올 때(〈출애〉 34,2), 〈민수〉 16,16에도 있다. 예수의 제자들은 사람의 아들이 나타날 때 넘어지지 않도록 준비해야 한다(〈마르〉 8,38; 13,26-; 〈마태〉 25,31).

41절에서 베드로는 비유가 직무를 맡은 사람에게 향하는지, 모든 그리스도인에게 해당하는지 묻는다. 42절 예수의 답변에서 35-40절 주인과 종 이야기가 주인과 관리인 이야기로 바뀐다. '관리인terapeia'은 〈창세〉 45,16과 39,4와 〈신명〉 1,13에 보인다. 루가는 교회에서 직분을 맡은 사람(〈마르〉 13,37)을 주로 의식한다(〈1고린〉 4,1). 42절 '충성스러운pistis'은 관리인에게 중요한 덕목이다(〈1고린〉 4,2). 주인은 충실한 관리인에게 모든 재산 관리를 맡길 것이다(〈루가〉 19,17; 〈1고린〉 3,14). 45-48절에서 불충한 종에게 내리는 심판을 경고한다. 47-48절은 〈마태〉에 없다. 45절에서 예수는 종의 마음을 읽는 독심술을 보여준다. 이런 표현은 공동성서에서 하느님의 성격에 익숙하다(〈신명〉 9,4; 〈시편〉 10,6; 〈예레〉 5,24). 45절 '먹고 마시고 술에 취한' 모습은 준비하지 않은 상태를 가리킨다(〈2사무〉 11,13; 〈이사〉 49,26).

46절 '동강 내고dikotomein'는 하느님의 심판을 상징하는 표현이다. 사람의 몸을 둘로 나누어 죽인다(〈출애〉 29,17; 〈예레〉 34,18)는 뜻이다. 논리학에서 이분법이란 단어가 여기서 비롯된다. 페르시아 문명에서 도입된 처벌로 보인다.[86] 꺼지지 않는 불(〈루가〉 3,17)도 등장한다. 초대교회는 46절 '불충한 자들hoi apistoi'이 예수를 받아들이지 않는 사람들을 가리킨다고 이해한 것 같다(〈1고린〉 6,6; 〈2디모〉 5,8; 〈디도〉 1,15). 48절에 '주인의 뜻을 몰랐다면 매 맞을 만한 짓을 하였어도 덜 맞을 것'이라고 나온다. 유다인은 모르고 범한 죄나 부주의로 저지른 죄보다 알고도 행한 범죄를 엄하게 처벌했다(〈민수〉 15,27-31). 알고도 행한 범죄, 즉 부정부패는 우리 사회에서 가혹하게 처벌해야 한다. 재벌과 정치인의 부패는 물론, 종교인의 부패도 더 말할 필요가 없다.

예수는 사람들이 알아듣기 쉽도록 주인과 종이라는 시대 상황을 비유 소재로 삼았을 뿐이다. 예수가 주인과 종으로 구성된 당시 사회체제나 전제주의를 지지하는 것은 아니다. 교회를 창설하지 않은 예수가 교회 직무자에게 어떤 지침을 내릴 수는 없다. 본문은 예수가 진짜 하신 말씀이 아니라는 뜻이다.[87] 성서 저자들이 초대교회에 닥친 현안을 해결하기 위해 예수가 한 말처럼 꾸며낸 이야기다. 초대교회에서 예수 재림이 늦어지는 데 초조한 신자를 위로하고 격려한다. 주인의 뜻을 잘 알지만 교회를 엉망으로 관리하는 직무자는 가혹한 심판과 처벌을 받는다. 본문은 오늘 교회와 성직자에게 마땅히 적용된다.

충실한 종이 되어라, 제발 교회 관리를 제대로 하라는 예수의 간곡한 호소가 한국 천주교에 들리는 것 같다. 예수는 여기저기서 터져 나오는 한국 가톨릭의 비리 소식을 듣고 얼마나 슬프실까. 악한 관리자가 교회에 참 많다. 한국 가톨릭이 전체적으로 활력을 잃고 뚜렷한 하락세에 접어들었다. 프란치스코 교황이 등장한 뒤 부흥기를 맞이한 다른 나라 가톨릭과 정반대 모습이다. 대체 왜 그럴까.

지금 한국 가톨릭의 위기에 몇 가지 특징이 있다. 1. 국가권력의 박해 때문이 아니라 주로 돈 때문에 한국 가톨릭이 무너지고 있다. 2. 한국 가톨릭이 일으키는 말썽은 대부분 평신도가 아니라 주교와 사제들이 일으켰다. 3. 한국 가톨릭의 평신도 통제 능력은 교묘하게 강화되고 있지만, 성직자의 자정 능력은 엉망이다. 주교가 연관된 문제에는 자정 능력이 거의 붕괴되었다. 4. 가톨릭 언론이 제 역할을 하지 못하고 있다. 가톨릭 언론은 주교의 홍보지 역할에 머무르고, 교회 비판을 외치는 목소리는 거의 없다. 5. 한국 가톨릭을 감시하고 문제를 처리하는 업무를 맡은 주한 교황대사는 거의 최순실 수준으로 처신하고 있다. 6. 주교나 사제나 평신도 단체에서 교회 적폐를 청산하자는 움직임이 거의 없다. 7. 대다수 주교는 신앙의 스승이라기보다 교회 조직과 자금 관리자에 불과하다.

사제의 내부 고발이나 양심선언을 기대하기는 아주 어렵다. 평신도 운동가 중 주교와 사제 이름을 정확히 언급하며 비판하는 사람은 거의 없다. 촛불 집회에 나오는 주교는 거의 없다. 세상 돌아가는 모습을 조·중·동과 종편 방송으로 보는 신부와 수녀가 적지 않다. TV를 통해 구경하고 시국을 한탄하는 사제는 많지만, 광장에 나와 촛불집회에 참여하고 악의 세력과 싸우는 사제는 적다. 발코니에서 세상을 구경하려는 모양이다. 골프장 출입을 비롯해 사제의 세속화 현상은 늘고 있다. 돈맛을 알고 겉멋이 든 사제가 많다. 국민과 신자에게 존경받는 가톨릭 성직자 숫자가 줄었다.

가톨릭 신자가 100만 명 넘게 줄었다고 한다. 통계조사 기법에 대한 의문으로 신자 감소 원인을 모른 체하거나 둘러대기는 곤란하다. 마음에 들지 않는 본당신부를 피해 다른 성당 미사에 참여하는 순례자형 신자가 갈수록 늘고 있다. 쉬는 신자가 증가한다. 성당마다 일요일에 빈자리가 눈에 띄게 보인다. 주일미사에 나오는 신자 비율이 30퍼센트 이하에 머무르고 있다. 가난한 사람이 천주교에 대한 실망과 불쾌함을 숨기지 않는다. 주교와 신부에 대한 사람들의 언어와 눈초리가 예전과 달리 심상치 않다. 프란치스코 교황을 존경하는 사람도 많지만, 한국 가톨릭에 실망한 사람도 많다.

한국 가톨릭 평신도의 자존심이 추락했다. 예전에는 '그래도 가톨릭은 다르다'는 자부심이 있었지만, 지금은 '가톨릭도 다를 바 없어'라는 한숨이 대부분이다. 신자의 추락한 자존감을 어떻게 회복할까. 과거와 현재의 일부 모범적인 사제, 수도자, 평신도를 인용하는 것으로 한국 가톨릭의 위기를 무마하거나 회피할 수 없다. 그것은 정직한 방법이 아니다.

교회 안의 인적·구조적 적폐를 모조리, 철저히 청산해야 한다. 그렇지 않으면 한국 천주교의 현재와 미래는 없다. 한국 가톨릭이 겨울잠에서 깨어나야 한다. 지금 한국 가톨릭에는 민족의 앞길을 올바르게 제시하고 선도할 힘이 없다. "이러려고 내가 순교했는가" 하는 한국 순교자들의 탄식이 들리는 듯하다.

○ 세상을 불태우는 예수

⁴⁹ "나는 이 세상에 불을 지르러 왔습니다. 이 불이 이미 타올랐다면 얼마나 좋겠습니까? ⁵⁰ 내가 받아야 할 세례가 있습니다. 이 일을 다 겪어낼 때까지 내 마음이 얼마나 괴로울지 모릅니다. ⁵¹ 내가 세상을 평화롭게 하려고 온 줄 압니까? 아닙니다. 오히려 분열을 일으키러 왔습니다. ⁵² 한 가정에 다섯 식구가 있다면 이제부터 세 사람이 두 사람을 반대하고 두 사람이 세 사람을 반대하여 갈라질 것입니다. ⁵³ 아버지가 아들을 반대하고 아들이 아버지를 반대할 것이며, 어머니가 딸을 반대하고 딸이 어머니를 반대할 것이며, 시어머니가 며느리를 반대하고 며느리가 시어머니를 반대하여 갈라질 것입니다."

⁵⁴ 예수께서는 군중에게도 말씀하셨다. "여러분은 구름이 서쪽에서 이는 것을 보면 '곧 비가 오겠다'고 말합니다. 과연 그렇습니다. ⁵⁵ 또 바람이 남쪽에서 불어오면 '날씨가 몹시 덥겠다'고 말합니다. 과연 그렇습니다. ⁵⁶ 이 위선자들아, 여러분은 하늘과 땅의 징조는 알면서 이 시대의 징표는 왜 알지 못합니까?"

⁵⁷ "여러분은 무엇이 옳은 일인지 왜 스스로 판단하지 못합니까? ⁵⁸ 당신을 고소하는 사람이 있거든 그와 함께 법정으로 가는 길에서 화해하도록 힘쓰시오. 그렇지 않으면 그가 당신을 재판관에게 끌고 갈 것이며, 재판관은 당신을 형리에게 넘겨주고 형리는 당신을 감옥에 가둘 것입니다. ⁵⁹ 잘 들으시오. 당신은 마지막 한 푼까지 다 갚기 전에는 결코 거기에서 풀려나지 못할 것입니다."(12,49-59)

예수의 지상 삶과 재림 사이에 그리스도인이 어떻게 살아야 하는지 계속 나온다. 날씨와 경제에는 관심이 많고 잘 알지만, 역사와 현실에 무관심한 사람을 예수가 비판하고 경고하는 이야기다. 루가는 성서 독자들이 예수의 말과 행동을 보고 어서 예수에 대한 태도를 취하도록 재촉한다.

'나는 ○○을 하기 위해 세상에 왔습니다'는 예수 어법의 특징이다 (〈마르〉 2,17-; 〈마태〉 5,17; 〈루가〉 19,10). 49절 '왔다'는 말은 두 가지를 포함한다. 하느님이 예수를 보내셨다. 예수는 자신의 사명을 안다. '오실 분'(〈루가〉 7,19-20)은 메시아를 가리킨다. '불'은 아직 타오르지 않았다. 하느님이 아직 불 지르시지 않았기 때문이다. 불이 처벌을 뜻하는 것 같기도 하다. 소돔과 고모라에 내린 불(〈창세〉 19,24), 엘리야가 아하지야 왕의 신하들에게 내린 불(〈2열왕〉 1,10-14), 예수의 제자 야고보와 요한이 사마리아에 내리려던 불(〈루가〉 9,54)이 떠오른다.

그러나 49절 '불'이 무엇을 뜻하는지 의견이 다양하다.[88]

1. 예수의 죽음? 예수는 50절에서 죽음(세례) 이야기를 꺼냈고, 불은 예수의 죽음에 앞서 생기는 일이다. 그러니 불을 예수의 죽음으로 이해하기는 어렵다.
2. 인간의 갈등? 그렇게 생각하기 곤란하다. 52절부터 불의 작용이 아니라 결과를 설명하기 때문이다.
3. 종말 심판? 〈루가〉 3,12에 그런 언급이 있었다. 49절에서 미래에 벌어질 사건이 아니라 지상의 삶을 가리키기 때문에, 불을 세상 끝 날의 심판으로 여길 수는 없다.
4. 성령? 성령 오심과 그 후 그리스도 선포를 전망하는 발언 아닌가? 본문에서 불은 파괴하는 의미를 띠기에 성령을 나타낸다고 보기 어렵다. 반론할 여지가 없는 해설은 없지만, 불은 성령을 가리킨다는 주장이 반대 의견이 가장 적다.

50절 '세례baptisma'가 예수의 운명을 가리키는 비유로 복음서에서 유일하게 등장한다(〈마르〉 10,38- 참조) baptisma는 당시 드물게 쓰인 단어다. 그리스 지방에서는 쓰이지 않았고, 공동성서 그리스어 번역본이나 그리스 지역에 사는 유다인 사이에서도 사용되지 않았다.[89] 50절 '내 마음이 얼마나 괴로울지 모릅니다'라는 표현을 보고 놀라거나 의아한 독자도 있을 것이다. 성서는 왜 예수의 약한 모습을 그대로 드러낼까?

예수도 우리처럼 괴로워했다. 예수도 죽음을 두려워했다. 그러나 예수는 하느님의 계획에 자신을 맡기고 운명을 받아들였다. 로메로 대주교도 죽음을 두려워했다. 그러나 로메로 대주교는 죽음을 거부하지 않고 받아들였다. 나는 로메로 대주교를 통해 예수를 더 잘 알았다. 초대교회 신자도, 성서 저자들도 예수의 고뇌를 있는 그대로 받아들였다. 예수가 약하기에 그 신성을 의심한 게 아니라, 예수의 가장 인간적인 모습에서 드러나는 신성을 보았다. 예수는 신성이 있기에 우리와 다르지만, 우리보다 인간적이기에 인간성을 제대로 발휘하지 못하는 우리와 다르기도 하다. 예수처럼 인간성을 완벽하게 드러낸 사람은 아무도 없다.

촛불집회에 나가서 행진할 때 횃불을 가까이에서 보았다. 그때 떠오른 성서 구절이 49절 말씀이다. "나는 이 세상에 불을 지르러 왔습니다." 한국 사회와 역사의 적폐를 청산하는 불 아닌가. 친일파와 친미파를 처단하는 불 아닌가. 왜 한국 역사에는 아직 그 불이 타오르지 않을까. 지금 그 불이 활활 타올라야 하지 않는가. 한국 천주교의 적폐도 말끔히 청산되면 좋겠다.

50절에서 불이 아직 타오르지 않는 까닭이 드러났다. 루가는 〈마르〉 10,38 이하를 참고한 것 같다. 세례라는 단어는 〈로마〉 6,4에서 처음 등장한다. 51-53절에서 예수의 죽음과 부활 이후 불이 일으킬 결과를 소개한다. 51절 '세상'은 잘못된 세상을 가리킨다. 잘못된 세상은 분열시키고 뒤

집고 고쳐야 한다. 잘못된 세상을 좋은 세상이라고 거짓말할 수는 없다. 거짓말하는 사람은 예언자가 아니다. 52-53절에서 가정에 생긴 분열의 모습을 소개한다.

분열은 인간 사회의 기초이자 출발인 가정부터 생긴다. 교회가 가정에서 출발했다는 점도 기억하자. 루가는 〈미가〉 7,6을 참고한다. 루가는 5인 가정을 예로 들어 가족 내 세대 갈등과 성별 갈등을 보여준다. 어머니가 시어머니 역할을 겸한 5인 가정이다. 유다교 문헌에 어머니의 모습은 드물게 언급된다. 예수는 세대 갈등과 성별 갈등을 모르지 않았다. 가족 분열의 아픔을 겪었고, 스스로 가족을 떠났다. 그러나 예수는 아버지와 딸, 아들과 어머니 사이 갈등을 아직 모르는가 보다.

51절에서 예수는 평화가 아니라 분열을 일으키러 왔다고 한다. 대체 무슨 말인가? 예수 오심은 평화를 주지 않나? "땅에서는 그가 사랑하시는 사람들에게 평화!"(〈루가〉 2,14) 하느님의 사명을 받지 않은 거짓 예언자는 멸망을 선포해야 마땅할 때도 평화를 약속한다(〈예레〉 28,8-9). 좋은 게 좋다는 식으로 설교하는 종교인, 언제나 희망을 말하는 신학자는 거짓 예언자일 가능성이 크다. 예언자는 외교관이 아니라 신학자다. 진실을 말하지 않는 사람은 종교인도, 예언자도, 신학자도 아니다.

'분열diamerismos을 일으키러 왔다'는 예수의 선언이 우리를 두렵게 하는가? 예수가 가져온 평화를 거부하는 사람이 있다. 예수의 평화를 받아들이는 사람과 거부하는 사람 사이에 분열이 일어난다는 뜻이다. 가정에서, 사회에서 박근혜 탄핵을 찬성하는 사람과 반대하는 사람 사이에 분열이 일어났다. 박근혜 탄핵을 찬성하는 가톨릭 신자와 반대하는 신자

사이에 분열이 일어났다. 박근혜 탄핵을 찬성하는 신부·수녀와 반대하는 신부·수녀 사이에 분열이 일어났다. 분열이 잘못된 게 아니라 진실을 거부하는 사람들이 나쁜 것이다. 분열해야 마땅할 때는 분열해야 한다. 갈등해야 마땅할 때는 갈등해야 옳다. 예수는 분열과 갈등을 겪은 정도가 아니라 분열과 갈등을 몸소 일으키고 부추겼다. 가짜 평화 No! 의로운 분열 Yes!

54-55절에서 루가가 이스라엘 지방의 날씨 사정을 잘 모르는 것이 드러난다. 공동성서로 보면 동쪽에서 부는 바람이 뜨거운 사막바람이다 (〈창세〉41,6; 〈출애〉10,13; 〈에제〉17,10). 이집트와 그리스는 남쪽에서 부는 바람이 더운 바람이다. 고대 농경 사회에서 하늘을 보고 날씨를 살피는 일은 중요했다. 어부에게도 마찬가지다. 날씨를 읽는 것이 경제와 생존에 필요했다. 당시 사람들은 서쪽을 어둠, 악마, 죽음이 있는 곳으로 생각했다. 세례 준비를 하는 사람들은 악마를 멀리하겠다고 맹세할 때 서쪽을 등지고 동쪽으로 걸어 성당에 입장했다.[90]

이 사실을 근거로 〈루가〉의 집필 장소를 추정하기는 조금 성급하다. 어쨌든 이 부분의 주제는 날씨가 아니다. 예수가 하고 싶은 말이 무엇인지 아는 게 중요하다. 56절 '시대kairos의 징표'라는 표현은 〈마태〉16,3에도 나온다. 예수의 말씀과 행동이 시대의 징표라는 말이다. 날씨는 알아보지만 예수의 말씀과 행동에 관심 없는 사람을 비판하는 것이다. 예수는 자연현상에 관심 있지만 역사와 현실에 무관심한 사람을 위선자라고 부른다. 루가는 위선자라는 단어를 〈루가〉6,42과 13,15에도 쓴다. 예수는 사람들이 자연 너머 초자연으로 눈을 돌리기 바라지 않는다. 날씨나 비와 같이 평범한 자연을 아는 것처럼 현실과 역사에 관심을 두라는 말이다. 하느님 나라를 선포하고 가난한 사람에게 기쁜 소식을 전하는 예수의 말과 행동이 곧 현실이요, 역사요, 하느님의 시간이라는 말이다. 날씨와 비를 아는 것처럼 하느님 나라와 가난한 사람을 알라는 말이다.

놀라운 말씀이다. 자연을 알지만 역사에 무관심한 사람은 위선자다. 제주도에 와서 자연은 아름답지만 역사는 슬프다는 사실을 깨닫지 못하는 사람은 위선자다. 이스라엘 역사는 알지만 한민족 역사를 모르는 사람은 위선자다. 역사와 현실에 무관심한 사람은 위선자다. 종교와 종교인은 역사와 현실에 어느 정도 무관심해야 옳다고 주장하거나 믿는 사람이 적지 않다. 그런 사람들은 예수와 거리가 한참 멀다. 역사를 모르는 사람은 종교를 모른다. 현실을 모르는 사람은 종교를 알 수 없다. 그리스도교는 자연종교가 아니라 역사 종교다. 역사에 대한 무관심이야말로 잘못된 신앙의 첫째 특징이다.

58절에서 예수는 성서 독자를 가정법 상황으로 초대한다. 독자는 고소당해서 법정으로 끌려가 재판받는 처지에 놓인다. 민사소송인지 형사소송인지, 당시 돈으로 풀려나는 보석금 제도가 있었는지 궁금하다. 성서는 하느님께 죄지은 사람을 빚진 사람으로 자주 비유한다(〈마태〉 6,12-; 18,23-35). 성서도 자본주의 논리에 빠졌다는 말일까? 이것이 주제는 아니다. 법정으로 가는 길에서 화해하도록 힘쓰라는 58절이 주제다. '힘쓰시오ergasia didomi'는 〈루가〉에서 여기에만 보인다. 감옥에 가지 않도록 할 수 있는 모든 일을, 늦기 전에 하라는 말이다. '때kairos'를 놓치지 말라는 뜻이다. 루가는 예수의 등장과 말씀과 행동에 대해 독자의 고뇌와 결단을 촉구한다. 예수에 대한 태도를 어서 정하라! 시간이 없다. 시대의 징표를 읽어라.

○ 회개하지 않으면 망한다

¹ 바로 그때에 어떤 사람들이 예수께 와서 빌라도가 희생물을 드리던 갈릴래아 사람들을 학살하여 그 흘린 피가 제물에 물들었다는 이야기를 일러드렸다. ² 예수께서 그들에게 말씀하셨다. "그 갈릴래아 사람들이 다른 모든 갈릴래아 사람보다 죄가 많아서 그런 변을 당한 줄 압니까? ³ 아닙니다. 잘 들으시오. 여러분도 회개하지 않으면 모두 그렇게 망할 것입니다. ⁴ 실로암 탑이 무너질 때 깔려 죽은 열여덟 사람은 예루살렘에 사는 다른 모든 사람보다 죄가 많은 사람들인 줄 압니까? ⁵ 아닙니다. 잘 들으시오. 여러분도 회개하지 않으면 모두 그렇게 망할 것입니다.
⁶ 예수께서 그들에게 다음과 같은 비유를 말씀하셨다. "어떤 사람이 포도원에 무화과나무 한 그루를 심었습니다. 그 나무에 열매가 열렸나 하고 가보았지만 열매가 하나도 없었습니다. ⁷ 그래서 포도원지기에게 '내가 이 무화과나무에서 열매를 따볼까 하고 벌써 삼 년째 여기 왔으나, 열매가 달린 것을 본 적이 없으니 아예 잘라버려라. 쓸데없이 땅만 썩힐 필요가 있겠느냐?' 하였습니다. 그러자 ⁸ 포도원지기는 '주인님, 이 나무를 올 한 해만 그냥 두십시오. 그동안 제가 그 둘레를 파고 거름을 주겠습니다. ⁹ 그러면 내년에 열매를 맺을지도 모릅니다. 그때 가서도 열매를 맺지 못하면 베어버리십시오' 하고 대답하였습니다."(13,1-9)

갑자기 전해진 슬픈 소식에 예수와 사람들의 대화 주제가 크게 바뀐다. 살다 보면 이런 일을 얼마나 자주 겪는가. 내 일기장에 남 이야기가 함께 쓰이는 것이다. 시대의 요청에 자기 입장을 밝혀야 하는 사람이 많다. 독일 신학자 카를 라너는 쓰고 싶은 주제보다 자기 시대의 질문에 답하는 글을 많이 썼다. 본문에서 예수도 마찬가지다. 포도밭에 무화과나무를 심은 농촌 지역이 배경이다.⁹¹ 〈루가〉에만 나오는 이야기다.

1절에서 '어떤 사람들tines'이 예수에게 끔찍한 시국 사건을 전해준다.

그들은 무장 독립투사나 예수의 제자는 아니고 순례자인 것 같다. 갈릴래아 사람을 학살한 소식보다 사람의 피와 제물로 사용된 동물의 피가 섞였다는 점을 강조한 듯하기 때문이다. 사람과 동물의 피가 섞여 율법을 어겼다는 사실이 수많은 사람이 학살당한 소식보다 심각하고 충격이란 말인가. 그들은 두 가지에 흥분한 모양이다. 제물의 피와 학살당한 사람들의 피가 섞인 것, 그 피가 다른 곳이 아니고 거룩한 성전의 제단이라는 것 말이다.

빌라도는 유다인을 죽였을 뿐 아니라 유다교를 심하게 모욕했다. 빌라도의 악행은 〈루가〉에 두 번 전해진다(〈루가〉 3,1; 23장). 독자는 빌라도에 대한 유다인의 미움을 잊지 말아야 한다. 빌라도의 악행을 기억하는 그리스도인은 드물다. 빌라도보다 유다를 싫어하는 사람이 많다. 성서를 잘 모르는 탓이다. 1절 '갈릴래아 사람들'은 당시 어법으로 보면 로마 군대에 무력 저항한 젤로데 독립투사를 가리킨다(〈사도〉 5,37).

'일러드렸다apaggello'는 요한의 제자들이 세례자 요한에게 이야기를 전할 때 쓰인 동사다. 복음서에서 예수에게 누가 소식을 알리는 경우는 드물다. 초대교회는 예수가 모든 것을 알고 미래까지 내다본다고 생각했기 때문이다(〈루가〉 5,22; 9,30-31). 요즘 신자는 주교나 신부에게 시국 사건을 제대로 전달하는가. 주교나 신부는 시국 사건을 정확히 아는가. '회개하지 않으면 망한다' 이야기처럼 시국 사건을 예로 들어 복음을 해설하는 예수를 따르고 있는가. 설교는 이렇게 하는 것이다.

꼭 세례자 요한이라고 불러야 할까? 나는 세례자 요한보다 '예언자 요한'이라는 용어를 좋아한다. 요한이 세례를 베풀었기 때문에 복음서와 그리스도교에서 세례자 요한이라는 호칭을 즐겨 쓴다. 그러나 요한은 정치 비평가요, 예언자 역할에 충실했다. 요한을 예언자 요한이라고 불러야 요한의 제자 예수를 자연스럽게 예언자 예수라고 부를 수 있다. 그리스도교는 예수와 예언자 요한의 연속성을 더 강조해야 한다. 예수도 예언자 요한처럼 예언자요 정치 비평가였으며, 예언자 요한처럼 처형당했다. 그리스도교 역사와 전례에서 예언자 예수라는 호칭은 사라지고 말았다. 슬픈 일이다. 20세기 해방신학은 예수에게 해방자라는 호칭을 선물했다. 예언자 예수라는 호칭도 어서 복권하자고 말하고 싶다.

2절에서 예수가 반문한 데는 어떤 배경이 있을까? 유다교 신학은 죄 hamartolos와 벌 사이에 인과관계가 있다고 해설한다. 죽은 사람은 죽어 마땅한 이유가 있다는 것이다. 죽을 이유는 크게 두 가지다. 하느님과 관계가 망가졌거나, 도덕적 범죄를 저질렀거나. 이 논리에 따르면, 젤로데 독립군이 로마 군대에게 학살당해 마땅한 잘못이 있지 않느냐는 말이다. 예수는 즉답을 피한 채 4절에서 다른 시국 사건을 예로 들었고, 6절 이하에서 포도원지기와 주인의 비유로 회개를 촉구한다.

예루살렘 남동쪽에 있는 실로암 탑은 히즈키야 왕 때 만든 운하가 연결된다(〈2열왕〉 20,20; 〈이사〉 8,6; 〈요한〉 9,7). 신약성서 시대에는 헤로데 왕 때 만든 성벽 기둥으로 둘러싸였다. 4절에 나오는 탑은 그 일부로 여겨진다. 70년에 끝난 유다 독립 전쟁 때 그곳에서 전투가 벌어지고 사망자가 나온 사실은 있지만, 4절에 언급된 열여덟 명의 죽음을 알려주는 기록은 어디에도 없다.

1절과 4절에 인용된 사건이 역사적 사실인지 여부는 루가의 관심사가 아니다. 죄 없는 사람들이 왜 희생을 당하는지 다루는 변신론辯神論도 루가의 최종 관심은 아니다. 예수의 결론은 다음과 같다. 첫째, 죽음을 당한 사람은 죄가 있어서 마땅히 죽은 것이 아니다. 둘째, 죽음을 당하지 않은 사람은 죄가 없어서 죽음을 모면한 것이 아니다. 셋째, 누구나 회개해야 한다. 세월호 참사, 시국 사건, 자연재해의 희생자를 볼 때 원인과 결과라는 도식에 갇히면 안 된다. 우리 죄가 더해지고 합쳐져서 어디선가 죄 없는 희생자가 생기고 늘어난다.

6절 이하에 소개되는 예수의 비유는 예수 탄생 500여 년 전 아리카 Ahiqar 이야기에서 비슷하게 전해진다.[92] 시리아어와 아르메니아어로 전승된다. 포도원지기는 주인, 무화과나무와 관계가 있다. 하느님에 대한 신뢰, 백성에 대한 책임감으로 가득하다. 포도원지기를 농민이나 축산 농가, 공무원, 성직자, 부하를 지극히 아끼는 군인, 경찰로 바꿔 그 입장과 심정을 헤아려도 좋겠다.

당시 포도밭에 무화과나무를 같이 심는 것이 유행이었다. 올리브나 무화과나무는 땅의 양분을 두고 포도나무와 경쟁하기도 했지만, 무화과나무는 포도나무를 지탱하는 역할도 했다. 열매 맺지 못하는 무화과나무는 베어버리는 것이 보통이다(〈신명〉 20,6). 그런 무화과나무를 잘라버리라고 말한 주인이 잘못한 것은 아니다. 8-9절을 보면 포도원지기가 무화과나무를 지극히 아낀 것뿐이다. 수분을 제공하기 위해 둘레를 파는 포도원지기에게서 제주도 감귤 밭에서 일하는 농부의 수고가 느껴진다. 나는 작은 귤 밭에서 일하는 동안 이 구절을 묵상했다. 포도원지기의 말에서 백성을 아끼는 예수의 심정이 느껴진다. 포도원지기의 말을 듣고 생각을 바꾼 주인은 자비롭고 참을성 많은 하느님의 모습을 보는 것 같다.

6절 이하의 비유가 조금 이상하다. 포도밭과 무화과나무 비유라면 중심은 포도 아닌가. 무화과나무는 포도나무와 땅의 양분을 두고 경쟁하는 관계 아닌가. 포도원지기는 왜 무화과나무에 정성과 애정을 쏟았을까? 이 비유를 종교 대화에 아름답게 적용할 수는 없을까? 주인은 포도나무와 무화과나무에 모두 관심이 있다. 포도원지기도 마찬가지다. 포도나무를 그리스도교, 무화과나무를 유다교로 여기면 어떨까. 무화과나무를 이웃 종교로 여기면 어떨까. 이웃 종교가 잘 자라도록 그리스도교가 애정을 주는 것이다. 이웃 종교가 잘되도록 그리스도교가 그 둘레를 파고 거름을 주면 어떨까. 무화과나무가 잘 자라면 포도나무도 잘 자란다. 종교 간 선의의 경쟁이 기대된다.

본문에서 배울 점은 무엇인가. 예수가 역사를 잘 아는 점이 눈에 띈다. 예수는 고향 나자렛과 4킬로미터 떨어진 세포리스에서 자신이 태어나기 몇 년 전에 로마 군대가 유다인을 대량 학살한 사건을 알았을 것이다. 부모 형제나 동네 사람에게 수없이 들었을 것이다. 제주 어린이들이 4·3 사건을 들으며 학창 시절을 보내는 것과 비슷하겠다. 성직자와 목회자는 예수처럼 역사를, 시국 사건을 잘 아는가.

예수는 백성의 말에 귀 기울이고, 시국 사건을 예로 들어 설교한다. 로메로 대주교도 그렇게 설교했다. 라디오로 전국에 중계된 일요일 미사 강론에서 로메로 대주교는 지난주에 발생한 시국 사건을 국민에게 낱낱이 알렸다. 영화 〈로메로〉에서 로메로 대주교는 성체를 들어 올리며 총에 맞는다. 사실은 설교 도중에 총을 맞고 쓰러졌다. 로메로 대주교는 목숨 걸고 설교했다. 그런 설교는 살아 있고 힘이 있으며, 사람을 감동시킨다. 설교는 로메로 대주교처럼 목숨 걸고 하는 것이다. 우리나라 주교나 신부 중에 그런 사람이 얼마나 될까.

오늘 미사와 예배에서 가장 문제 되는 부분이 설교다. 프란치스코 교황은 설교에 대해 어떻게 말하는가? "신자들이 강론을 중요하게 여긴다는 것을 압니다. 평신도는 강론을 듣는 것이 어렵고, 목자는 강론을 하는 것이 어렵습니다. 사정이 이렇다는 것이 유감입니다."[93] 안병무 선생은 1980년대부터 한신대학교에서 번역·출간한 '국제성서 주석' 시리즈 서문에서 제목 설교의 풍조 아래 성서를 앞세운다고 하면서도 실제로 성서를 가장 등한시하는 경향이 지배하는 한국 강단의 잘못이라고 말했다.

"연구와 기도와 묵상에 오랜 시간을 바쳐야 합니다."[94] 사제가 더 거룩한가, 덜 거룩한가 하는 문제는 말씀을 선포하는 데 상당한 영향을 미친다.[95] "강론자는 말씀의 관상자이고 그 백성의 관상자입니다. 성서 본문의 메시지를 인간의 상황에, 하느님 말씀의 빛을 갈구하는 경험에 연결할 줄 알아야 합니다."[96] "사람들의 말에 많이 귀 기울이고, 그들의 삶을 나누고, 그들에게 사랑의 관심을 기울여야 합니다."[97]

"강론자가 마음을 열어 하느님 말씀을 들을 시간을 내지 않는다면, 하느님의 말씀이 자신의 사람에 와 닿지 못하게 한다면, 그 말씀이 자신을 반성하도록 이끌지 못한다면, 그 말씀이 자신에게 권고가 되지 않는다면, 그 말씀과 함께 기도하는 시간을 내지 않는다면, 그는 분명히 거짓 예언자, 사기꾼, 협잡꾼에 지나지 않을 것입니다."[98]

'거짓 예언자', '사기꾼', '협잡꾼' 같은 단어를 교황의 문헌에서 발견하기는 쉽지 않다. 교황이 사제를 겨냥하여 그런 단어를 쓴 사례는 내가 아는 한 처음이다. 그처럼 강론이 소중하다. 주교와 사제는 교황이나 신자에게 거짓 예언자, 사기꾼, 협잡꾼 소리를 듣지 않도록 항상 자신을 돌아봐야 한다.

○ 안식일은 인간 해방을 위해

¹⁰ 예수께서 안식일에 어떤 회당에서 가르치고 계셨다. ¹¹ 마침 거기에 열여덟 해 동안이나 병마에 사로잡혀 허리가 굽어서 몸을 제대로 펴지 못하는 여자가 있었다. ¹² 예수께서는 그 여자를 보시고 가까이 불러 "여인아, 당신 병이 이미 당신에게서 떨어졌습니다" 하시고 ¹³ 그 여자에게 손을 얹으셨다. 그러자 그 여자는 즉시 허리를 펴고 하느님을 찬양하였다. ¹⁴ 그런데 회당장은 예수께서 안식일에 병을 고치시는 것을 보고 분개하여 모인 사람들에게 말하였다. "일할 날이 일주일에 엿새나 있습니다. 그러니 그 엿새 동안에 와서 병을 고쳐달라 하시오. 안식일에는 안 됩니다."
¹⁵ 주께서 이 말을 듣고 이르셨다. "이 위선자들아, 여러분 가운데 누가 안식일이라고 자기 소나 나귀를 외양간에서 풀어내어 물을 먹이지 않습니까? ¹⁶ 이 여자도 아브라함의 자손인데 열여덟 해 동안이나 사탄에게 매여 있었습니다. 그런데 안식일이라 하여 이 여자를 사탄의 사슬에서 풀어주지 말아야 한단 말입니까?" ¹⁷ 이 말씀에 예수를 반대하던 자들은 모두 망신을 당하였으나, 군중은 예수께서 행하시는 온갖 훌륭한 일을 보고 모두 기뻐하였다.(13,10-17)

〈루가〉에만 나오는 이야기로, 치유의 기적 뒤에 해설이 이어진다. 〈루가〉에는 이런 방식으로 소개된 단락이 많다(〈루가〉 5,17-26; 6,6-11; 14,1-6). 예수는 안식일에 회당에서 여러 번 가르쳤는데(〈루가〉 4,44; 6,6), 〈루가〉에서 그 모습은 이번이 마지막이다. 예수의 심정이 착잡하겠다. 하느님을 알고 선조의 신앙 이야기를 들었으며, 신앙의 동지와 정을 나누던 회당 아닌가. 얼마 전 이란에 갔을 때 이슬람교 모스크 몇 군데를 방문했다. 모스크는 이슬람교도에게 기도와 예배뿐 아니라 묵상, 독서 심지어 낮잠을 즐기기도 하는 생활공간이다. 어린 시절 시골 성당은 내게 추억이 어린 곳이다. 회당은 모스크처럼, 성당과 교회처럼 예수의 신앙과 성장에 중요한 곳이다. 종교는 진리보다 추억이나 감성으로 다가서기도 한다.

기적이 기쁨은 물론 갈등을 일으킬 수도 있다. 하느님 나라의 메시지가 기쁨은 물론 갈등을 일으킬 수도 있다. 하느님 나라를 반대하고 방해하는 악의 세력에게 하느님 나라의 메시지는 불쾌하고, 자기 이익을 침해하기 때문이다. 〈루가〉 11,17부터 예수는 줄곧 '말씀하셨다lego'. 이제 예수는 '가르치신다didasko'. 본문에서 예수가 행동한 순서를 관찰해보자. 예수는 여인을 보고, 부르고, 말하고, 손을 얹었다. 보는 것이 첫 번째 행동이다. 가톨릭 사회 교리에 보기, 판단하기, 행동하기 순서가 있다. 보는 것이 첫째다. 프란치스코 교황이 펴낸 권고《복음의 기쁨》과 회칙《찬미받으소서》에도 보는 것이 첫째다.《복음의 기쁨》1장은 교회의 위기를, 2장은 세상의 위기를 다룬다.

예수는 18년 동안 허리가 굽은 여인을 보았다. 부드러운 눈길은 불교에서도 보시에 속한다. 예수는 부드러운 눈길로 여인을 보았다. 많은 사람들이 프란치스코 교황에게 매혹되는 이유 중 하나도 부드러운 눈길 아닐까. 부드러운 눈길로 사람과 세상을 있는 그대로 보는 것이 사랑 아닌가. 예수는 여인을 불렀다. 예수의 음성도 부드럽지 않았을까. 예수의 눈길과 음성에 여인은 벌써 병이 나은 것을 느끼지 않았을까. 고통 받는 사람에게 먼저 말을 건네는 것이 사랑 아닌가. 예수가 손을 얹자 비로소 여인의 병이 나은 것이 아니다. 예수는 병이 나은 사실을 알려준 다음에 손을 얹었다. 예수는 여인의 초조한 심정을 알아차렸다. 의사는 환자의 초조한 마음을 안다. 사제는 고백성사 하러 온 신자의 초조한 심정을 안다. 걱정 말아요, 그대.

12절에서 예수가 '여인아gunai' 하고 부른다. lego는 단어를, prospono는 음성을 듣는다는 뜻이 있는 일인칭 단수 동사다. 성서에서 하느님의 단어logos만 듣지 말고 음성도 듣는 것이 좋다. 당시 '여인아'라는 호칭은 흔히 쓰였다. 여인을 경멸하거나 무시하는 호칭이 아니다. 예수는 가나안 여인(〈마태〉 15,27-28)에게, 하혈병을 앓던 여인(〈루가〉 8,48)에게, 마리아 막달라(〈요한〉 20,13.15)에게 이 호칭을 썼다. 예수가 어머니 마리아에게 '여인아'라고 부른 구절(〈요한〉 2,4)을 마치 어머니를 무시한 것처럼 엉뚱하게 해석하거나 가르치는 사람이 있다. 성서를 잘 모르는 사람이 범하는 실수다.

후대에 회당에서 여자와 남자의 자리를 분리한 것이 예수 시대에도 적용되었는지 알려주는 기록은 없다.[99] 병 걸린 여인이 안식일에 회당 예배에 참석한 것은 평범한 일이 아니다. 여인은 큰맘 먹고 용기를 내어 예수에게 온 것이다. 병에 걸린 여인이 요청하지 않았는데도 예수는 여인을 불러 치유한다. 손을 환자의 몸에 얹는 동작을 취한다(〈루가〉 4,40). 하느님의 치유 행위를 예수가 중재자로서 전달하는 모습이다. 18년 동안 앓은 병이 '즉시parakrema' 나았다. 여인은 손을 얹어 치유해준 예수 대신 하느님을 찬양한다. 여인이 무슨 말로 찬양했는지 알 수 없다. 루가는 치유된 환자가 하느님을 찬양하는 모습을 기록하기 좋아한다(〈루가〉 5,25; 〈사도〉 3,8).

안식일에 회당에서 예수가 환자를 치유하는 모습을 본 회당장이 분개한다. 회당장은 회당 건물과 예배 질서를 관리하는 사람이다. 각 회당에 한 사람씩 있었다.[100] 놀랍게도 회당장은 예수에게 직접 화내지 않고, 회당에 모인 사람들에게 안식일 규정(〈출애〉 20,9; 〈신명〉 5,13)을 설명한다. 조금 어색한 장면이다. 군중은 예수에게 치유받기 위해 몰려들었기 때문이다(〈루가〉 6,18).

15절에서 예수는 '위선자들hypocritai'이라는 복수 명사를 썼다. 군중을 비난한 것이 아니라, 회당장과 같은 생각을 하는 모든 사람을 겨냥한 것이다. 17절 '예수를 반대하던 자들hoi antikeimenoi'을 가리킨다. 예수는 당신을 반대하는 사람이 안식일에 자기 소나 나귀에게 한 일을 여인에게 한 것뿐이다. 유다교의 율법 해설집《미슈나Mischna》에 소나 나귀에게 안식일에 물을 먹이는 일에 대한 규정은 없다. 예수는〈요한〉7,21-23처럼 풀어주는, 해방하는 일에 관심 있다.

16절에서 여인이 짐승보다 귀중하다는 논리로 두 가지가 소개된다. 여인은 인간일 뿐 아니라 아브라함의 자손(〈루가〉1,54-55; 3,7-9; 16,22-31)이다. 〈루가〉19,9에서 자캐오를 '아브라함의 자손'이라 부른 것과 같은 경우다. 여인의 치유는 하느님이 이스라엘 백성에게 약속하신 구원이 성취된 사건이다. 그러니 우리는 기뻐해야 한다. 여인은 사탄의 사슬에서 풀려났다. 17절에서 군중은 예수의 설명을 듣고 모두 기뻐한다. 루가는 여인의 치유와 예수의 행동을 보고 기뻐하는 군중의 모습을 강조한다. 하느님이 이스라엘에 호의를 베푸셨다(〈출애〉34,10). 루가는 진리가 드러날 때(〈루가〉10,20), 악령을 추방할 때(〈루가〉10,17.20), 구원을 약속할 때(〈루가〉2,10; 15,5; 19,6) 기쁨의 장면을 소개한다. '안식일은 인간 해방을 위해' 이야기에 나오는 여인도 히브리 백성이 이집트에서 해방된 것 못지않게 병에서 해방된 기쁨을 누렸다. 치유는 '몸 신학에서 체험하는 해방 사건'이라고 표현하고 싶다.

예수는 안식일 규정에 어긋나는 일을 한 것이 아니다. 예수가 안식일 규정을 모독한 사실도, 폐지하자고 주장한 적도 없다. 예수는 율법을 엄격하게 적용한 에세네파보다 여러 가지 예외를 허용한 바리사이파와 가까웠던 것 같다.[101] 안식일 규정을 하느님의 구원 행위라는 핵심에 집중하자는 것이다. 여인은 병에서 해방되어 안식일을 빛냈다. 예수는 치유라는 해방 사건을 중재하여 안식일을 빛냈다. 예수는 이런 방식으로 안식일을 존중한 것이다.

"안식일에는 안 됩니다"라고 말하는 회당장에게서 "여성 사제는 안 됩니다"라고 우기는 가톨릭교회의 모습을 보는 것 같다. 여성 사제직을 거부하는 신학자에게 "위선자들이여"라고 호통 치는 예수를 보는 것 같다. "2000년이나 매여 있었는데 지금 풀어주지 말아야 한단 말입니까"라고 하는 예수를 보는 것 같다. 즉시 허리를 펴고 하느님을 찬양한 여인에게서 사제직을 수락하고 감사하는 여인을 보는 것 같다. 내가 부당하고 지나친 상상을 하는가.

안식일은 인간 해방을 위해 존재한다. 인간 해방을 위해 존재하지 않는 안식일은 무의미하다. 주일미사나 주일 성수가 그 자체를 위해 존재하는 것은 아니다. 주일 성수나 주일미사, 주일이 가난한 사람과 고통 받는 사람을 위해 적절히 활용되는가. 가난한 사람의 고통과 억울함이 주일 예배나 미사와 기도에서 잘 반영되는가. 주일은 하느님의 계명을 지키고 인간과 피조물이 함께 쉬는 날이지만, 하느님의 진정한 해방 사건이 일어나는 날이기도 하다. 주일은 휴식의 날이기 전에 해방의 날이다.

예수는 악마의 힘을 물리쳤다. 여기서 우리가 배울 점은 무엇인가. 첫째, 악마(사탄)의 힘은 약해졌다. 둘째, 악마의 힘이 약해졌으니 우리가 두려워할 필요가 없다. 악마와 싸워야 한다. 셋째, 악마를 숭배해선 안 된다. 악마를 병이나 우상, 악의 세력으로 바꿔 이해해도 좋다. 악마를 두려워하거나 숭배해선 안 되며, 악마와 싸워야 한다. 우상을 두려워하거나 숭배해선 안 되며, 우상과 싸워야 한다. 악의 세력을 두려워하거나 숭배해선 안 되며, 악의 세력과 싸워야 한다. 문제는 간단하지 않다.

악의 세력을 불의한 권력과 재벌이라고 구체적으로 말해보자. 불의한 권력과 재벌을 악의 세력으로 규정하는 데 찬성하지 않는 사람도 있을 것이다. 재벌이 없으면 국가 경제가 무너질 거라고 걱정하는 사람도 있을 수 있다. 낙수 효과trickle down effect를 기대하는 사람도 있을 것이다. 낙수 효과는 부자가 돈을 많이 벌면 가난한 사람도 누린다는 원리다. 그러나 낙수 효과는 부자의 거짓말이다.

프란치스코 교황의 말처럼 낙수 효과는 증명되지 않았다.[102] 낙수 효과는 부자의 말장난이요, 부자 독식을 숨기는 사기다. 재벌은 잔을 키워서 재산을 독점하고 말 것이다. 프란치스코 교황은 권고《복음의 기쁨》과 회칙《찬미받으소서》에서 가난한 사람을 배척하는 경제를 버리고, 돈을 우상화하지 말라고 충고한다. 불의한 권력과 재벌 같은 대표적인 악의 세력을 두려워하거나 숭배해선 안 된다. 어떤 사람은 악의 세력을 남몰래 숭배하거나 악의 세력에 협조하기도 한다. 악의 세력을 숭배하거나 두려워하지 않지만, 악의 세력과 싸울 생각이 없는 사람도 적지 않다.

우상도 마찬가지다. 우상은 학문과 자연과학이 지금보다 덜 발달한 시대나 후진국 이야기쯤으로 여기는 사람들이 많다. 그렇지 않다. 우상은 우리 시대와 선진국에서 날뛴다. 돈과 권력이 매력적인 우상으로 숭배된다. 돈이 전부라는 생각이 심지어 종교에도 깊숙이 파고들었다. 돈을 하느님처럼 여기는 그리스도인이 얼마나 많은가. 교회와 성직자라고 예외는 아니다. 삼위일체는 성부, 성자, 성령이 아니라 돈, 미국, 하느님이라는 우스갯소리가 생기지 않았는가. 교회, 예수 천국, 불신 지옥이 아니라 예수 천국, 교회 지옥이라는 말까지 있다.

◦ 겨자씨와 누룩의 비유

¹⁸ 예수께서 말씀하셨다. "하느님의 나라는 무엇과 같으며, 무엇에 비길 수 있을까요? ¹⁹ 어떤 사람이 겨자씨 한 알을 밭에 뿌렸습니다. 겨자씨는 싹이 트고 자라서 큰 나무가 되어 공중의 새들이 그 가지에 깃들였습니다. 하느님의 나라는 이 겨자씨와 같습니다." ²⁰ 예수께서 또 말씀하셨다. "하느님의 나라를 무엇에 비길 수 있을까요? ²¹ 어떤 여자가 누룩을 밀가루 서 말 속에 넣었더니 마침내 온 덩이가 부풀어 올랐습니다. 하느님의 나라는 이런 누룩과 같습니다."(13,18-21)

겨자씨 비유와 누룩의 비유는 수백 년 동안 성서학자들의 특별한 관심을 끌어왔다.[103] 예수가 직접 말한 비유라고 인정되기 때문에 예수의 생각을 알아낼 수 있는 비밀 코드처럼 여겨졌다. 하느님 나라 비유는 예수의 가르침에서 독특한 부분이다. 겨자씨 비유와 누룩의 비유는 처음과 끝 사이의 성장을 강조하는가, 대조를 강조하는가. 요아킴 예레미아스를 비롯한 개신교 성서학자들은 대조를, 오토 쿠스Otto Kuss를 비롯한 가톨릭 성서학자들은 성장을 좀 더 강조하는 것 같다.[104] 마르코는 대조를, 루가는 성장을 강조한다.

앞에 나온 '안식일은 인간 해방을 위해' 이야기에서 18년 동안 병마에 사로잡힌 여인을 치료한 예수는 하느님 나라 관점에서 자신의 활동을 해설한다. 치유는 하느님 나라가 현실에서 작동한다는 표지다. 〈루가〉 13,1-9처럼 앞부분을 보충하며 이어질 여행기를 준비하는 역할을 한다. 하느님 나라는 예수의 핵심 메시지다(〈루가〉 4,43; 11,2). 18절 "하느님의 나라는 무엇에 비길 수 있을까요?"처럼 예수가 하느님 나라를 일인칭 단수 입장에서 해설하는 경우는 〈루가〉에만 있다. 루가는 하느님 나라의 신비를 풀 주인공은 예수뿐이라는 말을 하고 싶었다. 〈루가〉에는 예수가 비유로 시작하는 단락이 다섯 번 나온다.

겨자씨to sinapi 비유는 남자와 농부의 세계에서 가져왔다. 겨자씨 하나를 가리킨다(〈요한〉 12,24; 〈1고린〉 15,37). 팔레스타인 지방에는 검은 겨자가 많았다. 유다교 랍비는 가장 작은 것을 가리킬 때 겨자씨를 즐겨 인용한다. 겨자씨는 이슬람교 경전 코란에도 나온다(코란, 〈수르Sure〉 21,48; 31,15). 랍비는 들판에서 자라는 겨자씨 이야기를 주로 한다. 루가는 왜 겨자씨를 밭에 뿌렸다고 했을까? 고대 사람들도 들판과 텃밭을 구분했다. 루가는 들판에서 자라는 야생 겨자가 아니라 집 근처 밭에서 정성 들여 가꾼 겨자를 말한 것이다. 하느님 나라는 사람이 정성 들여 가꿔야 한다는 점을 암시한다.

〈마르〉 4,30-32처럼 작은 씨앗과 엄청난 푸성귀의 대조를 강조한 것은 아니다. 루가는 겨자씨 한 알에서 싹이 트고 자라 큰 나무가 되어 새들이 가지에 깃들이는 과정에 관심을 둔다. 새는 이방인을 가리키는 것으로 유다교에서 해설되곤 했다. 〈마르〉에는 겨자씨가 나무가 된다는 말은 없다. 〈마르〉에서 새들은 가지 그늘에 깃들이는데, 루가는 나뭇가지에 깃들인다(〈에제〉 17,23; 31,6; 〈다니〉 4,18)고 표현한다.

사람 눈에 잘 보이지도 않는 겨자씨(〈루가〉 17,6)는 1.2-2.5미터 자란다. 한해살이풀인 겨자는 빨리 성장한다. 겨자에 새가 깃들였다는 사실을 기록한 문헌은 공동성서 몇 구절 외에 없다. 나무의 키와 새가 깃들이느냐 여부는 관계없다. 거대한 삼나무가 아니라 아주 작은 겨자씨가 하느님 나라 비유에 등장했다. 일상의 자그만 희망이 하느님 나라의 소중한 씨앗임을 말하고 싶은 것이다. 하느님 나라는 하느님 백성의 노력 없이는 존재할 수 없다. 예수는 사람들에게 하느님 나라라는 희망을 주지만, 그 희망을 사람들이 가꾸도록 격려하고 요구한다. 하느님 나라는 하느님이 우리에게 주신 선물이자, 우리의 책임이다.

누룩 비유는 여인과 가정의 세계에서 가져왔다(〈1고린〉 5,6; 〈갈라〉 5,9). 예수는 여성을 존중하는 마음으로 여인의 세계를 배려한다. 오늘 어떤 남성 신학자가 여성의 세계를 잘 알며, 거기서 이야기 소재를 가져오는가. 나는 부끄럽다. 여기서도 대조보다 성장 과정에 초점을 둔다. 겨자씨가 작은 것과 큰 것의 비유라면, 누룩은 적은 것과 많은 것의 비유다. 적은 누룩이 엄청난 밀가루를 부풀리듯, 하느님 나라의 적은 모범이 세상을 하느님 나라의 향기로 가득 채울 것이다. 누룩과 효모는 조금 다르다. 이스라엘에서는 빵을 구울 때 누룩을 사용했다.[105] 누룩의 긍정적 효과에도 발효 과정은 때때로 본질을 변질시키는 부정적인 것으로 여겨졌다. 유목민 유다인의 경험에서 나온 이야기다. 그래서 유다인 축제에는 누룩을 넣은 빵은 제물로 쓰지 못한다. 유다인은 지금도 축제 때 오래된 누룩을 버리고, 누룩 없는 빵을 먹는다.

예수는 알수록 재미있는 분이다. 겨자씨 비유가 사람들에게 신선한 놀라움을 주었다면, 누룩 비유는 유다인에게 언짢은 충격이었을 것이다. 누룩이 유다교 축제에도 금지되었기 때문이다. 예수는 다른 랍비처럼 모세율법을 자주 인용하여 가르침을 해설하지 않는다. 모세율법을 인용하는 것이 가장 안전하고 편리한 논리 전개 방식인데 말이다. 교황의 문헌을 즐겨 인용하거나 성서 구절을 마구 인용하는 습관에도 우리가 생각해

볼 것이 있다. 아무 데나 함부로 인용할 일이 아니다.

남들이 별로 인용하지 않는 소재를 과감하게 제시하는 것도 예수의 특징이다. 종교적으로 경건하다고 자처한 사람은 복음서 여기저기서 도덕적으로 모범적이지 않은 사람을 신앙의 모범으로 불쑥 내놓는 예수에게 적잖이 불쾌했을 것이다. 예수는 자타가 공인하는 사회 지배층과 종교 지배층의 허울을 벗기고 비난한다.

모든 끝에는 처음이 있다. 처음이 없으면 끝이 있을 수 없다. 처음과 끝은 연결된다. 처음과 끝은 대조적일 수 있다. 처음과 끝 사이에 성장 과정이 있기 때문이다. 예수는 이런 철학적 진리를 비유에서 암시한다. 그러면 본문이 주는 가르침은 무엇일까. 첫째, 하느님 나라는 성장하고 있다. 하느님 나라는 일터와 가정에서, 여인의 세계와 남자의 세계에서, 모든 일상 영역에서 아주 작은 곳에서도 두루 목격할 수 있다. 둘째, 하느님 나라를 반대하는 악의 세력이 하느님 나라의 성장을 방해할 수 없다.

하느님 나라가 성장하고 있다는 것은 우리가 자주 들었고, 잘 아는 사실이다. 그러나 하느님 나라를 반대하는 악의 세력이 맹활약한다는 사실을 자주 잊는다. 하느님 나라를 반대하는 악의 세력에 맞서 용기 있게 싸워야 한다는 사실은 더 자주 망각하고 외면한다. 하느님 나라를 선포하기만 하고 하느님 나라를 반대하는 악의 세력과 싸우지 않는 것은 큰 잘못이다.

예수는 하느님 나라를 선포하고 실천하고 가르쳤다. 예수를 보면 하느님 나라를 선포한 예수를 보는 것이고, 하느님 나라를 보면 하느님 나라를 선포한 예수를 보는 것이다. 예수를 보면 하느님 나라를 동시에 떠올려야 하고, 하느님 나라를 보면 예수를 동시에 떠올려야 한다. 예수와 하느님 나라를 동시에 생각해야 한다. 둘 중 하나만 놓쳐도 다 놓치는 것이나 마찬가지다. 그런데 교회는 하느님 나라를 외면한 채 하느님 나라를 선포한 예수의 얼굴만 본다.

예수가 하느님 나라를 무엇으로 비유하는지 우리가 주목하는 것은 중요하다. 예수가 왜 하느님 나라의 비유를 여기저기서 반복하는지 알아야 한다. 당시 사람들은 예수의 놀라운 말씀과 기적과 행동을 자주 보았지만, 하느님 나라가 무엇인지 잘 알아듣지 못했다. 우리 시대 그리스도인도 마찬가지다. 평생 교회나 성당에 다니면서 하느님 나라가 무엇인지 제대로 아는 그리스도인이 얼마나 될까? 예수 이야기는 자주 하지만 하느님 나라에 대해 거의 언급하지 않는 성직자가 한둘이 아니다. 독일 개신교 성서학자 마르틴 켈러Martin Kähler는 "그리스도교 역사는 하느님 나라를 망각한 역사"라고 한탄했다. 한 가지 덧붙이고 싶다. 그리스도교 역사는 가난한 사람을 망각한 역사였다.

○ 구원받기 위해 지금 행동하라

²² 예수께서 예루살렘으로 가시는 길에 여러 동네와 마을에 들러서 가르치셨다. ²³ 그런데 어떤 사람이 "선생님, 구원받을 사람은 얼마 안 되겠지요?" 하고 물었다. 예수께서 사람들에게 대답하셨다. ²⁴ "많은 사람들이 구원의 문으로 들어가려고 하겠지만 들어가지 못할 것입니다. 그러니 좁은 문으로 들어가도록 있는 힘을 다하시오.

²⁵ 집주인이 일어나서 문을 닫아버린 뒤에는 여러분이 밖에 서서 문을 두드리며 '주인님, 문을 열어주십시오' 하고 아무리 졸라도 주인은 '너희가 어디에서 온 사람들인지 나는 모른다' 할 것입니다. ²⁶ 여러분이 '저희가 먹고 마실 때에 주인님도 같이 계시지 않았습니까? 그리고 우리 동네에서 가르치시지 않았습니까?' 해도 ²⁷ 주인은 '너희가 어디에서 온 사람들인지 나는 모른다. 악을 일삼는 자들아, 모두 물러가라' 하고 대답할 것입니다. ²⁸ 아브라함과 이사악과 야곱과 모든 예언자는 하느님 나라에 있는데 여러분만 밖에 쫓겨나 있는 것을 보면 거기서 가슴을 치며 통곡할 것입니다.

²⁹ 그러나 사방에서 많은 사람들이 모여들어 하느님 나라의 잔치에 참석할 것입니다. ³⁰ 지금은 꼴찌지만 첫째가 되고 지금은 첫째지만 꼴찌가 될 사람들이 있을 것입니다."
(13,22-30)

복음서는 갈릴래아 시절과 예루살렘 가는 길에 예수의 역사를 크게 '말씀'과 '행동'이라는 주제로 모아 엮었다. 이와 달리 예루살렘에서 예수는 시간별로 상세히 다룬다. 〈마르〉는 완성의 뜻이 있는 숫자 7을 이용하여 예수의 삶을 7주로 보고 기록한 책이라고 주장한 학자도 있다. 예수가 갈릴래아 시절부터 예루살렘에 도착하기까지 기간을 6주로, 예루살렘에서 1주를 지낸 것으로 보는 의견이다. 다른 의견도 있다.

'예수의 3일(사흘)'이라는 말은 죽음에서 부활까지 시간을 가리키는 것으로 이해한다. 예수의 3일을 예수 삶의 세 단계로 이해해도 좋겠다.

갈릴래아 시절 예수, 갈릴래아에서 예루살렘으로 가는 길의 예수, 예루살렘에서 예수다. 세 단계에서 예수의 핵심 메시지는 유지되지만, 활동 방식과 주제는 크게 바뀐다. 예수는 갈릴래아에서 가난한 사람에게 말씀과 기적과 행동으로 하느님 나라를 선포하고 실현한다. 예루살렘으로 가는 길에서 제자들과 사람들에게 말씀과 행동으로 희생과 죽음에 기초한 제자 교육을 한다. 예루살렘에서 적대자들과 논쟁하며 저항과 십자가를 선포하고 처형된다. 하느님은 이렇게 산 예수를 의로운 삶으로 선포하며 부활시키셨다. 나는 이 구분을 기초로 성서 해설을 쓰고 있다.

본문은 예수 활동 단계 중 두 번째인 예루살렘으로 가는 길의 예수를 그린다. 루가의 예수 여행기 중 2부이자 마지막 부분(〈루가〉 13,22-17,10)이 시작되는 곳이다. 예수는 갈릴래아와 예루살렘으로 가는 길에서 본격적인 적대자를 아직 만나지 못했다. 정치 · 경제 · 종교 지배층이 예수의 주요 적대자다. 그들은 수도 예루살렘에 산다. 예수의 주요 적대자가 예수를 찾아 죽이려는 게 아니다. 예수가 적대자를 직접 찾아가 대결하는 구도다. 예수에게 관심 있는 사람들과 오가는 이야기가 지금까지 주로 소개되었다.

예수는 예루살렘으로 간다. 달마가 동쪽으로 가듯, 카스트로Fidel Castro와 게바라의 군대가 수도 아바나Havana로 향하듯 말이다. 고향 갈릴래아로 돌아올 수 있는 여정이 아니다. 예수 최후의 길이다. 지금 대목에서 독자는 예수가 예루살렘으로 가는 길이라는 사실을 잊기 쉽다. 〈루가〉 9,51에서 예수가 예루살렘으로 가기로 작정한 사실을 소개했다. 예수는 예루살렘으로 가는 길에 여러 도시와 마을을 방문한다. 루가는 그리스도교를 기본적으로 도시에서 생긴 운동으로 본다(〈루가〉 4,31;5,12;7,1).

본문에서 루가는 '예수의 방랑자 삶과 가르침'이라는 주제를 언급하며 연결한다. 예수는 뭐니 뭐니 해도 방랑자요, 노숙자다. 직업을 포기하고 가족을 떠나 순례하는 가난한 삶을 선택했다. 예수는 가르치기 위해 방랑했다. 붓다가 걸인 종교의 창시자라면, 예수는 방랑 종교의 창시자다. 가르치려고 천하를 돌아다니다가 결국 정착 생활을 한 공자나 붓다와 조금 다르다. 루가는 예루살렘으로 가는 길에 예수의 치유 활동을 말하지 않는다. 갈릴래아에서 치유 기록은 많다. 예루살렘에서 예수의 치유는 사실상 중단된다. 예루살렘으로 가는 길에서 예수는 주로 제자들과 어울리며 가르침에 집중한다. 바리사이나 군중과 접촉하는 일은 갈릴래아 시절보다 훨씬 줄었다.

본문에 중요한 구절이 세 개나 있다. "구원받을 사람은 얼마 안 되겠지요?"(23절) "악을 일삼는 자들아, 모두 물러가라."(27절) "지금은 꼴찌지만 첫째가 되고 지금은 첫째지만 꼴찌가 될 사람들이 있을 것입니다."(30절) 행동하는 예수의 면모가 보이는 부분이다. 예수 자신이 먼저 행동할 뿐 아니라 사람들에게 행동하라고 촉구한다. "구원받을 사람은 얼마 안 되겠지요?"라는 질문은 시대 상황을 알려준다(〈마태〉 22,14; 25,1-13; 〈요한〉 7,49). 특히 지식인이 그 문제를 열심히 생각했다.[106] 이사야는 구원받을 사람은 얼마 안 될 것이라고 경고했다(〈이사〉 37,32). '나는 구원받을 사람에 속하는가?'라는 질문을 알게 모르게 고뇌하던 사회다. 어떤 사람이 예수에게 질문했는데, 예수는 사람들에게 답변한다. 모든 사람에게 관련되는 주제라는 뜻이다.

24절에서 루가는 도시 입구에 있는 육중한 문을 생각한 것 같다.[107] 그 문은 밤이 오면 닫힌다. 아직 들어가지 못한 사람은 옆에 있는 좁은 문으로 들어갈 수 있다. 루가는 예수 시대는 해가 넘어가고 종말을 기다리는 밤중이라고 전제한다. 예수의 답변은 천국에 대한 사실과 정보를 알려준 것이 아니다. 구원받을 사람이 적을 것이라고 확인한 것이 아니다. 구원받을 수 있도록 각자 애쓰라는 당부다.

24절 '힘을 다하시오'는 그리스 운동 경기에서 따온 말 같다(〈1디모〉 6,12; 〈2디모〉 4,7; 〈히브〉 12,1). 플라톤도 이렇게 말한 적 있다. "싸움, 노력ho agon은 죽음에 대한 두려움agonia과 관계있다." 자기 구원을 위해 죽을 각오로 노력하라는 뜻인가. 25절에서 주인이 문을 닫았기 때문에 사람들이 구원의 문으로 들어가지 못한 것은 아니다. 구원의 문으로 들어가려고 있는 힘을 다하지 않았기 때문이다.

25절에서 주인은 잔치에 늦게 도착한 사람에게 문을 열어주지 않는다. 주인과 함께 먹고 마셨고(〈2사무〉 11,13; 〈1열왕〉 1,25; 〈2열왕〉 25,29), 주인에게 배웠다고 말해도 소용없다. '먹고 마셨고'를 미사와 예배에 참여하여 성체와 성혈을 나누는 것을 가리킨다고 봐도 좋을 것 같다. '주인에게 배웠다'를 성서 교육과 교리 교육, 신심 교육 등을 통해 예수의 가르침을 익혔다고 봐도 될 것 같다. 그러나 "너희가 어디에서 온 사람들인지 나는 모른다"(〈마태〉 10,33; 26,72; 〈2디모〉 2,19)는 차가운 답변이 돌아올 뿐이다.

26절 '우리 동네'는 예수와 동시대 사람들을 가리킨다. 그 정도로 끝난 것이 아니다. "악을 일삼는 자들아(〈1마카〉 3,6; 〈시편〉 6,9; 〈마태〉 7,22), 모두 물러가라"는 법정의 판결문을 닮은 말이 들린다. "쫓겨나 가슴을 치며 통곡할 것"(〈마태〉 8,11-; 13,42; 24,51)이라는 당시 유행한 최종 심판의 말까지 들린다. 늦게 도착한 사실이 그렇게 큰 잘못인가. 늦게 도착한 것이 대체 무슨 뜻일까. 악, 불의adikia는 중요한 개념이다. 바울로는 하느님에게 적대하는 인간을 가리키는 데 그 단어를 썼다(〈로마〉3,5). 악, 불의를 행하는 사람은 하느님과 잔치에서 함께할 수 없다(〈루가〉16,8-9; 18,6; 〈사도〉8,23).

선조들과 예언자들에게서 분리된 것은 구원뿐 아니라 하느님 백성의 역사에서 제외된다는 뜻이다. 이 구절에서 이스라엘 백성이 구원에서 제외되었다는 결론을 이끌어내는 것은 지나치다. 통곡하며(〈이사〉15,3; 〈예레〉3,21; 〈미가〉7,4) 구원받지 못함을 한탄한다. 29-30절에서 이방인이 구원받을 것이라는 예감을 준다. 사방에서 많은 사람들이 모여들어 하느님 나라의 잔치에 참석할 것이다(〈이사〉2,2; 61,5; 〈예레〉1,15). 마태오는 유다인이 추방된 동쪽과 이집트 권력자 파라오 아래 노예살이 하는 서쪽을 언급했지만, 루가는 사방을 말한다. 해외에 사는 유다인이 아니라 이방인을 생각한 것 같다.

루가는 구원을 '좁은 문이 있는 집에서 벌어지는 잔치'로 표현한다. 하느님이 모든 인간을 잔치에 초대한다. 잔치는 미래에 열리지만, 잔치에 입장할 자격은 현재 결정된다. 구원은 현재 각자의 노력에 관계된다는 것이다. '지금은 꼴찌지만 첫째가 되고 지금은 첫째지만 꼴찌가 될 사람들이 있을 것'이라는 30절의 결론은 그리스도교 안에 널리 퍼진 상식을 무너뜨리는 말씀이다. 구원받아 마땅해 보이는 사람이 의외로 구원받지 못할 것이라고 예고하는 것 같다. 구원 여부는 예수를 아는지 여부와 관계없다는 결론이다. 그리스도교에서 세례를 받으면 구원된 줄 알던 사람은 큰일이다. 입을 벌려 "예수를 믿습니다"라고 발음하면 구원받은 줄 알던 사람은 큰일이다. 교회나 성당에 다니면 저절로 천국 가는 줄 알던 사람은 큰일이다.

여기서 개신교 성도가 조금 의아할 수 있다. 구원은 하느님이 거저 주시는 선물이지, 인간의 노력으로 쟁취하는 것은 아니라는 주장이다. 옳은 말이다. 하느님의 구원 의지가 없다면 인간이 아무리 애써도 구원에 이르지 못한다. 구원은 하느님이 인간에게 조건 없이 주시는 선물이다. 그러나 인간이 선물받기를 거절해도 하느님이 강제로 선물을 주시는가? 개신교는 예수 모시기를 거절하는 사람은 구원에서 제외된다고 주장하지 않는가. 예수를 받아들이면 악행을 저지른 그리스도교 신자도 저절로 구원받는가? 예수도, 바울로도 구원을 향한 인간의 노력을 무시하거나 필요 없다고 한 적은 없다.

불교는 자력 구원, 그리스도교는 타력 구원이라고 간단히 이해하는 독자도 있을 것이다. 자기 행동에 따른 점수를 선택하고 결정한다는 점을 보면 그리스도교 또한 자력 구원을 거절하는 게 아니다. 하느님과 인간의 공동 노력으로 된다고 할까. 하느님과 인간이 구원에 동등한 권리를 행사한다는 뜻은 아니다.

예수는 발코니에서 멍하니 세상을 바라본 사람이 아니다. 종편 방송이나 조·중·동을 통해 세상을 해석하고 채점하고 '뒷북'을 치는 사람이 아니다. 예수는 골방을 박차고 거리로 나와 야전병원 같은 현실에서 고통 받는 사람들과 소통하고, 악의 세력에 저항한 분이다. 예수는 관찰자가 아니라 참여자다. 세상에 있는 듯 없는 듯 살아간 사람이 아니라, 현실에 깊숙이 들어가 몸부림치며 살아간 분이다. 현실을 관찰하고 관조하고 기도만 하는 것은 구원에 아무 도움이 되지 않는다. 예수를 본받아 지금 행동하라. 구원받기 위해 지금 행동하라.

○ 권력자를 비판하는 예언자 예수

31 바로 그때에 바리사이파 몇 사람이 예수께 가까이 와서 "어서 이곳을 떠나시오. 헤로데가 당신을 죽이려고 합니다" 하고 말하자 32 예수께서 말씀하셨다. "그 여우에게 가서 '오늘과 내일은 내가 마귀를 쫓아내며 병을 고쳐주고 사흘째 되는 날이면 내 일을 마친다'고 전하시오. 33 오늘도 내일도 그다음 날도 계속해서 내 길을 가야 합니다. 예언자가 예루살렘 아닌 다른 곳에서야 죽을 수 있겠습니까?" 34 "예루살렘아! 예루살렘아! 너는 예언자들을 죽이고 하느님께서 보내신 사람들을 돌로 치는구나! 암탉이 병아리를 날개 아래 모으듯이 내가 몇 번이나 네 자녀들을 모으려 했던가! 그러나 너는 응하지 않았다. 35 너희 성전은 하느님께 버림받을 것이다. 너희가 '주의 이름으로 오시는 이여, 찬미받으소서!' 하고 말할 날이 올 때까지 정녕 나를 보지 못하리라."(13,31-35)

예수의 죽음을 예고하고(31-33절), 예루살렘 지배층을 비판하는(34-35절) 내용이다. 예수의 죽음은 바리사이파 몇 사람에게, 예루살렘 지배층 비판은 가상의 독자에게 향한다. 성서학자들은 본문에서 두 가지 중요한 질문을 한다. 첫째, 예수의 여행기에서 중요한 의미가 있는 대목인가? 둘째, 예수의 답변은 자신의 삶을 스스로 해석하는가? 복음서에서 예수가 자기 역사를 돌아보고 해석하는 대목이 있다면 '권력자를 비판하는 예언자 예수' 이야기를 꼽아도 좋을 것이다.

31-33절은 다른 복음서에는 없다. 바리사이파 사람이 어디서 왔는지(《루가》 5,17), 왜 예수에게 그런 고급 정보를 알려주었는지 알기 어렵다. 바리사이는 헤로데가 예수의 스승 세례자 요한을 죽인 사실을 알았을까? 그들이 예수를 살리려고 애쓴 것일까? 헤로데가 바리사이파 사람을 밀사로 예수에게 보냈다고 보기는 어렵다. 바리사이는 예수가 갈릴래아에

서 활동한 시절과 예루살렘으로 가는 길에서 예수와 접촉한 적이 있고, 예수가 예루살렘에 입성하기 직전(〈루가〉 19,9)에 마지막으로 나타난다. 바리사이는 예수에게 비판당했고(〈루가〉 11,39-44), 위선자라는 모욕까지 받았다(〈루가〉 12,1). 바리사이파 사람이 예수의 죽음에 아무런 책임이 없다는 사실은 복음서에서 공통적으로 나타난다. 루가는 바리사이파가 예수를 살려내려고 애썼다기보다 예수를 잘 이해하지 못한 사람들로 소개한다.[108]

헤로데는 헤로데 안티파스를 가리킨다(〈루가〉 3,1; 9,9). 〈루가〉에서 헤로데는 자주 언급된다(〈루가〉 1,5; 9,7-9; 23,11). 31절에서 헤로데는 예수를 자기 영토, 즉 갈릴래아 지역에서 죽이려고 한다. 루가는 헤로데 역시 바리사이파처럼 예수를 잘 모르는 사람들에 속한다고 보는 것이다. 예수는 헤로데를 두려워하지 않고 빈정댄다. 사람들은 두려운 상대를 표범에, 허약한 상대를 여우에 비유했다. 여우는 좋은 뜻sensu bono으로 '영리한', 나쁜 뜻sensu malo으로 '교활한' 동물로 여겼다. 32절에서 '오늘과 내일'은 사흘째(〈1고린〉 15,4; 〈루가〉 24,7) 되는 날 완성될 하느님의 일을 준비하는 표현이다. 여기서 나는 예수의 삶을 세 단계로 나눈 가설을 떠올린다. 예수의 삶은 여행기로 볼 수 있다.[109] 갈릴래아, 예루살렘으로 가는 길, 예루살렘 3부작 말이다.

마귀 추방과 치유는 역사의 예수를 드러내는 대표적 활동이다. 마귀가 사라지고 병을 이기는 사건은 현실에서 하느님 나라가 예수에 의해 시작되었다는 표징이다. 예수는 죽음의 경고에도 자기 길을 가겠다고 다짐한다(〈루가〉 4,40; 6,18; 8,2). 언제 죽느냐가 중요한 것이 아니다. 죽기 전에 자기 일을 충실히 하느냐가 중요하다. 예언자가 예루살렘 아닌 다른 곳에서 죽을 수 있겠는가(33절). 예수는 자신을 예언자로 의식했고, 자신이 예언자에 속한다는 고백이다. 예수는 예언자로서 당당하게 죽음을 맞이할 것이다. 예수가 고통을 찬미하는 것이 결코 아니다. 죽음을 두려워하지 않고, 악의 세력에 저항하고 싸울 준비를 한다는 뜻이다. 어떤 인간적 계획이나 정치적 힘으로도 예수의 사명을 저지할 수 없다. 루가는 바리사이의 조언도, 헤로데의 흉계도, 빌라도의 권력도 예수를 방해할 수 없다는 사실을 강조한다.

34절에서 예수는 예언자들을 죽이고 하느님께서 보내신 사람들을 돌로 치는 예루살렘을 비판한다. 예루살렘 비판은 문학 유형으로 보면 심판 문학에 속한다. 심판 문학은 지혜문학과 함께 예수 시대에 유행했다. 여기서 예루살렘은 유다인이나 예루살렘 시민 전체를 가리키는 게 아니다. 예수는 예루살렘 지배층을 비판한다. 34절의 '예루살렘'과 '너', 35절의 '너희'는 모두 예루살렘 지배층을 가리킨다. 1세기 말 랍비 요하난 벤 자카이Jochanan ben Zakkai는 갈릴래아 멸망을 다음과 같이 경고했다. "갈릴래아야, 갈릴래아야, 너는 토라를 무시해왔구나. 너는 곧 억압자들에게 짓밟히리라."

예언자들은 악한 왕과 가짜 예언자들의 동맹을 목숨 걸고 비판했다. 루가 시대에 므나쎄(〈2열왕〉 21장)는 박해자의 대명사, 이사야는 순교한 예언자의 대명사다. 34절 '돌로 치는구나'는 율법이 정한 처형 방식을 가리킨다. 우상숭배(〈신명〉 17,2-7), 주술(〈레위〉 20,27), 불효(〈신명〉 21,18-21), 안식일 위반(〈민수〉 15,32-36) 해당자에게 돌로 쳐 죽이는 방식이 정해졌다. 하느님을 나타내는 비유로 '암탉'을 쓰는 경우는 드물다. 예수는 지배층에게 억압받고 휘둘리는 불쌍한 백성을 병아리에 비유한다(〈룻기〉 2,12;

〈시편〉36,8; 〈이사〉31,5). 예수는 백성을 불쌍하게 본다. 억압자 지배층과 피억압자 민중을 구분한다. 민중을 편드는 예언자의 태도를 예수는 자녀를 모으는 어머니에 비유한다. 모든 어머니는 예언자다.

34절 '몇 번posakis이나 네 자녀들을 모으려 했던가'는 이해하기 어렵다. 예수가 예루살렘 시내를 돌아다니며 복음을 전파한 적이 있는가? 그동안 갈릴래아 지역을 포함한 활동에서 사람을 얻는 데 실패한 예수의 자기 고백이요 한탄일까? 예수는 실패를 예감했을까? 35절에서 예수는 '성전이 하느님께 버림받을 것'이라고 경고한다(〈에제〉10,18; 11,23). 〈루가〉 독자는 공통년 70년에 파괴된 예루살렘성전을 떠올렸을 것이다. '너희 성전'은 예루살렘성전에 대한 예수의 거리감을 드러낸다. 35절에서 예수는 사람을 모으는 역할이 아니라 심판자로 행동할 것임을 암시한다. 예수는 예루살렘 최후의 시간에 심판자요 예언자로 처신한다. 35절 '찬미받으소서'는 묘하게도 프란치스코 교황이 생태 문제에 대해 발표한 회칙의 제목과 같다. 우리가 사는 지구는 인류 공동의 집이다. 지구는 우리에게 자매다.

본문에서 독자들은 무엇을 알 수 있을까. 첫째, 예수는 자신의 죽음을 예감한다. 둘째, 예수는 자신의 죽음을 예언자의 죽음으로 이해한다. 셋째, 예수는 자신의 죽음을 거부하지 않고 받아들인다. 넷째, 예수는 자신의 죽음을 예루살렘 지배층과 연결한다. 로마 군대는 예수의 죽음에 책임이 없다는 뜻이 아니다. 예루살렘성전 비판에서 로마 군대의 책임을 암시한다. 유다고 지배층은 예루살렘성전에서 하루에 두 번 로마 황제를 위한 제사를 지냈기 때문이다.

내일 지구가 멸망해도 오늘 사과나무를 심는 사람이 있듯이, 예수는 사흘 뒤에 죽어도 오늘과 내일 마귀를 쫓아내고 병을 고쳐준다. 로메로 대주교는 계속된 살해 위협에도 해외로 피신하지 않고 자신의 길을 꿋꿋이 걸었다. 로메로 대주교는 순교하기 한 달 전인 1980년 2월 17일 강론에서 "백성이 학살당할 때 함께 피 흘리는 교회는 존경받습니다"라고 말했다.

예언자의 죽음은 곧 정치범으로서 죽음이다. 예언자는 하느님의 명령을 정치·경제 분야에서 제대로 실천하지 못한 왕을 사정없이 비판했다. 예언자는 정치 평론가요, 사회 비판가요, 종교 비판가다. 예언자 예수는 스승인 예언자 요한(세례자 요한)처럼 정치범으로 처형된다. 예수를 제대로 따르는 사람은 예수처럼 예언자의 운명을 함께할 수밖에 없다. 로메로 대주교가 그중 하나다.

예수의 분노는 예루살렘 지배층과 예루살렘성전을 향한다. 예수는 왜 예루살렘 지배층에 분노했을까. 예수는 왜 예루살렘성전에 분노했을까. 예루살렘에서 지낸 예수의 생애 마지막 시간에 그 이유가 드디어 밝혀진다. 우리는 그 이유를 잊지 말아야 한다.

억압자 지배층에 대한 의로운 분노와 피억압자 민중에 대한 자비는 함께해야 한다. 억압자 지배층에 대한 의로운 분노 없이 피억압자 민중을 딱하게 여기는 것은 허무하다. 억압자 지배층은 그런 사람을 전혀 두려워하지 않는다. 피억압자 민중에 대한 자비 없이 억압자 지배층에 대한 의로운 분노만으로 민중에게 현실적으로 도움이 될 길을 찾기 어렵다. 피억압자 민중에 대한 자비는 강조하지만 억압자 지배층에 대한 의로운 분노를 외면하는 종교인이 아주 많다. 억압자 지배층은 그런 교활한 종교인을 아주 좋아한다.

예수는 자신을 예언자로 생각했지만, 그리스도교는 예수를 예언자로 부르지 않는다. 복음서에서 예수에게 바친 많은 호칭 가운데 예언자는 교회 역사에서 슬그머니 자취를 감추고 말았다. 오늘 가톨릭 전례와 기도문에서 '예언자 예수'라는 표현은 찾기 어렵다. 설교와 교육에서도 마찬가지다. 예수를 예언자라고 말하는 설교자는 아주 드물다. 어쩌다 이 지경이 되었을까.

○ 안식일에 병자를 고친 예수

¹ 어느 안식일에 예수께서 바리사이파의 한 지도자 집에 들어가 음식을 잡수시게 되었는데, 사람들이 예수를 지켜보고 있었다. ² 그때 마침 예수 앞에는 수종을 앓는 사람이 있었다. ³ 예수께서는 율법 학자들과 바리사이파 사람들에게 "안식일에 병을 고쳐주는 일이 법에 어긋납니까, 어긋나지 않습니까?" 하고 물으셨다.
⁴ 그들은 입을 다물고 아무 말도 하지 않았다. 예수께서는 병자의 손을 잡고 고쳐서 돌려보내신 다음 ⁵ 그들에게 다시 말씀하셨다. "여러분은 자기 아들이나 소가 우물에 빠졌다면 안식일이라고 하여 당장 구하지 않고 내버려두겠습니까?" ⁶ 그들은 이 말씀에 아무 대답도 못하였다.(14,1-6)

앞에 나온 '권력자를 비판하는 예언자 예수' 이야기에서 바리사이파 사람 몇 명이 예수께 와서 "어서 이곳을 떠나시오. 헤로데가 당신을 죽이려고 합니다"라고 일러주었다. 예수는 살해 위협에도 아랑곳하지 않고 자신이 할 일을 계속한다. 아무 일도 없던 것처럼 담담하게. 예수는 권력자의 살해 협박을 받으며 살았다. 지금 한국에 살해 협박을 받으며 사는 주교나 신부가 있는가? 살해 협박을 받으며 산다는 것이 무엇인지 아는 주교나 신부가 있는가?

〈루가〉 14,1-24에는 식사 이야기가 네 번 나온다. 앞에서 나온 회개 촉구 이야기를 보충하고, 곧 이어질 예수와 죄인들의 만남을 준비하는 역할이다. 바리사이 집에서 식사하는 이야기는 〈루가〉 7,36-50과 11,37-52에 이어 이번이 세 번째이자 마지막이다. 앞의 두 이야기와 달리 이번에는 안식일의 식사로, 〈루가〉에만 나오는 이야기다. 안식일에 벌어진 갈등이다(〈루가〉6,1-5,6-11; 13,10-17). 안식일에도 참지 못하고 갈등을 일으킨 예수다. 주일에도 갈등할 것은 갈등하고, 다툴 것은 다퉈야 한다.

식사 이야기는 고대와 신약성서 시대에 유행한 문학 양식에 속한다. 그리스 문화에서 식사는 지식인과 종교인이 교류하는 계기다. 여행자에게는 다른 세상 소식을 들을 수 있는 기회다. 〈루가〉에도 식사 이야기가 자주 등장한다. 레위라는 세리가 초대한 식사(5,29-39), 바리사이파 사람의 초대 자리에서 용서받은 죄 많은 여자(7,36-50), 마르타와 마리아(10,38-42), 책망받은 바리사이파 사람들과 율법 학자들(11,37-54), 세리들·죄인들과 식사(15,1-2), 자캐오의 초대(19,5-6), 과월절 준비(22,7-13), 최후의 만찬(22,14-38). 예수는 밥상머리 교육을 중요하게 생각하고 실천했다.

앞에·나온 안식일 치유 사건(〈루가〉 6,6-11; 13,10-17)처럼 예수의 말씀에 주제가 있다. 안식일 예배가 끝나고 식사에 초대되는 장면이다. 바리사이파의 한 지도자라는 표현이 이상하다. 바리사이는 위계적으로 구성된 조직이 아니다.[110] 볼터는 바리사이파에 비공식적이라도 위계질서가 있지 않겠느냐고 추측한다.[111] 예루살렘 의회에 소속된 바리사이는 아닌 것 같다. 율법 학자와 바리사이파 사람은 갈릴래아와 예루살렘으로 가는 여정에서 예수의 주요 적대자로 등장한다.

루가는 수종을 앓는 사람이 왜 마침 예수 앞에 있는지 설명하지 않는다. 수종은 목이 말라 계속 물을 찾는, 당시 널리 퍼진 질병이다. 수종은 그리스 문학에서 욕망에 비유되곤 한다. 〈민수〉 5,21-22에는 간음한 여인이 수종에 걸린다고 나온다. 수종에 걸린 사람은 종교적으로도 차별받았을 것이다.[112] 수종을 언급한 〈루가〉 저자를 의사라고 단정할 필요는 없다. 의학 상식이 있는 사람이 모두 의사는 아니다.

예수는 치유하기 전에 질문한다. 예수는 두 번째 질문에서 첫 번째 질
문보다 구체적으로 예를 든다. 그들은 또 답변하지 못한다. 예수가 옳다
는 방증이다. 그런데 사정은 보기보다 복잡하다. 유다인은 "안식일에 병
을 고쳐주는 일이 법에 어긋납니까, 어긋나지 않습니까?"처럼 이분법으
로 묻지 않았다. 그러니 율법 학자들과 바리사이파 사람들은 예수에게
답변하지 못하고 침묵한 것이다. 질문이 이상하면 답변할 필요가 없다.
유다인은 병의 종류와 생명의 위급함 정도를 묻곤 했다.[113] 목이 아픈 사
람은 안식일에도 약을 주었다.

수종은 목숨이 위급한 병은 아니다. 쿰란 공동체는 안식일에 구덩이
에 빠진 동물을 건지지 못하게 했다. 수종을 앓는 사람은 예수에게 고쳐
달라고 부탁한 적도 없다. 예수가 나서서 환자의 손을 잡고 고쳐주었을
뿐이다. 안식일에 생명이 위급하지 않은 병이라도 고쳐주는 일이 중요하
고 합당하다는 뜻이다. 그것이 안식일의 본래 취지에 어울린다는 말이
다. 환자가 예수를 칭송했다는 말도 없다. 구덩이에 빠진 양 한 마리(〈마
태〉 12,11), 소나 나귀(〈루가〉 13,15) 이야기는 나왔다.

5절에서 예수는 우물에 빠진 아들이나 소를 언급한다. 소는 비싼 재
산에 속한다. 세상 어느 나라 어느 농부가 우물에 빠진 자기 아들이나 소
를 건지려 하지 않겠는가. 예수는 물어볼 필요도 없는 질문을 한 것이다.
율법 학자와 바리사이파 사람도 자기 아들이나 소를 건질 것이다. 아들
이나 소의 생명이 위험에 처했기 때문이다. 예수는 왜 쓸데없는 질문을
했을까. 식사에 초대한 바리사이 지도자의 체면을 생각한다면, 예수는

함께 자리한 사람들에게 난감한 질문이나 행동을 하지 말아야 한다. 예수는 그런 것에 신경 쓰지 않는다. 식사는 식사고, 논쟁은 논쟁이다. 예수는 말할 때와 행동할 때 자기 검열을 하지 않는다. 옳으면 그뿐이다. 그전에, 그 후에 그 밖에, 아무것도 눈치 보지 않는다. 그럴 필요가 없기 때문이다. 청와대에 초대받은 주교들이 대통령에게 난감한 질문을 하고 올바른 말을 하던가? 주교들은 예수에게서 대체 무엇을 배웠나.

복음서에 나오지 않는 식사 자리는 또 얼마나 많았을까. 예수가 살면서 사람들과 가장 자주 한 행동은 식사라고 감히 단언하고 싶다. 나는 〈루가〉 해설서 제목을 《가난한 예수》라고 붙였다. 그만큼 〈루가〉는 가난한 사람을 예수처럼 중요하게 여겼다. 〈루가〉에는 식사 이야기가 다른 복음서에서 볼 수 없을 만큼 자주 등장한다. 그런데 특이한 사실이 하나 있다. 직업과 신분이 다양한 사람들이 예수를 식사에 초대했지만, 종교 지배층과 로마 군대가 초대한 적은 한 번도 없다. 예수는 종교나 정치 지배층과 식사한 적이 없다. 우연히 그랬을까. 예수는 주로 가난한 사람과 함께 식사했다.

식사라는 평범한 일상 행위를 중요한 종교 행위로 승화시킨 종교 창시자는 예수가 유일하다. 식사는 그만큼 종교적으로도 중요하다. 성체성사는 전례 이전에 식사다. 식사는 종교 행위 이전에 해방 사건이다. 이렇게 말해도 좋을까. 인간은 가난한 사람에게 식사를 제공한 만큼 구원된다. 가난한 사람과 살면서 얼마나 자주 식사했는가. 가난한 사람이 식사하지 못하도록 방해한 부자와 얼마나 열심히 싸웠는가. 그것이 당신을, 우리 자신을 구원할 것이다.

안식일은 공동성서나 유다인의 생각에 아무것도 하지 않는 날이라고 규정되지 않았다. 〈창세〉 2,2은 하느님이 일곱째 날에 창조 작업을 완성하셨다고 증언한다. 안식일은 쉬는 날이 아니라 하느님의 창조 사업에 걸맞게 행동하는 날이다. 안식일에 어떤 일을 하는 것이 좋고, 어떤 일은 해서는 안 되는가? 이것이 유다인의 고뇌다. 이 고민을 예수도 함께한 것이다. 예수는 안식일의 참뜻을 동족 유다인에게 기억시킨 것이다. 말하자면 예수야말로 율법을 진정으로 지켰다. 예수는 율법의 참뜻에 걸맞게 행동한 것이다. 예수는 율법 학자와 바리사이파 사람보다 율법을 잘 지켰다. 루가는 그 사실을 외치고 싶은 것이다.

개신교에서 '가나안 성도'라는 단어가 생겼다. 안 나가를 거꾸로 읽으면 가나안이다. 주일에 교회에 출석하지 않는 성도를 가리키는 단어다. 성당에서는 '냉담 신자'라는 단어가 있었는데, 최근에 '쉬는 신자'라는 표현이 등장했다. '안식일에 병자를 고친 예수' 이야기의 의미를 생각하면서 한 가지 묻자. 누가 진짜 가나안 성도인가. 누가 진짜 쉬는 신자인가. 주일 미사나 예배에 참석하지 않는 신자는 가나안 성도요, 쉬는 신자인가.

가나안 성도나 쉬는 신자가 교회와 성당에 발길을 끊은 이유는 여러 가지일 것이다. 자기 탓일 수도 있고, 그리스도교의 부패에 질렸을 수도 있고, 목사와 신부나 동료 신자에게 실망했을 수도 있다. 돌아오고 싶은 생각이 있을지도 모른다. 예수에 대한 그리움이 여전하고, 마음속에 교회나 성당을 품고 살 수도 있다. 교회가 가나안 성도나 쉬는 신자를 문제시하거나 나쁘게 보면 안 된다. 그들이 더 예수를 찾고 따르는지도 모른다. 신앙은 사람의 겉모습만 보고 판단하면 안 된다.

겉으로 율법을 잘 지키는 것 같지만, 사실상 율법의 의미를 훼손하는 사람도 있다. 겉으로 열심인 신자 같지만, 사실상 무신론자나 우상숭배자에 다름없는 신자도 있다. 매일 미사에 참석하지만, 사실상 무신론자에 불과한 신자도 있다. 매일 미사를 집전하지만, 쉬는 신자와 다름없는 신부나 주교도 있다. 프란치스코 교황은 얼마 전 위선자 신자보다 착한 무신론자가 낫다고 말했다.

○ 낮은 자리에 있어라

7 예수께서는 손님들이 저마다 윗자리를 차지하려는 것을 보시고 그들에게 비유를 들어 말씀하셨다. 8 "누가 혼인 잔치에 초대하거든 윗자리에 가서 앉지 마시오. 혹시 당신보다 높은 사람이 초대받았을 경우 9 당신과 그 사람을 초대한 주인이 와서 당신에게 '이분에게 자리를 내드리게' 할지도 모릅니다. 그러면 무안하게도 맨 끝자리로 내려앉아야 할 것입니다. 10 당신은 초대를 받거든 오히려 맨 끝자리에 가서 앉으시오. 그러면 당신을 초대한 사람이 와서 '여보게, 저 윗자리로 올라앉게' 하고 말할 것입니다. 그러면 다른 모든 손님들의 눈에 당신은 영예롭게 보일 것입니다. 11 누구든지 자기를 높이는 사람은 낮아지고 자기를 낮추는 사람은 높아질 것입니다."

12 예수께서 당신을 초대한 사람에게 말씀하셨다. "당신은 점심이나 저녁을 차려놓고 사람들을 초대할 때에 친구나 형제나 친척이나 잘사는 이웃 사람을 부르지 마시오. 그러면 당신도 그들의 초대를 받아서 베푼 것을 도로 받을 것입니다. 13 당신은 잔치를 베풀 때에 오히려 가난한 사람, 불구자, 절름발이, 소경을 부르시오. 14 그러면 당신은 행복합니다. 그들은 갚지 못할 터이지만 의인들이 부활할 때에 하느님께서 대신 갚아주실 것입니다."

15 같이 앉았던 한 사람이 이 말씀을 듣고 "하느님 나라에서 잔치 자리에 앉을 사람은 참으로 행복하겠습니다" 하고 말하자 16 예수께서 말씀하셨다. "어떤 사람이 큰 잔치를 준비하고 많은 사람을 초대하였습니다. 17 잔치 시간이 되자 초대받은 사람들에게 자기 종을 보내어 준비가 다 되었으니 어서 오라고 전하였습니다. 18 그러나 초대받은 사람들은 한결같이 못 간다는 핑계를 대었습니다. 첫째 사람은 '내가 밭을 샀으니 거기 가봐야 하겠소. 미안하오' 하였고 19 둘째 사람은 '나는 겨릿소 다섯 쌍을 샀는데 그것들을 부려보러 가는 길이오. 미안하오' 하였으며 20 다른 사람은 '내가 지금 막 장가들었는데 어떻게 갈 수가 있겠소?' 하고 말하였습니다. 21 종이 돌아와서 주인에게 그대로 전하였습니다. 집주인은 대단히 노하여 그 종더러 '어서 동네로 가서 한길과 골목을 다니며 가난한 사람, 불구자, 소경, 절름발이들을 이리로 데려오너라' 하고 명령하였습니다. 22 얼마 뒤에 종이 돌아와서 '주인님, 분부하신 대로 했습니다. 그러나 아직 자리가 남았습니다' 하고 말하니 23 주인이 다시 종에게 일렀습니다. '어서 나가서 길거리나 울타리 곁에 서 있는 사람들을 억지로라도 데려다가 내 집을 차게 하여라. 24 잘 들어라. 처음에 초대받은 사람들 중에는 내 잔치에 참여할 사람이 하나도 없을 것이다.'"(14,7-24)

〈루가〉에서 욕심을 비판하고 경고하는 장면이 여러 차례 소개된다. "여러분 바리사이파 사람들은 화를 당할 것입니다. 여러분은 회당에서 높은 자리protokathedria를 즐겨 찾고 장터에서는 인사받기를 좋아합니다."(〈루가〉 11,43) 예수는 제자들에게 말한다. "율법 학자들을 조심하시오. 그들은 기다란 예복을 걸치고 나다니기를 좋아하고 장터에서 인사받는 것을 즐기며, 회당에서는 높은 자리를 찾고 잔치에 가면 윗자리protoklisia에 앉으려 합니다."(〈루가〉 20,46) 독자는 예수에게 하느님 나라에서 높은 자리를 청탁한 야고보와 요한 형제의 추태를 기억하리라(〈마르〉 10,35-40). '낮은 자리에 있어라' 이야기는 얼핏 봐도 단순한 처세술이나 윤리적 모범을 가르치는 것이 아니다. 교회론, 사회 교리와 연결된다.

7-10절은 〈루가〉에만 있다. 7절은 루가가 쓴 것 같다. 8-10절은 루가의 작품, 초대교회가 쓴 것, 예수가 진짜 한 말씀으로 성서학자들 의견이 엇갈린다. 식탁 예절을 비판하면서 사회질서에 대한 예수의 생각을 드러낸 부분이다. 당시 통용된 예전 가운데 잔치에서 자리 배치를 전제로 한다. 식사 자리는 손님의 신분을 나타내는 것으로, 윗자리는 초대한 사람 옆이나 귀빈 옆자리를 가리킨다.

예수는 식사에 초대받은 사람들kalo에게 말한다. 예수는 윗자리를 차지하려는 사람들의 욕심을 비판한다(〈루가〉 22,24-27). 초대받거든 맨 끝자리에 가서 앉으라는 말이다. 자기를 낮추는 사람은 높아질 것이라는 말이다. 예수는 "임금 앞에서 잘난 체하지 말고 높은 사람 자리에 끼어들지 마라. 높은 사람 앞에서 '내려가라'는 말을 듣는 것보다 '이리 올라오십시오' 하는 말 듣는 편이 낫다"(〈잠언〉 25,6-7)는 말씀을 기억한 것 같다. 예수 시대에 종교적으로 경건하다는 사람의 못된 처신을 비판하는 것이다. 그런 일은 미사 중에도 있었고(〈1고린〉11,20-34), 교회 역사에도 흔했다. 예수는 세상의 질서를 뒤엎는다(〈루가〉18,14;〈마태〉18,4;23,12).

12-14절에서 예수는 초대한 사람에게 조언한다. 친구나 형제나 친척이나 잘사는 이웃 사람을 부르지 말고 가난한 사람, 불구자, 절름발이, 소경(공동성서 그리스어 번역본 〈2사무〉5,8)을 초대하라는 말이다. 종교적 측면에서 하느님이 대신 갚아주실 것이라는 말이다. 가난한 사람, 불구자, 절름발이, 소경은 당시 죄인으로 여겼다. 가난한 사람은 경제가 아니라 신학 범주에서 다뤘다. 가난한 사람은 돈이 없는 사람 이전에 죄인이었다. "돈 없는 게 죄여"라는 말이 가슴을 후빈다.

이스라엘에서 식사는 보통 다음과 같이 진행된다. 종은 손님이 오른손 씻을 물을 가져온다. 초대한 사람이 식당 옆 공간에서 손님에게 와인 한잔을 권한다. 이때 손님은 덕담 한마디씩 나눈다. 식사가 정식으로 시작된 것은 아니다. 아마 이때 앞에서 나온 '안식일에 병자를 고친 예수' 이야기의 수종을 앓는 사람이 예수를 만난 것 같다. 손님이 다 도착하면 함께 식당으로 들어간다. 식탁 옆에서 준비된 깔개 위에 놓인 방석에 왼손을 얹고 오른손을 자유롭게 한 채 왼쪽으로 비스듬히 기댄다. 주인은 큰소리로 모든 참석자의 이름으로 빵에 축복 기도를 한다. 식사가 끝날 무렵 주인은 술잔에 축복 기도를 한다. 종은 식사 처음과 중간, 마지막에 손님이 손 씻을 물을 가져온다.

점심ariston, prandium은 늦은 오전이나 낮에 하는 식사를 가리킨다(〈요한〉21,12.15). 저녁deipnon, coena은 늦은 오후나 저녁에 먹는 정찬을 가리킨다. 유다인은 주중에 아침저녁 두 끼를 먹고, 안식일에는 예배 후 점심 한 끼를 더 먹었다. 예수 시대에 식사 자리는 나이순이 아니라 사회적 존경심에 따라 정해진 것 같다.[114] 유다인은 평소 식사 때는 앉아서 먹지만, 휴일이나 축제나 손님을 초대할 때 그리스·로마 관습처럼 비스듬히 기대거나 엎드려 먹었다. 본문에서는 아직 자리가 정해지지 않은 상태를 전제한다.

12절에서 루가는 '이웃 사람' 앞에 형용사 '잘사는'을 덧붙인다. 빈부 격차가 심한 당시 상황을 엿볼 수 있다. 13절에서 루가는 불구자, 절름발이, 소경 순서로 언급한다(〈루가〉 7,22). 예수에게 치유를 간절히 바란 대표적인 사람들이다. 예수는 가난한 사람을 편들었다. 가난한 사람, 불구자, 절름발이, 소경을 식사에 초대한 사람은 자신을 낮춘 사람으로 인정된다. 14절에 '의인들이 부활할 때에'라는 표현이 보인다. 유다교는 오늘의 이란 지방에 있던 조로아스터교에서 부활 사상을 받아들였다. 처음에는 의인만 부활하는 것으로 해석되지만, 나중에 모든 인간의 부활로 확장된다(〈사도〉 10,42; 17,31; 24,15).

15-24절은 모든 사람에게 하는 경고다. '하느님 나라에서 누가 잔치에 참석할까, 즉 누가 구원받을까'라는 주제다(〈이사〉 25,6; 〈루가〉 13,29; 〈묵시〉 19,9). 16절 '어떤 사람'(〈루가〉 10,30; 15,11)은 부자임에 틀림없다. '큰 잔치'는 혼인 잔치로 종말의 기쁨을 나타내는 단어다. 17절에서 주인은 당시 관례에 따라 며칠 전 초대장을 전달한 사람들에게 종을 보내 초대한 사실을 다시 전한다.

18절에서 '초대받은 사람들이 한결같이 못 간다는 핑계를 대었다'는 말은 물론 과장된 표현이다. 초대를 사절한 세 사람이 차례로 소개된다. 이 부분은 〈마태〉에 없다. 밭, 소, 아내가 잔치에 오지 않는 이유다. 밭, 소,

아내가 있는 세 사람은 경제적으로 모두 살 만한 이들이다. 부자는 하느님 나라 초대를 거절하기 쉽다. 돈 없으면 장가가기 힘든 것은 지금 한국이나 당시 이스라엘이나 마찬가지다. 막 결혼한 신랑은 군 복무가 면제된다(〈신명〉 24,5). 세 사람의 해명은 당시 사람들이 충분히 납득할 만하다.

'어떤 사람들은 그 종들을 붙잡아 때리고 죽였다. 임금은 몹시 노하여 군대를 보내서 그 살인자들을 잡아 죽이고 그들의 동네를 불살랐다'(〈마태〉 22,6-7)는 부분은 〈루가〉에 없다. 루가는 〈마태〉의 그 구절이 잔인하고 이해하기 어려웠을 것이다. '거리에 나가서 아무나'(〈마태〉 22,9-10)는 21절에서 '가난한 사람, 불구자, 소경, 절름발이들'로 바뀐다. 21절에서 집주인이 분노한 사실은 독자에게 조금 어색할 수 있다. 초대를 무조건 수락할 필요는 없다. 초대할 자유도 있지만, 초대를 거절할 자유도 있지 않은가. 〈루가〉에 따르면, 그들은 중요한 것과 덜 중요한 것을 제대로 구분하지 못하는 잘못을 범했다.

분노한 집주인이 새로 불러 모으는 사람이 누구를 가리키는지 학자들의 의견이 일치하지 않는다. 첫째 사람은 이스라엘의 경건한 사람, 둘째 사람은 예수가 특히 신경 쓴 죄인과 병자, 셋째 사람은 이방인을 뜻하는가? 어떤 사람이 어떤 순서로 초대받았는지 눈여겨보자. 주인은 가난한 사람, 불구자, 소경, 절름발이들을 맨 처음 불렀다. 하느님은 가난한 사람을 먼저 선택하신다. 한길과 골목, 길거리 등 시내 안에 있는 가난한 사람뿐만 아니라 울타리 곁에 서 있는 가장 가난한 사람을 하느님은 잊지 않고 먼저 부르실 것이다.

23절에 '억지로라도 데려다가'라고 우리말로 번역된 것은 정말 안타깝다. 성 아우구스티누스는 라틴어 compelle intrare라고 잘못 번역했다. 폭력이나 강제력을 행사해서 선교해도 좋다는 뜻으로 오해될 수 있는 번역이다. 교회 역사에 많은 물의를 일으키게 만든 구절이다. 말로 진지하게 권유하고 설득하라는 뜻이다(〈마르〉 6,45; 〈루가〉 16,16). 폭력을 통한 복음 선포는 종류를 막론하고 모두 죄다. 인간에 대한 구원 사업을 더 잘 수행하기 위해 국가적 방법을 동원해도 된다는 생각이 콘스탄티누스 Constantinus 이래 가톨릭 내부에 지배적이었다. 2차 바티칸공의회는 그 잘못된 생각을 최종적으로 포기한다.[115]

유다교나 그리스도교 역사에 병자나 장애인 등을 예배와 종교의식에 참가하지 못하도록 막은 시절이 있다. 신체장애인을 사제 서품에서 제외한 역사도 있다. 본문을 읽으면서 그런 역사가 떠올랐다. 예수는 본문에서 불구자, 소경, 절름발이를 잔치에 먼저 부르셨다. 가톨릭교회는 반성해야 하지 않을까.

예전을 중시한다는 정치인이나 종교인을 보면 웃음이 나온다. 저 사람들은 언제나 철이 들까. 종교인 가운데 윗자리를 당연하게 여기는 사람이 수두룩하다. 그들은 예수에게서 대체 무엇을 배웠을까. 가난한 사람은 윗자리에 앉을 엄두도 내지 못한다. 가난한 사람 옆에 먼저 앉으려고 다투는 세상이 오면 좋겠다.

24절 '처음에 초대받은 사람들 중에는 내 잔치에 참여할 사람이 하나도 없을 것'이라는 말씀에 누가 가장 소스라치게 놀랄까? 그리스도교 신자? 성직자? 자칭 열심이라는 신자? 밭, 소, 아내가 있는 처음에 초대받은 부자 중에는 하느님 나라 잔치에 참여할 사람이 하나도 없을 것이다. 한

길과 골목에 있는 가난한 사람과 병자뿐만 아니라 길거리나 울타리 곁에 서 있는 사람을 하느님은 잊지 않고 먼저 부르실 것이다. 추기경, 주교, 신부, 수녀 등 처음에 초대받았다고 자처하는 사람 중에는 하느님 나라 잔치에 참여할 사람이 별로 없을 것이다. 그리스도교에서 무시당해온 평신도, 무신론자 중에 먼저 초대받는 사람이 많을 것이다.

쿰란 공동체처럼 위계질서가 엄격한 곳에서는 해마다 시험을 치러 식사 자리를 교체했다.[116] 한국에서 신학교 다니던 시절, 학년이 높은 순서로 식당에 먼저 입장하고 퇴장한 장면을 잊지 못한다. 성당에서도 학년별로 자리가 배정되고, 미사 후에는 고학년부터 퇴장했다. 나는 그런 모습에서 좋은 인상을 받지 못했다. 지금도 그러는지 모르겠다.

독일 신학교는 그렇지 않다. 나이, 학년, 서품 연도 같은 숫자가 무슨 벼슬이나 권력일까. 한국 가톨릭과 사제의 머리에서 ordo라는 단어를 어서 지우고 버려야 가톨릭 개혁이 가능해지고, 성직자 중심주의라는 늪에서 비로소 해방될 것이다. '순서$_{ordo}$'는 하느님 나라 관점에서 아무것도 아니다. 종교에, 그리스도교에 무슨 벼슬이 있는가. 봉사, 봉사 말만 하지 말고 신학교 교육부터 봉사를 제대로 가르치고 배우면 좋겠다.

○ 예수 제자의 조건

²⁵ 예수께서 동행하던 군중을 향하여 돌아서서 말씀하셨다. ²⁶ "누구든지 나에게 올 때 자기 부모나 처자나 형제자매나 심지어 자기 자신마저 미워하지 않으면 내 제자가 될 수 없습니다. ²⁷ 누구든지 자기 십자가를 지고 나를 따라오지 않으면 내 제자가 될 수 없습니다. ²⁸ 여러분 가운데 누가 망대를 지으려 한다면, 그것을 완성하는 데 드는 비용을 따져 과연 그만한 돈이 자기에게 있는지 먼저 앉아서 생각해보지 않겠습니까? ²⁹ 기초를 놓고도 힘이 모자라 완성하지 못하면 보는 사람마다 ³⁰ '저 사람은 짓기 시작해놓고 끝내지 못하는구나!' 하고 비웃을 것입니다. ³¹ 또 어떤 임금이 다른 임금과 싸우러 나갈 때 이만 명을 거느리고 오는 적을 만 명으로 당해낼 수 있을지 먼저 앉아서 생각해보지 않겠습니까? ³² 당해낼 수 없다면 적이 아직 멀리 있을 때에 사신을 보내어 화평을 청할 것입니다. ³³ 여러분 가운데 누구든지 나의 제자가 되려면 자기가 가지고 있는 것을 모두 버려야 합니다."

³⁴ "소금은 좋은 물건입니다. 그러나 소금이 짠맛을 잃으면 무엇으로 다시 짜게 하겠습니까? ³⁵ 땅에도 소용없고 거름으로도 쓸 수 없어 내버릴 것입니다. 들을 귀가 있는 사람은 알아들으시오."(14,25-35)

〈루가〉 14,25-18,30이 한 묶음으로 이어진다. 예수 여행기 후반부가 여기부터 시작되는 것이다. 여행이 끝나면 예수는 예루살렘 최후의 시간을 맞는다. 폭풍 전야처럼 긴장감이 가득한 부분이다. 예루살렘에서 예수는 사람들과 대면할 기회가 별로 없다. 하고 싶은 이야기는 지금 해야 한다. 시간이 없다. 바리사이와 율법 학자들에게 한 번, 제자들에게 한 번, 이런 식으로 이야기가 이어진다. 어디서 이야기했는지 특정한 장소는 드러나지 않는다. 길에서 걸으며 하는 이야기다. 프란치스코 교황의 말처럼 신앙은 길을 걷는 것에 비유할 수 있다. 신앙이란 하느님을 찾아 동료들과 함께 같은 길을 걷는 일이다.

앞부분에서 예수는 여러 예화를 통해 제자 되기를 요청한다. 이제 강력한 경고를 통해 진짜 제자가 무엇인지, 가짜 제자는 누구인지 설명한다. 예루살렘에 도착하기 전에 사람들의 마음가짐을 단단히 훈계하는 것이다. 전투에 나가기 전에 정신교육을 철저히 하는 것일까. 예수는 심정이 착잡하고 비장하다. 예수와 일행은 예루살렘에 더 가까워졌다. 독자는 〈루가〉 7,11 이후 예수에게 많은 군중이 동행하는 것을 안다(〈루가〉 8,4; 9,11; 18,36). 단순한 동행으로 제자가 되는 것은 아니다.

야곱은 레아보다 라헬을 사랑했다(〈창세〉 29,30-33). 주님은 야곱을 사랑하고 에사오를 미워했다(〈말라〉 1,2-3). 사람은 인생의 중요한 고비에서 누구를 택하고 누구를 택하지 않는가. 그 이유는 무엇일까. 누가 예수의 제자로 선택될까. 열두 제자만 제자는 아니다. 열두 제자만 제자로 여겼다면 예수가 이런 말을 할 필요도 없다.

25절 '동행하던 군중'은 예수의 제자에 가깝다. 예루살렘으로 가는 길에 동행하는 군중이라면 그 각오가 대단하겠다. 예수에게 호감이 있는 군중임에 틀림없다. 예수는 당신에게 온 군중에게 '누구든지 나에게 올 때'라는 표현을 쓴다. 예수는 두 가지를 요구한다. 부모나 처자나 형제자매나 심지어 자기 자신마저 미워하지 않으면, 자기 십자가를 지고 나를 따라오지 않으면 제자가 될 수 없다는 것이다. 자기가 가진 것을 모두 버려야 제자가 될 수 있다. 예수가 군중에게 면접시험을 하는 것 같다. 사랑을 가르친 예수(〈루가〉 10,25-28)가 26절에서 느닷없이 미움을 권한다. 주저하지 말고 곧장 따르라고 다그치던 예수(〈루가〉 5,27-28)가 28-32절에서 차분히 앉아 곰곰이 생각하라고 타이른다.

예수에게 다가오는 것으로 제자가 되기에 충분하지 않다(〈루가〉5,30-32). 자신의 과거와 단절해야 한다. 아내를 포함해서 부모, 자녀, 형제자매(〈루가〉18,29) 심지어 자기 자신까지 미워하라는 말이다. 〈마태〉에 아내를 미워하라는 말은 없다. 아내를 미워하라니? 결혼하지 않은 예수라고 해도 어찌 그렇게 말할 수 있나. 부모와 자녀를 미워하라니, 유다교에서 돌에 맞아 죽을 범죄다. 형제자매를 미워하라니, 예수는 가정 파괴범인가.

예수는 '돌직구'를 사용하고 과장법을 즐긴다. 아무리 문학적인 표현이라도 그렇지, 예수는 말을 좀 심하게 하는 스타일이다. 욕설도, 저주도 삼가지 않는다. 루가는 제자가 되는 조건과 범위를 마태오보다 가혹하게 확장한다. 마태오는 가족 관계를 예수의 제자 됨과 비교하는 정도지만, 루가는 아예 반대되는 것으로 놓는다. 그래도 좀 더 설명이 필요하다. 십계명은 하느님에 대한 사랑을 첫째로 강조했다. 가족은 이기적으로 운용되면 우상이 될 수 있고, 하느님에게 적대적인 단위로 변질될 수도 있다. 가족이기주의는 우상이요, 사회악이다. 레위족은 하느님께 예배드리기 위해 가족을 떠나야 했다(〈신명〉33,9-10).

십자가는 페르시아 지역에서 유래한 것 같다. 팔레스타인에 알려졌고, 로마 군대가 유다인 독립투사를 처형할 때도 썼다. 예수 시대 전후 로마 군대에 무력으로 저항한 바리사이파와 젤로데파 유다인이 목숨을 잃었다. 예수만 십자가 처형을 당한 것이 아니다. 십자가의 세로 기둥은 사형장에 설치되고, 가로 기둥patibulum은 사형수가 사형장까지 지고 간다. 젤로데파 유다인을 업신여기는 설교자가 있다. 일제강점기 독립 투쟁한 선조를 우습게 볼 수 있는가. 27절 '자기 십자가를 지고 나를 따라오지 않으면 제자가 될 수 없다'는 두 번째 요구 말씀에서 십자가는 무엇인가. 십자가라는 끔찍한 처형 방법을 언급하여 군중에게 충격을 주려는 뜻이 아니다. 그 정도로 엄청난 진정성을 요구하는 말이다. 예수의 제자 되기는 쉬운 일이 아니다.

28-30절에서 예수는 목수 출신답게 망대 짓는 비유를 한다. 시작해 놓고 끝내지 못하는 사람을 언급하며 시작해놓고 끝내지 못하는 제자를 비판한다. 31-32절에서 예수는 전투 준비하는 왕의 비유를 꺼낸다. 페르시아나 마케도냐 군대뿐 아니라 이스라엘 군대(〈민수〉1,16)도 1만 명 단위로 부대를 구분했다.[117] 하늘의 군대도 그렇게 여겨졌다(〈묵시〉5,11). 예수에게 군사 지식이 있었는가. 로마 군대에 저항한 젤로데 독립군을 예수가 몰랐을 리 없다. 젤로데 독립군은 예수의 고향 갈릴래아에 근거지를 두고 있지 않은가. 33절 '나의 제자가 되려면 자기가 가지고 있는 것을 모두 버려야 합니다'에서 루가의 특별한 관심사가 드러난다. 루가는 재산 포기를 여러 번 강조한다(〈루가〉5,11.28; 12,33; 18,22; 〈사도〉2,44; 4,32).

소금이 짠맛을 잃다니, 화학적으로 있을 수 없는 일이다. 당시 소금은 오늘날 소금보다 나트륨이 훨씬 적고, 마그네슘과 다른 성분이 많이 섞였다고 한다.[118] 잘못 보관하거나 불순물이 섞이면 소금은 생선을 보존하고 맛을 내는 재료로 쓰일 수 없다. 35절 '쓸 수 없어 내버릴 것'이라는 말은 무서운 심판(〈마르〉9,50; 〈마태〉5,13)의 경고다. 쓸모없는 제자는 심판받는다는 뜻이다. 세례를 받았다고 구원받는 게 아니다. 쓸모없는 제자는 버려진다. 짠맛을 잃은 성직자도, 평신도도 많은 시대다. 착한 목자는 적고 악한 목자는 많은 시대다.

'자기 자신까지 미워하라'는 예수의 말에서 그리스도교 역사에 슬픈 오해와 사례가 많이 생겼다. 2차 바티칸공의회에서 '진리의 서열' 혹은 '교리의 순서Hierarchie der Wahrheiten'라는 말이 생겼다. "가톨릭 교리의 여러 진리가 그리스도교 신앙의 기초와 이루는 관계는 다르므로, 교리를 비교할 때는 진리의 서열 혹은 '위계'가 있다는 사실을 명심해야 한다."[119] 여러 교리는 중요성과 순서가 다르다는 가르침이다. 시대가 변해도 바꿀 수 없는 교리가 있고, 시대에 따라 변경 가능한 가르침이 있다는 말이다.

유일신이나 삼위일체 등 하느님에 대한 교리, 교회와 성사, 마리아에 대한 교리가 같은 비중으로 중요한 것은 아니다. 개신교 신자와 대화할 때 이 원칙을 기억해야 한다. 개신교와 가톨릭은 중요한 교리에 공통점이 많고, 덜 중요한 교리에 차이점이 있는 편이다. 개신교와 가톨릭은 공통점이 훨씬 많다.

진리의 서열이라는 가톨릭교회 가르침에 따르면 예수의 제자 되기가 첫째고, 나머지는 다음 문제라는 뜻이다. 여기서 '미워하라'는 말은 예수의 제자 되기보다 덜 중요하게 여기라는 뜻이다. 이혼을 부추기거나 가족 관계를 외면하라는 말이 아니다. 가족에 대한 인연이 예수의 제자 되기를 방해하지 않도록 하라는 격려다.

가족보다 예수의 제자 되기가 중요하다. 죽음과 가난을 각오하라. 이두 가지가 예수의 제자가 되는 조건이다. 예수는 이 조건을 사람들에게 직접 요구한다. 복음서 저자들은 예수가 생전에 제자들과 군중에게 남긴 여러 짧은 이야기를 모으고 편집하고 확장한다. 제자들은 바리사이에게 거절당한 일을 잊지 않았고, 초대교회는 교리 교육과 신자 교육에 활용했다. 우리도 초대교회 신자와 상황이 다르지 않다.

세례를 받은 모든 그리스도인은 이 두 가지를 묵상해야겠다. 가족보다 예수를 소중히 여기는가. 예수 따르면서 죽음과 가난을 각오하는가. 아마 거의 없을 것이다. 자기가 가진 것을 모두 버려야 한다. 교회 재산도 버려야 한다. 추기경과 주교도 가슴에 손을 얹고 반성하라. 추기경과 주교는 언제 한 번 죽음과 가난을 각오한 적 있는가. 목사와 신부는 언제 한 번 죽음과 가난을 각오한 적 있는가. 추기경과 주교는 교회 재산도 버려야 한다는 사실을 명심하고 실천하는가. 맛이 간 신부들이 적지 않다. 짠맛을 잃은 소금처럼 곧 버려질 것이다.

○ 잃은 양과 잃은 돈의 비유

¹ 세리들과 죄인들이 모두 예수의 말씀을 들으려고 모여들었다. ² 이를 본 바리사이파 사람들과 율법 학자들은 "저 사람은 죄인들을 환영하고 그들과 함께 음식을 나누는구나!" 하며 못마땅해하였다.

³ 예수께서는 그들에게 비유로 말씀하셨다. ⁴ "여러분 가운데 누가 양 백 마리를 가지고 있었는데 그중에서 한 마리를 잃었다면 어떻게 하겠습니까? 아흔아홉 마리는 들판에 그대로 둔 채 잃은 양을 찾아 헤매지 않겠습니까? ⁵ 그러다가 찾으면 기뻐서 양을 어깨에 메고 ⁶ 집으로 돌아와 친구들과 이웃을 불러 모으고 '자, 같이 기뻐해주십시오. 잃은 양을 찾았습니다' 하며 좋아할 것입니다. ⁷ 잘 들어두시오. 이와 같이 하늘에서는 회개할 것 없는 의인 아흔아홉보다 회개하는 죄인 한 사람을 기뻐할 것입니다."

⁸ "또 어떤 여자에게 은전 열 닢이 있었는데 그중 한 닢을 잃었다면 어떻게 하겠습니까? 그 여자는 등불을 켜고 집 안을 온통 쓸며 그 돈을 찾기까지 샅샅이 뒤져볼 것입니다. ⁹ 그러다가 돈을 찾으면 자기 친구들과 이웃을 불러 모으고 '자, 같이 기뻐해주십시오. 잃은 은전을 찾았습니다' 하고 말할 것입니다. ¹⁰ 잘 들어두시오. 이와 같이 죄인 하나가 회개하면 하느님의 천사들이 기뻐할 것입니다."(15,1-10)

〈루가〉 15장은 바리사이파 사람들과 율법 학자들에게 세 가지 이야기를 통해 죄인에 대한 예수의 자비를 알려준다. 〈루가〉 15장의 주제는 구조가 비슷한 13장처럼 '회개'다. 잃어버린 양, 은전, 아들 이야기가 이어진다. 잃어버리고, 찾고, 함께 기뻐하는 줄거리다. 〈시편〉 23,4이나 〈예레〉 31장을 보는 듯하다. 갈릴래아에서 예루살렘으로 가는 길의 예수는 루가에게 무엇보다 스승의 모습이다. 갈릴래아에서 예언자 예수는 예루살렘으로 가는 길에서 스승으로, 예루살렘에서 저항자요 혁명가로 소개된다.

세리들과 죄인들도 예수의 말씀을 듣는다. 경청하는 두 그룹과 반대하는 두 그룹이 예수를 둘러싼 장면이다. 예수는 세리들의 식사 초대도 거절하지 않았고(〈루가〉 5,29; 15,1), 바리사이들의 식사 초대도 받아들였다(〈루가〉 7,36; 14,1). 예수는 공짜 밥을 좋아했다. 2절에서 바리사이파 사람들과 율법 학자들은 죄인들과 음식을 나누는 예수를 비난한다. 죄인과 예수의 식사는 그리스도교의 핵심을 나타낸다. 세계 어느 종교도 죄인과 식사하는 것을 자기 종교의 특징으로 내세우지 않았다. 교회는 죄인과 식사를 나누느냐 여부에서 넘어지거나 일어선다.[120] 〈루가〉 15장은 죄인의 회개와 식사를 연결한다.

사람들이 예수의 말씀을 들으려고 모여들었다는 언급은 〈루가〉에 자주 나온다(〈루가〉 5,1; 6,17; 21,38). 오늘 사람들이 민족의 앞길과 운명에 대해 말씀을 들으려고 주교와 신부에게 모여드는가. 세리들과 죄인들이 예수 가까이 있다는 사실도 여러 번 소개된다(〈루가〉 5,29-32; 7,36-39; 18,10). 세리들과 죄인들이란 표현은 예수를 비판한 사람들의 입에서 나온 말이다(〈루가〉 5,30; 7,34). 1절에서 '죄인들'은 누구를 가리키는가? 샌더스Ed Parish Sanders는 죄인을 시골 사람과 동일시하지 말라고 경고한다. 여기서 죄인은 가난한 사람이 아니라 하느님의 계명을 공개적으로 어긴 사람이라는 것이다.[121] 나는 샌더스의 입장을 찬성하기 어렵다. 그는 이런 주장을 뒷받침할 근거를 어디서 찾았을까.

바리사이파 사람들과 율법 학자들이 예수와 죄인들의 식사를 비난하자, 예수는 그에 대한 반박으로 두 가지 비유를 든다. 〈루가〉 15,1-10은 남성의 세계에서 잃어버린 양의 비유를, 여성의 세계에서 잃어버린 은전의 비유를 소개한다. 잃어버린 양의 비유는 〈예레〉 31,10-14이, 잃어버린 은전의 비유는 〈예레〉 31,15-17이 떠오른다. 잃어버린 양의 비유는 〈마태〉와 〈도마복음〉에도 나온다. 양과 은전은 일터와 가정에서 중요한 재산이다. 예수는 자영업자답게 경제적 관점에서 해설한다. 세리와 죄인, 즉 당시 사회적으로 멸시당한 사람이 청중이라는 점을 기억하자.

앞에서도 예수가 죄인에게 자비를 베풀고, 바리사이 사람들이 그런 예수를 비판한 적이 있다(〈루가〉 7,39). 1절에서 바리사이파 사람들과 율법 학자들은 상징적 의미를 띤다. 루가에게 그들은 예수를 처음 반대한 사람들이고, 유다계 그리스도인의 대표다.[122] 자선 잘하기로 유명한 바리사이는 왜 죄인을 무시했을까. 유다인은 죄인이 무시당해야 마땅하다고 생각했다. 바리사이가 유난히 자비롭지 못하다기보다 예수가 유별나게 자비로운 분이다. 바리사이는 상당히 자비로운 편이었다.

예수는 왜 바리사이파 사람들과 율법 학자들에게 그런 이야기를 세 번이나 할까. 바리사이파 사람들과 율법 학자들이 대체 누구인가. 모범적인 평신도에게 존경받는 신학자 아닌가. 예수는 자타가 공인하는 신앙인의 대표인 바리사이파 사람들과 율법 학자들을 감히 훈계한다. 오늘로 말하면, 예수는 매일 미사에 나가는 가톨릭 신자와 새벽 기도에 빠지지 않는 개신교 성도, 목사와 신부, 신학자에게 "여러분은 왜 그리 자비롭지 않습니까?" 하고 꾸짖는 것이다.

3-7절은 루가가 예수 어록집 〈Q〉에서 발견하여 나름대로 편집한 부분이다. 루가는 다시 찾은 기쁨을 강조한다. 잃어버린 양 이야기는 누구나 쉽게 알아듣는 소재다. 루가는 잃어버린 양을 들판에서 찾는 데 비해, 마태오는 산에서 찾는다(〈마태〉 18,12). 루가는 도시 중심으로 복음 전파를

시도한다. 잃어버린 양을 찾지 않을 사람은 하나도 없다(〈마태〉13,44-46; 〈루가〉13,18-21; 14,28-32). 들판에 그대로 놓인 아흔아홉 마리 양은 잃어버린 한 마리처럼 죽음의 위기에 처했다. 아흔아홉 마리 양이나 잃어버린 한 마리나 같은 운명이다. 우리는 이 사실을 자주 망각한다. 잃어버린 양에 관심 없는 양이나 목자는 하느님께 얼마나 혼이 날까.

5절에서 잃어버린 양을 찾아 어깨에 메고(〈이사〉40,11) 기쁨을 나타낸다. 양을 어깨에 멘 목자에게서 죄인이 회개한 것을 기뻐하시는 하느님의 모습이 보인다(〈에제〉18,23; 34,16). 〈루가〉에서 기쁨은 주로 예수를 따르는 사람에게서 나타난다. 그런데 여기서는 하느님도 기뻐하시는 것이다. 6절에서 친구들과 이웃을 불러 모으고 같이 기뻐한다. 되찾은 양에게 어떤 일이 있었는지, 친구들과 이웃들이 어떻게 기뻐했는지 소개했다면 더 좋았을 것이다. 아쉽다.

잃은 양이 죄인인 것은 아니고, 잃은 양을 찾은 목자가 회개한 것도 아니다. 잃은 양에게 돌아오라고 호소하거나 잃은 양이 취해야 할 적절한 태도를 가르치는 것도 아니다. 잃은 양을 찾는 목자를 칭찬하는 것이다. 99:1은 반드시 경제적 가치를 말하는 것은 아니다. 그까짓 한 마리 포기해도 아흔아홉 마리가 있지 않은가. 종교인은, 그리스도인은 그래서는 안 된다. 한 마리를 잃으면 남은 아흔아홉 마리를 잃는 것과 같다. 세월호 미수습자 가족은 잃은 양을 찾는 목자의 심정을 뼈저리게 느낄 것이다. 주여, 세월호 미수습자 가족을 어여삐 여기시고 축복하소서. 가출한 자녀를 둔 부모의 심정은 오죽할까. 우리 사회에 행방불명인 어린이와 어른도 적지 않다.

8절에서 drachme는 그리스 은전으로, 신약성서에서 여기만 나온다. 〈마태〉17,24에 성전세로 은전 두 닢didrachmon이 언급된다. 은전 100닢이 1미나mna(〈루가〉19,13), 은전 6000닢은 1달란트talanton(〈마태〉18,24)에 해당한다. 유다인 역사가 요세푸스에 따르면, 체사레아 바닷가에서 올리브유 1.1리터가 은전 한 닢에 팔렸다고 한다.[123] 은전drachme의 가치는 시대마다, 지방마다 달랐던 것 같다. 은전 한 닢의 정확한 구매력을 알긴 어렵지만, 큰돈이 아님은 분명하다. 8절에서 여인은 재산을 10분의 1이나 잃었다. 여인은 가난했다. 은전을 되찾은 여인은 목숨을 되찾은 것처럼 기쁘다. 그 가치 적은 은전이 가난한 여인에게는 목숨처럼 소중하다. 여성 노숙인이 떠오른다. 부자는 이 여인의 심정을 알까?

목자는 100마리 양 가운데 잃은 한 마리를 찾아 나선다. 잃은 재산 1퍼센트를 찾아 나선 것이다. 여인은 은전 열 닢 중 한 닢을 잃었다. 잃은 재산 10퍼센트를 찾는 것이다. 남자의 재산이 여자의 재산보다 열 배나 많은 당시 현실을 암시한 것일까, 재산을 잃은 충격은 남자보다 여자에게 크다는 말일까. 양을 100마리 가진 남자는 부자다. 은전 열 닢을 가진 여자는 가난하다. 예수는 재산에서 남녀 불평등 문제를 복선으로 깐 것 같다. 잃은 양의 비유는 그리스도교 신학과 설교에서 자주 다룬다. 그에 비해 잃은 은전의 비유는 드물게 연구되고 설교된다. 안타까운 일이다. 남자들이 신학과 설교를 독점해온 역사가 남긴 아픔이다. 어서 고쳐야겠다.

루가는 예수의 말씀을 들으려고 모여든 세리와 죄인을 회개한 사람으로 보는 것 같다. 예수에게 다가오기 위해 얼마나 고뇌하고 망설이고 애가 탔을까. 고백성사에 오는 신자들의 마음도 그와 비슷할 것이다. 요한 마리아 비안네Jean-Marie Vianney 신부의 일화가 생각난다. 고백성사를 하고 보속을 기다리는 신자에게 비안네 신부는 평안히 돌아가라고 말했다. 고백성사에 오기 위해 고뇌하고 번민한 마음으로 충분한 보속이 되었다는 것이다. 교회나 성당에 다니지 않지만 예수를 알고 싶어 하고 예수에게 배우려는 사람들이 적지 않다. 그들은 예수 가까이에 있다. 그들은 이름 없지만, 사실상 신자 아닌가.

자비로운 예수를 못마땅하게 여기는 바리사이를 보며 느끼는 점이 없는가. 가난한 사람에게 관심을 보이는 프란치스코 교황을 못마땅하게 여기는 가톨릭 신자와 성직자가 한국에 얼마나 많은가. 교황 방한 이후에도 골프장에 들락거리는 신부가 여전히 많다. 2016년 5월, 영화 〈프란치스코Francisco-El Padre Jorge〉가 전국 180여 개 극장에서 개봉했다. 프란치스코 교황의 등장과 그 삶을 잘 그린 작품이다. 개봉 한 달 만에 관객 수 3만 명도 기록하지 못하는 흥행 참패로 막을 내리고 말았다. 교구나 본당에서 이 영화를 홍보하거나 단체로 관람하는 경우는 거의 없었다. 영화 〈프란치스코〉는 한국 천주교회의 철저한 외면과 냉대 속에 잊혔다. 영화뿐만 아니다. 프란치스코 교황의 말씀과 행동을 설교에서 언급하지 않는 신부가 하나둘이 아니다.

〈루가〉는 본문에서 세 가지를 강조하고 싶었다. 첫째, 예수는 죄인에게 자비롭다. 둘째, 우리도 예수처럼 죄인에게 너그럽게 다가서야 한다. 셋째, 교회 안에서 회개한 동료를 하느님과 함께 기쁘게 맞아들여야 한다. 죄인의 회개를 강조하지만 회개한 죄인과 함께 기뻐하는 모습이 부족한 교회 분위기가 안타깝다. 루가는 예수를 따르는 사람은 물론 이방인도 생각한다. 오늘 그리스도교는 인류 전체를 생각해야 한다.

프란치스코 교황은 목자에게 양 냄새가 나야 한다고 말했다. 목자는 양과 자주 접촉해야 한다는 뜻이다. 목자에게서 양 냄새가 나지 않으면 어떻게 될까? 목자가 늑대와 자주 접촉한다면 어떻게 될까. 박근혜 탄핵을 반대하는 집회에 나가 연설한 서울대교구 여형구 신부만 가리키는 게 아니다. 조·중·동을 통해 세상을 보고, 중립과 화해를 내세우며 침묵으로 촛불집회를 방관한 주교와 사제, 수녀에게 하는 말이다. 신자를 올바로 이끌지 못하는 목자는 양의 목숨을 지키지 않고 늑대에게 양을 팔아넘기는 도둑이다. 착한 목자만 있는 것이 아니라 악한 목자도 있다.

예수는 가난한 사람의 변호사다. 예수처럼 착한 목자는 비교적 안전한 상태인 양들을 두고 잃은 양부터 찾는다. 착한 목자는 성당을 찾아온 신자는 그대로 두고 성당 밖으로 나가 잃은 양을 찾는다. 잃은 양을 아예 신경 쓰지 않는 목자가 있다면 어떻게 될까. 잃은 양은 한 마리가 아니라 벌써 아흔아홉 마리나 되었다. 잃은 양 아흔아홉 마리를 팽개치고 한 마리 양과 재미있게 어울리는 목자는 목자가 아니다. 목자가 양 떼 곁에 있어야지 왜 골프장에 있는가. 십자가를 지라고 했는데 왜 골프채를 쥐고 있을까.

돌아온 아들과 선한 아버지 비유

11 예수께서 또 말씀하셨다. "어떤 사람이 두 아들을 두었는데 12 작은아들이 아버지에게 제 몫으로 돌아올 재산을 달라고 청하였습니다. 그래서 아버지는 재산을 갈라 두 아들에게 나누어주었습니다. 13 며칠 뒤에 작은아들은 자기 재산을 다 챙겨서 먼 고장으로 떠나갔습니다. 거기서 재산을 마구 뿌리며 방탕한 생활을 하였습니다.

14 그러다가 돈이 떨어졌는데, 마침 그 고장에 심한 흉년까지 들어서 그는 알거지가 되고 말았습니다. 15 그는 하는 수 없이 그 고장에 사는 어떤 사람의 집에서 더부살이하는데, 주인은 그를 농장으로 보내어 돼지를 치게 하였습니다. 16 그는 하도 배가 고파서 돼지가 먹는 쥐엄나무 열매로 배를 채워보려고 했으나, 그에게 먹을 것을 주는 이는 아무도 없었습니다. 17 그제야 제정신이 든 그는 이렇게 중얼거렸습니다. '아버지 집에는 양식이 많아서 그 많은 일꾼들이 먹고도 남는데 나는 여기서 굶어 죽는구나! 18 어서 아버지께 돌아가 아버지, 제가 하늘과 아버지께 죄를 지었습니다. 19 이제 저는 감히 아버지의 아들이라고 부를 자격이 없으니 저를 품꾼으로 써주십시오 하고 사정해보리라.'

20 마침내 그는 거기를 떠나 자기 아버지 집으로 발길을 돌렸습니다. 집으로 돌아오는 아들을 멀리서 본 아버지는 측은한 생각이 들어 달려가 아들의 목을 끌어안고 입을 맞추었습니다. 21 아들은 '아버지, 저는 하늘과 아버지께 죄를 지었습니다. 이제 저는 감히 아버지의 아들이라고 할 자격이 없습니다' 하고 말하였습니다. 22 그러나 아버지는 하인들을 불러 말했습니다. '어서 제일 좋은 옷을 꺼내어 입히고 가락지를 끼우고 신을 신겨주어라. 23 그리고 살진 송아지를 끌어다 잡아라. 먹고 즐기자! 24 죽은 내 아들이 다시 살아왔다. 잃은 아들을 다시 찾았다.' 그래서 성대한 잔치가 벌어졌습니다.

25 밭에 나간 큰아들이 돌아오다가 집 가까이에서 음악 소리와 춤추며 떠드는 소리를 듣고 26 하인 하나를 불러 어떻게 된 일이냐고 물었습니다. 27 하인이 '아우님이 돌아왔습니다. 그분이 무사히 돌아오셨다고 주인께서 살진 송아지를 잡게 하셨습니다' 하고 대답하였습니다. 28 큰아들은 화가 나서 집에 들어가려 하지 않았습니다. 아버지가 나와서 달랬으나 29 그가 투덜거렸습니다. '아버지, 저는 여러 해 동안 아버지를 위해서 종이나 다름없이 일하며 아버지의 명령을 어긴 일이 한 번도 없습니다. 그런데도 저에게는 친구들과 즐기라고 염소 새끼 한 마리 주지 않으시더니 30 창녀들한테 빠져서 아버지의 재산을 다 날려버린 동생이 돌아오니까 그 아이를 위해서는 살진 송아지까지 잡아주시다니요!'

³¹ 이 말을 듣고 아버지는 '얘야, 너는 늘 나와 함께 있고 내 것이 모두 네 것이 아니냐? ³² 네 동생은 죽었다가 다시 살아났으니 잃은 사람을 되찾은 셈이다. 그러니 이 기쁜 날을 어떻게 즐기지 않겠느냐?' 하고 말하였습니다."(15,11-32)

잃은 아들의 비유는 착한 사마리아인의 비유, 엠마오 이야기와 함께 〈루가〉 3대 비유 걸작이다.[124] 복음서에 나타난 모든 비유 중에 가장 아름다운 비유라고 일컬어진다. 그리스도교 신학과 전례, 그림과 문학에서도 많이 다뤘다. 제목을 어떻게 붙일까 행복한 고민이 생기는 이야기다. 그리스정교회에서 수도원에 입회하는 의식에서 잃은 아들의 비유가 읽힌다.[125] 〈예레〉 31,10-14과 연결되는 이야기다. 죄인에 대한 하느님의 사랑(〈호세〉 11,8-9)을 흠뻑 느끼고, 죄인과 함께 식사한 역사의 예수를 알아보는 이야기다. 독자는 자기도 모르게 극중 인물이 되어 생각한다. 우리를 받아들이는 하느님 사랑에 젖어 기뻐할 이야기다.

주인은 토지와 농장과 일꾼을 소유한 부자다. 주인의 아내와 딸들은 언급되지 않는다. 작은아들 나이는 17-22세로 짐작된다. 유산을 생전에 미리 달라고 청한 것(〈창세〉 25,5-6)이 비난받지는 않았다. 집을 떠난 것이 아니라 재산을 마구 뿌리며 방탕한 생활을 한 점이 비판받았다. 작은아들이 집에 있었다면 유산은 아버지가 죽은 뒤에 받았을 것이다(〈신명〉 21,17). 작은아들이 잃은 양이나 은전과 달리 실종된 것은 아니다. 자유의지에 따라 행동했다. 강제로 실종된 성인이 한국에도 많다는 사실을 잊지 말자.

14절에서 흉년까지 들어 그는 알거지가 되고 말았다. 고대 사람들은 흉년의 고통을 쉽게 잊지 못한다. 먹을 것이 없어서가 아니라 돈이 없어

먹을 것을 사지 못한 상태다. 흉년 같은 자연재해가 아니라 낭비에 따른 경제 문제다. 어떤 사람의 집에서 더부살이하는 것, 농장에서 돼지를 치는 것은 작은아들의 곤궁한 처지만 나타낸 것이 아니다. 돼지 농장 주인은 분명 유다인이 아니다. 더부살이misthioi는 날품팔이가 아니라 비교적 장기간 숙식을 제공하는 노동계약paramone을 가리킨다. 추락한 신분과 노예 계약이 떠오른다.

16절에서 돼지와 생존경쟁 하는 작은아들의 비참한 신세가 소개된다. 쥐엄나무keratia는 키가 10-25센티미터, 두께가 3센티미터 정도다. 그 열매는 처음에는 단단하지 않고 달지만 차차 굳어져 짐승 먹이로 사용된다.[126] 사람들은 채소 토막, 올리브 찌꺼기, 포도 찌꺼기 등에 풀을 섞어 돼지 먹이로 주었다. 하루 세끼 먹고 사는 일이 세상에서 가장 힘들다. 살아야 한다. 살아남아야 한다. 제주 해녀들에게 이런 말을 들었다. 살다 보면 살아진다.

불결한 돼지(《레위》11,7)를 기른 사실은 그가 조상 대대로 믿은 유다교에서 멀어졌다는 사실을 가리킨다. 그것은 죽을죄에 해당한다. 17-19절에 작은아들의 독백이 나온다. 루가는 독백이란 문학 기법을 즐겨 사용한다. 작은아들은 두 가지를 뼈저리게 깨닫고 결심한다. 아버지 농장에서 일하는 하인들보다 자신의 처지가 어렵다. 배고픔이 사람을 회개시키기도 하는가. 아버지에게 돌아가기로 마음먹는다. 하늘과 아버지께 죄지은 사실도 솔직하게 인정한다.

19절 '부르다kalo'는 '있다'를 뜻하기도 한다. 아버지를 호칭하는 것은 아버지의 존재를 찾는 것이다. 그는 아들의 권리도 잃었음을 알고 날품

팔이로 써달라고 아버지께 간청하기로 한다. 돌아오는 작은아들을 회개가 아닌 복귀[127]로 설명하는 것은 찬성하기 어렵다.

20절에서 아버지는 집으로 돌아오는 작은아들을 멀리서 본다. 집 안에 불쑥 들어온 작은아들과 마주친 것이 아니다. 아버지는 날마다 아들을 기다리느라 수없이 내다보았을 것이다. 아버지는 측은한 생각(〈루가〉 7,13; 10,33)이 들어 작은아들에게 달려갔다. 중동 지역에서 가장이 죄지은 사람에게 달려가는 일은 흔한 일이 아니다.[128] 돼지를 길러 종교적으로 불결해진 작은아들의 목을 끌어안고(〈창세〉 46,29; 〈토비〉 11,9; 〈사도〉 20,37) 입을 맞춘다. 아들은 자기 죄를 아버지에게 고백한다. 아버지가 용서한 뒤에 아들이 고백한다. 아들이 죄를 고백한 뒤에 아버지가 용서한 것이 아니다.

아버지는 아들의 고백에 대한 응답도 없이 잔치를 준비시킨다. 용서한 것이다. 포옹과 키스로 충분하다. 22절 '어서_prote'에는 '제일 먼저', '가장 좋은'이라는 뜻이 있다. 훈계도 하지 않는다. 아버지는 하인을 불러 아들에게 제일 좋은 옷을 입히고 가락지를 끼우고 신을 신기라고 한다. 반지는 손님에게 주는 선물이 아니라 권력의 상징이다. 아들의 권리가 복구된 것이다. 이집트 파라오는 요셉에게 반지를 끼워준다(〈창세〉 41,42). 가톨릭 주교들이 끼는 반지는 권력의 상징이다. 그런 거 이제 없애면 어떨까. 대가족 사회인 당시 문화에서 작은아들이 가출한 뒤, 아버지는 아들의 권리를 박탈하는 선언이나 행사를 했을 수도 있다. 그렇다면 아버지는 잔치를 열어 작은아들을 공식적으로 복권시키는 것이다. 작은아들은 죄지어 죽은 처지였지만, 아버지가 받아들여 다시 살아났다. 양이나 은전처럼 잃었지만, 다시 찾았다.

25절에 아직 언급되지 않은 큰아들이 들판에서 일하다가 돌아온다. 큰아들이 노동을 열심히 한다는 뜻이다. 큰아들은 잔치를 벌인 아버지에게 화가 나서 집에 들어가려 하지 않는다. 아버지가 큰아들이 집 안에 들어올 때까지 기다린 것은 아니다. 큰아들을 혼낸 것도 아니다. 아버지는 집에서 나와 큰아들을 달랜다. 31절에서 아버지는 큰아들을 '애야$_{teknon}$'라고 부른다. 두 가지 이유로 큰아들을 설득한다. 큰아들은 아버지와 함께 있는 기쁨을 계속 누렸다. 아버지 것은 모두 큰아들 것이다. 큰아들이 불쾌한 것은 아버지가 베푼 잔치뿐이다. 혹시 있을지도 모를 새로운 유산 분배가 아니다.

30절에서 큰아들은 '창녀들한테 빠져서 아버지의 재산을 다 날려버린 동생'이라는 표현을 쓴다. 독자는 알지만, 큰아들은 동생의 자세한 소식을 아직 모르지 않는가. 큰아들과 작은아들이 직접 갈등을 빚은 일은 없다. 카인과 아벨(〈창세〉 4,1-16), 야곱과 에사오(〈창세〉 33,1-20) 이야기와 다르다. 아버지는 큰아들의 노고를 인정하고 극진히 사랑한다. 아버지는 충실한 큰아들도 사랑하고, 돌아온 작은아들도 사랑한다. 세상의 모든 아버지는 비유에 등장한 아버지처럼 생각하고 행동했을 것이다.

주인이란 단어를 하느님, 예수, 교회, 그리스도인으로 바꿔도 좋겠다. 복음서에 나타난 모든 비유 중에 가장 아름다운 비유라고 일컬어진다. 하느님은 서둘러 용서해주시지만, 인간은 용서를 청하기에 게으르다는 프란치스코 교황의 말이 있다. 교회는 아버지처럼 죄인의 목을 끌어안고 입을 맞추는가. 어머니로 즐겨 비유되는 교회는 아버지보다 빨리, 기쁘게 죄인의 목을 끌어안고 입을 맞추는가.

본문에서 여러 생각이 이어진다. 여러 그룹으로 나뉜 그리스도교를 연상할 수도 있는 이야기다. 아버지 사랑을 두고 경쟁하는 형제의 모습에서 가톨릭과 개신교, 정교회의 현실을 보는 것 같다. 여성은 본문에서 전혀 언급되지 않는다. 그리스도교에서 마치 빈 공간처럼, 없는 존재처럼 여겨지는 여성의 현실을 느끼는 것 같다. 아버지가 모든 권력을 쥔 모습에서 민주주의 원칙과 잘 어울리지 못하는 그리스도교의 현실이 아프게 드러난다.

잃은 딸의 비유는 왜 복음서에 없을까. 잃은 딸도 많지 않은가. 난민, 성매매, 인신매매, 납치, 전쟁 등으로 잃은 딸이 역사에도, 오늘도 많다. 여인들아, 아버지의 사랑도 있다. 아버지의 사랑을 조금이라도 기억하는 여인은 희망이 있다. 아버지에게 돌아가면 된다. 아버지는 딸을 기다린다. 죄인에 대한 하느님의 사랑(《호세》 11,8-9)을 흠뻑 느끼고, 죄인과 식사한 예수를 알아보는 이야기다. 독자는 자기도 모르게 극중 인물이 되어 생각한다. 우리를 받아들이는 하느님의 사랑에 젖어 기뻐할 것이다.

○ 악하지만 현명한 집사

¹ 예수께서 제자들에게 말씀하셨다. "어떤 부자가 집사 한 사람을 두었는데, 자기 재산을 그 집사가 낭비한다는 말을 듣고 ² 그를 불러다가 말했습니다. '자네 소문을 들었는데 그게 무슨 짓인가? 이제는 자네를 내 집사로 둘 수 없으니 맡은 일을 다 정리하게.' ³ 집사는 속으로 생각했습니다. '주인이 내 집사 직분을 빼앗으려 하니 어떻게 하면 좋을까? 땅을 파자니 힘이 없고, 빌어먹자니 창피한 노릇이구나. ⁴ 옳지, 좋은 수가 있다. 내가 집사 자리에서 물러날 때 나를 자기 집에 맞아줄 사람들을 만들어야겠다.' ⁵ 그는 주인에게 빚진 사람들을 하나씩 불러다가 첫째 사람에게 '당신이 우리 주인에게 진 빚이 얼마요?' 하고 물었습니다. ⁶ '기름 백 말이오' 하고 대답하자 집사는 '당신의 문서가 여기 있으니 어서 앉아서 오십 말이라고 적으시오' 하고 일러주었습니다. ⁷ 또 다른 사람에게 '당신이 진 빚은 얼마요?' 하고 물었습니다. 그 사람이 '밀 백 섬이오' 하고 대답하자 집사는 '당신의 문서가 여기 있으니 팔십 섬이라고 적으시오' 하고 일러주었습니다. ⁸ 주인은 정직하지 못한 집사가 일을 현명하게 처리하였기 때문에 오히려 그를 칭찬하였습니다. 세속의 자녀들이 자기네들끼리 거래하는 데는 빛의 자녀들보다 약습니다."

⁹ 예수께서 말씀을 계속하셨다. "그러니 잘 들으시오. 세속의 재물로라도 친구를 사귀시오. 그러면 재물이 없어질 때에 여러분은 영접을 받으며 영원한 집으로 들어갈 것입니다. ¹⁰ 지극히 작은 일에 충실한 사람은 큰일에도 충실하고, 지극히 작은 일에 부정직한 사람은 큰일에도 부정직합니다. ¹¹ 여러분이 세속의 재물을 다루는 데 충실하지 못하다면 누가 여러분에게 참된 재물을 맡기겠습니까? ¹² 또 여러분이 남의 것에 충실하지 못하다면 누가 여러분의 몫을 내주겠습니까?"

¹³ "한 종이 두 주인을 섬길 수는 없습니다. 한 편을 미워하고 다른 편을 사랑하거나 한 편을 존중하고 다른 편을 업신여기게 마련입니다. 하느님과 재물을 함께 섬길 수는 없습니다."(16,1-13)

사람들이 억울한 사연을 하소연할 데가 거의 없던 시절이다. 예수가 걸어 다니는 언론 역할을 했다. 예수는 비유를 들어 사람들을 계몽하고 의식화하는 방법을 즐겨 사용한다. 악하지만 현명한 집사 비유는 많은 독자를 당황시킨다. 이야기 자체뿐 아니라 예수의 해설도 우리가 이해하거나 찬성하기 쉽지 않기 때문이다. 아주 까다로운 부분이다. 돈을 잘 사용하는 방법이 주제인가. 8절의 '주인'은 본문의 부자인가, 예수를 가리키는가. 9절에서 '세속의 재물로라도 사귀어야 할 친구'는 누구를 말하는가. 〈루가〉에만 나오는 이야기다. 재산을 주제로 한 여러 가지 이야기가 〈루가〉 16,1-15에 있다.

1절에서 예수는 제자들에게 말한다. 〈루가〉 15장에서는 세리들과 죄인들, 바리사이파 사람들과 율법 학자들에게 말했다. 예수는 그리스도교 안팎에 번갈아 가르친다. 어리석은 부자 이야기(〈루가〉 12,16-20)와 연결해서 이해하면 좋다. 하느님은 그 부자를 '어리석다aphron'고 표현한다. 예수는 8절에서 집사를 '현명하다pronimos'고 칭찬한다. 부자인 토지 소유주가 집사(재산관리인)를 둔 당시 경제 관계를 배경으로 한다. 오늘도 부자는 여러 곳에 땅을 산다.

2절에는 부자가 재산관리인의 낭비를 근거 있게 입증하고 비판했는지 나오지 않는다. 부자는 재산관리인을 해고하겠다는 언질을 준다. 3-4절에서 재산관리인은 해고 이후 일을 대비한다. 5-7절에서 재산관리인이 어떻게 처신하는지 두 사례가 소개된다. 주인에게 빚진 사람들과 약삭빠르게 협상하는 장면이다. 본문은 부자가 재산관리인의 행동에 어떻게 반응했는지, 재산관리인의 작전이 성공했는지, 재산관리인이 나중에 주인의 채무자들에게 받아들여졌는지 밝히지 않는다.

1절 '집사oikonomos'는 〈루가〉 12,42처럼 종이 아니라 재산관리인을 뜻한다. 2절에서 부자는 재산관리인의 횡령이 아니라 낭비를 문제 삼는다.

회계장부를 검토하지 않는다. 주인은 재산 손실과 허위 보고를 문제 삼아야 하지 않았을까. 재산관리인은 처벌받은 게 아니라 해고될 예정이다. 교회 재산을 낭비하는 사람들은 잘 들어라. 4절에서 재산관리인은 현실적인 대안을 궁리한다. 해고당하지 않는 방법이 아니라 해고 이후 살길을 찾는다. 그의 독백을 9절의 수수께끼 같은 말 '세속의 재물로라도 친구를 사귀시오'와 연결하여 생각해야 한다. 그는 시간이 없다.

재산관리인은 주인의 빚 문서를 보관한다. 정직하지 않은 재산관리인은 주인의 재산에 손해를 끼칠 수 있다. 재산관리인은 주인의 재산에 손해를 끼치더라도 자기가 살길을 찾으려 한다. 6절 '기름 100말'은 올리브 140그루 열매에서 생산되는 약 36리터에 해당한다.[129] 노동자의 500-600일 일당에 해당하는 재산이다.[130] 재산관리인은 채무자에게 빚을 50퍼센트 없애주었다. 7절 '밀 100섬'은 4만 제곱미터 밭에서 생산되는 약 364킬로그램에 해당한다. 재산관리인은 채무자에게 빚을 20퍼센트 줄여주었다. 재산관리인은 주인의 빚 문서를 위조한 것이다.

8절에서 예수는 '세속의 자녀들(〈루가〉 20,34)이 자기네들끼리 거래하는 데는 빛의 자녀들보다 약다'고 말한다. 빛은 하느님의 영역이다(〈시편〉 104,2; 〈1디모〉 6,16; 〈1요한〉 1,5). 빛의 자녀는 그리스도인이 자신을 칭하는 말이다(〈요한〉 12,36; 〈에페〉 5,8; 〈1데살〉 5,5). 빛의 자녀들도 세속의 자녀들처럼 일을 약삭빠르게 처리하라는 부탁을 동시에 한다. 신자는 지금을 구원의 마지막 기회로 여기고 열심히 애쓰라는 말이다. 독자가 각자 재산관리인 입장이 되어 어떻게 처신할지 생각하고 행동하라고 요청한다. 예수가 돈 관리법을 가르친 것은 아니다. 자본주의사회에서 생존하는 비결을 알려준 것도 아니다.

8절은 의문투성이다. 주인은 재산관리인이 정직하지 않고, 일을 약삭빠르게 처리한 것을 안다. 그런데 왜 그를 칭찬했을까. 예수가 아니라 주인이 재산관리인을 칭찬했다는 사실을 잊지 말자. 주인이 재산관리인의 부정직한 점을 칭찬했을 리 없다. 일을 채무자에게 유리하게 처리한 점을 칭찬한 것이다. 9절 '재물mamonas'은 부정하게 번 돈만 가리키는 게 아니다. 정당하게 번 돈까지 포함한다. 재물을 긍정적으로도 쓸 수 있다는 점을 명심하자.

9절도 어려운 구절이다. 여기서 '친구'는 누구를 가리키는가. 가난한 사람을 말하는 것 같다. 우리 돈으로 가난한 사람에게 유리하게 행동하라는 말이 아닐까. 가난한 사람의 친구가 되라는 뜻이다. 그리스도인이 된다는 것은 한마디로 말해 가난한 사람의 친구가 되는 것이다. 가난한 사람의 친구가 아니면 그리스도인이 아니다. 가난한 사람의 친구가 되면 천국에 들어갈 수 있다.

루가는 가난한 빚쟁이의 고통을 모르지 않는다(〈루가〉 12,33; 18,22). 가계 부채로 신음하는 한국인의 고통을 잊지 말자. 루가는 재산관리인이 주인에게 금전적 손실을 준 사실보다 채무자의 고통을 줄여준 점에 주목한다. 주인은 재산관리인을 나무라기는커녕 칭찬한다. 놀라운 일이다. 그런 주인이 세상에 다 있구나. 주인을 하느님이라고 생각해보자. 하느님은 인간의 모든 빚을 없애주신다. 하느님은 인간의 모든 죄를 없애주신다.

예수는 한편으로 재산관리인이 일을 처리한 방식에 감탄하지만, 재산관리인에게 분명히 거리를 둔다. 예수는 그 이야기를 듣는 청중에게 재산관리인보다 수준 높은 처신을 기대한다. 예수가 보기에 재산관리인은 세속의 자녀에 속하지만, 청중은 빛의 자녀이기 때문이다. 세속의 자녀에 속하는 재산관리인조차 자기 살 궁리에 잔머리를 굴리고 채무자의 고통을 줄여주는데, 빛의 자녀인 우리는 그들보다 훨씬 나아야 하지 않겠느냐는 말이다.

세속의 재물을 충실히 다루는 사람이 참된 재물도 잘 다룬다고 볼 수 있을까. 그렇지는 않다. 세속의 재물을 잘 다루지만, 참된 재물을 잘 다루지 못할 수도 있다. 참된 재물을 잘 다루지만, 세속의 재물을 잘 다루지 못할 수도 있다. 세속의 재물을 충실히 다루는 일이 참된 재물도 잘 다루는 연습은 된다. 그 연습은 우리에게 중요하다.

세속의 자녀가 자기들끼리 거래하는 데는 빛의 자녀보다 꼭 더 약을까. 세속의 자녀보다 약아빠진 빛의 자녀도 많지 않은가. 예수를 믿는 사람을 빛의 자녀, 믿지 않는 사람을 세속의 자녀라고 규정할 수는 없다. 사제를 빛의 자녀, 평신도를 세속의 자녀라고 할 수도 없다. 돈 욕심이 가득한 그리스도교 신자와 성직자를 우리는 실컷 보지 않았나.

12절에서 예수는 재산관리인의 처신을 비판한다. 남의 것에 충실하지 못하면 자기 몫을 잃을 수도 있다는 것이다. 13절 '하느님과 재물을 함께 섬길 수는 없다'는 세상의 모든 부자가 가장 싫어하는 말일 것이다. 그리스도교가 성서에서 삭제하고 싶은 구절인지도 모른다. 이 말을 약화하기 위해 얼마나 많은 신학자와 성서학자가 온갖 논리를 개발해왔는지 모른다. 그러나 하늘과 땅이 사라진다 해도, 이 구절은 사라지지 않는다.

루가는 돈을 가난한 사람을 위해 잘 사용하라는 교훈을 말한 뒤 13절에서 한 걸음 더 나아간다. 본문의 결론이다. 아무리 좋은 용도로 쓴다 해도 돈에 의지하지 말라는 가르침이다. 가정뿐만 아니라 교회에서도 마찬가지다. 돈을 하느님처럼 여길 위험이 있다. 예수는 자본주의를 겪어보지 못했지만, 돈의 매력과 위험을 동시에 깨달았다. 예수는 가난한 사람의 잘못과 약점을 모르지 않았고, 부자의 선행도 알았다. 예수는 가난한 사람은 행복하다고 말했지만, 부자가 행복하다는 말은 한 번도 하지 않았다. 예수는 부자를 자주 비판하고 경고했지만, 가난한 사람은 한 번도 비판하거나 경고하지 않았다.

자본주의에 사는 그리스도교는 '악하지만 현명한 집사' 이야기를 심각하게 생각해야 한다. 자본주의사회에 살다 보면 교회가 복음의 중요한 점을 놓칠 수 있기 때문이다. 예수의 삶과 가르침을 보면 자본주의보다 사회주의에 가깝다. 자본주의에서 교회가 살기는 아주 편하다. 부자, 권력자와 친하면 교회는 살아남을 수 있다. 자본주의는 교회에 돈과 특혜, 편리함을 제공한다. 자본주의는 성직자에게 가혹한 윤리를 요구하지 않는다. 교회와 성직자는 돈을 하느님처럼 착각할 위험이 있다.

예수가 사회주의를 요구하는 것은 아니다. 그러나 사회주의 체제에서 교회가 살기는 아주 불편하다. 사회주의는 교회에 돈과 특혜, 편리함을 제공하지 않는다. 사회주의는 종교와 성직자에게 엄격한 윤리를 요구한다. 사회주의 체제에서 교회와 성직자의 세속화는 거의 불가능하다. 교회와 성직자가 가난과 평등을 실천하지 않으면 사람을 설득하기 어렵다. 쿠바 혁명가 피델 카스트로는 "그리스도는 하늘나라를 부자에게 주지 않은 것이 분명합니다. 그리스도는 하늘나라를 가난한 사람에게 정말로 주었습니다"라고 말했다.[131]

재산관리인은 주인의 재산에 손해를 끼쳤지만 가난한 채무자의 빚을 줄여주었다. 재산관리인은 주인에게 나쁜 놈이지만 채무자에게는 은인이다. 본문을 오늘 제삼세계의 채무 문제에 비유하고 싶다. 가난한 나라에게 돈을 빌려준 강대국은 원금의 몇 배나 되는 이자를 챙긴다. 그것이 정당한가. 사채업자의 악행은 말할 것도 없다. 가난한 신자에게 지나친 헌금을 요구하는 악덕 종교인도 마찬가지다.

우리도, 교회도 본문의 재산관리인처럼 가난한 사람의 경제적 고통을 줄이는 데 앞장서야 하지 않을까. 본문에서 이런 교훈을 성서신학적으로 이끌어내기는 조금 곤란하다고 해도 말이다. 본문은 돈이 하느님 앞에서 자신의 정의로움을 드러내는 표지라는 점을 말한다. 하느님을 어떻게 이해하느냐 하는 점은 돈을 사용하는 방법에서 노골적으로 드러난다. 하느님은 시간을 창조하셨고, 인간은 돈을 창조했다. 돈과 시간을 다스리는 존재여, 그대는 인간이다. 돈과 시간을 어떻게 관리하고 쓰느냐에 따라 됨됨이가 드러난다.

하느님과 재물을 함께 섬길 수 있다고 믿고 싶은 신자가 많을지 모른다. 하느님과 재물을 함께 섬길 수 있다고 설교하고 싶은 종교인이 많을지 모른다. 그것은 복음이 아니다. 하느님과 재물을 함께 섬길 수 없다는 말은 평신도보다 오히려 성직자에게 들려주고 싶다. 돈 욕심이 가득한 성직자를 자주 봤기 때문이다. 미사에서 돈 이야기를 자주 하는 사제, 부자와 가까이 지내는 성직자가 흔하다. 가난한 사람과 가까이 지내는 사제는 쉽게 의심받는다. 부자와 자주 어울리는 사제가 교회에서 처벌받은 적이 있나.

○ 가난과 하느님 나라

14 돈을 좋아하는 바리사이파 사람들이 이 모든 말씀을 듣고 예수를 비웃었다. **15** 예수께서 그들에게 말씀하셨다. "여러분은 사람들 앞에서 옳은 체합니다. 그러나 하느님께서는 여러분의 마음을 아십니다. 사람들에게 떠받들리는 것이 하느님께는 가증스럽게 보이는 것입니다."

16 "요한 때까지 율법과 예언자의 시대였습니다. 그 이후로 하느님 나라의 복음이 선포되는데, 누구나 그 나라에 들어가려고 애씁니다. **17** 하늘과 땅이 사라져도 율법은 한 획도 없어지지 않을 것입니다." **18** "아내를 버리고 다른 여자와 결혼하는 사람은 간음하는 것이며, 버림받은 여자와 결혼하는 사람도 간음하는 것입니다."

19 "예전에 부자 한 사람이 있었는데, 그는 화사하고 값진 옷을 입고 날마다 즐겁고 호화로운 생활을 하였습니다. **20** 그 집 대문 앞에는 사람들이 들어다놓은 라자로라는 거지가 종기투성이 몸으로 앉아 **21** 부자의 식탁에서 떨어지는 부스러기로 주린 배를 채우려고 했습니다. 개들까지 몰려와서 그의 종기를 핥았습니다.

22 얼마 뒤에 그 거지는 죽어서 천사들의 인도를 받아 아브라함의 품에 안겼고, 부자는 죽어서 땅에 묻혔습니다. **23** 부자가 죽음의 세계에서 고통 받다가 눈을 들어보니 멀리 떨어진 곳에서 아브라함이 라자로를 품에 안고 있었습니다. **24** 그가 애원했습니다. '아브라함 할아버지, 저를 불쌍히 보시고 라자로를 보내어 그 손가락으로 물을 찍어 제 혀를 축이게 해주십시오. 저는 이 불꽃 속에서 고통 받고 있습니다.' **25** 아브라함이 대답하였습니다. '얘야, 너는 살아 있을 동안 온갖 복을 누렸지만 라자로는 불행이란 불행을 다 겪지 않았느냐? 그래서 지금 그는 여기에서 위안을 받고 너는 거기에서 고통을 받는 것이다. **26** 너희와 우리 사이에는 큰 구렁텅이가 가로놓여, 여기에서 너희에게 건너가려 해도 가지 못하고 거기에서 우리에게 건너오지도 못한다.' **27** 부자가 다시 애원하였습니다. '그렇다면 할아버지, 제발 라자로를 제 아버지 집으로 보내주십시오. **28** 저에게는 다섯 형제가 있는데, 라자로가 그들만이라도 이 고통스러운 곳에 오지 않도록 경고하게 해주십시오.' **29** 아브라함은 '네 형제들에게는 모세와 예언자들이 있으니 그들의 말을 들으면 될 것이다' 하고 대답하였습니다.

30 부자가 다시 '아브라함 할아버지, 그것만으로는 안 됩니다. 그들은 죽었다가 다시 살아난 사람이 찾아가야 회개할 것입니다' 하고 호소하였습니다. **31** 아브라함은 '그들이 모

세와 예언자들의 말을 듣지 않는다면, 누가 죽었다가 다시 살아나도 믿지 않을 것이다' 하고 대답하였습니다."(16,14-31)

'돈을 좋아하는 것이 모든 악의 근원'이란 말이 그리스에도 있었다. 데모크리토스Democritos, 디오게네스Diogenes도 그런 말을 했다. 바리사이파가 사람들 앞에서 옳은 체하지만(〈루가〉10,29) 하느님과 관계를 소홀히 한다는 비판이 이어진다(〈1사무〉16,7;〈1열왕〉8,39;〈1데살〉2,4).

14절 '돈을 좋아하는(〈루가〉20,47) 바리사이파 사람들'이라는 표현은 사실 정확하지 않다. 이 말은 바리사이보다 사두가이파 사람에게 해야 옳다. 〈루가〉에는 여기만 있는 말이다. 바리사이는 부유함이 하느님의 축복을 받은 표시라고 여겼다. 사두가이는 경제와 종교에서 권력층이자 상류층이었다. 초대교회가 당시 주요 경쟁자인 바리사이파 사람을 의식한 말이다. 초대교회 사람들이 그리스도인은 바리사이파보다 훌륭해야 한다고 다짐하는 말이다.

14절에서 바리사이들은 왜 예수를 비웃었을까. 율법과 성서를 예수보다 잘 안다는 자부심 때문이다. 루가는 '비웃다'는 단어를 〈루가〉23,35에도 쓴다. 예수는 바리사이보다 율법과 성서를 잘 몰랐을까. 성서와 신학 지식이나 정보를 남들보다 좀 더 아는 사람이 그리스도교에 분명 있다. 신학 지식과 정보를 좀 더 안다는 사람들이 교회 안에서 권력과 지위를 독점하는 현상은 큰 문제다. 아는 사람이 꼭 권력을 차지해야 하는가. 아는 사람이 더 겸손해야 하지 않나. 그들은 교만해서는 안 된다.

15절에서 예수는 바리사이의 돈 욕심을 직접 비판하지 않는다. 대신 바리사이들이 옳은 체하는 문제를 건드린다(〈루가〉 11,39.42; 18,9). 사람의 마음을 다 아는 하느님에게 옳은 체하는 것은 맘몬Mammon을 숭배하는 것처럼 가증스러운 일이다(〈다니〉 9,27; 〈마르〉 13,14). 15절을 성서신학적으로 분석하기 전에 그리스도교 신자와 성직자, 수도자는 무릎 꿇고 참회해야겠다. 성서가 비판하는 사람의 행동을 우리도 하지 않는가. 내가 성서를 해석하기도 하지만, 성서가 나를 해석하기도 한다. 두 방향이 동시에 이루어지는 것이 진짜 성서 공부다.

성서에서 배울 필요가 없는 것이 몇 가지 있다. 그중 하나가 그리스도교를 높이기 위해 유다교를 깎아내리는 버릇이다. 불행히도 초대교회 사람에게 그래서는 안 된다는 깨달음이 부족했다. 초대교회가 바리사이파 사람을 위선자, 돈을 좋아하는 사람이라고 폄하해선 안 되었다. 당시 초대교회 사정이 평안하지 않았다는 점을 우리가 충분히 감안해도 말이다. 이웃 종교를 악마처럼 여긴다고 내 종교가 저절로 천사가 되지 않는다. 내 종교의 진면목을 사람들과 역사 앞에 행동으로, 실천으로 증명해야 한다.

성서학자들은 16절을 〈루가〉에서 가장 해석하기 어려운 구절로 꼽는다. 루가가 왜 16절을 이곳에 배치했는지도 의아하다. 우선 apo tote의 해석이 까다롭다. 이 단어는 〈루가〉에는 여기만 나오고, 〈마태〉 4,17과 16,21과 26,16에 있다. '요한 때까지'나 '요한 때부터'로 해석할 수 있다. 그래서 성서학자들 주장이 엇갈린다. 나는 한스 콘젤만Hans Conzelmann과 미카엘 볼터처럼 '요한 때까지'[132]를 선택하겠다. 마태오는 하느님 나라 선포는 세례자 요한과 함께 시작된다고 생각한다(〈마태〉 3,2). 그러나 〈루가〉에서 하느님 나라 선포는 예수와 함께 시작된다(〈루가〉 4,43; 8,1; 9,60).

마태오와 루가는 세례자 요한을 보는 눈이 조금 다르다. 마태오는 세례자 요한에게서 율법이 완성된다고 여겼다. 루가는 예수가 세례자 요한의 메시지보다 뛰어나다고 생각했다. 예수는 옷과 음식을 남과 나누고 (〈루가〉3,11) 협박하거나 속임수를 써서 남의 물건을 착취하지 말라(〈루가〉3,14)고 가르친 세례자 요한의 메시지를 뛰어넘었다. 교회는 예수의 메시지를 실천할 엄두를 내지 못한다고 해도, 세례자 요한의 메시지 중 일부나마 제대로 실천할까? 예수는 로마제국의 정치적 복음에 맞서 하느님 나라의 복음을 제시한 것이다. 이 부분은 신학에서 제대로 강조되지 않는다.

17절은 율법이 필요 없다는 주장을 물리친다. 율법이 글자 그대로 해석되지는 말아야 한다. 율법은 사라지는 게 아니라 완성되어야 한다(〈마태〉5,17). 글자에 매이지 않고 정신을 살리라는 말이다. 그리스도교 내부의 성서 근본주의자에게 주는 경고로 사용해도 좋겠다. 18절은 루가의 작품에서 여기만 나온다. 예수가 당시 유다교의 토라(모세오경) 해석을 비판하는 사례. 여성을 남성의 소유물로 여긴 유다교의 통념에 따르면, 이혼은 남성의 재산권을 침해하는 정도로 해석된다. 남성이 이혼 증서(〈신명〉24,1)를 써주면 이혼이 가능했다. 여성은 이혼당할 위험은 있어도 이혼할 권리는 없었다.

예수는 이에 반대하고 남녀의 인격적 결합을 강조하여, 이혼 증서를 근거로 재혼하는 풍습을 거부했다. 이혼을 재산 관점으로 봐서는 안 된다는 것이다. 여성은 남성의 소유물이 아니다. 성서학자들이 공동성서에서 이혼한 사람의 재혼을 금지한 구절이 있는지 열심히 찾아보았지만, 결국 실패했다. 사제와 대사제는 과부와 결혼이 금지되었다(〈레위〉21,7).

과부와 이혼자의 재혼은 초대교회에 와서 구분되었다.[133] 모든 율법을 그대로 지켜야 한다고 주장한 그룹은 야고보를 중심으로 뭉쳤다(〈갈라〉 2장; 〈사도〉 15장). 세례 받은 사람은 율법에 얽매일 필요가 없다고 생각한 그룹은 바울로 주위에 모였다(〈로마〉 7,1-4). 루가는 〈마태〉 5,17을 이어받아 중도 노선을 걸었다.[134] 루가는 마태오처럼 예수가 율법을 새롭게 해석하면서 율법 정신을 충실히 따랐다고 생각한 것이다.

라자로는 '하느님이 도와주신다'는 뜻이다. 당시 흔한 이름이다(〈창세〉 15,2; 〈요한〉 11장). 22절에서 거지 라자로가 아브라함의 품에 안겼다는 것은, 유다교 해석에 따르면 라자로가 하느님 곁에 있다(〈마태〉 8,11; 〈루가〉 13,28; 20,37)는 말이다. 아브라함이 라자로를 품에 안고 있듯이 예수는 세월호 희생자를 품에 안고 있다. 부자는 죽은 뒤 아브라함과 세 번 대화한다. 부자는 첫 대화에서 거지 라자로를 자기에게 보내어 고통을 줄여달라고 호소한다. 가난한 사람이 부자의 고통을 줄여줄 능력이 있다는 천기를 누설한 것이다. 아브라함의 답변은 인과응보 사상을 반영한다. 부자는 살아서 온갖 복을 누렸으니 고통을 받는 것이다. 라자로는 불행이란 불행을 다 겪었으니 이제 위안을 받는 것이다. 세상의 부자와 가난한 사람은 아브라함의 답변을 두고두고 새겨야 한다.

27절에서 부자는 라자로를 자신의 다섯 형제에게 보내어 그들만이라도 고통스러운 곳에 오지 않도록 경고하게 해달라고 부탁한다. 자신의 구원은 포기했지만 다섯 형제라도 올바로 살게 도우려는 것이다. 아브라함은 부자의 다섯 형제가 모세와 예언자의 말을 들으면 된다고 답한다. 부자가 몰라서 구원받지 못하는 것이 아니다. 모세와 예언자의 말을 제대로 듣지 않기 때문이다. 30절에서 부자는 죽었다가 다시 살아난 사람이 찾아가야 다섯 형제가 회개할 것이라고 마지막으로 호소한다. 아브라함은 그들이 모세와 예언자의 말을 듣지 않는다면 부활 사상도 소용없다고 대답한다.

아브라함의 답변을 정리해보자. 첫째, 부자는 살아서 온갖 복을 누렸으니 죽어서 고통을 받는다. 가난한 사람은 살면서 온갖 불행을 겪었으니 죽어서 위안을 받는다. 둘째, 사는 동안 모세와 예언자의 말을 듣는 것이 중요하다. 셋째, 부활 사상을 받아들인다 해도 사는 동안 예언자의 말을 잘 들어야 한다. 예수는 부자에게 회개를, 가난한 사람에게 위로를 전한다. 가난한 사람은 죽어서 위안받을 테니, 살면서 온갖 불행을 달게 겪으라는 말이 아니다.

예수는 가난한 사람에게 아편을 준 적이 없다. 예수는 가난한 사람을 깨우치고 의식화하기 위해 온갖 방법과 수고를 아끼지 않았다. 부자와 라자로의 비유는 착한 사마리아인의 비유와 돌아온 아들의 비유처럼 아름다운 비유에 속한다. 그럼에도 여러 질문이 떠오르는 비유다. 부자에 대한 아브라함의 차가운 태도와 그리스도교의 자비는 모순되지 않는가? 천국은 비유에서 사실대로 소개된 것인가? 이집트에도 비슷한 이야기가 있다.

21세기에 사는 한국의 그리스도인은 '가난과 하느님 나라' 이야기에서 무엇을 배울 수 있을까. 소유욕은 예수를 따르는 데 커다란 장애라는 점을 잊지 말아야겠다. 여성을 남성의 소유물처럼 여기는 잘못을 버려야겠다. 돈 숭배와 여성 차별은 오늘도 그리스도교 내부를 장악하는 유령이요, 악마다. 돈을 마음속으로 경배하고 여성을 사실상 차별하는 그리스도인은 반성해야 한다.

예수는 앞에 나온 '악하지만 현명한 집사' 이야기에서 하느님과 재물을 함께 섬길 수 없다고 말했다(〈루가〉 16,13). 19-31절은 부자에 대한 예수의 비판이 가장 잘 묘사된 이야기다. 본문에서 여러 특징이 보인다. 부자의 사치스런 모습은 짧게, 가난한 사람의 고통은 길고 자세히 소개된다. 부자의 죽음은 길고 자세히, 가난한 사람의 죽음은 짧게 소개된다. 부자는 이름이 없고, 가난한 사람은 이름이 있다. 세상은 가난한 사람의 이름을 기억조차 하지 않는데 말이다. 가난한 사람의 존재 자체에 관심이 없는 신자유주의 세상 아닌가.

성서 독자와 그리스도인은 부자를 비판하는 말이나 이야기가 성서에 왜 그리 자주 나오는지 궁금할 수 있겠다. 두 가지 이유가 있다. 첫째, 가난한 사람은 예수의 하느님 나라 메시지에서 가장 중요한 사람이기 때문이다. 둘째, 당시 유다인과 예수를 따른 사람은 이 메시지가 얼마나 중요한지 깨닫지 못했다. 오늘 그리스도인도 당시 유다인이나 초대교회 사람과 사정이 별로 다르지 않다. 두 가지 이유를 제대로 알아듣지 못하거나 받아들이기 싫어하는 사람이 아주 많다. 교회나 성직자도 마찬가지다. 예수는 가난한 사람을 선택했지만, 교회는 부자를 선택한다. 부자와 권력자를 선택한 성직자가 여전히 많다.

비유에서 부자와 라자로는 서로 모르고, 만난 적도 없다. 실제 세상에서도 부자와 가난한 사람은 서로 모르고, 만날 일이 없다. 부자와 가난한 사람은 상대에게 다른 세상 사람인 것이다. 부자는 가난한 사람이 존재하지 않는 듯 여기고 산다. 같은 세상에 살아도 서로 없는 존재처럼 여기는 것인가. 나는 그 점이 아주 슬프다. 부자와 가난한 사람은 종교도, 예수도 다르게 볼 것이다. 우리 시대 종교는 죄가 아니라 불평등을 핵심 주제로 삼아야 하지 않을까. 부자와 가난한 사람은 죄도, 불평등도 다르게 볼 것이다.

○ 죄와 용서, 믿음과 봉사

¹ 예수께서 제자들에게 말씀하셨다. "죄악의 유혹이 없을 수 없지만 남을 죄짓게 하는 사람은 참으로 불행합니다. ² 이 보잘것없는 사람들 가운데 하나라도 죄짓게 하는 사람은 그 목에 연자매를 달고 바다에 던져져 죽는 편이 오히려 나을 것입니다. ³ 조심하시오. 당신 형제가 잘못을 저지르거든 꾸짖고, 뉘우치거든 용서하시오. ⁴ 그가 당신에게 하루 일곱 번이나 잘못을 저지른다 해도 그때마다 와서 잘못했다고 하면 용서해야 합니다.

⁵ 사도들이 주님께 "저희에게 믿음을 더하여주십시오" 하니까 ⁶ 주님께서 말씀하셨다. "여러분에게 겨자씨 한 알만 한 믿음이라도 있다면 이 뽕나무더러 '뿌리째 뽑혀서 바다에 심겨라' 하더라도 그대로 될 것입니다."

⁷ "여러분 가운데 누가 농사나 양 치는 종을 데리고 있다고 합시다. 그 종이 들에서 돌아오면 '어서 와서 밥부터 먹어라' 하고 말할 사람이 어디 있겠습니까? ⁸ 오히려 '내 저녁부터 준비하여라. 그리고 내가 먹고 마실 동안 허리를 동이고 시중들고 나서 음식을 먹어라' 하지 않겠습니까? ⁹ 그 종이 명령대로 했다 해서 주인이 고마워할 이유가 있겠습니까? ¹⁰ 여러분도 명령대로 모든 일을 하고 나서 '저희는 보잘것없는 종입니다. 그저 할 일을 했을 따름입니다' 하고 말하시오."(17,1-10)

공동체의 삶과 연결되어 제자들에게 주는 넘어짐, 용서, 믿음, 봉사 네 말씀이 이어진다. 신자 개인의 책임과 봉사를 기초로 용서하고 믿음을 격려하는 공동체의 삶이 주제다. 믿음에서 넘어짐은 초대교회의 큰 주제다. 사도 바울로는 "형제자매를 넘어뜨리거나 죄짓게 하는 일은 하지 않기로 결심합시다"(〈로마〉 14,13)라고 말한다.

1절 '남을 죄짓게 하는 사람'은 남의 믿음을 흔들리게 하는 사람들을 겨냥한 말이다(〈루가〉 7,23; 〈마태〉 24,10-). skandalise는 '죄짓게 하는'보다 '넘어지게 하는'으로 번역하는 게 낫다. skandalon은 원래 짐승을 잡는 덫에 놓는 나무 혹은 덫을 가리킨다.[135] 가나안 백성(《판관》 2,3), 식사 율법을 어김(《유딧》 12,2), 우상숭배(《호세》 4,17)가 덫으로 표현되기도 했다. 2절 '보잘것없는 사람들'은 신앙심이 아직 두텁지 않은 사람을 가리키는 것 같다. 루가 공동체에서 믿음이 단단하지 않은 사람을 보호하려는 뜻이 있다.

'목에 연자매를 달고 바다에 던져져 죽는 편이 나을 것'이라니, 심하지 않은가. 아무리 의도가 좋고 명분이 훌륭하다 해도 예수가 이렇게 험한 말을 했다는 것인가. 서투른 방법이 선한 의도를 훼손할 수도 있지 않은가. 예수가 욕설이나 저주는 어떤 명분으로도 정당화될 수 없다는 핀잔을 들어야 하는가. 유명한 사람 중에서 말이 험하기로 손꼽히는 사람은 누구일까? 아무리 봐도 예수다.

역대 교황 중에서 거친 말을 서슴지 않은 교황은 누구일까. 아무리 봐도 프란치스코 교황이다. "강론자가 마음을 열어 하느님 말씀을 들을 시간을 내지 않는다면, 하느님의 말씀이 자신의 삶에 와 닿지 못하게 한다면, 그 말씀이 자신을 반성하도록 이끌지 못한다면, 그 말씀이 자신에게 권고가 되지 않는다면, 그 말씀과 함께 기도하는 시간을 내지 않는다면 그는 분명히 거짓 예언자, 사기꾼, 협잡꾼에 지나지 않을 것입니다."[136] 사기꾼, 협잡꾼이라는 단어를 공식 문헌에 쓰는 교황은 처음 봤다.

《조선일보》에게 딱 걸릴 말이 한둘이 아니다. 예수 당시 《조선일보》나 《매일신문》이 없어 천만다행이다. 엘살바도르에서 독재 정권과 싸우는 국민이 사용한 저항 방법 중 하나는 성당 점거다. 미사 드리는 성당을 기습 점거하여 출입문을 잠갔다. 본당신부는 그들과 함께 성당에서 지내고 미사 드렸다. 로메로 대주교는 방문하여 이들과 대화하고, 대통령에게 전화하거나 직접 만나 이들의 억울함을 전했다. 성당 점거는 여러 번 일어났다.

얼마 전 명동성당 미사 중에 대구희망원 사태에 미지근한 반응을 보이는 주교들에게 항의하는 시위가 벌어졌다. 어느 주교는 "어떤 명분으로도 합리화될 수 없다"고 시위를 비판했다. 로메로 대주교는 독재 정권에게 항의하는 마지막 수단으로 성당을 점거한 농민에게 "어떤 명분으로도 합리화될 수 없다"고 말한 적이 없다. 한국 종교인은 말이 너무 부드럽다. 비판해야 마땅할 세력과 조직과 사람의 이름을 분명히 밝히는가. 예수는 축복의 말도 했지만 저주의 말도 했다. 저주는 심판을 포함한다(〈루가〉 6,24-26; 22,22). 예수가 저주의 말도 했다는 사실을 잊는 사람이 많다. 예수는 저주받는 사람과 이유를 분명히 밝힌다. 예수는 저주할 때 말이 유난히 길고 언어가 험악하다.

1절을 우리 시대에 맞게 고쳐보자. 예수는 믿음이 약한 평신도를 죄짓게 하는 성직자는 불행하다고 경고한 셈이다. 평신도에게 믿음을 강하게 하도록 권면하고 모범을 보여야 할 성직자가 오히려 평신도가 죄짓도록 유혹하는 일은 없는가. 한국 신부들은 평신도에게 신앙의 모범으로 잘 살아가는가. 골프장에서 노닥거리는 신부들에게 묻고 싶다. 3절 '조심하시오'라는 단어는 신약성서에서 〈루가〉에만 나온다(12,1; 21,34). 교회에서 직분을 맡은 사람은 자기 자신을 조심하라는 말이다.

3절은 형제자매의 잘못을 비판 없이 받아들이라는 말이 아니다. 잘못을 저지르거든 꾸짖으라고 권한다. 꾸짖을 때 용서할 준비를 하라는 부탁이다. 용서할 마음이 없이 비판하는 행위는 삼가야 한다. 3절에서 '뉘우치거든' 부분은 〈마태〉에 없다. 루가는 꾸짖는 방법에 대해서 언급하지 않는다.

예수는 뉘우치거든 용서하라고 말한다. 하루에 일곱 번이나 잘못을 저지른다 해도 잘못했다고 하면 용서해야 한다는 것이다. 일곱 번은 '충분히', '많이'라는 뜻이다. 용서는 새 출발의 가능성을 높인다(〈루가〉 11,4). 좋은 의도에서 조언한다고 해서 적절한 조언 방법이 저절로 생기는 것도 아니다. 좋은 의도에서 이야기했는데 나쁜 결과가 나올 수도 있다. 조언하는 사람의 착한 뜻을 받는 사람이 오해할 수도 있다. 부드러운 조언에 복잡한 의도가 있을 수도 있다. 조언은 쉬운 게 아니다. 조언하지 않는 게 나을 수도 있다. 조언은 하고 싶고, 훈계는 듣기 싫은 게 인간 아닌가.

뉘우치지 않는 형제자매는 어떻게 할까. 그리스도인은 자신도 5·18 희생자라고 우기는 전두환을 용서해야 하는가. 독일에서는 히틀러에 대한 비판이 없는 책은 출판조차 금지된다.《전두환 회고록》이 서점에서 버젓이 팔리는 한국이다. 잘못을 뉘우치지 않는 사람조차 일곱 번씩 일흔 번이라도 용서해야 하는가. 누구에게나 곤혹스런 질문이다.

5절에서 사도들이 공동체를 대표하여 예수에게 '믿음을 더하여주십시오'라고 부탁한다. 저에게, 우리에게 믿음을 더해달라고 언제나 기도하자. 기도에 대해 분석하기 전에 기도하자. 우리는 음식을 분석하기 전에 먹는다. 운동에 대해 말하기 전에 운동한다. 인생론 책을 쓰기 전에 살아간다.

6절 '겨자씨 한 알만 한 믿음'이란 예수의 표현에서 제자들은, 우리는 불쾌할 수 있다. 모든 것을 버리고 예수를 따른 제자들에게 겨자씨 한 알만 한 믿음이라니. 예수는 믿음을 더하여달라는 제자들의 부탁에 겨자씨 한 알만 한 믿음이라도 있느냐고 반문한다. 마태오는 산(〈마태〉 17,20) 이야기를 했는데, 루가는 뽕나무를 언급한다. 뽕나무는 뿌리가 아주 깊어서 뿌리째 뽑기가 쉽지 않다. 우리는 자신의 믿음을 과장하고 과신하는 버릇이 있다. 내 믿음이 10퍼센트만 진짜라고 해도 천만다행일 것이다. 카를 라너는 우리 기도가 90퍼센트는 가짜일 것이라고 말한 적 있다.

산은 둘째 치고 뽕나무부터 뽑으라는 말이다. 믿음의 힘을 소박하게 여기라는 루가의 교훈이다. 뽕나무 비유를 듣는 제자들의 심기가 편하지 않았을 것이다. 그보다 놀라운 사실이 있다. 예수 제자들보다 믿음이 강한 사람이 줄줄이 등장한 것이다(〈루가〉 5,19-; 7,9). 자기보다 믿음이 깊은 평신도를 흔쾌히 인정하는 성직자를 만나기는 쉽지 않다. 평신도의 믿음에서 즐거이 배우는 성직자가 얼마나 될까.

예수는 아주 어려운 사례를 들어 기도의 힘을 강조한다(〈마르〉 11,23; 〈1고린〉 13,2). 기도의 힘은 엄청나다. 하느님의 힘이 담겼기 때문이다. 예수는 6절에서 기도의 힘에 대해 말했지만, 올바른 기도에 대해 말하지 않았다. 올바르지 않은 기도는 받아들여지지 않는다. 이기주의와 자본주의 정신이 가득한 기도는 무효다.

7-10절 이야기는 〈루가〉에만 나온다. 7절은 주인이 종을 함부로 대한 당시 통념과 아주 다른 발언이다. 예수가 종을 부리는 사회체제를 용인하고 찬성하는 것은 아니다. 그리스도인에게 노예 윤리를 강요하는 것

도 아니다. 당시 사회제제에서 볼 때, 예수 제자들은 종의 마음으로 임하라는 말이다. 종은 오늘 성직자를 가리킨다고 볼 수 있다. 교황을 비롯해 모든 성직자는 종이다. 종이라고 말만 할 게 아니라 진짜 종으로 살아야 한다. 말은 종이고 실제는 귀족인가. 예수 제자들은 겸손하라는 뜻이다.

평신도는 겸손하고, 성직자는 지휘하라는 말이 아니다. 평신도와 성직자를 포함한 모든 그리스도인은 겸손하라는 말이다. 성직자가 특히 겸손해야 한다. 평신도에게 겸손 교육을 할 필요는 없다. 평신도는 겸손할 대로 겸손해서 비굴할 정도다. 겸손 교육은 성직자가 받아야 마땅하다.

죄의 유혹이 아니라 죄악의 유혹을 말한다. 죄는 강조하고 악은 외면하는 그리스도교의 잘못된 풍토를 지적해야겠다. 죄가 악을 낳기도 하지만, 악이 죄를 낳기도 한다. 죄보다 악이 크고 무섭다. 죄는 대부분 악에서 생긴다. 믿음의 힘은 초능력이 아니라 세상을 바꿀 사랑의 힘, 정의의 힘을 가리킨다. 사랑의 힘을 믿지 않는 세태가 분명 있다. 정의의 힘을 비웃는 세상이기도 하다. 사랑의 힘, 정의의 힘을 믿지 않는다면 대체 어떤 힘을 믿으려는가. 돈의 힘? 폭력의 힘? 돈과 폭력으로 무엇을 이루려는가.

○ 치유된 환자의 감사

¹¹ 예수께서 예루살렘으로 올라가시는 길에 사마리아와 갈릴래아 사이를 지나가시게 되었다. ¹² 어떤 마을에 들어가시다가 나병 환자 열 사람을 만났다. 그들은 멀찍이 서서 소리쳤다. ¹³ "예수 선생님! 저희에게 자비를 베풀어주십시오!"

¹⁴ 예수께서는 그들을 보시고 "가서 사제들에게 여러분의 몸을 보이시오" 하셨다. 그들이 사제들에게 가는 동안 몸이 깨끗해졌다. ¹⁵ 그들 중 한 사람은 자기 병이 나은 것을 보고 큰 소리로 하느님을 찬양하면서 예수께 돌아와 ¹⁶ 그 발 앞에 엎드려 감사를 드렸다. 그는 사마리아 사람이었다.

¹⁷ 이것을 보시고 예수께서는 "몸이 깨끗해진 사람은 열 사람 아닙니까? 그런데 아홉은 어디 갔습니까? ¹⁸ 하느님께 찬양을 드리러 돌아온 사람은 이방인 한 사람밖에 없단 말입니까!" 하시며 ¹⁹ 그에게 말씀하셨다. "일어나 가시오. 당신 믿음이 당신을 살렸습니다."(17,11-19)

치유된 나병 환자 열 사람에게 집중해야 하는가, 감사를 표시한 사마리아인 나병 환자에게 눈을 돌려야 하는가. 병을 고친 예수의 능력이 주제인가, 나병 환자 열 사람의 믿음이 주제인가. 첫 부분의 믿음이 중요한가, 마지막의 감사가 중요한가. 예수는 유다인이 싫어한 사마리아인을 칭찬하는 이야기를 왜 〈루가〉에서 두 번이나 꺼내는가. 본문을 보면 나병 환자를 고친 이야기(〈루가〉 5,12-14)와 백인대장의 종을 고친 이야기(〈루가〉 7,1-10)가 떠오른다.

예수는 예루살렘으로 올라가는 길이다(〈루가〉 9,51; 13,22; 18,31). 사마리아와 갈릴래아 지명이 뒤바뀌었다. 11절 dia meson은 번역하기 까다롭다. '사이', '통하여', '따라서'를 뜻한다. 사마리아 사람들과 접촉하지 않으려면 갈릴래아에서 페레아 지역을 거쳐 요르단 강 다른 편을 지나 예루살렘으로 가는 방법도 있다(〈요한〉 4,9). 그 길은 상당히 험하다. 사마리아를 통해 예루살렘으로 가는 길이 가장 편하다. 루가는 '유다, 갈릴래아, 사마리아'라고 지리적으로 정돈되지 않은 순서로 말하기도 한다(〈사도〉 9,31).

갈릴래아를 떠난 예수 일행은 먼저 사마리아(〈루가〉 9,52; 10,33-)를 지나 비로소 예루살렘으로 향한다. 루가는 이스라엘 지리를 잘 모르는 것 같다.[137] 독자는 예루살렘으로 올라가는 길에 일어난 사건임을 기억해야 한다. 예수는 예루살렘으로 소풍 가거나 순례하는 여정이 아니다. 예수는 예루살렘으로 죽으러 가는 길이다. 우리는 예수의 최후 일기를 읽는 것이다.

12절에서 '열 사람'은 '열 처녀'(〈마태〉 25,1)처럼 많은 숫자를 나타낸다. '멀찍이porrothen 서서 소리쳤다'는 말은 나병 환자가 사람들 가까이 오면 안 된다는 규정을 지킨 것이다(〈레위〉 13,46; 〈민수〉 5,2). '소리쳤다'는 말은 신약성서에서 루가의 작품에만 나온다(〈루가〉 17,13; 〈사도〉 2,14; 14,11). 큰 소리로 하느님께 하소연하고 감사도 드린다. 13절 '자비를 베풀어주십시오'는 우리가 평생 기쁘게 할 말이다(〈시편〉 40,5; 50,3-4; 〈이사〉 33,2). 자비로운 눈길은 하느님의 특징이다(〈출애〉 3,7; 〈시편〉 32,13-19). 착한 사마리아 사람의 눈길(〈루가〉 10,33), 돌아온 아들을 보는 아버지의 눈길(〈루가〉 15,20)은 자비롭다. 예수의 눈길, 프란치스코 교황의 눈길도 자비롭다. 자비로운 눈길이 없는 사람은 잘못 산 것이다.

15-16절에서 '그들 중 한 사마리아 사람은 병이 나은 것을 보고 하느

님을 찬양하면서(〈루가〉 5,25; 7,16; 13,13) 예수께 돌아와(〈2열왕〉 5,15) 발 앞에 엎드려 감사를 드렸다'. 이 순서가 중요하다. 하느님을 찬양하면서 예수에게 돌아온 것이지, 예수에게 돌아온 뒤에 하느님을 찬양한 것이 아니다. 루가는 시리아 나병 환자 나아만이 치유된 후 예언자 엘리사를 찾아온 이야기를 기억한다(〈2열왕〉 5,15-). 시리아, 그 이름만 들어도 눈물이 난다. 시리아 내전으로 얼마나 많은 사람이 희생되고 지금도 고통을 겪는가. 시리아, 그 땅이 그리스도교 역사에서 얼마나 중요한가 말이다.

만났다. 인생은 만남의 연속이다. 인생은 곧 만남이다. 누구를 만나느냐에 따라 인생은 달라질 수 있다. apantesis(만남)는 루가 시대에 부활한 그리스도를 만나는 데 쓰인 단어다(〈마태〉 25,6; 〈1데살〉 4,17). 나병 환자 열 사람은 부활한 그리스도를 만나듯, 살아 있는 예수를 축복처럼 만난다는 뜻이다. 내 생에 예수를 만난 것이 너무나 기쁘고 행복하다. 루가는 군중이 아니라 치유받은 사람 본인이 하느님을 찬양한다고 가장 많이 보도한 사람이다(〈루가〉 5,25; 13,13; 18,43). 치유받은 사람이 자존감을 찾고 자기표현을 하는 것이다. 병에서 해방된 것뿐만 아니라 자존감을 회복한 것이다. 루가는 가난한 사람이 자기 목소리를 마음껏 내도록 격려한다. 가난한 사람에게 치유보다 자존감 회복이 의미 있고 중요하지 않을까.

큰 소리로 하느님께 하소연하고 감사도 드린다. 가난한 사람이 언제 한 번 세상에서 큰 소리로 말하며 살 수 있을까. 가난한 사람이 교회에서 마음껏 목소리를 내도록 누가 격려하는가. 가난한 사람이 지금 "그리스도교여, 저희 목소리를 들어주십시오!" 하고 외치는 것 같다. "성직자들이여, 우리 목소리를 들어주시오!" 하고 외치는 것 같다. 들을 청聽 자를 자세히 보자. 왕의 귀, 즉 큰 귀를 가지고 열 개의 눈으로 한마음으로 듣는다는 뜻이다. 들어라 교회여, 가난한 사람의 소리를. 루가는 해방신학자처럼 가난한 사람이 인간 대접을 받도록 가난한 사람을 편든다.

예수는 나병 환자 열 사람을 근처 동네에 사는 사제들에게 보낸 것 같다. 예루살렘까지 먼 길을 가라고 할 예수가 아니다. 기적적인 치유에는 사제들의 확인이 필요하다(〈루가〉 5,14). 치유받은 나병 환자가 동네로 돌아와 다른 사람들과 살 수 있으려면 사제의 공식 치유 선언이 필요하다. 오늘 사람들 속에 같이 살지만 없는 사람처럼, 필요 없는 존재처럼, 가족과 사회에 부담처럼 여겨지는 병자에 대한 사회적 관심이 중요하다.

18절 allogenes(이방인)라는 단어가 중요하다. 이 단어는 다른 곳에서 사마리아 사람을 가리키는 데 쓰이지 않았다.[138] 예수는 "하느님께 찬양을 드리러 돌아온 사람은 이방인 한 사람밖에 없단 말입니까!"라고 탄식한다. 아홉은 어디로 갔을까. 돌아오지 않은 아홉 사람과 예수를 거절하는 이스라엘 백성의 태도를 연결한다. 이방인은 예수를 받아들이는데 동족은 받아들이지 않는다는 아쉬움이다.

19절에서 사마리아 사람이 예수에게 돌아온 사실이 믿음으로 인정된다. 감사함이 없는 믿음은 기적을 바라는 믿음에 그칠 뿐, 진짜 믿음이 아니다. 루가는 기적 이야기나 놀라운 사건의 끝에 하느님께 감사 기도를 드리는 대목을 즐겨 배치한다(〈루가〉 2,20; 7,16; 23,47). 감사할 줄 모르면 인간이 아니다. '일어나 가시오'라는 표현은 루가만 썼다(〈사도〉 10,20; 22,10). 복음 전파는 예루살렘에서 시작되어 사마리아를 거쳐 온 세상으로 퍼진다(〈사도〉 1,8; 8,1; 9,31).

사마리아인과 유다인은 누가 하느님을 진짜로 존중하고 경배하는지를 두고 오래 경쟁해왔다(《루가》9,52-; 10,30-35). 유다인이 본문을 읽는다면 어떤 반응을 보일까. 왜 하필 사마리아인을 좋은 사례로 들었느냐고 화낼지도 모른다. 사마리아인이 본문을 읽는다면 어떤 느낌일까. 지역 차별을 거부하는 예수에게 감동받을지 모른다. 한국 가톨릭 신자가 본문을 읽는다면? 유다인과 사마리아인의 갈등이 잘 이해되지 않을 것이다. 종교 차별, 지역 차별, 인종차별은 악이다. 가톨릭 신자가 개신교 성도를 차별하는 것은 죄다. 개신교 성도가 가톨릭 신자를 차별하는 것은 죄다. 그리스도교 신자가 이슬람교도를 차별하는 것은 죄다. 오늘 누가 하느님을 진짜로 존중하고 경배하는지를 두고 경쟁하는가. 가톨릭과 개신교? 그리스도교와 유다교? 그리스도교와 이슬람교? 그리스도교와 이단? 대형 교회와 이단? 말로는 아무 소용없다. 예수의 메시지를 행동으로 드러내는 수밖에 없다. 우리는 말로 천국에 수백 번 도착했다.

본문의 주제는 '믿음과 감사의 관계'다. 그런데 교회 역사에서 본문은 선행 없는 구원을 강조하고 인용하기에 딱 좋았다. 마르틴 루터Martin Luther는 선행을 통한 구원을 비판하기 위해 본문을 즐겨 인용했다고 한다(WA, 35). '선행을 통한 구원이냐, 오직 믿음으로 구원이냐'라는 주제와 아무 관계없는 단락인데 말이다.

○하느님 나라와 사람의 아들

²⁰ 하느님 나라가 언제 오겠느냐는 바리사이파 사람들의 질문을 받으시고 예수께서 대답하셨다. "하느님 나라가 오는 것을 눈으로 볼 수는 없습니다. ²¹ '보아라, 여기 있다' 혹은 '저기 있다'고 말할 수도 없습니다. 하느님 나라는 바로 여러분 가운데 있습니다."

²² 그리고 나서 제자들에게 말씀하셨다. "여러분이 사람의 아들의 영광스러운 날을 하루라도 보고 싶어 할 때가 오겠지만 보지 못할 것입니다. ²³ 사람들이 여러분에게 '보아라, 저기 있다' 혹은 '여기 있다' 하더라도 찾아 나서지 마시오. ²⁴ 마치 번개가 번쩍하여 하늘이 끝에서 저 끝까지 환하게 하는 것같이, 사람의 아들도 그날에 그렇게 올 것입니다.

²⁵ 그러나 사람의 아들은 먼저 많은 고통을 겪고 이 세대 사람들에게 버림받아야 합니다. ²⁶ 사람의 아들이 올 때에는 노아 때와 같은 일이 일어날 것입니다. ²⁷ 노아가 방주에 들어간 그날까지 사람들은 먹고 마시고 장가들고 시집가고 하다가 마침내 홍수에 휩쓸려 모두 멸망하고 말았습니다. ²⁸ 롯 시대와 같은 일도 일어날 것입니다. 사람들은 먹고 마시고 사고팔고 심고 집 짓고 하다가 ²⁹ 롯이 소돔을 떠난 그날 하늘에서 불과 유황이 쏟아져 내리자 모두 멸망하고 말았습니다.

³⁰ 사람의 아들이 나타나는 날에도 이와 같은 일이 일어날 것입니다. ³¹ 그날 지붕에 있는 사람은 집 안에 있는 세간을 꺼내러 내려오지 마시오. 밭에 있는 사람도 그와 같이 집으로 돌아가서는 안 됩니다. ³² 롯의 아내를 생각해보시오!

³³ 누구든지 제 목숨을 살리려는 사람은 잃을 것이며, 제 목숨을 잃는 사람은 살릴 것입니다. ³⁴ 잘 들어두시오. 그날 밤에 두 사람이 한 침상에 있으면 하나는 데려가고 하나는 버려둘 것입니다. ³⁵ 두 여자가 함께 맷돌질을 하면 하나는 데려가고 하나는 버려둘 것입니다." (³⁶ 두 사람이 들에 있으면 하나는 데려가고, 하나는 버려둘 것입니다.) ³⁷ 이 말씀을 듣고 제자들이 "주님, 어디에서 그런 일이 일어나겠습니까?" 하고 묻자 예수께서 대답하셨다. "주검이 있는 곳에는 독수리가 모여드는 법입니다."(17,20-37)

20-21절을 22-37절과 함께 다뤄야 하느냐 문제로 성서학자들 사이에 여러 의견이 있다. 20-21절 주제는 '하느님 나라'고, 논의 상대는 바리사이파 사람들이다. 22-37절 주제는 '사람의 아들'이고, 대화 상대는 제

자들이다. 20-21절은 〈루가〉에만 나온다. 여러 이야기가 하느님 나라와 사람의 아들이라는 주제를 다룬다. 예수는 하느님 나라를 선포했지만, 사람들은 하느님 나라를 선포한 예수에게 관심을 보였다. 예수는 사람의 아들이 아니냐는 질문이다. 학자들은 〈마르〉 13장을 근거로 최후의 날에 대한 이야기를 펼치는 〈루가〉 17,20-37을 '작은 묵시록'이라고 부르기도 한다.

22-37절은 앞부분과 독립된 이야기다. 시간과 공간 개념이 전체 분위기를 결정한다. 바리사이 질문에 대한 예수의 답변(20-21절), 제자들에게 하는 예수의 예언(22-35절), 제자들의 질문에 대한 답변(37절)으로 구성된다. 우선 바리사이파 사람들이 예수의 대화 상대로 등장한다. 그들이 하느님 나라가 오는 구체적인 시점과 기한을 물은 것은 아니다. 하느님 나라가 오는 것을 알아차릴 수 있는 징조를 물은 것이다. 고대에는 역사적인 사건이나 종말론적 사건 앞에 구체적인 표징이 나타난다고 생각했다.[139] 예수는 20-21절에서 하느님 나라가 오는 것을 알리는 징조는 없다고 분명히 답변한다. '보아라, 여기 있다' 혹은 '저기 있다'는 말은 하느님 나라가 아니라 징조를 가리킨다. 공동성서에서 하느님 나라와 다가옴을 연결해서 다룬 곳은 없다.

예수 시대에는 하느님 나라가 언제 오느냐는 '메시아 기대'가 여러 가지 있다(〈루가〉 11,2; 〈사도〉 1,6). 예수는 자연현상과 역사적인 사건에 근거하여 때를 예측하는 유행을 분명히 거절한다(〈루가〉 21,25-). 예수는 하느님 나라가 어디에 오느냐는 장소도 고정하지 않는다. 예수의 등장과 함께 하느님 나라는 여러분 가운데entos 있다는 것을 말할 뿐이다(〈루가〉 10,9-; 11,20; 16,16).

21절에서 entos hyumon을 어떻게 번역해야 하는지 분명하지 않다. '안에', '아래', '에게'로 번역할 수 있다. '여러분 마음속intra vos'(불가타 성서)으로 옮기는 것은 바리사이들의 질문이나 루가의 생각과 어울리지 않는다.[140] 많은 성서학자는 '여러분 각자 안에서'보다 '여러분 공동체 안에서'라고 번역한다.[141] 예수는 하느님이 공동체 안에 계신다는 공동성서의 하느님 백성 신학을 강조한다(〈신명〉 30,11-14; 〈출애〉 17,7; 34,9). 하느님 나라는 예수의 활동에서 드러난다고 해석하는 학자들이 많다.[142] 여기서 핵심은 무작정 미래를 바라보지 말고, 벌써 시작된 하느님 나라를 주목하라는 당부다.

22-37절에서 '오다', '보다'라는 단어가 자주 나온다. '하느님 나라가 언제 오느냐'에서 '사람의 아들이 언제 오느냐'로 주제가 바뀐다. 예수는 바리사이가 아니라 제자들에게 설명한다. 23절 '사람들'이 누구인지 뚜렷하지 않다. 예언자나 자칭 메시아를 가리키는 것 같지는 않다. 예수 재림을 언급한 초대교회 사람을 말하는 듯하다. 24절은 번개처럼 갑자기 온다는 뜻이 아니라 모든 곳에서 볼 수 있게 온다는 말이다. 지구를 평평하다고 생각한 당시 상식에 근거한 표현이다. 어느 지역에서 생긴 번개를 지구 모든 지역에서 볼 수는 없다.

25절에서 사람의 아들이 오는 조건을 설명한다. 언제 오느냐가 아니라 '먼저 많은 고통을 겪고(〈루가〉 9,22; 24,26) 사람들에게 버림받아야 한다'는 것이 중요하다. 이 말에 제자들은 깜짝 놀랐을 것이다. 사람의 아들에 대한 종전 관념을 깨뜨리는 말이기 때문이다. 제자들의 잘못된 기대(〈루가〉 19,11)에 찬물을 끼얹고, 고통의 중요성(〈사도〉 14,22)을 설명한다. 노아 이야기(〈창세〉 6-9장; 〈1베드〉 3,20; 〈2베드〉 2,5)는 유다교에서 자주 언급되었다. 〈마태〉에는 롯 이야기(〈창세〉19,1-29; 〈2베드〉2,7)가 없다. 노아 이야기와 롯 이야기는 갑작스런 종말을 기다리지 말고 평범한 일상으로 돌아가라는 가르침을 뒷받침하는 데 자주 인용된다.

여기서 노아와 롯 세대가 죄인으로 언급된 것은 아니다. 평범한 일상 속에 사람의 아들이 온다는 말이다. 먹고 마시고 장가들고 시집가는 일, 사고팔고 심고 집 짓고 하는 일이 죄라거나 가치 없다는 뜻이 아니다. 31절 '지붕에 있다'는 불안에 가득한 상태를 가리킨다.[143] '집으로 돌아가지 말라'는 말은 롯의 아내처럼 지난날에 얽매이지 말고 사람의 아들을 통한 구원(〈1데살〉1,10)에 의탁하라는 뜻이다. 사람의 아들이 나타나는 날에 갑작스런 심판이 닥치리라는 말이다. 심판 때 선택된 사람은 구원받고 다른 사람은 멸망한다는 묵시록적 표현이 천사의 등장으로 전제된다(〈마르〉13,27).

34절은 여러 식구가 한 침대에서 자는 가난한 가정을 예로 든다. 35절에서 맷돌질은 여인의 일이다. 여인들은 해가 진 뒤나 해가 뜨기 전에 밀을 맷돌에 갈았다. 〈루가〉17,36은 없다. 나중에 〈마태〉24,40을 여기에 넣었다. 〈마태〉24,40이 포함된 〈루가〉 성서 사본은 적다. 37절에서 심판 장소에 대한 제자들의 질문에 예수는 알쏭달쏭한 속담을 말한다(〈에제〉39,17-20; 〈묵시〉19,17-). 고대 사람들은 독수리가 시체에도 손을 댄다고 생각했다. 독수리는 율법에서 불결한 짐승 명단(〈레위〉11,13-19; 〈신명〉14,13-18)에 속한다. 주검과 독수리는 여러 곳에서 인용된다(〈하바〉1,8; 〈욥기〉9,26; 39,30). 조로아스터교에 새가 사람의 시신을 처리하는 풍습이 있었다. 얼마 전 이란에 갔을 때 산꼭대기 움푹 파인 조장鳥葬 터에 잠시 누워 보았다. 지금 이란 당국은 조장을 금지한다고 한다.

본문의 여러 말씀을 실제로 예수가 했을까. 다양한 주장이 있다. 두 가지는 확실하다. 첫째, 날짜를 계산하지 마라. 둘째, 사람의 아들이 영광스럽게 오는 날을 끊임없이 기다려라. 여기서 오늘 우리가 얻을 교훈은 무엇인가. 충격적인 종말을 예측하지 말고, 일상을 두려움과 불안으로 지내지 말아야 한다.

유다교는 현재적·천상적 하느님 나라를 지지했다(〈시편〉 47·93·96장). 유다인은 그런 하느님 나라가 실현되기를 바랐다. 하느님 나라가 늦어지는 것은 그리스도교뿐 아니라 유다교에도 공통 주제였다. 하느님 나라는 원래 유다교의 주제였다. 여기서 바리사이는 유다교의 핵심 주제를 예수에게 묻는 것이지, 그리스도교의 새로운 주장에 대해 묻는 것이 아니다.

'하느님 나라'는 예수가 갈릴래아에서 활동한 시절의 주제다. '사람의 아들'은 예루살렘으로 가는 길과 예루살렘에서 주제다. 바리사이는 하느님 나라가 언제pote 오겠느냐고 물었다. 제자들은 사람의 아들이 나타나는 날에 어디pou서 그런 일이 일어나겠느냐고 물었다. 그리스도교는 주로 '언제'를 물어온 것 같다. 해방신학은 주로 '어디'를 묻는다. 둘 다 중요하다. 나는 하느님 나라가 언제 오겠느냐보다 어디서 일어나겠느냐 먼저 묻고 싶다.

그동안 신학은 하느님 나라가 시작되었지만 아직 완성되지 않았다는 문장에 주로 집중해왔다. 해방신학은 그 주장을 당연히 인정한다. 해방신학은 시작된 하느님 나라를 기뻐하고, 하느님 나라를 반대하는 세력과 강력하게 싸워야 한다는 것을 강조한다. 예수가 고난을 겪은 것은 하느님 나라를 반대하는 세력과 싸웠기 때문이다. 하느님 나라를 반대하는 세력과 싸우지 않는 사람에게 십자가가 주어질 리 없다.

하느님 나라가 언제 오느냐, 사람의 아들이 언제 나타나느냐 하는 질문이 예수 시대와 초대교회에 아주 많았다. 그런 예측과 징조를 대담하게 제시하는 가짜 예언자가 출몰할 위험도 당연히 많았다. 우리 시대는 어떤가. 하느님 나라와 사람의 아들에 대한 관심이 교회에 있기는 한가.

◦ 과부와 죄인의 기도

¹ 예수께서는 제자들에게 언제나 기도하고 용기를 잃지 말아야 한다고 비유를 들어 가르치셨다. ² "어떤 도시에 하느님을 두려워하지 않고 사람도 거들떠보지 않는 재판관이 있었습니다. ³ 그 도시에는 한 과부가 있었는데, 그 여자는 늘 재판관을 찾아가서 '저에게 억울한 일을 한 사람이 있습니다. 올바른 판결을 내려주십시오' 하고 졸라댔습니다. ⁴ 오랫동안 그 여자의 청을 들어주지 않던 재판관이 생각했습니다. '나는 하느님도 두려워하지 않고 사람도 거들떠보지 않지만 ⁵ 이 과부가 성가시게 구니 소원대로 판결해주어야지. 그러지 않으면 자꾸 찾아와서 못 견디게 할 것이다.'"

⁶ 주님께서 계속 말씀하셨다. "이 고약한 재판관의 말을 새겨들으시오. ⁷ 하느님께서 택하신 백성이 밤낮 부르짖는데도 올바르게 판결해주지 않고 오랫동안 내버려두실 것 같습니까? ⁸ 하느님께서는 그들에게 지체 없이 올바른 판결을 내려주실 것입니다. 그러나 사람의 아들이 올 때에 과연 이 세상에서 믿음을 찾아볼 수 있겠습니까?"

⁹ 예수께서는 자기만 옳은 줄 믿고 남을 업신여기는 사람들에게 비유를 들어 말씀하셨다. ¹⁰ "두 사람이 기도하러 성전에 올라갔는데, 하나는 바리사이파 사람이고 또 하나는 세리입니다. ¹¹ 바리사이파 사람은 보란 듯이 서서 기도하였습니다. '오, 하느님! 감사합니다. 저는 다른 사람들과 달리 욕심이 많거나 부정직하거나 음탕하지 않을뿐더러 세리와 같은 사람이 아닙니다. ¹² 저는 일주일에 두 번이나 단식하고 모든 수입의 십 분의 일을 바칩니다.' ¹³ 한편 세리는 멀찍이 서서 감히 하늘을 우러러보지도 못하고 가슴을 치며 기도하였습니다. '오, 하느님! 죄 많은 저에게 자비를 베풀어주십시오.'

¹⁴ 잘 들으시오. 하느님께 올바른 사람으로 인정받고 집으로 돌아간 사람은 바리사이파 사람이 아니라 세리입니다. 누구든지 자기를 높이면 낮아지고, 자기를 낮추면 높아질 것입니다."(18,1-14)

〈루가〉에만 나오는 이야기다. 예수는 끊임없이 기도하고 절망과 싸우라고 요구한다. 1절에 '언제나 기도하고 용기를 잃지 말라'는 부탁은 〈루가〉의 중요한 주제다(〈루가〉 11,5-8; 22,40). 그만큼 기도에 대한 실망이 컸다는 현실을 전제한다. 예수는 오랜 시간이 아니라 자주 기도하라고 가르친다. 기도에 실망하지 않은 사람이 누가 있을까. 받아들여진 기도보다 거절당한 기도가 많을 것이다. 기도 지향이 잘못된 탓일 수도 있고, 간절한 마음이 부족하기 때문일 수도 있다. 실망해도 기도하는 것이 좋다. 기도하니까 인간이다.

재판관이 악한 사람의 대표로 등장한다. 불의한 재판에 대한 예수의 분노가 담긴 이야기다. 예수는 얼마나 화가 났을까. 부패한 사법부를 보고도 분노가 치밀지 않는다면, 예수를 모르는 사람이다. 오늘 한국에서 가장 악한 사람의 대표는 누구일까. '하느님을 두려워하지 않고 사람도 거들떠보지 않는' 재판관이 있었다. 이 말을 듣고 당당히 고개 들 수 있을 법조인이 한국에 얼마나 될까. 예수에 따르면, 하느님을 두려워하고 사람을 두려워하는 것이 법조인의 기본이다. "올바른 판결을 내려주십시오ekdikedon me." 백성의 말이 아니라 하느님의 명령이다. 법조인은 잘 들어라.

이야기의 배경은 유다교 회당이나 성전이 아니라 도시다. 예수 당시 종교법정과 독립한 민간 법정이 있었던 것 같다.[144] 재판관은 하느님도 두려워하지 않고 사람도 거들떠보지 않는다고 자백한다(〈루가〉 16,8-18,4). 재판관은 의롭고 경건한 즈가리야(〈루가〉 1,5-6)와 정반대 인물이다. 누구나 거울 앞에서, 양심 앞에서 혼잣말할 때가 있다. 〈루가〉에서 혼잣말은 중요한 역할을 한다(〈루가〉 12,17; 16,3; 18,4). 3절에서 루가는 과부의 억울한 일이 무엇인지 설명하지 않는다. 재판관이 올바른 판결을 내리지 않은 이유도 말하지 않는다. 6-8절에서 예수는 멋진 이야기꾼, 자신 있는 설교자, 속 깊은 성서학자의 모습을 보여준다.

당시 과부는 가난한 사람의 대명사다(〈루가〉 7,12; 21,3). 경제적으로 자립하지 못하고 자녀도 없는 것 같다. 홀몸으로 사회에서 소외된 처지다. 과부는 노숙자 아니었을까. 가장 악질인 재판관과 가장 가난한 과부가 한판 승부를 벌인다. 누가 이길까. 가난한 사람을 선택하고 편애하는 해방신학자 루가는 당연히 과부 편을 든다. 과부에게 놀라운 점이 두 가지 있다. 과부는 재판관을 끈질기게 찾아간다. 몇 차례나 갔는지 나오진 않는다. 또 과부는 재판관에게 무릎 꿇지 않고 공정한 재판을 요구한다. 과부의 용기가 놀랍다. 저항하는 여성 신학자 같다. 세월호 희생자 어머니들이 청와대 앞까지 가고, 법원에 공정한 판결을 호소하는 장면과 겹친다. 억울하다고 외치는 것이 기도다.

악한 사람을 설득하는 방법은 끈질기게 조르는 것이다. 백성이 밤낮 부르짖는 이유가 무엇일까. 두려움metus이 아니라 희망spes이다. 시민들은 촛불집회에서 두려움이 아니라 희망으로 외쳤다. 희망을 가지고 끈질기게 간청하면 악한 사람도 결국 감동받을 수 있다. 착한 사람은 금방 설득될 것이다. 하느님이야 더 말해 무엇 하겠는가. 우리가 하느님께 자비를 청하는 데 게으를 뿐, 하느님은 서둘러 자비를 베푸신다.

예수는 왜 착한 재판관 대신 악한 재판관을 비유로 들었을까. 착한 재판관에서 자비로운 하느님을 연상하는 것이 자연스럽지 않은가. 예수는 몇 가지를 말하고 싶었다. 첫째, 악한 재판관을 설득하는 방법이 있다. 나쁜 의도에서 선한 결과가 나올 수도 있다. 악한 재판관은 결국 과부의 소원대로 판결했을 것이다. 둘째, 불의는 청산되어야 한다. 셋째, 당시 법조인 중에 부패한 사람이 분명히 있었다. 예수는 법원 개혁을 간접적으로 요구한다. 넷째, 가난한 사람의 억울한 사연을 외면하지 마라. 예수는 한국의 검찰 개혁, 법원 개혁을 충분히 이해하고 찬성할 것이다. 주교들은 대구희망원 사태에 관심을 기울이는가. 백성이 밤낮 부르짖는다. 가난한 사람의 기도는 하늘에 닿는다.

기도에 대한 예수의 특징을 살펴보자. 첫째, 예수도 기도한다. 예수는 삶의 결정적인 고비마다 기도한다(〈루가〉 3,21; 5,16; 11,1). 둘째, 예수는 우리에게 기도하라고 권고한다(〈루가〉 21,36; 22,40; 〈1데살〉 5,17). 우리는 기도의 매력과 위력을 의심할 수 있다. 그러다 보면 기도를 소홀히 하기 쉽다(〈에페〉 3,13; 〈2데살〉 3,13). 세상일에 몰두하다 보면 기도에서 멀어지기 쉽다(〈루가〉 8,14; 18,8; 24,21). 기도는 도피가 아니라 저항이다. 기도는 저항하기 위한 마음의 준비다. 불의한 세력과 지치지 않고 싸우려면 기도가 꼭 필요하다. 해방신학자들은 끈질기게 기도한다.

본문에서 두 번째 이야기가 나온다. 〈루가〉 18,1과 19,11처럼 루가는 첫 문장에서 이야기하는 목적을 뚜렷이 밝힌다. 10절에서 두 사람이 같은 의도로 동시에 같은 장소에 갔다. 대조적인 두 모습(〈루가〉 15,11-32; 16,19-31)이 소개된다. 루가는 대조법을 자주 사용한다. 바리사이파 사람은 당당하게 서서 큰 소리로 자신의 행동을 자랑하며 기도한다. 조용히 기도했다면, 루가가 그 내용을 기록할 수 없었을 것이다. 당시 조용히 기도하는 일은 드물었다. 바리사이는 자신이 다른 사람들과 다르다는 점을 강조한다. 가톨릭 고백성사에서 고해하는 신자가 다른 사람의 죄를 고발하는 일이 있다고 한다. 그래서는 안 된다.

루가는 바리사이의 기도를 먼저 보도한다. 바리사이가 세리보다 중요한 사람이기 때문이 아니라 바리사이가 이야기에서 패자이기 때문이다. 루가는 패자를 먼저 배려한다. 11-12절 바리사이의 기도가 정통 바리사이파 사람의 전형적인 기도인지, 어떤 바리사이파 개인의 기도를 묘사한 것인지 논의가 있었다. 본문 어디에도 전형적인 바리사이의 기도라는 단어나 암시가 없다. 세리의 기도 역시 전형적인 세리의 기도는 아니다. 한 바리사이의 기도와 한 세리의 기도를 소개하며 비교했을 뿐이다.

바리사이는 자신이 세 가지에서 다른 사람들과 다르다고 기도한다. 욕심이 많거나 부정직하거나 음탕하지 않다는 것이다. 다른 사람들은 보통 그런 죄를 짓고 산다는 말을 하고 싶었을까. '일주일에 두 번 단식'은 유다교 규정을 훨씬 넘어선 것이다. 유다교는 화해의 날에만 단식 의무가 있다(〈레위〉 16,29-; 23,27-), 바리사이는 월요일과 목요일에 단식한 것 같다. 12절에서 '모든 수입'은 소득뿐 아니라 구입한 물건도 포함된다. 모든 수입의 십 분의 일을 바친다는 자랑은 할 필요 없다. 십일조 의무(〈레위〉 27,30; 〈민수〉 18,21-24; 〈신명〉 14,22-)를 크게 넘어선 일이다. 산 물품에 십일조를 낸 것은 물건 구입에 이르는 여러 과정에서 십일조를 내지 않았을 가능성이 있기 때문이다.

세리는 멀찍이 서서 하늘을 우러러보지도 못하고 가슴을 치며 기도한다. "오, 하느님! 죄 많은 저에게 자비를 베풀어주십시오." 세리가 죄를 용서해달라고 청한 것은 아니다. 그럴 용기조차 없을 정도로 움츠러들었다는 뜻이다. 가슴을 치는 것은 속죄의 자세다(〈시편〉 51,3). 하늘을 우러러보는 것은 하느님과 당당하게 마주 설 수 있는 사람이 취하는 자세다(〈이사〉 38,14; 〈시편〉 123,1; 〈요한〉 11,41). "자기를 높이면 낮아지고 자기를 낮추면 높아질 것입니다."(〈에제〉 21,31; 〈루가〉 14,11)

오늘 한국에서 자기만 옳은 줄 믿고 남을 업신여기는 사람은 누구일까. 사회에서 돈이 없거나 배운 것이 적어 무시당하는 사람이 있다. 교회에서 신앙심이 약한 듯 보여 외면당하는 사람이 있다. 그래서는 안 된다. 가난한 사람을 무시하는 것(〈로마〉 14-15장; 〈1고린〉 8,7-13)은 하느님을 무시하는 것이다. 가난한 사람을 무시하는 것도 잘못이지만, 부자를 숭배하는 것도 잘못이다. 부자를 숭배하는 것은 우상숭배다.

모든 재판관을 나쁜 재판관으로 일반화할 필요는 없다. 모든 바리사이파 사람을 죄인 취급하면 안 된다. 사람을, 신자를 바리사이와 세리로 나눌 필요는 없다. 한 사람 안에 바리사이와 세리의 모습이 동시에 있을 수 있다. 내 안에, 교회 안에 바리사이와 세리가 함께 있다. 복음서에서 일반화의 위험은 비유나 이야기 곳곳에 있다. 예수가 설명할 때 이분법과 과장법을 자주 사용한다고 생각이 편협한 사람으로 여기면 안 된다. 이분법과 과장법 자체를 꼭 부정적으로 볼 필요도 없다.

〈루가〉 저자는 기도하는 신학자다. 박해받는 신학자다. 가난한 사람을 선택하고 편애하는 해방신학자다. 신학은 그렇게 하는 것이다. 그렇게 해야 신학자다. 기도하지 않으면, 박해받지 않으면, 가난한 사람을 선택하고 편애하지 않으면 신학자가 아니다. 성서학자가 아니다.

○ 예수를 따르려면 가난해야

¹⁵ 사람들이 어린 아기들을 예수께 데리고 와서 손을 얹어 축복해주시기를 청하자, 이것을 본 제자들이 그들을 나무랐다. ¹⁶ 예수께서는 어린 아기들을 가까이 오게 하시고 제자들에게 말씀하셨다. "어린이들이 나에게 오는 것을 막지 말고 그대로 두시오. 하느님 나라는 이 어린이들과 같은 사람들의 것입니다. ¹⁷ 잘 들으시오. 누구든지 어린이와 같이 순진한 마음으로 하느님 나라를 맞아들이지 않으면 결코 거기 들어가지 못할 것입니다."
¹⁸ 유다 지도자 한 사람이 예수께 "선하신 선생님, 제가 무엇을 해야 영원한 생명을 얻겠습니까?" 하고 물었다. ¹⁹ 예수께서 이렇게 말씀하셨다. "왜 나를 선하다고 합니까? 선하신 분은 하느님 한 분뿐입니다. ²⁰ '간음하지 마라, 살인하지 마라, 도둑질하지 마라, 거짓 증언하지 마라, 네 부모를 공경하여라' 한 계명들을 알지 않습니까?" ²¹ 그 사람은 "저는 어려서부터 이 모든 것을 다 지켜왔습니다" 하고 대답하였다.
²² 예수께서는 이 말을 들으시고 말씀하셨다. "당신에게는 아직 해야 할 일이 하나 더 있습니다. 가진 것을 다 팔아 가난한 사람들에게 나누어주고, 와서 나를 따르시오. 그러면 하늘에서 보화를 얻을 것입니다." ²³ 그는 큰 부자였기 때문에 이 말씀을 듣고 마음이 무척 괴로웠다.
²⁴ 예수께서 그를 보고 말씀하셨다. "재물이 많은 사람이 하늘나라에 들어가는 것이 얼마나 어려운 일인지 모릅니다. ²⁵ 부자가 하느님 나라에 들어가는 것보다 낙타가 바늘귀를 빠져나가는 것이 쉽습니다." ²⁶ 사람들이 이 말씀을 듣고 "그러면 구원받을 사람이 어디 있겠습니까?" 하고 물었다. ²⁷ 예수께서 대답하셨다. "사람의 힘으로는 할 수 없지만 하느님께서는 하실 수 있습니다."
²⁸ 그때에 베드로가 말하였다. "보시다시피 저희는 가정을 버리고 주님을 따랐습니다."
²⁹ 예수께서 이 말을 듣고 말씀하셨다. "내가 분명히 말합니다. 하느님 나라를 위하여 집이나 아내나 형제나 부모나 자녀를 버린 사람은 ³⁰ 누구나 이 세상에서 여러 갑절로 상을 받고, 오는 세상에서는 영원한 생명을 얻을 것입니다."(18,15-30)

나병 환자 열 사람 이야기(《루가》 17,12-19)처럼 어린이를 데리고 온 사람들이 예수의 가르침 시간(《루가》 18,1-14)에 불쑥 끼어들어 방해한다. 제

자들은 어린이들을 데리고 와서 예수에게 축복을 청한 사람들을 왜 나무랐을까. 예수의 말씀이 중단되는 것이 싫어서 그랬을까, 어린이들을 축복하는 일에 제자들이 짜증을 냈다는 말일까. 어린이들을 데리고 온 사람들보다 못난 제자들이다. 예수는 어린이들이 나에게 오는 것을 막지 말라고 한다. 프란치스코 교황은 다가오는 어린이들을 안고 이마에 키스한다.

〈마르〉 10,13-16에 근거한 이야기다. 초대교회에서 논의된 유아세례와 관계있는 이야기인지는 단정하기 어렵다. 루가에게 유아세례가 중요한 주제인 것 같지는 않다. 중요한 주제라면 루가는 다른 곳에서도 여러 차례 언급했을 것이다. 〈마르〉에서 어린이paidia를 루가는 왜 갓난아이brepe로 고쳤을까. 어린이보다 약한 갓난아이를 존중하라고 말하고 싶었을까. 하느님 나라는 어린이들의 것이 아니라 어린이와 같은 사람들의 것이라는 말이다.

15절 '손을 얹어'는 '손으로 만지다'라는 뜻이다. 동사 '만지다'는 〈루가〉에서 중요하다. 예수는 나인이라는 마을에서 과부 아들의 상여에 손을 댄다(〈루가〉 7,14). 예수는 성 노동자 여성이 당신 발에 손을 대게 내버려둔다(〈루가〉 7,39). 열두 해 동안 하혈병을 앓는 여자가 뒤로 와서 예수의 옷자락에 손을 댄다(〈루가〉 8,44-47). 예수 몸에서 놀라운 기운dyunamis이 빠져나간다(〈루가〉 6,19; 8,46). 손과 몸의 신학이라고 할까. 프란치스코 교황이 어린이를 안은 모습은 보기만 해도 흐뭇하다. 의사와 간호사, 소방관과 버스 기사의 손은 얼마나 고맙고 아름다운가. 우리의 평범한 손이 사랑을 전하고, 사람을 살린다.

당시 어린이를 축복하는 일은 흔했다. 어린이는 약하고 가치가 적은 존재로 여겨졌다. 고대에 어린이를 어른의 스승으로 제시한 사례는 드물다. 어린이는 순수하다기보다 미숙하게 여겨졌다. 어린이가 어른이 보고 배울 모범으로 존중되지는 않았다. 예수는 이 관행을 깨뜨린다. 고대 종교는 강력한 힘과 권력으로 신과 종교를 나타낸다. 예수는 어린이와 십자가라는 약함으로 종교를 표현하는 파격을 보여준다. 하느님은 약한 분이기도 하다. 복음서에서 어린이는 나이 어린 사람보다 힘이 약하고 권리가 없고 신앙심이 약하고 가난한 사람을 나타내는 대명사다. 루가는 두 가지를 말하고 싶었다. 첫째, 하느님 나라를 어린이들처럼 받아들여라. 둘째, 어린이처럼 돼라. 약한 사람이 되라는 뜻이다.

18-30절은 〈마르〉 10,17-31을 기초로 한다. 18절에서 유다 지도자 arkon 한 사람이 예수께 영원한 생명을 얻으려면 무엇을 해야 하느냐고 묻는다. arkon은 야이로(〈루가〉 8,41)에게 쓴 말이다. 예루살렘의 지도자들이 예수를 죽이는 데 참여한 내용이 나온 것은 〈루가〉뿐이다(〈루가〉 23,13; 24,20). 회당장이나 도시의 의회 의원을 가리키는 것 같다. 그가 동네 유지였음이 틀림없다. 〈마태〉 19,22에서 어떤 부자 청년이 같은 질문을 한다. 유다 지도자는 왜 하느님 나라가 아니라 영원한 생명에 대해 물었을까. 예수의 권위에 대해 캐묻거나 따지지도 않았다. 그는 예수의 가르침에 벌써 매력을 느꼈다는 말인가. 그의 질문은 도전적인가, 진심에서 나온 질문인가(〈루가〉 10,25). 알기 어렵다.

20절에서 예수는 십계명의 일부를 언급한다. 그 순서는 토라(모세오경)에 나오는 십계명(〈출애〉 20,12-16; 〈신명〉 5,16-20)과 조금 다르다. 간음하지 마라, 살인하지 마라가 뒤바뀌었다. 예수가 일부러 그랬을까, 간음이 살인보다 흔한 사회였다는 뜻인가. 예수는 십계명을 순서대로 외우지 못했는가. 어려서부터 이 모든 계명을 지켜왔다는 그는 충실하고 훌륭한 유다교 신자다. 지금 우리 중 누가 자신 있게 대답할 수 있을까.

예수가 그를 대견해했다는 말(⟨마르⟩ 10,21)은 ⟨루가⟩에서 빠졌다. 예수가 요구하는 내용으로 곧장 넘어간다. 아직 해야 할 일이 하나 더 있다는 것이다. 예수는 영원한 생명을 얻는 데 십계명을 지키는 것으로는 충분하지 않다고 분명히 말한다. 가진 것을 다 팔아 가난한 사람에게 나누어주라는 말이다. 22절 '나누어주라diados'는 말은 '주라dos'(⟨마르⟩ 10,21)는 말보다 구체적이다. 재산 일부가 아니라 전부를 팔아 가난한 사람에게 나눠주라는 요구다. 세상에! '재산이 많았기 때문에 이 말씀을 듣고 울상이 되어 근심하며 떠나갔다'(⟨마르⟩ 10,22)는 ⟨루가⟩에서 '마음이 무척 괴로웠다'로 바뀐다. 유다 지도자가 떠나갔다는 말은 없다.

낙타는 이스라엘에서 보는 가장 큰 동물이다. 바늘귀는 일상생활에서 보는 가장 작은 구멍이다. 낙타는 바늘귀로 들어갈 수 없다. 이 단호한 뜻을 약화하면 안 된다.[145] 바늘귀는 예루살렘 성문 곁에 있는 작은 문을 가리킨다는 의견도 있다. 낙타가 빠져나가기에 빠듯한 문을 가리킨다는 것이다. 이 주장을 뒷받침하는 문헌은 발견되지 않았다. 그렇다면 부자는 구원받을 방법이 전혀 없는가. 하나 있다. 하느님께서 하실 수 있다. 하느님은 부자의 마음을 돌이키실 수 있다. 부자는 돈 욕심을 줄여달라고 하느님께 간절히 기도해야 한다. 부자는 들어라. 인생 고작해야 100년이다. 돈이 하느님 같아 보이지만 아무것도 아니다.

십계명을 지키는 것보다 가난한 사람을 선택하는 것이 중요하다. 예수는 부자 청년이 떠나간 뒤에 제자들에게 재물이 많은 사람이 하늘나라에 들어가기 어렵고, 부자가 하느님 나라에 들어가는 것보다 낙타가 바늘귀를 빠져나가는 게 쉽다고 말한다(〈마르〉10,23-25).〈루가〉에서 예수는 이 말을 유다 지도자와 주위에 있던 제자들과 사람들에게 한다. 부자가 하느님 나라에 들어가는 것은 불가능하다는 말이다. 부자가 하느님 나라에 들어가지 못한다는 선언을 모든 사람들에게 한 것이다. 세상의 모든 부자는 심각하게 들어라. 부자는 하느님 나라에 들어가지 못한다.

초대교회뿐 아니라 우리 시대에도 예수를 따르는 데 돈이 얼마나 방해가 되는지 깨달아야 한다. 예수 따르기에서 핵심은 계명을 지키는 것이 아니라 돈을 가난한 사람에게 나눠주는 것이다. 예수 따르기에서 핵심은 미사와 예배에 얼마나 자주 참여하느냐가 아니라 가난한 사람에게 돈을 나눠주는 것이다. 간음, 살인, 도둑질, 거짓 증언을 하지 않고, 부모를 공경하는 일보다 가진 것을 다 팔아 가난한 사람에게 나눠주는 것이 훨씬 중요하고 어렵다는 뜻이다.

사악하고 교활한 종교인은 부자가 하느님 나라에 들어가도록 바늘귀를 넓히고 낙타 크기를 줄이려고 갖은 꾀를 부린다. '가난'이란 단어 앞에 다른 단어를 덧붙여 '경제적 가난'이라는 본래 뜻을 흐리는 기술도 있다. 가난보다 마음의 가난, 영의 가난을 강조하는 수법도 있다. 부자는 가난한 사람보다 하느님 나라에 들어가기 쉽다고 거짓말하는 사람도 그리스도교 역사에 끊임없이 나타난다. 부자의 마음을 편하게 하기 위해 눈물겹게 노력하는 신학자도 있다. 신학자로서 그토록 비굴하게 살고 싶을까. 예수 믿으면 부자 된다고 뻔뻔스럽게 거짓말하는 종교인도 있다. 하느님과 돈을 함께 섬길 수 있다고 억지를 부리는 종교인도 있다. 돈으로 귀신뿐 아니라 하느님도 움직일 수 있다고 착각하는 부자도 있다. 그런 가짜 신학자와 종교인과 신자가 하느님 나라에 들어가는 것보다 낙타가 바늘귀를 빠져나가는 것이 쉽다.

베드로와 제자들은 28절처럼 정말 가정을 버리고 예수를 따랐는가. 바울로는 베드로가 선교에 아내를 동행하고 다녔다고 말한 적이 있다. "우리라고 해서 다른 사도들이나 주님의 형제들이나 베드로처럼 그리스도를 믿는 아내를 데리고 다닐 권리가 없단 말입니까?"(〈1고린〉 9,5) 예수는 하느님 나라를 위하여 집, 아내, 형제, 부모, 자녀를 버리라고 요구한다. 아내를 버리라는 말이 눈에 띈다. 〈마르〉와 비교하면 〈루가〉에서 땅이 빠지고 아내가 추가된다. 그 까닭은 알기 어렵다. 이혼을 권장하는 것은 아니다. 아내와 집을 떠나 멀리 선교하러 가는 초대교회 풍경이 떠오른다. 그런데 아내는 버린다 해도 자녀를 어떻게 버린단 말인가. 아내가 가출하면 찾아 나서는 남편이 있을까. 아내도 자녀도 없는 예수라서 말을 심하게 하는 것일까. 예수가 진짜 한 말은 아니고, 초대교회 사정을 보고 루가가 덧붙인 문장일 것이다. 예수가 복음 전파의 중요성을 강조했다고 이해하면 충분하다.

루가는 30절에 '이 세상에서 여러 갑절로 상을 받을 것'이라는 말을 덧붙인다. '현세에서 박해도 받겠지만 집과 형제와 자매와 어머니와 자녀와 토지의 복도 백배나 받을 것'(〈마르〉 10,30)과 다르게 루가는 어떤 상인지 자세히 설명하지 않는다. 재산을 포기하는 목적이 〈마르〉에서 예수와 복음(〈마르〉 10,29)인데, 루가는 하느님 나라(29절)라고 강조한다. 예수가 선포한 하느님 나라는 율법과 예언서(〈루가〉 16,16)를 대신하지 않는다. 예수는 율법과 예언서를 확장한다.

하느님 나라는 가난한 사람이 복되다고 선언할 뿐 아니라 가난한 사람에게 돈을 나눠주라고 요청한다. 예수를 제대로 따르고 싶은 그리스도교 신자라면 진지하게 고뇌해야 할 주제다. 돈이 아무리 하느님 같아 보여도, 돈은 인간을 구원할 수 없다. 인간은 돈을 나눠야 구원받을 수 있다. 온갖 종교적 계명과 의무를 지켰다 해도, 돈을 가난한 사람에게 나눠주지 않으면 구원받지 못한다. 부자는 가진 것을 다 팔아 가난한 사람에게 나눠주라. 가톨릭교회는 교회가 소유한 것을 다 팔아 가난한 사람에게 나눠주라.

○ 예수의 세 번째 죽음 예고

³¹ 예수께서 열두 제자를 가까이 부르시고 이렇게 말씀하셨다. "우리는 지금 예루살렘으로 올라가고 있습니다. 거기에서 사람의 아들에 대하여 예언자들이 기록한 모든 일이 이루어질 것입니다. ³² 사람의 아들이 이방인들의 손에 넘어갈 터인데, 그들은 사람의 아들을 희롱하고 모욕하고 침 뱉고 ³³ 채찍질하고 마침내 죽일 것입니다. 그러나 사람의 아들은 사흘 만에 다시 살아날 것입니다." ³⁴ 제자들은 이 말씀을 듣고 조금도 깨닫지 못하였다. 이 말씀의 뜻이 그들에게는 가려져 있었기 때문에 그것이 무슨 말씀인지 알아듣지 못한 것이다. (18,31-34)

예수의 죽음 예고는 언제나 제자들의 오해와 연결된다. 예수의 죽음을 예고하는 정도가 아니라 제자들이 예수의 죽음을 이해하지 못하고, 더 나아가 거절한다. 안내자가 같이 가는 여행자들에게 단순히 일정을 안내하는 정도가 아니다. 여행자들이 일정을 이해하지 못하고 거절한다고 하자. 그 여행은 어떻게 될까. 예수의 죽음 예고보다 제자들의 오해가 사실상 주제다. 제자들의 오해는 그렇다지만 우리는, 교회는 예수를 잘 이해하는가.

예수가 실제로 이렇게 말했는지 알 수 없다. 복음서 저자들은 전해지는 이야기를 모아 글로 옮기고 편집하고, 자기 공동체 상황에 따라 고쳐 쓴다. 복음서에 나오는 제자들과 한국의 성서 독자는 사정이 조금 다르다. 독자는 대부분 예수의 죽음과 부활 이야기를 듣고 아는 상태다. 제자들은 예수의 죽음과 부활 이야기를 들었지만, 아직 모른다.

수난에 대한 첫 번째 예고에서 예수는 말한다. "사람의 아들은 반드시 많은 고난을 겪고 원로들과 대사제들과 율법 학자들에게 배척을 받아 죽었다가 사흘 만에 다시 살아날 것입니다."(〈루가〉9,22) 두 번째 예고에서 "사람의 아들은 머지않아 사람들의 손에 넘어갈 것입니다"(〈루가〉9,44) 하고 말했다. 세 번째 예고는 이렇다. "우리는 지금 예루살렘으로 올라가고 있습니다. 거기에서 사람의 아들에 대하여 예언자들이 기록한 모든 일이 이루어질 것입니다. 사람의 아들이 이방인들의 손에 넘어갈 터인데, 그들은 사람의 아들을 희롱하고 모욕하고 침 뱉고 채찍질하고 마침내 죽일 것입니다. 그러나 사람의 아들은 사흘 만에 다시 살아날 것입니다."(〈루가〉18,31-33) 세 차례 예고에서 내용의 차이는 무엇인가.

루가는 〈마르〉10,32-34을 수난에 대한 세 번째 예고의 대본으로 삼았다. 루가는 '예수의 일행이 예루살렘으로 올라가는 길이었다. 예수는 앞장서서 갔고 그것을 본 제자들은 어리둥절하였다'(〈마르〉10,32) 부분을 삭제한다. 예수 일행이 예루살렘으로 올라가는 길에 죽음이 예고된 것이 아니라, 그 전에 예고된 것으로 바뀐 셈이다. '그 뒤를 따라가는 사람들은 불안에 싸여 있었다'(〈마르〉10,32)는 문장도 〈루가〉에서 빠졌다. "사람의 아들은 대사제들과 율법 학자들의 손에 넘어가 사형선고를 받고 다시 이방인의 손에 넘어갈 것이다"(〈마르〉10,33)에서 '사형선고를 받고'라는 대목은 〈루가〉에서 보이지 않는다. 실제로 대사제들과 율법 학자들이 예수에게 사형선고를 내린 적은 없다.

31절에서 예수는 '예루살렘으로 올라간다anabainein'는 단어를 처음 사용한다. 예수는 어디로 간다paralambanein는 단어를 베싸이다 마을로 갈 때 (〈루가〉9,10), 기도하러 산으로 올라갈 때(〈루가〉9,28) 쓴다. '모든 일이 이루어질 것panta ta gegramnema'은 루가가 자주 사용하는 표현이다(〈루가〉21,22;

24,44; 〈사도〉 13,29). 31절에서 예수가 이전에 여러 그룹의 사람들에 둘러 싸여 왔다는 사실을 알아채야 한다. 예수는 제자들을 따로 불러낸다. 예수가 예루살렘으로 가는 여정을 시작한 뒤 여자 제자들과 남자 제자들 (〈루가〉 16,1; 17,1.5), 바리사이파 사람들(〈루가〉 13,31; 15,2; 16,14), 군중(〈루가〉 14,25), 관심 있는 사람들(〈루가〉 13,23; 18,18), 세리들과 죄인들(〈루가〉 15,1), 나병 환자(〈루가〉 17,12), 어린이(〈루가〉 18,15) 등 많은 사람이 곁에 있었다.

예루살렘에서 죽는다는 말은 세 번째 예고에서 제자들에게 처음 알린다. 누가 예수를 죽일지 첫 번째 예고와 세 번째 예고에서 같지 않다. 첫 번째 예고는 사람의 아들이 원로들과 대사제들과 율법 학자들에게 죽을 것이라는 암시를 하지만, 세 번째 예고는 이방인들의 손에 넘어가 죽을 것이라고 말한다. 두 번째 예고는 사람들의 손에 넘어갈 것이라고 뭉뚱 그려 말한다. 첫 번째 예고와 세 번째 예고에 사흘 만에 다시 살아날 것이라는 말이 있지만, 두 번째 예고에는 그 언급이 없다. 예루살렘에서 사람의 아들에 대하여 예언자들이 기록한 모든 일이 이루어질 것이라는 말은 세 번째 예고에서 처음 나온다. 예수의 고난과 죽음은 예언자들이 기록한 대로, 즉 성서에 기록된 대로 이루어질 것(〈루가〉 24,44)이라는 말이다.

32-33절에서 루가는 예수가 죽는 과정에서 유다인의 역할을 삭제한다. 그 대신 사람의 아들이 이방인의 손에 넘어가며, 이방인(로마 군대)이 사람의 아들을 마침내 죽일 것이라고 분명히 말한다. 루가는 예수의 죽음에 로마 군대의 책임이 크다는 역사적 사실을 강조한다.[146] 루가는 희롱하고 모욕하고 침 뱉고 채찍질하는 등 로마 군인이 예수를 고문할 것이라는 내용을 자세히 알린다.

예수의 죽음 예고에 대한 제자들의 충격이 갈수록 커진다. 세 번이나 예고한 것은 그만큼 제자들의 충격이 컸다는 뜻이다. 받아들이기 어려운 것이다. 스승의 실패, 아니 그런 스승을 따라가는 자신들의 운명에 대한 불안감도 적지 않았을 것이다. 제자들이 그런 말을 이해했을 리 없다. 제자들이 우둔하거나 성서를 잘 모른다거나 그런 말에 반발했으리라고 추측할 수 있지만 확증은 없다. 예수가 제자들에게 자신의 고난과 죽음에 대해 십자가 처형 전에 자세히 설명했는지 알 수 없다.

〈루가〉 9,45처럼 제자들이 이해하지 못했다는 사실을 34절에 다시 언급한다. 부활한 예수가 제자들에게 성서를 들어 죽음과 부활을 설명한다(〈루가〉 24,26; 24,44-46). 제자들은 그제야 이해하고 예수의 발 앞에 엎드린다(〈루가〉 24,52). 예언서가 예수의 죽음을 예고했다는 말을 제자들이 예루살렘으로 가는 길에 이해하기는 어려웠을 것이다. 마르코가 수난을 알려주고 제자들이 두려워한 사실을 강조했다면, 루가는 제자들이 이해하지 못한 사실을 강조한다.

역사에서 예언자들의 예고가 실현되었다는 것이 루가의 핵심 사상이다.[147] 인간적으로 이해하기 쉽지 않은 예수의 고난과 죽음을 성서 차원에서 이해하자는 것이 루가의 생각이다. 예수의 고난과 죽음은 성서의 완성이라는 말이다. 루가는 독자에게 두 가지를 알려준다. 첫째, 예수를 완전히 이해하려면 십자가 죽음의 내용을 올바로 이해해야 한다. 둘째, 예수를 완전히 이해할 수 있는 때는 십자가 죽음 이후다. 독자가 예수를 이해하는 데 제자들보다 유리한 조건에 있다.

마르코에게 갈릴래아가 중요하다면, 루가에게는 예루살렘이 중요하다. 마르코는 농촌 신학자요, 루가는 도시 신학자다. 사람들은 갈릴래아에서 하느님 나라를 선포한 예수에게 관심이 있었다. 예수를 떠난 사람도 많았다. 사람들은 하느님 나라보다 예수에게 관심이 있었던 것 같다. 제자들도 마찬가지다. 예수는 누구인가.

〈루가〉는 3부작으로 이해할 수 있다. 예수의 갈릴래아 활동은 1부에서 다룬다. 예루살렘 활동은 3부에 속한다. 2부 예루살렘으로 가는 길에서 마지막 부분이 〈루가〉 18,31-19,27이다. 예수 일행은 예루살렘에 가까이 왔다. 요르단 분지 낮은 곳에서 예루살렘이라는 산 위의 도시로 올라갈 것이다. '제자 교육'이라는 2부 주제가 거의 막바지에 이르렀다. 제자들과 사람들에게 예루살렘 도착 직전에 정신교육을 하는 것이다. 제자교육의 결론은 크게 두 가지다. 첫째, 예수는 죽음을 당한다. 둘째, 제자들은 십자가를 져라.

혁명가 체 게바라는 대단한 독서가다. 밤에는 불을 밝히고 책을 읽었다. 예수는 종이를 구경하지 못했다. 예수는 대단한 사색가인 것 같다. 사람들과 제자들에게 끊임없이 뭔가 말하고 가르쳐주고 싶어 한다. 루가는 스승 예수의 모습을 예루살렘으로 가는 길에서 주로 소개한다.

○ 시각장애인 치유

35 예수께서 예리고에 가까이 가셨을 때의 일이다. 어떤 소경이 길가에 앉아 구걸하다가
36 군중이 지나가는 소리를 듣고 무슨 일이냐고 물었다. 37 사람들이 나자렛 예수께서 지나가신다고 하자 38 그 소경이 "다윗의 자손이신 예수님, 저에게 자비를 베풀어주십시오" 하고 소리쳤다.

39 앞서가던 사람들이 그를 꾸짖으며 떠들지 말라고 일렀으나 그는 더 큰 소리로 "다윗의 자손이시여, 저에게 자비를 베풀어주십시오" 하고 말했다.

40 예수께서는 걸음을 멈추시고 그 소경을 데려오라고 하셨다. 소경이 가까이 오자 41 "나에게 바라는 것이 무엇입니까?" 하고 물으셨다. 그가 "주님, 볼 수 있게 해주십시오" 하고 대답하자 42 예수께서 말씀하셨다. "자, 눈을 뜨시오. 당신 믿음이 당신을 살렸습니다."

43 그러자 그 소경은 곧 보게 되어 하느님께 감사하며 예수를 따랐다. 이것을 본 사람들은 모두 하느님을 찬양하였다.(18,35-43)

예수의 세 번째 죽음 예고와 이해하지 못한 제자들의 충격에 이어 예리고의 시각장애인을 치유한 보도가 나온다. 예수를 이해하지 못하는 제자 이야기에 앞을 보지 못하는 장애인 이야기다. 루가는 〈마르〉 10,46-52을 대본으로 사용한다. 제자들은 마음의 눈이 안 보이고, 예리고의 시각장애인은 몸의 눈이 안 보인다. 어떻게 하면 볼 수 있을까. 본문의 주제다. 단순한 치유 이야기가 아니다. 예수 일행은 여전히 예루살렘으로 가는 길이다. 여행은 〈루가〉 19,44에야 끝난다. 예리고가 예루살렘 가까이 있음을 독자는 안다(〈루가〉 10,30).

장소와 등장인물뿐만 아니라 시간도 훌쩍 건너뛴다. 예루살렘으로 가는 길에 예수의 행적이 어디서 일어났는지 자세히 소개되진 않았다.

루가는 '시각장애인 치유' 이야기부터 예수 일행의 동선을 자세히 밝힌다. 예리고에 가까이 가셨을 때(〈루가〉 18,35), 예리고에 이르러(〈루가〉 19,1), 예루살렘에 가까이 오신(〈루가〉 19,11), 올리브 산 중턱에 있는 벳파게와 베다니아 가까이에 이르렀을 때(〈루가〉 19,29), 올리브 산 내리막길에 이르렀을 때(〈루가〉 19,37), 예루살렘 가까이 이르러(〈루가〉 19,41), 성전 뜰 안으로 들어가(〈루가〉 19,45). 독자는 예수 일행과 함께 움직인다는 느낌이 들 것이다.

〈마르〉에서는 예수가 예리고를 떠날 때, 〈루가〉에서는 예리고 가까이 이르렀을 때 시각장애인을 만난다. 그는 앞이 보이지 않고 구걸하는 사람이다. 시각장애인, 거지, 가난한 사람은 세상에서 흔히 무시당한다. 나면서부터 앞이 안 보였을까, 병이나 사고로 그렇게 되었을까? 마르코는 그를 '티매오의 아들 바르티매오'라고 밝혔고(〈마르〉 10,46), 마태오는 '눈먼 사람 둘'(〈마태〉 20,30)이라고 했다. 루가는 이름을 말하지 않고 '어떤 소경'이라고 한다. 본문에서 치유하는 예수뿐 아니라 치유받은 시각장애인도 주인공이다. 눈을 뜨게 해준 사람은 예언자다(〈이사〉 61,1). 시각장애인이 치유받은 뒤 하느님 찬양과 감사 기도를 어떻게 했는지 자세히 소개되진 않고, 예수의 뒤를 따른다는 사실이 강조된다.

예리고는 요르단 강 분지 해수면 250미터 이하에 위치한 곳이다. 인간이 거주한 가장 낮은 장소로 알려졌다. 예루살렘과 25-30킬로미터 거리다. 예리고와 예루살렘은 높이에서 약 1000미터 차이가 나지만, 순례자가 하루 걸으면 도착할 거리에 있다. 공통년 66-70년 유다 독립 전쟁때 로마 군대가 예리고를 파괴한다. 로마 총독의 겨울 휴양지다. 순례자가 예루살렘에 도착하기 전에 마지막으로 쉬던 곳이다.

37절 나자렛 예수가 '지나간다'는 말은 하느님이 나타나실 때 쓴 표현과 같다(〈출애〉 12,23; 〈마르〉 6,48). 예수가 그냥 길을 지나친다는 뜻이 아니라 구원이 다가온다는 말이다. 38절 '다윗의 자손'은 정치적 메시아가 다윗 가문에서 나온다는 백성의 기대가 담겼다(〈루가〉 1,32; 20,41.44). 루가는 전투를 마치고 돌아오는 왕이 길에서 만난 백성을 위로하는 장면을 연상했을까. 시각장애인은 마치 전례에서 환호성을 지르듯이 예수에게 소리쳐 도움을 청한다(〈루가〉 16,24; 17,13). 앞서가던 사람들이 꾸짖어도 더 큰 소리로 말하는 시각장애인은 끊임없이 기도하는 사람의 특징을 보여준다(〈루가〉 11,5-8; 18,1-8).

〈마르〉 10,47의 나자렛nazarenos 예수는 37절에서 nazoraios(〈사도〉 2,22; 4,10; 26,9; 〈마태〉 2,23; 〈요한〉 18,5)로 바뀐다. 다른 곳에서 nazarenos가 쓰이기도 한다(〈루가〉 4,34; 24,19). 그 이유는 무엇일까. 나자렛 예수는 무슨 뜻일까. 성서학자들의 생각은 다양하다.[148] 어느 설명도 제외할 수 없고, 어느 하나로 결정할 수도 없다.

1. 나자렛이란 지명
2. 나지르인 서약(〈민수〉 6,2; 〈신명〉 33,16; 〈판관〉 13,5)
3. 새싹(〈이사〉 11,1; 〈묵시〉 22,16)
4. 보존하다, 지키다(〈시편〉 119,22)
5. 율법을 보존하는 사람(〈예레〉 31,6)

39절에서 앞서가던 사람들이 왜 그를 꾸짖으며 떠들지 말라고 했을까. 제자들도 여러 번 이렇게 잘못된 처신을 보였다. 예수에게 다가오는 사람을 막은 사람들이 실제로 있었다는 말인가. 지금도 사람들이 예수에게 오지 못하도록 행동으로 방해하는 신자와 성직자가 있다. 복음서 저자들이 예수에게 다가오는 사람의 간절함을 더하려는 문학적 기법에서 이런 대목을 일부러 지어냈을까. 예수는 걸음을 멈추고 시각장애인을 데려오라고 일렀다. 해외 방문 중 예정에 없이 다가오는 사람을 막지 않고 반기는 프란치스코 교황의 모습이 떠오른다. 42절 '믿음이 당신을 살렸다'(〈루가〉7,50; 8,48; 17,19)는 말은 예수에 대한 신뢰가 그리스도교 신앙의 기초임을 알려준다. 예수에게 하소연하는 울부짖음은 예수에 대한 믿음이 있기 때문에 가능하다. 그 시각장애인이 성서를 읽었겠는가.

치유받은 시각장애인은 예수를 따랐다. 제자가 된 것이다. 열두 제자만 예수의 제자가 아니다. 예수가 뽑은 제자가 있고, 자발적으로 예수를 따른 제자도 있다. 치유를 지켜본 군중이 모두 하느님을 찬양했다. 군중이 고맙다. 우리 사회에 군중을 무지하다고 여기거나 무시하는 사람이 적지 않다. 그렇게 생각하고 살아가는 정치인, 지식인, 종교인도 있다. 예수는 그러지 않았다. 군중에 대한 애정과 신뢰는 예수의 놀라운 특징이다. 촛불집회의 군중을 기억하자.

예리고의 시각장애인처럼 끈질기게 매달리고 간청하는 사람은 눈을 뜨고, 예수의 죽음을 이해하고, 결국 예수를 따른다(〈루가〉24,16.45; 〈사도〉9,17-). 시각장애인의 외침은 그리스정교회에서 '예수 기도'라는 이름으로 널리 퍼지고 사랑받았다.[149] 독자는 이 시각장애인처럼 예수를 의지하고 따르면 된다. 우리는 예리고의 시각장애인에게 배우면 좋다. 눈을 뜬 시각장애인은 하느님께 감사하며 예수를 따랐다. 이것을 본 사람들은 모두 하느님을 찬양했다. 군중이 하느님의 백성laos이 된 것이다.

그리스도교는 언제나 두 질문에 마주한다. 첫째, "우리는 어떻게 해야 합니까?"(〈루가〉 3,10-) 인간이 신에게 하는 질문이다. 둘째, "나에게 바라는 것이 무엇입니까?"(〈루가〉 18,41) 신이 인간에게 하는 질문이다. 예리고의 시각장애인처럼 겸손하고 진지하게 말하고 싶다. 인간의 최종 답변은 무엇일까. "주님, 볼 수 있게 해주십시오."(〈루가〉 18,41) 가난한 사람의 고통을, 역사 현실을, 예수의 삶과 죽음을 제대로 볼 수 있게 해달라고 기도하고 싶다.

○ 예수와 세리 자캐오

¹ 예수께서 예리고에 이르러 거리를 지나가고 계셨다. ² 거기에 돈 많은 세관장 자캐오가 있었다. ³ 그는 예수가 어떤 분인지 보려고 애썼으나, 키가 작아서 군중에 가려 볼 수가 없었다. ⁴ 자캐오는 예수께서 지나가시는 길을 앞질러 달려가서 길가에 있는 돌무화과나무로 올라갔다. ⁵ 예수께서 그곳을 지나시다가 그를 쳐다보며 말씀하셨다. "자캐오여, 어서 내려오시오. 오늘은 내가 당신 집에 머물러야겠습니다."
⁶ 자캐오는 이 말씀을 듣고 얼른 나무에서 내려와 기쁜 마음으로 예수를 자기 집에 모셨다. ⁷ 이것을 보고 사람들이 모두 "저 사람이 죄인의 집에 묵는구나!" 하며 못마땅해하였다. ⁸ 그러나 자캐오는 일어서서 말하였다. "주님, 저는 재산의 반을 가난한 사람들에게 나누어주렵니다. 그리고 제가 남을 속여 먹은 것이 있다면 네 곱절로 갚겠습니다."
⁹ 예수께서 자캐오를 보며 말씀하셨다. "오늘 이 집은 구원을 얻었습니다. 이 사람도 아브라함의 자손입니다. ¹⁰ 사람의 아들은 잃은 사람들을 찾아 구원하러 온 것입니다."(19,1-10)

자캐오가 주인공으로 나오는 대화, 예수와 적대자들의 갈등으로 구성된 부분이다. 서로 다른 장르에 속한 두 이야기가 겹쳐진 것이다(〈루가〉 5,17-26; 6,6-11; 9,37-45). 자캐오Zakkaios(〈에즈〉 2,9; 〈느헤〉 7,14)는 '죄 없다'는 뜻의 히브리어를 그리스어로 바꾼 이름이다. 자캐오를 '세관장arkitelones' 이라고 표현한 고대 문헌은 여기밖에 없다. '부자plousios'는 〈루가〉에 여러 번 나온 단어다(〈루가〉 6,24-26; 12,16-21; 16,19-31). 예수는 세리와 죄인의 친구(〈루가〉 7,34)라고 불린 적이 있다. 그러나 예수가 부자의 친구라고 불린 적은 없다.

자캐오의 회개는 일찍 시작되었다. 예수가 어떤 분인지 보려고 애썼고, 지나가는 길을 앞질러 달려가서 길가에 있는 나무로 올라가기도 했다. 루가는 4절에서 '뽕나무sukaminos'(〈루가〉 17,6)가 아니라 '돌무화과나무sukomorea'를 말하고 있다. 이 나무는 평지에서 자라고, 울창한 잎이 잘 떨어지지 않으며, 가지가 짧고 옆으로 넓게 퍼진다.[150] 돌무화과나무는 유럽이나 한국에는 잘 알려지지 않았다. 잎이 무성한 돌무화과나무에 올라가서 사람을 바라보기는 어렵다.

예수를 간신히 봤지만 들키고 싶지는 않았을까. 나무에 올라간 것은 예수가 자캐오를 알아보게 한 계기가 되었다. 자캐오는 예수와 우연히 마주친 것이 아니라 예수를 손꼽아 기다렸다. 예수가 그 간절한 노력을 알아본 것이다. 예수는 초대받기 전에 자캐오의 집에 머물겠다고 말한다. 죄인도 예수를 초대할 수 있다. 회개하기 위한 적극적인 노력이 중요하다. 기다림은 믿음의 표현이다. 간절한 기다림이 없으면 기쁜 만남도 없다. 예수뿐 아니라 연인을 기다리는 것도 믿음이다.

3절 '군중'은 길가에 서 있는 예리고 주민뿐만 아니라 예수와 동행해 온 사람들을 포함한다(〈루가〉 14,25; 18,36). '돈 많은 세관장'이라는 드문 표현까지 얻은 자캐오 아닌가. 6절에서 자캐오는 예수만 자기 집에 초대하고(〈루가〉 10,38) 주무시게 했을까, 예수 제자들과 일행도 함께 초대했을까. 알기 어렵다. 가난한 군중에게도 식사를 대접했다면 참 좋았겠다. 루가는 7절에서 "저 사람이 죄인의 집에 묵는구나!" 하며 불평한 사람들(〈루가〉 5,30; 15,2)이 누구인지 설명하지 않는다. 두 가지는 드러난다. 첫째, 세리를 죄인으로 여겼다. 둘째, 예수가 죄인의 집에 묵는 것을 못마땅하게 여겼다.

예수가 자캐오에게 어떤 권고를 한 적은 없다. 자캐오가 먼저 자기 생각을 털어놓는다. 재산의 반을 가난한 사람들에게 나누어주고, 남을 속여 먹은 것이 있다면 네 곱절로 갚겠다는 것이다. 세례자 요한의 말이 떠오른다. "옷을 두 벌 가진 사람은 못 가진 이에게 나누어주시오."(〈루가〉 3,11) 오늘은 당신 집에 머물러야겠다는 예수의 말에 자캐오가 감격해서 갑자기 회개했을지도 모른다. 존경하는 분이 집을 방문해주신다니 얼마나 기뻤을까. 존경하는 분을 만나면 회개할 수도 있다. 존경받는 사람이 많은 사회가 건강하다. 존경받는 신도와 성직자가 많은 종교가 건강하다. 자캐오의 태도는 성서 독자에게 두 가지를 알려준다. 첫째, 자캐오는 여전히 율법과 예언서 차원에 머물러 있다. 자캐오는 아직 하느님 나라의 메시지를 알지 못한다. 둘째, 예수와 만남은 종교 밖에서도 윤리적 회개를 일으킬 수 있다.

8절 '재산hyuparkonta'은 수입이 아니다. 수입의 절반을 나누는 것도 힘들지만, 재산의 반을 나누는 것은 쉬운 일이 아니다. '속여 먹은 것 sukopantein'은 정치·경제적 권력을 이용해서 약자를 착취한 것을 가리킨다. 자캐오가 착취해온 부끄러운 과거를 고백하는 것 같다. 세례자 요한은 군인들에게 착취하지 말라고 경고했다(〈루가〉 3,14). 당시 군인이 가난한 백성을 착취했다는 말이다. 가난한 사람은 군인들과 세무 공무원에게 착취당하며 살았다.

8절에 '네 곱절tetraplous'로 갚는다는 말은 어디서 비롯되었을까. 이 단어는 신약성서에서 여기만 나온다. 고대에 '네 배 처벌poena quadrupli' 규정이 있다.[151] 공동성서에서 근거를 찾는 학자도 있다. "누구든지 남의 황소나 양을 훔쳐다가 잡아먹었거나 팔았을 경우에는 황소 한 마리에 다섯 마리를, 양 한 마리에 네 마리를 배상하여야 한다."(〈출애〉 21,37) "그런 인정

머리 없는 짓을 한 놈을 그냥 둘 수는 없다. 그 양 한 마리를 네 배로 갚게 하리라."(〈2사무〉 12,6) 독일에서 재직 중에 횡령죄를 범한 공무원은 퇴직 후 연금을 받지 못한다는 소식을 들었다. 우리도 횡령한 액수의 네 배를 벌금으로 물리면 어떨까.

여기서 세례자 요한의 말을 돌아볼 필요가 있다. "세리들도 세례를 받으러 와서 그에게 '스승님, 저희는 어떻게 해야 합니까?' 하자, 요한은 '정해진 것보다 더 요구하지 마시오' 하고 일렀다. 군인들도 '저희는 또 어떻게 해야 합니까?' 하고 묻자, 요한은 그들에게 '아무도 강탈하거나 갈취하지 말고 여러분의 봉급으로 만족하시오' 하고 일렀다."(〈루가〉 3,12-14) 세례자 요한은 회개하라는 종교적 메시지를 말하는 데 그치지 않았다. 세례자 요한은 요즘 말로 정치 비평가요 사회운동가다. 예수도 정치 비평가요 사회운동가다. 예수가 세례자 요한의 문하생이라는 사실을 그리스도교 신자는 잊지 말아야 한다.

9절에서 예수는 자캐오를 보며 사람들에게 말한다. '오늘 이 집은 구원을 얻었다'는 말을 자캐오가 아니라 사람들에게 선언한다. 어떻게 하면 구원을 얻을 수 있는지 알려준 것이다. 재산의 반을 가난한 사람에게 나눠주면 구원받는다. 9절에서 예수는 〈루가〉 4,21 이후 처음으로 '오늘semeron'이란 단어를 쓴다. 구원의 역사가 지금 이뤄진다는 뜻이다. '사람의 아들은 잃은 사람들을 찾아 구원하러 왔다.' 루가는 예언서 말씀을 기억한다. "헤매는 것은 찾아내고 길 잃은 것은 도로 데려오리라. 상처 난 것은 싸매주고, 아픈 것은 힘이 나도록 잘 먹이고, 기름지고 튼튼한 것은 지켜주겠다. 이렇게 나는 목자의 구실을 다하리라."(〈에제〉 34,16)

성서학자들은 자캐오의 말에 두 가지 설명을 내놓았다. 첫째, 8절 '나누어주겠다didomi', '갚겠다apodidomi'를 미래 시제로 해석하여 자캐오가 회개하는 것을 드러낸 말이라는 해석이다. 둘째, 7절에서 사람들이 예수에게 불평하는 것을 보고 자캐오가 예수를 변호하기 위해 내놓은 제안이라는 해석이다. 어느 쪽 의견이든 반갑다. 우리도 예수의 난감한 처지를 감쌀 수 있다. 본문 주제에 대한 의견도 두 가지다.[152] 첫째, 자캐오에게 주시는 하느님의 은총이 강조된다. 자캐오를 죄인으로 간주하고, 회개와 용서의 관점에서 보는 전통적인 해석이다. 둘째, 구원에 참여하는 인간의 노력이 중요하다. 선행이 격려된다. 어느 쪽 해설이든 반갑다.

자캐오는 세리 레위처럼 모든 것을 버리고 예수를 따라나서는 제자(〈루가〉 5,28)가 되지는 않았다. 예수는 부자 청년에게 "아직 해야 할 일이 하나 더 있습니다. 가진 것을 다 팔아 가난한 사람들에게 나누어주고, 와서 나를 따르시오"(〈루가〉 18,22)라고 한 것을 자캐오에게 요구하지 않았다. 세 이야기에 공통점이 하나 있다. 예수를 따르려면 적어도 재산의 절반은 가난한 사람에게 나눠줘야 한다는 것이다. 부자 그리스도인은 들어라. 한국의 서민도 세계적으로 보면 중산층에 속한다.

복음서에서 부자가 예수에게 칭찬받는 드문 이야기다. 돈이 많아서 칭찬받는 게 아니라 재산의 반을 가난한 사람들에게 나눠주려고 다짐했기 때문이다. 루가 공동체는 예수가 죄인과 너그럽게 어울리는 모습을 기억했다. 예수의 말과 행동에서 감동받았다. 그러나 그런 예수의 언행이 차갑게 비난받는 경우도 잊지 않았다. 오늘도 사정은 별로 다르지 않다. 가난한 사람과 자주 어울리는 성직자나 평신도는 교회 안에서 사상을 의심받는다. 부자와 자주 어울리는 성직자가 교회에서 처벌받은 사례가 있었나. 부자와 골프 치고 헌금도 얻어내는 성직자가 유능한 사람으로 신자에게 칭송받지는 않는가.

　가난한 사람은 십일조 내기도 버겁지만, 부자는 재산의 절반도 적게 낸 것이다. 재산의 절반을 교회나 성당이 아니라 가난한 사람에게 줘야 한다. 재산의 절반을 교회나 성당에 내면, 가난한 사람에게 돌아가는 몫은 아주 적을 것이다. 부자 신도는 교회나 성당에 헌금하는 것보다 가난한 사람에게 나눠주는 것이 훨씬 좋다. 부자 신도가 아무리 종교 생활을 열심히 한다 해도, 재산의 절반을 가난한 사람에게 나눠주지 않으면 구원받기 어려울 것이다. 예수를 믿으면 부자가 되는 것이 아니라, 예수를 믿으려면 재산의 반을 가난한 사람에게 줘야 한다. 재산의 반을 교회에 바치는 것이 아니라 가난한 사람에게 줘야 한다.

　재산의 절반을 가난한 사람에게 나눠주기 전에 할 일이 있다. 예수를 믿는 사람은 횡령해선 안 된다. 예수를 믿는 사람은 착취해선 안 된다. 횡령과 착취로 모은 재산의 절반을 가난한 사람에게 줘봐야 헛일이다. 가난한 사람에게 나눠줄 돈을 모으기 위해 횡령과 착취를 한단 말인가. 프란치스코 교황은 "더러운 헌금은 교회에 필요 없다. 다시 가져가라"고 경고했다. 횡령 혐의로 감옥에 가는 유명한 그리스도인을 TV에서 보는 것은 지겹고 역겨운 일이다. 돈을 보려고 애쓰지 말고 예수를 보려고 애써야 한다.

　예수를 따르려면 모든 재산을 버려야 한다(〈루가〉 12,33; 14,33; 18,22). 성서는 한 점 한 획도 틀림이 없다고 우기는 성서 근본주의자들은 왜 모든 재산을 버려야 한다는 구절 앞에서 조금도 떨지 않을까. 그들은 낙타 크기를 줄이고 바늘귀를 넓히는 재주가 있단 말인가. 모든 재산을 기쁘게 버릴 자신이 있어서 그럴까. 무슨 수를 써서라도 부자를 편하게 해줄 성서학자나 종교인이 그들 뒤에 있어서 그럴까. 목사나 신부는 성서에서 한 점 한 획도 바꾸지 못하는데 말이다. 참 이상한 일이다. 부자가 가장 싫어하고 두려워해야 할 종교가 바로 그리스도교 아닌가.

○ 지금 삶에 충실하라

¹¹ 이 말씀을 들은 사람들은 예수께서 예루살렘에 가까이 오신 것을 보고 하느님 나라가 당장 나타날 줄 알고 있었다. 예수께서는 다른 비유 하나를 들려주셨다. ¹² "한 귀족이 왕위를 받아 오려고 먼 길을 떠나게 되었습니다. ¹³ 그는 종 열 사람을 불러 열 미나를 나누어주면서 일렀습니다. '내가 돌아올 때까지 이 돈을 가지고 장사를 해보아라.' ¹⁴ 그런데 그 나라 백성은 그를 미워하고 있었으므로 대표를 뒤따라 보내어 '우리는 그자가 우리 왕이 되는 것을 원하지 않습니다' 하고 진정하게 하였습니다.

¹⁵ 그 귀족은 왕위를 받고 돌아오자마자 돈을 맡긴 종들을 불러서 그동안 얼마씩 벌었는지 따져보았습니다. ¹⁶ 첫째 종이 와서 '주인님, 주인님이 주신 한 미나를 열 미나로 늘렸습니다' 하고 말하였습니다. ¹⁷ 주인은 '잘했다. 너는 착한 종이로구나. 네가 지극히 작은 일에 충성을 다했으니 열 고을을 다스리게 하겠다' 하며 칭찬하였습니다. ¹⁸ 둘째 종이 와서 '주인님, 주인님이 주신 한 미나로 다섯 미나를 벌었습니다' 하고 말하자 ¹⁹ 주인이 '너에게는 다섯 고을을 맡기겠다' 하였습니다.

²⁰ 다음에 온 종은 이렇게 말하였습니다. '주인님, 주인님이 주신 한 미나가 여기 그대로 있습니다. 저는 이것을 수건에 싸두었습니다. ²¹ 주인님은 지독한 분이라 맡기지 않은 것을 찾아가시고, 심지 않은 데서 거두시기에 무서워서 이렇게 하였습니다.'

²² 이 말을 들은 주인은 '이 몹쓸 종아, 네 입에서 나온 말로 너를 벌주겠다. 내가 맡기지 않은 것을 찾아가고 심지 않은 것을 거두는 지독한 사람으로 알고 있었단 말이지? ²³ 그렇다면 너는 왜 내 돈을 필요한 사람에게 꾸어주지 않았느냐? 그랬으면 내가 돌아와서 이자까지 붙여서 원금을 돌려받지 않았겠느냐?' 하고 호통을 쳤습니다. ²⁴ 그리고 그 자리에 서 있던 사람들에게 '저자에게서 한 미나를 빼앗아 열 미나를 가진 사람에게 주어라' 하고 일렀습니다.

²⁵ 사람들이 '주인님, 그 사람은 열 미나가 있지 않습니까?' 하고 말하자 ²⁶ 주인은 '잘 들어라. 누구든지 있는 사람은 더 받고, 없는 사람은 있는 것마저 빼앗길 것이다. ²⁷ 그리고 내가 왕이 되는 것을 반대하던 원수들은 여기 끌어다가 내 앞에서 죽여라' 하고 말하였습니다."(19,11-27)

예수는 아직 예리고에 있다. 예리고 자체가 중요한 게 아니라 예리고가 예루살렘 가까이 있다는 사실이 중요하다. 여러 메시아 그룹이 사막에서도 활동했지만, 희망은 결국 예루살렘에 있었다. 예루살렘에 다가서는 예수는 희망을 주었다. 예루살렘과 지리적으로 가깝다는 것을 하느님 나라와 공간적으로 가까워졌다고 생각하는 사람이 많았다. 예수가 예루살렘에 가까이 온 것을 보고 하느님 나라가 당장 나타날 줄 알던 사람들에게 루가는 왜 하느님 나라가 오지 않았는지 설명해야 했다.

하느님 나라가 오기를 더 오래 기다려야 한다는 말이 아니라, 루가도 하느님 나라가 언제 올지 모른다는 말이다. 예루살렘에 들어가면 하느님 나라가 오는 것이 아니라, 예수는 '하늘로 올라가신 그 모습으로 다시 오실 것이다'(〈사도〉 1,11). 루가는 예수 시대 사람들에게 〈루가〉를 읽히려는 것이 아니다. 예수의 죽음과 루가 공동체는 두 세대, 즉 적어도 50년 차이가 있다는 것을 기억해야 한다.

〈루가〉 3부작의 2부 끝부분에 해당한다. 예루살렘으로 가는 예수 일행의 여행기 마지막 페이지다. 루가는 〈마태〉 25,14-30을 대본으로 참고한다. 〈마르〉에 없는 이야기다. 〈마태〉에서 귀족은 종 세 명에게 돈을 주는데, 〈루가〉에선 열 명에게 준다. 〈마태〉에서 달란트를, 〈루가〉에서 미나를 준다. 〈마태〉에서 세 명에게 다섯 달란트, 두 달란트, 한 달란트를 준다. 〈루가〉에서는 열 명에게 한 미나씩 준다. 1미나는 아주 가벼워서 천에 싸서 감출 수 있다. 26킬로그램에 해당하는 1달란트는 땅에 묻어둔다(〈마태〉 25,25).

11절의 설명은 〈마태〉에 없다. 12절에서 귀족이 왕위를 받아 오려면 반드시 먼 길을 떠나야 한다는 말이 아니다. 예수의 비유를 준비하기 위한 문학적 표현 기법이다. 팔레스타인에서 왕위를 차지하려는 귀족은 로마까지 가서 황제의 승낙을 얻어야 했다.[153] 귀족은 재산을 늘리기 위한 방법이 아니라 종들을 시험하려고 한 미나씩 나눠준다. 종은 그리스도인을 가리킨다.

미나mna는 원래 무게 단위다(〈1 열왕〉 10,17; 〈에즈〉 2,69; 〈에제〉 45,12;). 그리스와 로마 화폐제도에서 미나는 가치 단위로 쓰였다. 실제 동전은 아니다. 당시 노동자의 일당은 1드라크마다. 1미나는 100드라크마 혹은 0.016달란트에 해당한다. 〈마태〉 25,15에서 종들은 각각 다섯 달란트, 두 달란트, 한 달란트를 받는다. 〈루가〉 19,13에서 종들이 받은 한 미나보다 무려 300배, 120배, 60배 많이 받은 셈이다. 귀족은 아주 적은 돈을 받은 종들이 어떻게 활용하는지 지켜보려 한다. 하느님은 아주 작은 능력이 있는 개인이 하느님 나라를 위해 자기 재능을 어떻게 사용하는지 지켜보신다.

13절 doulos는 '종', '노예'를 뜻한다. 주인이 없을 때 노예보다 종의 권리가 많다. 종이 열 사람으로 표시된 것은 유다교 회당이 법적으로 존재하려면 적어도 성인 남자 열 명이 있어야 하는 규정 때문일 것이다.[154] '돈을 가지고 장사를 해보아라pragmateuomai'라는 표현은 신약성서에 여기밖에 없다. '내가 돌아올 때까지en ho erkomai'는 시간적 뜻에서 '돌아올 때까지', 결과적 뜻에서 '돌아온다면'으로 번역될 수 있다. 나는 '돌아올 때까지'를 선택하겠다.

14절 '백성은 그를 미워하고 있었다'는 말은 당시 정치 상황을 알려주는 표현일까, 예수가 당시 정치체제를 비판한다는 말일까, 아니면 루가 공동체 시대 정치체제에서 왕을 정하는 데 백성의 뜻을 반영했다는 뜻일까? 루가 공동체는 이 말이 늦어지는 예수 재림과 재림 이전의 심판을 가리킨다는 것을 알았다. '대표'는 누구일까? 유다 백성의 관리를 가리키는 것 같다. 〈루가〉에서 '대표', '보낸 사람들'이라는 단어는 여러 차례 나온다(〈루가〉 7,3; 8,49; 14,17). 14절은 예수를 거절하고 심판자로 받아들이기 싫어하는 이스라엘 백성을 비유한다.[155]

마태오가 종에게 주는 돈을 천문학적으로 과장했다면, 루가는 보상을 과장했다. 17절 '열 고을'은 데카폴리스(〈마르〉 5,20; 7,31; 〈마태〉 4,25)를 가리키는 것 같다. 16-26절은 예수가 다시 올 때 모든 개인은 자기 삶을 심판받는다는 것을 전제한다. 귀족은 종 열 명에게 미나를 주었지만, 나중에 물어본 종은 세 사람이다. 일곱 명은 심판에서 제외된다는 암시가 아니고, 문학적 설명 기법에 따라 셋에게 물어본 것이다. "나에게 와서 내 말을 듣고 실행하는 사람이 어떤 사람인지 가르쳐주겠다"(〈루가〉 6,47)처럼 루가는 15-24절에서 귀족의 판단을 두 종류로 나누어 설명한다.

16절과 18절에서 종이 주인의 재산을 실제로 각각 1000퍼센트, 500퍼센트 불렸다고 믿어서는 안 된다. 열 배, 다섯 배는 신학적 숫자다. 이 비유의 주제는 돈을 불렸느냐가 아니라 예수의 말씀을 제대로 따랐느냐다. 예수의 말씀을 따르다 보니 재산이 열 배로, 다섯 배로 증가하더라는 엉터리 간증은 이 이야기와 아무 관계없다. 열심히 일해서 자기 재산을 몇 배로 늘린 사람은 예수에게 칭찬받는다는 설교는 거짓말이요, 사기다.

20절 '수건soudarion'은 목이나 어깨에 두르는 긴 천을 말한다. 라틴어

'땀sudor'에서 파생된 그리스어 단어다. soudarion은 시신을 덮는 데 사용되었다(〈요한〉 11,44; 20,7). 20절에서 종은 주인의 명령, 즉 예수의 말씀을 제대로 실행하지 않았다. 종은 주인에게 받은 돈을 그대로 돌려주었을 뿐, 결코 횡령하거나 소비하지 않았다. 그런데도 주인에게 혼났다는 점이 독자에게 주는 메시지다. 하느님께 받은 아주 작은 재능이라도 성장시키려 애쓰지 않고 그대로 둔다면, 하느님께 혼날 것이라는 말이다.

고대에 주인 얼굴을 보며 감히 "주인님은 지독한 분이라 맡기지 않은 것을 찾아가시고, 심지 않은 데서 거두시기에"(21절)라고 말하는 종이 있었을까. 주인이 착취하는 악당이라는 말 아닌가. 독자가 알기 쉽게 설명하는 루가의 문학적 표현이다. 예수에게 불평하는 사람들(〈루가〉 5,21; 6,7; 11,52)의 태도와 비슷하다. 처음 두 종은 주인을 신뢰하는 데서 출발한다. 세 번째 종처럼 주인의 성격을 제대로 알지 못한 책임은 자신에게 있다. 예수를 잘못 파악하는 책임은 우리 자신에게 있다는 말이다.

21절 표현처럼 당시 나쁜 주인이 있었다. 주인에게 "지독한 분이라 맡기지 않은 것을 찾아가시고, 심지 않은 데서 거두시기에"라고 저항하는 종이 필요했다. 악덕 재벌 회장에게 저항하는 노조는 훌륭하다. 성서는 주인과 종의 봉건적 신분 체제를 지지하는 것이 아니다. 당시 사회에서 사람들이 알아듣게 비유를 든 것이다. 23절 '이자tokos'는 은행이 존재했다는 사실을 말하는 것이 아니다. 유다인은 오래도록 돈놀이를 금지했다. 26절에서 '있는 사람은 더 받고, 없는 사람은 있는 것마저 빼앗길 것'은 성서가 정치나 경제에서 무자비한 약육강식 논리를 지지한다는 말이 아니다. 예수를 신뢰하는 사람과 그렇지 않은 사람의 차이를 말한 것이다. 성서는 가난한 사람을 먼저 선택하고 편애한다.

27절 '내가 왕이 되는 것을 반대하던 원수들'은 누구일까. 루가는 〈사도〉 13,27에서 "예루살렘에 사는 사람들과 지도자들arkontes은 예수를 알아보지 못하고 그를 단죄하였습니다"라고 자세히 말한다(〈사도〉 10,39; 〈루가〉 13,33). 왕에게 반대하면 처벌받던 당시 사회를 반영한다(〈루가〉 12,46; 〈1사무〉 15,33; 〈묵시〉 14,10).

〈마르〉에서 예루살렘 도착 직전에 나온 부분은 시각장애인 치유에 대한 이야기다. 예수가 눈을 뜨게 해주시지 않으면 우리는, 제자들은 제대로 볼 수 없다는 교훈이다. 그런데 〈루가〉에서 예루살렘 입성 직전에 소개된 장면은 미나의 비유, 즉 제자 교육 이야기다. 예수를 믿지 않고 우리 책임을 다하지 않으면 심판받을 것이라는 경고다. 마르코가 예수의 도움을 강조한다면, 루가는 우리의 책임을 강조한다. 무자비한 하느님을 예상하고 아무것도 하지 않을까, 자비로운 하느님을 믿고 최선을 다할까. 내 인생은 내 책임이다.

예수가 우리 곁에 오래 없는 것을 보고 예수는 다시 오지 않으리라고 착각할 수 있다. 루가는 그런 위험을 경고한다. 예수는 반드시 다시 온다. 우리 그리스도인은 이런 가르침을 얼마나 자주 잊고 사는가. 성직자도, 교회도 예수가 다시 오심을 가끔 망각하고 사는 듯하다.

3부

십자가의 길, 해방의 길

○ 예루살렘 도착

²⁸ 예수께서 이 말씀을 마치시고 앞장서서 예루살렘을 향하여 길을 떠나셨다. ²⁹ 올리브 산 중턱에 있는 벳파게와 베다니아 가까이 이르렀을 때 예수께서는 두 제자를 앞질러 보내시며 ³⁰ 이렇게 말씀하셨다. "맞은편 마을로 가시오. 거기에 가보면 아무도 탄 적이 없는 어린 나귀 한 마리가 매여 있을 터이니 그 나귀를 풀어 끌고 오시오. ³¹ 혹시 누가 왜 남의 나귀를 푸느냐고 묻거든 '주께서 쓰시겠답니다' 하고 대답하시오."

³² 그들이 가보니 과연 모든 것이 예수께서 말씀하신 대로였다. ³³ 그래서 나귀를 풀었더니 나귀 주인이 나타나서 "아니, 왜 나귀를 풀어 가오?" 하고 물었다. ³⁴ "주께서 쓰시겠답니다." 그들은 이렇게 대답하고 ³⁵ 나귀를 끌고 와서 나귀에 자기들의 겉옷을 얹고 예수를 그 위에 모셨다.

³⁶ 예수께서 앞으로 나아가시자 사람들이 겉옷을 벗어 길에 펴놓았다. ³⁷ 예수께서 올리브 산 내리막길에 이르렀을 때 수많은 제자들은 자기들이 본 모든 기적에 대하여 기쁨을 감추지 못하고 소리 높여 하느님을 찬양하였다. ³⁸ "주의 이름으로 오시는 임금이여, 찬미받으소서. 하늘에는 평화, 하느님께 영광!"

³⁹ 그러자 군중 속에 끼어 있던 바리사이파 사람들은 "선생님, 제자들이 저러는데 왜 꾸짖지 않으십니까?" 하고 말하였다. ⁴⁰ 그러나 예수께서는 "잘 들으시오. 그들이 입을 다물면 돌들이 소리 지를 것입니다" 하고 대답하셨다.(19,28-40)

마르코는 예수의 삶을 갈릴래아에서 시작, 예루살렘에서 완성이라는 큰 구도로 생각했다. 그 사이에 예루살렘으로 가는 여정은 제자 교육을 위해 존재한다. 갈릴래아에서 하느님 나라를 선포하고, 예루살렘에서 십자가를 선포한다. 하느님 나라를 모르는 십자가는 공허하고, 십자가를 모르는 하느님 나라는 맹목적이다. 루가는 마르코의 의도를 충실히 따른다. 〈루가〉 3부작에서 3부는 예수의 예루살렘 도착으로 시작된다. 〈루가〉 19,28-24,53 가운데 예루살렘성전에서 예수의 가르침(〈루가〉 19,28-21,38)

은 예수의 죽음과 부활(〈루가〉 22,1-24,53)을 독자들에게 준비시키는 역할
을 한다.

예수의 죽음은 유다교 지배층이 예수를 반대하고 예수의 가르침이
틀리다고 주장하는 근거로 자주 사용되었다. 예수의 가르침을 전파하던
초대교회를 비난하는 데 주요한 논리였다는 뜻이다. 루가는 이에 맞서
유다교에게 예수의 가르침이 옳다고 해명하고, 초대교회 신자를 논리적
으로 설득하고 안심시켜야 했다. 루가가 최후의 시간에 예루살렘성전에
서 예수의 가르침을 다른 복음서보다 강조한 것도 이 때문이다. 〈루가〉를
쓴 이유이자 〈루가〉의 주제는 두 가지다. 첫째, 예수는 옳다. 둘째, 예수를
따르는 사람은 옳다.

루가는 예수 가르침의 서막으로 올리브 산에서 사람들의 환호, 예루
살렘에 대한 예수의 한탄, 성전 항쟁을 소개한다. 본문은 복음서에 모두
나오는 이야기다. 성전 방문(〈마르〉 11,11), 베다니아에서 숙박과 다음 날
예루살렘으로 돌아옴(〈마르〉 11,15), 무화과나무를 마르게 함(〈마르〉11,12-
14) 부분은 〈루가〉에서 빠졌다. 39-40절 바리사이의 질문과 예수의 대답
은 〈루가〉에만 있다. 〈루가〉는 시간과 동기에 따라 다섯 부분으로 나뉜
다. 행진은 도시 밖에서 시작된다. 예수는 나귀를 타고 온다. 옷이 길바닥
에 깔린다. 사람들이 환호한다. 행진은 성전에서 끝난다. 사람들이 예수
에게 환호하고 하느님을 찬양하는 장면이 절정이다. 32-39절에서 예수
는 말이 없다.

28절에서 예수는 앞장서서(〈마르〉 10,32) 길을 떠난다. 예수는 제자들
을 앞장세우고 천천히 나타나는 분이 아니다. 제자들이 죽고 예수가 나

중에 죽은 것이 아니다. '예루살렘을 향하여 길을 떠났다'보다 '예루살렘으로 올라가는 길을 떠났다'고 번역하는 것이 좋다. 예리고와 예루살렘의 고도 차이는 무려 1000미터에 달한다. 예리고에서 예루살렘으로 올라가는 길은 가파르고 힘들다. 한라산을 앞장서 올라가는 예수의 모습이 그려진다.

29절 벳파게는 '자라지 않은 무화과나무가 있는 집'이란 뜻이다. 성서에서 여기만 나오는 지명이다. 베다니아는 '아나니야의 집'이란 뜻이다. 〈느헤〉 11,32에 나오는 베냐민의 후손을 가리키는 단어 같다. 그 후손이 모여 살던 동네 아닐까. 베다니아는 라자로, 마리아, 마르타가 살았고(〈요한〉 11,1), 예수가 승천한 곳이다. 예루살렘에서 5리(약 2.8킬로미터) 떨어진 동네다(〈요한〉 11,18). 요르단 강 건너편 베다니아(〈요한〉 1,28)와 혼동하면 안 된다. 벳파게와 베다니아보다 베다니아와 벳파게 순서로 쓰는 것이 지리적으로 옳다.

베다니아와 벳파게 마을이 올리브 산에 있다는 사실이 중요하다. 메시아는 올리브 산에서 예루살렘으로 온다(〈즈가〉 14,4). 30절 남의 나귀를 풀어 끌고 오라는 말은 당시 군사적·정치적 이유에서 남의 재산과 인력을 징발한 관행을 암시한다. 로마 군대는 유다인을, 일본 군대는 우리 선조를 그렇게 괴롭혔다. 예수가 권력자라서 남의 소유물을 함부로 대한 것이 아니다. 예수는 가난해서 나귀 한 마리도 가지지 않았다는 뜻이다.[156] 33절에서 '나귀 주인kyurioi'이 복수로 표현된다. 동네 사람들이 공동으로 소유한 나귀라는 뜻일까.

30절 '아무도 탄 적 없는 어린neos 나귀'는 예식 목적으로 그렇게 표현한 것 같다.[157] 공동성서에서 '흠 없이 온전하고 멍에를 메어본 일이 없는 붉은 암소'(〈민수〉 19,2; 〈신명〉 21,3; 〈1사무〉 6,7)도 예식 목적으로 그렇게 표현되었다. 예수의 시신을 모신 무덤 역시 아무도 사용하지 않은 새 무덤이다(〈요한〉 19,41). 35절 '나귀에 자기들의 겉옷을 얹고 예수를 그 위에 모신 것'은 행렬이 특별하다는 뜻이다(〈1열왕〉 1,44). 지금까지 예수는 걸어서 이동한 사실을 기억하자. 예수는 순례자요, 노숙자요, 가난한 분이다.

나귀에 아직 안장이 없어서 제자들은 겉옷을 얹는 것으로 대신한다. 지지자에 둘러싸여 동물을 타고 행진하는 것은 솔로몬 왕을 맞이하는 예식에 속한다(〈1열왕〉 1,33). 제자들은 가난한 스승을 왕처럼 모시고 예우한다. 사람들은 "솔로몬 왕 만세"라고 소리 높였다. "비바 파파viva papa(교황 만세)"를 외치며 환호하는 것도 비슷한 맥락이다. 36절 '겉옷을 벗어 길에 펴놓은 것'(〈1열왕〉 9,13)은 승리의 길이라는 뜻이다. 유다인은 이해하기 쉽지만, 공동성서를 잘 모르는 한국 독자들에게 낯선 표현이다.

37절 제자들의 찬양은 예수가 탄생할 때 천사들의 합창을 연상케 한다(〈루가〉 2,13–). 천사들이 메시아의 탄생을 찬송했듯이, 제자들이 메시아의 등장에 환호하는 것이다. 제자들이 기뻐한 이유는 '자기들이 본 모든 기적pasai hai dyunameis'(37절) 때문이다. 이 단어는 예수의 치유, 마귀 추방, 죽은 자를 일으킴이 모두 포함된다(〈루가〉 10,13; 〈사도〉 2,22). 예수가 한 일을 보고 하느님을 찬양하는 경우는 〈루가〉에 여러 번 나온다(〈루가〉 5,25; 7,16; 17,15). 루가는 예수의 말과 행동을 보면 하느님을 보는 것과 다름없다는 사실을 성서 독자에게 전하고 싶었다.

37절 '수많은 제자들'이라는 표현은 복음서에서 보기 어렵다. 38절에서 제자들은 예루살렘성전에 도착한 순례자에게 인사하는 말(〈시편〉 118,26)을 인용한다. '하늘에는 평화, 하느님께 영광'은 〈루가〉 2,14을 조금 고친 표현이다. '도와주세요'를 뜻하는 히브리어 호산나hosanna는 〈루가〉에서 빠졌다. 예수가 나귀를 타고 오는 동화 같은 장면은 군인의 행진과 아주 다르다. 예수는 권력을 앞세우지 않고 약한 모습으로 등장한다. "예루살렘아, 환성을 올려라. 보라, 네 임금이 너를 찾아오신다. 정의를 세워 너를 찾아오신다. 그는 겸손하여 나귀, 어린 새끼 나귀를 타고 오신다."(〈즈가〉 9,9; 〈창세〉 49,10-; 〈1열왕〉 1,33-40)

39절 바리사이들의 불평 어린 질문은 제자들의 환호와 대조된다. 루가는 바리사이들을 군중 속에서 빼내어 제자들의 침묵을 요구하게 만든다. 예수의 제자들에게 조용히 있으라고 윽박지르는 악의 세력은 어느 시대나 있다. 세월호만 그런 것이 아니다. 국가권력도, 언론도, 때로는 종교도 사람들에게 침묵을 권장한다. 나쁜 속셈이 있어서다. 예수는 〈하바〉 2,11을 인용하여 제자들을 변호한다. 돌조차 진실의 증인이다. 판사가 올바로 판결하지 않으면 돌이 증인이 되어 소리칠 것이다. 무기도 악한 권력자에게 반항한다. 마땅히 기뻐할 일은 기뻐하라. 마땅히 소리 지를 일은 소리 질러라.

루가에게 구원은 단순히 말씀을 듣는 것이 아니다. 구원은 하느님의 위대한 행위를 보는 것이기도 하다. 37절에서 제자들은 예수가 행한 모든 기적을 '보았다eidon'. 과거부터 지금까지 예수가 행한 모든 것을 보았다는 말이다. 구원은 말씀을 듣고 행동을 보는 것뿐만 아니다. 구원은 외치는 것이다. 예수의 기적을 소리 높여 세상에 외치는 것, 우리의 애원을 하느님과 사람들에게 큰 소리로 말하는 것을 포함한다. 권력자여, 백성에게 침묵을 강요하지 마라. 부자여, 가난한 사람에게 닥치고 있으라고 말하지 마라. 성직자여, 평신도의 입을 막지 마라. 침묵이 언제나 금은 아니다. 악에게 저항하지 않는 침묵은 악의 편이다. 침묵하지 말자. 일어나 말하자.

본문에는 찬가, 이야기, 보도 등 여러 문학 장르가 있다. 현장을 TV로 생중계하는 장면이 아니라 신학적 의도로 쓴 글이다. 루가는 공동성서 여러 구절을 인용하여 예수가 독특한 의미에서 사람들이 기다리던 메시아라는 사실을 말하고 싶었다. 예수는 평화의 메시아요, 희생하는 메시아다. 군대 사령관 같은 메시아가 아니라 어린 나귀를 탄 평화의 메시아다. 지상의 모든 권력자는 평화의 메시아 예수 앞에 머리를 숙여라.

우리는 돈과 권력이 많은 사람을 승자로 숭배하는 문화에 산다. 약한 예수, 희생자 예수는 우리 시대의 영웅을 가리키는 코드가 아닌지 모른다. 그래서 예수를 제대로 이해하기 어려운지도, 아니 받아들이기 싫은지도 모른다. 십자가에 달린 예수를 우리 입맛에 맞게 강한 예수로 바꿔 숭배하는지도 모른다. 그것은 복음의 메시지가 아니다. 예수는 예루살렘 도착에서 승자의 행진으로 묘사되지만, 정치적 승리자의 길로 소개되지 않는다. 예수는 신학적으로 승자지만, 정치적으로 승자는 아니다. 그것은 예수의 길이 아니다. 그러면 교회의 길은 어때야 하는가. 교회가 승자를 숭배하고 승자에게 무릎 꿇는 것이 옳은가.

제자들은 '하늘에는 평화'라고 노래 불렀지만, 아직 지상에는 평화가 없다. 평화가 없는 정도가 아니라 가난과 억압과 불평등이 있다. 특히 한반도에 평화가 시급하다. 프란치스코 교황이 우리보다 한반도 평화에 관심이 있는 것 같다. 한반도에서 사는 것은 십자가를 지고 사는 것과 같다. 분단은 모든 한국인을 고통에 빠뜨린다. 한반도에서 그리스도인으로 사는 것은 통일 문제를 언제나 생각하고 사는 것을 전제한다. 어느 종교인도, 신학자도 분단 문제를 피하면서 그리스도인으로 살아갈 수 없다. 분단 문제는 공기처럼 한국인에게 전제요, 기본이다. 그리스도교는 분단에서 이익을 얻으려고 생각하지 말고 한반도 평화를 위해 애써야 한다. 교회는 전쟁을 부추기는 세력, 평화를 방해하는 세력과 당당히 맞서 싸워야 한다.

○ 예수의 성전 항쟁

41 예수께서 예루살렘 가까이 이르러 그 도시를 내려다보시고 눈물을 흘리며 42 탄식하
셨다. "오늘 네가 평화의 길을 알았더라면 얼마나 좋았을까! 그러나 너는 그 길을 보지
못하는구나. 43 이제 네 원수들이 돌아가며 진을 쳐서 너를 에워싸고 사방에서 쳐들어와
44 너를 쳐부수고 너의 성안에 사는 백성을 모조리 짓밟을 것이다. 그리고 네 성안에 있
는 돌은 어느 하나도 제자리에 있지 못할 것이다. 너는 하느님께서 구원하러 오신 때를
알지 못하였기 때문이다."
45 예수께서 성전 뜰 안으로 들어가 상인들을 쫓아내며 46 그들에게 말씀하셨다. "성서에
'내 집은 기도하는 집이다'라고 기록되어 있지 않습니까? 그런데 여러분은 성전을 '강도
의 소굴'로 만들었습니다."
47 예수께서는 날마다 성전에서 가르치셨는데, 대사제들과 율법 학자들과 백성의 지도
자들은 예수를 잡아 죽일 궁리를 하였다. 48 그러나 온 백성이 예수의 말씀을 듣느라고
그 곁을 떠나지 않았기 때문에 어찌할 도리가 없었다.(19,41-48)

예수의 눈물은 제자들의 기쁨과 대조된다. 예수는 여러 번 탄식한다
(〈루가〉 13,34; 23,27-). 가난한 사람의 슬픈 운명을 보고 누가 눈물 흘리지
않으리. 예수는 41-42절에서 탄식하고, 43-44절에서 처벌을 알리며 경
고한다(〈루가〉 13,34-35; 〈이사〉 22,4-8; 〈아모〉 5,1-3). 예수는 예루살렘에 다
가오는 운명을 바꿀 수 없어 눈물을 흘린다(〈2열왕〉 8,11; 〈이사〉 22,4; 〈예레〉
14,17). 두 가지 사실이 드러난다. 첫째, 예수는 예루살렘을 사랑했다. 둘
째, 예루살렘은 잘못했다. 사랑하지 않는 사람을 위해 우는 사람은 없다.

이 구절을 읽는 초대교회 사람들의 심정은 어땠을까. 그들은 대부분
유다인이다. 무너진 성전과 전쟁으로 학살된 선조와 동포들 생각에 슬프
고 착잡했을 것이다. 한국 그리스도인은 그 심정을 잘 모르리라. 예수는

예루살렘이라는 단어에 포함된 schalom(평화)이라는 뜻을 더 기억했을 것이다. 제주도를 평화의 섬이라고 하지 않는가. 예루살렘 시민은 자기들에게 보낸 메시아를 알아보지 못했다(〈루가〉 23,34; 〈사도〉 3,17; 13,27). 마음이 닫혀서 그런 것이다(〈이사〉 6,9-; 〈루가〉 8,10; 〈로마〉 11,8). 그들은 증인들의 부활 선포를 통해 예수를 알아보고 회개할 기회가 생겼다(〈사도〉 2,38; 3,17-19; 5,30-).

예수가 여기처럼 예언자에게 의지한 곳이 〈루가〉에 없다.[158] 예언자의 임무에는 자신의 선포가 실패했음을 인정하는 것도 포함된다. 그럴수록 하느님의 뜻을 담담하게 알려야 한다. 예수는 이스라엘에 대한 자신의 선포가 결국 실패할 것임을 예감한 모양이다. 왜 슬픈 예감은 빗나간 적이 없느냐 말이다. 당대에 성공하고 존경받은 예언자는 이스라엘에 없었다. 당대에 버림받고 후대 역사책에 남는 것이 예언자의 운명이리라. 가짜 예언자의 이름은 역사책에 기록되지 않는다. 기록된다면 비판의 대상으로 추한 이름이 새겨질 뿐이다.

41-44절은 예수가 실제로 한 말이 아니라 '사후 예언vaticinium ex eventu'에 속한다. 사건이 생긴 뒤에 마치 그전에 사건을 예언한 것처럼 꾸미는 문학 기법이다. 41절에서 예수는 예루살렘을 내려다보시고 눈물을 흘렸다. 루가에게 눈으로 보는 행동은 중요하다. 나인이라는 마을에서 죽은 외아들의 장례를 치르는 과부를 보고 측은한 마음이 들었다(〈루가〉 7,13). 세월호 유가족을 보는 프란치스코 교황의 심정도 그 과부를 보는 예수의 마음과 똑같았을 것이다. 길을 가던 사마리아 사람은 강도를 만난 사람 옆을 지나다가 그를 보고는 가엾은 마음이 들었다(〈루가〉 10,33). 체 게바라는 "세계 어느 곳에서라도 누군가에게 부정이 행해지지 않는지 살펴봐

야 한다"고 말했다. 있는 그대로 봐야 올바로 판단하고 의롭게 행동할 수 있다. 첫 단추인 보기를 제대로 하지 못하면 판단도, 행동도 엉망이 될 수 있다.

루가는 43절에서 예수가 유다 독립 전쟁 때 로마 군대가 예루살렘성 전을 포위하고(〈에레〉 29,3) 파괴한 역사를 예고한다고 생각했다. 정복하는 군대의 잔혹함은 고대에 널리 알려졌다(〈창세〉 19,4; 〈2열왕〉 6,14; 〈에제〉 26,8). 예루살렘성전이 파괴된 후 시민의 슬픈 운명이 예언자의 노래에 담겼다. "어미와 자식이 함께 박살 나지 않았느냐? 내가 이스라엘 가문을 그 모양으로 만들리라. 너희의 엄청난 죄를 그대로 두겠느냐? 때가 되면 먼동이 트듯 이스라엘 왕은 반드시 망하리라."(〈호세〉 10,14-15)

예루살렘성전이 파괴된 것은 예루살렘 시민이 하느님께서 구원하러 오신 때를 알지 못했기 때문이다. "시온이 갈아엎은 밭이 되고, 예루살렘이 돌무더기가 되며, 성전 언덕이 잡초로 뒤덮이거든 너희 탓인 줄 알아라."(〈미가〉 3,12) 44절 예수의 말은 〈루가〉 1,78-79로 이어진다. "우리 하느님의 지극한 자비 덕분이라. 하늘 높은 곳에 구원의 태양을 뜨게 하시어 죽음의 그늘 밑 어둠 속에 사는 우리에게 빛을 비추시고 우리의 발걸음을 평화의 길로 이끌어주시리라."

〈루가〉에서 성전 항쟁 기사는 짧고 간단하게 보도된다. 사건보다 예수의 가르침에 집중하려는 루가의 생각 때문이다. '환전상들의 탁자와 비둘기 장수들의 의자를 둘러엎었다'(〈마르〉 11,15)는 〈루가〉에서 빠졌다. '내 집은 만민이 기도하는 집'(〈마르〉 11,17)이 46절에서 '내 집은 기도하는 집이다'로 바뀌어 '만민'이 빠졌다. 이방인 선교가 시작된(〈사도〉 1,8) 이후

예루살렘은 유다인이 기대한 것처럼 만민이 찾는 순례지가 아니기 때문이다.[159]

　45절에서 예수는 성전 뜰 안으로 들어가 상인들을 쫓아낸다. 45-46절에서 루가는 예수가 왜 성전에서 희생 제물을 바치지도, 기도하지도 않았는지 설명한다. 사람들은 예루살렘성전에 축일을 지내러 온 예수가 희생 제물을 바치지도, 기도하지도 않는 모습에 의아했을 것이다. 제자들도 마찬가지였을 것이다. 예수는 예루살렘에서 축일을 지내러 오랜 시간 먼 길을 걸어오지 않았는가. 사람들은 예루살렘성전에서 기도했다(〈루가〉1,10;2,37;18,10).

　46절은 〈마르〉11,17에서 따온 것으로, 〈이사〉56,7과 〈예레〉7,11을 섞은 구절이다. 예수는 성전에 있는 모든 사람이 아니라 상인을 쫓아낸다. 물론 상인에게 임대를 주고 돈을 번 대사제에 대한 경고도 포함된다. 성전은 기도하는 집이다. 종교 비판의 말이다. 종교를 팔아 돈벌이하는 사람은 지옥에 떨어질 것이다. 예수는 성전을 상업 행위에서 해방했다. "그날이 오면, 다시는 만군의 야훼의 전에 장사꾼이 있지 못하리라."(〈즈가〉14,21)

　예수가 성전에서 기도하고 제사 지내는 전례를 방해한 것은 아니다.[160] 예수가 성전에서 제사 지내는 사제를 쫓아낸 것이 아니다. 예수가 성전에서 제사 지내지 못하도록 방해한 적도 없다. 성전을 상업 행위에서 해방했으니 예수는 전례를 제대로 준비시킨 것이다. 예수는 돈에 물든 성전을 돈에서 해방하려 한 것이다. 예수가 예루살렘성전을 자신이 가르치는 장소로 만들기 위해 상인을 쫓아냈다는 해설[161]은 본문에서 이

끌어내기 어렵다.[162]

예수가 결과적으로 제사 지내는 데 필요한 동물과 헌금을 순례자들이 바치지 못하도록 방해했다고 항의할 사람도 있을 것이다. 예수가 보기에 동물과 돈은 하느님께 바치는 예배에 필수적인 것이 아니다. 그렇게 생각했다면 예수가 동물과 헌금에 관계된 상인을 쫓아냈을 리 없다. 예수가 명동성당 성물방이나 사무실에 가서 성물을 뒤엎고 직원을 쫓아냈다고 하자. 예수가 미사를 방해하고 전례를 모독하며 신자의 도리에 어긋난 행동을 했다고 말할 수 있을까. 예수가 미사를 방해한 것이 아니라, 명동성당을 상업 행위에서 해방한 사건이라고 말해야 할 것이다.

47절에 '예수는 날마다 성전에서 가르쳤다'고 나온다. 루가는 하루에 활동한 것을 구체적으로 소개한다. 이방인의 뜰(솔로몬 홀)에서 가르쳤을 것이다. 당시 다른 사람들도 그렇게 했다(〈루가〉 2,46-; 〈요한〉 10,23; 〈사도〉 5,12). 성전 항쟁이 아니라 성전에서 가르친 것이 적대자들이 예수를 죽이려는 근거가 되었다는 의견[163]에 찬성하기 어렵다. 예수를 죽이려는 음모는 훨씬 전에 시작되었다. 47절에 따르면 예수의 적대자는 바리사이가 아니라 대사제들과 율법 학자들과 백성의 지도자들, 즉 유다 지배층이다(〈마르〉 11,18). 대사제들과 율법 학자들은 예수의 첫 번째 죽음 예고에 언급되었다(〈루가〉 9,22).

우리는 '예수의 성전 항쟁' 이야기에서 무엇을 느끼고 배울 수 있을까. 평화가 중요하다는 점이다. 성전은 무엇을 위해, 누구를 위해 존재하는지도 물어야겠다. 우리 한국인에게 시급하고 중요한 질문이다. 그리스도교가 한반도 평화를 위해 애쓰는가. 한국 개신교와 가톨릭은 성전을 강도의 소굴이 아니라 기도하는 집으로 여기고 실천하는가. 종교 지배층은 자신의 권력과 지갑을 위해 종교를 이용하지 않는가.

휴전선에서 북쪽과 남쪽을 보며 눈물 흘리는 하느님이 상상된다. 평양과 서울을 보며 눈물 흘리는 예수가 상상된다. "한반도여, 오늘 네가 평화의 길을 알았다면 얼마나 좋을까! 그러나 너는 그 길을 보지 못하는구나"하고 탄식하시는 것 같다.

○ 예수의 적대자들

1 어느 날 예수께서 성전에서 사람들을 가르치시며 복음을 전하고 계실 때에 대사제들과 율법 학자들이 원로들과 함께 와서 2 "당신은 무슨 권한으로 이런 일들을 합니까? 누가 이런 권한을 주었습니까? 말해보시오" 하고 따졌다. 3 예수께서 말씀하셨다. "그러면 나도 한 가지 물어보겠습니다. 어디 대답해보시오. 4 요한이 세례를 베푼 것은 그 권한이 하느님에게서 난 것입니까, 사람에게서 난 것입니까?" 5 그들은 자기들끼리 "하느님에게서 났다고 하면 왜 요한을 믿지 않았습니까 할 것이고 6 사람에게서 났다고 하면 사람들이 모두 요한을 예언자로 믿고 있으니 우리를 돌로 칠 것이 아니겠소?" 하며 의논한 끝에 7 "어디서 났는지 모르겠습니다" 하고 대답하였다. 8 예수께서 말씀하셨다. "나도 무슨 권한으로 이런 일들을 하는지 말하지 않겠습니다."(20,1-8)

신학자 예수를 볼 수 있는 곳이다. 예수는 설교자이기 전에 신학자다. 최초의 신학자는 바울로가 아니라 예수다. 예수는 최초의 해방신학자다. 신학 없이 설교 없다. 신학 없이도 충분히 설교할 수 있다고 우기는 사람이 있다. 그런 사람이 예수를 믿지 않거나 반대하는 사람과 논쟁할 수 있을까. 몇 분이나 버틸까. 적대자와 논쟁할 때 신학자 예수가 가장 잘 드러난다.

예수의 복음 선포는 논쟁으로 시작해서 논쟁으로 끝난다. 예수는 율법 학자들과 바리사이들과 논쟁을 시작했고(〈루가〉 5,17-6,11), 율법 학자들, 대사제들, 사두가이들과 논쟁했다. 논쟁을 모르거나 싫어하는 사람은 예수를 제대로 이해하기 어렵다. 복음을 선포하면 적대자와 만나고, 그들과 논쟁하는 것을 피할 수 없다. 달리 말하면, 적대자를 만나지 않으려는 사람이나 논쟁하기 싫은 사람은 복음을 선포하면 안 된다.

예수에게 하는 마지막 질문, 그리스도교에게 하는 마지막 질문이 한 꺼번에 집중된다. 예수의 권위(〈루가〉 20,1-8), 포도원 소작인 비유(〈루가〉 20,9-19), 세금 논쟁(〈루가〉 20,20-26), 부활 논쟁(〈루가〉 20,27-40), 다윗의 자 손 문제(〈루가〉 20,41-44), 최후의 경고(〈루가〉 20,46-47). 예수가 죽기 직전에 마지막으로 가르치며 논쟁하는 시간이다. 마치 예수가 인류 앞에서 최후 진술을 하는 것 같다. 예수는 이제 할 말이 없다.

신약성서학자 보폰이 2100페이지에 달하는 〈루가〉 주석서 네 권을 펴내는 데 1989년부터 20년이 걸렸다. 지난 3년간 그 주석서를 읽으며 나는 여러 번 고개를 숙였다. 성서 공부는 이렇게 하는 것이구나 생각하 며 크게 감동받았다. 그 네 권은 이 해설서에 많은 자극을 주었다. 보폰은 〈루가〉 20,1-8 제목을 '답변 없는 질문'[164]이라고 붙였다. 흥미로웠다. 왜 그랬을까? 성서신학은 답변 없는 질문인가? 신학은 답변을 찾는가, 질문 을 찾는가?

예수는 복음, 즉 기쁜 소식을 전했다. 슬픈 소식을 전한 것이 아니다. 종교는, 그리스도교는 기쁨보다 진리를 먼저 말하려는 경향이 있다. 진 리를 강조하다 보니 논리, 이성, 언어, 철학에 집중한다. 그러는 사이 기쁨 은 저 뒤로 밀려났다. 정서, 느낌, 교감, 매력 등은 진리보다 한두 차원 낮 은 것으로 여겨지기도 했다. 종교에서 기쁨이 회복되어야 한다. 종교는 진리 이전에 기쁨으로 인류에게 왔다. 기쁘지 않으면 진리가 아니다. 가 난한 사람에게 기쁨을 주지 못하면 복음이 아니다. 프란치스코 교황은 특히 복음의 기쁨을 강조한다.

〈루가〉 20,1-21,4은 〈마르〉 12,28-34을 제외하면 〈마르〉를 거의 그대로 따른다. 예수와 적대자들의 논쟁을 소개한다. 종교 주제에서 생각의 차이는 당연하다. 초대교회와 유다교 그룹 사이에 벌어진 갈등이 예수와 적대자들의 논쟁에서 함께 나타난다. 예수가 유다 지배층에게 왜 버림받았는지 초대교회 사람들에게 설명하는 것이다. 논쟁에서는 상대의 생각을 알 수 있지만, 우리 편 의견도 재확인할 수 있다. 논쟁 있는 조직이 더 건강하다.

예수는 〈루가〉 20,1-26에서 유다 민족의 스승으로 드러난다. 〈루가〉에서 예수, 예루살렘 군중laos, 예수의 적대자들은 삼각형의 세 꼭짓점과 같다. 루가는 마르코와 달리 자신의 설명에 군중을 끼워 넣는다. 예루살렘 군중이 예수의 가르침에서 한 주인공으로 등장하는 것이다. 루가는 군중과 예수의 적대자들 사이에 거리를 둔다. 예수의 적대자들은 6절에서 "사람들이 우리를 돌로 칠 것이 아니겠소?" 하며 군중을 두려워한다. 율법 학자들과 대사제들은 '사람들이 무서워서 예수님께 손을 대지 못하였다'(〈루가〉 20,19). 독재자는 군중을 두려워한다. 촛불집회를 보라. 루가는 군중의 힘을 강조한다.

본문은 논쟁 이야기다. 다른 논쟁과 달리 구체적인 논쟁 주제가 드러나지 않는다. 예수 적대자들의 생각이 소개되면서 군중의 여론도 자연스럽게 알려진다. 루가는 〈마르〉 11,27-33을 대본으로 삼았다. 1절에서 예수는 복음을 전한다(〈루가〉 8,1; 〈사도〉 5,42; 15,35). 예수는 갈릴래아에서 등장한(〈루가〉 4,14-15) 뒤 시작한 일을 계속한다(〈루가〉 4,15; 5,17; 19,47). 죽기 전에도 평소처럼 일한 것이다. 예수는 내일 세상이 무너진다 해도 오늘 사과나무를 심는다.

〈마르〉11,28에서 적대자들이 예수의 성전 항쟁에 대해 주로 추궁한다면, 본문에서는 예수의 가르침에 대해 질문한다.[165] 그들은 가짜 질문을 한다. 예수의 가르침이 어디서 온 권위에 따른 것인지 신학적으로 궁금한 것은 아니다. 예수를 죽이기 위한 구실을 찾는 것이다. 예수가 유다교 지배층에게 위협적인 인물로 인정되었다는 말이다. 〈요한〉은 〈마태〉〈마르〉〈루가〉보다 '예수의 권위'라는 주제를 깊이 다룬다(〈요한〉 2,18-22; 5,11-30; 8,37-47). 2절에서 대사제들과 율법 학자들이 원로들과 와서 예수에게 무슨 권한으로 이런 일들을 하는지 묻는다. 유다교 평신도 예수가 감히 성서를 가르치는 율법 학자처럼 성전에서 사람들을 가르친다는 것이다.

"예수, 네가 어디서 배워먹은 놈인데 감히 성전에서 성서를 가르쳐?" 하고 다그치는 것 같다. 예수는 레위처럼 사제도 아니요, 바리사이 같은 모범적 평신도도 아니요, 율법 학자처럼 전문 신학자도 아니다. 예수의 학력과 경력, 평신도 신분을 꼬집는 말이다. 대사제들과 율법 학자들은 예수에게 불쾌하기도 했다. 예수는 율법 학자들과 달리 복음을 자신과 연결해서 가르치기 때문이다. 율법 학자들은 자신의 삶에서 하늘나라가 이뤄진다고 설명하지 않았다.

루가가 왜 대사제들과 율법 학자들과 원로들이라고 단순히 말하지 않았는지 이해하기는 어렵다.[166] 1절은 '대사제들과 율법 학자들이 원로들과 함께 와서'라고 말한다. 공동번역 성서는 '대사제들과 율법 학자들이 원로들과 함께 다가와'라고 옮겼다. '대사제들과 율법 학자들, 즉 백성의 지도자들은'이라고 번역하는 게 더 좋다. 루가는 대사제들과 율법 학자들이 원로들을 무시했다는 점을 정확히 지적한다. 공동번역 성서는 아쉽게도 그 점을 놓치고 말았다.

예수는 논쟁의 달인이다. 함정 질문이라는 프레임에 속지 않는다. 엉터리 질문에 현명하게 대응하는 방법은 질문 자체를 없애는 것이다. 가정법 질문에는 아예 답하지 않은 것도 좋은 방법이다. 3절에서 적대자들에게 질문받은 예수는 답하지 않고 즉각 반문한다. 당시 반문反問은 나쁜 뜻으로 받아들여지지 않았다. 반문은 랍비와 철학자 사이에 정당하고 가치 있는 것으로 존중되었다. 소크라테스Socrates, 플라톤, 소피스트, 스토아 학파 등에서 널리 유행했다.

질문자가 반문을 받으면 자기 질문을 돌아보지 않을 수 없다. 예수의 반문은 적대자들을 곤경에 빠뜨렸다. 적대자들이 답변을 망설인 가장 큰 이유는 군중을 두려워했기 때문이다. 나쁜 질문을 하는 사람은 결국 자기 꾀에 넘어간다. 한국 대통령 선거 토론회에서 후보들이 국민을 진심으로 두려워한다면 엉터리 질문과 답을 할 수 있을까.

4절처럼 하늘과 인간을 대조하는 방식은 신약성서에서 익숙하다(〈사도〉 5,38-; 〈갈라〉 1,1; 〈1데살〉 2,13). 예수는 느닷없이 세례자 요한을 꺼낸다. 세례자 요한은 예루살렘에서 활동한 적이 없고, 세상 사람이 아니기 때문이다. 예수가 죽은 세례자 요한의 권위를 물은 것은 살아 있는 예수에 대한 권위 문제와 대조하려는 것이다. 예수가 세례자 요한의 권위를 존중한다는 사실을 암시한다. 대사제들과 율법 학자들, 원로들의 대화에서 사람들이 세례자 요한을 예언자로 여긴다는 사실도 드러난다. 나는 세례자 요한보다 예언자 요한이라고 부르고 싶다. 세례자 요한이라는 호칭이 예언자로서 요한의 면모를 많이 가리기 때문이다.

우리도 예수에게 물을 수 있다. "당신은 무슨 권한으로 그런 일들을 합니까? 누가 그런 권한을 주었습니까? 말해보시오." 그러나 예수가 우리에게 반문할 수 있다. "당신은 무슨 권한으로 그런 질문을 합니까? 누가 당신에게 그런 질문을 할 권한을 주었습니까? 말해보시오." 우리가 예수와 논쟁하면 얼마나 버틸 수 있을까. 역사의 예수는 자기 신분에 대해 즐겨 말하지 않는다. 그러나 초대교회는 예수와 유다교 지배층의 갈등을 드러내는 데 망설이지 않았다.[167] 본문에 유다교에 대한 초대교회의 감정적 앙금이 새겨진 것도 이 때문이다.

○ 적대자들과 갈등

⁹ 그때 예수께서 사람들에게 이 비유를 들려주셨다. "어떤 사람이 포도원을 만들어 소작인들에게 도지로 주고 오랫동안 집을 떠나 있었습니다. ¹⁰ 포도 철이 되자 그는 포도원의 도조를 받아 오라고 종 하나를 보냈습니다. 그런데 소작인들은 그 종을 때려서 빈손으로 돌려보냈습니다. ¹¹ 주인이 다시 다른 종을 보냈지만, 그들은 그 종도 때리고 모욕을 준 다음 빈손으로 돌려보냈습니다.

¹² 주인이 세 번째로 종을 보냈더니, 그들은 그 종마저 상처를 입히고 쫓아 보냈습니다. ¹³ 포도원 주인은 '어떻게 할까? 이번에는 사랑하는 내 외아들을 보내야겠다. 설마 내 아들이야 알아주겠지' 하고 말하였습니다. ¹⁴ 그러나 소작인들은 그 아들을 보자 '저게 상속자다. 죽이자. 그러면 이 포도원은 우리 차지가 될 것이다' 하고 짜고 나서 ¹⁵ 그를 포도원 밖으로 끌어내서 죽였습니다. 그러니 포도원 주인이 소작인들을 어떻게 하겠습니까?

¹⁶ 주인은 돌아와서 그들을 죽이고 포도원을 다른 사람들에게 맡길 것입니다." 사람들은 이 말씀을 듣고 "어떻게 그럴 수가 있습니까?" 하고 말하였다. ¹⁷ 예수께서는 그들을 똑바로 보시며 말씀하셨다. "그러면 '집 짓는 사람들이 버린 돌이 모퉁이의 머릿돌이 되었다' 하신 성경 말씀은 무슨 뜻입니까? ¹⁸ 그 돌 위에 떨어지는 사람은 누구나 산산조각이 날 것이며, 그 돌에 깔리는 사람은 가루가 되고 말 것입니다."

¹⁹ 율법 학자들과 대사제들은 예수의 이 비유가 자기들을 두고 하신 말씀인 줄 알고 그 자리에서 예수를 잡으려 하였으나, 사람들이 무서워서 손을 대지 못하였다.(20,9-19)

예수가 예루살렘에 가까이 오면서 루가는 예수와 군중의 특별한 관계를 강조한다. 예수가 적대자를 만나지 않고 예루살렘에 도착한 것은 아니다. 군중 없는 예수를 상상하기 어렵듯이, 적대자 없는 예수는 없었다. 예수 곁에는 거의 언제나 적대자가 있었다. 주교 곁에 거의 언제나 적대자가 있는가. 그리스도인 곁에도 거의 언제나 적대자가 있게 마련이다. 적대자가 없어서 평화로운 것이 아니라 적대자가 있는데도 평화로운 것이다. 적대자 없는 그리스도인은 자기 신앙이 진짜인지 돌아봐야 한다. 제대로 사는 그리스도인 주위에는 반드시 적대자가 있다.

비유를 듣는 사람은 예수의 적대자가 아니라 군중이다. 19절을 보면 율법 학자들과 대사제들도 비유를 들었다. 루가는 〈마르〉 1,21이 인용한 〈이사〉 5,2를 삭제했다. 〈이사〉 5,2은 좋은 포도나무를 심었는데 좋지 않은 들포도를 맺었다. 루가는 나쁜 포도밭을 걱정하는 것이 아니라, 악한 포도원 소작인을 비판하고 싶었다. 13절과 같은 독백은 루가가 자주 사용한 문학 기법이다(〈루가〉 15,17-19; 16,3). 포도원 주인은 '어떻게 할까ti poieso' 고민한다. 하느님도, 예수도 고민한다.

포도밭을 만드는 일은 짐승 우리를 짓거나 올리브를 심는 것과 다르다. 포도밭은 돌이 많고 가파르며 물이 적고 배수가 잘되는 곳에 적합하다. 포도밭은 담으로 둘러싸였고, 웅덩이나 샘, 농기구를 보관하는 작은 창고가 있다. 포도밭을 일구고 4-5년은 지나야 첫 열매가 열린다. 오늘날 포도 재배와 달리 당시는 포도나무에 접을 붙이지 않았다. 포도밭에 무화과나무나 과실나무를 심었다. 포도밭을 소작인에게 도지로 주는 일은 고대에 널리 퍼진 경영 방식이다. 물건이나 돈으로 소작료를 냈다.

포도밭 소작 이야기는 랍비의 비유에도 많다. 포도밭은 〈이사〉 이후로 비유에 자주 쓰였다. 예수 시대에 포도밭은 선택받은 이스라엘 백성을 가리키는 비유로 자주 쓰였다. 내가 독일에서 8년 동안 지낸 마인츠Mainz는 라인Rhein 강가에 있는 오래된 도시다. 강변 양쪽 비탈에 펼쳐진 포도밭을 내 어찌 잊으랴. 끝없는 포도밭을 보며 성서를 생각하고 예수를 그리워했다.

약속한 토지 임대료를 내지 못한 경우는 파피루스에 많다. 임대료를 받아내려고 폭력을 행사한 기록은 드물다.[168] 주인이 소작료를 받기 위해 소작인에게 폭력을 행사한 이야기가 아니다. 소작료를 내지 못한 소작인이 주인이 보낸 종을 때린 일이다. 10절에서 주인은 도조를 받으려고 종을 보낸다. 소작인은 도조를 한 푼도 내지 않고 종을 때려서 빈kenos 손으로 돌려보낸다. 도조를 내지 않은 이유는 여러 가지 있을 수 있지만, 종을 때리고 모욕을 준 것은 이해하기 어렵다. 루가는 당시 갈릴래아 지방의 어려운 경제·사회적 사정을 비유에 담았을까.

첫 번째 종부터 세 번째 종까지 소작인의 폭행은 갈수록 심해진다. 첫 번째 종과 두 번째 종은 두들겨 맞았지만 세 번째 종은 상처를 입고 traumatizo, 즉 피를 흘린 것 같다. 〈루가〉에서 세 번째 종은 〈마르〉 12,2-5이나 〈마태〉 21,34-36과 달리 소작인들에게 살해되지 않았다. 포도원 주인은 소작인들이 자기 외아들은 종들과 다르게 대우할 것을 희망isos한다. isos는 신약성서에 여기만 나온다. 지방법원은 포도원 주인의 아들을 죽인 소작인들을 기소해야 마땅하다.

〈마르〉 12,8에서 소작인들은 '그를 잡아 죽이고 포도원 밖으로 던졌다'. 루가는 이 문장을 왜 '그를 포도원 밖으로 끌어내서 죽였다'(〈루가〉 20,15; 〈히브〉 13,12-13)로 바꿨을까? 예수가 예루살렘 성 밖에서 처형되었다는 역사적 사실은 이와 별로 관계없는 것 같다. 이 사실은 큰 역할을 하지 않는다(〈루가〉 13,33; 24,18). 그보다 예수의 시신이 매장되지 않은 채 버려졌다는 인상을 주기 싫어서였던 것 같다. 그렇게 버려지면 시신을 짐승이 훼손할 수도 있다. 루가는 하느님이 보내신 예언자들의 운명을 비유로 말한다.

16절에서 돌아온 주인이 소작인들을 죽인다고 했다. 하느님의 심판을 강하게 표현한 것 같다(〈이사〉 35,4; 66,15; 〈시편〉 50,3). 포도원을 맡길 다른 사람은 누구일까. 사마리아인? 이방인? 사도? 그리스도인? 답변하기 쉽지 않다. 문맥으로 보아 그리스도인을 가리키는 것 같다. "어떻게 그럴 수가 있습니까?" 하고 말하는 사람들의 반응은 〈루가〉에만 나온다. 17절에서 예수는 아들을 돌에 비유한다. 히브리어로 아들이란 단어와 돌이라는 단어가 비슷해서 그렇게 비유한 것 같다. '집 짓는 사람들이 버린 돌이 모퉁이의 머릿돌이 되었다' 하신 성서 말씀은 〈시편〉 117,22을 인용한 것이다. 이 말은 〈1베드〉 2,4에도 나온다. '모퉁이의 머릿돌kepale gonias'은 '모퉁이의 가장 큰 돌'이라는 뜻이다. 건물의 위치와 방향을 정하고 건축이 시작되는 돌을 가리킨다. 대문 위에 놓는 준공 돌을 뜻한다는 요아킴 예레미아스 의견은 받아들이기 어렵다. 그런 사례는 성서 이후 문헌에서 발견되기 때문이다.[169]

모퉁이의 머릿돌에 부딪히면 넘어지거나 충격을 받기 쉽다. 머릿돌이 심판처럼 아픈 역할에 비유된다. 예수 위에 떨어지는 사람도, 예수 밑에 깔리는 사람도 심판받을 것이다. 예수에 대한 태도가 심판을 좌우한다는 뜻이다.

루가는 지배층과 백성을 구분한다. 지배층은 예수를 죽이려 하고, 백성을 두려워한다. 백성이 예수를 죽이려 하진 않는다. 백성은 예수에게 호감이 있다. 19절에서 율법 학자들과 대사제들은 예수를 처형할 음모를 예수나 사람들에게 들킨 것인가. 율법 학자들과 대사제들이 예수를 죽이려 한다는 사실을 제자들과 군중은 알았을까. 지금 성서 독자는 쉽게 이해하지만, 당시 제자들과 군중은 알아듣기 어려운 말이다. 그들에겐 아직 일어나지 않은 일이니 말이다.

율법 학자들과 대사제들은 사람들이 무서워서(〈루가〉 19,47-; 22,6) 예수에게 손을 대지 못한다. 지배층은 백성을 무서워해야 마땅하다는 루가의 생각이 담겼다. 성직자는 평신도를 무서워해야 한다. 백성을 무서워하지 않는 지배층, 평신도를 무서워하지 않는 성직자는 자멸한다. 지배층을 깨우치려면 백성이 깨어 있어야 한다. 성직자를 깨우치려면 평신도가 깨어 있어야 한다.

본문은 부활 이후 초대교회 상황에 어울리는 비유다. 그래서 예수가 한 말이 아니라 초대교회가 지어낸 이야기로 여겨진다. 이 비유가 생긴 뒤 나쁜 소작인과 버려진 주인의 아들을 주로 돌과 연결해 설명했다. 예수의 가르침이 성서와 일치한다는 사실은 물론 부활과 연결하려는 의도다.[170]

예수가 자신을 비유에 나오는 아들로 생각했는지 알 수 없다. 유다교 지배층에게 버림받은 예수의 운명이 비유에 나오는 아들과 어울리긴 한다. 루가는 비유에 나오는 유다교 지배층처럼 예수를 버리면 안 된다고 말하고 싶었다. 교회에서 예수를 버리고 쫓아내는 성직자는 없는가. 예수를 버리고 쫓아내는 평신도는 없는가. 예수는 교회에서, 교회에 의해 버림받는다는 말이 자주 들린다.

○ 세금 납부 논쟁

²⁰ 그래서 그들은 기회를 엿보다가 밀정들을 선량한 사람처럼 꾸며 예수께 보냈다. 예수의 말씀을 트집 잡아 사법권을 쥔 총독에게 넘겨서 처벌받게 하려는 것이었다. ²¹ 그들이 예수께 물었다. "선생님, 우리는 선생님의 말씀과 가르침이 옳다는 것을 압니다. 선생님은 사람을 겉모양으로 판단하지 않을뿐더러, 하느님의 진리를 참되게 가르치신다는 것도 압니다. ²² 그런데 우리가 카이사르에게 세금을 바치는 것이 옳습니까, 옳지 않습니까?"
²³ 예수께서는 그들의 간교한 속셈을 아시고 ²⁴ "데나리온 한 닢을 나에게 보이시오. 그 돈에 누구의 초상과 글자가 새겨졌습니까?" 하고 물으셨다. 그들이 "카이사르의 것입니다" 하고 대답하자 ²⁵ "그러면 카이사르의 것은 카이사르에게 돌리고, 하느님의 것은 하느님께 돌리시오" 하고 말씀하셨다. ²⁶ 그들은 사람들 앞에서 예수의 말씀을 트집 잡지 못하였을 뿐 아니라 그의 답변에 놀라 입을 다물고 말았다.(20,20-26)

예수가 성전에 들어가서 가르친 후, 유다교 지배층이 예수의 주요 적대자로 등장한다. 본문은 이야기 흐름에서 〈루가〉 20,1-8과 공통점이 있다. 예수는 함정 질문을 받는다. 어느 쪽으로 답하든 곤경에 처할 수 있다. 긍정하면 경건한 사람들이나 무장 독립파와 대립된다. 부정하면 빌라도에게 고발될 수 있다(〈루가〉 23,2). 예수는 반문을 해서 질문자를 난처하게 만들었다. 온 백성이 예수의 말씀을 듣느라 곁을 떠나지 않았다(〈루가〉 19,48)는 본문의 배경을 기억하자. 앞에 나온 '예수의 적대자들' 이야기에서 예수를 곤경에 빠뜨리려고 질문한 사람은 율법 학자들과 대사제들이다.

20절에서 '기회를 엿보는 그들'은 누구인가. 율법 학자들과 바리사이파 사람들이 예수를 노린다는 것은 여러 차례 나왔다(〈루가〉 6,7; 14,1). 율법 학자는 요즘 말로 신학자다. 바리사이파는 자타가 공인하는 모범적 평신도 그룹이다. 유다교 신학자와 모범적 평신도 그룹은 왜 예수를 괴롭히는가. 그들은 종교 권력층이요, 여론 주도층 아닌가. 유다교에서 권력과 영향력 있는 사람들이 예수를 노린다. 예수는 종교 지배층이나 여론 주도층에 속하지 않는다.

20절에서 율법 학자들과 바리사이파 사람들은 '밀정egkathetos'들을 선량한 사람처럼 꾸며 예수께 보낸다. 이 단어는 신약성서에서 여기만 있다. 영화 〈밀정〉이 생각난다. 일제강점기에 독립군을 괴롭힌 동포들이 있었다. '밀정들을 선량한 사람처럼 꾸며 예수께 보냈다'는 표현은 한국에서 정보기관에 시달린 사람들에게 치가 떨리는 말이다. 예수 시대에도 정보기관의 횡포가 있었나 보다. 루가는 총독을 hegemon이라고 부른다 (〈루가〉 2,2; 3,1; 〈사도〉 23,24). hegemon은 '주도권'이라는 뜻으로 요즘 자주 쓰인다. '넘기다paradounai'는 사람을 체포하여 권력기관에 처벌을 요구하는 의미다(〈루가〉 18,32; 23,1).

21절에서 '사람을 겉모양으로 판단하지 않는다'는 칭송은 의로운 판사에게 하는 말이다. 사람의 경제적·사회적 지위에 흔들리지 않고 공정하게 심판해야 한다(〈레위〉 19,15). 하느님은 공정하게 심판하신다(〈로마〉 2,11; 〈에페〉 6,9; 〈골로〉 3,25). 의로운 판사는 하느님의 역할을 보여주지만, 나쁜 판사는 하느님을 조롱하는 것이다. 한국의 법조인은 하느님이 의로운 판사라는 사실을 잊지 마라. 나쁜 판사는 자신의 엉터리 판결에 하느님의 가혹한 재판을 기다려야 할 것이다. 루가는 "바쳐야 합니까, 바치지 말아야 합니까?"(〈마르〉 12,14)를 중복으로 보아 삭제한다. 루가는 세금kensos이라는 단어 대신 공과금poros이라는 단어를 쓴다.

예수는 정치적 고려나 정무적 판단 없이 답변apokrisis할 것을 요구받는다. 로마 황제kaisar는 로마제국과 동의어로 사용된다. kaisar는 아우구스투스 황제 이후 사람 이름에서 황제 호칭이 되었다.[171] 로마제국은 세금을 식민지 백성이 대신 걷어 바치도록 했다. 식민지 백성은 주민세tributum capitis와 토지세tributum soli를 내는데, 로마 시민은 면제되었다. 유다 지방은 공통년 6-7년 인구조사를 근거로 세금이 결정되었다. 세금 납부는 유다인에게 경제적 고통이자, 하느님의 백성이 이방인에게 복종하는 민족적 수치로 여겨졌다.

이스라엘은 예수 이전에 수백 년 동안 여러 차례 이방인 군대의 지배를 받았다. 정치적 탄압에도 종교를 어떻게 지키느냐가 큰 문제였다. 이방인에게 세금을 내는 문제는 모세오경에 없어서, 유다교 내부에서도 그룹에 따라 의견이 달랐다. 보통 주민은 차라리 세금을 바치고 종교 자유를 어느 정도 허락받는 길을 택했다. 갈릴래아를 중심으로 일어난 무장 독립군 젤로데파는 세금 납부를 거부했다(〈사도〉 5,37). 바리사이는 이 주제에서 하느님의 권위와 이방인 국가의 권위를 구분했다. 이 입장은 이스라엘과 1세기 교회의 입장이 되었다.[172]

예수 당시 여러 화폐가 통용되었다. 유다 지방 사람들은 티루스가 발행한 쉐켈을 상업에 썼다. 데나리온은 로마에서 널리 쓰인 은화다. 로마는 세금을 로마 화폐로 바꿔서 내도록 했다. 공통년 이전 44년부터 데나리온 한쪽 면에 로마 황제 초상을 새겼다. 데나리온은 로마 군인과 공무원에게 월급을 주기 위한 화폐였다. 데나리온은 세금 낼 때 사용된 돈은 아니다.[173] "세금으로 바치는 돈을 나에게 보이시오."(〈마태〉 22,19)는 역사적 사실과 다르다. 〈루가〉 본문은 정확히 말하면 세금을 바쳐야 하느냐,

아니냐는 논쟁이 아니다. 유다인이 세금을 최종적으로 받는 로마 황제를 어떻게 봐야 하느냐는 질문이다.

25절 '카이사르의 것ta kaisaros'은 모든 데나리온을 가리킨다. 예수가 데나리온 한 닢을 나에게 보이라고 한 말은 통쾌하다. 예수와 제자들은 로마 돈을 가지고 다니지 않았다는 뜻이다. 그런데 예수에게 함정 질문을 한 율법 학자들과 바리사이파 사람들은 로마 돈을 가지고 다녔다. 우상이 그려진 물건을 가지고 다니는 일은 율법에 어긋난다(〈출애〉 20,4.23). 그 사실을 들키고 말았다. 율법 학자와 바리사이파는 로마에 세금 내는 것을 거부하지 않았다.

자기들은 로마에 세금을 잘 내는데, 예수 그룹은 어떤지 알아내려는 심보에서 나온 질문이다. 예수의 답변은 명쾌하다. 카이사르의 것을 가지고 다니는 율법 학자와 바리사이파는 하던 대로 로마 황제에게 계속 충성하라며 비판한다. 예수와 제자들은 하던 대로 하느님께 충실하겠다는 말이다. 율법 학자와 바리사이파의 길은 틀렸고, 예수와 제자들의 길이 옳다는 뜻이다. 로마 황제 카이사르는 하느님께 복종해야 한다(〈사도〉 4,19; 5,29)는 말이다.

예수는 질문자의 속셈을 알았다(〈루가〉 5,22; 9,47; 11,17). 질문을 정확히 이해하는 것도 중요하지만, 질문하는 사람의 숨은 의도를 알아야 한다. 한국 대선 토론회에서 함정 질문을 마구 던지는 후보들이 있지 않은가. 나쁜 질문에는 '예', '아니요'로 답할 필요가 없다. 그러면 질문자의 덫에 빠진다. 루가는 예수가 적대자들보다 뛰어나며, 그들의 함정 질문에 빠지지 않았다는 사실을 독자에게 말하고 싶었다. 율법 학자와 바리사이파 사람은 국가와 종교라는 거창한 주제에 학술적인 질문을 하는 것이 아니다. 그들은 예수를 로마에 고발하려는 것뿐이다. 학술 세미나에서 받은 질문이라면 예수는 다르게 반응했을 것이다.

본문은 〈루가〉에서 적대자들이 예수에게 던진 마지막 함정 질문이다. 이후 아무도 예수에게 그런 질문을 하지 않는다. 군중은 예수가 함정 질문에 속지 않은 것을 목격했다. 군중이 예수의 능력을 알아차렸다. 적대자들은 질문을 포기하고 폭력을 준비한다. 논리로 예수를 이길 수 없으니 폭력으로 제압하려는 것이다. 폭력은 악의 세력이 마지막으로 쓰는 무기다.

루가는 적대자들의 악함과 무능을 폭로하려고 했다. 그리스도교는 국가에 위험하지 않은 종교라는 사실을 초대교회 신자와 독자에게 확인시키고 싶었다. 그러나 종교와 정치는 전혀 관계가 없고 아주 다른 영역이므로, 간섭해서는 안 된다는 이론을 본문에서 이끌어낼 수는 없다. 종교와 정치는 구분되지만 분리되지 않는다. 독재자나 독재 세력에 부역하는 어용 신학자는 본문을 인용하여 그런 짓을 많이 했다.

어느 누구도 더는, 종교가 사적인 영역에 국한되어야 하고 오로지 영혼이 천국에 들어가도록 준비하기 위해서 존재한다고 주장할 수 없습니다.[174]

모든 그리스도인과 공동체는 가난한 이들이 사회에 온전히 통합될 수 있도록 가난한 이들의 해방과 진보를 위한 하느님의 도구가 되라는 부르심을 받습니다. 이를 위하여 우리는 가난한 이들의 울부짖음을 귀담아듣고 그들을 도와야 합니다. 가난한 이들에게 귀 기울이시는 하느님의 도구

인 우리가 그런 부르짖음에 귀를 막는다면, 아버지의 뜻과 그분의 계획을 거스르는 일입니다.[175]

성서학자들은 본문의 주제를 놓고 의견이 엇갈린다. 무장 독립파와 거리를 둔 예수[176]를 강조하거나, 로마제국의 횡포에 분노하고 유다 부역자에게 엄한 예수[177]를 그리기도 한다. 적대자에게 속지 않은 논쟁가 예수를 강조한 학자도 있다. 사실 세금을 내야 하느냐 문제는 예수에게 큰 주제가 아니다. 세상의 종말이 곧 다가오리라 기대한 예수나 초대교회에게 세금을 내는 문제는 시급하지도, 중요하지도 않았다. 예수는 정치권력보다 하느님이 위대하시다는 말을 하고 싶었다.

중세 가톨릭에서 가톨릭교와 국가의 관계를 규정하는 성서적 원리로 사용된 부분은 〈로마〉 13,1-7과 〈1베드〉 2,13-17과 〈루가〉 20,25이다. 그 영향은 4차 라테란공의회 문헌과 토마스 아퀴나스Thomas Aquinas가 쓴 《신학 대전Summa Theologiae》에 남았다. 1958년 교황 비오 12세Pius XII는 "교회와 국가의 관계는 한 나라와 다른 나라의 관계와 다르다"고 설명했지만, 〈루가〉 20,25을 교회와 국가의 관계를 정하는 원칙으로 재확인했다.

"누구나 자기를 지배하는 권위에 복종해야 합니다."(〈로마〉 13,1) "여러분은 인간이 세운 모든 제도에 복종하십시오."(〈1베드〉 2,13) "카이사르의 것은 카이사르에게 돌리고 하느님의 것은 하느님께 돌리시오."(〈루가〉 20,25) 선거를 통해 권력이 교체되는 민주주의 체제가 있기 전의 일이지만, 사람들이 숨 막혔겠다. 가톨릭은 국가에 무조건 복종하라고 가르쳤지만, 불의한 국가권력에 저항하라고 가르치진 않았다. 그래서 주교와 신부는 불의한 국가권력에 저항하길 꺼리는가. 가톨릭은 민주주의 도입에 별로 공헌한 일이 없다. 오히려 끈질기게 방해했다. 프랑스혁명에서도, 스페인내란에서도 가톨릭은 독재 권력을 편들었다. 부끄러운 역사다. 이제 그래서는 안 된다. 불의한 국가권력에는 강력히 저항해야 한다.

우리는 본문에서 무엇을 배울까. 교회는 정치권력과 갈등할 때 어떻게 해야 하는가. 하느님을 따라야 한다. 교회가 정치권력에게 특혜와 안정을 얻기 위해 복음을 잠시 외면해선 안 된다. 주교는 그런 위험과 유혹에 빠질 수 있다. 박해에 저항하기보다 권력의 유혹에 무릎 꿇기가 쉽다. 주교가 그래서는 안 된다. 주교의 빨간 모자는 순교의 피를 상징한다. 돈과 권력에 약한 주교는 배교자다. 로메로 대주교는 목숨 걸고 설교했다. 1979년 7월 15일 강론에서 로메로 대주교는 말했다. "저는 교회가 가난한 사람에게 먼저 관심을 두고 그들을 대변한다는 이유로 박해받는 현실이 기쁩니다."

○ 부활 토론

27 부활이 없다고 주장하는 사두가이파 몇 사람이 예수께 와서 물었다. 28 "선생님, 모세가 정한 법에는 형이 결혼했다가 자녀 없이 죽으면 그 동생이 형수와 결혼하여 자식을 낳아 대를 이어야 한다고 했습니다. 29 그런데 일곱 형제가 살고 있었습니다. 첫째가 아내를 얻어 살다가 자식 없이 죽어서 30 둘째가 형수와 살고 31 다음에 셋째가 형수와 살았습니다. 이렇게 하여 일곱 형제가 한 여자와 살았는데 모두 자식 없이 죽었습니다. 32 나중에 그 여자도 죽었습니다. 33 일곱 형제가 그 여자를 아내로 삼았으니 부활 때에 그 여자는 누구의 아내가 되겠습니까?"

34 예수께서 대답하셨다. "이 세상 사람들은 장가도 들고 시집도 가지만 35 죽었다가 다시 살아나 저세상에서 살 자격을 얻은 사람들은 장가드는 일도 없고 시집가는 일도 없습니다. 36 그들은 천사들과 같아서 죽는 일도 없습니다. 죽었다가 다시 살아난 사람들이기 때문에 하느님의 자녀가 되는 것입니다. 37 모세도 가시덤불 이야기에서 주님을 가리켜 '아브라함의 하느님, 이사악의 하느님, 야곱의 하느님'이라고 불렀습니다. 이것으로 모세는 죽은 자들이 다시 살아난다는 것을 분명히 보여주었습니다. 38 이 말씀은 하느님께서 죽은 자의 하느님이 아니라 살아 있는 자의 하느님이라는 뜻입니다. 하느님 앞에 있는 사람들은 모두 살아 있는 것입니다."

39 이 말씀을 듣고 있던 율법 학자 몇 사람은 "선생님, 옳은 말씀입니다" 하였고 40 감히 더 묻는 사람이 없었다.(20,27-40)

초대교회에 중요한 정치와 국가권력의 관계라는 주제를 앞에서 논하고, 부활이라는 교회 내부 주제를 다룬다. 루가는 예수가 적대자들보다 논리적으로 뛰어나고, 그리스도교의 가르침이 옳다는 사실을 말하고 싶었다. 루가는 〈마르〉 12,18-27을 참고하고 고친 것 같다. 40절에서 루가는 '감히 더 묻는 사람이 없었다'며 합창단의 마지막 곡처럼 결론(〈루가〉 5,26)을 내린다.

루가는 "여러분은 성서도 모르고 하느님의 권능도 모르니 그런 잘못된 생각을 하는 것입니다"(〈마르〉 12,24)와 "여러분의 생각은 아주 잘못된 것입니다"(〈마르〉 12,27)를 삭제한다. 예수는 말을 참 야박하게 한다. 질문자가 얼마나 무안했을까. 프란치스코 교황은 "좋은 질문 감사합니다"라고 말하지 않는가. 루가는 스승으로서 예수의 훌륭한 모습을 흐리지 않기 위해 거친 말을 뺀다.

사두가이파에 대해 알 수 있는 문헌은 유다 역사가 요세푸스, 사해에서 발견된 문서, 신약성서, 랍비의 문헌이다. 사해에서 발견된 문서는 사두가이가 아니라 에세느파 문헌이라고 주장하는 학자도 있다. 사두가이파는 다윗 시대에 중요한 사제 사독(〈2열왕〉 15,24-37; 17,15; 19,11-12)에게서 유래한다. 공통년 이전 623년 우찌야 개혁 때 왕족의 후손들은 예루살렘에 사제 왕조를 세웠다.

그 결과 지방에 살던 사제(레위족)를 차별했다. 수도권 지배층 사제와 지방 사제 사이에 신분과 계급, 경제력에서 큰 차이(〈에제〉 44,10-14; 40,46; 43,19)가 생겼다. 종신직 대사제가 나타나고 독점적 지위를 행사했다. 사제 계급 내부에서 갈등, 추방, 박해 등이 자주 일어났다. 왕족과 귀족 출신에서 주교가 나오고, 평민 출신 사제는 하급 성직자에 머무른 서양 역사와 다르지 않다.

사두가이파는 부활이 없다고 생각했다(〈사도〉 4,2; 23,8). 사람이 죽으면 영혼도 육신과 함께 사라진다고 생각했다. 부활 신앙은 오늘 이란 지역에서 페르시아 왕국이 번성할 때 불을 숭배한 조로아스터교에서 유다교에 수입되었다. 부활 신앙은 유다교의 핵심 교리가 아니고, 유다교의 모든 학파가 믿은 것도 아니다. 당시 유다교의 세 학파 중 하나인 사두가이파가 〈루가〉에서 유일하게 단독으로 등장하는 이야기다. 루가는 〈마르〉 12,19을 참조했다.

28절에서 '모세가 정한 법'은 〈신명〉 25,5-10을 가리킨다. 28절은 〈신명〉 25,5과 〈창세〉 38,8을 뒤섞어 인용한 것이다. 그 법의 원래 의도는 죽은 남자의 재산을 종족 재산으로 인정하고 보호하며, 과부에게 사회적 안정을 배려하는 것이다.[178] 〈창세〉 38,8-10과 〈룻기〉에도 그 이야기가 있다. 이 관행은 신약성서 시대에도 사라지지 않은 것 같다.[179] 보폰은 이 관행이 있다고 가정하면 안 된다고 주장한다.[180] 29-32절에서 일곱 형제는 〈묵시〉에 근거한다거나 〈2마카〉 7장의 일곱 형제 이야기를 의식했다고 보기 어렵다. 논리를 탄탄히 하기 위해 문학적으로 숫자를 늘린 것 같다. 본문에서 맏이를 제외한 여섯 형제는 아직 결혼하지 않은 것으로 전제된다.

그 법을 이해하려면 당시 이스라엘 사회를 좀 아는 것이 좋다. 이스라엘 사회에서는 가족이 중요했다. 대가족이 함께 살고, 일부다처제가 허용되었다. 남자의 의견이 우선시되었고, 자손이 중요했다. 모세의 법은 과부의 안전보다 남자 후손을 중요하게 여겼다. 예수 시대에 일부일처제가 차차 자리 잡았다. 28절에 인용된 모세의 법은 점차 사라졌다. 독자는 모세의 법에 남성 중심주의가 있음을 금방 눈치챌 것이다.

교회와 성당에서 지금도 남성 중심주의가 심하다. 남성 중심주의에 사로잡힌 목사와 신부가 한둘이 아니다. 남성 신학자도 예외는 아니다. 남성의 관점에서 생각하는 하느님 모습이 유일한 진리처럼 가르친다. 그리스도교, 정말 큰일이다. 그리스도교는 남성 중심주의에서 빨리 벗어나야 한다. 목사와 신부는 남성 중심주의에서 빨리 벗어나야 한다. 남성 중심주의에서 허우적거리는 수녀와 여성 신도 역시 빨리 정신 차려야 한다.

33절은 부활 이후에 죽기 전의 인간관계가 회복된다는 민간신앙을 전제로 한다. 많은 바리사이가 그렇게 믿었다.[181] 이런 어설픈 이해를 단순히 순수한 환상[182]이라고 여기는 것은 적절하지 않은 것 같다. 지금도 많은 그리스도인이 부활을 이렇게 이해하고 있기 때문이다. 설교자들이 부활을 설득력있게 설명하지 못한 탓이 크다. 예수는 부활을 믿지 않는 사두가이와 다르다. 예수는 부활 이후에도 결혼과 자손 번식을 믿은 바리사이와 다르다.

34-38절에서 예수의 답변은 두 부분으로 나뉜다. 34-36절에 사두가이의 질문을 반박refutatio하고, 37-38절에 설명의 근거probatio를 제시한다. 논쟁argumentatio을 진행하는 순서에 따른 것이다. 고대 유다교에서 대화와 논쟁에 유행한 방식이다.[183] 예수는 34-35절에서 부활 이후의 삶이 죽기 전의 삶을 연장하는 것은 아니라고 말한다. 바울로도 그렇게 설명한다(〈1고린〉 15,12). '장가도 들고 시집도 가는gamein'은 결혼식이 아니라 성관계를 가리킨다(〈루가〉 14,20; 17,27; 〈1디모〉 4,3). 36절에서 부활 후에 성관계가 왜 계속되지 않는지 설명한다.

부활 후에는 자손 번식이 없다. 예수가 결혼과 성관계의 가치를 무시하거나 얕잡아 보는 것이 아니다. 독신 생활이 부활에 속할 만큼 가치 있다는 말도 아니다. 가톨릭의 사제 독신제가 지상에서 천사의 삶과 같을 만큼 아름답다고 과장할 필요는 없다. 사제 독신제와 아무 관계 없는 구절이다. 부활 전후의 삶이 같지 않다는 뜻이다. 천사는 하느님의 아들로 표현된다(〈창세〉6,4;〈욥기〉1,6;2,1).

우리는 영혼 불멸 때문이 아니라 부활 덕분에 하느님의 자녀가 된다. 〈루가〉16,22은 아브라함의 부활을 전제한다. 37절 '아브라함의 하느님, 이사악의 하느님, 야곱의 하느님'이라는 표현은 하느님이 죽은 자의 하느님이 아니라 살아 있는 자의 하느님이라는 뜻이다. 모세도 그렇게 믿었다. 유다교에서는 부활과 영원한 생명을 같은 뜻으로 받아들였다.[184] 38절에서 예수는 "하느님 앞에 있는 사람들은 모두 살아 있다"고 명쾌하게 말한다.

39절에서 율법 학자들이 부활에 대한 예수의 설명에 찬성한다. 유다교 여러 학파의 부활 신앙에 대한 의견이 다른 것을 암시한다. 사두가이는 부활 자체를 믿지 않았다. 바리사이는 부활 이후 결혼이나 성관계, 자손 번식이 계속된다고 믿었다. 예수는 사두가이와 아주 다르고, 바리사이와도 조금 다르다. 예수는 사두가이와 다르게 부활을 믿었고, 바리사이와 다르게 부활 이후 결혼이나 성관계, 자손 번식을 받아들이지 않았다.

38절 '하느님 앞에 있는 사람들은 모두 살아 있다'는 고맙고 멋진 말이다. 지상에서 하느님 앞에 있는 사람들은 죽기 전에 부활을 살고 느끼는 사람이다. 살아 있어도 부활한 사람이라니, 이 얼마나 놀랍고 황홀한 말씀인가. 살아 있어도 죽은 것과 마찬가지인 사람이 있고, 살아 있지만 벌써 부활한 사람이 있다. 바울로도 예수처럼 사두가이에 대항하여 '죽은 자들이 부활하리라는 희망이 있기 때문'(〈사도〉23,6)이라고 증언한다. 부활에 대한 희망은 아무나 갖는 것이 아니다. 역사의 희생자를 존중하는 사람, 가난한 사람을 편드는 사람만 부활을 희망할 수 있다. 악의 세력은 부활이 두려울 뿐이다.

사두가이파는 유다 독립 전쟁에서 몰살당하고 역사에서 사라졌다. 사두가이는 천사와 영혼의 존재를 믿지 않았다. 지배층 사제와 그 가족 등 상류층에 속한 사두가이파는 왜 부활을 받아들이지 않았을까. 부활은 곧 심판을 뜻한다. 죄를 많이 지은 재벌이나 부자가 심판을 받고 싶겠는가. 나는 부자 그리스도인 가운데 부활 신앙을 믿는 사람은 많지 않으리라고 추측한다. 부활 신앙이 이해하기 어려워서가 아니라 부활이 심판을 포함하기 때문이다. 부자가 진짜 부활을 믿는다면 지금처럼 살지 못할 것이다.

부활 이후의 삶은 현세와 다르다(⟨1고린⟩ 15,35-55; ⟨2고린⟩ 5,2). 우리는 부활 이후 예수그리스도를 통해 하느님의 생명에 참여한다(⟨요한⟩ 11,25). 부활은 현세와 연속되기도 하고, 연속되지 않기도 한다. 현세 삶의 내용과 이어진다. 그것이 심판이다. 현세 삶의 형식과 달라진다. 부활 이후에는 결혼도 자손도 없이 천사처럼 된다. 지금 우리는 부활 이후를 상상하거나 염려하지 말고, 현세에서 부활한 사람처럼 하느님 앞에 서서 살아야 한다. 살아 있어도 죽은 것처럼 살지 말고, 살아서도 부활한 사람처럼 살아야 한다. 그것이 진짜 그리스도인의 삶이다.

'부활이 있느냐 없느냐'에서 그치지 않고, 부활을 제대로 이해하는지 자신에게 물어야 한다. 부활을 제대로 이해하는지, 부활을 제대로 사는지 물어야 한다. 우리가 부활을 제대로 사는지, 교회가 부활을 제대로 사는지 물어야 한다. 부자나 권력자와 가까이하는 교회, 가난한 사람을 편들지 않는 교회는 부활 신앙을 거부하는 셈이다. 부활을 믿는다고 아무리 소리쳐도, 실제로 부활을 제대로 사는지 아닌지는 다른 문제다. 그리스도교 신앙은 고백에 그치지 않는다. 고백은 시작에 불과하다. 실천하지 않는 고백은 악의 편이다.

종교 권력을 장악한 사두가이파는 역사 흐름에 관계없이 보수적 정치 성향을 견지했다. 종교 지배층이 역사에서 한 번이라도 개혁적 성향을 보인 적이 있나. 주교와 신부가 개혁적 성향으로 역사의 희생자를 편든 적이 있나. 가물에 콩 나듯 했을 것이다. 한국 천주교회 역사도 마찬가지다. 부끄럽다.

○ 그리스도는 다윗의 자손인가

41 예수께서 또 그들에게 말씀하셨다. "사람들이 그리스도를 다윗의 자손이라고 하는데, 그것은 어떻게 된 일입니까? **42** 다윗이 시편에서 이렇게 읊지 않았습니까? '주 하느님께서 내 주님께 이르신 말씀, **43** 내가 네 원수를 네 발 아래 굴복시킬 때까지 너는 내 오른편에 앉아 있어라.' **44** 다윗이 이와 같이 그리스도를 주님이라고 불렀는데, 그리스도가 어떻게 다윗의 자손이 되겠습니까?"(20,41-44)

마르코가 예수를 새롭게 해석한 신학자라면, 루가는 〈마르〉를 새롭게 해석한 신학자다. 논쟁은 주제를 바꿔 계속된다. 〈루가〉 20,26에서 그들은 예수의 말씀을 트집 잡지 못했을 뿐 아니라 예수의 답변에 놀라 입을 다물었다. 〈루가〉 20,40에서 감히 더 묻는 사람이 없었다. 이제 예수가 사람들에게 묻는다. 41-44절에서 예수는 '그리스도가 누구의 자손인가'라는 주제로 질문한다. 근거는 〈시편〉 110장이다. 예수는 '그리스도는 다윗의 자손'(〈예레〉 23,5; 〈에제〉 34,23; 37,24)이라는 여론을 인용한 뒤, 곁에 있는 사람들에게 의견을 묻는다.

루가는 대본으로 삼은 〈마르〉 12,35-37에서 '예수가 성전에서 가르치면서 말씀하셨다' 부분을 뺀다. 루가는 '율법 학자들은 그리스도를 다윗의 자손이라고 하는데'(〈마르〉 12,35)를 41절에서 '사람들이 그리스도를 다윗의 자손이라고 하는데'로 바꾼다. 위험을 무릅쓰고 새롭게 말하려고 시도한다. 루가의 신학적 자유가 부럽고 놀랍다. 바리사이파에 속하는 율법 학자는 메시아의 다윗 혈통을 중요하게 여겼다. 물론 바리사이파에 속하지 않는 율법 학자도 있었다. 신학자, 즉 율법 학자가 바리사이파에서만 배출된 것은 아니다.

41절에서 질문을 잘 봐야 한다. 루가는 다윗의 예언자적 능력을 의심하지 않는다. 〈시편〉 110장이 성서에 포함된 사실을 외면하지도 않는다. 예수는 사람들이 왜 메시아를 다윗의 자손이라고 부르냐고 물은 게 아니라, 메시아가 다윗의 자손이라는 말을 어떻게 이해하는지 물은 것이다. 예수가 다윗의 자손임은 전제되었다(〈루가〉 1,27; 18,38; 〈로마〉 1,3). 그런데 〈마태〉와 달리 〈마르〉와 〈루가〉에는 사람들의 답변이 없다(〈마태〉 22,41-46; 〈마르〉 12,35-37). 답변하지 못했다는 설명(〈마태〉 22,46)도 없다. 예수의 질문이 있을 뿐이다. 질문의 출처도, 의도도 아리송하다. 참 이상하다. 이런 대화나 논쟁은 〈루가〉에 여기밖에 없다. 질문이 아니라 예수의 독백으로 봐야 하는가.

41절에서 '그들'은 앞에 나온 '부활 토론' 이야기 39절에 있는 '율법 학자 몇 사람'을 가리킨다. '사람들이 그리스도를 다윗의 자손이라고 하는데'는 두 가지 해석이 가능하다. 첫째, 진짜 질문을 뜻할 수 있다. 그리스도를 다윗의 자손이라고 말하는 사람들이 있었다는 말이다. 둘째, 예수의 질문이 율법 학자들에게 반박당할 경우를 예상해서 루가가 꾸며낸 말일 수 있다(〈요한〉 8,33; 12,34; 〈1고린〉 15,12). 사람들은 이스라엘 백성을 이방인의 압제에서 해방할 다윗 가문 출신 인물을 기다렸다(〈2사무〉 7,12-16; 〈이사〉 9,5-6; 11,1-10).

〈시편〉 110장(70인역 〈시편〉 109장)은 신약성서에 가장 많이 인용된 공동성서 구절이다. 왜 그럴까. 두 가지 이유가 있다. 첫째, 〈시편〉 110장을 인용하면 하느님과 메시아 예수를 나란히 놓을 수 있다(〈1고린〉 8,6). 둘째,

예수그리스도를 하느님 오른편에 앉힐 수 있다. 그러면 예수의 부활을 '주님으로 드높임'이라고 해설하고, 예수의 신적 권위를 주장할 수 있다. 초대교회는 예수가 메시아가 아니라는 유다교 율법 학자의 공격에 맞서 예수의 부활과 드높임을 언급하며 예수가 메시아라는 사실을 정당화할 수 있었다. 〈시편〉110장이 예수의 부활, 드높임, 메시아를 동시에 변호할 수 있게 해주었다.

〈시편〉110장은 예수의 부활, 드높임, 메시아를 동시에 연결해준다. 유다교가 〈시편〉110장을 그리스도교처럼 해석한 것은 아니다. 고대 유다교에서 〈시편〉110장이 메시아를 뜻했는지 성서학자들의 의견이 엇갈린다. 〈시편〉 저자로 여겨지는 다윗이 〈시편〉110장에서 아들이 아니라 주님을 노래한다. 원래 임금의 취임식에 부른 노래다. 한국 대통령 취임식에 〈시편〉110장을 합창한다고 상상해보자. 주어는 하느님이다. 44절에서 어떤 사람의 주인이 그 사람의 아들이 되거나 반대 경우일 수는 없다. 메시아가 어떻게 다윗의 주님이 되는 동시에 다윗의 아들이 된단 말인가. 예수가 다윗의 아들이요, 주인이기 때문이다. 그럴 수는 없다.

유다인이 초대교회에 예수가 메시아가 아니라고 항의한 이유 중 하나는 예수가 나자렛 사람이기 때문이다. 이 문제는 예수가 죽고 60여 년이 지나 쓰인 〈요한〉에도 나온다. 그만큼 오래, 끈질기게 논란이 된 주제다. 메시아는 다윗이 살던 베들레헴(유다 지방)에서 나와야 한다(〈요한〉7,40-44)고 했는데, 예수는 유다 출신이 아니라 갈릴래아 지방 나자렛 동네 사람이다. 복음서와 〈사도〉는 이 문제를 해결하기 위해 예수를 다윗의 자손으로 설명한다. 예수의 탄생 이야기(〈마태〉1-2장;〈루가〉1-2장), 예수의 족보(〈마태〉1,1-17;〈루가〉3,23-38)가 바로 그것이다. 〈사도〉 역시 이 논쟁의 흔적을 보여준다. 다윗은 예언자일 뿐 아니라 하느님께 사랑받는 왕이고, 그 자손에서 메시아가 탄생할 것이다(〈사도〉 7,46; 13,22).

예수는 다윗의 주인이요, 주님이다. 이것이 루가가 독자에게 하고 싶은 말이다. 〈루가〉 1,26-38을 기억하는 사람은 쉽게 이해할 것이다. 메시아요 주님인 예수는 다윗의 아들이다. 하느님께서 동정녀 마리아를 선택하시고, 성령을 통하여 예수를 탄생하게 하셨기 때문이다. 예수의 질문에 아무도 답변하지 못한 것이 이상하지 않다. 그들은 아직 〈루가〉를 읽어본 적이 없다. 〈루가〉는 50여 년 뒤에 출판된다. 그들은 〈루가〉 1-2장에 나오는 예수의 탄생 이야기를 아직 모른다. 〈루가〉를 읽은 사람만 예수의 질문에 답할 수 있다.

예수가 정말 〈시편〉 110장의 해석을 두고 고민했는지, 〈시편〉 110장이 메시아를 가리키는 것으로 이해했는지(〈1고린〉 15,25; 〈에페〉 1,20; 〈골로〉 3,1) 학자들 사이에서 논란이 되고 있다. 당시 널리 퍼진 메시아에 대한 기대를 의식하고 예수도 생애 마지막에 혹시 고뇌했을지 모르겠다.[185] 부활 이후 '다윗의 아들'이라는 호칭은 '메시아'라는 호칭과 함께 그 뜻이 유다교에서 흔히 이해한 것(〈루가〉 1,32; 9,20)과 크게 달라졌다. 초대 그리스도교 공동체에서 '주님이요 그리스도'(〈사도〉 2,36), '하느님의 아들'(〈로마〉 1,3)로 사용되었다.

메시아가 다윗 가문에서 출생한다는 말은 유다인에게 중요했다. 그리스도교는 유다교에게 이 주제를 해명해야 했다. 지금 한국 그리스도인에게 이 문제는 중요한가? 전혀 그렇지 않다. 예수의 족보를 읽고 들으며 의아했을 것이다. 지금 한국 그리스도인에게 예수가 메시아라는 사실을 어떻게 설명해야 하는가. 초대교회가 당시 유다인에게 했듯이 예수의 족보를 들먹여야 하는가. 그렇지 않다. 한국인이 바라는 메시아의 모습에 어울리는 분이라고 설명해야 할 것이다. 한반도의 평화를 바라는 분, 평화통일을 원하는 분, 배척과 불평등을 반대하는 분으로 제시하는 것이 어떨까. 예수를 우리 한국인에게, 한국 상황에 맞는 메시아로 소개해야 할 것이다.

○ 종교인과 가난한 여인

⁴⁵ 예수께서는 모든 사람이 듣는 데서 제자들에게 말씀하셨다. ⁴⁶ "율법 학자들을 조심하시오. 그들은 기다란 예복을 걸치고 나다니기를 좋아하고, 장터에서 인사받는 것을 즐기며, 회당에서는 높은 자리를 찾고 잔치에 가면 윗자리에 앉으려 합니다. ⁴⁷ 그들은 과부들의 가산을 등쳐 먹으면서도 남에게 보이려고 오래 기도합니다. 이런 사람들이야말로 더 엄한 벌을 받을 것입니다.
¹ 어느 날 예수께서는 부자들이 와서 헌금 궤에 돈 넣는 것을 보고 계셨다. ² 마침 가난한 과부 한 사람이 작은 동전 두 닢을 넣는 것을 보시고 ³ 이렇게 말씀하셨다. "나는 분명히 말합니다. 이 가난한 과부는 다른 모든 사람보다 많은 돈을 넣었습니다. ⁴ 저 사람들은 모두 넉넉한 데서 얼마씩 예물로 바쳤지만, 이 과부는 구차하면서도 가진 것을 전부 바쳤기 때문입니다."(20,45-21,4)

루가는 45-47절에서 〈마르〉 12,38-40을 참조한다. 45절에서 예수는 모든 사람이 듣는 가운데 제자들에게 집중해서 말한다. 제자들이 똑바로 들으라는 뜻이다. 제자들은 율법 학자처럼 행동해선 안 된다는 것이다. 초대교회는 제자들이 율법 학자처럼 잘못 행동하지 않을까 염려했다. 모범적인 율법 학자도 있었지만, 루가는 율법 학자들을 복수 명사로 쓰면서 모든 율법 학자를 겨냥한다. 율법 학자의 가르침을 무시하라는 말이 아니라, 율법 학자의 행동과 처신을 본받지 말라는 것이다.

예루살렘 시민과 지배층을 떼어놓으려는 루가의 생각이 보인다. 루가는 예루살렘 시민과 지배층이 거리가 멀다는 사실을 강조한다(〈루가〉 19,47; 20,6; 21,38). 독자는 성서에서 예루살렘 시민과 지배층을 분리해서 봐야 한다. 율법 학자는 우리 시대로 보면 신학자다. 예수와 루가는 사회적으로 인정받고 영향력 있는 율법 학자 그룹을 비판한다.[186] 복음서에서 예수는 종교인과 신학자를 여러 차례 비판하지만, 평신도에게 그런 적은 없다. 예수는 부자와 지배층과 종교인을 비판하지만, 백성과 가난한 사람과 신도를 비판한 적은 없다.

율법 학자의 대표적인 일탈 행위 여섯 가지가 자세히 소개된다. 크게 세 가지로 요약할 수 있다. 윗사람처럼 행세하는 태도, 신도의 돈을 갈취하는 행위, 남에게 보이려고 오래 기도하는 것이다. 교만, 돈 욕심, 위선을 종교인의 3대 악이라고 불러도 될까. 46절에서 율법 학자는 '기다란 예복을 걸치고 나다니기를 좋아한다'. 율법 학자가 입고 다닌 값비싼 예복을 가리킨다. 비싼 예복을 입어야 품위 있어 보이는가. 당시 지식인이 즐겨 입는 옷이 따로 있었다.[187] 예수는 율법 학자가 예복을 입고 다니는 것을 비판한다. 사람들도 그런 관습을 못마땅하게 생각했다.

우리 시대 종교인과 신학자의 대표적인 일탈 행위는 무엇일까. 목사와 신부의 대표적인 일탈 행위 여섯 가지는 무엇일까. 율법 학자의 대표적인 일탈 행위 여섯 가지와 우리 시대 목사나 신부의 대표적인 일탈 행위 여섯 가지는 얼마나 다를까. 종류와 규모와 은밀함에서 차이는 있을 것 같다. 윗사람처럼 행세하고, 신도의 돈을 갈취하며, 남에게 보이려고 오래 기도하는 것은 우리 시대 종교인이나 신학자와 관계없는 내용인가. 주교와 목사와 신부는 46-47절을 자주 읽고 기억하면서 자신을 돌아봐야 한다.

종교인이 가난한 신자의 호주머니를 터는 일은 널리 알려졌다. 신자는 각종 헌금 때문에 고통스럽다. 돈 없으면 교회 못 다닌다는 말, 가난한 사람은 성당 못 다닌다는 말이 자연스럽게 나온다. 종교인이 부자나 권력자와 어울리면 될까. 골프장에 들락거리는 신부는 또 뭔가. 십자가를 지라고 했는데 십자가는 어디 두고 골프채를 잡고 있는가. 골프 하지 않는 신부가 "나는 골프 안 합니다"라고 항의하면 안 된다. 모든 율법 학자가 나쁘게 살지는 않았지만, 예수에게 싸잡아서 비판받았다.

예수 생애에서 특이한 사실 중 하나는 예수가 종교인과 별다른 접촉이 없다는 점이다. 갈릴래아 시절 예수가 유다교 사제와 교류한 기록은 없다. 예루살렘 가는 길에서도 마찬가지다. 대사제와 지배층 사제는 예루살렘에서 예수의 주요 적대자다. 예수가 사제와 신학자에게 종교적 영향을 받은 흔적도 찾기 어렵다.

예수의 분별력은 놀랍다. 예수는 종교인의 역할을 부정한 것이 아니라 종교인의 처신을 비판했다. 종교인이 필요 없다는 주장이 아니라 종교인이 똑바로 살라는 말이다. 율법 학자를 조심하라는 말은, 우리 시대로 바꿔 말하면 종교인과 사제, 신학자를 조심하라는 말이다. 신부와 목사를 조심하라. 수녀를 조심하라. 종교인은, 주교와 목사와 신부는 46-47절을 매일 읽어라. 신도는 46-47절을 잊지 마라. 종교인의 말과 가르침보다 종교인이 일상생활에서 사람들을 어떻게 대하는지 자세히 보라. 종교의 가르침보다 종교인이 평소 어떻게 살고 행동하는지 보라.

성직자를 욕하면 지옥 간다는 말이 성당에서 돌아다닌다. 주의 종을 비판하면 벌 받는다는 말이 개신교에 있다. 쓸데없는 말이다. 목사만 주의 종이라니? 만인 제사장설을 주장하고 생겨난 개신교에서 말이다. 대통령은 욕하기 쉬워도 주교를 비판하기는 어려운가. 사회 개혁을 외치는 성직자 중에 자기 주교를 비판하는 사람은 보기 어렵다. 교회 적폐에 눈 감고 귀 막고 입 다무는 성직자가 많다. 그러면서 어떻게 사회 적폐를 없애자고 감히 설교할 수 있을까. 그런 성직자의 언행을 누가 신뢰할까.

오늘 신자가 예수처럼 종교인을 비판하면 어떤 반응이 나올까. 종교를 파괴하는 사람이란 비난을 듣지 않을까. 성직자를 우습게 아는 평신도라는 핀잔을 들을까. 예수의 종교인 비판은 유다교 재판에서도 전혀 문제 되지 않았다. 예수를 죽이려 한 유다교 지배층은 예수의 종교인 비판을 전혀 언급하지 않았다. 비판받지 않는 종교인은 부패하기 쉽다. 예수는 교만, 돈 욕심, 위선을 종교인의 3대 악이라고 지적했다.

우리 시대 신학자는 대부분 성직자다. 더구나 한국에서 평신도 신학자는 드물다. 유다교에서 율법 학자와 랍비, 사제는 각기 다른 역할을 했다. 율법 학자와 랍비는 성직자가 아니라 평신도였다. 율법 학자와 랍비는 사람들에게 성서와 신학을 가르쳤지만, 예배에서 의식을 집전하지 않았다. 사제는 의식을 집전했지만, 성서와 신학을 가르치지 않았다. 그러나 개신교와 가톨릭에서 유다교의 율법 학자, 랍비, 사제는 목사와 신부로 통합되었다.

역사에서 평신도 신학자는 가끔 있었다. 현대에 들어 개신교와 가톨릭에서 평신도 신학자가 늘기 시작했다. 여성 신학자는 20세기에 사실상 처음 등장한 셈이다. 평신도 신학자와 여성 신학자는 여러 가지 이유로 더 늘어날 것으로 전망된다. 평신도 신학자와 여성 신학자가 늘어나고, 교회 안팎에서 그들의 활약이 커질 것이다. 그래야 그리스도교의 성직자 중심주의와 남성 중심주의가 조금씩 줄어들 것이다. 지금 개신교와 가톨릭의 성직자 중심주의와 남성 중심주의는 골칫거리다.

1-4절 과부의 헌금 이야기에 대해 최근 두 가지 해석이 나왔다. 과부와 율법 학자를 대조한다는 의견, 과부와 부자를 대조한다는 의견이다. 문맥상 어느 해석을 택해도 예수의 가르침은 분명하다. 부자나 율법 학자처럼 살지 말라는 뜻이다. 부자는 재산의 일부를 바쳤지만, 과부는 삶전체를 바쳤다. 욕먹어도 부자가 되고 싶은 사람에게 예수의 말이 들릴까. 욕먹어도 율법 학자처럼 거들먹거리고 싶은 종교인에게 예수의 말이 들릴까.

과부의 가산을 등쳐 먹는 율법 학자를 비판하고, 곧바로 율법 학자와 대조되는 과부의 모습을 소개한다. 율법 학자처럼 살지 말고 과부처럼 살라는 말이다. 율법 학자는 천국에 가기 어렵지만, 과부는 천국에 들어갈 것이다. 종교인은 천국에 가기 어렵지만, 가난한 사람은 천국에 들어갈 것이다. 천국 가기를 포기한 종교인이 적지 않은 것 같다. 종교인이 구원의 희망을 포기하고 산다면 말이 되는가. 그러려면 왜 종교인이 되었단 말인가.

2절에서 루가는 마르코와 달리 형용사 '가난한$_{ptoke}$' 대신 '극빈한$_{perikros}$'을 썼다. 과부의 처절한 빈곤함을 드러내는 것이다. 보통 가난한 삶이 아니라 생존 자체가 위협받는 극빈층이라는 뜻이다. 마르코보다 가난한 사람에게 관심이 많은 루가는 '가난'을 세심하게 구분한 것이다. 루가는 왜 복음서를 썼는가. '부자 신자와 가난한 신자가 함께 있는 루가 공동체에서 예수의 복음을 어떻게 전할까.' 이것이 루가의 집필 의도다. 루가는 부자 신자를 비판하고 가난한 신자를 편들었다. 이것이 〈루가〉의 결론이다.

부자 신자와 가난한 신자가 교회에, 성당에 함께 있다면 목사는, 신부는 누구 편을 들어야 하는가. 어떻게 설교하고 어떻게 처신해야 하는가. 루가는 이런 곤란한 문제에 명쾌한 답을 준다. 부자 신자를 비판하고 가난한 신자를 편들어라. 목사와 신부는, 교회는, 평신도는 지금 그렇게 생각하고 행동하는가. 부자 신자도 달래고 가난한 신자도 달래지 않는가. 교묘한 줄타기에, 중립에, 균형에 온갖 묘수가 동원되지 않는가. 신자가 줄어들까, 헌금이 줄어들까 고민하지 않는가. 〈루가〉를 무시하고 헌금만 신경 쓰지 않는가.

부자와 율법 학자를 비판하는 예수를 놓쳐서는 안 된다. 가난한 과부를 사랑하는 예수를 놓쳐서는 더더욱 안 된다. 부자와 율법 학자를 비판했기 때문에 과부에 대한 사랑이 샘솟은 것이 아니다. 가난한 과부를 지극히 사랑하기 때문에 부자와 율법 학자에 대한 분노가 치민 것이다. 분노가 저절로 사랑을 낳지 않는다. 사랑이 분노를 낳는다. 교회에 대한 비판이 교회에 대한 사랑을 낳지 않는다. 교회에 대한 사랑이 지극하기 때문에 교회를 강하게 비판하는 것이다. 비판이 사랑을 낳는 것이 아니고 사랑이 비판을 낳는다. 예언자는 종교에 대한 사랑이 가득했다. 예언자는 가난한 사람에 대한 사랑이 가득했다. 예수도 마찬가지다. 유다교에 대한 사랑이 넘쳐서 유다교를 심하게 비판한 것이다. 유다교 신자를 사랑했기 때문이다. 당시 유다교 신자는 대부분 가난했다.

루가는 믿음으로 구원받는다는 생각에 가득 찬 사람은 아니다. 인간의 구원은 십자가 죽음과 부활에 달렸다고 생각한 사람도 아니다. 십자가 죽음과 부활보다 예수의 삶에 관심을 두었다. "갈릴래아에서 십자가 직전까지 예수가 가난한 사람에게 어떻게 말하고, 가난한 사람과 어떻게 행동했는지 자세히 보자. 그런 예수를 따르자. 가난한 사람을 먼저 선택하는 것이 인간 구원의 길이다." 루가는 이 말을 온 세상에 외치고 싶었다. 루가는 마르코를 존중했지만 마르코에 머무르지 않았다. 루가는 바울로를 이해했지만 바울로에 머무르지 않았다. 루가에게 예수는 가난한 예수다. 가난한 사람을 편드는 해방자 예수다. 루가는 예수처럼 해방신학자다.

신약성서에 바울로의 편지만 있고 복음서는 없다고 상상해보자. 예수의 역사를 전혀 알 수 없을 것이다. 복음서에 십자가와 부활 이야기만 있고 십자가 이전 이야기는 없다고 상상해보자. 우리가 예수의 삶을 제대로 알 수 있을까. 십자가와 부활 이야기에 집중하고 예수와 가난한 사람 이야기를 잊으면 되겠는가. 그것은 예수를 절반만 아는 일이다. 예수의 역사는 십자가에서 부활까지 사흘이 전부가 아니다. 예수의 역사를 제대로 알자. 예수의 역사 전체를 알지 못하면 예수를 아는 것이 아니다. 성서를 모르면 예수를 모른다. 복음서를 모르면 예수를 모른다. 가난한 사람을 모르면 예수를 모른다.

○ 역사의 종말

5 사람들이 아름다운 돌과 예물로 화려하게 꾸며진 성전을 보며 감탄하고 있었다. 그때에 예수께서 말씀하셨다. 6 "지금 여러분이 성전을 바라보지만, 저 돌들이 어느 하나도 자리에 있지 못하고 무너질 날이 올 것입니다." 7 그들이 예수께 물었다. "선생님, 그런 일이 언제 일어나겠습니까? 그런 일이 일어날 즈음해서 어떤 징조가 나타나겠습니까?"
8 예수께서 대답하셨다. "앞으로 많은 사람이 내 이름을 내세우며 나타나서 '내가 그리스도다!', '때가 왔다!' 하고 떠들더라도 속지 않도록 조심하고 그들을 따라가지 마시오. 9 전쟁과 반란의 소문을 듣더라도 두려워하지 마시오. 그런 일이 반드시 먼저 일어나고 말 것입니다. 그렇다고 끝 날이 곧 오는 것은 아닙니다." 10 예수께서 계속 말씀하셨다. "한 민족이 일어나 딴 민족을 치고 한 나라가 일어나 딴 나라를 칠 것이며 11 곳곳에 무서운 지진이 일어나고 기근과 전염병도 휩쓸 것이며, 하늘에서는 무서운 일들과 굉장한 징조들이 나타날 것입니다.
12 그러나 이 모든 일이 일어나기 전에 여러분은 잡혀서 박해를 당하고, 회당에 끌려가 마침내 감옥에 갇히며, 나 때문에 임금들과 총독들 앞에 설 것입니다. 13 그때야말로 여러분이 나의 복음을 증언할 때입니다. 14 이 말을 명심하시오. 그때 어떻게 항변할까 미리 걱정하지 마시오. 15 내가 여러분의 적수들이 아무도 맞서거나 반박할 수 없는 언변과 지혜를 주겠습니다. 16 여러분의 부모와 형제와 친척과 친구들까지 여러분을 잡아 넘겨서 더러는 죽일 것입니다. 17 그리고 여러분은 나 때문에 모든 사람에게 미움을 받겠지만 18 머리카락 하나도 잃지 않을 것입니다. 19 참고 견디면 생명을 얻을 것입니다."
20 "예루살렘이 적군에게 포위된 것을 보거든 그 도시가 파멸할 날이 멀지 않은 줄 아시오. 21 그때에 유다에 있는 사람들은 산으로 도망가고, 성안에 있는 사람들은 그곳을 빠져나가시오. 시골에 있는 사람들은 성안으로 들어가지 마시오. 22 그때가 바로 성서의 모든 말씀이 이루어지는 징벌의 날입니다. 23 이런 때에 임신한 여자들과 젖먹이가 딸린 여자들은 불행합니다. 이 땅에 무서운 재난이 닥치고, 이 백성에게 하느님의 분노가 내릴 것입니다. 24 사람들은 칼날에 쓰러지고, 포로가 되어 여러 나라에 잡혀갈 것입니다. 예루살렘은 이방인의 시대가 끝날 때까지 그들의 발아래 짓밟힐 것입니다."
25 "그때가 되면 해와 달과 별에 징조가 나타날 것입니다. 지상에서는 모든 민족이 사납게 날뛰는 바다 물결에 놀라 불안에 떨고 26 사람들은 세상에 닥쳐올 무서운 일을 내다

보며 공포에 떨다가 기절하고 말 것입니다. 천체가 흔들릴 것이기 때문입니다. ²⁷ 그때에 사람들은 사람의 아들이 구름을 타고 권능을 떨치며 영광에 싸여 오는 것을 볼 것입니다. ²⁸ 이러한 일들이 일어나기 시작하거든 몸을 일으켜 머리를 드시오. 여러분이 구원받을 때가 가까이 온 것입니다."

²⁹ 예수께서는 이런 비유를 들려주셨다. "저 무화과나무와 모든 나무들을 보시오. ³⁰ 나무에 잎이 돋으면 그것을 보아 여름이 벌써 다가온 것을 압니다. ³¹ 이와 같이 여러분도 이런 일들이 일어나는 것을 보거든 하느님의 나라가 다가온 줄 아시오. ³² 나는 분명히 말합니다. 이 세대가 없어지기 전에 이 모든 일이 일어나고야 말 것입니다. ³³ 하늘과 땅은 사라질지라도 내 말은 결코 사라지지 않을 것입니다." ³⁴ "흥청대며 먹고 마시는 일과 쓸데없는 세상 걱정에 마음을 빼앗기지 않도록 조심하시오. 그날이 갑자기 닥쳐올지도 모릅니다. ³⁵ 그날이 온 땅 위에 사는 모든 사람에게 덫처럼 들이닥칠 것입니다. ³⁶ 그러므로 여러분은 앞으로 닥쳐올 이 모든 일을 피하여 사람의 아들 앞에 설 수 있도록 늘 깨어 기도하시오."

³⁷ 예수께서 낮에는 성전에서 가르치시고 저녁이 되면 올리브 산에 올라가서 밤을 지내셨다. ³⁸ 사람들은 모두 이른 아침부터 예수의 말씀을 들으려고 성전에 모여들었다.(21,5-38)

루가도 마르코나 마태오처럼 예수의 고난과 죽음 전에 예수의 긴 연설을 소개한다. 예수가 공식적으로 생애 최후의 대중 연설을 한다. '역사의 종말은 어떻게 될까'라는 내용이다. 사람들에게 다른 가르침은 없을 것이다. 작별 연설이라고 말하기는 좀 그렇다. 자기 죽음에 대한 이야기가 없기 때문이다. 물론 예수의 죽음을 전제한 연설이다. 복음서 저자들은 세상의 종말에 대한 예수의 말을 복음서 뒷부분에 배치했다. 루가도, 바울로도 마찬가지다(〈1데살〉4,13-5,11; 〈1고린〉15장).

〈루가〉21,5-38의 주제는 예루살렘의 종말, 사람의 아들 출현이다. 〈마르〉13장과 〈마태〉24장에도 나오는 이야기다. 〈루가〉 본문과 〈마르〉13장, 〈마태〉24장의 관계는 성서 주석학에서 가장 복잡하고 어려운 문제로 알려졌다.[188] 〈루가〉 17,22-37에 같은 주제가 나왔다. 루가는 중요한 주제를 예수 최후의 시간에 반복한 것이다. 예루살렘의 종말과 사람의 아들 출현은 유다인에게 세상의 종말을 뜻하기 때문이다. 〈루가〉 17,22-37은 종말의 시간을 알 수 없다는 것이 핵심이다. 〈루가〉 21,5-38은 예루살렘의 종말과 사람의 아들 출현을 연결한 것이 중심이다.

예수는 〈마르〉 13,3에서 예루살렘성전과 도시를 떠나 네 제자와 올리브 산으로 올라가 마지막 연설을 한다. 네 제자만 들은 이야기다. 그런데 루가는 예수가 성전(〈루가〉 19,47; 20,37)에서 매일 가르치는 장면에 마지막 연설을 배치한다. 〈루가〉 20,45처럼 군중과 제자들이 다 듣는다. 루가는 '군중과 가까이', '성전과 가까이'를 강조하기 때문이다. 마르코는 제자들에게 유언처럼 말하는 예수를 보여주지만(〈마르〉 13,1.3), 〈루가〉에서 예수는 대중에게 직접 말한다. 예수가 성전 파괴를 예언하고, 제자들은 그 시간과 징조를 묻는다. 8-9절과 34-36절이 다섯 가지 말씀을 감싼다. 37-38절은 예수의 죽음으로 연결된다. 그다음에 예수의 죽음과 부활이라는 〈루가〉 마지막 부분이 나온다.

헤로데 왕이 확장한 예루살렘성전의 웅장함과 아름다움은 자주 칭송되었다. 바티칸의 성베드로대성당Basilica di San Pietro을 보라. 독일의 마인츠대성당Mainzer Dom도 참 아름답다. 예루살렘성전을 보고 감탄하는 사람들 앞에서 성전이 무너질 것(〈루가〉 19,42-44; 〈예레〉 26,18)이라고 말하는 예수도 참 딱하다. 유다교 사제와 신도에게 몰매 맞아 죽기 좋았을 것이다. 언제 어떤 징조가 있을지 태연하게 묻는 제자들도 좀 그렇다. 충격 받고 당황하여 그 자리에서 뒤로 넘어져야 마땅하지 않은가. 〈루가〉를 읽는 독자야 예루살렘성전이 오래전에 파괴된 사실을 안다.

5절에서 '성전hieron'은 성전 건물naos뿐 아니라 성전을 둘러싼 구역까지 가리키는 단어다. 성전 파괴는 여러 모습으로 소개되었다(〈마르〉14,58; 15,29; 〈요한〉2,19-22). 보폰은 예수가 예루살렘성전 파괴를 예언했지만 성전을 다시 세우겠다는 말은 하지 않은 것 같다고 주장한다.[189] 예수는 성전 파괴를 예언한 사실로도 유다교 사회와 로마 군대에게 엄청난 충격을 일으킨 것이 틀림없다. 7절에서 사람들은 예수에게 두 가지를 묻는다. 언제pote 성전이 파괴되고, 어떤 징조semeion(〈루가〉11,16)가 있을까. 징조를 요구하는 것은 신뢰 부족을 뜻하기도 한다(〈1고린〉1,22).

초대교회 사람들은 왜 예루살렘성전 파괴에 대한 예수의 말을 전했을까? 유다교 비판을 위한 좋은 구실로 써먹을 수 있고, 유다 독립 전쟁에서 공통년 70년에 성전이 파괴된 사실을 기억하기도 했다. 당시 사람들이 예루살렘성전 파괴를 세상의 종말로 이해했는지는 뚜렷하지 않다. 마르코에게 예루살렘성전 파괴는 세상 끝 날이 아니고, 루가에게도 세상 끝 날과 같지 않았다. 그러면 지금 한국 그리스도인은 예루살렘성전 파괴를 초대교회 사람들처럼 유다교에 대한 하느님의 처벌로 해석해야 하는가. 루가와 초대교회의 아픈 추억에 담긴 유다교에 대한 적개심을 그대로 받아들여야 하는가. 그럴 필요 없다.

사람들을 홀리는 가짜 예언자들이 날뛸 것이다(〈사도〉5,36; 21,38). 우리나라에 자칭 재림 예수는 몇이나 될까. 재림 예수가 아니라도 일상에서 가짜 예언자 노릇하는 종교인이 얼마나 많고 흔한가. 독일 태생 유다인 철학자 한나 아렌트Hannah Arendt가 악의 평범성에 대해 말했다면, 우리 시대에는 가짜 예언자의 평범성을 말해야 하지 않을까. 가짜 예언자가 평범한 사람 얼굴을 하고 교회와 성당에서, 가정과 사회에서 일상적으로 예수를 부정하고 거짓말을 일삼으며 악을 행한다.

8-9절에서 예수는 두 가지를 말한다. 가짜 그리스도에게 속지 말고, 전쟁과 반란 소식에 두려워하지 마라. 예수가 두 가지를 하나로 합친 것은 아니다. 9절 '반란'은 로마에 대한 독립 전쟁이 아니라 이스라엘 국내 정치의 불안과 갈등을 가리키는 것 같다.[190] 전쟁과 사회질서 불안은 유다교 종말론에서 이야기된다(〈이사〉19,2). 9절 '전쟁과 반란의 소문'은 제자들이 유다 독립 전쟁에 참여하지 않은 사실을 회고하는 것 같다. 지진, 기근, 전염병, 하늘의 징조는 세상 끝 날을 알리는 묵시문학의 단골 소재다(〈에제〉38,19-22;〈묵시〉6,1-7;8,7-12). 공통년 60년에 발생한 지진이 골로사이를 파괴했다. 46-48년에 로마제국에서 심한 기근이 여러 번 있었다.

11절 '무서운 일들과 굉장한 징조들'은 자주 연결된 단어가 아니다. 무서운 일은 땅에서 일어나는 일로, 불안과 이어진다. 굉장한 징조는 하늘에서 일어나는 일로, 하느님의 뜻과 관계된다. 8-11절에서 예수가 진짜 한 말을 찾기는 어렵다. 실제로 예수가 한 말이라고 여기기도 어렵다. 잘못된 종말의 날짜와 징조를 기다리지 말라는 예수의 경고를 알아들으면 충분하다. 가짜 메시아에게 속지 말고 역사적 사건을 신학적으로 잘못 해석하지 말라는 경고도 기억해야 한다.

12-19절에서 예수는 닥쳐올 박해 앞에 제자들을 위로한다. 초대교회 신자들이 겪은 여러 고통이 자세히 소개된다. 예수를 제대로 믿고 따르는 사람은 반드시 박해받는다. 초대교회 시기에만 해당하는 말이 아니다. 예수를 제대로 믿고 따르는 사람은 언제 어디서나 악의 세력에게 박해받는다. 초대교회 신도는 유다교와 이방인에게 박해받았다(〈루가〉12,4;

〈사도〉4,3; 25,8). 예수를 제대로 믿고 따르는 사람만 박해받는다. 부자와 권력자를 편드는 사람이 박해받을 기회는 없다. 박해받은 신앙인은 교회에 해를 끼치지 않고 교회에 빛을 준다(〈루가〉12,7; 〈사도〉27,34). 14절에서 박해에 대한 가장 좋은 대응은 미리 걱정하지 않는 것이다(〈사도〉27,34; 〈1열왕〉14,45; 〈2열왕〉14,11). 하느님을 믿는 사람은 박해를 두려워하지 않는다.

박해받을 때 어떻게 항변할까 미리 걱정할 필요가 없다는 사례를 스데파노(〈사도〉6,10)가 보여준다. 가톨릭 전례력에 따르면 성탄절 다음 날이 스데파노 축일이다. 박해는 예수 탄생 다음 날부터 시작된다. 가족과 지인의 미움(〈요한〉15,19)과 배신으로 순교자가 늘어난다. 예수 때문에 미움 받는 사람은 머리카락 하나도 잃지 않을 것이다(〈루가〉12,7; 〈사도〉27,34). 19절에서 '참고 견디면$_{hypomone}$'은 신도가 고통 중에 갖춰야 할 덕목이다(〈로마〉5,3-; 12,12; 〈2고린〉1,6). 12-19절은 무엇을 말하는가. 박해받을 때 두려워할 필요가 없다. 성령이 우리를 지켜주신다. 박해를 참고 견디면 영원한 생명을 얻는다.

20-24절에서 루가는 로마 군대가 예루살렘을 정복하는(〈2열왕〉25장; 〈2역대〉36장) 모습을 그린다. 21절에 '산으로 도망가는 사람들'은 공통년 66년 시작된 유다 독립 전쟁 때 요르단 강 동쪽 펠라 지방을 가리키는 것이 아니라, 그리스에 저항한 마카베오 전쟁(〈1마카〉2,28) 때를 회상하는 것 같다. 초대교회 신도가 21절을 듣고 크게 술렁였을 것 같지는 않다. 예루살렘성전이 오래전에 파괴되었기 때문이다. 22절에서 루가는 예루살렘성전 파괴를 하느님이 유다인을 처벌한 것으로 해석한 것 같다. 공통년 70년 로마 황제 티투스$_{Titus}$의 예루살렘성전 파괴에서 공통년 이전 586년 네부카드네자르$_{Nebuchadnezzar}$의 예루살렘 파괴도 떠올렸을 것이다.

"이런 일이 겨울에 일어나지 않도록 기도하시오"(〈마르〉13,18)는 23절에서 빠졌다. 루가는 로마 군대가 예루살렘을 포위한 공통년 70년 4-9월을 생각했기 때문이다. 그때는 겨울이 아니라 비가 거의 오지 않는 건기에 속한다. 예수가 '하느님의 분노'라는 표현을 사용한 것은 성서에서 이곳이 유일하다. 초대교회 유다인 신도는 유다인 역사의 비참한 사건을 잊지 못했을 것이다. 루가는 예루살렘이 역사적으로 어떻게 파괴되었느냐보다 그 파괴를 어떻게 해석하느냐에 초점을 맞춘다.

20-24절은 예루살렘성전이 파괴될 때 유다인의 고통을 표현한다. 당시 유다인은 얼마나 힘들었을까. 머나먼 한국에 사는 우리도 지금 그 구절을 읽으며 슬퍼진다. 로마 군대의 살해가 잔인했지만, 유다 파벌 사이의 전투도 참혹했다고 전해진다. 유다인끼리 예루살렘성전에서 죽고 죽이는 내전이 자주 벌어졌다. 한국전쟁 때 우리는 얼마나 많은 동포를 서로 죽였는가. 해방 이후 한국전쟁이 끝나기까지 양민 수백만 명이 학살당했다. 유다인이 남북으로 분단된 것처럼 우리도 분단되었다. 유다인끼리 내전을 치른 것처럼 우리도 내전을 치렀다. 유다인과 한민족은 슬픈 민족이다.

초대교회는 예루살렘성전 파괴를 하느님이 유다인을 처벌한 것(〈예레〉5,29;〈에제〉9,1;〈다니〉9,26)으로 해석했다. 루가 역시 그 해석에 동조했다. 대다수 유다인이 예수를 메시아로 받아들이지 않았고(〈루가〉4,29; 18,8) 유다교 지배층이 예수의 죽음에 참여했기 때문이라는 것이다. 이 해석이 초대교회 사람들에게 어느 정도 위로를 주었는지 모르겠다. 그러나 이 해석이 21세기 한국 그리스도인에게, 유럽과 남미 그리스도인에게 어떤 의미가 있을까? 유다인이 하느님께 처벌받았다는 해석이 오늘 그리스도교에게 무슨 도움이 될까? 한국 그리스도인에게 지금 그렇게 가르쳐야 하는가?

한국 천주교회 초창기에 많은 평신도가 국가권력의 박해를 받았다. 박해받지 않은 그리스도인은 자기 신앙을 반성해야 한다. 지금 한국 천주교회에 닥친 문제 중 하나는 박해를 상상하지도 않고 편안하게 신앙생활을 한다는 것이다. 주교와 사제조차 박해나 순교는 상상하지 않는다. 악의 세력에 저항하지 않으니 박해받을 리 없고, 박해받지 않으니 세속화의 안락함에 젖어 산다. 아무나 박해받는 것이 아니다. 부자, 권력자와 친하게 지내는 성직자와 신도는 박해받을 리 없다. 골프장에 출입하는 철없는 신부를 어느 누가 박해하려고 하겠는가.

25-28절은 종말에 오는 사람의 아들 이야기다. 예수 최후 연설의 핵심이다. 하늘과 땅에서 여러 가지 징조가 나타난 뒤에 사람의 아들이 등장한다는 것이다. 루가는 25-26절에서 〈이사〉 13,10과 34,4을 인용한 〈마르〉 13,24-25을 참조한다. 초대교회 신자는 세상 끝 날을 다양하게 상상했다(〈1데살〉 5,1-3; 〈2베드〉 3,11-13). '존재', '다가옴'을 뜻하는 그리스어 parousia는 초대교회 신자의 두려움과 기대를 가리키는 말이다. 예수가 다시 오실 때 첫 번째 나타남과 다르게 예수의 힘과 위대함이 더 드러날 것이라고 믿었다.

28절 '구원$_{apolutrosis}$'은 lutron(보석금)과 apo(벗어난)가 합쳐진 단어다. 그리스어 apolutrosis는 노예나 전쟁 포로가 돈을 내고 석방되는 행동과 해방된 상태를 가리킨다. 그리스 사상의 영향을 받은 유다인은 그 단어를 종교적으로 이해한다. 이 단어는 신약성서에서 세 가지 뜻이 있다.[191]

1. 예수그리스도에 의한 종말론적 해방(〈로마〉8,23; 〈에페〉1,14)

2. 해방된 개인의 상태(〈골로〉1,14; 〈에페〉1,7)

3. 구원자 예수(〈1고린〉1,30).

역사의 종말은 어떻게 될까. 예수뿐 아니라 루가와 초대교회도 관심을 보인 주제다. 역사의 종말을 인간 구원이라고 선언한 것이 그리스도교다. 인류 역사의 수많은 굴곡도 결국 하느님의 구원 의지에 속한다. 역사의 희생자를 편드는 것이 하느님의 변하지 않는 뜻이다. 복음서는 이런 배경에서 탄생한 작품이다. 복음서는 박해받는 시기에 탄생했다. 유다 독립 전쟁과 멀지 않은 시기에 쓰였으니 전쟁문학이라고 해도 무리가 없다. 복음서는 박해 문학이요, 전쟁문학이다. 역사의 패자인 가난한 사람의 고통이 담긴 작품이다. 역사서는 대부분 승자의 작품이지만, 성서는 패자의 작품이다.

본문을 읽으며 역사에서 배우자(〈루가〉13,34-; 19,41-44)고 말하고 싶다. 성서 역사에서 배우고, 우리 한민족 역사에서도 배우자. 성서는 사건이면서 이야기다. 성서는 철학 이전에 역사다. 본문은 예수의 역사신학적 관점을 보여준다. 인간의 역사는 하느님과 인간의 상호작용이라는 것이다. 헤겔Georg Wilhelm Friedrich Hegel의 《정신현상학Phänomenologie des Geistes》은 인간이 만드는 역사의 정반합 작용을 말할 뿐이다. 예수의 역사신학은 인간의 역사에서 하느님이 완성한 역사를 함께 본다. 역사는 구원될 것이다. 희생자의 명예는 반드시 회복될 것이다.

○ 예수 최후의 시간

¹ 무교절 곧 과월절이라는 명절이 다가왔다. ² 대사제들과 율법 학자들은 백성들이 무서워서 예수를 어떻게 죽여야 탈이 없을까 궁리하고 있었다. ³ 그런데 열두 제자 가운데 하나인 가리옷 사람 유다가 사탄의 유혹에 빠졌다. ⁴ 그는 대사제들과 성전 수위대장들에게 가서 예수를 잡아 넘겨줄 방도를 상의하였다. ⁵ 그들은 기뻐하며 그에게 돈을 주겠다고 약속하였다. ⁶ 유다는 이에 동의하고 사람들 몰래 예수를 넘길 기회를 노렸다.

⁷ 드디어 무교절의 첫날이 왔다. 이날은 과월절에 쓰는 어린 양을 잡는 날이다. ⁸ 예수께서는 베드로와 요한을 보내며 이르셨다. "가서 우리가 먹을 과월절 음식을 준비하시오." ⁹ 그들이 "어디에다 차리면 좋겠습니까?" 하고 묻자 ¹⁰ 예수께서 지시하셨다. "여러분이 성안에 들어가면 물동이를 메고 가는 사람을 만날 것입니다. 그 사람이 들어가는 집으로 따라가서 ¹¹ 그 집 주인을 보고 내가 제자들과 함께 과월절 음식을 먹을 방이 어디 있느냐고 묻더라고 하시오. ¹² 그러면 그 집 주인이 이층의 큰 방 하나를 보여줄 것입니다. 그 방에 자리가 다 마련되었을 터이니 거기에 준비하시오." ¹³ 이 말씀을 듣고 제자들이 가보니 과연 예수께서 말씀하신 대로였다. 그들은 거기에 과월절 음식을 차렸다.(22,1-13)

예수 최후의 시간이 다가왔다. 며칠 뒤 예수는 이 세상 사람이 아니다. 〈루가〉 3부작의 3부 예루살렘 시절에서도 마지막 부분이 시작된다. 루가는 예수의 수난 역사와 부활 역사를 함께 쓰려고 한다. 죽음에 다가서는 것은 부활에 접근하는 일이기도 하다. 수난 역사와 부활 역사는 성취 역사의 두 부분이다.[192] "하느님께서 미리 정하신 뜻과 계획에 따라 여러분의 손에 넘어간 예수를 여러분은 악인들의 손을 빌려 십자가에 못 박아 죽였던 것입니다. 그러나 하느님께서는 그분을 되살리시고 죽음의 고통에서 풀어주셨습니다."(〈사도〉 2,23-24; 10,39; 13,28-30)

〈마르〉 수난 기록에는 예수를 죽일 음모(〈마르〉 14,1-2), 대사제들과 배신을 약속한 유다(〈마르〉 14,10-11) 사이에 베다니아에서 예수의 머리에 향유를 부은 여자 이야기(〈마르〉 14,3-9)가 있다. 루가는 이 장면을 뺀다. 왜 그랬을까. 세 가지 추측이 가능하다.[193] 첫째, 향유 부은 여자 이야기는 〈루가〉 7,36-50 내용과 너무 비슷해서 삭제했다. 둘째, 루가는 예수 부활 이후에야 복음이 전파되는 것으로 설정했다. 그런데 "나는 분명히 말합니다. 온 세상 어디든지 복음이 전해지는 곳마다 이 여자가 한 일도 알려져서 사람들이 기억할 것입니다"(〈마르〉 14,9)가 루가의 의도를 방해하기 때문이다. 셋째, 마르코가 넘겨받은 〈마르코 수난사〉 원본에는 향유를 부은 여자 이야기가 없다. 그래서 루가도 그 부분을 쓰지 않았다.

루가가 수난 이야기는 무엇을 참조했는지 계속 토론되었다. 루가는 〈마르〉 14,1-16,8을 기초로 예수 최후의 시간을 설명한다. 한 가지 예외는 〈마르〉에 나오지 않은 발현 이야기다(〈루가〉 24,13-49). 루가는 시간을 중요하게 생각하는 신학자다. 예수 최후의 시간도 마찬가지다. 사건은 해가 뜨는 시간을 기준으로 설명된다. '무교절 곧 과월절이라는 명절이 다가왔다'(〈루가〉 22,1), '드디어 무교절의 첫날이 왔다'(〈루가〉 22,7), '만찬 시간이 되자'(〈루가〉 22,14) 등 〈루가〉에서 사건과 시간의 흐름을 정확히 보는 것이 중요하다.

누룩을 넣지 않은 빵을 먹는 무교절과 과월절은 원래 따로 떨어진 축제다. 과월절pascha은 새해 첫 달인 니산Nisan 달 14일에 시작해서 하루 동안 지내는 축제다. 무교절은 니산 달 15일부터 21일까지 일주일 동안 지내는 축제다. 과월절은 이집트에서 해방된 사건을, 특히 천사의 도움으로 이스라엘 자손의 맏아들을 죽음에서 면제한 그 밤(〈출애〉 12,1-20; 〈레위〉 23,5-8; 〈신명〉 16,1-8)을 기념한다. 무교절은 이집트에서 탈출하여 사막을 헤매다가 누룩 없이 만든 빵을 먹은 조상(〈출애〉 12,15; 〈레위〉 23,6; 〈신명〉 16,3-)을 기념한다. 두 축제 모두 하느님이 유다인을 정치적 억압에서 해방한 사건을 기념한다. 그런데 예수 시대에는 하나로 합쳐서 지냈다.

과월절에 유다 가정은 예루살렘으로 순례를 온다. 유다 가정이 하나로 뭉치는 날이다. 식사는 예루살렘 시내에 있는 집에서 해야 한다. 지난 시절의 해방을 기념할 뿐 아니라 미래의 해방도 미리 기념한다. 이방인 정복자는 과월절에 예루살렘에 모인 유다인의 해방 열기가 달아오르지 않도록 경계하고 신경 썼다.

〈루가〉 22,1-6은 두 장면이 아니라 유다와 대사제의 약속이라는 한 이야기다. 1절에서 〈마르〉 14,1과 달리 과월절과 얼마나 가까운 시간인지 분명히 나오지 않는다. 루가는 유다교 지배층의 의도를 강조한다. 예수 일행이 과월절을 준비하고 지내는 장면보다 예수를 죽이려는 유다교 지배층의 흉계를 먼저 소개하는 것이다. 루가는 2절과 4절에서 살해 의도와 그 방법pos을 소개한다. 유다교 지배층과 유다가 예수를 체포할 정확한 시간은 약속하지 않는다. 유다는 흔한 이름이다. 히브리 식으로 Iskarioth(〈루가〉 6,16; 〈마르〉 3,19), 그리스 식으로 Iskariotes(〈루가〉 22,3; 〈마태〉 26,14)라고 쓴다. 신약성서에 전혀 언급되지 않은 가리옷Karioth 출신이거나 라틴어로 sicarius(작은 칼)를 뜻할 수 있다. 작은 칼을 지니고 다닌 무장 독립군을 가리킨다.

유다교 대사제들과 율법 학자들은 〈루가〉 19,47-48처럼 예수를 '없애려anairein' 한다. anairein은 신약성서에 24번 나오는데, 루가가 21번 쓴다. 대사제는 종교 권력자요, 율법 학자는 종교 권력자를 뒷받침하는 어용 신학자다. 그들은 예수를 죽일 수 없었다. 예루살렘 백성이 예수 편에 섰기 때문이다. 그들은 백성을 두려워했다(〈루가〉 20,19; 21,38). 예루살렘 백성이 진짜로 예수 편에 섰는지 확실하지 않다. 루가가 종교 권력층과 백성을 대립하는 사이로 배치한 것이 중요하다. 우리 시대 종교 권력층과 백성은 갈등하는 관계인가, 마음이 잘 맞는 사이인가. 종교 권력층은 백성을 두려워하는가. 종교 권력층은 정직하게 대답해보라.

3절에서 루가는 '유다가 사탄의 유혹(〈마르〉 5,12-; 〈마태〉 12,45; 〈루가〉 8,30)에 빠졌다'고 기록한다. '사탄이 없는 시간'[194]이라는 말도 있지만, 사탄은 예수가 활동한 기간 내내 잠자코 있지 않았다(〈루가〉 22,48). 유다는 거대한 예수의 드라마에서 어쩔 수 없이 악역을 맡았다. 유다를 향한 루가의 연민과 안타까움이 짙게 드리워진 표현이다. 누가 유다에게 돌을 던질까. 누가 유다를 가엾게 여기지 않을까. 불쌍한 유다여, 그대는 예수의 제자다. 유다가 예수를 선택한 것이 아니라 예수가 유다를 선택했다. 나는 유다를 비난하는 사람을 이해하기 어렵다. 예수 드라마에서 각본은 누가 썼고 감독은 누구였나.

명사 strategos(성전 수위대장)는 신약성서에서 루가의 작품에만 나온다. 로마 군대 치하에서 일하는 공무원을 가리킨다(〈사도〉 16,20.22.35). strategos가 대사제 바로 아래 계급 사제를 가리키는지, 성전 경비를 맡은 평신도를 가리키는지 분명하지 않다(〈사도〉 4,1; 5,24). 군대 간부를 가리키기도 한다(〈1마카〉 13,42; 14,2.47). 4절에서 이 단어는 유다교 권력층의 명령을 받아 수행하는 사람들을 말하는 것 같다. 율법 학자들이 본문에서 사라지고 성전 수위대장들이 등장한 것이 눈에 띈다. 루가는 대사제들이 예수를 체포하라고 지시하고, 성전 수위대장들이 그 명령을 집행한다는 사실을 말하려 했다.

7절은 앞부분과 시간적으로 차이가 난다. 〈루가〉 23,56과 24,1을 보면 이날은 목요일이다. 〈루가〉 22,65까지 목요일 하루에 일어난 일이 보도된다. 과월절 제사에 쓰는 어린 양은 가장이나 하인이 니산 달 14일 오후 성전 안뜰에서 도살한다.[195] 과월절 양은 무교절 첫날이 아니라 과월절 전날 오후에 도살한다. 〈마르〉 14,13과 다르게 과월절 음식을 준비할 제자들 이름이 나온다. 베드로와 요한은 루가의 작품에만 함께, 예루살렘 초대교회의 대표로 언급된다(〈사도〉 3,1-11; 4,13; 8,14-17). 〈루가〉에만 베드로, 요한, 야고보 순서로 이름이 언급된다(〈루가〉 8,51; 9,28; 〈사도〉 1,13). 마르코와 마태오는 베드로, 야고보, 요한 순서로 말한다(〈마르〉 5,37; 13,3; 〈마태〉 17,1). 과월절 축제는 식사 축제로 소개된다(〈출애〉 12,11; 〈민수〉 9,11; 〈2역대〉 30,18).

루가가 8절에서 음식 준비할 제자들 이름을 밝힌 사실은 〈루가〉 22,26-27과 연결하여 이해하는 것이 어떨까. "여러분 중에서 제일 높은 사람은 제일 낮은 사람처럼 처신해야 하고, 지배하는 사람은 섬기는 사람처럼 처신해야 합니다. 식탁에 앉은 사람과 심부름하는 사람 중에 어느 편이 더 높은 사람입니까? 식탁에 앉은 사람이 아닙니까? 그러나 나는 심부름하는 사람으로 여기에 있습니다."(〈루가〉 22,26-27) 공동체의 대표, 즉 교회 지도자가 축제 음식을 직접 마련하는 하인 역할을 지시받는다. 교회 지도자가 제일 낮은 사람처럼 심부름하는 사람으로 처신하라는 가르침이다. 주교와 신부는 베드로와 요한처럼, 하인처럼, 심부름하는 사람처럼 축제 음식을 직접 준비하며 사는가. 주교와 신부는 식사에 초대받은 손님이 아니라 손님에게 시중드는 사람이다.

10절 '물동이를 메고 가는 사람'은 남자일까, 여자일까. 물을 긷는 일은 보통 여자가 한다. 여인은 항아리에 물을 담아 운반한다. 남자는 양가죽으로 감싼 물동이를 사용했는가? 그래서 제자들 눈에 그 남자가 쉽게 발견되었을까? 물 운반하는 남자가 드물어서 제자들이 쉽게 알아보았나? 추측은 많고 확증은 어렵다. 9-13절을 어떻게 해석해야 할까. 예수가 남몰래 모든 준비를 시켜놓았다고 합리적으로 설명할까. 루가의 의도에서 한참 벗어난다. 예수가 유다 몰래 다른 제자들에게 준비시켜서 체포 시간을 늦추려 했을까. 추리소설에 적합한 설명이다. 루가는 그런 자세한 문제에 관심이 없다. 루가는 예수의 뛰어난 예지 능력을 독자에게 인상적으로 말하려 한 것 같다.

독일 마인츠대학교Johannes Gutenberg-Universität Mainz의 내 스승 루드거 셴케 Ludger Schenke 교수는 과월절 식사 장소 발견은 최후의 만찬과 관계없는 전승이라고 주장한다.[196] 초대교회에서 존중된 어떤 장소에 대한 전승이 나중에 최후의 만찬 이야기와 결합되었다는 추측이다. 불트만은 제자들과 함께한 최후의 만찬 전승이 차차 발전해온 것이라고 말한다.[197]

〈요한〉 19,14.31은 이날을 과월절 준비일paraskeue tou paska이라고 기록했다. 요한의 보도를 시간에 따라 보면 예수는 이날 처형되었다. 예수는 〈요한〉에 따르면 니산 달 14일에, 〈마르〉〈마태〉〈루가〉에 따르면 니산 달 15일에 처형된다. 모두 금요일이다. 성서학자들은 이 불일치를 아직 학문적으로 설명하지 못한다. 루가는 독자가 앞선 사건을 잘 이해하는 것으로 전제한다. 유다교 관습과 축제를 잘 모르는 한국 그리스도인이 당황할 수 있다. 신약성서를 몰라도 공동성서는 그 자체로 이해할 수 있지만, 공동성서를 잘 모르면 신약성서를 제대로 이해하기 어렵다.

루가는 바울의 십자가 신학보다 그리스 문학에서 영웅의 죽음 전통을 따른다는 의견이 있다. 그러나 예수는 소크라테스처럼 자기 죄를 인정하지 않았다. 유다교의 순교자 전통에 더 가까운 것으로 보기도 한다. 그러나 예수는 토라를 배신할 것을 강요받은 적 없다. 그리스도교 순교자처럼 신앙을 포기하라고 종용받지도 않았다. 무력을 사용하지 않았고, 유다 독립을 주요 목표로 활동한 기록이 뚜렷하지 않지만, 나는 예수의 죽음이 유다 독립투사 젤로데의 죽음과 가깝다고 생각한다. 예수는 로마 군대에 저항했고, 로마제국 질서를 어지럽힌 정치범으로 처형되었기 때문이다.

○ 최후의 만찬

¹⁴ 만찬 시간이 되자 예수께서 사도들과 함께 자리에 앉아 ¹⁵ "내가 고난을 당하기 전에 여러분과 함께 이 과월절 음식을 나누려고 얼마나 별러왔는지 모릅니다. ¹⁶ 잘 들어두시오. 나는 과월절 음식의 본뜻이 하느님 나라에서 성취되기까지 이 과월절 음식을 다시는 먹지 않겠습니다" 하고 말씀하셨다.
¹⁷ 그리고 잔을 들어 감사 기도를 올리고 이르셨다. "자, 이 잔을 받아 나누어 마시오. ¹⁸ 잘 들으시오. 나는 이제부터 하느님 나라가 올 때까지 포도로 빚은 것을 결코 마시지 않겠습니다." ¹⁹ 또 빵을 들어 감사 기도를 올리시고 그것을 떼어 제자들에게 주며 말씀하셨다. "이것은 여러분을 위하여 내어주는 내 몸입니다. 나를 기념하여 이 예식을 행하시오." ²⁰ 음식을 나눈 뒤에 또 그와 같이 잔을 들고 말씀하셨다. "이것은 내 피로 맺는 새로운 계약의 잔입니다. 나는 여러분을 위하여 이 피를 흘리는 것입니다."(22,14-20)

예수 고별의 말이라고 불러도 좋은 부분이다(〈요한〉 14-16장; 〈사도〉 20,17-35;). 〈마르〉〈마태〉〈루가〉에서 최후의 만찬은 모두 제자들과 함께 하는 과월절 만찬으로 소개된다. 〈루가〉에는 식사 이야기가 자주 나온다(〈루가〉 7,36-50; 11,37-52; 14,1-24). 먼저 식사하고 예수가 이야기를 꺼낸다. 식사 자체가 주제가 된 것은 〈루가〉에서 '최후의 만찬' 이야기가 유일하다. 〈루가〉에서 여러 번 과월절을 언급한(〈루가〉 22,1.7.13-16) 예수는 제자들과 과월절 만찬을 할지 뚜렷하게 말하지 않았다. 15절과 17절은 〈마르〉나 〈마태〉에 없는 말이다. 19-20절은 〈마르〉 14장보다 〈1고린〉 11장과 가깝다. 최후의 만찬 보도에 대한 연구에서 독일 성서학자 요아킴 예레미아스의 연구가 여전히 많은 영향을 준다.

〈루가〉에서 최후의 만찬은 과월절 말씀, 첫 번째 술잔 말씀, 빵 말씀,

식사, 두 번째 술잔 말씀 순서로 진행된다. 원래 과월절 식사에서는 술을 넉 잔 마신다. 예수 시대와 〈루가〉가 쓰인 시대에도 그런 것 같지는 않다. 모든 참가자는 한 잔에서 술을 나누어 마셨다. 19-20절 빵과 포도주에 대한 예수의 해석 이야기는 신약성서 세 군데에서 더 나온다(〈1고린〉 11,23-25; 〈마르〉 14,22-24; 〈마태〉 26,26-28). 보폰은 마르코와 마태오의 보도는 예루살렘에서, 루가와 바울로의 보도는 안티오크에서 비롯된 것으로 추측한다.[198]

예수의 감정이 15절처럼 그대로 드러난 구절은 복음서에서 찾기 어렵다. 예수의 솔직한 인간성이 잘 보이는 곳이다. 제자들과 마지막 식사라니 예수는 얼마나 뭉클했을까. 19절에서 "이것은 여러분을 위하여 내어주는 내 몸입니다"라는 표현은 놀랍다. 우리에게 전해진 어떤 유다인 식사 기도에도 이런 말은 없다.[199] 19절에서 동사 '주다didonai'가 두 번 나온다. 예수는 주는 사람이다. 그리스도인은 받는 사람이 아니라 주는 사람이다. 그리스도교는 받는 종교가 아니라 주는 종교다. 19절에서 연결동사 estin은 '동일', '일치'를 뜻한다. 예수의 몸을 상징적으로 준다기보다 정말로 주는 것이다. 물리적·문법적으로 상징을 뜻할 수밖에 없지만, 정말로 예수의 몸을 나눈다는 뜻이다. 몸을 나누는 것은 생명을 나눈다는 말이다.

루가 시대 그리스도인은 〈예레〉 31장의 예언을 받아들여 곧 세상의 종말이 다가온다고 생각했다. 그들은 예수의 죽음을 19절처럼 속죄 행위로, 20절처럼 계약을 위한 희생 제물로 여겼다. 루가는 자기 공동체의 믿음 표현을 알았고, 예수의 죽음이 여러 가지로 해석될 수 있다는 것을 깨달았다. 그러나 루가는 예수의 죽음을 대속으로 해석하는 것에 주저했다. 대속은 신자를 수동적으로 만들 수 있고, 값싼 은혜를 받아들이기 쉽게 하기 때문이다.[200] 그 대신 루가는 고통 받는 의인의 전승을 적극적으로 받아들였다. 성서 저자는 단순한 기록 전달자가 아니라, 자기 시대의 문제를 사색하고 결단하는 신학자다.

유다교 축제와 관습을 잘 모르는 한국 독자에게 생소한 부분이다. 예수가 유다교 과월절 만찬을 그리스도교 만찬으로 대체한 것은 아니다.[201] 나도 같은 생각이다. 과월절 만찬은 1년에 한 번 하고, 그리스도교 만찬은 매주(〈사도〉 20,7) 한다. 예수는 자신의 죽음을 하느님 나라와 과월절과 연결시킨다. 그것이 새로운 의미다. 〈루가〉에서 최후의 만찬은 두 가지 주제가 있다. 첫째, 하느님이 이집트의 정치적 억압에서 해방한 이스라엘 백성과 맺으신 구원의 약속을 기억한다(〈루가〉 1,74; 9,34). 둘째, 하느님이 예수가 다시 올 때 인류를 억압과 고통에서 해방하신다는 약속을 현재화한다. '기억'과 '현재화', 최후의 만찬과 〈루가〉의 핵심 단어다.

우리에게 중요한 것은 최후의 만찬을 성서 주석학적으로 이해하는 것을 넘어 그 의미를 알고 실천하는 일이다. 최후의 만찬이 주는 메시지는 무엇일까. 예수는 죽은 것이 아니라 죽음을 당했다. 나이나 질병, 사고로 죽은 것이 아니고 정치범으로 처형되었다. 예수는 부자나 권력자를 위해 죽은 것이 아니고 가난한 사람을 위해 싸우다 죽음을 당했다. 예수의 죽음은 실패가 아니라 희생한 죽음이다. 그 예수가 인류를 구원할, 제일 먼저 가난한 사람을 구원할 메시아다. 예수는 최후의 만찬에서 이 메시지를 남겼다. 예수를 믿고 따르는 모든 사람은 예수가 다시 올 때까지 하느님 나라를 선포하고, 하느님 나라를 반대하는 세력과 싸우라는 말이다. 최후의 만찬을 계승하는 미사와 예배에서 이 메시지를 기억하고 재생하고 실천하라는 말이다.

예수는 제자나 교회를 위해서가 아니라 세상과 인류를 위해 자기 목숨을 나눠주었다. 어디 예수만 자기 목숨을 나눴는가. 인류를 위해 자발적으로 자기 목숨을 나눠준 사람이 많다. 자의 반 타의 반으로 자기 목숨을 나눠준 사람도 분명히 있다. 자기도 모르게, 영문도 모르면서, 자기 죽음의 의미를 돌아볼 시간도 빼앗긴 채 역사 너머로 쓸쓸히 사라져간 이름모를, 이름 없는 또 다른 예수가 아주 많다. 나자렛 예수만 기억할 것이 아니라 이름 없는 수많은 예수를 기억하자.

공동성서의 이집트 탈출 같은 엄청난 해방 사건이 신약성서에는 왜 없느냐고 묻는 사람이 있다. 구약은 멋진 역사 같은데 신약은 밋밋한 이야기뿐이라고 아쉬워하는 사람도 있다. 얼핏 보면 그런지 모르겠다. 유다인의 수천 년 역사를 무대로 한 공동성서와 역사가 수십 년에 불과한 신약성서이니 말이다. 그러나 예수의 십자가 죽음은 이집트 탈출에 못지않은 해방 사건이다. 이스라엘 민족의 이집트 탈출은 정치적 해방뿐 아니라 신학적 해방 사건이다. 이집트 탈출은 하느님의 작품이다. 하느님이 각본을 쓰고 감독·제작·지휘했다.

예수의 십자가 죽음은 신학적 해방뿐 아니라 정치적 해방 사건이다. 예수의 십자가 죽음은 하느님의 작품이다. 하느님이 각본을 쓰고 감독·제작·지휘했다. 예수의 십자가 죽음은 이집트 탈출을 계승하고 넘어서는 새로운 해방 사건이다. 예수의 십자가 죽음은 이집트 탈출보다 극적이고 우주적인 사건이다. 구약이 민족사에 가깝다면, 신약은 민중사요 계급사에 가깝다. 모세가 파라오와 다툴 때의 마음을 예수가 최후의 만찬에서 느끼지 않았을까.

먹고사는 문제가 먼저고 그다음에 윤리와 도덕이다. 가난한 사람이 먼저 살고 그다음에 삶의 의미를 논해야 한다. 먹고사는 문제가 해결된 종교인과 신학자는 이 순서를 무시하는 경향이 있다. 가난하지 않은 종교인과 신학자가 예수에 대해, 신학에 대해 언급하는 현실이 오늘 그리스도교에서 어색한 모습 가운데 하나다. 제자들과 최후의 만찬이 신학과 전례에서 중요하게 다뤄졌지만, 가난한 사람과 식사 이야기는 드물게 취급되었다. 예수와 제자들의 마지막 식사는 물론, 가난한 사람과 식사 이야기를 잊어서는 안 된다. 가난한 사람과 식사가 없었다면 최후의 만찬은 별다른 의미가 없다.

식사는 전례 이전에 삶 이야기다. 우리는 최후의 만찬 이야기에서 미사를 금방 떠올리지만, 굶주리는 사람을 생각하지 않는다. 가난한 사람의 삶을 기억하지 않는 미사는 공허하다. 미사를 드리기 전에, 드리면서 가난한 사람의 고통을 생각해야 한다. 교회는 "여러분이 먹을 것을 주십시오"(《루가》 9,13) 하신 예수의 음성을 새기고 실천해야 한다. '최후의 만찬' 이야기에서 전례와 성사를 이끌어내는 글은 넘쳐난다. 나는 식사 이야기에서 종교와 경제 관계를 덧붙여 꺼내고 싶다. 가톨릭과 경제에 대한 21세기 가톨릭교회의 입장을 프란치스코 교황의 책《복음의 기쁨》을 참고하여 소개한다.

우리 시대 사람들이 대부분 하루하루 힘겹게 살아가고, 이 때문에 비참한 결과가 빚어진다는 점을 잊어서는 안 됩니다. 많은 사람, 심지어 강대국이라 불리는 나라의 사람들조차 두려움과 절망에 사로잡혔습니다. 살아 있다는 기쁨이 자주 퇴색되고, 다른 이들에 대한 존중이 갈수록 결여되며, 폭력이 증가하고, 사회적 불평등이 심화됩니다.[202]

하느님의 눈으로 현실을 바라보며 하는 말 같다. 우리나라는 전 세계 220여 개 나라 가운데 경제적인 면으로 볼 때 아주 혜택 받은 나라에 속한다는 사실을 금방 알 수 있다. 우리나라보다 잘사는 나라가 많지 않다. 73억 세계 인구 중 3분의 2인 45억 명이 아시아에 살고, 아시아 인구 중 3분의 2인 34억 명이 가난한 계층에 속한다. 아시아는 가장 많은 인구가 살고, 가난한 사람이 가장 많은 대륙이다. 이런 사실을 기억하는 한국 개신교 성도와 가톨릭 신자가 얼마나 될까.

오늘날 배척과 불평등의 경제는 안 된다고 말해야 합니다. 그런 경제는 사람을 죽일 뿐입니다. 나이 든 노숙자가 길에서 얼어 죽은 것은 기사화되지 않으면서, 주가지수가 조금만 내려가도 기사화되는 것이 말이나 됩니까? 이것이 바로 배척입니다. 한쪽에서는 굶주림에 시달리는 사람들이 있는데, 음식이 버려지는 현실을 가만히 보고 있을 수는 없습니다. 이는 사회적 불평등입니다. 오늘날 모든 것이 경쟁의 논리와 약육강식의 법칙 아래 놓이면서 힘없는 이는 힘센 자에게 먹힙니다. 그 결과 수많은 사람이 배척되고 소외됩니다. 그들에게는 일자리도, 희망도, 현실에서 벗어날 방법도 없습니다.[203] 일부 사람들은 자유 시장으로 부추겨진 경제성장이 세상을 더욱 정의롭고 평등하게 만들 것이라고 주장하는 낙수 효과를 여전히 옹호합니다. 사실로 확인되지 않은 이런 견해는 경제권을 쥔 이들의 선의와, 지배적인 경제 제도의 신성시된 운용 방식을 무턱대고 순진하게 믿는 것입니다.[204]

경제학자의 논문이나 대통령 후보의 선거 연설이 아니다. 경제와 아주 거리가 멀 것 같은, 하늘나라 이야기와 죽음 너머 이야기나 할 것 같은, 그래야 마땅할 것 같은 교황의 글이다. 낙수 효과는 부자의 술잔에 돈을 가득 채우면, 그 술잔에서 흘러넘치는 돈이 결국 가난한 사람에게 돌아가지 않겠느냐는 이론이다. 교황은 신자유주의 핵심 경제 이론인 낙수 효과를 사실로 확인되지 않은 견해라고 지적하며 거부한다. 낙수 효과에 속지 말라는 뜻이다.

사람들은 다른 이들을 배척하는 생활양식을 유지하고자, 이 이기적인 이상을 좇고자 무관심의 세계화를 펼쳐왔습니다. 우리는 다른 이들의 고통스러운 절규 앞에서 함께 아파할 줄 모르고, 다른 이들의 고통 앞에서도 눈물 흘리지 않으며, 그들을 도울 필요마저 느끼지 못합니다. 이 모든 것이 다른 누군가의 책임이지 우리 자신의 책임은 아니라고 생각하는 것입니다.[205]

뼈아픈 말이다. 무관심의 세계화는 그리스도교의 가르침에 정면으로 배치된다. 무관심의 세계화는 자본의 세계화, 욕망의 세계화와 같은 개념이다. 무관심에서 무책임이 나온다. 우리 시대에는 착한 사마리아 사람이 줄었다.

돈이 우리 자신과 사회를 지배하도록 순순히 받아들이기 때문입니다. 우리가 현재 겪는 금융 위기는 그 기원에 심각한 인간학적 위기가 있다는 것도 간과하게 만듭니다. 인간이 최우선임을 부정하는 것입니다. 우리는 새로운 우상을 만들었습니다. 고대에 금송아지를 숭배한 것(《출애》 32,1-35 참조)이 돈에 대한 물신숭배, 참다운 인간적 목적이 없는 비인간적 경제 독

재라는 새롭고도 무자비한 모습으로 바뀌었습니다.[206]

우리가 인간이 최우선임을 부정하고, 돈이라는 새로운 우상을 만들었다는 것이다. 물신숭배와 비인간적 경제 독재라는 새롭고 무자비한 모습으로 바뀌었다. 우상숭배는 기술과 자연과학이 발전하지 않은 고대의 이야기가 아니고, 학문과 경제가 발전하지 않은 후진국 이야기가 아니다. 기술과 자연과학, 학문과 경제가 가장 발전했다는 오늘날, 선진국과 고학력층, 그리스도교 국가에서 우상숭배가 가장 노골적으로 교묘하게 행해진다.

소수의 소득이 기하급수적으로 늘어나는 동안, 대다수가 이 행복한 소수가 누리는 번영과 더욱 거리가 멀어집니다. 이런 불균형은 시장의 절대 자율과 금융 투기를 옹호하는 이념의 산물입니다. 이 이념은 공공선을 지키는 역을 맡은 국가의 통제권을 배척합니다. 그리하여 눈에 보이지 않고 때로는 가상으로 존재하는 새로운 독재가 출현하여, 일방적이고 무자비하게 자기 법과 규칙을 강요하고 있습니다.[207]

시장의 절대 자율과 금융 투기 탓에 소수의 부자와 다수의 인류 사이에 심각한 불균형이 생긴다. 시장의 절대 자율은 새로운 독재를 낳는다. 시장의 절대 자율이라는 새로운 이념과 독재는 언론, 광고, 시장 심지어 종교에서도 무자비하게 자기 욕망을 선전하고 실현한다.

이런 태도 뒤에는 윤리와 하느님에 대한 거부가 있습니다. 사람들은 대체로 윤리를 경멸에 찬 냉소의 눈길로 바라봅니다. 사람들은 윤리가 돈과 권력을 상대화하기 때문에 비생산적이고 지나치게 인간적이라고 생각합니다. 윤리가 인간을 조작하고 타락시키는 것을 단죄하기에 위험하다고도 느낍니다. 궁극적으로 윤리는 우리를 시장의 범주를 벗어나는 책임 있는 응답을 요구하시는 하느님께 이끕니다.[208]

봉사하지 않고 지배하는 금융 제도는 안 된다는 말이다. 돈과 권력을 좋아하는 사람은 윤리를 싫어한다. 그러나 돈과 권력에 대한 윤리적 비판이 필요하다. 윤리는 하느님께 연결된다. 오늘날 신자유주의를 비판하는 행동은 마르크스Karl Heinrich Marx 같은 사회주의자뿐만 아니라 하느님이 요구하시는 일이다. 그리스도교가 죄 문제에 집중하는 것은 예수의 하느님 나라 메시지를 축소하고 배신하는 일이다.

금융 개혁에 윤리적 고려가 반영되려면 정치 지도자의 강력한 태도 변화가 필요합니다. 돈은 봉사해야지 지배해서는 안 됩니다.[209]

프란치스코 교황이 금융 개혁을 어떻게 해야 한다고 구체적으로 제안하지는 않았다. 그러나 현재 금융 제도에 고칠 점이 있다는 것을 분명히 지적했다. 경제는 정치 경제임을 교황이 모르지 않는다. 경제는 정치 경제일 뿐만 아니라 정치 경제 종교다. 가난과 불평등 문제는 경제문제가 아니라 신학 문제다. 가난과 불평등 문제는 경제학자와 국가만 다루는 일이 아니다. 가난과 불평등은 그리스도교가 반드시 다룰 일이다. 가난과 불평등 문제를 고뇌하지 않는 그리스도교는 그리스도교가 아니다.

사회 안에서 다양한 민족 사이에 배척과 불평등이 사라지지 않는 한, 폭력이 뿌리째 뽑힐 수는 없을 것입니다. 가난한 이들과 못사는 민족이 폭력을 유발한다고 비난받지만, 균등한 기회가 주어지지 않으면 온갖 공격과 분쟁은 계속 싹 틔울 토양이 있고 언젠가 폭발하게 마련입니다. 불평등이 단순히 제도에서 배척당한 이들의 폭력적 반응을 유발하기 때문이 아니라, 사회경제제도가 그 뿌리부터 불의하기 때문입니다. 한 사회에 밴 악은 언제나 분열과 죽음의 잠재력이 있습니다.[210]

폭력을 낳는 불평등은 안 된다. 폭력의 주원인이 무엇인지, 누가 폭력을 부추기는지 분명히 알아야 한다. 폭력을 없애려면 불평등부터 없애야 한다. 불평등이 사라지지 않으면, 어떤 정책이나 공권력이나 감시 체제도 사회를 평온하게 유지할 수 없을 것이다.

오늘날 경제 운영 체제는 무분별한 소비를 부추기고, 그 결과 걷잡을 수 없는 소비 지상주의가 불평등과 결합되어 사회조직을 이중으로 망가뜨립니다. 불평등은 결국 폭력을 낳습니다. 군비경쟁은 아무 해결책이 되지 못하고, 될 수도 없습니다. 터무니없는 일반화에 빠져 가난한 사람들의 고통은 자업자득이라며 비난하는 이들도 있습니다. 이들은 가난한 사람들을 진정하고 길들여 해를 끼치지 않는 존재로 만드는 '교육'이 해결책이라고 주장합니다. 소외된 이들이 수많은 나라에, 그 나라의 정부와 기업과 기관에, 그 지도자들의 정치 이념이 무엇이든지 매우 널리 퍼지고 뿌리박힌 부패가 사회적 암 덩어리로 자라는 것을 본다면, 그런 주장은 더욱 기막힌 일이 될 것입니다.[211]

오늘 경제체제는 소비 지상주의와 불평등을 낳는다. 불평등은 결국 폭력을 낳는다. 군비경쟁은 오늘 경제체제가 낳는 문제를 해결할 수 없다. 우리나라는 미국에서 해마다 무기를 엄청나게 사들인다. 사드를 보라. 가난한 이들을 비난하고 길들이는 교육도 해답이 아니다. 널리 퍼진 부패가 소외된 이들을 더 절망에 빠뜨린다.

교회의 목회자들은 여러 학문의 기여를 받아들여, 인간 생활과 관련되는 모든 것에 대한 의견을 개진할 권리가 있습니다. 복음화의 사명은 모든 인간 존재의 전인적 진보를 포함하고 요구하기 때문입니다. 이제 어느 누구도 종교가 사적인 영역에 국한되어야 하고, 단지 영혼이 천국에 들어가도록 준비하기 위해서 종교가 존재한다고 주장할 수 없습니다. 그리스도인의 회개는 특히 사회질서, 공공선 추구와 관련된 모든 것에 대한 재검토를 요구합니다.[212]

교회는 정의를 위한 투쟁에 나서라. 오늘 그리스도교는 경제체제를 비판하고 나서 무엇을 어떻게 해야 하는가. 영혼이 천국 갈 준비를 하는 것만이 종교가 존재하는 이유는 아니다. 종교인은 인간 생활과 관련된 모든 것에 대한 의견을 말할 권리가 있다. 회개는 단순히 마음을 바꾸고 예수를 받아들이는 데 그치지 않는다. 사회질서에 대한 재검토 역시 그리스도인의 회개에 포함된다. 의로운 사회질서에 대해 고뇌하고 의로운 사회질서를 만들려고 애쓰지 않는 회개는 그리스도교적 회개가 아니다.

어느 누구도 우리에게 종교를 개인의 내밀한 영역으로 가둬야 한다고 요구할 수 없습니다. 어느 누구도 우리에게 종교는 국가 사회생활에 아무 영향도 미치지 말라고, 국가 사회제도의 안녕에 관심을 보이지 말라고, 국민에게 영향을 미치는 사건에 대한 의견을 표명하지 말라고 요구할 수 없습니다. 교회는 정의를 위한 투쟁에서 비켜설 수 없으며, 그래서도 안 됩니다. 가톨릭교회는 교리의 성찰 단계든, 실천 단계든 사회 분야에서 다른 교회와 교회 공동체의 노력에 기꺼이 동참합니다.[213] 모든 그리스도인과 공동체는 가난한 이들이 사회에 온전히 통합될 수 있도록 가난한 이들의 해방과 진보를 위한 하느님의 도구가 되라는 부르심을 받습니다. 우리는 이를 위하여 가난한 이들의 울부짖음을 귀담아듣고 그들을 도와야 합니다. 가난한 이들에게 귀 기울이시는 하느님의 도구인 우리가 그런 부르짖음에 귀를 막는다면, 아버지의 뜻과 그분의 계획을 거스르는 일입니다.[214]

교회는 가난의 구조적 원인을 없애라. 그리스도인과 교회는 가난한 이들의 해방과 진보를 위한 하느님의 도구다. 가난한 이들의 울부짖음을 귀담아들어야 한다. 가난한 이들을 무시하는 것은 하느님을 무시하는 것이다. 가난한 이들을 배신하는 것은 그리스도를 배신하는 것이다. 가난한 이들을 외면하고 하느님께 가는 길은 없다. 가난한 이들을 배신하면 구원은 없다.

자비의 복음과 인간 사랑으로 인도되는 교회는 정의를 요구하는 울부짖음을 들으며, 온 힘을 다해 그 부르짖음에 응답하고자 합니다. 우리는 이런 맥락에서 예수님이 제자들에게 "여러분이 그들에게 먹을 것을 주시오"(《마르》 6,37) 하신 명령을 이해할 수 있습니다. 이는 빈곤의 구조적 원인을 없애고, 가난한 이들의 온전한 발전을 촉진하도록 일하라는 의미입니다. 우리가 부딪히는 구체적인 곤경에 대처하는 연대성의 일상적 행위이기도 합니다. 이는 소수의 재화 독점을 극복하고, 공동체 차원에서 모든 사람의 삶을 먼저 생각하는 새로운 마음가짐을 전제로 합니다.[215]

빈곤의 구조적 원인을 없애라. 가난한 이의 온전한 발전을 촉진하도록 일하라. 프란치스코 교황이 가톨릭교회에 요구하고 명령하는 말이다. 소수의 재화 독점을 극복하고, 모든 사람의 삶을 먼저 생각하고, 일상에서 연대하라. 회개는 이렇게 해야 한다. 교회가 할 일이 이것이다. 프란치스코 교황의 회칙《찬미받으소서》는 '세계적 불평등'(48-52항) 부분에서 가난 문제를 다룬다.

> 가장 가난한 이들이 모든 환경 훼손에서 가장 심각한 영향을 받습니다.[216] 특히 가난한 이들에게 영향을 미치는 문제들을 사람들이 제대로 이해하지 못한다는 사실을 언급할 필요가 있습니다. 가난한 이들은 수십억 명에 이르러 인류의 대다수를 차지합니다. 오늘날 국제정치와 경제 토론에서 이들이 언급되며 부수적 피해자로 여겨지지는 않지만, 이들의 문제는 부가적으로 거의 마지못해서 혹은 피상적으로 다뤄진다는 인상을 종종 받습니다. 모든 것이 정리되고 나서 보면 가난한 이들의 문제는 가장 뒷전으로 밀려납니다. 많은 전문가, 여론 선도자, 통신 매체, 권력의 핵심이 부유한 도시 지역에 위치하여 가난한 이들에게서 멀리 떨어져 가난한 이들의 문제에 거의 직접적으로 관여하지 않기 때문입니다. 이렇게 사람들과 직접적인 접촉과 만남의 결여는 종종 도시의 해체로 촉발되며, 양심을 무디게 하고, 현실에 있는 것을 무시하는 편향된 분석을 낳습니다.[217]

사람들이 가난한 사람의 문제를 제대로 이해하지 못한다. 사람들과 전문가는 목성이나 화성을 잘 모르는 것처럼, 가난한 이의 문제를 잘 모른다. 가난한 사람과 직접적인 접촉과 만남이 부족하기 때문이다. 가난한 사람과 직접적인 접촉과 만남이 부족하니 양심이 무뎌지고, 현실을 무시하고, 편향된 분석이 생긴다는 말이다. 목사와 장로와 신부와 수녀가, 개신교 성도와 가톨릭 신도가 가난한 사람의 문제를 잘 모른다. 시내버스와 전철을 타는 대형 교회 목사나 가톨릭 주교가 있는가. 가난한 사람이 사는 곳에 가보거나 그 집에서 지낸 적이 있는가. 우리는, 그리스도교는, 성직자는 가난한 사람이 사는 곳에서 너무나 멀리 있다. 몸의 거리는 마음의 거리를 낳는다. 우리는 가난한 사람이 어떻게 사는지도 잘 모른다.

가난한 사람에게 금전적 도움을 주는 것은 언제나 임시방편일 뿐입니다. 가난한 이들이 노동을 통하여 존엄한 삶을 누리게 하는 것이 언제나 커다란 목적이 되어야 합니다.[218]

자선은 언제나 임시방편이다. 가난한 이가 노동할 수 있도록 구조 변화가 필요하다. 착한 사마리아인을 칭송하는 데 그치지 말고 강도가 생기지 않도록 해야 한다.

실제로 모든 이가 경제적 자유의 참다운 혜택을 누리게 하려면, 경우에 따라서 더 많은 자원과 경제력을 갖춘 이들을 제한해야 합니다. 현실은 많은 사람들이 실제로 경제적 자유를 얻지 못하게 가로막으며 고용 기회가 계속 축소되는데, 단지 경제적 자유를 요구하는 것은 정치에 명예롭지 못한 모순된 주장입니다.[219]

부자와 권력자의 권리가 어느 정도 제한되어야 한다는 말이다. 가톨릭교회는 무제한의 사유재산권을 인정하지 않는다. 어느 부자도 가난한 사람을 죽일 권리는 없다. 1971년 교황 바오로 6세Paul VI는 "남보다 잘 사는 사람들은 자기 재산을 남들이 이용할 수 있도록 너그러이 일정한 자기 권리를 양보해야 한다"[220]고 말했다.

하느님의 마음속에는 친히 '가난하게 되실'(〈2고린〉 8,9) 정도로 가난한 이들을 위한 특별한 자리가 있습니다. 우리 구원의 역사는 가난한 이들의 존재를 특징으로 합니다.[221] 교회에게 가난한 이들을 위한 선택은 문화와 사회, 정치, 철학의 범주 이전에 신학의 범주입니다. 교회는 가난한 이들을 위한 선택을 해왔습니다. 이런 까닭에 저는 가난한 이들을 위한 가난한 교회를 바랍니다. 가난한 이들은 우리에게 많은 것을 가르쳐줍니다. 그들은 신앙 감각이 있을 뿐만 아니라, 자신의 고통 속에서 고통 받으시는 그리스도를 알아뵙는 것입니다. 우리는 가난한 이들을 통하여 우리 자신이 복음화되어야 합니다. 새로운 복음화는 가난한 이들에게 미치는 구원의 힘을 깨닫고, 그들을 교회 여정의 중심으로 삼으라는 초대입니다.[222]

교회는 가난한 사람에게 복음화되어야 한다. 〈루가〉의 주제를 이렇게 요약할 수 있다. 가난한 사람을 사회복지의 수혜자요 대상자가 아니라 복음화의 주체로 보는 일이다. 가난한 사람은 그리스도교에서 구경꾼으로 변두리에 있는 것이 아니다. 가난한 사람은 교회의 중심이다. 교회의 중심은 목사나 장로나 신부가 아니라 가난한 사람이다.

부자와 교회는 회개해야 한다. 프란치스코 교황은 주로 이 점을 지적한다. 그가 복잡한 경제문제에 명쾌하고 기발한 해답을 제시한 것은 아니다. 그의 생각이 학문적으로 틀릴 수도 있다. 그의 말은 단지 부자에게 하는 말이 아니다. 그리스도교에 주는 말이다. 가톨릭에 대한 내부 고발이다. 부자 교회는 그리스도의 교회가 아니다. 세상의 부자는 들어라. 부자 그리스도인은 똑바로 들어라. 부자 교회는 들어라. 성 요한 크리소스토모Joannes Chrisostomus가 한 말이 생각난다. "자신의 재산을 가난한 사람들과 나누어 갖지 않는 것은 그들의 재산을 훔치는 것이며, 그들의 생명을 빼앗는 것입니다. 우리가 가진 재물은 우리 것이 아니라 가난한 사람들의 것입니다."[223]

　　가톨릭을 잘 알고 싶은 독자에게 책 몇 권을 추천한다. 20세기 중반
이후 가톨릭의 방향을 알려면 '2차 바티칸공의회 문헌'을 읽는 것이 좋
다. 개신교와 대화, 시대와 학문과 교류 등 가톨릭 개혁을 강조한다. 프란
치스코 교황이 이끄는 가톨릭의 방향은 권고《복음의 기쁨》이 친절하게
안내한다. 교황은 이 책 1항에 '앞으로 여러 해 동안 교회가 걸어갈 새 길
을 제시하고자 합니다'라고 썼다. 프란치스코 교황이 어떻게 선출되었는
지, 그는 누구인지, 가톨릭의 위기와 출구는 무엇인지 알고 싶으면 내가
쓴《교황과 나》를 봐도 좋다. 가톨릭에 대해 공정하고 정직하게 쓴 책이
다. 한국 가톨릭의 현재와 미래는 내가 쓴 책《교황과 98시간》을 참고하
라. 한국 가톨릭교회는 가난한 사람을 위한 가난한 교회가 되라고 충고
하는 프란치스코 교황의 방한 연설과 필자의 해설이 실렸다.

○ 제자들과 마지막 대화

21 "그런데 나를 제 손으로 팔아넘길 자가 지금 나와 함께 이 식탁에 있습니다. 22 사람의 아들은 하느님께서 정하신 대로 가지만, 사람의 아들을 팔아넘기는 그 사람은 화를 당할 것입니다." 23 제자들은 이 말씀을 듣고 자기들 중에 그런 짓을 하려는 자가 도대체 누구일까 하고 서로 물었다.

24 제자들 사이에서 누구를 제일 높게 볼 것이냐는 문제로 옥신각신하는 것을 보시고 25 예수께서 말씀하셨다. "세상의 왕들은 강제로 백성을 다스립니다. 그리고 백성에게 권력을 휘두르는 사람들은 백성의 은인으로 행세합니다. 26 여러분은 그래서는 안 됩니다. 오히려 여러분 중에서 제일 높은 사람은 제일 낮은 사람처럼 처신해야 하고, 지배하는 사람은 섬기는 사람처럼 처신해야 합니다. 27 식탁에 앉은 사람과 심부름하는 사람 중에 어느 편이 더 높은 사람입니까? 식탁에 앉은 사람이 아닙니까? 그러나 나는 심부름하는 사람으로 여기에 있습니다."

28 "여러분은 내가 온갖 시련을 겪는 동안 나와 함께 견디어왔으니 29 내 아버지께서 나에게 왕권을 주신 것처럼 나도 여러분에게 왕권을 주겠습니다. 30 여러분은 내 나라에서 내 식탁에 앉아 먹고 마시며 옥좌에 앉아 이스라엘의 열두 지파를 심판할 것입니다."

31 "시몬, 시몬, 들으시오. 사탄이 키로 밀을 까부르듯이 여러분을 제멋대로 다룰 것입니다. 32 그러나 나는 당신이 믿음을 잃지 않도록 기도하였습니다. 그러니 당신이 나에게 돌아오거든 형제들에게 힘이 되어주시오." 33 베드로가 이 말씀을 듣고 "주님, 저는 주님과 함께라면 감옥에 가도 좋고 죽어도 좋습니다" 하고 대답하였다.

34 그러자 예수께서 말씀하셨다. "베드로여, 내 말을 잘 들으시오. 오늘 닭이 울기 전에 당신은 세 번이나 나를 모른다고 할 것입니다." 35 그리고 사도들에게 "내가 여러분을 보낼 때 돈주머니나 식량 자루나 신을 가지고 가지 말라고 했는데 부족한 것이 있었습니까?" 하고 물으셨다. 36 그들이 "아무것도 부족한 것이 없었습니다" 하고 대답하자, 예수께서 말씀하셨다. "그러나 지금은 돈주머니가 있는 사람들은 그것을 가져가고 식량 자루도 가져가시오. 칼이 없는 사람은 겉옷을 팔아서 칼을 사 가져가시오. 37 그래서 '그는 악인 중의 하나로 몰렸다' 하신 말씀이 나에게서 이루어져야 합니다. 과연 나에 관한 기록은 다 이루어지고 있습니다." 38 이 말씀을 듣고 그들이 "주님, 여기에 칼 두 자루가 있습니다" 하였더니 예수께서는 "그만하면 되었습니다" 하고 말씀하셨다. (22,21-38)

플라톤은《파이돈Phaidon》에서 스승 소크라테스의 마지막 순간을 담담하게 전한다. 공동성서도 모세의 유언을 차분하게 알려준다(〈신명〉 28,69-30,2). 신약성서도 예수 최후의 말씀을 여러 곳에서 말한다. 위대한 개인의 마지막 시간은 남겨지는가. 가장 유명한 곳은 〈요한〉 13-17장과 〈사도〉 20,18-35이다. 그에 비하면 '제자들과 마지막 대화' 이야기는 소박한 편이다. 예수는 제자들에게 유언한다. 예수와 제자들이 대화하는 형식이다. 예수가 아홉 번 말을 꺼내고, 제자들은 세 번 응답한다. 예수의 죽음(21-23절), 제자의 처신(24-27절), 세상 끝 날 제자들의 역할(28-30절), 제자들의 현재(31-34절), 제자들의 선교(35-38절)가 주제로 이어진다.

〈루가〉에서 배신자에 대한 예수의 언급은 〈마르〉 14,18-21과 달리 식사 후에 나온다. 유다가 최후의 만찬에 참여했고 함께 식사했다는 것이다. 유다가 최후의 만찬에서 요즘 말로 성체를 모셨는지 따지는 일은 중세에 유행했지만, 의미 없는 논쟁이다. 루가는 그런 의미를 알지도 못했다. 21절에서 예수는 배신자를 색출하는 작업을 지시한 것이 아니다. 제자들이 서로 의심하고 심문한 것도 아니다. 예수는 열두 제자에게 경고하고, 루가는 독자에게 경고한다. '손'은 인간의 적극적 행위를 나타내는 단어다(〈창세〉 16,12; 〈신명〉 2,7; 〈이사〉 1,12).

21-22절에서 '배신prodidomi'보다 '넘기다paradidomi'가 중요하다. 유다는 하느님의 거대한 드라마에 쓰인 악역이다. 루가가 유다를 보는 눈은 연민에 가득하다. 〈욥기〉 38-41장과 바울로의 말이 떠오른다. "성서에는 하느님께서 파라오에게 '내가 너를 왕으로 내세운 것은 너를 시켜서 내 힘을 드러내고 내 이름이 온 세상에 널리 알려지게 하려는 것이다' 하신 말씀이 있습니다. 이렇게 하느님께서는 당신의 뜻대로 어떤 사람에게는 자

비를 베푸시고, 어떤 사람에게는 완고하십니다."(〈로마〉9,17-18) 하느님이 파라오를 악역으로 쓰셨듯이, 유다는 하느님 드라마에서 그렇게 쓰인다. 누가 유다에게 돌을 던지랴. 가엾은 유다에게 위로의 말을 건네고 싶다.

예수의 체포는 역사적으로 인간의 작품이지만, 신학적으로 하느님의 작품이다. 유다의 배신보다 하느님의 계획이 중요하다는 뜻이다. 예수의 죽음도 마찬가지다. 예수의 죽음은 역사적으로 인간의 작품이지만, 신학적으로 하느님의 드라마에 속한다. 악의 세력이 예수를 죽였지만, 십자가 죽음은 하느님의 계획에 있다는 것이 핵심이다. 유다의 배신과 예수의 죽음에 인간이 참여하고, 하느님이 개입했다. 복음서 저자들은 여기에 얽힌 논리적 모순이나 인간적 고뇌를 정직하게 표현했다. 마르코는 저주(〈마르〉14,21)를, 마태오는 예수와 유다의 짧은 대화(〈마태〉26,24-25)를, 루가는 제자들의 웅성거림(〈루가〉22,23)을 전한다.

제자들이 최후의 만찬에서 권력 다툼을 했다는 기록은 여기 말고 다른 복음서에는 없다(〈루가〉9,46-; 〈1고린〉11,18). 루가가 제자들의 마음가짐을 다지려고 이 대목에 다시 언급한 것 같다. 예수가 이별의 말을 하는 시간에 제자들이 다투는 것이 적절한 행동은 아니다. 종교에서 권력 다툼은 정녕 피할 수 없는 일인가. 성직자는 유다처럼 배신해도, 제자들처럼 권력 다툼을 해도 안 된다. 유다를 비난하면서 권력 다툼에 몰두하는 종교인이 많다. 배신도 나쁘지만 권력 다툼을 하는 것은 더 나쁘다.

25절 '왕euergetes'은 그리스 로마제국 시절 정치권력자에게 주는 경칭이다.[224] 이 단어는 문학작품뿐 아니라 비석, 동전, 파피루스에도 보인다. 셀레우코스 왕조 안티오코스 3세Antiochos III(재위 공통년 이전 138-129), 파라오 프톨레마이오스 3세Ptolemaeos III(재위 공통년 이전 246-221)도 이렇게 불렸다. "세상의 왕들은 강제로 백성을 다스립니다. 그리고 백성에게 권력을 휘두르는 사람들은 백성의 은인으로 행세합니다"에서 예수의 권력 비판을 엿볼 수 있다. 교회 안에서, 제자들 사이에서 전제주의 정치를 본떠서는 안 된다. 그러나 역사의 교묘한 장난일까. 로마가톨릭교회는 예수의 부탁을 버리고 전제주의를 교회 운영 원리로 삼았다.

유다는 예수의 열두 제자뿐만 아니라 그리스도교 역사에 넘치게 많았다. 주교나 추기경 중에도 유다가 많았다. 27절 "나는 심부름하는 사람으로 여기에 있다"는 예수의 말이 가슴을 후빈다. 종교인은 심부름하는 사람이다. 그 이상도 그 이하도 아니다. 종교인은 주인이 아니라 하인이다. 26절 "지배하는 사람은 섬기는 사람처럼 처신해야 한다"에서 '지배하는 사람이 되기 위해 섬기는 체하라'는 처세술을 꺼내는 사람도 있다. 악마도 성서를 인용하고 써먹는다. 성직자 중심주의는 죄이자 악이다.

제자나 죄인과 식사하는 것은 하느님 나라의 상징이다(〈루가〉 5,29-32; 7,34-35; 19,5-7). 세상이 완성되는 날의 잔치뿐 아니라 이 험한 세상에서 식사하는 것도 하느님 나라를 미리 맛보는 기회다. 부자나 권력자와 식사하는 것은 하느님 나라의 상징이 아니다. 29절 '왕권'은 전제주의 권력을 가리키는 것이 아니다. 당시 사람들이 하느님에게서 온다고 생각한 힘을 말한다(〈1고린〉 15,24; 〈사도〉 1,15-26). 31절 '시몬'은 히브리 식 이름으로 〈루가〉에서 익숙하게 봐왔다(〈루가〉 5,4.8; 6,14). 예수가 시몬에게 베드로라는 그리스 식 이름을 지어준다(〈루가〉 6,14). 예수에게 이름을 받은 사람은 베드로뿐이다. 이름을 두 번 부르는 것은 히브리어 습관에서 드물지 않다. 주님(〈루가〉 6,46), 마르타(〈루가〉 10,41), 사울(〈사도〉 9,4) 등 관심과 애정을 표현할 때 이름을 두 번 부르기도 했다.

〈루가〉 후반부에 사탄의 활약이 뚜렷하다(〈루가〉 22,3; 〈욥기〉 1,12; 2,6).
악의 세력이 하느님 나라에 강력하게 저항한다는 뜻이다. 선한 사람과
그리스도교 신자는 악의 세력이 얼마나 잔인한지 과소평가하는 경향이
있다. 31절처럼 사탄이 그리스도교 신자를 제멋대로 다룬다. 사탄의 앞
잡이로 활약하는 성직자도 적지 않다. 키로 밀을 까부르면 알곡과 쭉정
이가 가려진다. 밀은 긍정적 의미로 비유된다(〈요한〉 12,24). 사탄의 유혹
과 활약에 저항하고 이겨내지 못하는 그리스도인은 결국 무너진다.

28절에서 예수는 제자들을 격려한다. 〈마르〉에서 제자들은 예수를
제대로 이해하지 못해 헤매는 모습으로 자주 드러난다. 〈루가〉에서 제자
들은 예수를 제법 훌륭하게 이해한다. 루가는 선교에 나설 제자들을 엉
터리 상태로 표현할 수 없었다. 〈루가〉에 표현된 제자들은 예수의 십자가
장면에서 도망치지 않는다. 그런 당당한 제자들이라야 세상 심판에서 역
할을 할 것이다. 루가가 아무 의도 없이 제자들을 격려한 예수를 소개한
것이 아니다. 제자들에게는 격려 말씀이 더 무서운 것이다.

〈마르〉의 같은 장면에서 베드로는 두 가지 다짐을 한다. "비록 모
든 사람이 주님을 버릴지라도 저는 주님을 버리지 않겠습니다."(〈마르〉
14,29), "주님과 함께 죽는 한이 있더라도 결코 주님을 모른다고 하지 않겠
습니다."(〈마르〉 14,31) 33절에서 베드로는 "주님과 함께라면 감옥에 가도
좋고 죽어도 좋습니다"라고 한다. 베드로는 왜 느닷없이 감옥 이야기를
했을까. 베드로는 다가오는 박해 위험을 눈치챈 것 같다. 〈마르〉에서 닭
은 두 번 울었지만, 〈루가〉에서 한 번 운다. 35-38절의 칼 두 자루 이야기

는 〈루가〉에만 있다. 루가 고유 자료에서 나온 것인지, 루가가 전승을 받아들여 편집한 것인지 알기 어렵다.

　시몬 베드로는 예수 제자들의 대표 격일 뿐 아니라, 연약한 그리스도교의 상징이다. 동시에 교회의 책임 있는 대표자의 모범이다. 32절에서 베드로는 형제자매를 격려할sterizo 책임을 받았다. 소크라테스도 죽기 전에 제자들에게 강하게 살아남으라고 부탁했다. 하늘 아래 신앙을 배신하지 않겠다고 장담할 사람은 없다. 교황도, 주교도, 목사도 예외는 아니다. 누구나 자기 신앙을 정직하게 점검해야 한다. '가나안 목사'와 '쉬는 신부'가 많은 우리 시대 아닌가. 루가는 〈사도〉에서 '격려하다episterizo'라는 단어를 네 번 쓴다(〈사도〉 14,22; 15,32.41; 18,23). '주교'라는 단어도 이 단어에서 나왔다. 주교는 형제자매의 믿음을 격려하는 사람이다. 예수는 베드로가 믿음을 잃지 않도록 기도한다. 예수는 우리가 믿음을 잃지 않도록 기도한다.

　32절에 '형제'라는 말은 있지만 '자매'라는 말이 빠졌다. 열두 제자가 남자이기 때문이다. 당시 여인을 제외한 관행을 볼 수 있다. 성서에서 '형제adelpoi'는 여성을 포함하는 뜻으로 봐야 한다. 미사와 예배에서 형제자매라고 부르는 것이 옳다. '가다', '걷다poreuomai'는 유다인의 특징(〈루가〉 1,6), 예수의 삶(〈루가〉 9,51; 13,33; 17,11), 그리스도인의 삶(〈사도〉 18,6; 20,22; 22,21)을 가리키는 단어로 자주 사용된다. 프란치스코 교황도 길의 비유를 자주 쓴다.

　닭은 인도에서 건너와 페르시아에 있다가 그리스에 도착한 것 같다.[225] 그리스에서 닭을 '페르시아 새'라고 불렀다. 닭이 언제 이스라엘에 들어왔는지 확실하지 않다. 히브리어 공동성서에 닭은 거의 언급되지 않는다. 공동성서 그리스어 번역본 〈지혜〉 30,31에 언급되지만, 그것이 닭을 가리키는지 분명하지 않다. 유다교 랍비는 닭을 부정적으로 표현했다. 라틴어로 gallicinium(닭 울음)은 자정부터 새벽 세 시까지다. 닭 울음은 고대에 날이 시작됨을 뜻했다. 베드로와 닭 이야기는 떼어놓을 수 없다. 복음서 모두 베드로와 닭을 연결시킨다. 닭 울음은 베드로와 교회에 회개와 쓰라린 눈물의 시간을 상징한다.

예수는 제자들이 선교하러 다닐 때 돈주머니, 예비 식량, 신발을 가져가지 말라고 했다. 그런데도 제자들은 아무것도 부족한 것이 없었다고 화답했다. 요즘 교회와 성당은 돈부터 모아놓고 본다. 그런 버릇을 어디서 배웠을까. 36절 '칼makaira'은 당시 노동자, 군인, 여행자에게 필요했다. 세 가지 칼이 있다.[226] 큰 칼makaira, 무거운 칼hrompaia, 짧은 칼sipos이다. 무거운 칼은 〈루가〉 2,35에 나오고, 짧은 칼은 〈루가〉에 나오지 않는다. 루가는 '큰 칼'이라는 단어를 자주 쓴다. "칼을 사 가져가라"는 말은 〈루가〉 9장의 열두 제자가 아니라 〈루가〉 10장의 일흔두 제자를 의식한 것 같다. 루가는 열두 제자의 이스라엘 선교가 아니라 일흔두 제자의 온 세상 선교를 전망한다.

예수가 폭력을 선동하고 준비시킨 것은 아니다. 이 부분에서 그런 결론을 이끌어낼 수는 없다. 닥쳐올 박해 시대를 준비하라는 뜻이다. 예수 시대보다 루가 공동체의 상황을 참고한 것이다. 루가 공동체는 예수가 죽고 50여 년 뒤에 생겼다. 38절 '칼 두 자루'에서 중세에 유행한 두 칼(권력) 이론을, 정치권력과 교회 권력을 정당화할 수 없다. 본문은 그런 논쟁과 아무 관계 없다.[227]

37절은 그 뜻도 궁금하지만, 왜 이곳에 있는지 더 의아하다. 예수는 무엇을 말하고 싶었을까? 참 예외적인 구절이다. 예수는 다른 곳에서 십자가 희생의 영향력을 강조한 적이 없기 때문이다(〈루가〉 22,19-20; 〈사도〉 20,28). 루가는 37절을 〈이사〉 53장의 고난 받는 야훼의 종 노래에서 따왔다. 루가가 자주 참고한 그리스어 번역본과 일치하진 않는다. 예수 시대에 공동성서 중에서도 예언서는 특히 인기가 높았다. 예수도 〈이사〉를 자주 언급한다. 구원의 약속을 노래한 구절이 많기 때문이다. '고난 받는 하느님의 종'은 초대교회 신자에게 예수의 신분과 처지를 설명하기 좋은 표현이다. 〈사도〉는 예수에게 '종pais'이라는 단어를 자주 쓴다(〈사도〉 3,13.26; 4,27.30).

예수 시대와 〈사도〉 시대를 구분하지 않으면 〈루가〉를 제대로 이해하기 어려울 수 있다. 복음서와 〈사도〉에서 말하는 내용이 다를 수 있다. 우리 시대 그리스도인과 성서학자는 그 차이에 깜짝 놀랄 수 있다. 그러나 나자렛 예수 시대에 타당한 예수의 행동 지침이 〈사도〉 시대에는 걸맞지 않을 수도 있다. 루가는 마르코나 요한의 중간 시대 사람이다. 예수 시대 인물도 아니다. 루가는 전쟁 시기와 평화 시기를 구분했다.

루가는 예수의 죽음을 순교로 보려고 한 것 같다. 순교殉敎에서 '교'는 먼저 예수의 가르침을 말하고, 그다음에 교회를 가리킨다. 그리스도교에 속해야 순교자가 되는 것은 아니다. 예수의 가르침인 하느님 나라를 이 땅에 만들기 위해 하느님 나라를 반대하는 악의 세력과 싸우다가 자기 목숨을 희생한 사람은 세례를 받지 않아도 순교자다. 하느님 나라를 반대하는 악의 세력이 그리스도교에 있을 수 있다. 신자나 성직자도 그런 세력에 포함되어 존재할 수 있다.

◦ 체포된 예수

³⁹ 예수께서 늘 하시던 대로 밖으로 나가 올리브 산으로 가시자 제자들도 따라갔다. ⁴⁰ 예수께서는 그곳에 이르러 제자들에게 "유혹에 빠지지 않도록 기도하시오" 하시고 ⁴¹ 돌을 던지면 닿을 만한 거리에서 무릎을 꿇고 기도하셨다.

⁴² "아버지, 아버지의 뜻에 어긋나는 일이 아니라면 이 잔을 저에게서 거두어주십시오. 그러나 제 뜻대로 하지 마시고 아버지의 뜻대로 하십시오." (⁴³ 그때에 천사가 하늘에서 나타나 그분의 기운을 북돋우었다. ⁴⁴ 예수께서 고뇌에 싸여 더욱 간절히 기도하시니, 땀이 핏방울처럼 되어 땅에 떨어졌다.)

⁴⁵ 기도를 마치시고 일어나 제자들에게 와서 보시니 그들은 슬픔에 지쳐 잠들었다. ⁴⁶ 예수께서는 제자들에게 말씀하셨다. "왜 이렇게 잠만 자고 있습니까? 유혹에 빠지지 않도록 일어나 기도하시오."

⁴⁷ 예수의 말씀이 끝나기도 전에 무리가 열두 제자 중의 하나인 유다를 앞세우고 나타났다. 유다가 예수께 입 맞추려고 다가서자 ⁴⁸ 예수께서는 "유다여, 입을 맞추어 사람의 아들을 팔아넘기렵니까?" 하고 말씀하셨다.

⁴⁹ 예수와 함께 있던 제자들은 일이 어떻게 벌어질지 알고 "주님, 저희가 칼로 쳐버릴까요?" 하고는 ⁵⁰ 그 가운데 한 사람이 대사제의 종의 오른쪽 귀를 내리쳐 떨어뜨렸다.

⁵¹ 그러자 예수께서는 "그만두시오" 하시며 그 사람의 귀에 손을 대어 고쳐주셨다. ⁵² 그리고 잡으러 온 대사제들과 성전 수위대장들과 원로들에게 말씀하셨다. "칼과 몽둥이를 들고 나를 잡으러 왔으니 내가 강도란 말입니까? ⁵³ 내가 매일 여러분과 함께 성전에 있을 때에는 잡지 않더니 이제는 여러분의 때가 되었고 암흑이 판을 치는 때가 왔군요."(22,39-53)

    일어난 일을 사실 그대로 보도한 것은 아니다. 성서 저자가 직접 목격한 일도 아니다. 예수의 기도를 녹음하거나 받아 적은 제자나 기자도 없었다. 카메라 기자가 예수를 따라다니지 않았다. 예수를 CCTV가 몰래 촬영하거나, 예수의 활동을 TV로 생중계한 것도 아니다. 예수의 죽음을 신학적으로 해석하여 창작한 글이다. 사건과 관계없이 지어낸 것은 아니고, 예수의 죽음을 역사적 사건에 기초하여 신학적으로 해석한다. 독자와 테오필로에게 예수의 죽음과 고뇌를 설명하려 한다. 메시지는 알아차리지만, 일어난 일을 사실대로 적은 글이라고 믿을 필요는 없다. 기도하는 예수를 보도한 루가와 마르코는 다른 표현이 많다. 특히 〈루가〉 22,39-46이 그렇다. 루가가 마르코와 다른 출처를 사용한 것이 아니냐는 의견도 있다.[228]

기도하는 예수와 체포된 예수, 두 장면은 〈마르〉나 〈마태〉보다 〈루가〉에 집중 보도된다. 최후의 만찬 이후 한밤중 야산이 사건 배경이다. 산에서 자주 기도한 예수(〈루가〉 6,12; 9,28)는 베드로와 야고보, 요한만 따로 데리고(〈마르〉 14,33) 가지 않고 모두 함께 기도하러 산으로 갔다(39절). "내 마음이 괴로워 죽을 지경이니 여러분은 여기 남아서 깨어 있으시오"(〈마르〉 14,34)와 "마음은 간절하나 몸이 말을 듣지 않는구나!' 하고 다시 가서 같은 말씀으로 기도하였다"(〈마르〉 14,38-39)는 〈루가〉에서 빠졌다. 〈루가〉에서 예수는 "유혹에 빠지지 않도록 기도하시오"(〈루가〉 22,40.46)라는 부탁을 〈마르〉 14,38처럼 끝이 아니라 보도 처음에 했다. 〈마르〉 14,33에서 예수가 공포perilupos와 번민에 싸여 기도했지만, 〈루가〉 22,45에서 제자들은 슬픔lupes에 지쳐 잠들었다. 슬픔이 넘치면 잠들 수 있다.

제자들이 잠든 이유를 '슬픔'이라고 알려준 사람은 복음서에서 루가 뿐이다. 루가는 연민의 신학자다. 루가는 자비의 신비mysterium misericordiae를 강조한다. 예수처럼 자비로운 사람만 정의를 외칠 수 있다. 예수처럼 정의감이 투철한 사람만 한없이 자비로울 수 있다. 자비와 정의는 정비례 관계다. 자비로운 사람은 어쩐지 정의감이 모자랄 것 같은가. 정의를 외

치는 사람은 자비가 부족할 것 같은가. 전혀 아니다. 자비로운 만큼 정의
롭고, 정의로운 만큼 자비로운 법이다. 정의와 자비를 창과 방패의 관계
처럼, 물과 기름의 관계처럼, 경쟁자처럼 잘못 이해하거나 가르치는 종
교인이 의외로 많다. 자비를 말하면 성인이라 하지만, 정의를 말하면 빨
갱이라고 의심하는 사람이 여전히 많다. 본인이 자비롭지 않다고 한탄하
는 사람은 정의롭지 않은지 반성하라. 정의롭지 못하다고 아쉬워하는 사
람은 자비롭지 못한 사람인지 돌아보라.

   39절 '예수께서 늘 하시던 대로 밖으로 나가'는 예수가 낮에 예루살
렘성전에서 가르치고, 밤에 올리브 산으로 돌아가던 시절(〈루가〉 19,47-
21,38)을 가리킨다. '늘 하시던 대로kata to ethos'는 〈루가〉에만 나오는 표현
이다(〈루가〉 1,9; 2,42). 40절 "유혹에 빠지지 않도록 기도하시오"는 십계명
다섯 번째 구절(〈루가〉 11,4)이 떠오른다. 예수는 41절처럼 혼자 기도하는
습관이 있다(〈루가〉 5,16; 6,12). 그러나 기도할 때 제자들을 가까이 둔다(〈루
가〉 9,18.28). 무릎을 꿇고 기도하는 자세는 루가의 표현 특징이다(〈사도〉
7,60; 9,40; 21,5). 〈마르〉 14,35에서 예수는 땅에 엎드려 기도하는데, 〈루가〉
22,41에서는 무릎을 꿇고 기도한다.

   예수가 기도한 보도는 여러 번 나오지만, 기도한 내용을 말 그대로 드
러낸 곳은 42절이 유일하다. 물론 옆에서 누가 녹음한 것은 아니다. '제
뜻대로 하지 마시고 아버지의 뜻대로'는 〈마르〉 14,36에서 따왔다. 〈마
태〉 26,42과 비슷하고, 〈마태〉에서 주의 기도 세 번째 구절(〈마태〉 6,10)과
가깝다. '잔'은 하느님 아버지께서 예수에게 주신 '고난의 잔'(〈요한〉 18,11)
을 뜻한다. 예수 자신의 능력보다 하느님의 의지를 강조한다. 술잔의 비
유는 여러 곳에 있다(〈예레〉 49,12; 〈시편〉 11,6; 〈하바〉 2,16). "나의 분노가 흘러

넘치는 이 잔을 받아라"(〈예레〉25,15), "야훼의 손에서 진노의 잔을 받아 마신 예루살렘아"(〈이사〉51,17.22)도 있다.

46절 "왜 이렇게 잠만 자고 있습니까? 유혹에 빠지지 않도록 일어나 기도하시오"는 〈루가〉에서 예수가 제자들에게 주는 마지막 말씀이다. 그 의미가 깊다. 그리스도교는 잠만 자지 말고 유혹에 빠지지 않도록 일어나 기도해야 한다. 〈마르〉14,37에서 예수는 잠든 제자들을 보고 베드로에게 화를 냈지만, 〈루가〉에서는 제자들을 꾸짖는다. 루가는 제자들의 공동 책임을 강조한다. 주교 하나가 잘못하면 주교 전부의 책임이다. 신부 하나가 잘못하면 신부 전체의 책임이다. 요즘 한국 천주교회에서 성직자의 비리와 부패 소식이 자주 드러난다. 왜 모두 침묵하고 빌라도처럼 손만 씻을까. 나는 안 했습니다, 그 말인가.

마르코는 제자들에게 깨어 있으라고 요구한다. "시몬, 자고 있습니까?"(〈마르〉14,37) 예수가 "교황이여, 자고 있느냐?" 묻는 것 같다. "단 한 시간도 깨어 있을 수 없단 말입니까?"(〈마르〉14,37) 예수가 가톨릭교회에 "한 시간도 깨어 있을 수 없단 말입니까?" 묻는 것 같다. 루가는 "마음은 간절하나 몸이 말을 듣지 않는구나!"(〈마르〉14,38)를 빼버렸다. 자꾸 혼나는 제자들이 불쌍했을까. 요한은 게쎄마니 사건을 안 것 같다. 요한은 죽음에 대한 예수의 두려움을 다른 복음서 저자들과 함께한다(〈요한〉12,27). 그러나 요한은 죽음을 두려워하기보다 당당히 맞이하는 예수를 그리고 싶었다. 박해 시대를 맞이한 요한 공동체 사람들이 예수를 떠나지 않도록 용기를 주려는 의도다. "'아버지, 이 시간을 면하게 하여주소서' 하고 기원할까? 아니다. 나는 바로 이 고난의 시간을 겪으러 온 것이다."(〈요한〉12,27)

올리브 산으로 올라가 기도하는 이 이야기는 다윗이 압살롬의 반란을 피해 도망친 사건(〈2사무〉15,13-37)에서 따왔다는 의견[229]도 있다. 두 기사가 연결되는 표현이 적어 그렇게 보기는 어려울 것 같다. 43-44절이 〈루가〉에 원래 있었느냐는 논란은 계속된다. 〈마르〉나 〈마태〉에 없는 구절이다. 공동번역에는 빠졌고, 200주년 신약성서에는 번역되어 괄호 안에 있다.

루가는 예수가 체포되는 장면에 〈마르〉 14,43-49을 참고했다. 예수 등장과 유다의 키스(47-48절), 제자들의 대응(49-50절), 체포하러 온 사람들에게 예수가 하는 말씀(52-53절)으로 구성된다. 루가는 〈마르〉나 〈마태〉처럼 유다가 키스하고 예수가 바로 체포된 것으로 보도하지 않는다(〈마르〉 14,46; 〈마태〉 26,50). 예수가 말할 기회를 배려한 것이다. 루가는 예수를 체포하러 온 무리에 대사제들과 성전 수위대장들과 원로들까지 포함한다. 유다교 최고 권력층이 모두 예수를 잡으러 온 것이다. 루가는 율법 학자를 빼고 성전 수위대장들을 포함한다. 〈마르〉 14,43에는 대사제들과 율법 학자들과 원로들이 보낸 무리가 유다와 함께 온다. 마태오도 루가처럼 예수를 체포하러 보낸 사람들 명단에서 율법 학자들을 뺀다(〈마태〉 26,47). 복음서 저자들은 예수를 체포하러 사람들을 보낸 그룹이 누구인지 어떻게 알았을까.

47절에서 루가는 예수를 체포하러 온 사람들oklos보다 유다를 앞세운다. 루가는 독자가 유다를 아는데도 '열두 제자 중의 하나인 유다'라고 밝힌다. 루가는 유다가 왜 예수에게 키스하려 했는지 설명하지 않는다. 유다를 열두 제자에서 제외하는 아픔을 심하게 겪었기 때문일까. 독자가 48절을 보고 그 이유를 짐작하게 배려한 것일까. 루가는 독자가 "배반자는 '내가 입 맞추는 사람이 바로 그 사람이니 붙잡아서 놓치지 말고 끌고 가라'고 그들과 미리 암호를 짜두었다"(〈마르〉 14,44)는 구절을 읽었다고 가정했을까. 49절에서 예수의 제자들은 무력으로 저항하여 스승이 체포되는 사태를 막으려 한다. 〈마르〉 14,50에서는 제자들이 예수를 버리고 모두 도망쳤는데 말이다. 루가는 독자 앞에서 제자들의 체면을 크게 살려준다.

50절에서 한 제자가 예수의 대답을 듣기도 전에 칼을 휘둘렀다. 〈마르〉 14,47이나 〈마태〉 26,51과 다르게, 〈요한〉 18,10처럼 오른쪽 귀를 잘라버렸다. 요한은 한술 더 뜬다. "시몬 베드로가 차고 있던 칼을 뽑아 대사제의 종을 내리쳐 오른쪽 귀를 잘라버렸다. 그 종의 이름은 말코스다."(〈요한〉 18,10) 그 정신없는 와중에 귀가 잘린 종의 신원까지 파악하진 않았을 것이다. 오른쪽 귀는 한쪽 손(〈마르〉 3,1)과 다르게 오른손이 오그라든 사람 이야기(〈루가〉 6,6)를 떠올리게 한다. 고대에는 오른손을 왼손보다, 오른편을 왼편보다 중요하게 여겼다.

51절에서 예수는 제자의 행동을 말린다. 악의 세력에 저항하지 말라는 뜻이 아니다. 당신의 죽음이 하느님의 계획에 따라 진행되니 방해하지 말라는 부탁이다. 귀를 고쳐준 것은 루가가 독자에게 원수를 사랑하는 예수의 모습을 보여주고 싶어서다. 52절에 비로소 예수를 체포하러 온 사람들oklos이 누구인지 밝혀졌다. 예루살렘 시민이 아니고 대사제들과 성전 수위대장들과 원로들이 예수를 체포하러 왔다. 독자는 대사제들과 원로들이 예수의 적대자라는 사실을 안다(〈루가〉 9,22; 20,1). 예수의 적대자가 누구인지 아는 것도 중요하다. 왜 다른 사람이 아니고 상류층이 예수의 적대자인지 분명히 알아야 한다.

예수는 가난한 사람에게 사랑받았고, 부자와 권력층에게 미움 받았다. 오늘날 목사와 신부는 누구에게 사랑받고 누구에게 미움 받는가. 역사의 하수인과 주범을 정확히 가려내야 한다. 5·18민주화운동 때 총을 쏜 군인과 총을 쏘라고 지시한 장본인을 구분해야 한다. 세월호 참사 때 구조하지 않은 사람과 구조하지 말라고 지시한 사람을 구분해야 한다. 사소한 일에 목숨 걸고 중요한 일에 침묵하는 사람이 종교계에 수두룩하다.

52절에서 lestes는 단순히 도둑kleptes(〈루가〉 12,33.39)을 말하는 것이 아니다. 젤로데처럼 독립투사를 가리키는 말이기도 하다. 예수는 자신에게 lestes라는 단어를 썼다. 물건을 훔치거나 신체에 해를 끼치는 사람이 아니라 자유를 위해 싸우는 사람이라는 뜻이다. 로마 군대가 듣기에 그 단어는 예수를 혁명가로 알아듣기에 충분했다. 자신을 lestes(독립투사)로 칭하다니. 예수야말로 마르크스를 넘어, 호찌민胡志明과 체 게바라를 넘어 진정한 자유인이요 참된 혁명가 아닌가. 예수와 함께 처형된 두 사람도 lestai라고 불렸다(〈마르〉 15,27: 〈마태〉 27,38). 일반적 의미에서 강도가 아닐 가능성이 거의 확실하다.[230] 로마 군대는 공공질서를 어지럽히고 국가 안녕에 해를 끼친 정치범이나 혁명가를 십자가형에 처했다. 예수는 두 독립투사와 같은 죄목(정치범)으로, 같은 시간에 처형된 것으로 보인다.

우리는 욥 이후 하느님이 우리 바람대로 응답하지 않을 수 있다는 사실을 깨달았다(〈욥기〉 38-42장). 예수는 무릎을 꿇고 기도한다. 제자들에게 일어나 기도하라고 요청한다. 예수처럼 의지가 강한 사람은 기도하기 전에 무릎을 꿇고, 제자들처럼 의지가 약한 사람은 기도하기 전에 일어나라는 뜻인가. 고뇌에 싸여 기도하는 예수의 모습이 감동적이다. 예수도 우리처럼 고뇌한다. 예수와 우리는 멀리 있지 않다. 예수는 우리보다 인간적인 분이다. 고뇌할 때 자포자기하지 않고 기도하는 예수의 용기가 부럽다. 의지가 한없이 약해지고 절망이 정답처럼 다가올 때, 기도할 용기가 사라지지 않게 해달라고 매달리고 싶다. 자살의 유혹과 충동에 시달리는 사람에게 하느님이 살아갈 용기를 주시도록 기도하고 싶다. 제자들에게 기도해달라고 두 번(〈루가〉 22,40.46)이나 겸손하게 부탁한 예수처럼, 자신을 위해 기도해달라고 솔직하게 요청하는 프란치스코 교황처럼, 이 책 독자에게 나를 위해 기도해달라고 머리 숙여 간청하고 싶다.

예수의 기도는 그리스도교에서 충분히 언급되었지만, 국가 폭력에 희생된 예수는 별로 강조되지 않았다. 기도에 관심 있고 폭력에 관심 없는 것이 그리스도교의 현실이다. 예수는 폭력의 희생자인데 말이다. 정확히 말하면, 예수는 종교 폭력과 국가 폭력의 희생자다. 폭력과 가장 거리가 먼 예수가 폭력에 희생되었다. 폭력을 멀리하라고 가르친 예수가 정작 폭력에 의해 처형된 것이다. 종교 폭력과 국가 폭력을 경험한 그리스도교는 어떤 종교보다 폭력에 민감하게 대응하고 처신할 의무가 있지 않은가. 20세기 한반도에 국가 폭력의 희생자가 얼마나 많았나. 한국전쟁 전후에도 양민 학살 사건이 많았다. 한국 천주교회는 당시 어떻게 대응했는가. 폭력을 행사한 국가에 적극적으로 저항했는가. 내년은 내가 사는 제주에서 4·3사건이 벌어진 지 70주년 되는 해다. 슬픈 한반도여, 그대는 살아 있는 예수다.

운명이다. 예수는 죽음의 위협에서 도망치지 않았다. 예수는 도망치지 않고 기도했고, 도망치지 않고 체포되었다. 예수의 스승 세례자 요한도 죽음의 위협에서 도망치지 않았다. 로메로 대주교는 살해되기 두 달 전 생애 마지막 피정에서 피정 지도 신부에게 죽음의 두려움을 느꼈다고 고백했다. 그 신부는 로메로 대주교에게 죽음을 피하지 말라고 권고했다. 로메로 대주교는 이웃 나라로 피신하라는 교황대사의 권유를 물리치고 죽음을 기꺼이 받아들였다. 나는 예수에게서 로메로 대주교를 떠올렸다. 그리고 로메로 대주교를 통해 예수를 더 잘 이해하게 되었다.

○ 베드로의 배신

⁵⁴ 그들은 예수를 잡아 대사제의 관저로 끌고 들어갔다. 베드로는 멀찍이 떨어져 뒤따르다가 ⁵⁵ 마당 가운데에 불을 피우고 둘러앉은 사람들 틈에 끼어 앉았다. ⁵⁶ 베드로가 불을 쬐는데 어떤 여종이 베드로를 유심히 들여다보며 "이 사람도 예수와 함께 있었어요" 하고 말하였다. ⁵⁷ 베드로는 그 말을 부인하면서 "여보시오, 나는 그런 사람을 모르오" 하였다.
⁵⁸ 얼마 뒤에 다른 사람이 베드로를 보고 "당신도 그들과 한패요" 하고 말하자, 베드로는 "여보시오, 나는 그런 사람이 아니오" 하고 잡아떼었다. ⁵⁹ 한 시간쯤 지나서 또 다른 사람이 "이 사람은 분명히 예수와 함께 있던 사람이오. 이 사람도 갈릴래아 사람이 아니오?" 하며 몰아세웠다. ⁶⁰ 베드로는 "여보시오, 무슨 소리를 하는 거요?" 하며 끝내 부인하였다. 베드로의 말이 채 끝나기도 전에 닭이 울었다.
⁶¹ 그때에 주께서 몸을 돌려 베드로를 똑바로 바라보셨다. 베드로는 그제야 "오늘 닭이 울기 전에 나를 세 번 모른다고 할 것이다" 하신 주님의 말씀이 떠올라 ⁶² 밖으로 나가 슬피 울었다. ⁶³ 예수를 지키던 사람들은 예수를 조롱하고 때리며 ⁶⁴ 눈을 가리고 "누가 때렸는지 알아맞혀보아라" 하면서 ⁶⁵ 계속 욕설을 퍼부었다.(22,54-65)

예수의 수난 역사는 논쟁이나 기적 이야기와 달리 시간에 따라 진행된다. 물론 일어난 시간 순서대로 기록된 것은 아니다. 복음서 저자의 의도와 주목되는 사람에 따라 다르다. 〈마르〉에서 이 부분은 다음과 같은 순서로 언급된다.

1. 대사제에게 넘겨진 예수(14,53a)

2. 유다 최고 회의 열림(14,53b)

3. 대사제의 관저에 들어간 베드로(14,54)

4. 유다 최고 회의에서 심문받는 예수(14,55-64)

5. 모욕당하는 예수(14,65)

6. 예수를 세 번 부인한 베드로(14,66-72)

7. 의회 소집(15,1a)

8. 빌라도에게 넘겨진 예수(15,1b).

"오늘 닭이 울기 전에 당신은 세 번이나 나를 모른다고 할 것입니다"(〈루가〉 22,34)라는 말씀이 어떻게 실현되고 진행되는지 나온다. 베드로가 예수를 세 번 부인하는 장면(56-57절, 58절, 59-60절)이 핵심이다. 〈마르〉 15,1에 있는 의회 소집은 〈루가〉에서 빠졌다.

루가는 순서를 크게 바꾼다. 〈마르〉에서 1, 2, 3, 4, 5, 6, 7, 8 순서가 〈루가〉에서 1, 3, 6, 5, 2, 4, 7, 8로 변했다. 유다 최고 회의 개최, 빌라도에게 심문받는 예수 이야기는 다음 날로 넘겨졌다. 모욕당하는 예수 장면은 예수를 세 번 부인한 베드로 이야기의 뒤로 옮겨졌다. 예수(54a절), 베드로(54b절), 베드로(55-62절), 예수(63-65절) 순서로 진행된다. 대사제 집이라는 배경으로 예수와 베드로 이야기가 a, b, b, a 순서로 보도된다. 예수 체포와 처형 사이에 베드로는 어떻게 처신하는지, 예수는 적대자들에게 어떻게 당하는지 나온다. 사건 진행이 〈마르〉보다 뚜렷하고, 시간·공간·주제별로 집중된다.

학자들은 루가의 이 보도가 어떻게 쓰였는지 여러모로 추측했다.[231] 루가는 〈마르〉 14,53-72을 참조했다. 루가가 고유의 자료를 참고했다는 의견, 〈마르〉만 참고하고 문학적 재능을 발휘하여 고쳤다는 주장, 〈마르〉를 주로 참고하고 전승을 받아들였다는 생각도 있었다.

그리스어 문법에 따르면 '하느님의 아들 예수그리스도에 관한 복음

의 시작'(〈마르〉1,1)은 '예수그리스도에 관한 복음의 시작', '예수그리스도
가 전한 복음의 시작'으로 번역될 수 있다. 예수에 대한 복음이기도 하고,
예수가 전한 복음이기도 하다. 예수는 주어로도, 목적어로도 쓰인다. 예
수는 복음서에서 대부분 주어로 나타난다. 예수가 목적어로 쓰여 대상으
로 여겨지기도 한다. 예수가 체포된 후 특히 그렇다. 예수를 잡아(〈루가〉
22,54), 예수를 조롱하고(〈루가〉 22,63), 예수를 빌라도에게 끌고 간다(〈루가〉
23,1).

54절 '끌고 가다sullambanein'는 체포를 가리키는 법률 용어다(〈1사무〉
23,26; 〈1마카〉 12,40; 〈사도〉 1,16). '관저oilia'는 평범한 집뿐 아니라 거대한 저
택이나 성을 가리킬 수 있다.[232] '베드로가 멀찍이maktrothen 따라갔다'는
"주님과 함께라면 감옥에 가도 좋고 죽어도 좋습니다"(〈루가〉 22,33)라고
한 베드로의 장담이 실현되지 못할 것을 알려준다. 여기까지 따라온 것
만 해도 대단한 용기다. 베드로를 위한 나의 변명이다. 쌀쌀한 봄날 밤에
모닥불을 피운다. 루가는 55절에서 '마당aule 가운데에 불을 피우고 둘러
앉은 사람들'이 누구인지 말하지 않는다. 유다 권력층의 경찰이나 정보
원이 있었을까. 예수의 다른 제자들 몇 명이 신분을 숨기고 있었을까.

복음서에서 베드로의 예수 부인은 56절 '어떤 여종paidiske'에게 베드로
가 발각되는 장면으로 시작된다. 루가가 여종을 등장시킨 것은 예사로운
일이 아니다. 유다 사회 최고 권력자인 대사제에게 끌려간 예수와 가장
힘없고 보잘것없는 여성(여종) 앞에 있는 베드로를 비교한다. 최고 권력
자 앞에서도 당당한 스승 예수와 최하층 인간으로 여겨지는 여종 앞에서
비굴한 제자 베드로. 죽음 앞에서도 의연한 예수와 부자나 권력자 앞에
서 쩔쩔매는 종교인.

베드로를 알아보는 사람의 숫자가 복음서에서 다 같지는 않다. 〈루가〉에만 세 장면에서 각각 한 사람이 베드로를 알아보고 공격한다. 증언에는 두 사람이 필요하다(〈신명〉 17,6; 19,15). 베드로는 〈루가〉에서 세 답변 모두 반문하듯 "여보시오"(22,57-58.60)라고 시작하며 강하게 부인한다. 56절에서 독자는 여종이 누구에게 말하는지, 베드로 말고 누가 그 말을 듣는지 알 수 없다. 추궁한다고 보기는 어렵다. 베드로는 여종에게 들리는 목소리로 답한 것 같다. 예수를 따라다니던 사람(〈사도〉 4,13)이라고 유다 최고 회의에서 처벌되지도 않았다.

58절에서 베드로의 두 번째 부인은 심각하다. 자기가 예수 제자라는 것을 부인했을 뿐만 아니라, 제자단에 소속된 사실까지 아니라고 잡아뗀 것이다. 59절 '한 시간쯤 지나서'에는 여러 가지 의미가 있다. 밤이 더 깊었다. 베드로는 그 시간에 도망칠 수도 있었다. 온갖 생각과 후회가 밀려들었을 것이다. "거짓말이라면 천벌이라도 받겠다고 맹세하면서, '나는 당신들이 말하는 그 사람은 알지도 못하오' 하고 잡아뗀다."(〈마르〉 14,71; 〈마태〉 26,74) 베드로의 답변은 〈루가〉에서 상당히 달라졌다. "나는 그런 사람을 모르오"(57절), "나는 그런 사람이 아니오"(58절), "무슨 소리를 하는 거요?"(60절). 베드로는 맹세하진 않고 자신을 지목하는 말을 이해하지 못하겠다는 투로 반응한다.

59절에서 베드로는 '갈릴래아 사람'이라고 비난받는다. 베드로도 예수처럼 갈릴래아 출신이다. 루가는 베드로가 갈릴래아 사람이라는 사실이 어떻게 발각됐는지 설명하지 않는다. 갈릴래아 사투리(〈마태〉 26,73) 때문에 들통났을까. 예수와 베드로, 남성 제자들과 여성 제자들이 대부분 저항의 상징 갈릴래아 출신이다. 예수 운동은 수도권 중심의 권력에 반기를 든 저항운동이기도 하다. 맥락은 다르지만 나는 전라도 사람이다. 서울에서 대학 다니던 1980년대 초와 강원도 휴전선에서 군 복무할 때 '전라도 놈'이라는 욕을 실컷 들었다. 전라도 억양과 사투리 때문이다. 전라도 사람이라는 사실로도 나를 보는 사람들의 눈초리가 심상치 않던 시절이다.

61절 '그때에 주께서 몸을 돌려 베드로를 똑바로 바라보셨다'는 〈루가〉에만 나오는 표현이다. 그때 예수가 베드로와 함께 있지는 않았다. 베드로는 닭 울음뿐 아니라 예수의 모습을 떠올렸다. 우리도 후회하고 뉘우칠 때 예수의 모습을 기억하자. 회개할 용기가 없을 때도 예수의 얼굴을 기억하도록 마지막 힘을 내자. 예수는 베드로처럼 무너진 사람에게도 자비로운 눈길을 주신다. 62절 '슬피 울었다pikros klaiein'는 '비통하게 울었다'고 번역하는 것이 낫다. 몇몇 성서 사본에는 62절이 빠졌다. 공동성서 그리스어 번역본 70인역을 보자. "나를 실컷 울게 내버려두어라. 내 백성의 수도가 망하였다고 해서 나를 위로하려 하지 마라."(〈이사〉 22,4) "아리엘 주민이 거리에서 애곡하고 평화 사절단은 기가 막혀 통곡한다."(〈이사〉 33,7)

한때 초대교회 사람들이 배신하지 않게 하려고 복음서 저자들이 베드로의 배신 장면을 일부러 꾸며내지 않았느냐는 의심도 있었다. 베드로를 죽여서 신자를 살리겠다고? 그런 것 같지는 않다. 교황도, 성직자도, 우리도 베드로를 보며 삶과 신앙을 언제나 경계할 일이다.

57절에서 베드로가 "나는 그런 사람을 모르오"라고 한 말이 내 가슴을 후빈다. 남남끼리 만나 부부의 인연을 맺은 사람들이 살다가 다투기도 한다. 배우자에게 흠이 있고 섭섭한 점이 있다 해도 "나는 그런 사람을 모르오"라고 하지는 않는다. 이혼한 사이라도 과거의 배우자를 향해 "나는 그런 사람을 모르오"라고 하지는 않는다.

63-65절은 사람들이 예수를 예언자로 취급한다는 것을 보여준다. 63절에서 예언자를 학대하는 세태의 잔혹함이 드러난다. "사람들은 하느님의 특사들을 조롱하였다. 그의 말이면 무조건 비웃었다. 보내신 예언자들을 놀림감으로 삼았다."(〈2역대〉 36,16) "예루살렘아! 너는 예언자들을 죽이고 하느님께서 보내신 사람들을 돌로 치는구나!"(〈루가〉 13,34) 예수 시대에만 그럴까. 이스라엘에서만 그랬을까. 그리스도교 역사에서만 그랬나. "당신들의 조상들이 박해하지 않은 예언자가 한 사람이나 있었습니까?"(〈사도〉 7,52) 64절 "눈을 가리고 '누가 때렸는지 알아맞혀보아라'"는 가학적인 연극 장면을 보는 것 같다.

예수에 대한 모욕은 두 번에 걸쳐 진행되었다. 63-64절처럼 유다인 일부에게 당한 조롱이다. "예수를 지키던 사람들은 예수를 조롱하고 때리며 눈을 가리고 '누가 때렸는지 알아맞혀보아라' 하며 놀려대기 시작하였다."(〈마르〉 14,65; 〈마태〉 26,67-68) '때리다$_{dero}$'는 원래 '괴롭히다'라는 뜻인데, '폭행하다'라는 뜻으로 확대되었다. 자기 몸이나 도구가 상대방 몸이나 얼굴에 닿아야 할 수 있는 범죄다. 두 번째 모욕은 로마 군대에게 당한 것이다. 십자가 처형장으로 끌려가는 도중에 일어난 일이다(〈마르〉 15,16-20; 〈마태〉 27,27-31; 〈요한〉 19,2-3). 루가는 두 번째 장면을 삭제하고 말았다. 예수의 신체와 인격에 모독을 준 것뿐 아니라 예수의 예언자 역할을 철저히 부정한 것이다.

65절에 '욕설을 퍼부었다$_{blaspemountes}$'(〈마르〉 15,29; 〈사도〉 13,45; 18,6)는 표현이 나온다. 역사에 등장한 종교 창시자 중에 예수처럼 욕설을 많이 들은 사람이 있을까. 종교인으로 사는 사람 중에 예수처럼 욕설을 많이 들은 사람이 있을까. 역사의 이름 없는 예언자들은 의롭게 살면서 고통받았다. 의롭게 살았기 때문에 고통 받은 것이다. 성서는 모세, 엘리야, 예레미야, 에제키엘 등 진짜 예언자 이름을 인류에게 전해주었다. 루가는 오해받던 예언자를 복권하여 존중한 신학자다. 하느님의 계획을 해설하는 신학자다.[233]

성서는 승자의 책이 아니라 희생자의 책이다. 성서는 가짜 예언자의 책이 아니라 진짜 예언자의 책이다. 성서는 이름 없는 수많은 예언자들에게 바치는 하느님의 헌사다. 의롭게 살면서도 온갖 욕설에 시달리는 형제자매여, 서러워 마라. 하느님의 역사가 당신을 인정하고 기억한다. 노무현 대통령의 유언이다. "너무 슬퍼하지 마라. 삶과 죽음이 모두 자연의 한 조각 아니겠는가. 미안해하지 마라. 누구도 원망하지 마라. 운명이다." 이 대목을 쓰면서 나도 눈물이 난다. '예수는 울었다'(〈요한〉 11,35).

○ 유다 종교 법원의 예수

66 날이 밝자 백성의 원로들을 비롯하여 대사제들과 율법 학자들이 모여 법정을 열고 예수를 끌어내어 **67** 심문을 시작하였다. "자, 말해보시오. 그대가 그리스도입니까?" 예수께서 대답하셨다. "내가 그렇다고 말하여도 여러분은 믿지 않을 것이며 **68** 내가 물어보아도 여러분은 대답하지 않을 것입니다. **69** 사람의 아들은 이제부터 전능하신 하느님의 오른쪽에 앉을 것입니다."
70 이 말씀을 듣고 그들은 모두 "그러면 그대가 하느님의 아들이란 말입니까?" 하고 물었다. 예수께서 대답하셨다. "내가 하느님의 아들이라는 것을 여러분이 말하였습니다." **71** 그들이 말하였다. "이제 무슨 증언이 더 필요합니까? 제 입으로 말하는 것을 우리가 직접 듣지 않았습니까?"(22,66-71)

예수가 자기 신분에 대해 뚜렷하게 말하지 않았으며, 유다교 법정은 어떤 판결도 내리지 않았다고 말하는 성서 주석서가 대부분이다. 예수와 유다교 지배층의 충돌은 분명하지만, 갈등의 원인이 확실하지 않다는 것이다.[234] 베드로가 예수를 부인하는 장면(〈루가〉 22,54-62)과 예수가 유다 법정에서 심문받는 방면(〈루가〉 22,66-71)이 나누어졌다. 베드로는 밤에 예수를 부인하고(55절), 예수는 날이 밝자 심문받는다(66절). 둘 다 하루 안에 벌어진 일이다. 루가는 〈사도〉 4,27-28을 의식했다. "헤로데와 본티오 빌라도는 이 도성에서 이방인들과 이스라엘 백성과 작당하여 주께서 기름 부어 그리스도로 삼으신 주님의 거룩한 종 예수를 거슬렀습니다. 이리하여 주님의 권능과 뜻으로 미리 정해두신 일들을 모두 이루었습니다." 〈루가〉와 〈사도〉는 루가의 작품이다.

원로들을 비롯하여 대사제들과 율법 학자들이 모여 법정을 열었다.

〈마르〉 14,1.63이나 〈마태〉 26,62-63.65과 달리 루가는 심문을 진행한 사람이 대사제라고 밝히지 않는다. 유다 최고 회의 전체가 예수를 심문한다는 인상을 주려는 것이다. 예수는 대사제뿐 아니라 원로들, 율법 학자들과 충돌한 것이다. 예수가 대체 무슨 말을 하고 어떤 행동을 했기에 유다 사회의 최고 권력자들과 갈등하는 것일까. 예수가 누구에게, 왜, 무엇 때문에 체포되고 사형당했는지 알고 기억해야 한다. 한국 그리스도인은 대부분 이 점을 지나치는 것 같다. 성서 교육에 적잖은 허점이 있기 때문이다. 부활의 감격을 느끼기 전에, 부활의 감격을 맛본다고 해도, 예수의 죽음에 대한 충격과 억울함은 사라지지 않는다.

예수의 제자는 아무도 최고 회의 현장에 있지 않았다. 복음서 저자들도 전해오는 말을 듣고 신학적으로 해석하여 재구성한 것이다. 유다교 최고 회의 심문에서 마르코와 마태오의 보도는 루가와 다르다. 루가가 〈마르〉 14,53.55-64을 참고했는지, 다른 전승을 이용했는지 알기 어렵다. '많은 사람이 거짓 증언을 하였다'(〈마르〉 14,56-60; 〈마태〉 26,59-62)는 말은 〈루가〉에 없다. '사람들은 일제히 예수는 사형감이라고 단정하였다'(〈마르〉 14,64; 〈마태〉 26,66)는 말도 〈루가〉에 없다. 루가는 '유다 종교 법원의 예수' 이야기를 정식 재판을 준비하기 위한 질문이나 심문 정도로 본 것이다. 본문은 최고 회의 구성원이 빌라도에게 제출할 증거를 수집하는 질문이다.

정식 절차는 〈루가〉 23,1에 비로소 시작된다. 유다 최고 회의가 검사로 등장한다(〈루가〉 23,2). 66절 '원로들presbuterion'은 〈사도〉 22,5과 〈1디모〉 4,14에 보인다. '나이 든 남자들의 모임'이라는 뜻이다. 그리스어에서 그런 모임을 가리키는 단어 gerousia가 따로 있다.[235] 〈루가〉 7,3에 나오는 원로들은 가파르나움에 있는 유다교 공동체의 원로다.[236] 67절을 보면 산헤드린sunedrion(법정)은 건물이 아니라 재판을 가리킨다. 산헤드린의 성격과 역할에 대해 최근 여러 연구 문헌이 나온다.

"그대가 그리스도입니까"(67절), "그대가 하느님의 아들이란 말입니까"(70절)라는 질문(〈마르〉14,61; 〈마태〉26,63)이 핵심이다. 예수가 누구냐고 묻는 것이다. 두 질문을 연이어 한다. 예수는 두 질문에 다르게 답한다. 루가가 '사람의 아들'(〈마르〉14,62; 〈마태〉26,64)에 대한 예수의 말을 앞에 놓고 메시아 질문을 그에 편입한 점에 주목해야 한다. 메시아와 하느님의 아들 칭호가 천사 가브리엘이 전한 말(〈루가〉1,32)에 있었기 때문이 아니라, 루가가 〈마르〉14,61에서 발견했기 때문이다. 더 중요한 것은 루가가 메시아와 하느님의 아들 칭호를 나누어 취급한 사실이다.

예수는 하느님의 아들이냐는 질문에 거리낌 없이 긍정(70절)했지만, 그리스도(메시아) 질문에 피하듯(67-68절) 답변했다. 루가의 이 구분은 제자들에게 침묵 명령을 내린 마르코에 대해서도 마찬가지다. 루가는 예수가 그리스도임을 말하지 말라는 부탁(〈마르〉8,30)을 받아들인다(〈루가〉9,21). 루가는 하느님의 아들과 관계된 침묵 명령(〈마르〉9,9)을 무시한다. 루가가 메시아 칭호를 하느님의 아들 칭호보다 아래에 놓았다[237]고 오해하면 안 된다. 루가에게 예수는 하느님의 아들이자 그리스도(메시아)다. 루가는 예수가 메시아라는 사실이 십자가로 시작되고 드러날 것이라고 생각했다. 메시아는 유다인에게 친숙한 개념이지만, 그리스인에게는 낯선 단어였다.

예수는 유다인이 이방인의 정치적 억압에서 이스라엘을 해방해줄 것으로 애타게 기다린 바로 그 메시아인가. 이 질문은 67절에서 대답되지 않았다. 예수는 메시아지만 유다 최고 회의가 바라던 메시아는 아니다(〈루가〉1,32-33; 4,41; 24,21). 예수는 정치적 메시아로 축소되는 것을 막기 위해 답변을 거절한 것 같다. 정치적 메시아를 거부한 것이 아니라, 정치적 메시아로는 부족하기 때문이다. 예수가 67-68절에서 좀 더 적극적으로 답했다면 이렇게 말하지 않았을까. "그리스도는 영광을 차지하기 전에 그런 고난을 겪어야 하는 것이 아닙니까?"(〈루가〉24,26) 예수의 십자가 죽음과 부활 이전에 예수의 제자들도, 유다 최고 회의 구성원도 예수가 메시아임을 받아들이기 어려웠을 것이다.

"내가 물어보아도 여러분은 대답하지 않을 것입니다"(68절)는 조금 이상하다. 예수가 메시아임을 왜 예수가 유다 최고 회의 사람들에게 물어야 하는가. 피의자가 검찰에게 자신의 무죄를 입증하라고 요구할 수 있다는 말인가. 비슷한 상황이 있긴 했다. 대사제들과 율법 학자들이 원로들과 함께 와서 "당신은 무슨 권한으로 그런 일들을 합니까? 누가 그런 권한을 주었습니까?"라고 따졌다(〈루가〉20,2). 그때 예수는 "그러면 나도 한 가지 물어보겠습니다. 어디 대답해보세요. 요한이 세례를 베푼 것은 그 권한이 하느님에게서 난 것입니까, 사람에게서 난 것입니까?" 하고 반문했다(〈루가〉20,3-4). 68절은 그 일을 가리킨다. 루가는 온 의회가 예수를 빌라도 앞에 끌고 가서 "이 사람이 자칭 그리스도요 왕이라고 하기에"(〈루가〉23,2)라고 한 고발이 거짓임을 독자에게 말하고 싶었다. 그래서 루가는 예수가 자신이 메시아라는 말을 하지 않은 것으로 정리한 듯하다.

69절 '이제부터apo tou nun'는 '미래에'로 번역하는 것이 좋다(〈루가〉1,48; 5,10). '사람의 아들은 전능하신 하느님의 오른쪽(〈사도〉7,56)에 앉을 것'이라는 말은 유다 최고 회의가 기대하던 메시아상과 아주 다르다. 예수가 하느님께 높이 들린 분으로서, 메시아로서 하느님과 공동 심판관[238]의 지위에 있다는 뜻이다. 70절 "내가 하느님의 아들이라는 것을 여러분이 말하였습니다"라는 예수의 말을 어떻게 해석해야 할까. 예수가 진짜 한 말인지 루가의 문장력이 낳은 표현인지 모르지만, 어지간한 논쟁의 달인도 꼼짝 못할 명문이다. 항의는 아닌 것 같고, 거리를 두는 말 같지도 않다. 반쯤 긍정하는 말인가.[239] 대한민국 국회의원은 청문회에서 발언하기 전에 예수의 토론 방법과 말솜씨를 배워라.

유다 최고 회의는 예수를 빌라도에게 넘겨주기에 충분한 증거를 확보했다고 여겼다. 그런데 '하느님의 아들' 칭호는 예수를 공격하는 데 별다른 역할로 사용되지는 않았다(〈루가〉 23,2.5). 〈루가〉 독자는 예수가 하느님의 아들이란 사실을 가브리엘 천사(〈루가〉 1,32.35)에게서, 심지어 하느님 자신(〈루가〉 3,22; 9,35)에게서도 들었다. "내가 하느님의 아들이라는 것을 여러분이 말하였습니다"라는 예수의 답변에 유다 최고 회의는 "제 입으로 말하는 것을 우리가 직접 듣지 않았습니까?"라고 억지를 부린다. 발언을 일부만 따서 억지 부리는 수법은 한국의 일부 언론과 종편 기자도 두 손 들고 도망갈 실력이다. 그래도 불행 중 다행이다. 당시 어용 언론이나 종교 언론이 있었다면, 예수는 빌라도에게 갈 것도 없이 실컷 당했을 것이다.

예수가 정치 질서를 어지럽히거나 유다교 율법을 어겼기 때문이 아니라, 자기 신분을 공식적으로 밝혔기 때문에 유다 최고 회의가 예수를 죽음으로 몰아넣는 절차를 시작했다는 의견이 있다.[240] 찬성하기 어렵다. 그랬다면 유다 최고 회의는 예수를 빌라도에게 넘길 필요 없이 스스로 처리했을 것이다. 유다교는 예수의 메시아 주장이 하느님을 모독한 죄라고 여기거나, 예수를 사형에 처할 범죄라고 판단하지 않은 것 같다.[241] 그러나 로마 군대 입장에서는 예수에게 느낀 위험이 유다교와 달랐다. 예수가 빌라도에게 끌려간 것은 국가적으로 큰 이유가 아니고는 불가능하다. 반란perduellio이나 로마 시민 존엄성 모독crimen maiestatis populi Romani imminutae. 두 죄가 아니면 예수가 빌라도에게 넘겨질 일이 없었다.

예수가 종교 권력층과 충돌한 사실은 우리 시대 종교인에게 곤혹스런 사례다. 예수가 국가 폭력에 희생된 사실도 우리 시대 종교인에게 많은 고민을 준다. 예수처럼 살면 종교 권력층과 충돌하는가. 예수처럼 살면 국가 폭력에 희생되는가. 모든 종교인이 이런 고뇌를 하는 것은 아니다. 예수처럼 종교 권력층과 충돌하는 종교인, 예수처럼 국가 폭력에 희생되는 종교인이 이런 번민에 사로잡힌다. 지금 한국에서 이런 고뇌로 잠 못 이루는 종교인이 얼마나 될까. 부자나 권력자와 어울리는 종교인이 이런 고민을 할 리도 없고, 할 필요도 없을 것이다. 골프장에 출입하는 주교나 신부가 이런 고통을 겪지는 않는다. 부자나 권력자와 가까이 지내는 종교인 가운데 종교 장사꾼, 종교 사기꾼은 많아도 제대로 된 종교인은 없다.

성서 저자들이 예수가 메시아라는 사실을 유다인과 이방인에게 설득하는 데 어려움이 있었다. 먼저 시간적 어려움이 있다. 예수의 십자가 처형 뒤에야 비로소 예수가 메시아임을 설명할 수 있었다. 아직 예수의 십자가 죽음을 목격하지 못한 제자들은 예수의 진면목을 다 알 수 없었다. 내용적인 어려움도 있었다. 승리하는 메시아 이미지를 전해 받은 유다인에게 죽은 메시아, 실패한 메시아, 희생한 메시아 이미지는 설득하는 데 한계가 있었다. 예수가 십자가에서 죽고 부활한 뒤 사정은 달라졌는가. 성서가 쓰인 이후 사람들은 예수가 진정한 메시아임을 더 잘 받아들이는 가. 그리스도인 중에도 희생하는 메시아라는 예수의 모습을 제대로 깨닫지 못하거나 관심이 없는 사람이 적지 않다. 메시아 신비 이전에 메시아 수수께끼라고 잘못 알아듣는 사람도 적지 않다. 오늘날에도 사정은 크게 달라지지 않았다. 희생한 메시아, 부활한 메시아 예수는 그리스도교가 인류에 선사한 새로운 사상이요 선물이다.

'유다 종교 법원의 예수' 이야기에서 무엇을 배울까. 사람들이 왜 메시아를 기다릴까. 정치적 억압, 경제적 가난에 시달리기 때문이다. 메시아를 기다리는 것이 바람직한지 아닌지 따지기 전에 할 일이 있다. 메시아를 간절히 기다리는 이들의 고통을 알고 느끼고 봐야겠다. 현실이 얼마나 고통스러우면 새로운 세상과 새로운 사람을 기다리겠는가. 여러 문화와 많은 민족에서 메시아 부류의 생각이 나온 슬픈 역사를 존중해야겠다. 그러면 우리는 가난한 사람의 고통이 심각한 현실을 어떻게 봐야 하는가. 첫째, 불의한 현실을 있는 그대로 봐야 한다. 무관심은 죄다. 둘째, 불의한 현실에 나도 일정 부분 책임이 있다는 사실을 인정해야 한다. 무책임은 죄다. 셋째, 불의한 현실을 바로잡기 위해 적극 참여해야 한다. 불의에 저항하지 않는 것은 죄다. 선한 일을 게을리하는 것도 죄지만, 불의에 저항하지 않는 것이 더 큰 죄다.

나는 예수의 부활보다 죽음에 관심이 있다. 부활을 무시해서가 아니다. 죽음을 모르면 부활의 의미를 잘 알 수 없다고 생각하기 때문이다. 예수의 죽음을 모르니 부활도 모르고, 예수의 죽음 자체도 우리의 죽음도 잘 모르는 악순환이 나타난다. 죽음이라는 준결승전을 아직 통과하지 못한 사람이 부활이라는 결승전을 맞이하면 되겠는가. 예수의 죽음을 제대로 안다 해도 부활을 깨닫기 쉽지 않은데, 예수의 죽음을 모르면서 부활을 깨달으려 한다면 가능하겠는가. 간단한 덧셈 뺄셈도 못하는 사람이 고차방정식을 이해하려 들면 되겠는가. 한국 그리스도인이 대부분 그런 상태에서 부활을 대하고, 신앙생활을 한다. 그러니 부활의 의미를 알겠는가. 부활을 제대로 배우지 못해서 모르는 점도 있지만, 예수의 죽음을 잘 몰라서 부활을 알아듣기 어려운 점도 있다. 참으로 안타깝다.

○ 로마 군사법원의 예수

¹ 그리고 나서 온 의회가 일어나 예수를 빌라도 앞에 끌고 가서 ² 고발하기 시작하였다.
"우리는 이 사람이 백성에게 소란을 일으키도록 선동하고, 카이사르에게 세금을 못 바치
게 하며, 자칭 그리스도요 왕이라고 하기에 붙잡아 왔습니다."
³ 빌라도가 예수께 "당신이 유다인의 왕입니까?" 하고 물었다. 예수께서 "그것은 당신 말
입니다" 하고 대답하셨다. ⁴ 빌라도는 대사제들과 군중에게 선언하였다. "나는 이 사람
에게서 아무런 잘못도 찾아낼 수 없습니다." ⁵ 그러나 그들은 "이 사람은 갈릴래아에서
이곳에 이르기까지 온 유다 땅을 돌며 백성을 가르치고 선동해왔습니다" 하고 우겨댔
다.(23,1-5)

'산 이들과 죽은 이들의 심판자'(〈사도〉 10,42) 예수가 세상의 권력자 심
판관 앞에 섰다. '로마 군사법원의 예수' 이야기부터 예수가 재판받는 장
면이 시작된다. 루가는 예수에게 죄가 없다는 사실을 독자에게 알리고자
한다.[242] 예수가 빌라도에게 재판받는 장면에서 마르코와 마태오, 루가의
보도가 상당히 다르다. 〈마르〉 15,1-5에서 루가는 89개 단어 가운데 20
개만 가져온다. 그래서 여러 추측이 나왔다.[243] 루가가 〈마르〉 기사는 알
고 〈마태〉 보도는 모르지 않았느냐는 의견이 있다. 루가는 여기서 자기
고유 자료를 더 썼다는 주장도 있다. 계속 연구할 분야다.

로마 군인 빌라도 총독은 북쪽 체사레아 지역 주둔지에서 머물지만,
축제 기간에는 예루살렘에 와서 지낸다. 순례자를 포함해 수많은 유다인
이 몰리는 시기에 치안을 유지하기 위해 군대를 이끌고 예루살렘에 오는
것이다. 로마 군사재판을 받는 예수 이야기는 빌라도에게 심문받는 예수
(1-5절), 헤로데에게 심문받는 예수(6-12절), 사형선고 받는 예수(13-25절)

부분이 있다. 세 장면은 피고인 예수, 고소인 예루살렘 시민, 판사 빌라도로 구성된다. 첫 번째와 두 번째 부분에서 예수는 적극적으로 발언한다. 세 번째 부분에서 예수는 벌어지는 장면을 수동적으로 지켜본다.

루가는 유다 최고 회의가 예수에게 사형선고를 내렸는지, 사형선고를 내리지 않고 빌라도에게 넘기기로 했는지 자세히 말하지 않는다. 재판은 로마법에 따라 아침에 시작된다. 빌라도에게 심문받는 예수(1-5절)는 원 모양으로 구성된다. 의회가 일어나 예수를 빌라도 앞에 끌고 간다(1절), 의회가 예수를 빌라도에게 고발한다(2절), 빌라도가 예수를 심문하고 예수가 대답한다(3절), 빌라도가 사람들에게 예수의 무죄를 선언한다(4절), 군중이 빌라도에게 항의한다(5절). 3절 빌라도의 심문과 예수의 대답을 중심으로 두 사건이 앞뒤를 감싼다.

1절 '온 백성pan to plethos'은 신약성서에서 루가의 작품에만 있다(〈루가〉 1,10; 8,37; 〈사도〉 25,24). 이 단어를 공동번역 성서는 '온 의회'라고 적절하지 않게 번역했다. 예수가 저질렀다는 세 가지 죄목이 빌라도에게 전해졌다. 세 죄목이 같은 비중의 죄는 아니다. 카이사르에게 세금을 못 바치게 하고, 그리스도요 왕이라고 자칭했기 때문에 백성에게 소란을 일으키도록 선동했다diastrepein는 말이다. '선동'이란 죄목은 5절과 14절에도 나온다. 데살로니카에서 일부 유다인이 바울로와 실라(〈사도〉 17,6-7)를, 데르딜로라는 법관이 바울로를 로마제국에 비슷하게 고발한다(〈사도〉 24,5). 예수가 로마제국에 저항하는 정치범이라는 주장이다. 공통년 이전 27년에 제정된 로마법lex julia de maiestate에서 황제 모독crimen laesae maiestatis을 일으킨 반란죄seditio에 해당한다. 사형 판결을 받을 수 있는 죄다.

선동diastrepein은 뜻이 정확한 단어가 아니다. '하느님에게서 멀어지게 한다'는 말이다.[244] 유다인이 보기에 예수의 말과 행동은 사람들을 하느님에게서 멀어지게 만든다는 것이다. 〈루가〉를 꼼꼼히 읽은 독자는 예수가 로마제국에 세금을 내지 말라고 한 적이 없다(〈루가〉 20,22-25)는 사실을 기억할 것이다. 예수 시대에 바리사이와 사두가이는 로마에 세금을 냈고, 무장 독립투사 젤로데는 거부했다. 예수가 메시아, 왕이라고 자칭한 적이 없다는 사실도 알 것이다(〈루가〉 22,67-68).

3절에서 빌라도는 "당신이 유다인의 왕입니까?"라고 예수에게 고발된 세 죄목 중에서 한 가지만 묻는다. 빌라도는 '그리스도요 왕kriston basilea(기름 부은 왕)'이라는 의회 고발 내용을 '유다인의 왕'으로 바꾼다. 빌라도는 이방인답게 예수에게 유다인의 왕(〈마르〉 15,2)이라는 칭호를 쓴 것이다. 유다인은 '이스라엘의 왕'이라는 칭호를 사용한다. 고대 유다교에서 '유다인의 왕basileus (ton) Ioudaion'이라는 표현은 역사가 요세푸스 책에만 보인다. 빌라도 귀에 예수가 그리스도라는 말은 들어오지 않고 왕basilea이란 단어가 거슬렸다. 예수가 스스로 왕이라고 했다면, 감히 국가 반란을 모의한 것이다. 빌라도가 유다교에서 그리스도가 무엇을 의미하는지 알았을까. 우리는 알 수 없다.

예수의 답은 분명하지 않다. 3절 "그것은 당신 말입니다su legeis"는 여러 가지로 해석된다. 세 가지로 분류해보자.[245]

1. 그 말은 빌라도 당신이 한 것이고, 나는 그 말을 좋게 여기지 않습니다.
2. 그 말은 빌라도 당신이 한 것이고, 나는 그 말을 좋게 생각합니다.
3. 그 말은 빌라도 당신이 한 것이고, 나는 그 말에 내 의견을 말하고 싶

지 않습니다.

다음과 같이 세 가능성을 볼 수도 있다.[246]

1. 예수는 긍정했는데 빌라도가 제대로 알아듣지 못했다. 빌라도는 예수를 그렇게 위험한 인물로 생각하지 않았다는 말이다.
2. 예수는 빌라도에게 질문을 돌려주었을 뿐이다.
3. 예수는 빌라도에게 도리어 반문했다.

빌라도가 자기 질문을 한 것이 아니고 유다 의회의 말을 전했기 때문에, 예수의 답변이 빌라도가 예수를 무죄판결로 이끌었기 때문에 3번이 가장 유력하다.[247] 나도 그 생각을 지지한다.

빌라도의 판결은 뚜렷하다. 유다 의회의 고발을 근거 없다고 여기고 예수에게 무죄를 선언했다. 놀라운 사실은 예루살렘 시민okloi이 그 자리에 있었다고 루가가 전제한 것이다. 로마법에 재판이 사람들에게 공개되긴 한다. 그보다 놀라운 점은 예루살렘 시민이 예수 곁에 있지 않고 오히려 예수를 고발한 유다 지배층(〈루가〉 19,47; 20,6; 22,2) 편을 든다는 것이다. 민중을 편든 예수를 민중이 배신한 것이다. 루가는 이제 예루살렘 시민을 laos(〈루가〉 19,48; 20,1; 21,38) 대신 okloi라고 쓴다. 루가도 민중에게 실망한 것이다.

그동안 예루살렘 시민에게 대체 무슨 일이 있었을까. 예루살렘성전과 종교 지배층에 잘 보여야 일자리를 빼앗기지 않고 밥 먹을 수 있는 시민이 적지 않았다. 그것을 구실로 종교 지배층이 시민을 협박한 것일까.

가짜 언론과 가짜 뉴스에 속은 것일까. 먹고살기 위해서 고용주에게 미움 받지 않으려고 어쩔 수 없이 양심과 본심을 속이고 억압한 채 예수를 비난한 것일까. 예루살렘 시민의 분노 어린 표정에 감춰진 쓸쓸한 모습이 그려진다. 남미 독재 정권도 그런 식으로 가난한 사람을 이용하고 모욕했다.

대사제들과 군중은 예수에게 무죄를 선언한 빌라도에게 항의한다. 예수가 갈릴래아에서 예루살렘에 이르기까지 온 유다 땅을 돌며 백성을 가르치고 선동해왔다고 우겼다. 예수는 유다 땅에서 유다교와 로마 군대에 큰 위험인물이 되었다는 말이다. 칼 한 번 휘두르지 않은 예수가 로마 군대에 엄청난 위험이 되었다. 예수의 행동과 가르침이 유다인 사이에 호기심과 파문을 일으킨 것은 틀림없다. 예수는 유다교를 없애자고 하거나, 새로운 하느님을 제시하지 않았다. 하느님을 제대로 믿고 따르는 새로운 방식을 몸소 보여주고 실천한 것뿐이다. 하느님을 제대로 믿거나 따르지 않는 사람에게 그런 예수의 모습은 충격과 경악이었을 것이다.

예수는 예루살렘 시내를 한 바퀴 제대로 돌아본 적도 없다. 예루살렘 시내를 다니며 가르친 적도 없다. 성전에서 가르쳤을 뿐이다. 마이크도 없던 시절, 성전에서 예수의 말을 들은 사람이 몇 명이나 되겠는가. 예수의 이름을 들어본 사람이 몇 명이나 되겠는가. 5절 '갈릴래아'라는 단어도 중요하다. 〈루가〉에서 예수 활동의 역사(〈루가〉 4,14-21,38)를 돌아보라는 뜻 이상이다. 예수는 수도권 출신이 아니라 갈릴래아 촌놈이라는 말이다. 경멸의 뜻이 담겼다. 갈릴래아라는 단어 자체가 예루살렘 시민과 종교 지배층에게 두려움을 주었다.

루가는 예수를 빌라도에게 고발한 유다교 지배층이 거짓말한다는 사실을 말하고 싶었다. 빌라도가 잘못 판결했다는 뜻도 있다. 빌라도는 예수를 허위 고발한 사람들을 무고죄로 처벌하지 않은 죄에서 벗어날 수 없다. 죄 없는 예수에게 사형을 선고한 빌라도의 죄는 씻을 수 없다. 빌라도는 예수를 무죄판결 하고 석방할 수 있었다. 빌라도는 정치적 판단으로 예수에게 사형을 선고했다.

가장 종교적인 인간이 가장 정치적인 인간이 된다. 정치 발언을 하지 않아도 제대로 사는 종교인은 불의한 권력에게 눈엣가시다. 어느 분야든 제대로 사는 사람은 잘못된 권력에게 미움을 받는다. 나쁜 권력자는 올바로 사는 사람이 무조건 싫고 불쾌하고 못마땅하다. 종교에서도 마찬가지다. 나쁜 종교인은 착한 신자가 미운 법이다. 나는 골프도 치고 부자와 어울리고 권력자와 술도 마시면서 형편없이 사는데, 당신은 왜 그렇게 깨끗하고 깔끔하게 사느냐는 것이다. 예언자가 언제 잘못해서 박해당하던가. 올바로 살아서 악인에게 미움 받은 것이다.

예수는 정치에 가담한 일이 없고, 예수가 정치범으로 처형된 것은 잘못된 판결 탓이며, 예수는 유다교와 빚은 종교적 갈등으로 죽음에 이르렀다고 주장하는 사람들이 여전히 그리스도교에 있다. 예수 죽음의 책임은 로마가 아니라 유다교에 있다는 것이다. 예수의 죽음에서 로마는 방조범이고, 유다교가 주범이라는 것이다. 바울로도 말했다. "유다인들은 주님이신 예수와 예언자들을 죽이고 우리를 몰아냈습니다. 그래서 그들은 하느님의 마음을 상하게 해드리고 모든 사람의 원수가 되었습니다."(〈1데살〉 2,15) 바울로가 심하게 말했다. 이런 시각으로 책을 쓰는 저자나 학자는 꾸준히 독자층을 확보한다. 대다수 목사와 신부도 아직 이런 식으로 설교한다. 슬픈 일이다. 학문적으로 받아들일 수 없는 의견이다. 존중받는 성서신학자 가운데 예수의 죽음에서 로마는 방조범이고, 유다교가 주범이라고 말하는 사람은 찾기 어렵다.

예수도 민중을 설득하는 데 성공하지 못했다. 가난한 사람에게 그토록 애정을 보였지만, 그들은 예수를 버리고 적대자 편에 섰다. 우울하고 슬픈 일이다. 우리는 여기서 무엇을 배울까. 가난한 사람을 설득하는 일이 그리스도교에서 가장 어려운 일 아닐까. 선거와 투표 등 정치에서만 그런 것이 아니다. 조금만 정성을 보이면 가난한 사람을 감동시킬 수 있겠지 생각하기 쉽다. 그리스도교와 많은 신자와 성직자가 그렇게 생각하고 살아갈지 모른다. 생각과 삶을 바꾼 민중도 많다. 그러나 가난한 사람을 설득하는 일이 쉽지 않다는 것을 명심해야 한다. 예루살렘을 보지 못하고 떠난 모세, 가난한 사람에게 버림받고 처형된 예수를 기억할 일이다. 우리는 모세보다, 예수보다 열심히 해야 한다.

1974년 민청학련 사건에서 재판을 받은 경북대 학생 여섯 명을 비롯해 사형수 여덟 명이 생각난다. 군사법원에서 사형선고를 받은 김대중 대통령도 생각난다. 사법 살인이다. 각종 간첩 사건은 또 얼마나 많이 조작되었는가. 박정희, 전두환 같은 독재자뿐 아니라 독재자에게 부역한 재판관은 하느님의 가혹한 심판을 기다려야 할 것이다. 재판관 자신도 하느님에게 최종 재판을 받는다.

○ 헤로데에게 심문받는 예수

⁶ 이 말을 들은 빌라도는 이 사람이 갈릴래아 사람이냐고 묻더니 ⁷ 예수가 헤로데의 관할
구역에 속한 것을 알고 마침 그때 예루살렘에 와 있던 헤로데에게 예수를 넘겨주었다.
⁸ 헤로데는 예수를 보고 매우 기뻐하였다. 오래전부터 예수의 소문을 듣고 만나보고 싶
었을 뿐만 아니라 예수가 행하는 기적을 보고 싶었던 것이다. ⁹ 그래서 헤로데는 이것저
것 캐어물었지만 예수께서는 아무런 대답도 하시지 않았다.
¹⁰ 그때 대사제들과 율법 학자들도 거기 있다가 예수를 악랄하게 고발하였다. ¹¹ 헤로데
는 자기 경비병들과 함께 예수를 조롱하며 모욕을 준 다음 화려한 옷을 입혀 빌라도에게
돌려보냈다. ¹² 헤로데와 빌라도가 전에는 반목하고 지냈지만 바로 그날 다정한 사이가
되었다.(23,6-12)

예수가 헤로데에게 심문받았다는 소문이 있었다.[248] 루가는 그 소식
을 빠뜨리지 않은 것 같다. 다른 복음서에는 없는 이야기다. 설명에 빈 곳
이 있고, 앞뒤가 맞지 않는 부분도 있다. 루가는 빌라도가 왜 예수를 헤로
데에게 보냈는지 밝히지 않는다(6-7절). 헤로데가 예수를 먼저 심문하고
(9절) 유다 최고 회의가 예수를 고발한 점(10절)도 특이하다. 헤로데가 예
수에게 무엇을 물었는지, 유다 최고 회의는 무엇을 고발했는지 역시 설
명하지 않는다. 헤로데가 예수를 조롱한 장면, 빌라도와 헤로데가 다정
한 사이가 되었다는 사실만 보도한다.

루가는 이 이야기를 왜 수록했을까. 유다인이 바울로를 로마 관청에
고발한 일(〈사도〉 18,12-16; 25,19-)이 '헤로데에게 심문받는 예수' 이야기를
이해하는 데 도움이 될지 모르겠다. 로마 관리 갈리오는 "당신들의 율법
에 관련된 것이니 당신들이 알아서 처리하시오. 나는 이런 사건을 처리

하는 재판관 노릇을 하고 싶지 않소"(〈사도〉 18,15)라고 말했다. 이야기 구조가 비슷한 〈사도〉 4,25-28과 연결해서 언급하기도 한다. 다른 성서가 한 번도 인용되지 않은 드문 부분이다.

6절에서 빌라도가 이 사람이 갈릴래아 사람이냐고 묻는 것은 가벼운 말이 아니다. 조선총독부 일본인 총독이 체포된 우리 독립투사에게 "너, 전라도 놈이지?"라고 묻는 것에 비유할 수 있다. 전라도는 동학혁명뿐만 아니라 일제강점기에 독립 투쟁이 자주 일어난 지방이다. 갈릴래아는 예수 시대와 〈루가〉 시대에 '반골의 고장'으로 유명했다. 로마 군대에 저항하는 투쟁이 갈릴래아에서 자주 일어났다. 점령군 로마 군대에 저항하는 무장투쟁과 젤로데가 생긴 곳이자 근거지도 갈릴래아다. 1980년대 한국에서 "너 전라도지?"라는 말이 주는 공포를 겪은 사람은 "이 사람이 갈릴래아 사람이냐"는 빌라도의 말에 담긴 차갑고 서늘한 의미를 충분히 알 것이다. 예수는 지역 차별을 수십 년 겪은 사람이다. 예수는 자랑스러운 갈릴래아 출신 혁명가다. 나는 자랑스러운 전라도 출신 해방신학자다.

로마법에 remissio(연기, 돌려보냄)라는 조항이 있다. 총독의 권한을 일시적으로 다른 사람이나 기관에 넘기거나 늦추는 제도다. 빌라도는 예수 고발 사건을 유다교 내부 문제로 여겨 돌려보내고 싶었을까. 예수가 살던 갈릴래아를 통치한exousia 영주 헤로데(〈루가〉 3,1)가 축제 기간에 공무 수행차 예루살렘에 있었다. 사람 소유격에 exousia를 붙이면 통치자의 관할 구역을 나타낸다(〈2열왕〉 20,13; 〈시편〉 113,2). 빌라도가 핑계 대기 좋은 구실이 생긴 것이다. 빌라도는 예수 고발 사건cause Iesus을 갈릴래아 지역 문제로 축소하고 싶었을까.

빌라도가 예수 고발 사건을 객관적으로 지켜보며 마냥 방치할 수 없다는 것이 바울로의 경우와 다른 점이다. 지금 여기는 수만 명이 몰려든 예루살렘 한복판 아닌가. 사람들이 예수 고발 사건으로 폭동을 일으킬지 알 수 없는 노릇이다. 정치적으로 긴장감 넘치는 사건이다. 루가는 로마 총독 빌라도가 예수 고발 사건을 어떻게 처리하는지 독자에게 보여주고 싶었다. 루가는 예수의 무죄를 독자와 그리스도인에게 알리고 싶은 것이다. 예수의 수난과 죽음 이야기를 역사가의 눈으로, 법조인의 관점에서 봐도 재미있겠다. 정치 지배층과 종교 지배층의 갈등과 이해가 어우러진 법정 드라마요, 신학 드라마다.

헤로데는 독자에게 익숙한 이름이다. 세례자 요한을 감옥에 가두고 (〈루가〉 3,19-20) 정치범으로 처형한(〈루가〉 9,9) 폭군이다. 예수를 만나고 싶어 했다(〈루가〉 9,9). 바리사이들이 헤로데가 예수를 죽이려 한다는 사실을 예수에게 미리 알린 적도 있다(〈루가〉 13,31). 루가는 빌라도가 헤로데에게 구체적으로 무엇을 원했는지 설명하지 않는다. 갈릴래아 시절 예수의 약점이나 죄를 헤로데가 캐내기를 기대했을까. "헤로데가 이 사람을 우리에게 돌려보낸 것을 보면 그도 아무런 죄를 찾지 못한 것이 아니냐?"(〈루가〉 23,15)라는 빌라도의 말을 보면, 그 기대는 실패한 것 같다.

8절에서 헤로데가 예수를 왜 만나보고 싶어 했는지 드러난다. 예수가 행하는 기적을 보고 싶었던 것이다. 예수의 기적을 보고 싶어 한 사람은 많았다(〈루가〉 11,16.29). 그러나 기적을 보고 싶어 한 이유가 헤로데와 다르다. 예수를 메시아로 인정하기 위해 정당하게 요구한 것이다. 헤로데는 그저 멋진 구경거리를 기대하지 않았을까? 독자는 여기서 헤로데가 예수를 죽이려 한 것은 아니라는 사실을 알 수 있다. 예수는 헤로데를 두려워할 필요가 없었다. 당시 예수는 그 사실을 알았을까? 예수는 갈릴래 아 활동 시절부터 살해 위협을 받았다. 예수의 공생활이 순탄하고 평화 롭진 않았다. 직업 종교인 중에 살해 위협을 받는 사람이 얼마나 될까?

바리사이들은 예수에게 헛소문을 전해서 겁주려고 했을까(〈루가〉 13,31)? 바리사이들이 예수를 불법 사찰하는 정보기관원 역할을 했을까? 그때 예수는 바리사이들에게 말한다. "그 여우에게 가서 '오늘과 내일은 내가 마귀를 쫓아내며 병을 고쳐주고 사흘째 되는 날이면 내 일을 마친 다'고 전하시오. 오늘도 내일도 그다음 날도 계속해서 내 길을 가야 합니 다. 예언자가 예루살렘 아닌 다른 곳에서야 죽을 수 있겠습니까?"(〈루가〉 13,32-33) 통치자를 '여우'라고 불렀으니 예수는 감옥행을 기다려야 했다. 살해 협박을 받고도 도망치지 않고 평소처럼 불의한 권력에 저항한 로메 로 대주교의 당당한 모습이 떠오른다.

9절에 '헤로데는 이것저것 캐어물었다en logois hikanois'고 나온다. 루가는 헤로데가 무엇을 물었는지 중요하게 생각하지 않은 것 같다. 질문 숫자 나 시간보다 내용이 중요하지 않은가. 예수는 헤로데의 질문에 대답하지 않았다. '그는 온갖 굴욕을 받으면서도 입 한 번 열지 않고 참았다. 도살장 으로 끌려가는 어린 양처럼, 가만히 서서 털을 깎이는 어미 양처럼 결코 입을 열지 않았다'(〈이사〉 53,7)를 떠올리면 어떨까? 예수가 헤로데를 두려 워할 이유가 없었기에 〈이사〉 53,7과 연관해서 적은 것 같다.[249]

루가는 10절에서도 적대자들이 예수를 '악랄하게 고발했다'고 말할 뿐, 고발 내용을 밝히지 않는다. 헤로데가 대사제들과 율법 학자들의 고 발에 어떻게 대응했는지 역시 말하지 않는다. 루가의 부실한 보도다. 루가는 언론인과 역사가로서 지켜야 할 보도 원칙에 충실하지 않았다. 대사제들과 율법 학자들이 예수를 처벌하기 위해 갖은 노력을 했고, 결국 실패했다는 사실에 관심이 집중되었다. 악의 세력이 아무리 조작하고 뒤집어씌워도 예수는 무죄라는 말이다. 루가는 예수 운동이 사회질서에 위험이 되지 않는다는 사실을 이방인 그리스도인에게 해명하느라 안간힘을 쓰고 있다.

11절은 그리스어 문법으로 보아 번역에 의문이 있다. 예수를 모욕한 다음 화려한 옷을 입혔는가, 화려한 옷을 입히고 나서 조롱했는가. 둘 다 가능하다. 중요한 문제는 아니다. 헤로데가 화려한 옷을 입혀서 예수를 어떤 신분으로 나타냈다거나, 예수에게 무죄판결을 내렸다고 이끌어내기는 어렵다. 헤로데는 왜 예수에게 화려한 옷을 입혀 돌려보냈을까? 헤로데는 예수의 무엇을 조롱하고 싶었을까? 루가는 말이 없다. 〈루가〉 23,36-37이 참고한 〈마르〉 15,16-20에서 로마 군인들은 예수에게 자주색 옷을 입히고(〈마르〉 15,17) "유다인의 왕 만세!"(〈마르〉 15,18)라고 조롱한다. 일제강점기 일본군 순사가 조선인 독립투사를 처형하면서 "조센징 만세!"라고 조롱하는 것 같다.

'화려한 옷lampra'은 〈야고〉에도 나온다. "여러분의 회당에 금가락지를 끼고 화려한 옷을 입은 사람과 남루한 옷을 입은 사람이 들어왔다고 합시다. 그때 여러분이 화려한 옷차림을 한 사람에게는 특별한 호의를 보이며 '여기 윗자리에 앉으십시오' 하고 가난한 사람에게는 '거기 서 있든지 바닥에 앉든지 하시오' 하고 말한다면, 여러분은 불순한 생각으로 사람들을 판단하여 차별 대우하는 것이 아니고 무엇이겠습니까?"(〈야고〉 2,2-4) 가난한 예수에게 화려한 옷을 입힌 것 자체가 차별 대우다.

12절에서 '헤로데와 빌라도가 전에는 반목하고 지낸' 이유를 알아내기는 어렵다. 혹시 빌라도가 희생물을 드리던 갈릴래아 사람들을 학살했다는 사건(《루가》 13,1-3)과 연결된 것은 아닐까? 빌라도가 헤로데의 관할구역인 갈릴래아에서 사건을 저질렀기 때문에 헤로데가 기분이 상한 것은 아닐까. 알기 어렵다. '바로 그날 다정한 사이가 된' 이유도 알기 어렵다. 예수를 제거하는 데 빌라도와 헤로데의 이해관계가 일치한 모양이다. 루가는 악의 세력이 정치적 이익을 지키기 위해 단합하고 협조한다는 사실을 강조할 뿐이다. 선한 사람은 명분을 따지다가 분열하고, 악의 세력은 이익을 지키기 위해 단결하는가. 어느 집단이든 자기 이익을 지키는 데 뛰어난 것 같다. 집단 이기주의는 교회도 이겨내지 못하는 병인가.

차별의 수단과 도구로 사용되는 것이 옷뿐일까. 언어, 의식, 예전 등 여러 가지가 있다. 관행, 예절, 미덕 심지어 교리의 이름으로 벌어지는 차별 대우와 '갑질'은 또 얼마나 많은가. 차별 대우는 우리 사회와 교회에 날마다 자연스럽게 행해진다. 부자와 가난한 사람의 차별, 성직자와 평신도의 차별, 남녀 차별, 성 소수자 차별 등 얼마나 많은가. 그리스도교는 평등사상을 더 잘 실천해야 한다. 사랑과 자선보다 자유와 평등을 외치고 실천해야 한다. 교회와 성당에서 순종, 복종, 겸손 같은 단어보다 자유, 해방, 평등이란 단어가 자주 들려야 마땅하다. 불의한 권력에 저항하는 의로운 사제가 성직자 중심주의에 빠지거나 여성 차별적인 태도를 보이면 되겠는가. 매일 미사와 예배에 나가는 모범적인 신자가 가난한 사람을 차별하고 성 소수자를 멸시하면 되겠는가.

여기서 성서 해석에 대해 잠시 언급하고 싶다. 20세기에 크게 발달한 성서 주석학의 성과는 이제 성서학자의 독점 소유물이 아니다. 성직자뿐 아니라 평신도에게도 영향을 준다. 성서 해석은 절반은 추리소설 같다. 합리적 의문을 가지고 예수의 진실에 조금씩 다가서는 과정이다. 성서 주석학이 엄청난 일을 한다고 자만해서는 안 된다. 예수를 알아가는 학문적 탐구일 뿐이다. 물론 성서 주석학을 무시하거나 그 연구 성과를 외면해서는 안 된다. 학문 말고도 예수에게 다가설 수 있다는 말이다. 해방신학은 글자도 읽을 줄 모르는 가난한 사람이 성서를 잘 안다는 사실을 보여줬다.

예수의 재판은 단순히 사법재판이 아니다.[250] 로마 총독 빌라도, 갈릴래아 영주 헤로데, 유다교 지배층의 이해관계가 얽히고 정무적 판단이 개입된 재판이다. 나는 사법 살인이자 정치 살인이라고 생각한다. 이런 재판이 예수 시대 유다 땅에만 있었을까. 성서를 연구하다 보면 자연스럽게 정치 경제까지 살펴보게 된다. 정치 감각과 역사의식이 부족한 사람이 성서를 전공하면 정말 큰일이라는 생각이 갈수록 강하게 든다.

로마 법원에서 사형 확정된 예수

¹³ 빌라도는 대사제들과 지도자들과 백성을 불러 모으고 ¹⁴ 이렇게 말하였다. "너희는 이 사람이 백성을 선동한다고 끌고 왔지만, 너희가 보는 앞에서 직접 심문을 했는데도 나는 너희의 고발을 뒷받침할 만한 아무런 죄상도 찾지 못하였다. ¹⁵ 헤로데가 이 사람을 우리에게 돌려보낸 것을 보면 그도 아무런 죄를 찾지 못한 것이 아니냐? 보다시피 이 사람은 사형에 해당하는 일은 하나도 하지 않았다. ¹⁶ 나는 이 사람을 매질이나 해서 놓아줄 생각이다."

(¹⁷ 그는 축제 때마다 그들에게 한 사람을 풀어줄 의무가 있었다.) ¹⁸ 그러자 무리가 일제히 소리 질렀다. "그 사람은 죽이고 바라빠를 놓아주시오!" ¹⁹ 바라빠는 그 도시에서 폭동을 일으키고 살인까지 하여 감옥에 갇힌 사람이다.

²⁰ 빌라도는 예수를 놓아주고 싶어서 그들에게 다시 그 뜻을 밝혔으나 ²¹ 그들은 굽히지 않고 "십자가형이오! 십자가에 못 박으시오!" 하고 소리 질렀다.

²² 빌라도가 세 번째로 "도대체 이 사람이 무슨 죄를 지었단 말이냐? 나는 이 사람에게서 사형에 처할 죄를 찾아내지 못하였다. 그러니 이 사람을 매질이나 해서 놓아줄 생각이다" 하고 말하였으나 ²³ 무리는 악을 써가며 예수를 십자가에 못 박아야 한다고 외쳤다. 마침내 그들의 고함이 걷잡을 수 없는 지경이 되자 ²⁴ 빌라도는 그들의 요구를 들어주겠다고 선언하였다. ²⁵ 그리하여 폭동과 살인죄로 감옥에 갇힌 바라빠는 그들의 요구대로 놓아주고, 예수는 그들 마음대로 하라고 넘겨주었다.(23,13-25)

예수는 로마 법정에서 사형선고를 받는다. 복음서에 모두 나오는 이야기다. 13-16절은 〈마르〉나 〈마태〉에 없다. 루가가 〈마르〉 말고 다른 전승을 사용한 것이 틀림없다. 13절 배경 설명에 이어 빌라도와 고발자들 사이에 말이 오간다. 빌라도는 예수를 풀어주겠다고 세 번 말한다. 고발자들도 예수를 사형에 처하라고 세 번 소리 지른다. 연극이나 오페라, 영화에서 이런 장면을 본다고 상상하자. 나는 지금 누구 편인가. '소리 질렀다'는 단어가 세 번이나 쓰였다. 이야기는 빌라도의 사형 판결로 마무리

된다. 13-16절을 독립된 부분으로 여기는 주석서가 적지 않다. 그러면 빌라도와 고발자 사이에 세 차례 대화와 세 번 소리 지른다는 메시지가 잘 드러나지 않는다. 13-25절을 한 부분으로 보는 것이 좋다.[251] 본문에서 가장 중요한 사실은 죄 없는 예수가 사형선고를 받았다는 사실이다.

대사제들은 〈루가〉의 예수 재판 과정에 언제나 등장한다. 율법 학자들(〈루가〉 22,2), 성전 수위대장들(〈루가〉 22,52), 원로들(〈루가〉 22,66) 등 다른 그룹은 그렇지 않다. 대사제들은 꼭 나오는데 다른 그룹은 그렇지 않게 말하는 이유를 우리가 알기는 어렵다. 13절에서 마치 모든 예루살렘 시민이 재판을 구경하러 모인 듯하다. 약간 과장된 이 표현은 모인 시민이 예수를 반대하는 예루살렘의 유다교 그룹임을 상징한다. 예루살렘 시민은 '우연히 있던 군중'[252]이 아니라 전체 시민인 것 같다. 문헌 근거는 없지만, 나는 조심스럽게 그들이 지배층에게 동원된 군중이라고 합리적인 추측을 한다. 루가는 예루살렘 시민을 말할 뿐, 유다인 전체나 유다인 후손을 가리키지 않는다. 여기서 유다 민족 전체의 죄를 말할 수는 없다. 예수 죽음의 책임을 유다인 후손에게 묻는 것은 말도 안 된다.

〈루가〉에서 빌라도는 예수에게 딱 한 번 "당신이 유다인의 왕입니까?"(〈루가〉 23,3)라고 물었다. 같은 질문을 여러 번 했는데 별다른 답변을 얻지 못했거나, 다른 질문을 했지만 〈루가〉에 수록되지 않았을 수도 있다. 우리가 지금 아는 것은 그 질문 하나다. 13절에서 '지도자들arkontes'이 누구를 가리키는지 설명되지 않는다(〈루가〉 23,35; 24,20, 〈사도〉 3,17). 군중과 유다교 지배층이 대립되는 관계(〈루가〉 19,47; 20,6; 21,38)로 보이던 상황은 완전히 달라졌다. 독자는 군중이 예수를 편들고 지배층에 반대하는 장면을 예상할 수 없다. 〈루가〉 21,38 이후로 군중이 변했다는 보도는 없다.

14-16절에서 빌라도는 재판장 역할을 한다. 피고인을 심문하고(《사도》 4,9; 12,19; 24,8) 판결문을 쉽게 풀어 쓴 것 같다. 우리나라 재판과 판결문에는 왜 그렇게 어려운 단어가 많을까. 15절에서 빌라도는 '헤로데는 이것저것 캐어물었지만 예수께서는 아무런 대답도 하시지 않았다'(《루가》 23,9)를 예수가 무죄인 증거로 해석했다. 대답하지 않았으니 죄를 찾을 수 없고, 죄를 찾지 못했으니 무죄라는 말인가. 빌라도는 헤로데가 예수를 자신에게 돌려보낸 것을 무죄의 증거로 여긴다. 헤로데가 예수의 죄를 꾸며내거나 죄가 있다고 생각했다면 어떻게 되었을까. 빌라도는 화려한 옷차림으로 돌아온 예수를 눈여겨보지 않고, 헤로데가 자신에게 돌려보낸 사실 자체에 관심을 두었다.

16절 '매질paideuein'은 체벌을 가리키는 단어다(《레위》 26,18; 《신명》 21,18; 《1열왕》 12,11). 빌라도는 정무적으로 판단했을까. 빌라도는 로마법에 나온 체벌 규정 fustigatio, verberatio, flagellatio를 생각한 것 같다.[253] 사형에 해당하는 죄를 짓지 않은 피의자에게 가하는 교육 목적의 체벌이 있었다. 매질 도구는 몽둥이, 채찍, 회초리다(《2고린》 11,25; 《사도》 16,22). 그런데 매질은 아주 이상하다. 예수가 사형에 해당하는 일은 하지 않았으니 매질해서 석방하겠다는 말인가. 사형에 해당하는 일은 하지 않았지만 매질하겠다는 말인가. 깔끔하게 석방할 수도 있었다. 예수가 사형에 해당하는 일은 하지 않았다면, 예수를 사형에 처하라고 소리친 대사제들과 지도자들과 백성을 꾸짖거나 무고죄로 조사해야 하지 않는가.

예수가 매질당하는 장면은 독자에게 예수가 사형에 해당하는 죄는 범하지 않았지만, 혼나야 마땅할 일을 한 게 아니냐는 인상을 줄 수도 있다. 예를 들어 유다인을 분노하게 만든 활동은 죄가 아니냐고 물을 수 있다. 빌라도가 예수에게 미래의 활동에 대한 경고를 하고 싶지 않았을까 상상할 수도 있다. 매질이 예수의 자백을 끌어내기 위한 고문 아니냐는 해석은 좀 그렇다. 석방을 선언하고 나서 고문한다는 말인가. 한 가지는 분명하다. 의도적이든 결과적이든 예수의 입장은 뚜렷했다. 예수는 정치적으로 유다 지배층의 권위를 공격했고, 로마제국의 권위에 도전했다.[254] 유다 지배층과 로마제국은 달리 생각할 수 없었다. 예수가 억울하게 갈등에 빠진 것이 아니고 일부러 갈등을 일으키지 않았을까. 이런 중요한 사실이 설교나 묵상 서적에는 거의 언급되지 않는다.

'축제 때마다 그들에게 한 사람을 풀어줄 의무가 있었다'는 17절은 일부 성서 사본에 있다. 이른바 '과월절 사면'은 복음서에 모두 언급되긴 한다(〈마르〉 15,6; 〈마태〉 27,15; 〈요한〉 18,39). 성서학자들이 과월절 사면에 대해 열띤 토론 중이다. 과월절 사면이 실제로 행해졌는지 많이 의심되기 때문에 빌라도가 바라빠를 진짜 놓아주었는지 말하기는 어렵다.[255] 18절 '일제히pamplethei'는 백성이 모두 예수 반대편에 섰다는 것을 뜻한다. 예수가 〈루가〉 19,47-21,38에서 예루살렘 시민을 가르칠 때 시민의 태도와 완전히 바뀌었다. 루가는 왜 시민이 예수 반대편에 서는지 설명하지 않는다. 군중이, 가난한 사람이 자신을 반대하는 외침을 들었을 때 예수의 심정이 오죽 비참했을까. 바티칸 성베드로광장Piazza San Pietro에 수십만 가톨릭 신자가 모여 "교황은 물러가라!"고 소리친다면 어떻게 될까.

군중은 느닷없이 바라빠의 석방을 요구한다. '아빠의 아들'이란 뜻의 바라빠는 복음서 여러 곳에 등장한다(〈마르〉 15,7; 〈마태〉 27,16; 〈요한〉 18,40). 〈마태〉 27,16-17에 대한 몇몇 성서 사본을 보면 바라빠가 여호수아, 즉 예수라고 나온다. 바라빠는 나자렛 예수와 동명이인일 수 있지 않을까.

로마법에 군중의 요구로 피의자에 대한 처벌을 면할 수 있다는 말은 없다.[256] 바라빠는 '예루살렘에서 폭동을 일으키고 살인까지 하여 감옥에 갇힌 사람'이라는 19절 보도는 우리가 확인하기 어렵다. 바라빠는 로마 군대에 저항한 독립투사 아닐까.

배심원 제도도, 국민 참여 재판도 없던 시절이다. 물론 방청객이 피의자의 형을 요구하는 제도는 상상조차 할 수 없었다. 군중의 기세가 등등하고 빌라도는 점차 수세에 몰린 것 같다. 20절에 빌라도의 말은 인용되지 않았지만, 21절에 사람들이 "십자가형이오! 십자가에 못 박으시오!"라고 소리 지른 장면이 보도된다. 22절에서 빌라도는 군중에게 애원하듯 저자세로 말하고, 23절에서 군중은 '악을 써가며crescendo' 외친다. 24절에서 빌라도는 결국 군중의 요구에 굴복하여 예수를 사형하기로 한다. 루가는 빌라도의 결정이 얼마나 잘못된 것인지 알리려고 25절에서 '폭동과 살인죄로 감옥에 갇힌 바라빠'라고 쓴다. '그들의 요구대로 놓아주고'라는 표현은 이곳에만 있다.

최근 성서 주석은 예수의 죽음에서 군중의 역할을 줄이고, 유다 지배층의 압력과 빌라도의 책임을 강조하고 있다.[257] 그 점을 감안해도 이렇게 물을 수 있다. 민중은 대체 왜 돌변했을까. 지배층에게 협박받거나 회유되었을까. 지금 한국에서도 정치 지배층이나 종교 지배층이 사람들을 속이거나 위협하는 사례를 자주 볼 수 있다. 민중의 배신에 당황하는 데 그치지 말고, 지배층의 사악한 얼굴을 있는 그대로 봐야 한다. 그 많은 순례자와 시민이 우연히 모일 리는 없다. 예수를 죽이려 한 대사제들과 지도자들이 사람을 동원하지 않고 자기들끼리 구경하러 왔을 리 없다. 종교 지배층이나 단체가 나쁜 일에 신도를 동원한 사례는 한국에도 많다.

촛불집회를 반대하는 '박사모' 집회를 보라.

루가는 아주 조심스런 신학자다. 엠마오로 가는 길에서 부활한 예수를 만난 제자가 말하는 장면을 보라. "대사제들과 지도자들이 그분을 넘겨, 사형선고를 받아 십자가에 못 박히시게 하였습니다."(〈루가〉 24,20) 예수 죽음의 주요 책임은 모든 예루살렘 시민이 아니라 일부 유다인, 구체적으로 대사제와 지도자에게 있다고 정확히 말한다. 로마 군대는 예수의 죽음에 아무 책임이 없다는 뜻이 아니다. 대사제와 지도자들이 예수를 로마 군대에 넘기고 사형을 요구한 책임을 벗을 수 없다는 말이다. 예수에게 사형을 선고하고 집행한 책임은 로마 군대의 총독 빌라도에게 있다. 복음서 모두 빌라도가 예수를 무죄로 여겼다는 데 일치한다. 그러나 빌라도가 예수에게 사형선고를 내렸다는 점도 일치한다. 나는 이렇게 말하고 싶다. 모든 상황을 고려해도 예수 죽음의 책임은 90퍼센트가 빌라도와 로마 군대, 즉 로마제국에 있다.

빌라도가 예수에게 사형선고를 내릴 때 제자들은 어디 있었는가. 목숨 걸고 모든 것을 버리고 예수를 따르겠다고 맹세하지 않았는가. 제자들은 떠났고 예수는 혼자였다. 예수는 제자들에게 버림받은 뒤 군중에게 버림받았다. 군중에게 버림받은 뒤 제자들에게 버림받은 것이 아니다. 세상 사람들이 교회를 망치는 것이 아니다. 교회에 있는 사람들이 교회를 야금야금 무너뜨린다. 교회 역사를 보면 성직자가 교회를 망친 뒤에 평신도가 합세한 경우가 많다. 평신도가 교회를 망친 뒤에 성직자가 합세한 경우는 찾기 어렵다.

그리스도교의 미래를 보려면 세상 사람들이 교회를 어떻게 생각하는지 살피기 전에 그리스도인이, 신자와 성직자가 예수를 얼마나 멀리하고 배신하는지 살피면 된다. 예수를 배신한 군중에게 "그럴 수 있느냐"며 섭섭해하고 분노하는 그리스도인이 많다. 그러나 제자들의 배신에는 "인간은 약하니까, 살다 보면 그럴 수도 있지 뭐" 하며 너그러운 태도를 보인다. 목사나 신부가 나쁜 짓을 하면 유난히 너그러운 태도를 보이는 그리스도인이 이웃 종교인의 일탈에는 서둘러 분노한다. 교회 적폐 청산에 눈감은 성직자가 사회 적폐를 청산하자고 외치면 누가 믿어줄까. 그래서야 되겠는가.

한국 개신교에 '가나안 성도'라는 말이 있다. 안 나가를 거꾸로 읽으면 가나안이다. 가톨릭에서는 '쉬는 신자'라고 말한다. 이 문제를 연구하고, 심각하고 진지하게 해결 방안을 생각해야 한다. 나는 이런 주제도 꺼내고 싶다. '가나안 목사'와 '쉬는 신부' 문제 말이다. 죄송하지만 대형 교회 목사는 대부분 가나안 목사로 보인다. 말과 행동이 예수와 거리가 아주 먼 사람이라는 말이다. 골프장에 들락거리는 신부는 내 눈에 쉬는 신부로 보인다. 하루 종일 교회와 성당에 살면서도 가나안 목사, 쉬는 신부가 될 수 있다. 교회와 성당에서 각종 종교 서비스에 참여하고 여러 혜택을 누리는 목사와 신부 중에 가나안 목사와 쉬는 신부가 적지 않다. 이것이 현실이다. 내 생각이 틀릴 수도 있지만, 내 말에 담긴 뜻을 이해하라. 예수는 제자들에게 먼저 버림받았다.

○ 정치범으로 처형되는 예수

²⁶ 그들은 예수를 끌고 나가다가 시골에서 성안으로 들어오던 시몬이라는 키레네 사람을 붙들어 십자가를 지우고 예수를 뒤따라가게 하였다. ²⁷ 수많은 사람들이 예수를 뒤따랐는데, 그중에는 예수를 보고 가슴을 치며 통곡하는 여자들도 있었다.

²⁸ 예수께서 그 여자들을 돌아보고 말씀하셨다. "예루살렘의 여인들이여, 나를 위하여 울지 말고 여러분과 여러분의 자녀들을 위하여 우시오. ²⁹ '아기를 낳지 못하는 여자들, 아기를 가져보지 못하고 젖을 빨려보지 못한 여자들이 행복하다'고 말할 때가 올 것입니다. ³⁰ 그때 사람들은 산을 보고 '우리에게 무너져 내려라', 언덕을 보고 '우리를 가려달라' 할 것입니다. ³¹ 생나무가 이런 일을 당하거든 마른나무야 오죽하겠습니까?"

³² 다른 죄수 두 사람도 예수와 함께 사형장으로 끌려가고 있었다. ³³ 해골산이라는 곳에 이르러 사람들은 예수를 십자가에 못 박았고, 죄수 두 사람도 십자가형에 처하여 좌우편에 한 사람씩 세워놓았다.

³⁴ 예수께서는 "아버지, 저 사람들을 용서하여주십시오! 저들은 자기가 하는 일을 모르고 있습니다" 하고 기원하셨다. 예수를 십자가에 못 박은 자들은 주사위를 던져 예수의 옷을 나누어 가졌다. ³⁵ 사람들이 곁에 서서 쳐다보는 동안 그들의 지도자들은 예수를 보고 "이 사람이 남들을 살렸으니 정말 하느님께서 택하신 그리스도라면 어디 자기도 살려보라지!" 하며 조롱하였다. ³⁶ 군인들도 예수를 희롱하면서 가까이 가서 신 포도주를 권하고 ³⁷ "네가 유다인의 왕이라면 너 자신이나 살려보아라" 하며 빈정거렸다. ³⁸ 예수의 머리 위에는 '이 사람은 유다인의 왕'이라는 죄목이 있었다.

³⁹ 예수와 함께 십자가에 달린 죄수 중 하나도 예수를 모욕하면서 "당신은 그리스도가 아닙니까? 당신도 살리고 우리도 살려보시오!" 하고 말하였다. ⁴⁰ 그러나 다른 죄수는 "너도 저분과 같은 사형선고를 받은 주제에 하느님이 두렵지도 않으냐? ⁴¹ 우리는 이런 벌을 받아 마땅하지만 저분이야 무슨 잘못이 있단 말이냐?" 하며 꾸짖고 ⁴² "예수님, 예수님께서 왕이 되어 오실 때에 저를 꼭 기억하여주십시오" 하고 간청하였다. ⁴³ 예수께서 대답하셨다. "오늘 당신이 정녕 나와 함께 낙원에 들어갈 것입니다."(23,26-43)

예수를 믿고 따르는 모든 사람에게 가장 억울하고 슬픈 장면이다. 사형장으로 끌려가는 예수(26-32절), 십자가 처형과 죽음(33-46절), 맺음말(47-49절)로 구성된다. 루가는 여러 사람과 그룹을 예수와 관계, 십자가 죽음에 대한 태도에 따라 적절히 배치한다. 그들(26절), 시몬이라는 키레네 사람(26절), 수많은 사람들과 예수를 보고 통곡하는 여자들(27절), 죄수 두 사람(32-33절, 39-43절), 예수를 십자가에 못 박은 자들(34절), 사람들과 지도자들(35절), 군인들(36절), 백인대장(47절), 구경을 하러 나온 군중(48절), 예수의 친지들과 갈릴래아부터 예수를 따라다니던 여자들(49절). 본문에서 예수는 네 번 발언한다. 예루살렘의 불행을 여인들에게 알려주고(28-31절), 아버지께 용서를 청하고(34절), 죄수를 위로하고(43절), 당신의 영혼을 아버지 손에 맡기는 기도를 한다(46절).

루가는 〈마르〉 15,21-32을 참조했다. "그들이 몰약을 탄 포도주를 예수께 주었으나 예수께서는 드시지 않았다"(〈마르〉 15,23), "예수를 십자가에 못 박은 때는 아침 아홉시였다"(〈마르〉 15,25), "세시에 예수께서 큰 소리로 '엘로이, 엘로이, 레마 사박타니?' 하고 부르짖으셨다"(〈마르〉 15,34), "거기에 서 있던 사람들 몇이 이 말을 듣고 '저것 봐! 이 사람이 엘리야를 부르는구나' 하였다. 어떤 사람은 달려오더니 해면을 신 포도주에 적시어 갈대 끝에 꽂아 예수의 입에 대면서 '어디 엘리야가 와서 그를 내려주나 봅시다' 하고 말하였다"(〈마르〉 15,35-36)는 〈루가〉에서 삭제된다. 〈루가〉에 추가된 부분도 있다. 예루살렘 여인들과 예수(27-31절), 죄수 두 사람도 예수와 함께 사형장으로 끌려감(32절), 저 사람들을 용서해달라고 비는 예수의 기도(34절), 십자가 위에서 죄수들과 예수의 대화(40-43절), 구경을 하러 나온 군중(48절).

순서가 바뀐 곳도 있다. 〈마르〉에서 사건은 다음과 같은 순서로 소개
된다.

1. 주사위를 던져 각자의 몫을 정하여 예수의 옷을 나누어 가졌다(〈마
   르〉15,24).
2. 예수의 죄목을 적은 명패에는 '유다인의 왕'이라고 쓰여 있었다(〈마
   르〉15,26).
3. 강도 두 사람도 예수와 함께 십자가형을 받았는데 하나는 그의 오른
   편에, 다른 하나는 왼편에 달렸다(〈마르〉15,27).
4. 지나가던 사람들, 대사제들과 율법 학자들, 예수와 함께 십자가에
   달린 자들까지 예수를 모욕하였다(〈마르〉15,29-32).
5. 예수께서는 큰 소리를 지르시고 숨을 거두셨다(〈마르〉15,37).
6. 그때 성전 휘장이 위에서 아래까지 두 폭으로 찢어졌다(〈마르〉15,38).

이 순서는 〈루가〉에서 3, 1, 4, 2, 6, 5로 뒤섞인다. 〈루가〉는 〈마르〉를
이은 것뿐만 아니라 새로 창조했다.

십자가형을 받은 사람은 처형 장소까지 십자가 가로 기둥patibulum을
지고 가야 한다. 한국 어느 목사가 보여준 기둥 아래 바퀴가 달린 십자가
는 없었다. 로마 군대는 유다인의 허락 없이 유다인의 노동력을 착취했
다. 루가는 26절에서 시몬이라는 키레네 사람이 왜 예수의 십자가를 지
고 가는지 설명하지 않는다. 시몬이 자기 십자가(〈루가〉9,23; 14,27)를 지지
않고 예수의 십자가를 진 참된 제자라고 설명하기 위해 그런 것 같지는
않다.[258] 시몬의 아들 알렉산더와 루포가 예루살렘 공동체에서 상당한 역
할을 했고, 그것을 마르코 공동체가 잊지 않았음을 추측할 수 있다(〈마르〉

15,21). 키레네는 오늘 북아프리카 리비아의 어느 해안 도시 같다. 그 도시에 유다인이 많이 살았다. 예루살렘에 키레네 유다인이 출입하는 회당이 있었다(〈사도〉6,9). 키레네 출신으로 예루살렘에 살거나 잠시 들른 사람들의 회당인 것 같다.

예수는 생애 마지막으로 예루살렘을 떠난다. 예수의 심정이 얼마나 복잡하고 괴로웠을까. 유다인에게 예루살렘이 주는 의미는 엄청나다. 한국 사람이 서울을 떠나는 것과 유다인이 예루살렘과 헤어지는 장면은 비중이 같지 않다. 27절에서 예수가 갈릴래아와 유다 지방을 다닐 때 수많은 사람이 따라다닌 모습(〈루가〉7,9; 9,11; 14,25)이 연상된다. 그 장면도 이제 마지막이다. 뒤따르던 사람들 중에 우는 여자들에게 예수의 관심이 집중되었다. 사형수에게 애도를 표하는 여인의 울음이 금지되었다고 주장하는 학자도 있다. 예수의 마지막 길에 용기 있게 운 예루살렘 여인들에게 축복이 있기를.

28-31절을 회개 촉구, 심판의 말로 설명하는 것은 좀 지나치고 잔인하다. 나는 여인을 위로한 것이라고 주장하고 싶다. 28절 '예루살렘의 여인들'은 여자를 낮추는 호칭이 아니다.[259] 유다의 딸(〈시편〉48,12; 97,8), 이스라엘의 딸(〈판관〉11,40; 〈2사무〉1,24), 시온의 딸(〈이사〉3,16-17; 4,4)을 생각하면 된다. '울지 마라me klaiete'는 여인을 달래는 말이다. 아이 있는 여인은 행복하고 아이 없는 여인은 불행하다고 여겨졌다(〈창세〉30,1; 〈출애〉23,26; 〈신명〉17,22). 가족 관계뿐 아니라 경제와 사회에서 안정성을 생각한 것이다. 경제 문제로 자녀를 갖지 않거나 미루는 한국의 현실이 안타깝다. 자녀가 있어도 행복하고 없어도 행복하다. 결혼은 해도 행복하고 하지 않아도 행복하다. 종교 생활에서 독신이 기혼보다 신학적으로 훌륭하거나

우월한 상태도 아니다.

루가는 공통년 70년 유다 독립 전쟁 때 자녀 있는 여인들의 아픔을 기억한다. 수많은 유다인이 학살당했다. 전쟁 때 아이 있는 여인의 고통은 아이 없는 여인보다 심하다. "아기를 낳아보지 못한 여인들아! 기뻐 목청껏 소리쳐라"(〈이사〉 54,1)와 정반대 상황이다. 〈루가〉 23,29은 아이가 없는 여인이 아이를 갖게 되어 기뻐하라는 말이 아니라, 아이가 없어 희생당할 아픔이 적다는 뜻이다. 예수가 40여 년 뒤 유다 독립을 예언한 것이 아니다. 루가가 40여 년 전 일을 회고하면서 예수가 실제로 한 것처럼 꾸며낸 사후 예언이다.

루가는 "이스라엘의 죄악인 베다웬의 산당은 무너지고 가시덤불과 엉겅퀴가 그 제단을 덮으리라. 사람들은 견디다 못해 산더러 덮쳐달라, 언덕더러 무너져달라고 애원하리라"(〈호세〉 10,8)를 약간 고쳐서 30절에 기록한다. 전쟁의 아픔을 말한다. 31절은 다가오는 예루살렘의 운명을 나무에 비유한다. 불을 피울 때 마른나무부터 아궁이에 넣는다. 마르지 않은 생나무는 그 뒤에 땔감으로 쓰인다. 생나무인 예수가 지금 죽으러 간다면, 마른나무인 예루살렘 신세는 물어볼 필요도 없이 곧 망하리라는 뜻이다.

33절에서 예수는 좌우 십자가 사이에 있다. 우리가 십자가 처형장 위치를 정확히 알기는 어렵다. 예루살렘 북쪽인 것은 분명하다. 동·서·남쪽은 깊은 골짜기가 있다. 공통년 4세기 콘스탄티누스 황제 때부터 처형 장소는 예수의 무덤에서 멀지 않다는 전승이 있었다. 예수 무덤 성당 내부로 추측된다. "나는 그가 민중을 자기 백성으로 삼고 대중을 전리품처럼 차지하게 하리라. 이는 그가 자기 목숨을 내던져 죽었기 때문이다. 반역자의 하나처럼 그 속에 끼어 많은 사람의 죄를 짊어지고 그 반역자들을 용서해달라고 기도했기 때문이다."(〈이사〉53,12) 예수의 십자가 죽음을 보는 루가의 신학적 관점이 드러난다. 루가는 단순한 역사가가 아니라 역사신학자다. 〈루가〉가 헤겔의《정신현상학》보다 역사를 보는 눈이 웅대하다. 루가의 역사관은 민중을 중심으로 움직인다. '그는 악인 중의 하나로 몰렸다'(〈루가〉22,37)를 기억하는 독자도 있을 것이다.

"저 사람들을 용서하여주십시오! 저들은 자기가 하는 일을 모르고 있습니다." 수없이 인용되는 말이다. "무릎을 꿇고 큰 소리로 '주님, 이 죄를 저 사람들에게 지우지 말아주십시오' 하고 외쳤다. 스데파노는 이 말을 남기고 눈을 감았다."(〈사도〉7,60) 모르고 한 행동은 죄가 아니라는 말인가. 예수의 말에서 이런 엉뚱한 결론을 이끌어낼 수는 없다. 예수의 죽음과 부활에 담긴 하느님의 웅대한 드라마를 단역배우들이 알 턱이 없다는 뜻이다. 그러나 우리 삶에서 '내가 뭘 알겠어?' 하며 무지를 빙자하여 저지르는 범죄가 얼마나 많은가. 무능을 핑계 삼아 '부족한 내가 무슨 일을 하겠어?'라며 세속화를 즐기는 종교인은 또 얼마나 많은가. 무지나 무능도 나쁜 목적에 알리바이로 교묘하게 쓰일 수 있다.

34절에서 예수가 '저 사람들'을 누구로 생각했을까. 예루살렘 유다인과 그 지도자? 로마 군인? 두 그룹 모두? 예수의 그릇으로 보면 자신을 고발하고 죽인 사람뿐만 아니라 자신을 떠난 사람까지 포함되지 않을까. 34-42절에서 사람들은 각자 자기 방식대로 말하고 움직인다. 예루살렘 군중, 예수의 친지들과 갈릴래아부터 예수를 따라다니던 여자들은 지켜본다(48-49절). 십자가에 못 박은 자들, 그들의 지도자들, 로마 군인들, 죄

수 하나는 예수를 조롱하고 희롱하고 빈정거리고 모욕한다(34-37절, 39
절). 보이지 않는 그룹이 하나 있다. 예수의 제자들이다. 여기 제자들 없
나. 모두 어디 갔나.

35절 "남들을 살렸으니 자기도 살려보라지"는 예수가 마귀를 쫓고
아픈 사람을 치유한 사건을 가리킨다(⟨루가⟩ 8,36; 17,19; 18,42). 예수의 지상
역사를 통째로 부정하는 말이다. 예수가 메시아가 아니라는 근거로 이용
되는 말이다. 그러나 '하느님께서 택하신 그리스도'(35절)는 고난을 겪고
죽음을 당하고 부활할 분이다(⟨루가⟩ 24,26,46; ⟨사도⟩ 3,18; 17,3). 신약성서에
서 메시아 호칭으로 '택하신 사람ho eklektos'이 쓰인 경우는 ⟨루가⟩에만 있
다(⟨루가⟩ 9,35; 23,35). 예수를 '그리스도'(35절), '유다인의 왕'(37절)이라고
모욕한 순서는 그리스도(⟨루가⟩ 23,2), 유다인의 왕(⟨루가⟩ 23,3)이라고 심문
한 순서를 따른다. 그리스도는 유다교 지배층이 예수에게 종교적으로 묻
는 말이고, 유다인의 왕은 로마 군대가 정치적으로 묻는 말이다.

36절 '신 포도주okos'는 무더운 지방에서 마신 값싼 포도주, 혹은 농부
와 로마 군인이 즐겨 마신 도수 낮은 청량음료를 말한다.[260] 유다인의 왕
예수에게 평민이 마시는 흔한 음료수를 권하는 모습이다. 사형장으로 끌
려가는 예수에게 연민으로 주는 음료가 아니라 조롱하는 행동이다. 38절
에서 '이 사람은 유다인의 왕'이라고 예수의 머리 위에 걸린 팻말은 죄목
causa poenae이라기보다 조롱의 표시로 보인다.

39-43절은 문장 전개가 마르타와 마리아 이야기(⟨루가⟩ 10,38-42)와
비슷하다. 예수를 가운데 놓고 마르타와 마리아가 대화하듯이, 두 죄수
가 말을 주고받는다. 40-42절에서 예수를 좋게 말한 죄수는 어디서 정보

를 얻고 정확히 알았을까. 루가는 독자의 상상력에 맡긴다. 루가는 그런 확신을 믿음이라고 여긴다(〈루가〉 5,20; 7,50; 18,42). 두 죄수는 십자가형을 기다리는 사형수니 분명 정치범이다. 십자가형은 정치범에게 해당하는 처형 방식이다. 십자가형을 받은 예수, 정치범 사이에 매달린 예수를 보고 사람들은 예수가 무슨 죄를 범했다고 생각했을까. 물어볼 필요도 없다. 예수는 정치범이다.

43절 '낙원paradeisos'은 페르시아 지방에서 온 단어로, '정원' 혹은 '공원'을 가리킨다. 루가는 두 죄수가 무슨 죄로 사형선고를 받았는지 설명하지 않는다. 예수는 사형선고를 받은 한 죄수에게 낙원을 약속한다. 자기 민족의 독립을 위해 싸운 사람은 점령자에게 악인이지만, 자기 민족에게 영웅이다. 사형선고 받은 사람도 구원될 수 있다. 인간 사회에서 사형수가 하느님 보시기에 의인일 수 있다. 정의에 대한 하느님의 생각과 사람의 생각이 다를 수 있다. 특히 정치범으로 처형된 사형수 말이다. 두 사형수와 예수의 대화가 루가의 진짜 관심사다. 나는 두 죄수가 왜 사형선고를 받았는지에 더 관심이 있다.

예수는 해방운동에 투신하다가 점령군에게 사형선고 받은 사람에게 천국을 약속했다. 예수는 해방운동에 투신한 사람을 지지한다. 독립투사들이 예수 이야기를 어떤 식으로든 들었고 관심이 있었다는 말 아닐까. 예수도 독립투사의 의로운 마음과 행동을 안다는 말이다. 남미에서 독재 권력에 저항하는 게릴라 중에 성서를 읽는 사람이 많았다고 한다. 하느님 나라를 위해 노력하는 사람은 결국 예수와 연결된다는 뜻 아닐까. 예수를 통하지 않고도 정의로운 하느님 나라 건설에 애쓰는 사람이 많다. 하느님 나라를 그리스도교나 교회 영역으로 좁히면 안 된다. 하느님 나라는 그리스도교나 교회보다 훨씬 넓다. 하느님 나라는 이웃 종교와 무신론자, 사회주의자의 노력에서도 일정 부분 실현된다.

26절의 '키레네 사람 시몬'처럼 엉겁결에 예수의 십자가를 대신 지는 위대한 사람이 역사에 많다. 자기도 모르게 가난한 사람의 십자가를 대신 지는 훌륭한 사람이 많다. 남에게 십자가를 지라고 가르치고 자기는 십자가를 지지 않는 사람도 많다. 28절 '예루살렘의 여인들'처럼 용기 있게 울 줄 아는 사람도 있다. 세월호 참사에서 여인들은 많이 울었다. 하느님의 마음을 남자보다 여자들이 잘 느끼고 아는 것 같다. 가톨릭에서 앞으로 2000년 동안 여자만 성직자가 될 수 있다면 어떨까? 신학이 좀 더 풍성해지지 않을까? 여성 차별이 많이 줄어들지 않을까? 남자 종교인이 전해주는 하느님 이미지가 전부가 아니라는 사실은 지금 깨달아도 이미 한참 늦다.

루가는 예수의 사형선고뿐 아니라 집행에서도 예루살렘 유다인에게 책임을 물으려는 것 같다. 유다인과 독자는 십자가 처형 집행이 로마 군대의 권한임을 안다. 루가는 예루살렘 시민의 모습을 잘 구분한다. 예수에게 "자기도 살려보라지!" 하며 조롱한 사람들은 유다인 중에 그들의 지도자뿐이다(35절). 예루살렘 여인들은 가슴을 치며 통곡했다(27절). 사람들은 곁에 서서 쳐다보거나(35절), 가슴을 치며 집으로 돌아갔다(48절). 유다 지배층의 태도와 시민의 반응은 달랐다.

본문 한 장면만 영화로 촬영한다고 해도 배우가 수백 명은 필요할 것이다. 루가는 등장인물 각자의 성격을 묘사하고, 줄거리를 꾸미고, 언어로 드러내고 창조했다. 엄청난 문학적 수고다. 그냥 문학이 아니라 신학까지 한다. 루가는 신학을 이야기로 풀었다. 요즘 신학자는 논문을 쓴다. 신학에서 이야기를 회복하면 어떨까. 요즘 신학은 지나치게 어렵고, 사람들의 삶과 동떨어졌다. 신학이 종교인과 신학자의 리그가 되어서는 안된다. 이야기 신학자인 예수와 복음서 저자들과 요즘 신학자의 표현 방식은 거리가 멀다. 표현 방식뿐만 아니라 사는 모습도 다르다. 예수는 주로 가난한 사람과 함께 있었는데, 요즘 신학자는 주로 책을 본다.

〈루가〉에서 예수가 세상에 마지막으로 남긴 말은 이것이다. "아버지, 제 영혼을 아버지 손에 맡깁니다!" 그러나 예수가 남긴 마지막 말은 고통의 신음이 아닐까. 누구에게나 자기 생각을 발음할 수 없는 안타까운 시간이 온다. 세월호 희생자들도 그랬을 것이다. 예수는 가난한 사람의 신음, 역사의 희생자의 신음을 함께했다. 인간의 고통을 구경한 것이 아니다. 몸소 고통을 겪었고, 고통 속에서 지상 순례를 마감했다. 예수가 우리의 고통을 나누었지만, 가난한 사람은 예수의 고통에 동참한다.

○ 예수의 죽음과 장례

⁴⁴ 낮 열두 시쯤 되자 어둠이 온 땅을 덮어 오후 세 시까지 계속되었다. ⁴⁵ 태양마저 빛을 잃은 것이다. 그때 성전 휘장 한가운데가 찢어지며 두 폭으로 갈라졌다. ⁴⁶ 예수께서 큰소리로 "아버지, 제 영혼을 아버지 손에 맡깁니다!" 하고 숨을 거두셨다.

⁴⁷ 백인대장은 이 모든 광경을 보고 하느님을 찬양하며 "이 사람이야말로 죄 없는 사람이구나!" 하고 말하였다. ⁴⁸ 구경하러 나온 군중도 이 모든 광경을 보고 가슴을 치며 집으로 돌아갔다. ⁴⁹ 예수의 친지들과 갈릴래아부터 예수를 따라다니던 여자들도 멀리 서서 이 모든 일을 지켜보았다.

⁵⁰ 의회 의원 중에 요셉이라는 사람이 있었는데, 그는 올바르고 덕망이 높았다. ⁵¹ 그는 예수를 죽이려는 의회의 결정과 행동에 찬동한 일이 없었다. 그는 유다인의 동네 아리마태아 출신으로, 하느님의 나라를 기다리며 사는 사람이었다.

⁵² 그는 빌라도에게 가서 예수의 시신을 내어달라고 청하여 승낙을 받고 ⁵³ 그 시신을 내려다가 고운 베로 싼 다음 바위를 파서 만든 무덤에 모셨다. 그것은 아직 아무도 장사 지낸 일이 없는 무덤이었다. ⁵⁴ 그날은 명절 준비일이고, 시간은 안식일에 접어들었다.

⁵⁵ 갈릴래아부터 예수와 함께 온 여자들도 무덤까지 따라가 예수의 시신을 어떻게 모시는지 눈여겨보았다. ⁵⁶ 그리고 집에 돌아가 향료와 향유를 마련하였다. 안식일에는 계명대로 쉬었다.(23,44-56)

등장인물은 모두 다섯 그룹이다. 예수를 잘 모르는 두 그룹과 잘 아는 두 그룹이 있다. 로마 군인과 아리마태아 요셉은 예수를 잘 모른다. 예수의 친지들과 갈릴래아부터 예수를 따라다니던 여자들은 예수를 제법 안다. 군중은 그들 중간에 있는 것 같다. 예수를 잘 모르는 로마 군인과 아리마태아 요셉은 예수에 대해 긍정적인 평가를 내렸다. 루가는 이 점을 강조한다. 예수를 잘 모르는 사람들도 결국 예수의 진면목을 인정했다는 사실을 말하고 싶었다. 루가는 초대교회 사람들과 독자에게 용기를 준다. 그런데 골치 아픈 문제가 있다. '그들이 예수의 시신을 십자가에서 내려다가 무덤에 모셨다'(〈사도〉13,29)와 〈루가〉23,52-53의 뚜렷한 모순을 어떻게 설명할까.

가장 밝은 낮 열두시에 갑자기 어둠이 시작되었다. 루가는 일식을 보도한다. 천문학 상식에 따르면, 과월절 축제가 열리는 보름달에 일식이 있을 수 없다. 일식은 초승 날쯤 있고, 겨우 몇 분간 계속된다. 〈요한〉에는 일식이 세 시간 계속되었다는 말이 없다. 44절 '온 땅'은 온 세상(〈루가〉4,25; 12,49; 21,25)을 뜻한다. 지구 모든 곳에서 동시에 일식을 볼 수는 없다. 루가는 천문학 지식보다 구원의 역사에 관심이 있다. 예수의 죽음을 온 세상에 충격과 의미를 주는 사건으로 표현한 것이다. 루가는 〈마르〉15,37-38과 달리 예수가 죽기 전에 성전 휘장이 찢어졌다고 보도한다. 루가는 일식과 성전 휘장이 찢어진 것을 하느님이 보내신 두 가지 상징으로 본 것 같다.

45절 '휘장'은 성전 안의 어떤 휘장을 가리키는지 분명하지 않다. 성전 건물 입구 황금색 문 앞에 있는 외부 커튼이나 성전 건물 안 지성소와 분리하는 커튼(〈히브〉9,3 둘째 휘장) 중 하나일 것이다. 루가는 성전 휘장이 어디에 있는지 잘 모른 것 같다. 루가는 성전 휘장이 찢어진 일을 성전에 대한 하느님의 경고로 본 모양이다. 46절에 루가는 예수께서 "아버지, 제 영혼을 아버지 손에 맡깁니다!" 하고 숨을 거두셨다고 썼다. 루가의 목격 담은 아니다. 인용된 〈시편〉30,6이 죽기 직전에 하느님께 의지하는 기도라면, 〈루가〉의 예수는 죽은 뒤에도 하느님께 의지하는 기도를 한다. '제 영혼'은 기도하는 예수를 가리킨다(〈루가〉1,47; 〈욥기〉6,4; 〈이사〉38,16).

루가는 "세시에 예수께서 큰 소리로 '엘로이, 엘로이, 레마 사박타니?' 하고 부르짖으셨다. 이 말씀은 '나의 하느님, 나의 하느님, 어찌하여 나를 버리셨나이까?'라는 뜻이다"(〈마르〉 15,34)를 삭제한다. 이 구절이 죽음의 신학에 방해가 된다고 생각했기 때문이다.[261] 루가는 하느님이 이 순간에 아들 예수를 떠나 있다는 인상을 드러내기 싫었다. 예수가 외로움에 시달리는 모습을 보여주기도 망설였다. 루가는 예수를 지켜보던 백인대장이 "이 사람은 정말 하느님의 아들이구나!"(〈마르〉 15,39)라고 한 것을 "이 사람이야말로 죄 없는 사람이구나!"로 바꿨다. 갈릴래아 여인들이 예수의 시신을 무덤에 어떻게 모시는지 눈여겨보았다(55절)고 소개한 복음서 저자는 루가뿐이다. 루가는 여인들의 이름을 알리는 대신 그들의 행동을 자세히 밝힌다.

47절 '백인대장'은 로마군 장교를 가리킨다. 예수의 기적을 본 사람들의 반응이 떠오른다(〈루가〉 5,25; 13,13; 18,43). '하느님을 찬양하며doksasein ton theon'는 '하느님의 영광을 찬양하며'로 번역하는 것이 낫다. 예수의 행동에 드러난 하느님의 손길을 찬양하는 말이다. 로마군 장교는 예수의 무죄뿐 아니라 예수와 하느님의 관계를 동시에 말한 것이다. 예수가 탄생할 때 목자들이 듣고 보고 한 것에 기초하여 하느님의 영광을 찬양하듯이(〈루가〉 2,20), 예수가 죽을 때 이방인 군인이 하느님의 영광을 찬양한다. 동족 유다인은 예수를 거절했는데, 이방인 목자와 군인이 예수를 알아본 것이다. 루가는 복음이 모든 민족에게 열렸다는 사실을 말하고 싶었다.[262] 예수가 탄생하고 죽을 때 하느님에 대한 찬양이 있었다. 요한은 이 장면에서 로마군 장교를 빼고 그 자리에 예수 어머니 마리아와 예수가 사랑하는 제자를 넣었다.

47절 '죄 없는 사람dikaios'은 메시아 칭호(〈사도〉 3,14; 7,52; 22,14)가 아니라 고통 받는 의로운 사람(〈이사〉 53,11; 〈시편〉 31,19; 37,32)을 가리키는 것 같다. 루가는 이제 군중, 예수의 친지들, 예수를 따라다니던 여자들을 본다. 48절 '모든 광경을 보고 가슴을 치며 집으로 돌아간 군중'은 세리의 기도를 생각나게 한다. "멀찍이 서서 감히 하늘을 우러러보지도 못하고 가슴을 치며 '오, 하느님! 죄 많은 저에게 자비를 베풀어주십시오' 하고 기도하였다."(〈루가〉 18,13) 군중의 회개라고 해석하기는 어렵다. 루가는 49절 '예수의 친지들과 갈릴래아부터 예수를 따라다니던 여자들'(〈마르〉 15,41; 〈루가〉 8,2-3)의 반응을 예루살렘 시민의 반응처럼 자세히 소개하지 않는다. 이들은 멀리 서서 이 모든 일을 지켜보았다(〈시편〉 37,12; 87,9). 예수의 친지들에 제자들이나 마리아는 포함되지 않은 것 같다. 제자들이나 마리아가 그 자리에 있었다면 루가가 언급하지 않을 리가 없다. 〈루가〉 2,44처럼 친지들gnostoi이 친척을 가리키는 것은 아니다.[263]

50-56절에 있는 예수의 장례 보도는 두 주인공과 두 사건을 엮었다. 루가는 〈마르〉 15,42-47을 대본으로 삼았다. 50-53절은 아리마태아 출신 요셉이, 55-56절은 갈릴래아부터 예수와 함께 온 여자들이 주인공이다. 사형장 근처에서 일어난 일이다. 아리마태아 출신 요셉은 신약성서에 이 장면에만 나온다. 아리마태아는 리다에서 15킬로미터 북동쪽에 있는 유다인이 많이 사는 도시로 추측된다(〈1사무〉 1,1; 〈1마카〉 1,34; 〈판관〉 9,41). 50절 '의회 의원bouleutes'은 유다교 최고 회의 의원을 가리킨다. '올바르고 덕망이 높은agathos kai dikaios'은 정치적으로 지위가 높은 사람에게 흔히 쓰는 형용사다.[264] 루가는 아리마태아 출신 요셉을 의롭고 경건하게 살면서 이스라엘의 구원을 기다리는 시므온(〈루가〉 2,25), 예루살렘이 구원될 날을 기다리는 모든 사람(〈루가〉 2,38)과 연결한다. 당시 많은 유다인이 그

런 희망을 가지고 살았다.

죽은 사람의 장례를 치르거나 참여하는 일은 유다교에서 중요하게 여겨졌다(〈토비〉 1,17). 토비아는 살해된 동포의 시신을 장사 지낸다(〈토비〉 2,3-8). "죽을죄를 지은 사람을 처형하고 나무에 매달 경우가 있다. 그 시체는 하느님께 저주받았으니, 나무에 단 채 밤을 보내지 말고 그날로 묻어라. 그렇게 두어 너희 하느님 야훼께 유산으로 받은 땅을 더럽히면 안된다."(〈신명〉 21,22-23) 십자가에 처형된 사람은 하느님께 저주받았으니 그날로 묻어야 한다. 아리마태아 출신 요셉은 유다교 계명을 지키기 위해 예수의 시신을 매장하려 한 것이다. 매장은 유다 사회에서 가족이 주도하는 일이다. 예수의 가족은 다 어디 가고 제삼자만 모였는가. 열두 제자는 어디 있는가.

루가는 53절 '아직 아무도 장사 지낸 일이 없는 무덤'을 '아직 아무도 탄 적이 없는 어린 나귀 한 마리'(〈루가〉 19,30)와 연결한다. 시신은 부패하여 뼈만 남을 때까지 동굴 안의 돌 위에 임시로 둔다. 그 뒤 뼈만 따로 모아 다른 곳에 안치한다. 1968년에 예루살렘 근처에서 십자가형에 처해진 사람의 뼈 무더기가 발견되었다.[265] 오늘 예수 무덤 성당에 놓인 무덤이 예수가 진짜 매장된 곳인지 결론 내리기는 어렵다. 54절에서 루가는 예수가 안식일 전날 처형되었다는 사실을 재확인한다. 〈마르〉 15,47에서 마리아 막달라와 요셉의 어머니 마리아는 예수를 모신 곳$_{pou}$을 지켜보았다. 55절에서 갈릴래아 여인들은 예수의 시신을 무덤에 어떻게$_{hos}$ 모시는지 눈여겨보았다.

여인들은 무덤을 다시 방문할 마음으로 눈여겨봤을까. 여인은 세심하다. 루가는 여인의 마음을 읽을 줄 안다. 루가는 본문에서 두 여인 그룹을 대조한다. 예루살렘 여인들은 예수의 죽음에 가슴을 치며 통곡했고 (〈루가〉 23,27), 갈릴래아 여인들은 예수의 시신을 어떻게 모시는지 눈여겨 보며 장례를 준비한다(〈루가〉 23,55-56). 예루살렘 여인들은 예수 처벌의 증인이고, 갈릴래아 여인들은 예수 부활의 증인이다. 둘 다 유다교에 연결되었지만, 갈릴래아 여인들은 예수에게 충실했다. 갈릴래아 여인들은 얼마나 가난했는가. 가난한 여인은 예수를 배신하지 않는다.

'의회 의원 중에 요셉이라는 사람이 있었는데, 그는 올바르고 덕망이 높았다'(50절). 루가가 사람을 소개하는 방식이 재미있다. 사회적 지위는 간단히 소개하고, 인품과 종교적 품성은 자세히 말한다. 우리 사회와 교회에서는 어떤가.

47절에서 로마군 장교가 예수를 '죄 없는 사람'이라고 한 것은 놀라운 일이다. 자기 상관인 빌라도 총독의 결정을 뒤집는 발언 아닌가. 로마군 장교는 빌라도에게 곤욕을 치를 수도 있다. 그보다 중요한 사실이 있다. 많은 그리스도인이 예수의 십자가 죽음에 충격을 받거나 분노하지 않는다. 예수의 십자가 죽음이 잘못된 재판 탓이고 사법 살인인데 말이다. 예수의 죽음이 죄를 사하는 효과가 있다는 교리적 설명이 그 충격을 줄여주지 않는다. 부활이 예수 죽음의 억울함을 없애주지 않는다. 예수의 죽음에 무덤덤하면 또 다른 악영향이 생길 수 있다. 예수처럼 억울하게 죽은 사람, 예수보다 험하게 살해된 수많은 사람에게 무관심해질 수 있다. 서서히 죽어가는 가난한 사람을 외면하기 쉽다는 말이다.

루가는 '정의'라는 주제를 끈질기게 파고든다(〈루가〉 22,27.52.61;

23,28.31.34). '부활'이라는 주제에 관계없이 정의 자체를 강조한 것이다. 예수가 부활했다는 메시지를 전하기 전에 예수는 죄 없는 사람이라는 말을 하고 싶었다. 세월호 희생자들이 부활할 것이라고 위로하기 전에, 세월호 희생자들이 죄 없는 사람이라는 말을 해야 한다. 부활이 세상에서 억울하게 숨진 사람의 고통을 무시하는 이론적 장치로 잘못 사용될 수 있다. 부활이 있다고 해서 악인의 죄가 사라지지 않고, 죄 없는 희생자들의 아픔이 없어지지 않는다. 부활이 아무리 아름다워도 죽음은 슬프고 억울하다. 부활의 기쁨이 죽음의 억울함을 상쇄하거나 무마할 수 없다. 예수는 부활한 분이기 전에 죄 없는 분이다.

그리스도교는 주로 개인의 죽음을 신학적으로 논해왔다. 학살, 전쟁, 인종 학살 등 집단적 죽음에 대해 별로 논의하지 않았다. 그래서는 안 된다. 부활 논의도 억울하게 죽은 사람의 운명은 어떻게 될까 하는 관점에서 시작되지 않았는가. 어떤 개인의 죽음도 단순히 개인의 죽음이 아니다. 어떤 개인의 삶도 단순히 개인의 삶이 아닌 것과 마찬가지다. 그리스도교와 신학에서 죽음의 집단적 성격을 더 자주 토론하면 좋겠다. 역사에서 억울하게 죽은 사람의 운명이 더 언급되면 좋겠다. 예수의 죽음과 역사의 희생자를 따로 생각하면 안 된다.

배신은 남자의 특징이다. 배신하는 사람이여, 그대 이름은 남자다. 남자는 권력 다툼을 하고, 전쟁을 일으키고, 가난한 사람을 착취한다. 남자 중에도 고학력 부유층 백인 남자가 세상의 죄악에 대부분 책임이 있다. 예수를 죽이려고 한 사람도 남자, 예수를 죽인 사람도 남자, 죽음을 앞둔 예수를 두고 권력 다툼에 빠진 제자도 남자다. 남자는 지금도 그리스도교에서 권력을 장악하고, 여자를 차별한다. 남자들이 예수를 위해 좋은 일을 한 것이 대체 무엇인가.

　사람의 진가는 떠난 뒤에야, 죽은 뒤에야 비로소 드러난다. 봉하마을에 가본 사람은, 하의도에 가본 사람은 느낄 것이다. 예수가 처형되는 장면(〈루가〉 23,33)과 숨지는 순간(〈루가〉 23,46)은 간단히 보도된다. 헤어지는 순간은 짧을수록 좋은가. 예수는 기도하면서 숨진 것 같다. 나도 내 인생 마지막 그 순간에 "제 영혼을 당신에게 맡깁니다" 하고 기도할 힘이 있으면 좋겠다.

○ 예수의 빈 무덤

¹ 안식일 다음 날 아직 동이 트기도 전에 그 여자들은 준비해둔 향료를 가지고 무덤으로 갔다. ² 그들이 가보니 무덤을 막은 돌이 굴러 나와 있었다. ³ 무덤 안으로 들어갔으나 주 예수의 시신은 보이지 않았다.

⁴ 어찌 된 영문인지 몰라 어리둥절한데, 바로 그때에 눈부신 옷을 입은 두 사람이 그들 곁에 나타났다. ⁵ 여자들이 겁에 질려 감히 쳐다보지도 못하자, 그들이 말하였다. "여러분은 어찌하여 살아 계신 분을 죽은 자 가운데서 찾고 있습니까? ⁶ 그분은 여기 계시지 않고 다시 살아나셨습니다. 그분이 전에 갈릴래아에 계실 때에 무어라고 말씀하셨습니까? ⁷ 사람의 아들이 반드시 죄인들의 손에 넘어가 십자가에 처형되었다가 사흘 만에 다시 살아나리라고 하시지 않았습니까?"

⁸ 이 말을 듣고 여자들은 예수의 말씀이 생각나 ⁹ 무덤에서 발길을 돌려 열한 제자와 그 밖의 여러 사람들에게 이 모든 일을 알려주었다. ¹⁰ 그 여자들은 막달라 여자 마리아와 요안나, 야고보의 어머니 마리아였다. 다른 여자들도 그들과 함께 이 모든 일을 사도들에게 말하였다. ¹¹ 사도들은 여자들의 이야기가 헛소리려니 하고 믿지 않았다. ¹² 그러나 베드로는 벌떡 일어나 무덤에 달려가서 몸을 굽혀 안을 들여다보았다. 그곳에는 수의만 있었으므로 그는 어떻게 된 일인가 이상히 여기면서 돌아갔다.(24,1-12)

〈루가〉는 24장이 마지막이다. 부활이 주제인 24장은 수난이 주제인 22-23장과 대조된다. 죽음의 힘을 이기는 부활의 힘이 드러나고, 예수의 역사가 교회의 시작으로 건너가는 연결 부분이다.[266] 24장은 빈 무덤 (1-12절), 부활한 예수와 제자들의 만남(13-35절), 열한 제자들에게 나타남(36-49절), 승천(50-53절)으로 나눌 수 있다. 빈 무덤은 살아 있는 예수를 준비하는 독립된 이야기다. 빈 무덤 전승은 오래되었다. 그런데 바울로는 왜 빈 무덤 이야기를 몰랐을까? 알았지만 쓰지 않았다는 말인가?

앞에 나온 '예수의 죽음과 장례' 이야기에서 마지막 구절을 기억하면 본문을 이해하기 쉽다. '그리고 집에 돌아가 향료와 향유를 마련하였다. 안식일에는 계명대로 쉬었다'(〈루가〉 23,56). 루가는 〈마르〉 16,1-8을 대본으로 삼았다. 성서학자들이 12절과 '그는 몸을 굽혀 수의가 흩어져 있는 것을 보았으나, 안에 들어가지는 않았다'(〈요한〉 20,5)의 관계를 자주 논의해왔다. 〈요한〉 저자가 〈루가〉를 알지 않았느냐고 말하는 학자도 있다.[267]

안식일 다음 날, 즉 한 주의 첫날 벌어진 일이다. 당시 무덤 입구는 수평 가까이 바위 쪽으로 붙은 원반 모양 큰 돌로 막았다. 큰 돌은 사람이 옆으로 굴릴 수 있다. 사람들은 예수의 시신이 보이지 않는 사실을 여러 가지로 해석할 수 있을 것이다(〈마태〉 28,13; 〈요한〉 20,2). 그중 하나가 부활이다. 〈마르〉에는 세 여인이 무덤을 방문했지만, 〈루가〉에는 많은 여인들이 무덤에 있었다. 〈마르〉에서 남자(천사)가 여인들을 무덤으로 초대하지만, 〈루가〉에서는 여인들이 스스로 무덤에 들어간다.

여인들 눈에 예수의 시신이 보이지 않았다고 보도한 복음서 저자는 루가뿐이다. 시신을 발견하지 못한 보도가 여럿 있었다. '에녹은 하느님과 함께 살다가 사라졌다'(〈창세〉 5,24). '오십 명을 보내어 사흘 동안 엘리야를 찾았으나 끝내 찾지 못했다'(〈2열왕〉 2,17). 예수의 시신을 찾지 못해 어리둥절한aporia 여인들 이야기는 〈루가〉에서 빈 무덤이 부활 신앙이 생기는 데 별다른 의미가 없다[268]는 사실을 알려준다. 빈 무덤이 확신을 주기는커녕 혼란을 부추긴다. 무덤을 막은 돌은 굴러 나와 있었다. 루가는 정확히 말한 것expressis verbis은 아니지만, 4절에서 '눈부신 옷을 입은 두 사람'을 천사(〈루가〉 2,9; 〈사도〉 1,10)로 여긴다. 〈마르〉 16,5에는 천사가 하나인데, 루가가 왜 둘로 말했는지 모르겠다. 증인이 두 사람 필요하다는 규정(《신명》 19,15)이 여기서 적용되었을까. 여인들은 그때 법정이 아니라 무덤에 있었다.

4절 '눈부신astraptousa'은 단순히 하얀색이나 '반짝이다leuke'(《마르》 16,5)가 아니라 빛을 뿜어낸다는 뜻이다. 그래서 여인들은 겁에 질려 감히 쳐다보지도 못한다(《루가》 1,12; 24,37; 《사도》 10,4; 《다니》 10,15). 5절에서 천사들은 "여러분은 어찌하여 살아 계신 분을 죽은 자 가운데서 찾고 있습니까?" 하고 꾸짖듯이 묻는다. 천사가 사람에게 반문한 경우는 있다. 야훼의 천사가 발람에게 "어찌하여 너는 네 나귀를 이렇게 세 번씩이나 때렸느냐?"(《민수》 22,32)고 물었다. 사울은 "왜 나를 박해하느냐?"(《사도》 26,14)고 묻는 예수의 음성을 들었다. 천사는 "왜 놀라느냐?"(《묵시》 17,7)고 물었다. 6절에서 천사들은 여인들이 예수의 시신을 찾지 못하는 이유를 설명해준다. "그분은 여기 계시지 않고 다시 살아나셨습니다."

살아나신 분이 왜 무덤에 있겠는가. 6절에서 천사들이 빈 무덤을 통해 부활을 설명하는 것이 아니다. 천사는 여인들에게 부활의 증거를 주지 않았다. 부활을 알렸을 뿐이다. 천사 역시 예수 부활의 증거로 인용될 수는 없다. 천사가 나타났기 때문에 예수가 부활한 것은 아니다. 동사 '살아나셨다egerthe'는 문법적으로 신적 수동태passivum divinum다. 그 문장의 주어는 하느님이라는 말이다. 예수가 스스로 일어난 것이 아니라 하느님이 일으켜 세우셨다는 뜻이다. 천사의 말은 예수의 죽음과 부활 예고(《루가》 9,22.44)를 떠올린다. 8절에서 여인들은 천사의 말을 듣고 예수의 말씀을 기억한다. 평소 마음에 담아두지 않은 말이 느닷없이 생각날 리 없다. 여인들은 예수의 말씀을 오랫동안 간직해온 것이다. 루가가 갈릴래아 여인들에게 부활 신앙에 대해 면접 질문을 한 것은 아니다.

여인들이 어떤 심정으로 무덤을 떠났는가. '겁에 질려 덜덜 떨면서 무덤 밖으로 나와 도망쳤다. 그리고 너무나 무서워서 아무에게도 말을 못하였다'(〈마르〉16,8). '무서우면서도 기쁨에 넘쳐서 제자들에게 이 소식을 전하려고 무덤을 떠나 급히 달려갔다'(〈마태〉28,8). 루가는 여인들의 심정을 따로 설명하지 않는다. 그 대신 〈마르〉나 〈마태〉와 다르게 여인들이 제자들과 사람들에게 알리는 역할에 집중했다. 〈마르〉에서 침묵한 여인들이 〈루가〉에서 당당히 발언한다. 가르치는 예수를 본받아 가르치는 여인들이다. 여인들이 제자들에게 부활에 대해 강의한 것이다. 여자 평신도와 수녀가 주교와 신부에게 부활 강연을 한다고 상상해보자.

제자들과 사람들에게 부활 이야기를 전한 여인들의 이름이 10절에서 밝혀진다. 그리스도교 역사에 길이 남을 이름이다. 막달라 여자 마리아와 요안나와 야고보의 어머니 마리아는 이름이 나왔고, 다른 여인들은 이름 없이 역사에 남았다. 이름 있는 사람이 이름 없는 사람보다 중요하다고 여길 필요는 없다. 막달라 여자 마리아는 '예수가 일곱 마귀를 쫓아준 여자'(〈마르〉16,9)라는 구절은 〈루가〉에서 빠졌다. '막달라 여자 마리아'라는 표현은 그녀가 미혼임을 알려준다.[269] 〈루가〉에서 살로메(〈마르〉16,1) 대신 요안나가 등장한다. 11절에서 '사도들은 여자들의 이야기가 헛소리려니 하고 믿지 않았다'. 제자 대신 사도라고 표현한 것이 특이하다. 제자들이 의심이 많거나, 여인을 무시하거나, 인격적으로 교만하다는 뜻은 아니다. 여자들의 이야기가 헛소리려니 생각하는 종교인이나 신학자는 자기가 옹졸하고 못난 탓이다. 가톨릭의 남자 성직자들은 여인들에게 배우는 기회가 적고, 배울 자세도 부족하다. 고쳐야 한다.

12절이 원래 〈루가〉에 있었느냐는 논의가 오래 계속되었다.[270] 일부

성서 사본에 12절이 없기 때문이다. 그러나 〈루가〉의 일부로 인정된다. 베드로가 예수의 무덤을 찾아간 이야기는 〈마르〉와 〈마태〉에 없다. 루가 고유의 자료가 사용된 것 같다.[271] 루가는 초대교회에서 베드로의 입지를 뒷받침하는 데 신경 썼다. 12절에서 베드로의 반응이 다른 제자들과 달랐다는 것이 핵심이다. 제자 중 베드로만 무덤에 달려가 안을 들여다보았다. 베드로가 여인들이 체험한 것 이상을 했다는 점도 눈에 띈다. '수의thonia'는 시신을 감싸는 천이다. 처음 사용된 무덤(〈루가〉 23,53)이기 때문에 다른 사람의 시신을 감싸는 데 이용될 리 없다. '몸을 굽혀parakupas'라고 번역해야 맞는지 결정하기는 어렵다. 그런 뜻으로 쓰이지 않은 경우가 많다.

12절에서 '이상히 여겼다thaumason'는 '놀랐다'로 옮기는 것이 좋지 않을까. 다음 예를 보자.

- 즈가리야는 글 쓰는 판을 달라고 하여 '그의 이름은 요한'이라고 썼다. 그러자 모두 <u>놀라워하였다</u>(〈루가〉 1,63).
- 그것을 들은 이들은 모두 목자들이 자기들에게 전한 말에 <u>놀라워하였다</u>(〈루가〉 2,18).
- 아기의 아버지와 어머니는 아기를 두고 하는 이 말에 <u>놀라워하였다</u>(〈루가〉 2,33).
- 그러자 모두 그분을 좋게 말하며, 그분의 입에서 나오는 은총의 말씀에 <u>놀라워하였다</u>. 그러면서 "저 사람은 요셉의 아들이 아닌가?" 하고 말하였다(〈루가〉 4,22).
- 그들은 두렵기도 하고 놀랍기도 하여 "도대체 이분이 누구신데 바람과 물결까지 그 명령에 복종하는가?" 하고 <u>수군거렸다</u>(〈루가〉 8,25).

위 구절의 밑줄 친 부분에 모두 같은 단어 thaumason이 사용되었다. 공동번역 성서에서 왜 그렇게 번역했을까.

'예수의 빈 무덤' 이야기에 대한 성서 주석학적 질문을 생략한다고 가정해보자. 루가는 빈 무덤 이야기를 왜 기록했을까. 빈 무덤 이야기가 부활 신앙에서 중요하지 않다(〈사도〉 2,25-28)고 말하고 싶었을 것이다. 빈 무덤이 부활의 증거는 아니다. 빈 무덤이 있는 것을 보니까 예수가 부활한 것이 분명하다는 말은 아니다. 부활을 믿는 사람 눈에 빈 무덤이 남달리 보이는 것뿐이다. "빈 무덤이 있으니 부활을 믿으시오"라고 말할 수는 없다. 빈 무덤이 부활의 증거가 될 수 없고, 증거로 사용되지도 않았다. 부활을 통해 빈 무덤을 설명하는 것이다. 그런데 여전히 빈 무덤을 통해 부활을 설명하려고 애쓰는 설교자가 있다. 불가능하고 사용해서도 안 되는 방법이다.

예수 부활의 역사성과 빈 무덤 이야기는 서양 그리스도교에서 계몽주의 이후 열심히 토론되었다.[272] 2차 바티칸공의회 이후 가톨릭에서 빈 무덤은 부활의 증거로 인용되지 않는다. 많은 성서학자는 빈 무덤 이야기가 사실에 근거한다고 생각하지 않는다. 부활 신앙이 생긴 것은 빈 무덤을 봐서도 아니요, 천사의 말을 들어서도 아니다. 부활 신앙은 부활하신 분을 만나서 생겼다(〈루가〉 24,31.33.36). 나는 빈 무덤 이야기가 의미 없기 때문에 복음서에 실렸다고 생각한다.

루가는 갈릴래아 여인들 이야기를 왜 수록했을까. 갈릴래아 여인들이 기억하는 역사의 예수를 잊지 말라(〈루가〉 23,49.55)는 뜻이다. 부활한 예수를 알고 싶으면 역사의 예수를 기억하라는 말이다. 부활한 예수는 역사의 예수를 기초로 한다. 역사의 예수 없이 부활한 예수를 알 수 없다. 역사의 예수를 부활한 예수 관점에서 봐야 하지만, 부활한 예수를 역사의 예수 관점에서도 봐야 한다. 역사의 예수 없는 부활한 예수는 공허하다. 부활한 예수 없는 역사의 예수는 맹목적이다.

그리스도교에서는 어떤가. 역사의 예수 없이 부활한 예수를 설교하는 경우가 많다. 부활한 예수 없이 역사의 예수를 설교한 경우는 드물다. 역사의 예수가 준결승전이라면, 부활한 예수는 결승전이다. 준결승전에서 만족하는 것은 부족하다. 준결승전도 통과하지 못한 사람이 결승전을 언급하는 것은 성급하다. 부활을 제대로 이해하기는 쉽지 않다. 오늘 그리스도인이 부활을 알아듣기 어려운 이유가 여럿이다. 자기 탓도 있고, 교회 탓도 있고, 세상 분위기 탓도 있다.

삶에 대한 존중심이 부족하고, 돈에 대한 집착과 의존이 큰 사회는 부활 신앙을 방해한다. 지금 부활한 사람처럼 살지 못하는 개인과 교회의 모습도 부활을 이해하는 데 걸림돌이다. 예수의 죽음에 대한 이해 부족도 문제다. 부활의 기쁨 이전에 예수 죽음의 충격을 알아야 하는데 말이다. 역사의 희생자에 대한 고뇌 없이 부활 신앙을 가까이하기 힘들다. 역사의 예수를 잘 모르니 부활한 예수를 알기도 어렵다. 성서 교육이 부실한 탓이다. 가난한 사람의 삶과 고통을 모르니 부활 신앙을 알아듣기도 쉽지 않다. 가난한 교회, 가난한 사람을 위한 교회에서 거리가 먼 한국 천주교회 현실이 부활 신앙을 훼방한다.

〈루가〉의 전체 구조와 내용을 다시 요약해보자. 예수는 갈릴래아에서 하느님 나라를 선포한 예언자다. 예수는 치유하고, 마귀를 쫓고, 위로

하는 말씀과 비유로 가난한 사람에게 기쁨을 주고 희망을 전한다. 예루살렘으로 가는 길에서 예수는 제자의 길을 가르친 스승이다. 설교와 이야기를 통하여 제자들에게 권력 다툼을 하지 않고 봉사하는 자세를 요구한다. 예루살렘에서 예수는 십자가의 죽음을 선포한 희생자다. 적대자에게 저항하고 갈등을 일으켜 죽음의 길을 걷는다. 갈릴래아에서 가난한 사람들과, 예루살렘으로 가는 길에서 제자들과, 예루살렘에서 적대자들과 주로 상대한다. 갈릴래아에서 기쁨이 예루살렘으로 가는 길에서 비장함으로, 예루살렘에서 최고의 긴장으로 바뀐다. 예수 삶의 세 단계에서 장소, 주인공, 주제, 분위기가 계속 바뀐다. 예수의 역사에서 연속성뿐 아니라 단절을 동시에 눈여겨봐야 한다.

○ 부활한 예수와 제자들의 만남

13 그날 거기 모인 사람들 중 두 사람이 예루살렘에서 삼십 리쯤 떨어진 엠마오라는 동네로 걸어가면서 **14** 이즈음에 일어난 모든 사건에 대하여 말을 주고받았다. **15** 그들이 이야기할 때에 예수께서 다가가서 나란히 걸어가셨다. **16** 그러나 그들은 눈이 가려져서 그분을 알아보지 못하였다.

17 예수께서 그들에게 "길을 걸으면서 무슨 이야기를 그렇게 하고 있습니까?" 하고 물으셨다. 그러자 그들은 침통한 표정으로 걸음을 멈추었다. **18** 글레오파라는 사람이 말하였다. "예루살렘에 머물렀으면서 요 며칠 동안 거기에서 일어난 일을 모르다니, 그런 사람이 당신 말고 또 있겠습니까?"

19 예수께서 "무슨 일입니까?" 하고 물으시자 그들이 설명하였다. "나자렛 사람 예수에 관한 일이오. 그분은 하느님과 모든 백성 앞에서 하신 일과 말씀에 큰 능력을 보이신 예언자입니다. **20** 그런데 대사제들과 우리 백성의 지도자들이 그분을 관헌에게 넘겨 사형선고를 받아 십자가형을 당하게 하였습니다. **21** 우리는 그분이야말로 이스라엘을 구원해주실 분이라고 희망을 걸었습니다. 그분은 처형당하셨고, 그 일이 있은 지 벌써 사흘째나 됩니다. **22** 그런데 몇몇 여인이 우리를 깜짝 놀라게 하였습니다. 그들이 새벽에 무덤으로 가보니 **23** 그분의 시신이 없어졌더랍니다. 그뿐만 아니라 천사들이 나타나 그분은 살아 계시다고 일러주더라는 것입니다. **24** 그래서 우리 동료 몇 사람이 무덤에 가보니 과연 그 여자들이 말한 대로였고, 그분은 보지 못했습니다."

25 그때에 예수께서 말씀하셨다. "여러분은 어리석기도 합니다! 예언자들이 말한 모든 것을 믿기가 그렇게 어렵습니까? **26** 그리스도는 영광을 차지하기 전에 그런 고난을 겪어야 하는 것이 아닙니까?" **27** 그리고 모세의 율법서와 모든 예언서를 비롯하여 성서 전체에서 당신에 관한 기사를 들어 설명해주셨다.

28 그들이 찾아가던 동네에 다다랐을 때에 예수께서 더 멀리 가시려는 듯이 보였다. **29** 그들은 "날도 저물어 저녁이 다 되었으니 여기에서 저희와 함께 묵어가십시오" 하고 붙들었다. 그래서 예수께서 그들과 함께 묵으려고 집으로 들어가셨다.

30 예수께서 함께 식탁에 앉아 빵을 들어 감사 기도를 드리신 다음 그것을 떼어 나누어주셨다. **31** 그제야 그들의 눈이 열려 예수를 알아보았는데, 예수는 사라지셨다.

32 그들은 서로 "길에서 그분이 우리에게 말씀하실 때나 성서를 설명해주실 때에 우리

가 얼마나 뜨거운 감동을 느꼈는가!" 하고 말하였다. ³³ 그들은 곧 그곳을 떠나 예루살렘으로 돌아갔다. 거기에 열한 제자가 다른 사람들과 함께 모여 ³⁴ 주께서 확실히 다시 살아나셔서 시몬에게 나타나셨다는 말을 하고 있었다. ³⁵ 두 사람도 길에서 당한 일과 빵을 떼어주실 때에 그분이 예수시라는 것을 알아보았다는 이야기를 들려주었다. (24,13-35)

〈루가〉에서 내 마음이 뜨거워지는 이야기 중 하나다. 성서 주석을 하며 마음을 가라앉히기 어려운 곳이다. 그만큼 느낌이 있다. 예수가 메시아임을 제자들이 기적이 일어난 뒤에 알았듯이, 예수가 부활하심을 그분이 제자들에게 나타나신 뒤에 알았다. 메시아, 부활 모두 예수가 먼저 사건과 만남으로 우리를 깨우친다는 말이다. 만남은 인연보다 필연이다. 예수를 만난 것이 내 인생 최대의 기쁨이다. 복음 주석서를 쓴 것이 내 인생 최대의 영광이다.

〈루가〉에만 나오는 이야기다. 엠마오로 가는 길(13-27절), 엠마오(28-32절), 예루살렘(33-35절)에서 일어난 일이다. 장면마다 장소가 다르다. 두 사람은 열두 제자에 속하지 않는다. 일흔 제자에 속한 것 같다.[273] 두 사람과 부활한 예수가 만나고, 대화를 나눈다. 이들과 부활한 예수의 대화가 중심이고, 그 앞뒤로 두 부분이 감싼다. 마지막 단락에서 두 제자는 예루살렘에서 다른 제자들과 부활한 예수를 만난 경험을 나눈다. '그들은 눈이 가려져서 그분을 알아보지 못하였다'(16절), '그제야 그들의 눈이 열려 예수를 알아보았는데, 예수는 사라지셨다'(31절)는 루가가 단락을 구분하기 위해 썼다. 5000명을 먹인 기적(〈루가〉 9,12-22)과 설명하는 구조가 비슷하다.

18절에서 두 사람 중 한 사람의 이름이 글레오파로 밝혀진다. 다른 사람 이름을 알아내려는 노력은 아직 성공하지 못했다. 원래 엠마오 전승에 한 사람이 부활한 예수를 만난 것으로 나오지만, 증인은 두 사람이 필요하다는 율법을 아는 루가가 한 사람을 추가하지 않았을까. 14절에서 모든 사건에 대해 말을 주고받으려면, 17절에서 "무슨 이야기를 그렇게 하고 있습니까?"라는 예수의 질문을 위해서도 최소 두 사람이 필요하다. 그런데 엠마오에 대해 알려진 것이 없다. 13절 '삼십리'는 약 12킬로미터다. '엠마오'는 히브리어로 '따뜻해지다'라는 어원에서 나왔다. 성서학자들이 여섯 곳을 생각해냈는데[274] 어디인지 결정하기는 어렵다.

17절에서 예수는 두 사람과 같은 방향으로 걷는다는 인상을 준다. 예수가 이상한 모습으로 나타났기 때문에 두 사람이 알아보지cowl 못한 것은 아니다. 예수는 우리와 함께 걷는다. 예수는 우리와 같은 방향으로 걷는다는 뜻이다. 예수와 함께 걷는 우리는 외롭지 않다. 우리와 함께 걷는 예수는 외롭지 않다. 16절에서 예수를 알아보지 못한 원인은 두 사람에게 있다. 예수가 눈을 뜨게 해주지 않으면 우리는 예수를 알 수 없다는 말이다. 독자는 31절까지 사건 진행을 두 사람보다 잘 안다. 비슷한 설명 구조가 천사 가브리엘이 마리아를 찾아간 이야기(〈루가〉 1,26-38)에 있다. 관찰자인 독자가 영문을 모르는 마리아보다 사건을 잘 안다.

17절 "무슨 이야기를 그렇게 하고 있습니까?"라는 예수의 질문에서 '다윗은 일이 어떻게 되었는지 어서 말하라고 다그쳤다'(〈2사무〉 1,4)가 생각난다. 우리도 심판 날 예수에게서 비슷한 질문을 받지 않을까. 예수는 우리 각자에게 "당신 삶에서 아름다운 이야기를 듣고 싶습니다"라고 부탁할 것이다. 악한 자는 심판을 두려워하지만 선한 사람은 심판 날이 기다려진다. 18절 글레오파는 kleopatros의 약자다. 글레오파(〈요한〉 19,25)

와 동일한 사람인지 모르겠다. 글레오파는 예수가 예루살렘에 머물렀다고 말한다. 예수가 예루살렘 시민이라고 여기진 않은 것이다. 예수의 소문을 모르는 사람이니 그렇게 봤을까. 루가는 예수 이야기가 예루살렘에 널리 퍼졌다는 사실을 독자에게 알려준다.

루가는 두 사람의 입을 빌려 역사적 예수의 삶을 요약한다. 19절에서 두 사람은 '나자렛 사람 예수에 관한 일'이라는 말로 이야기를 시작한다. 먼저 출신 지역이 등장했다. 고향은 개인의 삶에 출생지 이상으로 의미가 있다. 예수가 나자렛 사람이 아니고 예루살렘 사람이라고 상상해보자. 그 의미는 같지 않을 것이다. 두 사람은 예수의 말과 행동을 근거로 예수를 예언자(〈판관〉 6,8; 〈1열왕〉 18,4; 〈루가〉 7,16)로 인정한다. 예수 죽음의 책임을 대사제들과 백성의 지도자들, 즉 종교 권력과 정치 지배층에게 묻는다. 예수에 대한 희망을 이스라엘의 해방과 연결해 설명한다. 그 희망이 절망으로 바뀌었다. 예수가 죽은 지 벌써 사흘이 지났다. 사흘이 지났다는 말은 예수가 확실히 죽었으며, 예수에 대한 희망이 끝났다는 뜻이다. 그런데 여인들에게서 놀랄 만한 소식을 들었다. 예수의 시신이 사라지고, 천사가 나타났으며, 예수는 살아 계시다는 것이다.

19절 '하느님과 모든 백성'은 '하느님과 사람들'(〈루가〉 2,52)이라는 뜻이다. '일과 말씀ergon kai logos'이라는 표현은 초대교회 그리스계 신도에게서 유래한다(〈로마〉 15,18; 〈골로〉 3,17; 〈2고린〉 2,17). '큰 능력dunatos en titi'도 마찬가지다(〈사도〉 7,22; 18,24). 20절에서 루가는 예수의 예루살렘 수난 역사를 요약한다. 빌라도 부분은 삭제했다. 예수 죽음의 주요 책임을 로마 군대가 아니라 유다 지배층에게 돌린 것이다(〈루가〉 23,26,33). 19-21절은 예수에게 호감이 있는 사람과 유다교 신자가 그리스도교에게 묻는 질문과 실망의 축소판이다. 25-27절은 그리스도교가 예수의 죽음을 해명하고 희망을 선포하는 근거의 축소판이다. 질문과 응답에서 예수의 행동과 말씀이 공통적으로 인정된다. 예수 죽음의 책임에서도 큰 차이는 없다. 메시아에 대한 내용, 예수의 죽음에 대한 해석은 차이가 있다.

'이스라엘을 구원해주실 분'이 21절에 배치된 것은 의미 깊다. 예수가 죽기 전에 예수에게 희망을 걸었는데, 예수의 죽음 때문에, 예수가 죽은 뒤에 희망이 깨졌다는 말이다. 예수에게 희망을 건 사람들의 이야기를 기억하자(〈루가〉 2,38; 19,35-38). 나는 예수에게 희망을 건 사람을 기억하자고 말하고 싶다. 예수만 기억할 것이 아니다. 예수에게 희망을 건 사람을 예수보다 먼저, 자주 기억하자는 말이다. 예수에게 희망을 건 사람이 없었다면 예수가 무슨 의미가 있겠는가. 예수에게 희망을 건 사람의 아픈 역사와 삶을 배우자는 말이다. 예수에게 희망을 건 사람의 아픈 역사를 제대로 알지 못하면 예수의 삶과 그 가치를 알아듣기 어려울 것이다. 예수만 기억하고 예수에게 희망을 건 사람을 기억하지 못하면 예수의 진면목을 깨닫기 어렵다.

22-24절은 두 사람의 입을 빌려 1-12절에 나온 이야기를 다시 하는 것이다. 고르넬리오가 본 신비로운 영상(〈사도〉 10,1-6), 베드로가 무아지경에 빠져서 본 광경(〈사도〉 10,11-16)을 베드로가 반복하는 경우(〈사도〉 11,4-17)와 비슷하다. 몇몇 여인이 예수의 제자들을 깜짝 놀라게(〈루가〉 2,47; 8,56; 〈사도〉 2,12) 하는 소식을 전한다. 23절은 4-8절을 반복한다. 루가는 여인들의 심리 상태를 소개하지 않는다. 천사들의 전갈은 예수가 살아 있다는 말로 줄였다. 루가는 빈 무덤이나 천사들의 말이 부활에서 핵심이 아니라는 사실을 독자에게 말하고 싶었다. 예수는 25-27절에서 루

가의 의도에 맞게 엠마오로 가는 두 제자의 말에 관심을 보이지도, 해석해주지도 않는다.

24절에 빈 무덤을 방문한 내용은 빈 무덤 이야기가 덧없다는 사실을 보충한다. 빈 무덤이 있다고 주장하거나 빈 무덤에 수백 번 가보는 일이 부활 신앙에 아무 도움이 되지 않는다는 말이다. 부활을 믿었기에 빈 무덤이나 빈 무덤 방문이 어떤 의미가 있는 것이지, 빈 무덤 자체나 빈 무덤을 방문했기에 부활 신앙이 생기는 것은 아니다. 우리는 예수가 시몬 베드로에게 나타나고(34절), 사도들에게 나타나고(36-49절) 나서야 예수가 부활했다는 사실을 알았다. 빈 무덤 이야기에서 성지 개발에 열중하는 한국 가톨릭의 모습이 연상된다. 성지 개발은 나름대로 의미가 있을 것이다. 그러나 더 중요하고 시급한 일이 한두 가지인가. 성지 개발에 쓰이는 돈을 일부라도 가난한 사람에게 돌리면 얼마나 좋을까. 성당 짓는 돈을 일부라도 신자의 성서 교육에 쓰면 얼마나 좋을까.

27절에서 '성서 전체'는 공동성서를 가리킨다. 부활한 예수가 그 말을 할 때 신약성서는 아직 한 작품도 쓰이지 않았다. '모세의 율법서와 모든 예언서를 비롯하여 성서 전체에서 당신에 관한 기사를 들어 설명해주셨다'는 구절에서 나는 성서 교육에 열심인 사제와 성서학자의 이름과 얼굴이 떠오른다. 그들에게 하느님의 축복이 가득하기를 진심으로 빈다. 골프장에 들락거리는 신부는 많아도 성서 공부와 성서 교육에 열심인 신부는 보기 힘들다. 이런 한국 천주교의 현실이 참 슬프다. 제일 큰 책임은 마땅히 주교와 신부에게 있다.

25절 "예언자들이 말한 모든 것을 믿기가 그렇게 어렵습니까?"라는 예수의 반문이 내 가슴에 불을 지르고 말았다. 예언서를 잘 보고 예언자에게 주목하라는 말씀으로 들린다. 예수는 〈이사〉 전문가다. 복음서에서 가장 자주 인용되는 책이 〈이사〉다. 예언서는 그만큼 예수를 이해하는 데 중요하다. 공동성서의 예언서는 신약성서 전체 분량과 거의 비슷할 정도로 성서 전체에서 비중이 크다. 공동성서에서 예수는 어느 유형에 해당할까. 선조도, 왕도, 사제도 아니다. 예언자로 축소하기에 예수는 아주 큰 인물이지만, 우선 예언자다. 예수를 예언자로 여기지 않으면 다음 단계로 나아갈 수 없다. 예수를 예언자로 보는 데서 시작해야 예수를 사람의 아들, 그리스도, 하느님의 아들로 볼 수 있다.

32절을 크게 소리 내어 읽고 싶다. "우리에게 말씀하실 때나 성서를 설명해주실 때에 우리가 얼마나 뜨거운 감동을 느꼈는가!" 좋은 시를 학문적으로 분석하기 전에 실컷 맛봐야 한다. 성서학자도 마찬가지다. 성서 주석학적으로 단어를 하나하나 따지기 전에 성서 구절이 주는 감동을 흠뻑 느끼고 싶다. 성서는 진리 이전에 기쁨이다. 성서는 먼저 기쁨으로 다가왔다. 성서를 성서학자의 관점으로 보기 전에 독자의 심정으로, 신앙인의 마음으로 보고 싶다. 독자 여러분도 성서를 느끼고 읽고 생각하는 기쁨을 마음껏 누리기 바란다.

두 사람이 예수를 예언자로 본 것은 이스라엘의 정치적 독립과 해방을 생각한 것이다. 루가는 독자가 예수에게서 정치적 해방자 이상을 기대하기 바란다. 예수에게서 정치적 해방자를 생각하지 말라는 뜻이 아니다. 정치 감각이 부족한 신학자는 예수와 정치적 해방을 떼어놓으려고 애쓴다. 결과적으로 악의 세력을 돕는 것이다. 26절에서 예수는 메시아가 고난을 겪어야 한다고 설명한다. 이것은 유다교에게 이해하기 어려운 설명이다. 고난 받는 메시아는 유다교 사상과 거리가 멀다. 고난 받는 메시아의 모습은 예수가, 그리스도교가 인류에게 선사한 놀라운 사상이다. 27절은 복음서 저자와 초대교회 사람들이 예수의 입을 빌려 율법서와 예언서와 공동성서 전체에서 예수에 관한 기사를 연결하고 인용하면서 세상에 설명한다.

그리스도교는 모세의 율법서와 모든 예언서를 비롯하여 공동성서 전체를 무시하지 않았다. 그리스도교는 처음부터 공동성서 전체를 충실하게 존중해왔다. 공동성서가 예수를 말한다기보다 그리스도교가 공동성서를 이용하여 예수를 설명한다. 이렇게 해설하는 것이 유다교를 슬프게 하지 않는 방법이다. 그리스도교를 세우기 위해 유다교를 비난할 필요는 없다. 유다교를 존중하면서 그리스도교를 세우는 것이 하느님 보시기에 더 아름다울 것이다. 유다교를 비난하는 것은 그리스도교의 죄를 더할 뿐이다.

그리스도교에 대한 실망과 그리스도교의 해명에서 차이보다 공통점에 주목하자고 말하고 싶다. 메시아에 대한 희망의 근거와 내용에서 차이가 있지만, 예수의 말씀과 행동에서 희망을 보는 점은 같다. 그리스도교에 실망하거나 무관심한 사람도 예수를 존경하고 예수에게서 배우려 한다는 말이다. 이것만 해도 엄청난 일 아닌가. 예수의 말씀과 행동을 정직하게 전하고, 예수의 말씀과 행동을 본받아 살려고 애쓰는 것이 중요하다. 부활한 그리스도에 대한 믿음에서 차이가 있다고 해도 역사의 예수에 대한 존경에서 공통점이 있다는 말이다. 그 공통점에서 함께 시작하는 것이 어떨까. 예수의 말씀과 행동이 우리에게 시작이라는 뜻이다.

이 공통점은 그리스도교에게 곤혹스러운 과제를 준다. 예수가 선포한 희망을 오히려 그리스도교가 훼손하기도 하고, 그리스도교가 입으로 그 희망을 선포하는데 삶에서 희망을 절망으로 바꾸기도 하기 때문이다. 그리스도교는 예수 Yes, 교회 No라는 시대 분위기에서 자기 개혁에 신경 써야 한다. 교회 제도 자체에 고칠 점은 없는가. 교회 적폐 청산에서 대상자는 누구인가. 어떻게 하면 자기 개혁을 효과적으로 진행할 수 있는가. 그런 과제를 제대로 실천하지 않으면 교회가 예수에게 장애물이 될 수 있다. 예수를 전하는 데 교회가 디딤돌이 아니라 장애물이 될 수 있다는 말이다. 그리스도교에서 현실적으로 권력을 장악한 성직자가 크게 반성할 지점이다. 성직자가 회개하지 않으면 그리스도교에 희망은 없다.

내가 세상을 떠난 뒤 누가 내 삶을 대여섯 문장으로 요약한다고 상상해보자. 다른 사람이 아닌 나 자신에게 직접 설명한다고 가정해보자. 나는 어떤 말을 들을까. 사람들은 내가 어느 지역 출신이라는 말을 잊지 않고 기억할 것이다. 사람들이 내 삶에 자신의 희망을 걸었을까, 내 삶 때문에 실망했을까? 내 가족과 지인이 내 이름과 삶을 기쁘게 추억할까, 기억하기도 불쾌할까?

〈루가〉도 〈마르〉처럼 '십자가 신학'을 강조한다. 승리 신학을 말하는 듯 보이는 〈요한〉도 사실은 십자가 신학이다. 십자가 신학이라는 단어가 그리스도교 안팎에서 무분별하게 쓰이기 때문에 나는 십자가 신학을 '저항 신학'으로 바꿔 부르고 싶다. 〈루가〉도 〈마르〉처럼 저항 신학을 강조한다. 〈요한〉도 사실 저항 신학이다. 이제 의미가 뚜렷해졌는가. 십자가 없이 부활 없다. 저항 없이 부활 없다. 〈루가〉는 저항 신학이다.

그리스도교 역사에 부활을 강조하면서 십자가를 슬쩍 지나치는 풍조가 많았다. 오늘도 마찬가지다. 십자가를 강조하면서 저항을 슬쩍 지나치는 풍조가 많다. 예수는 가만히 있다가 십자가 처형을 당한 것이 아니다. 예수는 피정 지도하다가, 묵상하다가 느닷없이 십자가를 맞이한 것이 아니다. 악의 세력에 끊임없이 저항하다가 십자가 처형을 당한 것이다.

십자가는 무의미한 고통을 참고 견디는 것과 거리가 멀다. 가난한 사람을 괴롭히는 악의 세력에 저항하여 얻은 고통만 신학적으로 의미 있다. 무의미한 고통을 참고 견디는 일은 예수의 십자가와 아무 관계 없다. 무의미한 고통을 그저 참고 견딜 이유도, 필요도 없다. 그렇게 가르치는 신학자나 설교자는 악의 편이다. 악의 세력이 주는 고통에 예수처럼 당당히 저항하라. 악의 세력이 우리를 십자가에 못 박으려는 시도에 마땅히 저항하라. 가난한 사람이 십자가에 못 박히지 않도록 저항하고 싸우자.

○ 부활한 예수가 남긴 말

³⁶ 그들이 이런 이야기를 하고 있을 때에 예수께서 나타나 그들 가운데 서시며 "여러분에게 평화가 있기를!" 하고 말씀하셨다. ³⁷ 그들은 너무나 놀라고 무서워서 유령을 보는 줄 알았다. ³⁸ 예수께서는 그들에게 "왜 그렇게 안절부절못하고 의심을 품습니까? ³⁹ 내 손과 발을 보시오. 틀림없이 나입니다! 자, 만져보시오. 유령은 뼈와 살이 없지만 보다시피 나에게는 있지 않습니까?" ⁴⁰ 하며 당신의 손과 발을 보여주셨다.

⁴¹ 그들은 기뻐하면서도 믿기지 않아서 어리둥절한데, 예수께서 "여기에 먹을 것이 좀 있습니까?" 하고 물으셨다. ⁴² 그들이 구운 생선 한 토막을 드리니 ⁴³ 예수께서 그것을 받아 그들이 보는 앞에서 잡수셨다. ⁴⁴ 그리고 그들에게 말씀하셨다. "내가 전에 여러분과 함께 있을 때에도 말하였거니와 모세의 율법과 예언서와 시편에 나를 두고 한 말씀은 반드시 다 이루어져야 합니다." ⁴⁵ 예수께서 성서를 깨닫게 하시려고 그들의 마음을 열어주셨다. ⁴⁶ 그리고 그들에게 말씀하셨다. "성서의 기록을 보면 그리스도는 고난을 받고 죽었다가 사흘 만에 다시 살아난다고 하였습니다. ⁴⁷ 그리고 그리스도의 이름으로 회개하면 죄를 용서받는다는 기쁜 소식이 예루살렘에서 비롯하여 모든 민족에게 전파된다고 하였습니다. ⁴⁸ 여러분은 이 모든 일의 증인입니다. ⁴⁹ 나는 내 아버지께서 약속하신 것을 여러분에게 보내주겠습니다. 그러니 여러분은 위에서 오는 능력을 받을 때까지 예루살렘에 머무르시오."

⁵⁰ 예수께서 그들을 베다니아 근처로 데리고 나가 두 손을 들어 축복하셨다. ⁵¹ 이렇게 축복하며 그들을 떠나 하늘로 올라가셨다. ⁵² 그들은 엎드려 예수께 경배하고 기쁨에 넘쳐 예루살렘으로 돌아가 ⁵³ 날마다 성전에서 하느님을 찬미하며 지냈다.(24,36-53)

드디어 〈루가〉가 끝난다. 마지막 이야기는 세 장면으로 구성된다. 처음 두 곳은 예루살렘, 나머지는 베다니아다. 첫 부분에서 예수는 당신이 죽음에서 진짜 부활했음을 알려준다(36-43절). 두 번째는 공동성서에서 예수의 운명을 어떻게 보았는지 설명한다(44-49절). 마지막 장면에서 예수는 하늘로, 제자들은 예루살렘으로 간다(50-53절). 〈루가〉는 끝나고 〈사도〉와 연결된다. 예수의 역사는 제자의 역사와 교회의 역사로 이어진다. 예수가 떠나고 교회가 생겼다. 52절에서 제자들은 예수와 헤어지고도 기쁨에 넘쳤다. 이것이 〈루가〉다. 〈루가〉의 시작도, 끝도 기쁨이다. 루가는 원래 〈루가〉와 〈사도〉를 한 책으로 쓰려고 생각한 것 같다.

36-49절은 부활한 예수가 나타난 이야기다. 예수가 제자들에게 갑자기 나타난다. 제자들은 놀라고 두려워한다. 예수는 제자들에게 왜 의심하고 놀라느냐며 섭섭해한다. 예수는 틀림없이 나라고 확인해준다. 그리고 마지막 말을 남긴다. 순서가 〈요한〉 20,19-23과 비슷하다. 이 때문에 〈요한〉이 〈루가〉에 의존하지 않느냐고 논의되기도 했다. 〈요한〉에서 제자들 파견은 준비된 것이 아니라 이루어진 것이 〈루가〉와 다르다. 앞에 나온 '부활한 예수와 제자들의 만남' 이야기 31절에서 예수가 제자들이 있는 데서 갑자기 사라졌듯이, 36절에서 제자들 가운데 느닷없이 나타났다. 부활 후 예수는 지상의 존재처럼 움직이는 것이 아니라 천상의 존재처럼 이동한다는 뜻이다. 천사가 목자들에게 갑자기 나타나는 모습과 비슷하다(〈다니〉 8,15; 〈루가〉 2,9; 〈사도〉 10,30).

부활한 예수가 제자들에게 처음 건넨 말씀은 평화의 인사다. 공동성서 배경이 있는 인사다. 루가는 여기와 〈루가〉 10,5에서만 유다교 방식으로 평화eirene의 인사를 한다. 다른 곳에서는 그리스 방식대로 인사kaire 한다(〈루가〉 1,28; 〈사도〉 15,23; 23,26). "어느 집에 들어가든지 먼저 '이 댁에 평화를 빕니다!' 하고 인사하시오"(〈루가〉 10,5). 죽음을 이긴 분이 평화를 빈다. 죽음의 반대말 부활은 곧 평화다. 죽음의 반대말은 생명이요, 곧 평화다. 생명과 평화를 같이 써도 좋고 묶어 써도 좋다. 생명은 곧 평화다. 생명 평화다. 죽은 이에게 평화의 안식을 빌기도 하지만, 살아 있는 것이 진짜 평화다. 사람이 사는 것이 하느님의 영광이다. 가난한 사람이 사는 것이 하느님의 영광이다. 우리는 하느님의 영광을 위해 살지만, 하느님은 가난한 사람의 영광을 위해 살아 계신다.

부활한 예수를 다른 사람으로 잘못 알아볼 수 있다. 마리아 막달라는 부활한 예수를 동산지기인 줄 알았다(〈요한〉 20,15). 생전에 물 위를 걷는 예수를 보고 제자들은 "유령이다!" 하며 소리 질렀다(〈마태〉 14,26). 제자들은 영적 존재(〈사도〉 23,8; 〈에페〉 6,12)를 봤다고 생각했을까. 영적 존재는 몸이 없다(〈민수〉 16,22)고 여겨졌다. 하느님의 아들들과 사람의 딸들 사이에서 태어난 느빌림(〈창세〉 6,1-4)을 떠올렸을까. 예수는 38절에서 "왜 그렇게 안절부절못하고 의심을 품습니까?"라고 혼내면서 말한다. 같은 방식으로 말하는 곳이 있다. 눈부신 옷을 입은 두 사람이 빈 무덤을 찾은 여자들에게 말했다. "여러분은 어찌하여 살아 계신 분을 죽은 자 가운데서 찾습니까?"(〈루가〉 24,5)

예수는 살아 있을 때 사람의 마음을 읽었고(〈루가〉 5,22; 9,47), 부활해서도 마찬가지다. 예수는 당신이 부활했음을 두 번이나 이해시키려고 한다. 손과 발을 제자들에게 두 번 보여준다. 손과 옆구리를 보여주기도 한다(〈요한〉 20,20). '몸 없이 뼈 없이sine corpore et umbrae'가 아니다. 예수가 유령이라는 제자들의 첫 반응은 바뀐다. 41-43절에서 예수는 부활이 가짜나 속임수가 아니라는 사실을 보여주려고 애쓴다. "그분이 죽었다가 다시 살아나신 뒤에 우리는 그분과 함께 먹기도 하고 마시기도 하였습니다."(〈사도〉 10,41) 유령이나 천사는 먹을 수도, 마실 수도 없다(〈판관〉 13,15-16; 〈토비〉 12,19). 42절에서 '구운 생선'이 등장한다. 고대의 저녁 식사에 빵과 포도주뿐 아니라 생선과 꿀이 나오기도 했다.[275]

몸 없이 부활 없다. 공통년 1세기 말에 '몸의 부활'이라는 주제가 등장했다.[276] 루가는 부활을 아예 부정하거나 영혼의 부활만 강조하는 흐름에 맞선 전승을 지지한다.[277] 개인의 몸과 존재가 살아난다. 예수가 부활에 대한 조직신학 논문을 쓴 것은 아니다. 예수는 개념을 이야기로 푼 신학자다. 부활에 대한 바울로의 표현은 흥미롭다. "육체적인 몸으로 묻히지만 영적인 몸으로 다시 살아납니다."(〈1고린〉 15,44) '영적인 몸soma pneumatikon'이라는 단어는 죽기 전의 개인에 연결되고, 부활한 몸의 새로움도 강조할 수 있었다.

43절에서 예수는 '제자들이 보는 앞에서enopion' 음식을 먹는다. 예수가 제자들을 부활의 증인으로 삼은 것이다(〈루가〉 24,48; 〈사도〉 1,22; 10,41). 루가는 제자들이 예수의 행동에 어떻게 반응했는지 설명하지 않는다. 45절에서 예수는 '성서를 깨닫게 하려고 제자들의 마음을 열어주었다'. 예수는 성서신학자요, 성서신학자의 모범이다. "성서 주석가들과 신학자들의 임무는 교회의 판단이 성숙하도록 돕는 것이다."[278]

성서 공부는 여행과 비슷하다. 성서신학자는 가이드에 비유할 수 있다. 여행이 결국 자기 자신에게 돌아오듯이, 성서 공부도 자기 자신에게 돌아온다.

마음을 열면 성서가 보인다. 성서를 보면 마음이 열린다. 마음을 여는 만큼 성서가 보이고, 성서를 보는 만큼 마음이 열린다. 성서를 보면 예수도 보이고, 가난한 사람도 보이고, 나 자신도 보인다.

자신을 보는 만큼 예수도 보이고, 예수를 보는 만큼 자신도 보인다. 가난한 사람을 보는 만큼 예수도 보이고, 예수를 보는 만큼 가난한 사람도 보인다. 가난한 사람을 보는 만큼 자신도 보이고, 자신을 보는 만큼 가난한 사람도 보인다. 모든 것은 아름답게 이어진다. 이 세상 어떤 존재도 무관하지 않다.

44-48절은 바울로가 아그리빠와 페스도에게 해명한 말을 축소한 것 같다. "저는 예언자들과 모세가 예언한 것 외에는 가르친 것이 없습니다. 곧 그리스도는 고난을 받고 죽은 자들 가운데서 제일 먼저 부활하여 이스라엘 백성과 이방인에게 구원의 빛을 선포하실 분이라는 것입니다."(〈사도〉 26,22-23) 루가는 부활의 증인 문제를 주제로 삼아 예수의 운명을 요약한다. 44절에서 모세의 율법과 예언서에 시편을 덧붙인 것이 특이하다. 여기서 '시편_palmois'은 모세오경과 예언서 다음의 문헌이 아니라 오직 〈시편〉을 가리키는 것 같다.[279] 45절에서 예수가 제자들의 마음을 열어주어 제자들은 이 모든 것을 비로소 깨닫는다. 예수여, 우리 마음을 열어주소서.

45절에서 예수는 마치 우리에게 성서를 강연하는 것 같다. 예수는 두 가지를 분명히 말한다. 먼저 성서를 깨달아야 한다. 이해 대상이 성서라는 말이다. 성서를 공부하지 않으면 예수를 알 수 없다는 뜻이다. 예수는 지금까지 제자들이 예수를 알아보지 못한 것은 공동성서를 제대로 공부하지 않았기 때문이라고 정확히 말한다. 공동성서를 제대로 공부하지 않으면 예수를 알 수 없다. 신약성서도 잘 모르는데 무슨 공동성서를 말하느냐고 묻지 마라. 공동성서든 신약성서든 모르는 것이 자랑은 아니다. 물론 성서를 제대로 가르쳐주지 않은 주교와 목사와 신부 책임이 크다. 목사와 신부에게 성서를 가르쳐달라고 졸라라. 그러나 마지막 책임은 자신이 져야 한다. 답답하고 목마른 사람은 스스로 성서를 공부하라. 목사와 신부가 내 구원을 보장해주지 않는다.

47절 '회개metanoia'와 '용서'는 이스라엘 백성에 대한 세례자 요한(〈루가〉 1,77; 3,3)의 주제다. 예수는 스승인 세례자 요한을 넘어 모든 민족에게 회개와 용서를 선포한다(〈루가〉 17,3; 〈사도〉 8,22; 17,30). 48절에서 제자들은 예수에게서 처음으로 '증인martures'이라는 호칭을 받는다. 증인이 되어야 한다는 요구뿐 아니라 증인이라는 임명장을 예수에게서 받은 것이다. 예수의 증인은 두 가지 조건을 채워야 한다. 부활한 예수를 직접 보고, 예수에게 뽑혀야 한다(〈루가〉 6,13; 〈사도〉 1,24). 성령이 충만하여 하늘을 우러러보며 하느님 오른쪽에 사람의 아들이 서 계신 것을 본 스데파노(〈사도〉 7,55-56)는 주님의 증인이다(〈사도〉 22,20). 증인인 제자들의 책임은 무한 책임이다. 예수의 제자들은 무책임에 무한 권한이 아니라 무한 책임에 무권리다. 그만큼 예수의 제자들은 자신에게 가혹하고 엄중하게 살아야 한다.

부활한 예수는 〈마르〉 16,7에서 제자들에게 갈릴래아로 가라고 한다. 49절에서는 예루살렘에 머무르라고 말한다. 예루살렘은 루가에게 세계 선교의 출발지다. 마르코가 농촌 선교를 생각했다면, 루가는 도시 선교를 생각했다. 마르코와 루가는 보는 눈도, 포부도 조금 다르다. 〈루가〉에서 예수가 승천한 장소로 베다니아가 나온 것은 〈사도〉 1,12에서 올리브 산으로 밝힌 것과 모순되지 않는다. 베다니아는 올리브 산 중턱에 있다(〈루가〉 19,29). 50절 '축복하다eksagein'는 루가가 자주 쓰는 단어다. 신약성서에 모두 열두 번 나오는 이 단어가 〈루가〉에서 아홉 번이나 쓰였다.[280] 손을 드는 동작은 축복의 몸짓이다(〈레위〉 9,9; 〈시편〉 133,2). 작별 인사(〈창세〉32,1;〈신명〉33,1;〈1마카〉2,69)에 축복이 포함된다.

〈루가〉마지막 문장에서 루가가 제자들을 유다교 성전과 연결한 것이 눈에 띈다. 그리스도교와 유다교는 형제자매다. 그리스도교는 공동성서를 잊지 말고, 유다교를 잊지 말고, 유다 민족의 슬픔을 잊지 말아야 한다. 역사에서 그리스도교가 유다인에게 저지른 잘못을 언제나 기억해야 한다. 자기 잘못을 기억하지 않는 개인이나 종교는 결국 무너진다. 그리스도교 역사는 유다교 역사와 함께한다.

어떤 복음서 저자도, 신약성서 다른 작품의 저자도 예수의 승천을 말하지 않았다. 루가는 예수의 승천을 두 번(〈루가〉24,50-53;〈사도〉1,9-12)이나 당당히 말한다. 두 곳은 사실 같은 사건을 보도한다. 왜 그랬을까. 예수의 부활이 생명이라는 인간 차원의 주제일 뿐 아니라 하느님의 영광으로 높이 들리는 사건임을 말하고 싶지 않았을까(〈루가〉24,26). 높이 들리는 사건은 유다교 신앙에 낯선 내용이 아니다. 하느님과 함께 살다가 하느님께서 데려가신 에녹(〈창세〉5,24), 엘리야의 승천(〈2열왕〉2,1-18), 그리스·로마 문화에서도 헤라클레스Heracles와 로물루스Romulus 이야기가 유명하다.[281] 〈루가〉에서 예수의 승천은 부활절 당일에 일어난 것 같다. 〈사도〉1,3은 40일 뒤를 말한다.

부활 신앙이 '죽은 뒤 내 몸은 어떻게 될까?'라는 질문에서 시작된 것은 아니다. 부활 신앙은 '역사에서 억울하게 죽은 사람의 운명은 어떻게 될까?'라는 정당한 고뇌, 억울하게 죽은 사람에 대한 애정에서 시작되었다. 죽은 뒤 내 몸은 어떻게 될까라는 질문은 버리고, 역사에서 억울하게 죽은 사람의 운명은 어떻게 될까 생각하자. 부활은 개인의 몸에 대한 이야기가 아니다. 부활은 우선 역사에서 희생자의 이야기다. 부활은 몸만 살아나는 것이 아니라 역사가 다시 살아나는 것이다. 부활을 몸의 문제로 축소하지 말고 역사 문제로 넓히자. 부활은 존재론이나 조직신학 주제가 아니라 우선 역사신학 주제다.

4·3사건 희생자들의 몸과 역사가 살아난다. 한국전쟁 전후 학살당한 수많은 양민의 몸과 역사가 살아난다. 외국 군대에 희생당한 동학혁명 농민의 몸과 역사가 살아난다. 5·18민주화운동과 세월호 희생자의 몸과 역사가 살아난다. 가난한 사람의 몸과 역사가 살아난다. 사람들에게 희생당한 지구와 생태의 몸과 역사가 살아난다. 예수는 가난한 사람을 먼저 선택한다. 부활은 가난한 사람을 먼저 선택한다. 〈루가〉는 역사의 희생자, 가난한 사람에 대한 애정으로 가득하다. 해방신학도 가난한 사람을 먼저 선택한다.

못이 예수의 손에만 박힌 것이 아니다. 몸이 십자가에서 미끄러지지 않도록 발에도 못을 박았다. 예수는 십자가에 매달렸을 뿐 아니라 창에 옆구리가 찔리는 고문도 당했다. 부활한 예수는 십자가에 매달렸다는 역사를 생생하게 증언한다. 이 장면은 역사적 사실 여부에 관계없이 우리에게 중요한 메시지를 준다. 부활한 예수를 알려면 십자가에 못 박힌 예수를 먼저 기억해야 한다는 말이다. 십자가에 못 박힌 예수는 저항하는 인간이다.

부활한 예수는 제자들보다 먼저 갈릴래아로 간다(〈마르〉16,7). 부활한 예수는 제자들에게 십자가에 못 박힌 자신을 보여주었다. 부활한 예수가 주는 메시지는 두 가지다. 첫째, 역사의 현장으로 가라. 둘째, 십자가를 기억하라. 갈릴래아는 가난한 희생자들이 살고, 저항한 현장이다. 십자가는 체념과 굴종이 아니다. 십자가는 패배와 침묵의 상징이 아니다. 십자가는 앉아서 죽는 것이 아니라 일어서서 저항하는 것이다. 남미 주교들은 "수동적으로 가만히 앉아서 기다릴 수만은 없다"고 말했다.[282] 갈릴래아는 저항의 현장이요, 십자가도 저항이다. 부활한 예수가 우리에게 요구하는 것은 한 가지다. 저항하라. 악의 세력에 저항하라. 죽음을 무릅쓰고 저항하라. 저항 없이 구원 없다. 〈루가〉는 말한다. 살며 저항하며. 그리스도교는 사랑보다 먼저 저항을 말해야 한다.

나의 〈루가〉 해설에 가장 많이 도움을 준 학자는 개신교 성서학자 프랑수아 보폰이다. 그는 '개신교-가톨릭 신약성서 주석 시리즈Evangelisch-Katholischer Kommentar zum Neuen Testament(EKK)'《루가 주석서Das Evangelium nach Lukas》 총 4권 2000페이지 대작을 썼다. 40년 이상 〈루가〉 주석에 바친 그의 삶을 진심으로 존경한다. 그의 책 마지막 페이지에서 밀라노Milano 주교 암브로시우스Ambrosius의 말을 발견했다. "복음의 끝과 함께 우리의 언어도 완성되기를, 하느님께서 좋아하시길Atque utinam cum evangelii fine noster quoque sermo claudatur!"

〈루가〉 해설서를 마치며 단어 하나가 떠오른다. 저항.
하느님, 감사합니다Deo gratias.

주

1 혼 소브리노, 김근수 옮김,《해방자 예수》, 메디치미디어, 2015, p.255.

2 프란치스코 교황,《복음의 기쁨》, 한국천주교중앙협의회, 2014, 188항.

3 José Ignacio González Faus, *La humanidad nueva: Ensayo de cristologia*, SAL
  TERRAE, 1984, p.9.

4 소브리노,《해방자 예수》, p.15.

5 프란치스코 교황,《복음의 기쁨》, 198항.

6 François Bovon, *Das Evangelium nach Lukas(EKK)*, III/1, Patmos, 1989, p.115.

7 2013년 7월 28일 이탈리아 귀국 비행기에서 기자회견.

8 Michael Wolter, *Das Lukasevangelium*, Mohr Siebeck, 2008, p.138.

9 Ulrich Luz, *Das Evangelium nach Matthäus(EKK)* Bd. I/1, Patmos, 2002, p.114.

10 Bovon, *Das Evangelium nach Lukas(EKK)*, III/1, p.239.

11 Heinz Schürmann, *Das Lukasevangelium, 1. Teil. Kommentar zu Kap. 1,1-9,50*,
   Herder, 1970, p.276.

12 Bovon, *Das Evangelium nach Lukas(EKK)*, III/1, p.298.

13 장 코르미에, 김미선 옮김,《체 게바라 평전》, 실천문학사, 2000, p.35.

14 Schürmann, *Das Lukasevangelium, 1. Teil. Kommentar zu Kap. 1,1-9,50*, p.369.

15 Bovon, *Das Evangelium nach Lukas(EKK)*, III/1, p.340.

16 Bovon, *Das Evangelium nach Lukas(EKK)*, III/1, p.348.

17 Bovon, *Das Evangelium nach Lukas(EKK)*, III/1, p.348.

18 Jacob Kremer, *Die Neue Echter-Bibel. Kommentar: Lukasevangelium*, Echter,
   2010, p.82.

19 Bovon, *Das Evangelium nach Lukas(EKK)*, III/1, p.374.

20 Wolter, *Das Lukasevangelium*, p.283.

21 Wolter, *Das Lukasevangelium*, p.282.

22 Joachim Jeremias, *Die Gleichnisse Jesu*, Vandenhoeck&Ruprecht, 1998, p.139.

23 Irenaeus, *Adv. Haer*, IV, 31,2.

24 Bovon, *Das Evangelium nach Lukas(EKK)*, III/1, p.388.

25 Elisabeth Moltmann-Wendel, *Ein eigener Mensch werden*, Gütersloher Verlagshaus, 1991, p.142.

26 Jeremias, *Die Gleichnisse Jesu*, p.5.

27 Bovon, *Das Evangelium nach Lukas(EKK)*, III/1, p.417.

28 Wolter, *Das Lukasevangelium*, p.312.

29 Joseph. A. Fitzmyer, *The Gospel according to Luke I*, Doubleday&Co, 1981, p.725.

30 Bovon, *Das Evangelium nach Lukas(EKK)*, III/1, p.419.

31 Kremer, *Die Neue Echter-Bibel. Kommentar: Lukasevangelium*, p.94.

32 Bovon, *Das Evangelium nach Lukas(EKK)*, III/1, p.433.

33 Wolter, *Das Lukasevangelium*, p.319.

34 Kremer, *Die Neue Echter-Bibel. Kommentar: Lukasevangelium*, p.97.

35 Wolter, *Das Lukasevangelium*, p.324.

36 Wolter, *Das Lukasevangelium*, p.325.

37 Rudolf Bultmann, *Die Geschichte der synoptischen Tradition*, Vandenhoeck& Ruprecht, 1970, p.329.

38 Karl Kertelge, *Die Wunder Jesu im Markusevangelium*, Kösel, 1970, p.116.

39 Bultmann, *Die Geschichte der synoptischen Tradition*, p.230.

40 Gerd Theissen, *Urchristliche Wundergeschichten*, Guetersloher Verlagshaus, 1998, p.111.

41 프란치스코 교황,《복음의 기쁨》, 198항.

42 Bovon, *Das Evangelium nach Lukas(EKK)*, III/1, p.492.

43 Wolter, *Das Lukasevangelium*, p.352.

44 Hans Conzelmann, *Die Mitte der Zeit: Studien zur Theologie des Lukas*, Mohr Siebeck, 1960, p.51.

45 Fitzmyer, *The Gospel according to Luke I*, p.802.

46 Bovon, *Das Evangelium nach Lukas(EKK)*, III/1, p.501.

47 Wolter, *Das Lukasevangelium*, p.358.

48 Jon Sobrino, *Fuera de los pobres no hay salvación: pequeños ensayos utópico-proféticos*, Editorial Trotta, 2007.

49 소브리노,《해방자 예수》, p.485-489.

50 Wolter, *Das Lukasevangelium*, p.365.

51 Conzelmann, *Die Mitte der Zeit: Studien zur Theologie des Lukas*, p.58.

52 Wolter, *Das Lukasevangelium*, p.385.

53 Ignacio Ellacuría, *Filosofía de la realidad histórica*, Editorial Trotta, 1991.

54 Bovon, *Das Evangelium nach Lukas(EKK)*, III/2, 1995, p.103.

55 Bovon, *Das Evangelium nach Lukas(EKK)*, III/2, p.120.

56 Bovon, *Das Evangelium nach Lukas(EKK)*, III/2, p.149.

57 Bovon, *Das Evangelium nach Lukas(EKK)*, III/2, p.155.

58 Bovon, *Das Evangelium nach Lukas(EKK)*, III/2, p.171.

59 발터 카스퍼, 박상래 옮김,《예수그리스도》, 분도출판사, 1977.

60 Bovon, *Das Evangelium nach Lukas(EKK)*, III/2, p.187.

61 Bovon, *Das Evangelium nach Lukas(EKK)*, III/2, p.185.

62 Bovon, *Das Evangelium nach Lukas(EKK)*, III/2, p.187.

63 Bovon, *Das Evangelium nach Lukas(EKK)*, III/2, p.189.

64 Oscar Romero, *La Violencia Del Amor*, Plough Publishing House, 2014.《희망의 예언자 오스카 로메로》, 스콧 라이트, 김근수 옮김, 아르테, 2015, p.255에서 재인용.

65 Wolter, *Das Lukasevangelium*, p.424.

66 Schürmann, *Das Lukasevangelium, 1. Teil. Kommentar zu Kap. 1,1-9,50*, p.273.

67 Bovon, *Das Evangelium nach Lukas(EKK)*, III/3, 2001, p.195.

68 Bovon, *Das Evangelium nach Lukas(EKK)*, III/3, p.212.

69 Bovon, *Das Evangelium nach Lukas(EKK)*, III/2, p.223.

70 Wolter, *Das Lukasevangelium*, p.431.

71 Bovon, *Das Evangelium nach Lukas(EKK)*, III/2, p.226.

72 Bovon, *Das Evangelium nach Lukas(EKK)*, III/2, p.249.

73 프란치스코 교황,《복음의 기쁨》, 198항.

74 Bovon, *Das Evangelium nach Lukas(EKK)*, III/2, p.274.

75 Kremer, *Die Neue Echter-Bibel. Kommentar: Lukasevangelium*, p.136.

76 Wolter, *Das Lukasevangelium*, p.446.

77 프란치스코 교황,《복음의 기쁨》, 197항.

78 프란치스코 교황,《복음의 기쁨》, 197항.

79 Bovon, *Das Evangelium nach Lukas(EKK)*, III/2, p.303.

80 Bovon, *Das Evangelium nach Lukas(EKK)*, III/2, p.307.

81 Bovon, *Das Evangelium nach Lukas(EKK)*, III/2, p.312.

82 Wolter, *Das Lukasevangelium*, p.460.

83 Bovon, *Das Evangelium nach Lukas(EKK)*, III/2, p.327.

84 Wolter, *Das Lukasevangelium*, p.463.

85 Bovon, *Das Evangelium nach Lukas(EKK)*, III/2, p.331.

86 Bovon, *Das Evangelium nach Lukas(EKK)*, III/2, p.337.

87 Kremer, *Die Neue Echter-Bibel. Kommentar: Lukasevangelium*, p.141.

88 Wolter, *Das Lukasevangelium*, pp.468-469.

89 Bovon, *Das Evangelium nach Lukas(EKK)*, III/2, p.352.

90 Bovon, *Das Evangelium nach Lukas(EKK)*, III/2, p.357.

91 Jeremias, *Die Gleichnisse Jesu*, p.146.

92 Bovon, *Das Evangelium nach Lukas(EKK)*, III/2, p.373.

93 프란치스코 교황,《복음의 기쁨》, 135항.

94 프란치스코 교황,《복음의 기쁨》, 154항.

95 요한 바오로 2세, 윤민구 옮김,《현대의 사제 양성》, 한국천주교중앙협의회, 1993, 26항.

96 프란치스코 교황,《복음의 기쁨》, 154항.

97 프란치스코 교황,《복음의 기쁨》, 158항.

98 프란치스코 교황,《복음의 기쁨》, 151항.

99 Kremer, *Die Neue Echter-Bibel. Kommentar: Lukasevangelium*, p.145.

100 Bovon, *Das Evangelium nach Lukas(EKK)*, III/2, p.401.

101 Bovon, *Das Evangelium nach Lukas(EKK)*, III/2, p.402.

102 프란치스코 교황,《복음의 기쁨》, 54항.

103 Bovon, *Das Evangelium nach Lukas(EKK)*, III/2, p.409.

104 Bovon, *Das Evangelium nach Lukas(EKK)*, III/2, p.409.

105 Bovon, *Das Evangelium nach Lukas(EKK)*, III/2, p.418.

106 Bovon, *Das Evangelium nach Lukas(EKK)*, III/2, p.431.

107 Bovon, *Das Evangelium nach Lukas(EKK)*, III/2, p.433.

108 Wolter, *Das Lukasevangelium*, p.495.

109 Bovon, *Das Evangelium nach Lukas(EKK)*, III/2, p.445.

110 Bovon, *Das Evangelium nach Lukas(EKK)*, III/2, p.470.

111 Wolter, *Das Lukasevangelium*, p.501.

112 Bovon, *Das Evangelium nach Lukas(EKK)*, III/2, p.473.

113 Wolter, *Das Lukasevangelium*, p.502.

114 Bovon, *Das Evangelium nach Lukas(EKK)*, III/2, p.488.

115 아우구스트 프란츤, 최석우 옮김,《세계 교회사》, 분도출판사, 2001, p.446.

116 Bovon, *Das Evangelium nach Lukas(EKK)*, III/2, p.488.

117 Bovon, *Das Evangelium nach Lukas(EKK)*, III/2, p.542.

118 Jeremias, *Die Gleichnisse Jesu*, p.169.

119 2차 바티칸공의회, 일치 운동에 관한 교령〈일치의 재건Unitatis Redintegratio〉, 1964, 11항.

120 Bovon, *Das Evangelium nach Lukas(EKK)*, III/3, p.21.

121 E. P. Sanders, "Jesus and the Sinners", *Journal for the Study of the New Testament* 19, 1983, pp.5-36.

122 Bovon, *Das Evangelium nach Lukas(EKK)*, III/3, p.20.

123 Wolter, *Das Lukasevangelium*, p.527.

124 Bovon, *Das Evangelium nach Lukas(EKK)*, III/3, p.19.

125 Bovon, *Das Evangelium nach Lukas(EKK)*, III/3, p.65.

126 Wolter, *Das Lukasevangelium*, p.533.

127 Helmut Merklein, *Die Gottesherrschaft als Handlungsprinzip*, Echter, 1997, p.195.

128 Kremer, *Die Neue Echter-Bibel. Kommentar: Lukasevangelium*, p.159.

129 Kremer, *Die Neue Echter-Bibel. Kommentar: Lukasevangelium*, p.162.

130 Bovon, *Das Evangelium nach Lukas(EKK)*, III/3, p.78.

131 피델 카스트로, 프레이 베토, 조세종 옮김, 《카스트로, 종교를 말하다》, 살림터, 2016, p.355.

132 Conzelmann, *Die Mitte der Zeit: Studien zur Theologie des Lukas*, p.17; Wolter, *Das Lukasevangelium*, p.554.

133 Wolter, *Das Lukasevangelium*, p.556.

134 Kremer, *Die Neue Echter-Bibel. Kommentar: Lukasevangelium*, p.165.

135 Wolter, *Das Lukasevangelium*, p.565.

136 프란치스코 교황, 《복음의 기쁨》, 151항.

137 Conzelmann, *Die Mitte der Zeit: Studien zur Theologie des Lukas*, p.62.

138 Wolter, *Das Lukasevangelium*, p.574.

139 Wolter, *Das Lukasevangelium*, p.575.

140 Kremer, *Die Neue Echter-Bibel. Kommentar: Lukasevangelium*, p.171.

141 Bovon, *Das Evangelium nach Lukas(EKK)*, III/3, p.167.

142 Wolter, *Das Lukasevangelium*, p.576.

143 Bovon, *Das Evangelium nach Lukas(EKK)*, III/3, p.174.

144 Bovon, *Das Evangelium nach Lukas(EKK)*, III/3, p.190.

145 Kremer, *Die Neue Echter-Bibel. Kommentar: Lukasevangelium*, p.178.

146 Bovon, *Das Evangelium nach Lukas(EKK)*, III/3, p.244.

147 Wolter, *Das Lukasevangelium*, p.603.

148 Wolter, *Das Lukasevangelium*, p.608.

149 Kremer, *Die Neue Echter-Bibel. Kommentar: Lukasevangelium*, p.181.

150 Bovon, *Das Evangelium nach Lukas(EKK)*, III/3, p.274.

151 Wolter, *Das Lukasevangelium*, p.614.

152 Bovon, *Das Evangelium nach Lukas(EKK)*, III/3, p.266.

153 Kremer, *Die Neue Echter-Bibel. Kommentar: Lukasevangelium*, p.183.

154 Bovon, *Das Evangelium nach Lukas(EKK)*, III/3, p.294.

155 Kremer, *Die Neue Echter-Bibel. Kommentar: Lukasevangelium*, p.184.

156 Bovon, *Das Evangelium nach Lukas(EKK)*, III/4, 2008, p.32.

157 Kremer, *Die Neue Echter-Bibel. Kommentar: Lukasevangelium*, p.187.

158 Bovon, *Das Evangelium nach Lukas(EKK)*, III/4, p.43.

159 Kremer, *Die Neue Echter-Bibel. Kommentar: Lukasevangelium*, p.190.

160 Wolter, *Das Lukasevangelium*, p.635.

161 Conzelmann, *Die Mitte der Zeit: Studien zur Theologie des Lukas*, p.70.

162 Wolter, *Das Lukasevangelium*, p.635.

163 Wolter, *Das Lukasevangelium*, p.190.

164 Bovon, *Das Evangelium nach Lukas(EKK)*, III/4, p.52.

165 Wolter, *Das Lukasevangelium*, p.640.

166 Bovon, *Das Evangelium nach Lukas(EKK)*, III/4, p.58.

167 Bovon, *Das Evangelium nach Lukas(EKK)*, III/4, p.57.

168 Wolter, *Das Lukasevangelium*, p.646.

169 Wolter, *Das Lukasevangelium*, p.649.

170 Bovon, *Das Evangelium nach Lukas(EKK)*, III/4, p.71.

171 Bovon, *Das Evangelium nach Lukas(EKK)*, III/4, p.95.

172 Bovon, *Das Evangelium nach Lukas(EKK)*, III/4, p.93.

173 Wolter, *Das Lukasevangelium*, p.653.

174 프란치스코 교황,《복음의 기쁨》, 182항.

175 프란치스코 교황,《복음의 기쁨》, 187항.

176 Fitzmyer, *The Gospel according to Luke II*, 1985, pp.1292-1239.

177 S. G. F. Brandon, *The Trial of Jesus of Nazareth*, Dorset Press, 1988, pp.66-68.

178 Wolter, *Das Lukasevangelium*, p.656.

179 Kremer, *Die Neue Echter-Bibel. Kommentar: Lukasevangelium*, p.197.

180 Bovon, *Das Evangelium nach Lukas(EKK)*, III/4, p.112.

181 Kremer, *Die Neue Echter-Bibel. Kommentar: Lukasevangelium*, p.197.

182 Luz, *Das Evangelium nach Matthäus(EKK)* Bd.1/3, 2016, p.264.

183 Bovon, *Das Evangelium nach Lukas(EKK)*, III/4, p.105.

184 Kremer, *Die Neue Echter-Bibel. Kommentar: Lukasevangelium*, p.197.

185 Kremer, *Die Neue Echter-Bibel. Kommentar: Lukasevangelium*, p.198.

186 Wolter, *Das Lukasevangelium*, p.662.

187 Wolter, *Das Lukasevangelium*, p.662.

188 Bovon, *Das Evangelium nach Lukas(EKK)*, III/4, p.165.

189 Bovon, *Das Evangelium nach Lukas(EKK)*, III/4, p.175.

190 Wolter, *Das Lukasevangelium*, p.672.

191 Bovon, *Das Evangelium nach Lukas(EKK)*, III/4, p.190.

192 Wolter, *Das Lukasevangelium*, p.687.

193 Bovon, *Das Evangelium nach Lukas(EKK)*, III/4, p.213.

194 Conzelmann, *Die Mitte der Zeit: Studien zur Theologie des Lukas*, p.22.

195 Wolter, *Das Lukasevangelium*, p.696.

196 Ludger Schenke, *Studien zur Passionsgeschichte des Markus. Tradition und*

Redaktion in Mk 14,1-42, Echter, 1998, pp.181-194.

197   Bultmann, *Die Geschichte der synoptischen Tradition*, pp.283-284.

198   Bovon, *Das Evangelium nach Lukas(EKK)*, Ⅲ/4, p.239.

199   Bovon, *Das Evangelium nach Lukas(EKK)*, Ⅲ/4, p.245.

200   Bovon, *Das Evangelium nach Lukas(EKK)*, Ⅲ/4, p.246.

201   Wolter, *Das Lukasevangelium*, p.700; Bovon, *Das Evangelium nach Lukas(EKK)*, Ⅲ/4, p.245.

202   프란치스코 교황, 《복음의 기쁨》, 52항.

203   프란치스코 교황, 《복음의 기쁨》, 52항.

204   프란치스코 교황, 《복음의 기쁨》, 54항.

205   프란치스코 교황, 《복음의 기쁨》, 54항.

206   프란치스코 교황, 《복음의 기쁨》, 55항.

207   프란치스코 교황, 《복음의 기쁨》, 56항.

208   프란치스코 교황, 《복음의 기쁨》, 57항.

209   프란치스코 교황, 《복음의 기쁨》, 57항.

210   프란치스코 교황, 《복음의 기쁨》, 59항.

211   프란치스코 교황, 《복음의 기쁨》, 60항.

212   프란치스코 교황, 《복음의 기쁨》, 182항.

213   프란치스코 교황, 《복음의 기쁨》, 183항.

214   프란치스코 교황, 《복음의 기쁨》, 187항.

215   프란치스코 교황, 《복음의 기쁨》, 188항.

216   프란치스코 교황, 《찬미받으소서》, 48항.

217   프란치스코 교황, 《찬미받으소서》, 49항.

218   프란치스코 교황, 《찬미받으소서》, 128항.

219   프란치스코 교황, 《찬미받으소서》, 128항.

220   교황 바오로 6세, 회칙 〈80주년Octogesima Adveniens〉, 1972, 23항.

221   프란치스코 교황, 《복음의 기쁨》, 197항.

222   프란치스코 교황, 《복음의 기쁨》, 197항.

223   Joannes Chrisostomus, 라자로에 대한 설교, Ⅱ. 6.

224   Wolter, *Das Lukasevangelium*, p.712.

225   Bovon, *Das Evangelium nach Lukas(EKK)*, Ⅲ/4, p.277.

226   Bovon, *Das Evangelium nach Lukas(EKK)*, Ⅲ/4, p.280.

227   Kremer, *Die Neue Echter-Bibel. Kommentar: Lukasevangelium*, p.218.

228   Bovon, *Das Evangelium nach Lukas(EKK)*, Ⅲ/4, p.295.

229   Raymond E. Brown, *An Introduction to the New Testament*(The Anchor Yale Bible Reference Library), Yale University Press, 1997, p.125.

230   Bovon, *Das Evangelium nach Lukas(EKK)*, Ⅲ/4, pp.232-233.

231 Bovon, *Das Evangelium nach Lukas(EKK)*, III/4, p.341.

232 Bovon, *Das Evangelium nach Lukas(EKK)*, III/4, p.347.

233 Bovon, *Das Evangelium nach Lukas(EKK)*, III/4, p.360.

234 Bovon, *Das Evangelium nach Lukas(EKK)*, III/4, p.363.

235 Bovon, *Das Evangelium nach Lukas(EKK)*, III/4, p.365.

236 Wolter, *Das Lukasevangelium*, p.735.

237 Fitzmyer, *The Gospel according to Luke II*, p.1467.

238 Wolter, *Das Lukasevangelium*, p.736.

239 Fitzmyer, *The Gospel according to Luke II*, p.1468.

240 Wolter, *Das Lukasevangelium*, p.737.

241 Bovon, *Das Evangelium nach Lukas(EKK)*, III/4, p.368.

242 Kremer, *Die Neue Echter-Bibel. Kommentar: Lukasevangelium*, p.224.

243 Bovon, *Das Evangelium nach Lukas(EKK)*, III/4, p.377.

244 Bovon, *Das Evangelium nach Lukas(EKK)*, III/4, p.383.

245 Bovon, *Das Evangelium nach Lukas(EKK)*, III/4, pp.385-386.

246 Wolter, *Das Lukasevangelium*, p.740.

247 Wolter, *Das Lukasevangelium*, p.740.

248 Bovon, *Das Evangelium nach Lukas(EKK)*, III/4, p.399.

249 Wolter, *Das Lukasevangelium*, p.743.

250 Bovon, *Das Evangelium nach Lukas(EKK)*, III/4, p.394.

251 Bovon, *Das Evangelium nach Lukas(EKK)*, III/4, p.414.

252 Gerhard Lohfink, *Die Sammlung Israels. Eine Untersuchung zur lukanischen Ekklesiologie*, Kösel, 1982, p. 37.

253 Wolter, *Das Lukasevangelium*, p.747.

254 Bovon, *Das Evangelium nach Lukas(EKK)*, III/4, p.416.

255 Bovon, *Das Evangelium nach Lukas(EKK)*, III/4, p.419.

256 Wolter, *Das Lukasevangelium*, p.748.

257 Bovon, *Das Evangelium nach Lukas(EKK)*, III/4, p.420.

258 Wolter, *Das Lukasevangelium*, p.754.

259 Wolter, *Das Lukasevangelium*, p.755.

260 Wolter, *Das Lukasevangelium*, p.759.

261 Bovon, *Das Evangelium nach Lukas(EKK)*, III/4, p.482.

262 Bovon, *Das Evangelium nach Lukas(EKK)*, III/4, p.492.

263 Bovon, *Das Evangelium nach Lukas(EKK)*, III/4, p.495.

264 Wolter, *Das Lukasevangelium*, p.765.

265 Wolter, *Das Lukasevangelium*, p.766.

266 Bovon, *Das Evangelium nach Lukas(EKK)*, III/4, p.516.

267 Wolter, *Das Lukasevangelium*, p.769.

268 Wolter, *Das Lukasevangelium*, p.771.

269 Bovon, *Das Evangelium nach Lukas(EKK)*, III/4, p.529.

270 Wolter, *Das Lukasevangelium*, p.773.

271 Bovon, *Das Evangelium nach Lukas(EKK)*, III/4, p.520.

272 Bovon, *Das Evangelium nach Lukas(EKK)*, III/4, p.522.

273 Bovon, *Das Evangelium nach Lukas(EKK)*, III/4, p.550.

274 Wolter, *Das Lukasevangelium*, p.776.

275 Bovon, *Das Evangelium nach Lukas(EKK)*, III/4, p.588.

276 Bovon, *Das Evangelium nach Lukas(EKK)*, III/4, p.583.

277 Bovon, *Das Evangelium nach Lukas(EKK)*, III/4, p.586.

278 프란치스코 교황,《복음의 기쁨》, 40항.

279 Wolter, *Das Lukasevangelium*, p.792.

280 Wolter, *Das Lukasevangelium*, p.795.

281 Bovon, *Das Evangelium nach Lukas(EKK)*, III/4, p.610.

282 Latin American Episcopal Conference(CELAM), *The Aparecida Document*, CreateSpace, 2013, 548항.

참고 문헌

0. 성서

Novum Testamentum Graece, von Barbara und Kurt Aland (Herausgeber), Deutsche
   Bibelgesellschaft, Auflage 28, 2012,
공동번역 성서, 대한성서공회 1999.

1. 성서 주석서

François Bovon, Evangelisch–Katholischer Kommentar zum Neuen Testament, *Das
   Evangelium nach Lukas(EKK)* Bd. III /1(1989), III /2(1995), III /3(2001),
   III /4(2008), Patmos.
Heinz Schürmann, Herders theologischer Kommentar zum Neuen Testament, *Das
   Lukasevangelium, 1. Teil. Kommentar zu Kap. 1,1-9,50*, Bd. 3/1(1969), Bd.
   3/2(1994) Verlag Herder, 1970.
Jacob Kremer, *Die Neue Echter-Bibel. Kommentar: Lukasevangelium*, Echter, 2010.
Joseph. A. Fitzmyer, *The Gospel according to Luke I*(1981), *II*(1985), Doubleday&Co.
Michael Wolter, *Das Lukasevangelium* (Handbuch zum Neuen Testament) 1. Mohr
   Siebeck, 2008.
Ulrich Luz, Evangelisch–Katholischer Kommentar zum Neuen Testament, *Das
   Evangelium nach Matthäus(EKK)* Bd. I /1(2002), I /2(2007), I /3(2012), Patmos.

2. 기타

Elisabeth Moltmann–Wendel, *Ein eigener Mensch werden*, Gütersloher Verlagshaus,
   1991.
E. P. Sanders, "Jesus and the Sinners", *Journal for the Study of the New Testament* 19,
   1983.
Gerd Theissen, *Urchristliche Wundergeschichten*, Guetersloher Verlagshaus, 1998.

Gerhard Lohfink, *Die Sammlung Israels. Eine Untersuchung zur lukanischen Ekklesiologie*, Kösel, 1982.

Hans Conzelmann, *Die Mitte der Zeit: Studien zur Theologie des Lukas*, Mohr Siebeck, 1960.

Helmut Merklein, *Die Gottesherrschaft als Handlungsprinzip*, Echter, 1997.

Ignacio Ellacuría, *Filosofía de la realidad histórica*, Editorial Trotta, 1991.

Joachim Jeremias, *Die Gleichnisse Jesu*, Vandenhoeck&Ruprecht, 1998.

Jon Sobrino, *Fuera de los pobres no hay salvación: pequeños ensayos utópico-proféticos*, Editorial Trotta, 2007.

Karl Kertelge, *Die Wunder Jesu im Markusevangelium*, Kösel, 1970.

Ludger Schenke, *Studien zur Passionsgeschichte des Markus. Tradition und Redaktion in Mk 14,1-42*, Echter, 1998.

Oscar Romero, *La Violencia Del Amor*, Plough Publishing House, 2014.

Raymond E. Brown, *An Introduction to the New Testament* (The Anchor Yale Bible Reference Library) Yale University Press. 1997.

Rudolf Bultmann, *Die Geschichte der synoptischen Tradition*. Vandenhoeck&Ruprecht, 1970.

S. G. F. Brandon, *The Trial of Jesus of Nazareth*, Dorset Press, 1988.

김근수,《슬픈 예수》, 21세기북스, 2013.
김근수,《행동하는 예수》, 메디치미디어, 2014.
김근수,《교황과 나》, 메디치미디어, 2014.
김근수·김용운,《교황과 98시간》, 메디치미디어, 2014.
김근수·김진호·조성택·박병기·성해영·정경일,《지금, 한국의 종교》, 메디치미디어, 2016.
발터 카스퍼, 박상래 옮김,《예수그리스도》, 분도출판사, 1977.
스콧 라이트, 김근수 옮김,《희망의 예언자 오스카 로메로》, 아르테, 2015.
아우구스트 프란츤, 최석우 옮김,《세계 교회사》, 분도출판사, 2001.
요한 바오로 2세, 윤민구 옮김,《현대의 사제 양성》, 한국천주교중앙협의회, 1993.
장 코르미에, 김미선 옮김,《체 게바라 평전》, 실천문학사, 2000.
프란치스코 교황, 회칙《찬미받으소서》, 2015.
프란치스코 교황,《복음의 기쁨》, 한국천주교중앙협의회, 2014.
피델 카스트로, 프레이 베토, 조세종 옮김,《카스트로, 종교를 말하다》, 살림터, 2016.
혼 소브리노, 김근수 옮김,《해방자 예수》, 메디치미디어, 2015.
Irenaeus, *Adversus Haereses*, IV, 31,2.

제2차 바티칸공의회, 일치 운동에 관한 교령 〈일치의 재건Unitatis Redintegratio〉, 1964.

교황 바오로 6세, 회칙 〈80주년Octogesima Adveniens〉, 1972.

Joannes Chrisostomus, 라자로에 대한 설교.

Latin American Episcopal Conference(CELAM), *The Aparecida Document*, CreateSpace, 2013.

삼국지 3

1판 1쇄 2019년 4월 26일
1판 3쇄 2022년 12월 23일

지은이 나관중
정리자 모종강
옮긴이 송도진
펴낸이 강성민
편집장 이은혜
마케팅 정민호 이숙재 김도윤 한민아 정진아 이민경 정유선 김수인
브랜딩 함유지 함근아 김희숙 고보미 박민재 박진희 정승민
제작 강신은 김동욱 임현식
독자모니터링 황치영

펴낸곳 (주)글항아리 | 출판등록 2009년 1월 19일 제406-2009-000002호
주소 10881 경기도 파주시 회동길 210
전자우편 bookpot@hanmail.net
전화번호 031-955-1936(편집부) | 031-955-2696(마케팅)
팩스 031-955-2557

ISBN 978-89-6735-616-3 04910
      978-89-6735-613-2 (세트)

geulhangari.com